Josef Zmijewski

Das Neue Testament –
Quelle christlicher Theologie und Glaubenspraxis

Josef Zmijewski

Das Neue Testament – Quelle christlicher Theologie und Glaubenspraxis

Aufsätze zum Neuen Testament und seiner Auslegung

Verlag Katholisches Bibelwerk GmbH

CIP-Kurztitelaufnahme der Deutschen Bibliothek:

Zmijewski, Josef:
Das Neue Testament – Quelle christlicher
Thelogie und Glaubenspraxis : Aufsätze zum
Neuen Testament u. seiner Auslegung / Josef Zmijewski. –
Stuttgart : Verlag Katholisches Bibelwerk, 1986.
ISBN 3-460-32441-4

ISBN 3-460-32441-4

Satz: CRT SATZTEAM, Notzingen
Druck: Druckerei Alfred Maier, Rottenburg
Bindung: Buchbinderei Held, Rottenburg

Seiner Exzellenz
dem Hochwürdigsten Herrn Bischof
Professor Dr. theol., Dr. theol. h.c. Eduard Schick
zur Vollendung seines achtzigsten Lebensjahres
in dankbarer Verbundenheit gewidmet

Vorwort

Es erscheint auch für einen theologischen Forscher angebracht, in überschaubaren Abständen sich selbst, aber auch einer breiteren Öffentlichkeit Rechenschaft über seine bisherige Forschungsarbeit zu geben und deren Ergebnisse erneut zur Diskussion zu stellen.

Dem dient der vorliegende Aufsatzband. Die darin enthaltenen Beiträge zeigen die wesentlichsten Schwerpunkte meiner exegetischen und bibeltheologischen Forschungen aus der Zeit von 1973 bis heute. Außer den beiden bisher noch nicht erschienenen Aufsätzen zur Apostelgeschichte, die mit der mich derzeit besonders beschäftigenden Erstellung eines Kommentars zur Apostelgeschichte für die Reihe »Regensburger Neues Testament« im Zusammenhang stehen, wurden alle anderen Beiträge bereits in verschiedenen deutschen und internationalen Fachzeitschriften, Reihen bzw. Sammelbänden veröffentlicht. Für ihren Neudruck im Rahmen dieses Aufsatzbandes war es allerdings erforderlich, kleinere Korrekturen vorzunehmen, die Beiträge im formalen Bereich einander anzugleichen und die Literaturangaben – soweit wie nötig – auf den neuesten Stand zu bringen.

Eine Reihe von Aufsätzen geht auf Vorlesungen bzw. Vorträge zurück, die ich seit meiner Ernennung zum ordentlichen Professor für Neutestamentliche Exegese und Einleitungswissenschaft im Jahre 1980 an der Fuldaer Theologischen Fakultät und am Kath.-Theol. Seminar Marburg gehalten habe. Meine Ernennung erfolgte seinerzeit durch den damaligen Bischof von Fulda, Professor Dr. theol., Dr. theol. h. c. Eduard Schick. Es sei ein bescheidenes Zeichen meines Dankes an ihn, der mich nicht nur zu seinem Nachfolger auf dem neutestamentlichen Lehrstuhl berufen, sondern auch meine Tätigkeit in Forschung und Lehre stets mit äußerstem Wohlwollen und großem Interesse verfolgt hat, wenn ich ihm diesen Aufsatzband zur Vollendung seines achtzigsten Lebensjahres am 23. Februar 1986 widme. Daß sich der Verlag Katholisches Bibelwerk spontan bereit erklärte, den Band zu seinen Ehren herauszubringen, zeigt im übrigen die große Wertschätzung an, die sich Bischof Schick als Bibelwissenschaftler durch seine zahlreichen Veröffentlichungen, nicht zuletzt aber durch seine maßgebliche Arbeit an der Einheitsübersetzung und an der Neo-Vulgata in breiten Kreisen erworben hat. Möge es ihm noch manche Jahre vergönnt sein, möglichst viele Menschen in Wort und Schrift an das Neue Testament als Quelle christlicher Theologie und Glaubenspraxis heranzuführen.

Fulda, im Advent 1985 — Josef Zmijewski

Inhalt

Verzeichnis der Abkürzungen

Die Abkürzungen der *biblischen Bücher* folgen dem »Ökumenischen Verzeichnis der biblischen Eigennamen nach den Loccumer Richtlinien« (Stuttgart 1971) S. 5 f. Für das *außerkanonische Schrifttum* wurden in der Regel die Abkürzungen im »Exegetischen Wörterbuch zum Neuen Testament«, Bd. 1 (Stuttgart–Berlin–Köln–Mainz 1980) S. XII–XIV verwendet.

Die Abkürzungen für *Zeitschriften, Serien und Sammelwerke* sind dem »Internationalen Abkürzungsverzeichnis für Theologie und Grenzgebiete« von S. SCHWERTNER (Berlin–New York 1974) entnommen.

Darüber hinaus wurden noch folgende Abkürzungen benutzt:

BET = Beiträge zur biblischen Exegese und Theologie
Bl-Debr = F. BLASS – A. DEBRUNNER, Grammatik des neutestamentlichen Griechisch, bearbeitet von F. REHKOPF, Göttingen ^{14}1975
SNTU = Studien zum Neuen Testament und seiner Umwelt

Allgemeine Abkürzungen:

aaO. = am angegebenen Ort
Anm. = Anmerkung
Art. = Artikel
AT = Altes Testament
atl. = alttestamentlich
Bd. = Band
Bde. = Bände
bearb. = bearbeitet
bes. = besonders
bzgl. = bezüglich
bzw. = beziehungsweise
c.Acc. = cum accusativo (mit Akkusativ)
Ders. = Derselbe
d.h. = das heißt
d.i. = das ist
diff. = im Unterschied zu
Diss. = (unveröffentlichte) Dissertation
ebd. = ebenda
ed. = ediert von, editio, edidit, edited by
etc. = et cetera
f., ff. = folgend(e), in Zitaten auch: f bzw. ff
gem. = gemäß
griech. = griechisch
hebr. = hebräisch
Hrsg. = Herausgeber
hrsg. = herausgegeben
Hs(s) = Handschrift(en)

jüd. = jüdisch
Jh. = Jahrhundert

Kap. = Kapitel

lat. = lateinisch
Lit. = Literatur(angaben)
Log. = Logion
LXX = Septuaginta

n.Chr. = nach Christi Geburt
NF = Neue Folge
NT = Neues Testament
ntl. = neutestamentlich
Num. = Numerus, numeri

o. = oben
o.ä. = oder ähnlich

par. = (und) Parallele
parr. = (und) Parallelen

Q = (die) Logienquelle

S. = Seite(n)
s. = siehe

sc. = scilicet
s.o. = siehe oben
sog. = sogenannt
Sp. = Spalte
s.u. = siehe unten

u.a. = und andere, unter anderem
u.ä. = und ähnliche(s)
übers. = übersetzt
u.dergl. = und dergleichen
u.ö. = und öfter
usw. = und so weiter

V. = Vers(e), in Zitaten auch: V, v (für Vers) bzw. V, VV, VV. (für Verse)
v. = von
v. Chr. = vor Christi Geburt
Vg = Vulgata
vgl. = vergleiche
v.l. = varia lectio

z.B. = zum Beispiel
z.St. = zur Stelle
z.T. = zum Teil

Die *griechische* Abkürzung κτλ. bedeutet: καὶ τὰ λοιπά (= und das übrige).

Zur Einführung

Mit dem Thema »Das Neue Testament – Quelle christlicher Theologie und Glaubenspraxis« ist eine Reihe von – zum Teil auch heute noch kontrovers diskutierten – Grundsatzproblemen methodisch-hermeneutischer, geschichtlicher und vor allem theologischer Art angesprochen. Der hier vorgelegte Aufsatzband beschränkt sich auf drei Problemkreise, die gerade vom exegetisch-bibeltheologischen Standpunkt aus betrachtet für ein sachgerechtes Verständnis des Neuen Testaments als Quelle christlicher Theologie und Glaubenspraxis von nicht geringer Bedeutung erscheinen.

Die im *I. Teil* zusammengestellten Aufsätze nehmen zunächst die beiden »Seiten« dieser Quelle, die literarische und die theologische, in den Blick. Dabei untersuchen sie nicht nur, wie sich Theologie und literarische Gestalt im Neuen Testament zueinander verhalten, sondern geben auch Antwort auf die Frage, was daraus für eine sachgerechte Schriftauslegung folgt. Der *1. Aufsatz* (»Schriftauslegung – ein Problem zwischen den Konfessionen?«) verdeutlicht mit seinen »Geschichtlichen, hermeneutischen und theologischen Erwägungen zur ökumenischen Zusammenarbeit in der Bibelwissenschaft« die nach wie vor bestehende *Notwendigkeit* einer solchen Fragestellung, indem er aufzeigt, daß mit der heute nahezu allgemeinen Anerkennung der in der Vergangenheit sowohl im katholischen wie im protestantischen Bereich heftig umkämpften historisch-kritischen Methode das Problem einer sachgerechten Schriftauslegung, d. h. einer Auslegung, bei der neben den literarischen Aspekten auch die theologischen (und existentiellen) Aspekte der Schrift ihre gebührende Beachtung finden, noch keineswegs ganz gelöst erscheint. Der *2. Aufsatz* (»Apg 1 als literarischer und theologischer Anfang der Apostelgeschichte«) weist am Beispiel des Anfangskapitels der Apostelgeschichte auch die *Sachgemäßheit* der Fragestellung nach, indem er darlegt, wie schon in der Konzeption des neutestamentlichen Verfassers selbst das literarische und das theologische Anliegen zwei aufs engste zusammenhängende Aspekte bilden. Im *3. Aufsatz* (»Die Stephanusrede«) wird sodann ein Beispiel dafür geboten, wie eine Schriftauslegung, die Theologie und literarische Gestalt eines Textes gleichermaßen berücksichtigt, aussehen kann. Die beiden folgenden Aufsätze schließlich behandeln die Problematik des Verhältnisses von Theologie und literarischer Gestalt unter einem speziellen Gesichtspunkt, der in der Methodendiskussion unserer Tage verstärkte Beachtung gefunden hat, nämlich dem sprachlich-stilistischen. So zeigt der *4. Aufsatz* (»Beobachtungen zur Struktur des Philemonbriefes«), daß eine sprachlich-strukturale Untersuchung neutestamentlicher Texte oder Schriften durchaus ergiebig ist, kann sie doch auf ihre Weise dazu beitragen, sowohl deren literarische Eigenart als auch ihre theologische Zielsetzung adäquat zu erfassen. Daß stilistische und strukturale Beobachtungen auch bei der Klärung einer umstrittenen Einzelstelle hilfreich sein können, indem sie überhaupt erst zum richtigen Verständnis der literarischen und theologischen Intention hinführen, die den Verfasser an der betreffenden Stelle geleitet hat, macht der *5. Aufsatz* (»Kontextbezug und Deutung von 2 Kor 12,7a«) klar.

Die Aufsätze des *II. Teils* wollen die besondere Bedeutung erhellen, die der *Tradition* im theologischen Denken der neutestamentlichen Verfasser zukommt und deshalb auch vom heutigen Ausleger für eine richtige Bewertung und Standortbestimmung ihrer Theologie (aber auch seiner eigenen Theologie) zu beachten ist. So zeigt der *1. Aufsatz* (»Die Eschatologiereden Lk 21 und Lk 17«) am Beispiel der lukanischen Eschatologiereden, wie etwa Lukas seine Theologie in enger Bindung an die ihm (aus Markus bzw. aus der Logienquelle) vorgegebene Jesustradition entwickelt und insofern mit seinen Vorstellungen – so eigenständig sie sich auch z. B. neben den paulinischen oder johanneischen ausnehmen mögen – die Botschaft Jesu ebenso treffend wiedergibt wie die anderen Theologen der Urkirche. Die beiden folgenden Aufsätze befassen sich mit dem in den nachapostolischen Schriften des Neuen Testaments begegnenden Phänomen der Pseudepigraphie. In dem mehr grundsätzlich gehaltenen *2. Aufsatz* (»Apostolische Paradosis und Pseudepigraphie im Neuen Testament«) geht es zunächst um den Nachweis, daß die Pseudepigraphie ein literarisches Mittel von besonderer *theologischer* Relevanz darstellt, insofern sie nicht nur *Ausdruck* eines theologischen Denkens ist, das sich ganz der apostolischen Tradition, der Paradosis, verpflichtet weiß, sondern zugleich auch als die angemessene *Weise* erscheint, in der diese Tradition unverfälscht bewahrt und weitergegeben, aber auch als verbindliche Norm für jede spätere Theologie und Verkündigung festgeschrieben werden kann. Der *3. Aufsatz* (»Die Pastoralbriefe als pseudepigraphische Schriften«) nimmt sodann die Gestalt der Pseudepigraphie, wie sie speziell in den – der Paulustradition verpflichteten – Pastoralbriefen vorliegt, in den Blick und versucht, sie zu beschreiben, zu erklären und in ihrer theologischen Bedeutsamkeit zu bewerten.

Der *III. Teil* enthält Aufsätze, die sich mit dem heute mehr denn je aktuellen Problemkreis »Theologie – Glaube – Praxis« nach dem

Neuen Testament befassen. Der *1. Aufsatz* (»Überlegungen zum Verhältnis von Theologie und christlicher Glaubenspraxis anhand des Neuen Testaments«) verdeutlicht, daß schon im Neuen Testament Theologie stets im engsten Zusammenhang mit der Glaubenspraxis steht, insofern sie einerseits aus der Glaubenspraxis erwächst, sie andererseits aber auch zum Ziel hat, und versucht, daraus die Konsequenzen für die heutige Situation zu ziehen, in der Theologie und Glaubenspraxis oft genug auseinandergerissen oder gegeneinander ausgespielt werden. Der *2. Aufsatz* (»Der Glaube und seine Macht«) hebt die Bedeutung heraus, die dem *Glauben* als einem Gegenstand christlicher Theologie schon in der Verkündigung der Synoptiker und ihrer Tradition zukommt, und greift damit ein Thema auf, das gerade in der heutigen Zeit der Glaubenskrise höchst aktuell ist. Der *3. Aufsatz* (»Christliche ›Vollkommenheit‹«) stellt die Theologie des Jakobusbriefes vor, die besonders konsequent auf die *Einheit von Glaube und Werken* abhebt und damit schon vom Inhalt her ihre Praxisbezogenheit zu erkennen gibt, dient sie doch offensichtlich dazu, der (auch heute noch gegebenen) Gefahr einer Diastase von Glauben und Werken, von Orthodoxie und Orthopraxie, zu wehren. Der *4. Aufsatz* (»Neutestamentliche Weisungen für Ehe und Familie«) zeigt schließlich aus aktuellem Anlaß am Beispiel von Ehe und Familie auf, wie sich die Praxisbezogenheit der neutestamentlichen Theologie nicht zuletzt in der Rezeption und aktualisierenden Interpretation konkreter Anweisungen Jesu für das (Zusammen-)Leben der Christen widerspiegelt.

I.

Zum Verhältnis von Theologie und literarischer Gestalt im Neuen Testament und seiner Bedeutung für eine sachgerechte Schriftauslegung

Schriftauslegung – Ein Problem zwischen den Konfessionen?*

Geschichtliche, hermeneutische und theologische Erwägungen zur ökumenischen Zusammenarbeit in der Bibelwissenschaft

»Es hat seinen tiefen Grund, daß gerade in diesem Jahrhundert, das zwei Weltkriege erlebt und die Welt ideologisch und politisch so hoffnungslos aufgespalten hat, die Christenheit aus den verschiedenen Kirchen und Konfessionen in mächtiger Bewegung zueinander drängt. Ihre Bemühungen um Verständigung und Einigung haben mit Recht große Hoffnungen geweckt, auch wenn sie zu vorschnellen, schwärmerischen Illusionen keinen Anlaß geben«[1]. Diesen Bemerkungen, mit denen der protestantische Theologe G. Bornkamm seinen Aufsatz über »Die ökumenische Bedeutung der historisch-kritischen Bibelwissenschaft« beginnt, kann man auch als katholischer Theologe uneingeschränkt zustimmen. Tatsächlich leben wir in einer Zeit, in der nicht nur die Sehnsucht nach Einheit unter den Christen größer erscheint als jemals zuvor, sondern auch verstärkte Bemühungen festzustellen sind, auf dem Weg der Verständigung und Einigung weiter voranzukommen. Auf katholischer Seite haben zu dieser erfreulichen Entwicklung nicht zuletzt die klaren, aber doch um Differenzierung bemühten und zudem stets in einem verbindlichen Ton gehaltenen Äußerungen des Zweiten Vatikanischen Konzils beigetragen, wie sie im »Dekret über den Ökumenismus« enthalten sind[2]. Besonders zu beachten ist dabei, was das Konzil über die Bedeutung der Heiligen Schrift für den ökumenischen Dialog sagt. Nach Ansicht des Konzils »ist die Heilige Schrift gerade beim Dialog ein ausgezeichnetes Werkzeug in der mächtigen Hand Gottes, um jene Einheit zu erreichen, die der Erlöser allen Menschen anbietet«[3]. In der Tat bildet die Heilige Schrift ein »ausgezeichnetes Werkzeug« beim ökumeni-

* Erstmals veröffentlicht in: Catholica 37 (1983) 216–257.

[1] G. Bornkamm, Bedeutung 11.

[2] Siehe den lat. Text des Dekrets sowie die deutsche Übersetzung mit einer Einführung von W. Becker und einem Kommentar von J. Feiner in: Das Zweite Vatikanische Konzil II (LThK²) 9–126.

[3] Dekret über den Ökumenismus Art. 21.

schen Dialog, ist sie doch – als die entscheidende Grundlage des Glaubens – die von allen Christen über die Grenzen der Konfessionen hinweg anerkannte Autorität.

Wenn dem aber so ist, dann ergibt sich daraus für die Exegeten, denen die wissenschaftliche Auslegung der Heiligen Schrift obliegt, notwendigerweise eine besondere Verpflichtung zur Zusammenarbeit. Diese setzt allerdings, soll sie sinnvoll sein und Ergebnisse zeitigen, voraus, daß man sich soweit wie möglich über Prinzipien und Methoden der Schriftauslegung verständigen kann. Sollte eine solche Verständigung sich als völlig unmöglich erweisen, dann bestünde die Gefahr, daß die Heilige Schrift, statt Einheit zu schaffen, selbst zu einem Gegenstand fortdauernder Auseinandersetzung wird, welche die Spaltung nur noch vergrößert.

Die gegenwärtige Situation

Wie also steht es heute mit der Zusammenarbeit unter den Exegeten? Und gibt es dabei das erforderliche Maß an Verständigung, oder ist die Schriftauslegung (nach wie vor) ein unüberwindliches Problem zwischen den Konfessionen?

Zunächst wird man sagen dürfen, daß sich die Situation auf dem Gebiet der Bibelwissenschaft gegenüber früheren Zeiten grundlegend gewandelt hat. G. Bornkamm schreibt zutreffend: »Wo einst unüberschreitbare Grenzen waren, arbeiten wir heute zusammen. An die Stelle eines Gegeneinander oder auch eines säuberlich geschiedenen Nebeneinander ist ein höchst intensives Miteinander getreten, in dem der eine den anderen nicht mehr missen kann und nicht mehr missen möchte«[4]. Daß diese Zusammenarbeit unter den Exegeten nicht nur atmosphärisch etwas geändert hat, sondern sich mehr und mehr auch als fruchtbar in sachlicher Hinsicht erweist, sei an drei Beispielen aufgezeigt:

1. Beispiel: Regelmäßig treffen sich katholische und nichtkatholische Exegeten zu *gemeinsamen Tagungen*. Als Teilnehmer an solchen Tagungen stellt man immer wieder erstaunt fest, welch großes Maß an Übereinstimmung in Sachfragen zwischen den Kollegen der verschiedenen Konfessionen besteht. (Die gleiche Feststellung drängt sich übrigens bei der Durchsicht der exegetischen *Literatur* auf.) Wo es heute Meinungsverschiedenheiten gibt, gehen sie eigentlich eher »quer« durch die Reihen und bestehen weniger zwischen »den« katholischen und »den« nicht-

[4] G. Bornkamm, Bedeutung 11.

katholischen Exegeten, sieht man vielleicht von einzelnen, dogmatisch bedingten Streitpunkten ab, etwa dem Problem der Jungfrauengeburt und – damit zusammenhängend – dem der sogenannten »Brüder Jesu«[5]. Für die katholische Auslegung von Mk 6,3 z. B. war es bisher »wichtig zu erhärten, daß es sich nicht um leibliche Brüder, sondern um Vettern oder entferntere Verwandte Jesu handeln würde wegen des Glaubenssatzes von der Jungfrauschaft Marias«[6]. Aber selbst in einem solchen Punkt scheint es heute keine geschlossene Front konfessionsgebundener Ansichten mehr zu geben, wie etwa die Stellungnahme des katholischen Exegeten R. PESCH zu Mk 6,3 beweist[7].

2. Beispiel: In jüngster Zeit sind einige *ökumenische Bibelübersetzungen* entstanden. Erwähnt sei nur die sogenannte »Einheitsübersetzung«, deren Endfassung im Jahre 1979 im Auftrag der katholischen Bischöfe des deutschsprachigen Raums sowie des Rates der EKD und des Evangelischen Bibelwerks von der Katholischen Bibelanstalt (Stuttgart) und der Deutschen Bibelstiftung (Stuttgart) herausgebracht wurde. Wenn man auch an manchen Unzulänglichkeiten bei der Übersetzung Kritik üben kann, so hat das Werk als solches gleichwohl eine hervorragende Bedeutung, insbesondere aus drei Gründen: 1. Bei seiner Entstehung waren (außer Fachleuten der Katechese, der Liturgik und der deutschen Sprache) namhafte Exegeten beider Kirchen maßgebend beteiligt; diese versuchten, nicht nur eine adäquate Übersetzung zu erstellen, sondern dabei auch die neuen Erkenntnisse der Bibelwissenschaft angemessen zu berücksichtigen[8]. 2. Während bisher in der katholischen Kirche fast allgemein deutsche Übersetzungen in Gebrauch waren, die die lateinische Vulgata-Übersetzung zugrunde legten oder jedenfalls weitgehend berücksichtigten, und evangelischerseits in der Regel die »Lutherbibel« verwendet wurde, entstand hier erstmals eine in beiden Kirchen offiziell anerkannte Übersetzung, die sich streng an den *Urtext* (d. h. in bezug auf das Neue Testament: an den *griechischen* Urtext) hielt. Ermöglicht wurde ein solches Unternehmen katholischerseits nicht zuletzt durch die vom Zweiten Vatikanischen Konzil in der »Dogmatischen Konstitution

[5] Zu den konfessionellen Auslegungsdifferenzen bezüglich dieser beiden Punkte vgl. u. a. W. TRILLING, Schrift allein 35 ff.

[6] J. GNILKA, Mk I 234.

[7] In: Mk I 322 ff. und 453–462.

[8] Vgl. dazu die Ausführungen in dem der ersten Auflage der »Einheitsübersetzung« des Neuen Testaments (Stuttgart 1979) vorangestellten Wort »An die Leser dieser Ausgabe« S. 5.

über die göttliche Offenbarung« (»Dei Verbum«)[9] diesbezüglich in Art. 22 gegebenen Anweisungen, die das Trienter Vulgata-Dekret in veränderter Form aufgreifen, »indem sie es in einen neuen und diesmal wahrhaft ökumenischen Kontext einfügen«[10]. Das Konzil erklärt in dem genannten Artikel: »Der Zugang zur Heiligen Schrift muß für die an Christus Glaubenden weit offenstehen. Darum hat die Kirche schon in ihren Anfängen die älteste Übersetzung des Alten Testamentes, die griechische, die nach den Siebzig (Septuaginta) benannt wird, als die ihre übernommen. Die anderen orientalischen und die lateinischen Übersetzungen, besonders die sogenannte Vulgata, hält sie immer in Ehren. Da aber das Wort Gottes allen Zeiten zur Verfügung stehen muß, bemüht sich die Kirche in mütterlicher Sorge, daß brauchbare und genaue Übersetzungen in die verschiedenen Sprachen erarbeitet werden, mit Vorrang aus dem Urtext der Heiligen Bücher. Wenn die Übersetzungen bei sich bietender Gelegenheit und mit Zustimmung der kirchlichen Autorität in Zusammenarbeit auch mit den getrennten Brüdern zustande kommen, dann können sie von allen Christen benutzt werden.« 3. Das 1978 von der Deutschen Bischofskonferenz approbierte Werk hatte von Anfang an eine ökumenische Zielsetzung. In diesem Zusammenhang verdient Beachtung, was der damalige Vorsitzende des Rates der Evangelischen Kirche in Deutschland an den Vorsitzenden der Deutschen Bischofskonferenz schrieb: »Die Tatsache, daß katholische und evangelische Christen nunmehr ein Neues Testament besitzen, das Exegeten beider Kirchen im offiziellen Auftrag übersetzt haben, kann nicht hoch genug veranschlagt werden. Mehr als einzelne gemeinsame Aktionen führt gemeinsames Hören auf das Wort der Schrift dazu, daß die getrennten Kirchen aufeinander zugehen, um einmal zusammenzufinden unter dem *einen* Herrn der Kirche, Jesus Christus. Die ökumenische Übersetzung des Neuen Testaments leistet dazu einen wichtigen Beitrag«[11].

3. Beispiel: Seit einigen Jahren sind katholische und evangelische Exegeten dabei, *gemeinsame Kommentarreihen* zu den Schriften des Neuen Testaments zu erstellen. Neben dem »Ökumenischen Taschenbuch-Kommentar zum Neuen Testament« (ÖTK), bei dem der evangelische

[9] Siehe den lat. Text der Konstitution sowie die deutsche Übersetzung samt einer Einleitung von J. Ratzinger und einem von ihm, A. Grillmeier und B. Rigaux besorgten Kommentar in: Das Zweite Vatikanische Konzil II (LThK²) 497–583.

[10] So J. Ratzinger in seinem Kommentar zu dieser Konstitution aaO. 573.

[11] Zitiert nach: Einheitsübersetzung NT (¹1979) 8.

Theologe E. Grässer und der katholische Theologe K. Kertelge als Herausgeber fungieren, ist vor allem der großangelegte, katholischerseits von J. Blank und R. Schnackenburg, evangelischerseits von E. Schweizer und U. Wilckens herausgegebene »Evangelisch-Katholische Kommentar zum Neuen Testament« (EKK) zu erwähnen, ein »anspruchsvolles Unternehmen«[12], das bewußt, wie es im Vorwort zum 4. Heft der Vorarbeiten heißt, »nicht eine konfessionelle Konfrontation, sondern eine von den verschiedenen Denktraditionen befruchtete Kooperation« sucht und »nicht auf Abgrenzung gegenteiliger Standpunkte, sondern auf gemeinsame Vorstöße in den Verstehensbereich heutiger Menschen bedacht«[13] ist, ohne sich damit aber »einfach als Wellenreiter auf den Wogen des ökumenischen Zeitgeistes«[14] zu verstehen.

Der wohl entscheidende Grund für die Ermöglichung derartiger gemeinsamer Initiativen und Projekte sowie anderer Arten der Zusammenarbeit dürfte in der Tatsache zu sehen sein, daß es heute endlich jenes erforderliche Maß an Übereinstimmung in bezug auf die Schriftauslegung gibt, und zwar insofern, als sich die Exegeten beider Seiten inzwischen mit großer Einmütigkeit der historisch-kritischen Bibelwissenschaft verpflichtet fühlen, deren erste (wenn auch nicht einzige) Aufgabe darin besteht, zum *geschichtlichen* Verständnis der biblischen Aussagen hinzuführen, indem sie versucht, mit Hilfe der historisch-kritischen Methode und ihrer Einzelmethoden, insbesondere der Textkritik, der Literarkritik, der Formgeschichte und der Redaktionsgeschichte den jeweiligen Urtext zu ermitteln, ihn sprachlich und inhaltlich zu erschließen, nach seiner literarischen Eigenart und Zielsetzung sowie der eventuell aufgenommenen Tradition zu befragen und die geschichtliche Situation aufzudecken, aus der heraus der Text entstanden ist[15]. Daß das eigentliche Ziel dabei die Eröffnung des *theologischen* Verstehens der Heiligen Schrift ist, wird in einem anderen Zusammenhang noch zu erörtern sein.

Wenn auch – angesichts neuerlicher Angriffe gegen die historisch-kritische Methode, vor allem seitens der Vertreter einer einseitig linguistisch ausgerichteten oder gar einer rein materialistisch geprägten Schriftauslegung, bei der der Marxismus den ideologischen »Überbau«

[12] P. Stuhlmacher, Methoden- und Sachproblematik 11.

[13] EKK Vorarbeiten 4 (1972) 6.

[14] P. Stuhlmacher, Methoden- und Sachproblematik 12.

[15] Vgl. die Darstellung der historisch-kritischen Methode bei H. Zimmermann, Methodenlehre (^{6}1978).

und der (französische) Strukturalismus das Instrumentarium für die materialistische Bibellektüre bildet[16] – das Urteil G. BORNKAMMS, »daß die Verbindlichkeit der genannten Methode heute von keinem Bibelwissenschaftler mehr in Zweifel gezogen wird«[17], übertrieben erscheint, so ist zumindest mit E. KÄSEMANN zu sagen, daß diese Methode »grundsätzlich Allgemeingut geworden ist. Sie kennzeichnet nicht mehr ein theologisches Lager der Exegese, sondern scheidet faktisch nur noch Wissenschaft von Spekulation oder Primitivität. Die Angleichung der verschiedenen Fronten ist vielleicht das charakteristische Merkmal unserer Epoche«[18]. Diese »Angleichung« ist nicht positiv genug einzuschätzen.

Der Blick auf die Geschichte[19]

Wie nämlich ein Blick auf die Geschichte der wissenschaftlichen Exegese in der Neuzeit zeigt, hat es lange Diskussionen und erbitterte Kämpfe um die historisch-kritische Bibelauslegung gegeben. Auf katholischer Seite dauerte es bis weit in unser Jahrhundert hinein, ehe die historisch-kritische Methode auch offiziell anerkannt worden ist.

Dabei war der Begründer der modernen Bibelwissenschaften nicht ein Protestant, sondern der französische Oratorianer RICHARD SIMON († 1712), »ein gläubiger Katholik und schroffer Gegner der Protestanten«[20]. In seinen zahlreichen Werken zur neutestamentlichen Text- und Literarkritik sowie zur Auslegungsgeschichte – erwähnt sei nur seine 1689 in Rotterdam erschienene dreibändige »Histoire critique du texte« – versuchte er konsequent, die biblischen Bücher geschichtlich zu verstehen, und ging dementsprechend »mit einer sorgfältigen empirisch-kritischen Methode«[21] vor. Seine bahnbrechenden Werke stießen seitens der katholischen Kirche auf heftigen Widerstand, und dies, obwohl er »mit seiner Arbeit gut katholisch gerade die protestantische Lehre von der Schrift als einziger Offenbarungsquelle und ihrer vermeintlich eindeutigen Klarheit treffen wollte mit dem Nachweis, daß die Bibel unzu-

[16] Vgl. dazu K. FÜSSEL, Lektüre 46–54.

[17] G. BORNKAMM, Bedeutung 13.

[18] E. KÄSEMANN, Fragen 12. Vgl. U. WILCKENS, Bedeutung 132.

[19] Zur Geschichte der Erforschung des Neuen Testaments, die im Folgenden im Mittelpunkt stehen soll, vgl. bes. W. G. KÜMMEL, Das NT; auch J. B. BAUER, Weg 18–39.

[20] G. BORNKAMM, Bedeutung 12.

[21] J. B. BAUER, Weg 31.

verlässig überliefert und keineswegs aus sich selbst eindeutig verständlich ist«, weshalb »sie auf die Tradition der katholischen Kirche und die verbindlichen Entscheidungen ihres Lehramtes angewiesen sei«[22]. Jedenfalls kamen zehn seiner Schriften auf den Index; sein kritisches Werk über das Alte Testament wurde auf Betreiben Bossuets, des Bischofs von Meaux und einflußreichen Hofpredigers Ludwigs XIV., vernichtet; er selbst wurde aus dem Oratorium ausgestoßen. Damit waren – zumindest im Bereich der katholischen Exegese – für lange Zeit die Weichen gestellt; die bahnbrechende Arbeit SIMONS konnte hier vorerst keine Frucht bringen, zumal bald in der Zeit der Aufklärung der Rationalismus sich seine methodischen Grundsätze aneignete, was diese »auf katholischer Seite erst recht verdächtig und verwerflich«[23] machte.

Anders war es im protestantischen Bereich. Zwar stieß SIMONS Werk auch auf seiten der protestantischen »Orthodoxie« mit ihrer starren Auffassung von einer »Verbalinspiration« auf Widerspruch, aber das konnte nicht verhindern, daß für die nächsten beiden Jahrhunderte die protestantische Forschung »die Führung unbestritten übernahm«[24] und die Bibelwissenschaft zu ihrer »Domäne«[25] machte. Die wichtigsten Entwicklungsphasen im außerkatholischen bzw. im katholischen Bereich seien im folgenden kurz dargestellt.

1. Die Entwicklung im außerkatholischen Bereich

1. Ein erster neuer Anstoß kam, wie schon angedeutet, vom *Rationalismus* her. Die von diesem beeinflußten Forscher bedienten sich der von R. SIMON entwickelten Methode historisch-kritischer Forschung. Dabei vollzog sich in hermeneutischer Hinsicht eine »radikale Verschiebung der Perspektiven ... durch die nun einsetzende entschlossene Gleichschaltung von biblischer Hermeneutik und allgemeiner Hermeneutik«[26]. Zu erwähnen sind hier vor allem JOHANN SALOMO SEMLER († 1791) und JOHANN DAVID MICHAELIS († 1791).

Das Werk, durch das J. S. SEMLER »am stärksten die Entwicklung der neutestamentlichen Wissenschaft beeinflußt hat«[27], trägt den Titel »Ab-

[22] G. BORNKAMM, Bedeutung 13.
[23] A. WIKENHAUSER – J. SCHMID, Einleitung 6.
[24] J. B. BAUER, Weg 32.
[25] G. BORNKAMM, Bedeutung 13.
[26] J. ERNST, Problem 30.
[27] W. G. KÜMMEL, Das NT 73.

handlung von freier Untersuchung des Canons« (1771–75). SEMLER stellt darin zwei bemerkenswerte Thesen auf. Die erste These besagt, daß das Wort Gottes und die Heilige Schrift nicht identisch seien. Zwar enthalte letztere als Kanon Gottes Wort, aber doch auch Stücke, die nur für die vergangene Zeit von Bedeutung waren und dem Menschen von heute nicht zur »moralischen Ausbesserung« dienen; infolgedessen könnten nicht alle Schriften des Kanons inspiriert und für den Christen maßgeblich sein. Die zweite These hat zum Inhalt, daß die Frage nach der Zugehörigkeit zum Kanon eine rein geschichtliche Frage darstelle, weshalb denn jedem Christen eine »freie Untersuchung« jeder Schrift des Kanons auf ihre geschichtlichen Umstände und auf ihre bleibende Bedeutung gestattet sei.

Etwas »konservativer« nimmt sich J. D. MICHAELIS aus, den man mit seiner zweibändigen »Einleitung in die göttlichen Schriften des Neuen Bundes« (^{4}1788) als »den eigentlichen Vater der neueren kritischen Theologie«[28] bezeichnen kann. MICHAELIS fand einerseits zum altkirchlichen Grundsatz zurück, daß nur Schriften apostolischen Ursprungs inspiriert seien, meinte aber andererseits, die Frage nach der apostolischen Herkunft sei durch geschichtliche Untersuchung zu klären. Darum rechnete er von vornherein das Markusevangelium und das lukanische Doppelwerk nicht zum Kanon, bestritt die Kanonizität dann auch für das griechische Matthäusevangelium, insofern es nur eine Übersetzung sei, und ließ die Frage beim Hebräerbrief und der Apokalypse offen. Indem MICHAELIS die *geschichtliche* (und deshalb auch geschichtlich zu untersuchende) Frage nach der Echtheit der neutestamentlichen Schriften mit der *dogmatischen* Frage nach der Inspiration verband, ja für deren Lösung in Anspruch nahm, wurde »eine verhängnisvolle Fehlentwicklung eingeleitet«[29], die in der Folge »die vorurteilsfreie historische Untersuchung in beiden konfessionellen Lagern vielfach gehemmt«[30] hat.

2. Der Anstoß zu einer neuen und noch radikaleren Entwicklung ging wiederum von zwei protestantischen Theologen aus: von FERDINAND CHRISTIAN BAUR († 1860), dem Begründer der jüngeren Tübinger Schule, und von seinem Schüler DAVID FRIEDRICH STRAUSS († 1874).

F. CHR. BAUR kommt das unbestreitbare und auch wohl bleibende Verdienst zu, als erster erkannt zu haben, daß die Schriften des Neuen Testaments in die Gesamtgeschichte des Urchristentums einzuordnen

[28] J. B. BAUER, Weg 32.
[29] W. G. KÜMMEL, Das NT 87.
[30] J. B. BAUER, Weg 33.

sind. Aber indem er das Schema der Hegelschen Geschichtsphilosophie, d. h. den »Dreitakt von Thesis, Antithesis und Synthesis«[31] auf die Geschichte des Urchristentums anwendete, gelangte er zu der unhaltbaren Konstruktion, die Geschichte des Urchristentums sei durch den Gegensatz zwischen Paulus als dem Vertreter eines gesetzesfreien, universalistischen Christentums und den Uraposteln, vornehmlich Petrus, als den Vertretern eines judaisierenden Christentums bestimmt. Erst die zweite christliche Generation habe sich bemüht, diesen Gegensatz auszugleichen. In dieses Entwicklungsschema ordnete BAUR die neutestamentlichen Schriften ein: Nur Gal, 1 und 2 Kor sowie Röm lassen die paulinische, nur das Matthäusevangelium und die Apokalypse die judaisierende Tendenz erkennen und gehören daher in die apostolische Zeit. Alle übrigen Schriften zeigen die spätere, ausgleichende Tendenz und sind deshalb erst dem zweiten Jahrhundert zuzuweisen. Da somit die »Tendenz« als das Kriterium angesehen wird, nach dem die neutestamentlichen Schriften einzuordnen sind, nennt man die Arbeitsweise der Tübinger Schule »Tendenzkritik«.

Die Radikalität BAURS wurde durch D. F. STRAUSS noch überboten, insofern er – besonders in seinem damals geradezu »revolutionär«[32] wirkenden zweibändigen Werk »Das Leben Jesu, kritisch bearbeitet« (1835/36) – von der Geschichtlichkeit des in den Evangelien dargestellten Christusbildes kaum noch etwas übrigließ und fast alles in den Bereich des Mythos verwies.

Die von BAUR und STRAUSS eingeschlagene radikale Richtung wurde u. a. von BRUNO BAUER († 1882) weitergeführt. Nach ihm ist das gesamte Neue Testament eine Fälschung des zweiten Jahrhunderts, das Jesusbild der Evangelien das Erzeugnis der schöpferischen Idee des Urevangelisten und das Christentum überhaupt ein Produkt des griechischen Geistes.

Daneben gewann gegen Ende des 19. Jahrhunderts im Protestantismus eine gemäßigtere Richtung an Raum, die aufs Ganze gesehen zu einer Annäherung der kritischen Forschung an die Tradition führte[33]. Hier sind vor allem zu nennen: HEINRICH JULIUS HOLTZMANN († 1910), ein entschiedener Verfechter der Zweiquellentheorie, KARL HEINRICH V. WEIZSÄCKER († 1899) mit seinem Werk »Das apostolische Zeitalter der christlichen Kirche« (^{3}1901), ADOLF JÜLICHER († 1938) mit seiner »Ein-

[31] W. G. KÜMMEL, Das NT 162.

[32] W. G. KÜMMEL, aaO. 147.

[33] Vgl. dazu A. WIKENHAUSER – J. SCHMID, Einleitung 7 f.

leitung in das Neue Testament« (ab [7]1931 in Verbindung mit Erich Fascher) sowie Adolf v. Harnack († 1930). Eine ausgesprochen »konservative«[34] Position nahmen Theodor Zahn († 1933) und Adolf Schlatter († 1938) ein.

3. Starke Impulse auf die Erforschung des Neuen Testaments gingen besonders in den ersten Jahrzehnten unseres Jahrhunderts von der *religionsgeschichtlichen Schule* aus, die vornehmlich aus orientalischen Religionen und dem hellenistischen Synkretismus Parallelen zu neutestamentlichen Berichten und Vorstellungen beibrachte und diese als direkte oder indirekte Quellen des Neuen Testaments ansah. Hier sind Namen zu erwähnen wie Johannes Weiss († 1914), Wilhelm Bousset († 1920), Hermann Gunkel († 1932), Richard Reitzenstein († 1932), Gustav Adolf Deissmann († 1937), Eduard Norden († 1941), Hans Lietzmann († 1942), der Begründer des »Handbuchs zum Neuen Testament« (HNT), und Gerhard Kittel († 1948), der erste Herausgeber des »Theologischen Wörterbuchs zum Neuen Testament« (ThWNT)[35].

Besonders reiche Frucht hat die intensive Erforschung des Spätjudentums und vor allem der rabbinischen Literatur gebracht. Hier muß man vornehmlich an das große, mit bewunderungswürdigem Fleiß angelegte Werk von Paul Billerbeck († 1932) denken, nämlich seinen vierbändigen »Kommentar zum Neuen Testament aus Talmud und Midrasch«[36]. Allerdings: »In ihrer nur kurzen Blütezeit hat die religionsgeschichtliche Schule von allen Richtungen der protestantischen Theologie, nicht bloß von der konservativen Richtung, sondern auch von namhaften Vertretern der liberalen Richtung, heftigen Widerspruch erfahren«[37], obgleich sich ihr Einfluß als sehr nachhaltig erwiesen hat.

4. Nach dem Ersten Weltkrieg wurde die Arbeit der religionsgeschichtlichen Schule durch die *formgeschichtliche Forschung* abgelöst, wenn es auch vorher schon Beispiele von Formuntersuchung am Neuen Testament gegeben hat[38]. Näherhin waren es drei protestantische Theologen, die die neue Epoche einleiteten: Karl Ludwig Schmidt († 1956), Martin Dibelius († 1947) und Rudolf Bultmann († 1976).

[34] A. Wikenhauser – J. Schmid, aaO. 7.

[35] Einen kritischen Überblick über die Arbeit der religionsgeschichtlichen Schule gibt C. Colpe in seinem Buch: Die religionsgeschichtliche Schule.

[36] [1]1922–1928 ([7]1978 f.); dazu erschienen inzwischen (1956 bzw. 1961) 2 Ergänzungsbände, hrsg. v. J. Jeremias und K. Adolph ([5]1979).

[37] A. Wikenhauser – J. Schmid, Einleitung 7.

[38] Vgl. dazu W. G. Kümmel, Das NT 419–434; H. Zimmermann, Methodenlehre 135–140.

K. L. SCHMIDT veröffentlichte im Jahre 1919 seine Untersuchung über den »Rahmen der Geschichte Jesu«[39]. Durch sorgfältige Analyse der Orts- und Zeitangaben zunächst des Markusevangeliums, dann auch der beiden anderen Evangelien konnte er nachweisen, daß hinter unseren Evangelien (bzw. ihren Quellen) mündlich überlieferte Einzelberichte stehen, welche die Evangelisten ohne Kenntnis des geschichtlichen Zusammenhangs nach sachlichen oder auch pragmatischen Gesichtspunkten durch einen sekundären Rahmen verbunden haben. Nur die Passionsgeschichte sei von Anfang an im Zusammenhang erzählt worden. Ebenso wichtig wie die Unterscheidung zwischen Rahmen und Einzelüberlieferung war SCHMIDTS Erkenntnis, »daß die Entstehung des urchristlichen Schrifttums aus dem Kult begriffen werden muß«[40], daß die Jesustradition ihre Weitergabe und Formung also nicht historischen, sondern glaubensmäßigen Interessen verdankte.

Im gleichen Jahre (1919) erschien das Werk von M. DIBELIUS, das der neuen Forschungsrichtung den Namen gegeben hat: seine »Formgeschichte des Evangeliums«[41]. DIBELIUS, der die formgeschichtliche Methode dann auch auf die Apostelgeschichte angewendet hat[42], stellt u. a. folgende Thesen auf: 1. Die synoptischen Evangelien enthalten Sammelgut. Ihre »Verfasser sind nur zum geringsten Teil Schriftsteller, in der Hauptsache Sammler, Tradenten, Redaktoren«[43]. 2. Die Evangelisten übernahmen einen bereits vorgeformten Stoff; ihr Anteil an der literarischen Art der synoptischen Überlieferung erstreckte sich lediglich »auf Auswahl, Rahmung und letzte Gestalt, nicht auf die ursprüngliche Formung des Stoffes«[44]. 3. Fragt man, was zur Formung und Sammlung und überhaupt zur Weitergabe der Jesusüberlieferung führte, dann läßt sich sagen: »die Mission bot den Anlaß, die Predigt das Mittel zur Verbreitung dessen, was die Schüler Jesu als Erinnerung bewahrten«[45]. 4. Grundsätzlich sind zwei Erzählformen zu unterscheiden: das Paradigma[46] und die Novelle[47]; andere Formen (z. B. die Legende) haben

[39] K. L. SCHMIDT, Der Rahmen der Geschichte Jesu (Neudruck 1969).

[40] AaO. VI.

[41] M. DIBELIUS, Die Formgeschichte des Evangeliums (^{6}1971 mit einem Nachtrag von G. IBER hrsg. v. G. BORNKAMM).

[42] Vgl. seine (von H. GREEVEN herausgegebenen) »Aufsätze zur Apostelgeschichte«.

[43] M. DIBELIUS, Formgeschichte 2.

[44] AaO. 3.

[45] Ebd. 12.

[46] Ebd. 34–66.

[47] Ebd. 66–100.

nur periphere Bedeutung. Dibelius setzt die beiden genannten Erzählformen (Paradigma und Novelle) nicht nur mit verschiedenen Funktionen des urchristlichen Lebens in Verbindung, sondern zeigt auf, wie sich in der Entwicklung von der einen zur anderen Gattung die wachsende Einrichtung des ursprünglich weltfremden Christentums in der Welt auswirkt. Damit mißt Dibelius der formgeschichtlichen Unterscheidung zugleich einen geschichtskritischen Wert bei[48].

Im Jahre 1921 veröffentlichte R. Bultmann seine »Geschichte der synoptischen Tradition«[49]. Auch ihm geht es darum, »ein Bild von der Geschichte der Einzelstücke der Tradition zu geben; von der Entstehung dieser Tradition wie von ihrer Abwandlung bis zu der Fixierung, in der sie uns in jedem der Synoptiker vorliegt, ja auch teilweise darüber hinaus«[50]. Bei der Frage nach der geschichtlichen Herkunft der einzelnen Stücke bezieht er stärker als Dibelius die religionsgeschichtliche Fragestellung ein. Deshalb spielt auch in seinen Untersuchungen »die Rücksicht auf das eine Hauptproblem des Urchristentums, das Verhältnis des palästinensischen und des hellenistischen Urchristentums eine wesentliche Rolle«[51]. Zudem wird bei ihm »dem schöpferischen Einfluß der Gemeinde auf die Formung und Erweiterung der Jesusüberlieferung eine sehr große Rolle eingeräumt und stark betont, daß der von Markus geschaffene literarische Typus des ›Evangeliums‹ in der Verkündigung und dem Kult der hellenistischen Gemeinden seine Wurzel hat«[52].

Es waren vor allem Bultmanns kritischer Radikalismus und seine weitgehende Skepsis gegenüber der geschichtlichen Zuverlässigkeit der Jesusüberlieferung, die bewirkten, daß die neue Methode der Formgeschichte »sich in der protestantischen Forschung nicht sofort allgemein durchgesetzt«[53] hat, schien sie doch »den geschichtlich erkennbaren Grund des christlichen Glaubens in der Person Jesu allzusehr aufzulö-

[48] Vgl. ebd. 288: »Man kann es von der Formgeschichte ablesen, daß der Weg des Christentums von der grundsätzlichen Weltfremdheit mit ihrer Selbstbeschränkung auf die religiösen Interessen der Gemeinde hinführte zur Einrichtung in der Welt und zur Anpassung an ihre Verhältnisse.«

[49] R. Bultmann, Die Geschichte der synoptischen Tradition ([9]1979); dazu erschien später ein von G. Theissen und Ph. Vielhauer bearbeitetes Ergänzungsheft ([5]1979).

[50] AaO. 4.

[51] Ebd. 6.

[52] W. G. Kümmel, Das NT 428.

[53] A. Wikenhauser – J. Schmid, Einleitung 292.

sen«[54]. Allerdings beschränkte sich die Kritik in der Folgezeit nicht immer auf Ablehnung der Formgeschichte oder Verteidigung der herkömmlichen Ansichten, sondern sie brachte auch eine Reihe neuer Erkenntnisse hervor, die »die Formgeschichte weit über ihre Anfänge hinausführte«[55].

Im ganzen hat die Formgeschichte Einsichten eröffnet, die für das Verständnis des Neuen Testaments von einer kaum zu überschätzenden Bedeutung sind, und hat dadurch nicht zuletzt für das ökumenische Gespräch bezüglich der *theologischen* Bedeutung der historisch-kritischen Bibelwissenschaft wertvolle Anregungen vermittelt. Folgende Hauptergebnisse seien hier herausgestellt:

a) Die Formgeschichte hat zu der Erkenntnis geführt, daß die Jesusüberlieferung ihre Erhaltung und Formung nicht historischen, sondern glaubensmäßigen Interessen verdankt. Gemeint ist damit, daß die Ausformung und Weitergabe der Jesusüberlieferung von dem Glauben der Urkirche an den erhöhten und in seiner Kirche gegenwärtigen Herrn getragen wurde; dieser Glaube setzt die Auferstehung Jesu Christi voraus und ist ohne sie gar nicht zu denken.

b) Die Formgeschichte hat die Tradition der Kirche entdeckt und damit die Bedeutung erkannt, die der Kirche für die Ausformung und Weitergabe der Jesusüberlieferung zukam. Sie hat die unter Umständen recht lange Entwicklung sehen gelehrt, die etwa ein Herrenwort zurückgelegt hat, bis es in die Evangelien aufgenommen wurde; sie hat sodann zu der noch wesentlicheren Einsicht geführt, daß »die Weitergabe der Tradition . . . immer zugleich auch deren Interpretation«[56] bedeutet.

c) Die Formgeschichte ermöglicht ein vertieftes Verständnis von Inspiration. Sie zeigt, daß das Wirken des Heiligen Geistes nicht erst bei der Arbeit des jeweiligen Evangelisten einsetzt, sondern für den ganzen Traditionsvorgang Geltung hat.

5. Da die Formgeschichte den Blick allzusehr auf die vorevangelische Überlieferung gerichtet und die Evangelisten fast ausschließlich als

[54] W. G. Kümmel, Das NT 433.

[55] H. Zimmermann, Methodenlehre 139. Zimmermann geht bes. auf die Kritik von E. Schick (Formgeschichte und Synoptikerexegese 1940) auf katholischer Seite sowie von K. Stendahl, H. Riesenfeld und B. Gerhardsson ein (aaO. 139 f.). Hinzuweisen wäre darüber hinaus auf die Kritik, die E. Güttgemanns in seinen »Offenen Fragen zur Formgeschichte des Evangeliums« (1970) vom linguistischen Ansatzpunkt her an der Arbeit der alten Formgeschichtler übt.

[56] H. Zimmermann, Jesus Christus 23.

Sammler und Tradenten angesehen hatte, ist es verständlich, daß in den letzten Jahrzehnten das Pendel zurückschwang und die *redaktionsgeschichtliche Forschung* gerade die besondere Absicht und die theologische Ausrichtung der einzelnen Evangelisten – Entsprechendes gilt selbstverständlich auch für die übrigen neutestamentlichen Schriftsteller – in den Vordergrund rückte und demgemäß den Blick auf den »Rahmen« lenkte, in den diese die ihnen überkommene Tradition hineingestellt haben[57]. Nun gab es auch vorher schon Ansätze zu einer redaktionsgeschichtlichen Betrachtungsweise – so hatten bereits M. DIBELIUS und R. BULTMANN ihre oben erwähnten formgeschichtlichen Untersuchungen in die Darstellung der Redaktion des Traditionsstoffes durch die Evangelisten ausmünden lassen –; jedoch begann die redaktionsgeschichtliche Forschung im *eigentlichen* Sinne erst nach dem Zweiten Weltkrieg, und zwar wieder mit den Arbeiten von zwei protestantischen Theologen. Es handelt sich um die Untersuchung von HANS CONZELMANN zu Lukas[58] und die von WILLI MARXSEN zu Markus[59]. Allerdings muß darauf hingewiesen werden, daß fast gleichzeitig die ersten redaktionsgeschichtlichen Arbeiten auch auf katholischer Seite entstanden; zu erwähnen sind insbesondere die Dissertation von WOLFGANG TRILLING[60] und die Habilitationsschrift von JOACHIM GNILKA[61]. Dies zeigt an, daß inzwischen auf katholischer Seite eine »Wende« eingetreten war, die erstaunlich und zugleich erfreulich erscheint, wenn man sich, wie dies im Folgenden kurz geschehen soll, die geschichtliche Entwicklung der exegetischen Forschung im katholischen Bereich seit den Tagen RICHARD SIMONS vor Augen hält.

2. Die Entwicklung im katholischen Bereich

1. Es wurde schon erwähnt, daß aufgrund der Ächtung R. SIMONS und seines Werkes für den katholischen Bereich die Weichen für lange Zeit

[57] Zur redaktionsgeschichtlichen Forschung vgl. u. a. J. ROHDE, Methode; H. ZIMMERMANN, Methodenlehre 220–241.

[58] H. CONZELMANN, Die Mitte der Zeit. Studien zur Theologie des Lukas ([1]1954; [5]1964).

[59] W. MARXSEN, Der Evangelist Markus. Studien zur Redaktionsgeschichte des Evangeliums ([1]1956; [3]1964).

[60] W. TRILLING, Das wahre Israel. Studien zur Theologie des Matthäus-Evangeliums ([1]1959; [3]1964).

[61] J. GNILKA, Die Verstockung Israels. Is. 6,9–10 in der Theologie der Synoptiker (1961).

gestellt waren: Die katholische Exegese hielt sich von der historisch-kritischen Arbeit an der Bibel weitgehend fern. Sie war hauptsächlich apologetisch eingestellt, d. h. beschränkte sich im wesentlichen darauf, die Irrtümer zurückzuweisen und die Tradition zu verteidigen. Einer, der sich »mit großem Wissen, Besonnenheit und starker Wirkung«[62] gegen die damals herrschende kritische Richtung der Exegese wandte, war JOHANN LEONHARD HUG († 1846), dessen »Einleitung in die Schriften des NT« erstmals 1808 erschien (^{4}1847). Diesen Defensivcharakter kann man verstehen, wenn man an die Exzesse denkt, zu denen es in der liberalen protestantischen Exegese gekommen ist. Aber das allein reicht zur Erklärung noch nicht aus. Man muß hinzunehmen, daß die katholische Theologie hinsichtlich der Entstehung der Heiligen Schrift jahrhundertelang an einer Auffassung festhielt, die auch heute noch nicht ganz überwunden zu sein scheint: Die Entstehung der Heiligen Schrift wurde seit dem Mittelalter in einem unlösbaren Zusammenhang gesehen mit der Lehre von der Inspiration, d. h. mit den theologischen Aussagen über den göttlichen Ursprung der Heiligen Schrift. Um die traditionelle Inspirationslehre der Kirche zu retten, glaubten die katholischen Theologen, »sich gegen die historisch-kritische Klärung der Entstehungsumstände der biblischen Bücher wehren zu müssen«[63]. Es dauerte lange, »bis sich in der katholischen Theologie die Einsicht durchsetzte, daß man hier ohne innere Legitimation zwei verschiedene Aussagensysteme miteinander verquickt hatte«[64].

2. Durch die mit solcher Einsicht aufkommende Bereitschaft katholischer Exegeten zur Mitarbeit an der historisch-kritischen Erforschung der Heiligen Schrift schien sich gegen Ende des 19. Jahrhunderts katholischerseits eine neue Epoche anzubahnen. Im Jahre 1890 gründete MARIE-JOSEPH LAGRANGE die berühmte »École Biblique«, 1903 veröffentlichte er seine Schrift »La méthode historique« (^{2}1904). »LAGRANGE war der erste, der die in der protestantischen Exegese längst weithin herrschend gewordene historisch-kritische Methode als durch die Sache gefordert und als allein fähig betrachtete, sich mit der protestantischen Forschung in ernstzunehmender Weise auseinanderzusetzen und das Wertvolle an ihren Leistungen anzuerkennen und zu übernehmen«[65]. Die Tragik war, daß derartige Ansätze zu Beginn unseres Jahrhunderts

[62] A. WIKENHAUSER – J. SCHMID, Einleitung 6.
[63] N. LOHFINK, Bibelauslegung 54.
[64] AaO.
[65] A. WIKENHAUSER – J. SCHMID, Einleitung 9.

in die Auseinandersetzung mit dem »Modernismus« gerieten, zu dessen Vorkämpfern der französische Exeget ALFRED LOISY († 1940) gehörte. Damals, nämlich im Jahre 1902, setzte Papst Leo XIII. durch das Apostolische Schreiben »Vigilantiae« die Päpstliche Bibelkommission ein, deren Aufgabe die Förderung, vor allem aber die Überwachung der biblischen Studien sein sollte. Dieses »Überwachungsorgan«[66] erließ in den folgenden Jahren eine Reihe von Dekreten, in denen die seitens der kritischen Forschung gestellten Fragen meist negativ beantwortet wurden. »Damit war innerhalb der katholischen Theologie eine öffentliche Diskussion dieser Fragen nicht möglich«[67]. Auf der anderen Seite gründete Papst Pius X. im Jahre 1909 das Päpstliche Bibelinstitut, »das von Anfang an als Programm erhielt, mit strengsten wissenschaftlichen Methoden zu arbeiten«[68], was es in der Folgezeit auch tat. In hervorragender Weise geschah dies unter dem verstorbenen Kardinal A. BEA, der sein Amt als Rektor des Instituts mit wissenschaftlicher Kompetenz, Umsicht und großem Weitblick versah und das Bibelinstitut mit einem Geist erfüllte, in dem es allen Anforderungen der modernen Exegese gerecht werden konnte und auch heute noch kann.

3. So bahnte sich allmählich nun doch eine andere Entwicklung an, die, in gewisser Weise schon durch die Enzyklika Leos XIII. »Providentissimus Deus« von 1883 vorbereitet, mit der Bibelenzyklika Pius' XII. »Divino afflante Spiritu« aus dem Jahre 1943 einen Höhepunkt erreichte[69]. Man sagt nicht zuviel, wenn man behauptet, daß diese Enzyklika eine neue Ära katholischer Bibelwissenschaft eröffnet hat. Sie ist deshalb zu Recht die »Befreiungsenzyklika« genannt worden[70].

In dieser Enzyklika skizziert Pius XII. zunächst die große Wandlung, welche die biblische Forschung in den letzten 50 Jahren durch eine Fülle neuer Materialien erlebt hat. Dann ermahnt er zur Benutzung der Urtexte der Heiligen Schrift, empfiehlt das Studium der biblischen Sprachen, betont die Wichtigkeit der Textkritik und stellt den Primat des Literalsinns heraus, dem er durchaus theologische Bedeutung beimißt[71]. Als besondere Aufgabe der Schrifterklärer der Gegenwart bezeichnet

[66] A. WIKENHAUSER – J. SCHMID, aaO.

[67] N. LOHFINK, Bibelauslegung 56.

[68] N. LOHFINK, aaO. 57.

[69] Vgl. den Text in: EnchB Num. 538–569.

[70] A. WIKENHAUSER – J. SCHMID, Einleitung 10.

[71] Siehe bes. die Ausführungen der Enzyklika in: EnchB Num. 551 ff. Vgl. dazu R. SCHNACKENBURG, Weg 18.

der Papst die Berücksichtigung der Eigenart der biblischen Schriftsteller und der literarischen Gattungen, besonders in geschichtlichen Darstellungen, und drängt auf die Bemühung um eine positive Lösung der noch ungeklärten Fragen. Eindringlich mahnt er, man solle die Bemühung der Bibelerklärer nicht nur mit Billigkeit und Gerechtigkeit, sondern auch mit Liebe beurteilen und nicht alles, was neu ist, nur weil es neu ist, bekämpfen oder verdächtigen. Damit wurde dem katholischen Exegeten nicht nur der Weg zur historisch-kritischen Forschung offiziell eröffnet, sondern diese sogar zur Pflicht gemacht.

4. Unter dem 21. April 1964 veröffentlichte die Bibelkommission die von Papst Paul VI. bestätigte »Instructio de historica Evangeliorum veritate«, in der die Linie der Enzyklika »Divino afflante Spiritu« konsequent fortgeführt wird[72]. Man kann ihre wesentliche Aussagen in folgenden Punkten zusammenfassen:

a) Der katholische Exeget soll sich bei seiner Arbeit der historischen Methode bedienen, auch – allerdings mit Umsicht – der formgeschichtlichen Methode[73].

b) »Um die Zuverlässigkeit der Evangelientradition sachgerecht aufzuweisen, hat der Exeget die drei Phasen der Überlieferung (›tria tempora traditionis‹) zu berücksichtigen, durch die hindurch Lehre und Leben Jesu auf uns gekommen sind«[74]. Dazu schreibt J. A. FITZMYER erläuternd: »Es handelt sich um die Unterscheidung von drei Überlieferungsphasen in der Geschichte des Evangelienstoffes: die Ursprünge der Stoffe liegen im Umgang der Jünger mit Jesus, der Stoff wurde dann innerhalb der Kirche weitergegeben und geformt, schließlich wurden aus ihm unsere Evangelien gestaltet«[75].

c) »Ein Exeget, der nicht allen . . . Fragen des Ursprungs und der Abfassung der Evangelien nachgeht und der nicht alle gesicherten Ergebnisse der neueren Forschung sachgemäß verwertet, erfüllt nicht seine Aufgabe, zu erforschen, was die biblischen Verfasser sagen wollten und sagten. Aus den Ergebnissen der neueren Forschung geht hervor, daß Lehre und Leben Jesu nicht einfach weitererzählt wurden, nur damit die Erinnerung daran nicht schwinde, sondern daß sie so ›verkündet‹ wurden, daß sie der Kirche Fundament des Glaubens und der Sitte sein

[72] Text und Übersetzung der Instructio (mit Einführung und Kommentar) s. bei J. A. FITZMYER, Wahrheit.

[73] Vgl. die Aussagen in IV.1 und V der Instructio.

[74] Instructio VI.2.

[75] J. A. FITZMYER, Wahrheit 21.

konnten. Ein Exeget, der das Zeugnis der Evangelisten unermüdlich durchforscht, kann daher die bleibende theologische Bedeutung der Evangelien besser aufzeigen und kann einsichtig machen, wie notwendig und wichtig ihre Auslegung durch die Kirche ist«[76].

d) Nach Ansicht der Instructio »bleiben viele schwierige Fragen, die der katholische Exeget in aller Freiheit wissenschaftlich bearbeiten kann und soll, um dadurch – ein jeder von seinem Arbeitsgebiet her – beizutragen zum Nutzen aller Gläubigen, zum ständigen Fortschritt der Theologie, zur Vorbereitung und nachträglichen Begründung eines Urteils des kirchlichen Lehramtes, zur Verteidigung und Ehre der Kirche«[77].

5. Den vorläufigen Abschluß dieser Entwicklung bildet die Dogmatische Konstitution »Dei Verbum« des Zweiten Vatikanischen Konzils[78]. Sie wiederholt die Prinzipien der Enzyklika »Divino afflante Spiritu« und der Instructio von 1964 »mit der Autorität eines Konziltextes«[79].

Für unseren Zusammenhang sind die Aussagen in Art. 12 besonders wichtig: »Da Gott in der Heiligen Schrift durch Menschen nach Menschenart gesprochen hat, muß der Schrifterklärer, um zu erfassen, was Gott uns mitteilen wollte, sorgfältig erforschen, was die heiligen Schriftsteller wirklich zu sagen beabsichtigten und was Gott mit ihren Worten kundtun wollte. Um die Aussageabsicht der Hagiographen zu ermitteln, ist neben anderem auf die literarischen Gattungen zu achten. Denn die Wahrheit wird je anders dargelegt und ausgedrückt in Texten von in verschiedenem Sinn geschichtlicher, prophetischer oder dichterischer Art, oder in anderen Redegattungen. Weiterhin hat der Erklärer nach dem Sinn zu forschen, wie ihn aus einer gegebenen Situation heraus der Hagiograph den Bedingungen seiner Zeit und Kultur entsprechend – mit Hilfe der damals üblichen literarischen Gattungen – hat ausdrücken wollen und wirklich zum Ausdruck gebracht hat. Will man richtig verstehen, was der heilige Verfasser in seiner Schrift aussagen wollte, so muß man schließlich genau auf die vorgegebenen umweltbedingten Denk-, Sprach- und Erzählformen achten, die zur Zeit des Verfassers herrschten, wie auf die Formen, die damals im menschlichen Alltagsverkehr üblich waren. Da die Heilige Schrift in dem Geist gelesen und ausgelegt werden muß, in dem sie geschrieben wurde, erfordert die rechte Ermittlung des Sinnes der heiligen Texte, daß man mit nicht geringerer Sorgfalt

[76] Instructio X.

[77] Instructio XI.

[78] Vgl. dazu oben Anm. 9.

[79] N. Lohfink, Bibelauslegung 59.

auf den Inhalt und die Einheit der ganzen Schrift achtet, unter Berücksichtigung der lebendigen Überlieferung der Gesamtkirche und der Analogie des Glaubens. Aufgabe der Exegeten ist es, nach diesen Regeln auf eine tiefere Erfassung und Auslegung des Sinnes der Heiligen Schrift hinzuarbeiten, damit so gleichsam aufgrund wissenschaftlicher Vorarbeit das Urteil der Kirche reift. Alles, was die Art der Schrifterklärung betrifft, untersteht letztlich dem Urteil der Kirche, deren gottgegebener Auftrag und Dienst es ist, das Wort Gottes zu bewahren und auszulegen.« Hier werden dem Exegeten klare hermeneutische Regeln für die Bibelauslegung an die Hand gegeben. Indem die Konstitution insbesondere »dazu auffordert, die geschichtliche Bedingtheit der biblischen Aussagen aufzuspüren und auszuwerten, wird die Aufgabe der historisch-kritischen Forschung wohl noch umfassender und tiefer gewürdigt – wenn auch vielleicht nicht so ausführlich entfaltet – als in ›Divino afflante‹«[80].

Damit sind wir wieder beim heutigen Stand der Dinge angelangt und können als *Ergebnis* des geschichtlichen Überblicks feststellen, daß die historisch-kritische Methode es weder im Protestantismus noch vor allem im katholischen Bereich leicht hatte, sich durchzusetzen; sie wurde erst »nach schmerzlichen Kämpfen und mit gewisser Phasenverzögerung auf der katholischen Seite als Arbeitsweg der Bibelwissenschaft anerkannt«[81]. Um so dankbarer muß man gerade im Hinblick auf die interkonfessionelle Zusammenarbeit der Exegeten dafür sein, daß sich diese der Heiligen Schrift durchaus angemessene Methode[82] heute auf beiden Seiten durchgesetzt hat und fast zu einer Selbstverständlichkeit geworden ist – eine Tatsache, zu der »gemeinsame konkrete Lebenserfahrungen nicht wenig beigetragen haben«[83]. Insofern ist – jedenfalls aus heutiger Sicht – nicht recht verständlich, daß G. EBELING in einem – allerdings schon vor etlichen Jahren erschienenen – Aufsatz in bezug auf die Bibelenzyklika »Divino afflante Spiritu« meint bemerken zu müssen, dadurch habe sich an der grundsätzlichen Haltung der katholischen Kirche zur Bibelauslegung nichts geändert, vielmehr sei »die konfessionelle Verständigung auf dem Boden der Schriftauslegung auch durch die so erstaunlich anmutende Enzyklika von 1943 im Grunde keinen Schritt

[80] A. GRILLMEIER, Das Zweite Vatikanische Konzil II 554.

[81] P. STUHLMACHER, Methoden- und Sachproblematik 22.

[82] Sie ist schon deshalb angemessen, weil sich die (in der Schrift enthaltene) Offenbarung im Raum der *Geschichte* ereignet hat. Vgl. dazu H. ZIMMERMANN, Jesus Christus 179.

[83] E. KÄSEMANN, Fragen 12.

vorangekommen«[84]. Es hat sich durchaus etwas geändert, und die konfessionelle Verständigung ist dank der verbindenden Kraft der historisch-kritischen Methode durchaus vorangekommen! P. STUHLMACHER schreibt zu Recht: »Es wäre . . . höchst unangebracht, die Augen vor dem imponierenden Siegeszug zu verschließen, den die historisch-kritische Methode im letzten und in diesem Jahrhundert genommen hat. Die historische Methode hat sich heute in der theologischen Wissenschaft durchgesetzt. Sie ermöglicht es Protestanten und Katholiken, die Bibel gemeinsam zu erforschen . . . Niemand von uns kann ein Interesse daran haben, daß die mit der historischen Methode gegebene ökumenische Gesprächs- und Forschungsbasis wieder abgerissen wird«[85].

Ungelöste Probleme

Das bedeutet freilich keineswegs, daß es hinsichtlich der Schriftauslegung zwischen den Konfessionen keine Probleme und Schwierigkeiten mehr gibt. Im Gegenteil: Die Schwierigkeiten sind z. T. sogar recht gravierend, weil sie mit unterschiedlichen hermeneutisch-theologischen Grundauffassungen zusammenhängen. Es gibt nun einmal keine ganz »vorurteilslose« (weil »voraussetzungslose«)Wissenschaft und also auch keine »vorurteilslose« Bibelwissenschaft[86]. Jedenfalls hat sich in bezug auf die historisch-kritische Bibelauslegung inzwischen gezeigt, daß ihre »angebliche Voraussetzungslosigkeit ein positivistischer Grundsatz war, der sich längst als unhaltbar erwiesen hat«[87]. Jeder Exeget ist z. B. seiner jeweiligen Kirche und ihrer Glaubenstradition verpflichtet und bringt schon von daher ein bestimmtes Vorverständnis bzw. »Vor-Urteil« mit[88]. Insofern wird die notwendige und heute auch fast selbstverständlich gewordene ökumenische Zusammenarbeit in der Bibelwissenschaft sich nur dann ehrlich vollziehen können, wenn – bei aller Bemühung um gemeinsame Lösungen – Unterschiede nicht verwischt werden und »jeder Standpunkt unverzerrt zutage tritt«[89].

[84] G. EBELING, Bedeutung 40 (Anm.).

[85] P. STUHLMACHER, Verstehen 28.

[86] Vgl. R. BULTMANN, Exegese 143: »Voraussetzungslose Exegese kann es nicht geben.« Vgl. auch R. SCHNACKENBURG, Auslegung 57–77, bes. 57–61; ferner K. FRÖR, Wege 51–56.

[87] F. HAHN, Probleme 13. Vgl. R. SCHNACKENBURG, aaO. 59.

[88] Vgl. A. VÖGTLE, Auslegung 29–83, bes. 38–42. Daß übrigens »Vor-Urteile« durchaus »Bedingungen des Verstehens« sind, betont H.-G. GADAMER, Wahrheit und Methode, bes. 250–275.

[89] R. SCHNACKENBURG, Weg 25.

Die unterschiedlichen Standpunkte werden näherhin vor allem sichtbar bei der – im protestantischen Bereich namentlich seit der »dialektischen Theologie« K. BARTHS und der »existentialen Interpretation« R. BULTMANNS, inzwischen aber auch zunehmend im katholischen Bereich diskutierten und also als *gemeinsames* Grundproblem der Hermeneutik anzusehenden – Frage nach der *theologischen* (und damit zugleich existentiellen) Tragweite und Leistungsfähigkeit der historisch-kritischen Exegese[90]. Im Zuge der diesbezüglich in Gang gekommenen Methodenreflexion mehren sich in beiden Lagern die Stimmen derer, die ihr Unbehagen gegenüber einer rein »historischen« Exegese äußern – ein Unbehagen, das nicht zuletzt mit dem bei dieser Exegese entstehenden Eindruck eines verwirrenden Pluralismus zusammenhängt[91] – und eine »theologische«, d. h. von theologischen Interpretationsinteressen geleitete Exegese fordern, was immer man dann darunter verstehen mag. P. STUHLMACHER erläutert diese Forderung nach einer »theologischen« (d. h. für ihn: einer letztlich auf das »geistliche« Verstehen der Bibel abzielenden) Interpretation so: »Da die Texte, mit denen wir umgehen, nicht nur historische Quellen, sondern gleichzeitig kirchliche Offenbarungsurkunden und persönliche Erbauungsliteratur sind, insistieren unsere beiden Kirchen mit Recht darauf, daß die Schrift letztlich geistlich verstanden werden will. Wenn wir den komplexen Charakter der Texte und die methodologischen Schwierigkeiten unserer kritischen Schriftinterpretation wirklich ernst nehmen, kann in der Tat keine Rede davon sein, daß die zur Zeit von uns betriebene Textauslegung dem Anspruch der Heiligen Schrift voll gerecht wird«[92].

Die Forderung erscheint berechtigt, hat doch die neutestamentliche Exegese – auf sie wollen wir uns hier beschränken – nicht nur die Aufgabe, »die neutestamentlichen Texte so zum Sprechen zu bringen, wie ein historischer Text zum Sprechen gebracht werden kann«, und auf diese Weise dazu beizutragen, daß man »zu einem besseren geschicht-

[90] Vgl. dazu u. a. P. STUHLMACHER, Thesen 18–26; K. LEHMANN, Horizont 40–80; s. ferner die Literaturangaben bei R. SCHNACKENBURG, Auslegung 58 Anm. 1.

[91] Vgl. P. STUHLMACHER, Verstehen 28 f.: »Es gehört keine besondere Findigkeit dazu, heute zu jeder gewichtigeren Frage im Bereich der neutestamentlichen Wissenschaft zwei oder drei einander diametral entgegengesetzte Antworten ausfindig zu machen, die sämtlich mit dem Anspruch auftreten, wissenschaftlich – und d. h. in diesem Falle: historisch-kritisch – fundiert und dementsprechend auch wahr zu sein.« Nach R. SCHNACKENBURG bringt es die »Eigenart unserer Quellen . . . mit sich, daß man in ›historisch-kritischen‹ Fragen verschiedener Meinung sein kann« (aaO. 65).

[92] P. STUHLMACHER, Methoden- und Sachproblematik 40.

lichen Verständnis der Aussagen des Neuen Testamentes gelangen« kann[93]; vielmehr muß sie – als *theologische* Wissenschaft, die sie sein will[94] – zugleich das Ziel verfolgen, das *theologische* Verstehen des Neuen Testaments zu bereiten, d. h. den auszulegenden Text und darüber hinaus das gesamte Neue Testament als Auslegung Jesu Christi erkennbar zu machen, um so auch dem heutigen Menschen eine Begegnung mit Ihm, dem in der Schrift fleischgewordenen Wort (Joh 1,14), zu ermöglichen, dessen Anspruch im Glauben beantwortet sein will[95]. Anders ausgedrückt: »Es geht um die Glaubensaussage der Bibel und was sie dem heutigen Menschen zu sagen hat«[96].

Allerdings ergeben sich bei der Verwirklichung dieser Forderung zwangsläufig Probleme. So ist in methodischer Hinsicht zu fragen, ob sich der Exeget bei der Erfüllung seiner *theologischen* Aufgabe überhaupt der historisch-kritischen Methode bedienen, vielleicht sogar auf sie beschränken kann[97], oder ob er dazu (wenigstens zusätzlich) einer besonderen theologischen Methode bedarf, d. h., um es mit H. SCHLIER zu formulieren, »einer Weise, den Zugang zu den Sachverhalten zu gewinnen, eines Weges, auf dem sich die Wirklichkeit, von der das NT spricht, erschließt«[98]. Diese Frage wird seitens der Exegeten – und zwar quer durch die Konfessionen – unterschiedlich beantwortet, je nachdem, wie man grundsätzlich über den Zusammenhang von »historischer« und »theologischer« Interpretation im allgemeinen und über die theologische Relevanz der historisch-kritischen Exegese im besonderen denkt. Es gibt dabei im wesentlichen drei Positionen:

a) Die erste Position propagiert eine Art »Dualismus der Schriftauslegung«[99], d. h. vertritt eine auch in methodischer Hinsicht doppelte, aus zwei selbständigen Stufen bestehende Exegese. Hierzu gehören etwa in der protestantischen Forschung alle Versuche, neben die »historische« eine »pneumatische« Exegese (so z. B. K. GIRGENSOHN), neben die »ge-

93 H. ZIMMERMANN, Methodenlehre 268.

94 Vgl. R. SCHNACKENBURG, Theologie 13.

95 Vgl. dazu bes. H. ZIMMERMANN, Jesus Christus 9 f. und 177–181; DERS., Methodenlehre 268 ff.

96 R. SCHNACKENBURG, Auslegung 64. Vgl. auch F. MUSSNER, Aufgaben 7–28, bes. 11–18.

97 Auch nach R. SCHNACKENBURG »fragt sich, ob solche Methodik allein zu einem wirklichen *Verstehen* der Texte führt, ja, ob sie überhaupt rein für sich anwendbar ist und nicht schon von vornherein wieder von anderen Faktoren abhängt oder wenigstens mit abhängt« (Auslegung 58).

98 H. SCHLIER, Sinn 10.

99 Vgl. dazu K. FRÖR, Wege 57–62.

schichtliche« eine »übergeschichtliche« Auslegung (so u. a. A. OEPKE)[100] als Ergänzung zu setzen[101]. Da es jedoch »im Horizont der theologischen Wissenschaft . . . keine nebenkritischen Reservate geben«[102] kann, ist es schon von daher falsch, *neben* der historisch-kritischen Methode den eigentlichen »Ort« für die theologischen Fragen ausfindig machen zu wollen, wie es etwa mit der Forderung nach einer (zusätzlichen) »pneumatischen Exegese« geschieht[103]. In diesem Sinne jedenfalls ist die historisch-kritische Exegese nicht ergänzungsbedürftig[104].

[100] Vgl. auch die Unterscheidung zwischen »Auslegen« und »Deuten« bei MARTIN WERNER; s. dazu K. FRÖR, Wege 58.

[101] Nach K. FRÖR (aaO. 59) muß auch an BULTMANNS Hermeneutik, wonach die biblischen Texte zuvor »historisch« interpretiert werden müssen, ehe es zur »existentiellen« Begegnung mit ihnen kommen kann (vgl. seinen oben Anm. 86 angegebenen Aufsatz S. 143), »die Frage gerichtet werden, ob nicht auch bei ihm faktisch der gleiche Dualismus zugrundeliegt, wenn er auch die Zweiteilung in Stufen nicht so offenherzig markiert wie M. Werner« und daran festhält, daß es für die neutestamentliche Wissenschaft nur eine Methode geben könne: die »historische«.

[102] K. LEHMANN, Horizont 97.

[103] Vgl. zur Kritik auch R. SCHNACKENBURG, Weg 23, der davor warnt, nach einer »pneumatischen« oder »theologischen« Exegese zu rufen, »die mehr zu leisten hätte, als mit allen vernünftigen Mitteln den Literalsinn bis in die theologischen Tiefen aufzugraben«, denn: »Eine solche Exegese könnte doch nur theologische Schwärmerei sein.«

[104] A. GRILLMEIER weist in seinem Kommentar zu »Dei Verbum« ([s. o. Anm. 9] 552) darauf hin, daß auch katholische Theologen, vor allem Bibeltheologen und Dogmatiker, eine »gestufte Exegese« vertreten: »sie möchten in einem ersten Schritt auf historisch-kritischem Wege . . . die Aussageabsicht der Hagiographen erarbeiten. Sie finden darin auch schon den *sensus divinus,* allerdings nur in dem Umfang, wie ihn der Hagiograph von damals erfaßt hat. Sie identifizieren aber den Aussagewillen Gottes nicht einfachhin mit diesem historisch-gebundenen Verständnis des Schriftstellers, sondern lassen ihn darüber hinausgehen« und halten daher zusätzlich eine »theologische« Exegese im strengen Sinne als zweiten Schritt für erforderlich. GRILLMEIER erwähnt in diesem Zusammenhang, daß auch beim Vaticanum II verschiedene Konzilsväter zwischen einer sogenannten »rationalen« und einer eigentlich »theologischen« Exegese unterscheiden wollten. Nun wird zwar auch hier die historisch-kritische Exegese als ergänzungsbedürftig gesehen, dennoch liegt der Fall deswegen anders als bei den oben besprochenen »dualistischen« Versuchen, weil dabei immerhin die theologische Relevanz der historisch-kritischen Exegese (wenngleich mit Einschränkung) anerkannt wird. Gerade dann ist allerdings die beim Konzil vorgeschlagene Unterscheidung zwischen »rationaler« und streng »theologischer« Exegese mit A. GRILLMEIER als »nicht glücklich« zu bezeichnen: »Da es in jedem Fall um den *sensus divinus* im *sensus humanus* geht, handelt es sich immer um theologische Exegese« (aaO.); ja man kann sogar sagen, daß »jede historisch-kritisch erarbeitete biblische Aussage schon echter *sensus pneumaticus«* ist (ebd.).

b) Eine zweite Position sieht die »theologische« (oder »pneumatische«) Exegese nicht mehr lediglich als die notwendige Ergänzung der historisch-kritischen Exegese (im Sinne eines »Oberbaus«)[105] und damit als zweite Stufe innerhalb des exegetischen Gesamtvollzugs an, sondern hält – bei weitgehender Geringschätzung der historisch-kritischen Methode in theologischer Hinsicht – allein sie für geeignet, zum eigentlichen Verstehen der Schrift zu gelangen. Für K. Barth z. B. ist die historische Kritik als bloß äußere Zurüstung zwar eine durchaus ernstzunehmende Voraussetzung für die wirkliche Schriftauslegung, stößt aber selbst nicht hindurch zum eigentlichen Gegenstand: dem in Selbstoffenbarung ergehenden geistgewirkten Wort Gottes[106]. Barth fordert dementsprechend eine sich ganz auf die *Sachfragen* des Textes einlassende, streng *»theologische«* Exegese, die er dann auch – allerdings »nur mit ausgesprochener Vorsicht«[107] – als »dogmatische« bzw. »pneumatische« Exegese bezeichnet. Barth hat ohne Zweifel »das unbestreitbare Verdienst, die historisch-kritische Exegese wieder bewußt mit der Frage nach ihrer theologischen Bedeutung konfrontiert« und gegenüber dem bloßen Historismus durch seine Forderung nach einer ganz vom Geist gewirkten (»pneumatischen«) Auslegung »die eigentliche theologische Dimension« der Schriftauslegung zurückgewonnen zu haben[108]. Aber man wird seine Skepsis gegenüber der historisch-kritischen Methode zurückweisen müssen. Diese Methode widerspricht nämlich keineswegs einer geistgewirkten Auslegung, im Gegenteil: »Wie die Schriften des Neuen Testaments gerade in ihrer geschichtlichen Verfaßtheit vom Heiligen Geist gewirkt sind, so kann auch die Geistgewirktheit der Auslegung sich gerade darin zeigen, daß sie die geschichtliche Verfaßtheit des Neuen Testamentes nicht überspringt, sondern sie ganz ernst nimmt«[109].

c) Dies ist der Fall bei einer dritten Position. Sie sieht »historische« und »theologische« Schriftauslegung als eine Einheit an, genauer gesagt: als *einen* »exegetischen Gesamtvorgang«[110], bei dem der historisch-kritischen Methode selbst »theologische Relevanz«[111] zukommt. Dies dürfte der sachgemäße Ansatz sein. Insofern nämlich ein unverzichtbares *Ziel*

[105] K. Frör, Wege 58.

[106] Zu K. Barths Hermeneutik vgl. W. G. Kümmel, Das NT 466–476; P. Stuhlmacher, Verstehen 162–173; K. Lehmann, Horizont 49 f. (Lit.); K. Frör, aaO. 31–34; U. Wilckens; Bedeutung 116 ff.

[107] P. Stuhlmacher, Verstehen 171.

[108] So zu Recht K. Lehmann, Horizont 49 f.

[109] H. Zimmermann, Jesus Christus 179.

[110] H. Zimmermann, Methodenlehre 268.

[111] K. Lehmann, Horizont 67.

der historisch-kritischen Exegese in der Erfassung und Verständlichmachung der *theologischen* Aussagen der biblischen Schriftsteller und darüber hinaus in ihrer systematischen Zusammenschau besteht und – will sie als »theologische« Wissenschaft gelten – auch bestehen muß, hat das »theologische Interpretationsinteresse«[112] den gesamten Vollzug des exegetischen Verstehensprozesses zu bestimmen, soll dieses Ziel tatsächlich erreicht werden. Das bedeutet dann ein Zweifaches:

1. Das Bemühen der Exegeten um das theologische Verstehen des Neuen Testaments kann sich nie außerhalb, sondern nur *im Rahmen der historisch-kritischen Methode* vollziehen, was selbstverständlich weder heißen soll, daß es nicht »auch noch andere Wege zur Wahrheit der Schrift« gibt[113], noch auch, daß das Bemühen des Exegeten *allein* die gesamte Tiefe der Schrift theologisch ausloten kann[114]. Nach H. Schlier erlangt man Zugang zu den theologischen Sachverhalten und damit zu der »Wirklichkeit«, um die es im Neuen Testament geht, nur dadurch, »daß man sich in, mit und unter Anwendung der historisch-philologischen Methode zugleich auf die Wirklichkeit einläßt, die aus den Texten des NT begegnet. Dieses sich Einlassen geschieht aber im Glauben ... Wer das NT mit allen Mitteln der philologisch-historischen Wissenschaft interpretiert und sich dabei nicht der Grunderfahrung anheimgibt, aus der das NT spricht, nämlich dem Glauben, der wird niemals die sich im NT zur Sprache bringende Wirklichkeit erkennen«[115]. Eine ähnliche Position vertritt H. Zimmermann. Auf die Frage, ob die Exegese für ihre theologische Aufgabe außer der historisch-kritischen Methode noch einer besonderen theologischen Methode bedarf, gibt er zur Antwort: »Sicher nicht in dem Sinne, daß zu dem mit Hilfe der historisch-kritischen Methode Erarbeiteten nachträglich und zur Ergänzung noch etwas hinzukommen müßte. Wohl aber so, daß man diesen Weg geht« und sich dabei auf die im Neuen Testament begegnende Wirklichkeit »durch den

[112] A. Stock, Überlegungen 77.

[113] K. Lehmann, Horizont 67.

[114] Die historisch-kritische Exegese vermag deshalb auch allenfalls auf die Erfassung eines eventuell vorhandenen *sensus plenior* »hinzuarbeiten« (vgl. »Dei Verbum« Art. 12: »adlaborare«). Dessen Aufspüren und spekulative Durchdringung gehört aber »eher in die Zuständigkeit der Dogmatik« (R. Schnackenburg, Weg 22). Vgl. dazu auch L. Scheffczyk, Auslegung 135–171, bes. 161 f. In diesem Sinne hat dann auch eine sogenannte »kirchliche Schriftauslegung« *neben* der wissenschaftlichen Exegese ihren Platz; vgl. H. Schürmann, Thesen 330 f., der allerdings der »kirchlichen Schriftauslegung« auch Aufgaben zuerkennt, die m. E. von der wissenschaftlichen Exegese zu lösen sind.

[115] H. Schlier, Sinn 10 f.

Glauben« einläßt[116]. Nach ZIMMERMANN wird die Anwendung der historisch-kritischen Methode »somit zum exegetischen Vollzug durch den Glauben. Es ist dies der gleiche Weg, auf dem die Kirche schon immer dieser Wirklichkeit begegnet ist und immer von neuem begegnet«[117]. Daraus ergeben sich für ihn folgende Konsequenzen: a) Die Exegese »hat die Christusoffenbarung nicht wie einen neutralen Bericht zu übermitteln, sondern ihn zu bezeugen, d. h. im Glauben zu bekennen, und zwar im Glaubensbereich der Kirche, die im Neuen Testament auch heute das gegenwärtige Wort ihres erhöhten Herrn vernimmt. Da Glaube stets personale Entscheidung ist, besagt dies für den Exegeten, daß er in der Exegese den im Wort der neutestamentlichen Schriften gegenwärtigen und lebendigen Christus bezeugen muß. Daß in seiner Interpretation auch das eigene Glaubensverständnis zum Ausdruck kommt, ist daher notwendig mitgegeben«[118]. b) »Wie die historische Methode nicht ohne Kritik auskommen kann, so bedarf auch das theologische Verstehen einer Kritik und ist auf einen Maßstab angewiesen, nach dem das Urteilen und Unterscheiden ausgerichtet sein müssen. Diese Kritik kann bestimmt werden als die ›Unterscheidung der Geister‹, von der Paulus 1 Kor 12,10 spricht, und der Maßstab als das ›Maß des Glaubens‹, das Gott zuteilt (Röm 12,3) und in der Kirche Jesu Christi durch seinen Geist schon immer zur Geltung gebracht hat und immer aufs Neue zur Geltung bringt«[119].

2. Die historisch-kritische Methode darf nicht lediglich »die Rolle einer handwerklich-technischen, für das Gesamtverständnis neutralen Vorarbeit« spielen, die man dementsprechend »von der aktuellen Begegnung mit dem Text abtrennen kann«[120], sondern sie ist eingebettet und muß eingebettet bleiben in die Ganzheit des Verstehensprozesses. Wie aber kommt es zu dieser Ganzheit? Die Antwort kann nur lauten: Dadurch, daß das Bemühen um das geschichtliche und das Bemühen um das theologische Verstehen des Neuen Testaments oder, wie es K. FRÖR ausdrückt, »die phänomenologische Bestandsaufnahme und die verstehende Begegnung mit der Überlieferung nicht zweistufig, in einem Vorher und Nachher, sondern in dem bewegten Miteinander des hermeneutischen Zirkels verläuft«[121]. Man muß deshalb G. v. RADS Feststellung

[116] H. ZIMMERMANN, Methodenlehre 269.
[117] AaO.
[118] Ebd. 270.
[119] Ebd.
[120] K. FRÖR, Wege 62.
[121] AaO.

zustimmen: »Die theologische Deutung . . . setzt . . . nicht erst da ein, wo der literarkritisch und historisch geschulte Exeget (so oder so!) seine Arbeit getan hat, so daß wir also zwei Arbeitsgänge hätten, einen historisch-kritischen und dann einen ›theologischen‹. Die theologische Deutung, die in dem Text eine Aussage von Gott zu begreifen sucht, ist vom ersten Anfang des Verstehensprozesses wirksam«[122].

Aber hier setzt ein weiteres Problem ein: Bisher gibt es weder auf katholischer noch auf protestantischer Seite eine wirklich überzeugende methodische Anleitung, wie »die der heutigen Exegese zugewachsenen historisch-kritischen Einzelmethoden und das *theologische* Interpretationsinteresse zu einer konsistenten Gesamtmethode zu integrieren«[123] sind. Der Mangel wird allenthalben konstatiert. F. HAHN z. B. meint: »Vorläufig können wir . . . keine Lösungen anbieten, sondern müssen uns zunächst einmal den Aporien stellen«[124]. Und P. STUHLMACHER wagt die Prognose: »Es dürfte . . . noch ein weiter Weg sein, bis wir die seinerzeit von der Reformation gewagte und der Intention nach auch in den katholischen Lehrdokumenten erstrebte Einheit von historischer und theologischer Schriftauslegung wieder oder neu erreicht haben«[125].

Warum ist es eigentlich so schwer, diese »Einheit von historischer und theologischer Schriftauslegung« zu erreichen? Nach A. STOCK hängt dies wesentlich damit zusammen, daß unklar ist, was »theologische Interpretation« überhaupt besagt: »Im Kontrast zu ›historisch-kritisch‹ gebraucht, schillert das Wort ›theologisch‹ in einem diffusen Bedeutungsfeld: im Gegensatz zu historisch = vergangen könnte es ›gegenwärtig aktuell‹ bedeuten und bezöge sich dann auf das allgemein-hermeneutische Problem der Aktualität überlieferter Texte. Im Gegensatz zu historisch = relativ könnte es ›verbindlich‹ bedeuten und bezöge sich dann auf das Problem der Wahrheit oder Gültigkeit überlieferter Texte; z. B. in der Gegenüberstellung von Gotteswort und Menschenwort. Im Gegensatz zu ›kritisch‹ könnte es ›gläubig‹ meinen und intendierte dann ein gewisses konfessorisches Engagement des Exegeten im Gegensatz zu wertungsfreier Deskription. Im Gegensatz zu ›historisch-kritisch‹ könnte es schließlich ›systematisch-dogmatisch‹ bedeuten. Theologische Exegese hieße dann eine Exegese, die ihre historisch-kritischen Ergebnisse ausdrücklich auf die Loci der heutigen kirchlichen Dogmatik bezieht. Vielleicht gibt es noch mehr Bedeutungsvarianten als diese. Aber

[122] G. v. RAD, Theologie II 8.
[123] A. STOCK, Überlegungen 77.
[124] F. HAHN, Probleme 17.
[125] P. STUHLMACHER, Methoden- und Sachproblematik 40.

sie genügen, um zu zeigen, daß mit dem Begriff ›theologisch‹ ganz unterschiedliche Bedeutungen assoziiert werden«[126].

Insofern erscheint es als derzeit wohl dringendstes Problem, den Begriff »theologische Interpretation« und seine Implikationen im Zusammenhang mit der historisch-kritischen Methode abzuklären. Da wir es hierbei mit einem Problem der Schriftauslegung zu tun haben, das, wie schon angedeutet, protestantische und katholische Exegeten gleichermaßen berührt, sollte es an sich naheliegen, das Problem auch *gemeinsam* anzugehen. Ob es allerdings zu einer *gemeinsamen Lösung* kommt, hängt davon ab, inwieweit es möglich ist, die den beiden Konfessionen nach wie vor jeweils eigentümlichen theologischen Grundauffassungen in bezug auf Schrift und Schriftauslegung, die »gerade auch im Vollzug unserer historisch-kritischen Exegese jedesmal dann zur Entscheidung stehen, wenn diese Exegese mit theologischem Interesse betrieben wird«[127], in den Prozeß ökumenischer Verständigung einzubeziehen.

Ansatz zu einer Lösung

Ein (neben den dogmatischen Aspekten) bisher vielleicht zu wenig beachteter Ansatz bei der Bemühung um weitere Verständigung in diesem Punkte könnte darin liegen, die bestehenden Unterschiede in den Grundauffassungen zwischen den Konfessionen anhand jener (wenigstens einigermaßen gesicherten) theologischen Erkenntnisse zu überprüfen, welche die von beiden Seiten anerkannte historisch-kritische Methode (besonders die Formgeschichte) selbst bei ihrer Interpretation des Neuen Testaments zu erbringen vermag.

Wie dies gemeint ist, soll wenigstens noch mit drei Hinweisen verdeutlicht werden, die sich auf das zwischen den Konfessionen bis heute umstrittene Verhältnis der Schrift zur Tradition, zu Kirche und Lehramt sowie zum Kanon beziehen.

1. Katholiken und Protestanten haben unterschiedliche Auffassungen hinsichtlich des Verhältnisses der Schrift zur *Tradition* entwickelt. Der Streit ging bisher insbesondere darum, ob Schrift und (mündliche) Tradition(en) als zwei materiale Glaubensquellen anzusehen sind, wie es das Trienter Konzil in seiner 4. Sitzung vom 8. 4. 1546 erklärt[128] und das Vaticanum I in seiner 3. Sitzung vom 24. 4. 1870 bestätigt hat[129], oder

[126] A. STOCK, Überlegungen 77 f.

[127] P. STUHLMACHER, Methoden- und Sachproblematik 13.

[128] Vgl. DS 1501.

[129] Vgl. DS 3006.

ob die Schrift allein diesen Anspruch erheben kann, wie es das »Sola scriptura-Prinzip« der Reformation besagt, mit dem sich drei Momente verbinden: »das entschiedene ›Nein‹ zu jeder übergeordneten Lehr- und Auslegungsinstanz, der Verzicht auf die verbindliche Lehrtradition und der Anspruch, die Schrift sei in sich völlig eindeutig und klar«[130].

Nun scheint in dieser Frage durch die Konstitution »Dei Verbum« des Zweiten Vatikanischen Konzils katholischerseits insofern eine gewisse Veränderung eingetreten zu sein, als darin – übrigens nach langem und erbittertem Ringen[131] – nicht mehr von zwei selbständigen Quellen der Offenbarung gesprochen und auch nicht mehr die Tradition als eine zusätzliche Offenbarung enthaltende Größe deklariert, sondern lediglich auf die Einheit von Schrift und Tradition – im Sinne eines organischen In- und Miteinanders – hingewiesen wird. Es heißt in Art. 9: »Die Heilige Überlieferung und die Heilige Schrift sind eng miteinander verbunden und haben aneinander Anteil. Demselben göttlichen Quell entspringend, fließen beide gewissermaßen in eins zusammen und streben demselben Ziel zu.« Jedoch haben manche Reaktionen auf protestantischer Seite gezeigt, daß es sich hier um einen keineswegs befriedigenden Kompromiß handelt. J. Ratzinger kommentiert das vom Konzil Gesagte denn auch so: »Man kann sich . . . fragen, ob das wirklich ein Gewinn war und ob das katholische Sola scriptura, das dadurch ermöglicht werden sollte . . ., nicht ziemlich teuer erkauft worden ist. Während nämlich das erste . . . Anliegen, die Vorordnung der Offenbarung vor ihren konkreten Bezeugungsformen, auch von protestantischer Seite ohne weiteres anerkannt werden konnte, hat die nachdrückliche Betonung der Einheit von Schrift und Überlieferung stärkstes Bedenken ausgelöst und deutlich werden lassen, daß es beim protestantischen Sola scriptura weniger um die materiale Herkunft der einzelnen Glaubensaussagen geht als um das Problem der richterlichen Funktion der Schrift gegenüber der Kirche. Dies scheint nun aber durch die Betonung des unlöslichen Ineinanders von Schrift und Überlieferung bzw. (nach Art. 10) von Schrift, Überlieferung und Lehramt noch vollständiger ausgeschaltet als bei einer mehr mechanischen Konzeption, die immerhin den Unterschied der einzelnen Größen wahrt. So kam es zu dem paradoxen Ergebnis, daß heute gerade jene Formulierungen unseres Textes, die aus dem Versuch einer möglichst weitgehenden Aufnahme der reformatori-

[130] J. Ernst, Problem 27. Zum Verhältnis von Schrift und Tradition aus protestantischer Sicht vgl. u. a. G. Ebeling, Sola scriptura 282–335.

[131] J. Ratzinger nennt die Konzilsdiskussion in dieser Frage »den eigentlichen Brennpunkt der Kämpfe« (Das Zweite Vatikanische Konzil II [s. o. Anm. 9] 523).

schen Anliegen hervorwuchsen und dazu bestimmt waren, den Raum für ein katholisches Sola scriptura freizuhalten, auf den stärksten Widerspruch reformatorischer Theologen stoßen und als die gefährlichste Entfernung von Sinn und Meinung des reformatorischen Sola scriptura erscheinen«[132].

Wenn dem aber so ist, dann liegt es doch eigentlich – jedenfalls für einen Exegeten – auf der Hand, zur weiteren Klärung des Problems noch intensiver das zu bedenken, was sich aus dem Neuen Testament selbst an Erkenntnissen bezüglich des Begriffs der Tradition und ihres Verhältnisses zur Schrift gewinnen läßt. Besonders aufschlußreich sind dabei die paulinischen und deuteropaulinischen Briefe, die deshalb als Beispiel gewählt seien. Sie ergeben im wesentlichen folgendes Bild:

a) Schrift (= Altes Testament) *und* Tradition (= christliche Paradosis) bilden zusammen das Fundament des paulinischen Evangeliums[133]. »Das macht der Apostel deutlich, wenn er im Präskript des Römerbriefes von dem Evangelium sagt, es sei ›durch die Propheten‹ ›in heiligen Schriften‹ vorherverkündet worden (Röm 1,2), und im Anschluß daran einen christologischen Bekenntnissatz anfügt (1,3 f.), der zur Paradosis gehört«[134]. Mit der »Paradosis« ist jene urkirchliche Überlieferung gemeint, die Paulus auch als »Überlieferung vom Herrn« (1 Kor 11,23) bezeichnen kann, also als eine Überlieferung, die ihren Ursprung in Jesus Christus, seinem Wort und seinem Werk, seinem Tod und seiner Auferstehung hat und deren Inhalt wesentlich in christologischen Glaubenssätzen (wie etwa dem in Röm 1,3 f. enthaltenen) zu fassen ist[135]. Insofern wird dann auch verständlich, daß für Paulus das Alte Testament als Heilige Schrift zwar seine Autorität behält, aber doch erst von der christlichen Paradosis her ihre eigentliche Deutung finden kann. Das merkt man an der Art seiner Schriftauslegung: Paulus interpretiert die Schrift streng christologisch-heilsgeschichtlich (vgl. z. B. Röm 4), wie es übrigens auch sonst in der Urkirche der Fall ist[136]. Dabei verwendet er immer wieder Formeln und Sätze aus der christlichen Glaubenstradition (vgl. Röm 4,24 f.; 10,8–10; 1 Kor 15,3–5 u. ö.). Nur als eine bereits von der christlichen Glaubenstradition und damit von Jesus Christus selbst her interpretierte Schrift kommt dem Alten Testament nach Paulus überhaupt der Sinn eines »Beweises auf Christus hin« zu[137]. Die ur-

[132] AaO. 524.
[133] Vgl. dazu H. J. van der Minde, Schrift und Tradition bei Paulus.
[134] H. Zimmermann, Methodenlehre 165.
[135] Vgl. H. Zimmermann, aaO. 165 f.
[136] Vgl. dazu P. Stuhlmacher, Verstehen 58–66.
[137] Vgl. dazu P. Bläser, LThK^2 IX 486.

kirchliche Tradition hat bei Paulus also zum einen *fundamentale* (und damit *autoritative*) Bedeutung für sein Evangelium, zum anderen *interpretative* Bedeutung in bezug auf die Schrift.

b) Sein eigenes Evangelium, das sich als die im Blick auf eine konkrete Gemeinde erfolgende, gegenwärtige Verkündigung des auferstandenen und erhöhten Kyrios auf der Grundlage der vorgegebenen urkirchlichen Paradosis versteht (vgl. 1 Kor 15,1–3), wird seinerseits ›mit der Annahme durch die Gemeinde zur Paradosis«[138], genauer: zur apostolischen Tradition im eigentlichen Sinne. Das macht z. B. 1 Kor 11,2 klar, wo Paulus die Christen in Korinth dafür lobt, daß sie in allem seiner gedenken und an den Überlieferungen festhalten, die er ihnen gegeben hat. Daß sich dabei die apostolische Tradition nicht nur auf den Bereich des Glaubens beschränkt, sondern (wie schon der Plural »Überlieferungen« in 11,2 andeutet) andere Dinge wie Lebensführung, Disziplin und sittliches Verhalten miteinbezieht, macht der weitere Kontext klar, in dem Paulus sich mit den Verhaltensweisen der Frau beim Gottesdienst befaßt (11,3–16; vgl. auch das »Schweigegebot« 1 Kor 14,34). »Daß es sich hier um Überlieferungen handelt, die gemeinkirchliche Bedeutung haben, ergibt sich schon daraus, daß Paulus sie unter dem Thema ›Traditionen‹ behandelt. Besonders deutlich wird dies 1 Kor 11,16. Hier stellt Paulus der Entschleierung der Frauen zu Korinth das Verhalten der von ihm gegründeten Kirchen, mit dem die ›Kirchen Gottes‹, unter denen man die Kirchen Palästinas zu verstehen hat, übereinstimmen, entgegen. Ihr Verhalten ist für alle übrigen Kirchen maßgebend«[139].

c) Wie die deuteropaulinischen Schriften, insbesondere die Pastoralbriefe zeigen, wird die (selbst ja bereits auf der kirchlichen Überlieferung beruhende) Tradition des Apostels, d. h. seine Verkündigung, wie sie in seinen Briefen ihre bleibende Gestalt gefunden hat, durch treue Bewahrung und unverfälschte Weitergabe ihrerseits wieder zur bleibenden kirchlichen Tradition[140]. Der Verfasser der Pastoralbriefe bezeichnet die von Paulus her überkommene Ordnung und Lehre mit einem »Terminus spezifischer Traditionssprache«[141] als »Paratheke«, als »anvertrautes Gut« (1 Tim 6,20; 2 Tim 1,12.14), das für alle Zeiten zum »Vorbild gesunder Lehre« (2 Tim 1,13; vgl. 1 Tim 1,10; 2 Tim 4,3;

[138] H. Zimmermann, Methodenlehre 166.

[139] J. R. Geiselmann, HThG II 694.

[140] Vgl. dazu den Aufsatz »Die Pastoralbriefe als pseudepigraphische Schriften – Beschreibung, Erklärung, Bewertung« S. 197–220.

[141] N. Brox, Amt 126.

Tit 1,9; 2,7) dienen soll, wobei die zahlreichen paränetischen Anweisungen – etwa in Form von traditionellen Pflichtenkatalogen (1 Tim 3,1–13; 5,3–19; Tit 1,5–9) bzw. Tugend- oder Lasterkatalogen (1 Tim 1,9 f.; 4,12; 6,11; 2 Tim 2,22; 3,2 ff.; 3,10) sowie Haustafeln (1 Tim 2,8–15; Tit 2,1–10) – darauf hindeuten, daß die »gesunde Lehre« nicht nur die »dogmatische Orthodoxie« meint, sondern zugleich auch die rechte Ordnung, Struktur und – wenn man so will – die »Orthopraxie« der Kirche umfaßt[142]. Schon von daher kann es aber keinen »Bruch« zwischen der apostolischen Tradition und der späteren kirchlichen Überlieferung geben, sondern es »liegt eine echte Kontinuität vor«[143], ist doch die apostolische Tradition – das »Evangelium« in einem *umfassenden* Sinne – »der Maßstab für eine gültige, echte Überlieferung und auch die Sache selbst, die uns übergeben ist, um sie von Generation zu Generation treu zu überliefern«[144].

Hält man sich vor Augen, was aus dem Neuen Testament selbst bezüglich des Verhältnisses von Schrift und Tradition einerseits und des Traditionsbegriffs andererseits zu erheben ist – beides konnte hier nur kurz und auch nur am Beispiel des Corpus Paulinum angedeutet werden –, dann stellt man fest, daß wir es mit sehr komplexen, ja komplizierten Sachverhalten zu tun haben. Schon im Neuen Testament läßt sich das Verhältnis von Schrift und Tradition »nicht eindeutig bestimmen«[145], und ebenfalls schon im Neuen Testament stellt sich die Tradition als ein lebendiger und dynamischer Prozeß dar, deren verschiedene Elemente ineinander übergreifen. Gerade deshalb kann man sich dann aber weder mit einem Schlagwort wie »Sola scriptura« begnügen noch mit einer rein formalen Unterscheidung zwischen der (verbindlichen) apostolischen Tradition und der kirchlichen Überlieferung, die heute von den meisten katholischen Theologen nur noch als »traditio interpretativa« angesehen wird. Jedenfalls drängt der neutestamentliche Ansatz zu einer wesentlich differenzierteren und komplexeren Behandlung des Problems, als dies oftmals bisher geschehen ist.

2. In diese Behandlung wird dann notwendigerweise auch die unter den Konfessionen ebenfalls umstrittene Frage nach der Bedeutung der *Kirche* und des kirchlichen *Lehramtes* einzubeziehen sein. Aus der Fülle der unterschiedlichen ekklesiologischen Auffassungen, die es zwischen

[142] Vgl. dazu S. 208.
[143] R. SCHNACKENBURG, Weg 26.
[144] H. BEINTKER, Bedeutung 15. BEINTKER engt allerdings die Tradition auf den von LUTHER und dem Protestantismus geprägten einseitigen Evangeliumsbegriff ein.
[145] J. R. GEISELMANN, Tradition 696.

Katholiken und Protestanten gibt, sind für unseren Zusammenhang vor allem zwei Unterschiede hervorzuheben:

a) Nach protestantischer Auffassung steht die Kirche ganz unter dem Wort Gottes. Schon LUTHER spricht von der Kirche als einer »creatura verbi divini« (WA IV 189,22 f. 34 f.; VI 560,33 ff.) bzw. einer »filia verbi« (WA XLII 334,12 u. ö.)[146]. Besonders berühmt ist sein Ausspruch von 1520: »Denn die Kirche entspringet aus dem Wort der Verheißung durch den Glauben und wird eben mit demselben Wort der Verheißung ernähret und erhalten, das ist, sie wird durch die Verheißung Gottes und nicht die Verheißung durch sie gestiftet. Denn das Wort Gottes ist unvergleichlicher Weise über der Kirche, über welches Wort Gottes die Kirche als eine Kreatur nicht Macht hat, etwas zu stiften, zu ordnen oder zu tun, sondern sie soll gestiftet, geordnet und gemachet werden« (WA VI 560,33–561,2)[147]. Dahinter steht die Vorstellung, daß »Gott sein Heil durch die Geschichte hindurch in dem einmal für allemal in der Schrift ergangenen Wort und nur in diesem Wort« schenkt[148]. Demgegenüber hebt die katholische Auffassung hervor, daß, insofern die Schrift »als inneres Moment« zum gottgesetzten Ursprung der Kirche selbst gehört, beide Größen »keine adäquat unterscheidbaren Instanzen sind, die sich konkurrieren«[149], weshalb sich denn auch nach katholischem Verständnis das Heil immer nur »vergegenwärtigt durch die Kirche, die im Hören auf das einmal in der Schrift ergangene Wort ihrem Ursprung in Christus treu bleibt«[150].

b) Daraus folgt ein weiterer Unterschied: Nach protestantischer Auffassung legt sich das Evangelium durch die Schrift allein aus, die deshalb auch als in sich völlig einsichtig und klar zu gelten hat – LUTHER nennt die Schrift »per se certissima, facillima sui ipsius interpres, omnium probans, judicans et illuminans« (WA VII 97,23) –; sie bedarf insofern letztlich keiner äußeren Vermittlung, auch nicht durch die Kirche. »Sie hat die Kraft, sich als das heilschaffende Wort Gottes durchzusetzen in sich selbst«[151] – eine Auffassung, die auf der Voraussetzung beruht, daß der Geist an die Schrift, nicht an die Kirche gebunden ist und daß demgemäß das innere Zeugnis des Geistes (das »testimonium Spiritus Sancti internum«) selbst den Sinn der Schrift dem Menschen erschließt. Nach

[146] Vgl. dazu u. a. K. HAENDLER, LThK² IX 494; H. SCHÜTTE, Protestantismus 295 f.

[147] Übers. nach P. STUHLMACHER, Methoden- und Sachproblematik 18 f.

[148] So PH. SCHÄFER, Bibel und Kirche 353.

[149] K. RAHNER, LThK² V 117.

[150] PH. SCHÄFER, Bibel und Kirche 353.

[151] PH. SCHÄFER, aaO.

katholischem Verständnis dagegen legt sich das Evangelium »in der Verkündigung der auf die Schrift hörenden Kirche« aus[152]. Deshalb muß die Schriftauslegung immer, wie es »Dei Verbum« in Art. 12 formuliert, »unter Berücksichtigung der lebendigen Überlieferung der Gesamtkirche und der Analogie des Glaubens« erfolgen; deshalb auch untersteht »alles, was die Art der Schrifterklärung betrifft, . . . letztlich dem Urteil der Kirche, deren gottgegebener Auftrag und Dienst es ist, das Wort Gottes zu bewahren und auszulegen«[153].

Nun hat sich sicherlich auch in bezug auf die hier angesprochene Problematik des Verhältnisses zwischen Schrift und Kirche (bzw. Lehramt) in letzter Zeit einiges geändert; jedoch sind die grundsätzlichen Unterschiede zwischen den Konfessionen nach wie vor vorhanden. So erkennen z. B. viele protestantische Theologen heute »das Faktum, das wir die Schrift und ihre Auslegung in der Gemeinschaft der Glaubenden und ihrer Überlieferung empfangen«[154], durchaus an[155]. Gleichwohl sind sie »nicht bereit, dieses Faktum als ein theologisches Datum anzunehmen. Trotz aller Annäherungen halten protestantisches Bekenntnis und evangelische Theologie daran fest, daß die Schrift letztlich in sich allein die Autorität ist, die der Glaube zu hören hat, und alle menschliche Autorität – auch die der Kirche – überwindet und ausschließt. Sie bedarf nicht einer erhellenden und überwältigenden Macht außer ihr«[156]. Umgekehrt betonen katholische Theologen heute durchaus, daß »das Wort der Bibel . . . unser aller Prüfstein und Richter« sei[157]. Ja es wird ausdrücklich hervorgehoben, daß die Kirche (respektive das Lehramt) keineswegs *über* der Schrift steht, wenn auch über der *Auslegung* der Schrift durch den Einzelnen[158]. Aber selbst eine Aussage wie die in »Dei Verbum«: »Das Lehramt ist nicht über dem Wort Gottes, sondern dient ihm, indem es nichts lehrt, als was überliefert ist, weil es das Wort Gottes aus göttlichem Auftrag und mit dem Beistand des Heiligen Geistes voll Ehr-

[152] Ebd.

[153] Vgl. R. Schnackenburg, Auslegung 74 f.: »Gerade weil ein volles Verständnis und eine sichere Interpretation in der Schrift in vielen für den Glauben bedeutsamen Fragen aus ihr selbst nicht möglich sind, bedarf es der unterstützenden Interpretation durch die den Christusglauben bewahrende, verkündigende, vom Heiligen Geist selbst geleitete Kirche.« Vgl. ferner A. Vögtle, Auslegung 60.

[154] Ph. Schäfer, Bibel und Kirche 352.

[155] Vgl. z. B. K. Frör, Wege 61; G. Ebeling, Sola scriptura 297. Weitere Autoren sind besprochen bei L. Scheffczyk, Auslegung 153.

[156] Ph. Schäfer, Bibel und Kirche 352 f.

[157] So R. Schnackenburg, Auslegung 75. Vgl. auch J. Ernst, Problem 51 ff.

[158] Vgl. K. Rahner, LThK^2 V 117.

furcht hört, heilig bewahrt und treu auslegt und weil es alles, was es als von Gott geoffenbart zu glauben vorlegt, aus diesem einen Schatz des Glaubens schöpft« (Art. 10) – selbst eine solche Aussage »bleibt mitsamt dem Kontext dieser Äußerung noch immer tief geschieden von dem berühmten Ausspruch von 1520«, wie der protestantische Theologe P. STUHLMACHER bemerkt[159].

Angesichts dieses nach wie vor bestehenden Grunddissenses – auf protestantischer Seite die Vorstellung vom »testimonium Spiritus Sancti internum« und damit von der Selbstauslegung der Schrift als Wort Gottes, auf katholischer Seite die Anerkennung der durch das Lehramt der Kirche repräsentierten »auctoritas externa«, hinter der nach katholischer Überzeugung allerdings ebenfalls das innere Wirken des Heiligen Geistes steht – erscheint es wiederum nützlich, danach zu fragen, was aus dem Neuen Testament selbst über die Bedeutung der Kirche bei der Entstehung der neutestamentlichen Schriften und der Weitergabe der in ihnen enthaltenen apostolischen Tradition zu entnehmen ist. Die Antwort auf diese Frage läßt sich im wesentlichen in folgenden Punkten fassen:

a) Wie die Formgeschichte gezeigt hat, liegt den neutestamentlichen Schriften Traditionsgut zugrunde, das in der Urkirche in verschiedenen literarischen Formen ausgebildet und weitergegeben wurde. Dabei waren »Prägung und Anwendung des Traditionsgutes innerhalb der Urkirche . . . nicht durch das Interesse am ›historischen Jesus‹ veranlaßt; vielmehr diente die so vorgeformte Tradition der Verkündigung des erhöhten und in seiner Kirche gegenwärtigen Herrn«[160]. Die Verfasser der neutestamentlichen Schriften (z. B. die Evangelisten oder Paulus) nahmen diese Tradition auf und interpretierten sie ihrerseits »so, daß ihre Interpretation der Tradition zur Verkündigung an die Kirche ihrer Zeit«[161] wurde. Kirche und Neues Testament bilden also von Anfang an eine untrennbare Einheit. Im Raum der Kirche »ist das Neue Testament von seinen ältesten Traditionen an entstanden, für sie – meist in der Gestalt einer konkreten Gemeinde – sind alle Einzelschriften bestimmt«[162]. Wenn dies gilt, dann folgt daraus, daß »die Kirche auch der der Auslegung des Neuen Testaments gemäße Raum« ist, wie ebenso, daß der Auslegung, die sich immer als »Dienst an der Verkündigung« zu

[159] P. STUHLMACHER, Methoden- und Sachproblematik 18.
[160] H. ZIMMERMANN, Jesus Christus 23.
[161] AaO. 22.
[162] Ebd. 179.

verstehen hat, »eine wichtige Funktion im Leben der Kirche zukommt«[163].

b) Schon die urkirchliche Tradition, die den neutestamentlichen Schriften zugrunde liegt, hat *verbindlichen* Charakter. Zwei Beispiele aus den Paulusbriefen mögen dies erläutern: Im Römerbrief stellt sich Paulus mit *seinem* Evangelium der ihm noch unbekannten Gemeinde vor. Dabei verwendet er allenthalben vorgegebenes Traditionsgut, meist ohne es als solches näher zu kennzeichnen, was darauf hindeutet, daß die Tradition auch der römischen Gemeinde bekannt ist. Offenbar will Paulus auf diese Weise nicht nur auf die Grundlage seiner eigenen Verkündigung hinweisen, sondern zugleich deutlich machen, daß es sich bei der von ihm übernommenen Tradition um das ihn mit der römischen Gemeinde verbindende, weil von beiden als verbindlich angesehene Glaubensfundament der Kirche handelt. Im 15. Kap. des 1. Korintherbriefes geht Paulus auf die von »einigen« (V. 12) in der Gemeinde vertretene Auffassung ein, es gebe keine Auferstehung der Toten. Der Apostel rückt diese Auffassung zurecht, indem er auf die enge Verbindung der allgemeinen Totenauferstehung mit der Auferstehung Jesu Christi hinweist (vgl. bes. V. 13–28). Zu diesem Zweck beginnt er auch seine Argumentation mit der Anführung eines aus der Tradition stammenden christologischen Bekenntnissatzes, der Tod und Auferstehung Christi zum Inhalt hat (V. 3b–5). Das aber ist nur sinnvoll, wenn die Leugner der allgemeinen Totenauferstehung ihrerseits wie Paulus an die Auferstehung Christi glauben und also der zitierte Bekenntnissatz als Ausdruck des *gemeinsamen und verbindlichen Glaubens der Kirche* gelten kann[164].

c) Gerade Paulus ist dann auch ein Beispiel für die Bedeutung, die schon im Neuen Testament dem *Amt* für die Verkündigung zukommt. Sosehr Paulus sich selbst an die Glaubenstradition der Kirche gebunden weiß, sosehr versteht sich der Apostel seinerseits als der Verkünder und Garant des unverfälschten Evangeliums Jesu Christi. 2 Kor 11,4 wendet er sich z. B. in aller Schärfe gegen solche, die »einen anderen Jesus«, »einen anderen Geist« und »ein anderes Evangelium« als er verkünden[165]. Gal 1,7b.8 sagt er es noch deutlicher: »Es gibt einige, die euch in Verwirrung bringen und das Evangelium Christi verdrehen wollen. Aber

[163] Ebd. Vgl. dazu auch Kap. VI von »Dei Verbum« (Art. 21–26).

[164] Vgl. dazu H. Zimmermann, Jesus Christus 185 f.; zu 1 Kor 15 s. auch die Ausführungen in dem Aufsatz »Überlegungen zum Verhältnis von Theologie und christlicher Glaubenspraxis anhand des Neuen Testaments« S. 252 ff.

[165] Vgl. zur Stelle J. Zmijewski, Stil 98–101.

selbst wenn wir oder (gar) ein Bote vom Himmel ein Evangelium verkündeten im Gegensatz zu dem, was wir euch verkündet haben, verflucht soll er sein!« Schon zur Zeit des Apostels gibt es also die Gefahr, das »wahre« Evangelium zu verfälschen und damit in der Kirche Verwirrung zu stiften; und Paulus sieht sich deshalb gezwungen, kraft seines Amtes dagegen vorzugehen, denn »das Evangelium ist in den Augen des Apostels eine Sache, die nicht nach Belieben und Geschmack verändert und heute so und morgen so ausgelegt werden kann oder die gar durch ein ›anderes‹ Evangelium ersetzbar wäre«[166]. Dies gilt auch für ihn selbst, woraus zu entnehmen ist, daß seine Amtsautorität, wenngleich sie über die wahre Auslegung des Evangeliums wacht, ihrerseits an eben dieses Evangelium gebunden ist!

Auch in den Pastoralbriefen wird die Bedeutung des Amtes für die Verkündigung in der Kirche hervorgehoben. Wenn es z. B. 2 Tim 2,2 heißt: »Und was du von mir vor vielen Zeugen gehört hast, das vertraue zuverlässigen Menschen an, die fähig sein werden, auch andere zu lehren«, dann verbindet sich in dieser Aussage mit der Vorstellung einer *kontinuierlichen Tradition* (in bezug auf die Lehre) die Idee von der *Sukzession* (in bezug auf die einander ablösenden Lehrer)[167]. Bedeutet der Apostel selbst Ursprung und Fundament der Ordnung und Lehre, so repräsentiert der Apostelschüler – und zwar als ein mit dem »Charisma« versehener Amtsträger (vgl. 2 Tim 1,6) – das Moment der Kontinuität. Ihm kommt für die nachfolgende Zeit der Kirche eine Art Brückenfunktion zu[168]. Zu dieser gehört, daß er die von Paulus empfangene Lehre treu bewahrt (1 Tim 6,20; 2 Tim 1,14) und sie zuverlässigen Menschen anvertraut, die fähig sind, wieder andere zu belehren. Auf diese Weise soll und kann die unverfälschte Weitergabe der apostolischen Verkündigung in der Kirche gesichert werden.

In diesem Zusammenhang sind auch zwei Stellen aus dem (wohl ebenfalls in paulinischer Tradition stehenden)[169] 2. Petrusbrief (entstanden um 120 n. Chr.) interessant. 2 Petr 1,20 f. heißt es: »Keine Weissagung der Schrift darf eigenmächtig ausgelegt werden; denn niemals wurde eine Weissagung ausgesprochen, weil ein Mensch es wollte, sondern, vom Heiligen Geist getrieben, haben Menschen im Auftrag Gottes geredet.« Hier wird vor eigenmächtiger Schriftauslegung gewarnt, und diese

[166] F. MUSSNER, Gal 60.

[167] Vgl. dazu den Aufsatz »Die Pastoralbriefe als pseudepigraphische Schriften – Beschreibung, Erklärung, Bewertung« S. 207.

[168] Ebd.

[169] Vgl. K. H. SCHELKLE, Petr, Jud 179.

Warnung wird mit dem Hinweis auf die Inspiration der Schrift begründet. Daraus ist dann zu schließen, daß für den Verfasser allein die Auslegung gilt, die ihrerseits im Heiligen Geist geschieht, und dies ist für ihn offensichtlich »nur die Auslegung der großen Kirche«[170]. In 3,16 heißt es in bezug auf die Paulusbriefe, die zu dieser Zeit wohl schon als Sammlung vorliegen: »In ihnen ist manches schwer zu verstehen, und die Unwissenden, die noch nicht gefestigt sind, verdrehen diese Stellen ebenso wie die übrigen Schriften zu ihrem eigenen Verderben.« Hier wird von der Schwerverständlichkeit der paulinischen und anderer Schriften gesprochen; diese führt dazu, daß man manche Stellen verkehrt auslegen kann. Um so notwendiger erscheint es dann aber, daß es eine *authentische* Auslegung (im Sinne von 1,21) gibt. Der Verfasser des 2. Petrusbriefes reklamiert eine solche zweifellos für sich selbst, wie schon daraus hervorgeht, daß er sich unter dem Pseudonym »Simon Petrus« (1,1) und also in *amtlicher* Autorität vorstellt und daß er seine Aufgabe darin sieht, die apostolische Überlieferung in der Kirche seiner Zeit »durch Erinnerung wachzuhalten« (3,1; vgl. 1,13)[171].

Daß der Sinn der Schrift nicht jedem offensteht, sondern nach einer authentischen Interpretation verlangt, vermag vielleicht auch die Perikope vom äthiopischen Kämmerer Apg 8,26–39 zu zeigen. Der Kämmerer weiß nicht, wie er das Gottesknechtlied Jes 53 deuten soll, und der (vom Geist herbeigeführte) Diakon Philippus muß ihm erst den Sinn dieser Schriftstelle erschließen.

d) Schon im Neuen Testament wird auf die Bedeutung des *Heiligen Geistes* beim Prozeß der Christusverkündigung hingewiesen. Das zeigen – außer den eben erwähnten Stellen aus den spätapostolischen Schriften – vor allem die Parakletsprüche des Johannesevangeliums (Joh 14,16 f.; 14,25 f.; 15,26 f.; 16,7–11; 16,12–15), in denen der Geist (der »Paraklet«) als der Garant für die Wahrheit und Richtigkeit der Verkündigung erscheint. Wie F. Mussner betont, gilt dies »schon für ›das Evangelium vor den Evangelien‹ und die apostolische Christusverkündigung überhaupt. Die Formgeschichte hat uns ja erkennen lassen, daß auch die syn Evv keine ›neutralen‹ Berichte über Jesus von Nazareth, sondern auch ›Glaubenszeugnisse‹ sind. D. h. die interpretierende, ›einführende‹ Funktion des Parakleten ist von Anfang an in der Kirche am Werk«[172]. Erst recht gilt aber für die nachapostolische Zeit,

[170] So K. H. Schelkle, aaO. 202.

[171] Vgl. dazu den Aufsatz »Apostolische Paradosis und Pseudepigraphie im Neuen Testament. ›Durch Erinnerung wachhalten‹ (2 Petr 1,13; 3,1)« S. 185–196.

[172] F. Mussner, Parakletsprüche 66.

daß das göttliche Pneuma »auch weiterhin die Kirche in ihrem Christuszeugnis führt«[173]. »Der Paraklet schafft also in der Kirche entscheidend mit *an der apostolischen Tradition*«[174].

Die Frage ist allerdings: *Wem* ist der Beistand des Geistes – und zwar »für immer« (Joh 14,16) – verheißen? Den Gläubigen? Der Kirche bzw. Gemeinde insgesamt? Oder nur den Amtsträgern? F. MUSSNER z. B. nimmt letzteres an und erklärt: »Der Geist der Wahrheit wird den *apostolischen* Zeugen gegeben; ihnen, nicht der ganzen Gemeinde , und der Welt schon gar nicht . . . In diesem Sinn ist die Geistgabe also *an das apostolische Amt* gebunden«[175]. Anders urteilt R. SCHNACKENBURG. Seiner Ansicht nach handelt es sich bei der Frage, ob die Verheißung des Parakleten nur den Jüngern (den Aposteln) oder der ganzen Gemeinde gilt, um »eine falsche Alternative«, sind doch die Jünger die »Repräsentanten der künftigen Gemeinde«[176]. Natürlich schließt das »nicht aus, daß sich die berufenen Verkündiger des besonderen Beistandes des Geistes erfreuen (wie es wohl im Selbstverständnis des Evangelisten und seiner Schüler liegt); aber grundsätzlich sind alle Gläubigen eingeschlossen«[177]. Man sieht, wie unterschiedlich selbst zwischen katholischen Exegeten die Positionen in dieser Frage sind. Auch hier wäre deshalb eine weitere Klärung unbedingt erforderlich.

3. Die gleiche Forderung ist schließlich auch in bezug auf das zwischen den Konfessionen umstrittene *Kanonproblem* zu erheben. Der wesentliche Unterschied besteht darin, daß die Katholiken mit einem seit Trient lehramtlich festgelegten Kanonbegriff arbeiten[178], die Protestanten dagegen »mit einem prinzipiell offenen«[179]. Die »Offenheit« bezieht sich dabei nicht eigentlich auf den äußeren Umfang des Kanons – auch die protestantische Kirche erkennt heute den *faktisch* bestehenden neutestamentlichen Kanon von 27 Einzelschriften an, auch wenn die lutherischen Bekenntnisschriften den Kanon auf diese Weise noch nicht

173 F. MUSSNER, aaO. 67.

174 Ebd. 68.

175 Ebd. 67.

176 R. SCHNACKENBURG, Joh III 96 (zu Joh 14,26).

177 AaO. Vgl. noch H. SCHÜRMANN, Thesen 131, der der *Kirche* (aufgrund des ihr eingestifteten geistgewirkten Evangeliums) »ein (mehr oder weniger) kongeniales pneumatisches Vorverständnis für die Schriftauslegung« zuerkennt.

178 Vgl. DS 1501 ff.

179 P. STUHLMACHER, Methoden- und Sachproblematik 13. Zum Kanonproblem vgl. die Aufsätze in: E. KÄSEMANN (Hrsg.), Das Neue Testament als Kanon; ferner W. JOEST, Frage 173–210.

festgelegt hatten[180] –; vielmehr ist die »sachliche Offenheit der Kanonsgrenze« gemeint[181]. Der (äußere) Schriftenkanon ist nämlich nach protestantischer Auffassung grundsätzlich zu unterscheiden vom (inneren) Sachkanon. Deshalb gilt es auch immer wieder, bei der Auslegung der neutestamentlichen Schriften nach dem sachlich begründeten »Kanon im Kanon« zu fragen. Was aber ist das Kriterium für einen solchen »Kanon im Kanon«? Genauer gefragt: Was ist die sachliche »Mitte«, an der als Norm alles kritisch gemessen werden muß, was in den Schriften enthalten ist (und die deshalb auch letztlich über Wert und Unwert einer Schrift entscheidet), und welches kanonkritische Prinzip ergibt sich daraus?

Für LUTHER selbst ist die sachliche »Mitte« der Schrift, welche die innere Grenze des Kanons markiert, das »Evangelium«, worunter er die Botschaft »von der Gnade und Barmherzigkeit Gottes« versteht, die »durch den Herrn Christus mit seinem Tod verdient und erworben« wurde (WA XII 259,5ff.), anders gesagt: die Botschaft von der Rechtfertigung des Sünders, wie sie ausdrücklich im Römer- und Galaterbrief des Apostels Paulus zu finden ist. Das kanonkritische Prinzip, das sich aus diesem zweifellos einseitigen Begriff von Evangelium ergibt[182], formuliert er als »Christum treiben«[183]. Infolgedessen müssen alle neutestamentlichen Schriften – so unterschiedlich sie auch sein mögen – danach befragt werden, ob sie tatsächlich »Christum treiben«, d. h. »ob sich in ihnen der zentrale Skopus des ganzen Evangeliums, die Botschaft von der Rechtfertigung des Sünders, wiederfindet. Wo dies nicht der Fall ist, wird kritisch geschieden. Luther ist darum nur konsequent, wenn er den Jakobusbrief zur ›strohernen Epistel‹ erklärt und Judasbrief, Hebräerbrief und die Apokalypse in seiner Bibelausgabe ohne Numerierung und Seitenzahl in einer Art Anhang noch erscheinen läßt«[184].

Wie ein Blick auf die protestantische Theologie der Gegenwart zeigt,

[180] Vgl. W. G. KÜMMEL, Einleitung 450.

[181] W. G. KÜMMEL, aaO. 451. Vgl. DERS., Notwendigkeit 97: »Die Grenze des neutestamentlichen Kanons ist . . . historisch geschlossen, sachlich aber immer von neuem zu bestimmen.«

[182] Vgl. F. MUSSNER, Evangelium 508: »Dieser Begriff von ›Evangelium‹ kann sich gewiß auf den Galater- und Römerbrief des Paulus berufen, aber nicht auf den gesamtneutestamentlichen, der einen viel größeren Bedeutungsumfang hat, wie auch beim Apostel selbst.«

[183] Vgl. seine Vorreden zum September-Testament von 1522 (WA. DB VII 384 f.: Vorrede auf die Episteln S. Jakobi und Judas).

[184] J. ERNST, Problem 27.

ist das »dialektische Verhältnis von Schrift und Evangelium«[185] nach wie vor in kanonkritischer Hinsicht bestimmend, gilt doch, »daß der Kanon nicht einfach mit dem Evangelium identisch und Gottes Wort nur insofern ist, als er Evangelium ist und wird«[186]. Diskutiert wird allerdings die Frage, was unter »Evangelium« verstanden werden kann und ob etwa die zentrale Christusverkündigung wie bei Luther auf die paulinische Rechtfertigungslehre einzuschränken ist oder ob noch andere Formen der neutestamentlichen Botschaft zur zentralen Christusverkündigung gehören[187].

Auf katholischer Seite steht man dem Versuch, eine »Mitte« des Evangeliums bzw. einen »Kanon im Kanon« zu erstellen, zumeist skeptisch oder gar ablehnend gegenüber. H. KÜNG z. B. nennt diesen Versuch eine »Hairesis, die in ihrer Selbstverabsolutierung, ohne es zu wollen, zur Hybris wird«, und meint, das »kühne Programm« eines »Kanons im Kanon« erfordere es, »biblischer zu sein als die Bibel, neutestamentlicher als das Neue Testament, evangelischer als das Evangelium und sogar paulinischer als Paulus«[188]. Allerdings befassen sich heute auch katholische Theologen in zunehmendem Maße mit der Frage nach der »Mitte« der Schrift bzw. nach dem eigentlichen »Evangelium«, das dem neutestamentlichen Kanon sachlich vorausliegt, wobei sie selbstverständlich an der Verbindlichkeit des kirchlich fixierten Kanons festhalten[189].

Nun ist ja die Frage nach einer »Mitte« der Schrift (und damit nach einem »Kanon im Kanon«) »erst nachträglich auf Grund einer bestimmten Glaubensentscheidung an das NT herangetragen worden«[190]. Gerade deshalb erscheint es um so wichtiger, die Berechtigung dieser Frage am Neuen Testament selbst zu überprüfen, und zwar dergestalt, daß man dabei möglichst unvoreingenommen den *gesamten* neutestamentlichen Befund berücksichtigt[191]. Wenn man dies tut, dann stößt man auf zwei sich ergänzende Sachverhalte:

185 E. KÄSEMANN, Nichtobjektivierbarkeit 229.

186 E. KÄSEMANN, Kanon 223.

187 Vgl. dazu u. a. E. KÄSEMANN, Nichtobjektivierbarkeit, bes. 233–236; W. G. KÜMMEL, Notwendigkeit, bes. 94–97; auch W. JOEST, Frage 206, nach dessen Ansicht in bezug auf das, was Christum treibet oder nicht treibet, »vor schnellem Urteil zu warnen« ist.

188 H. KÜNG, Frühkatholizismus 192.

189 Vgl. z. B. F. MUSSNER, Evangelium 513 f.; DERS., Mitte 271–292; K. RAHNER, Theologie 28–44; H. SCHÜRMANN, Thesen 130 f.

190 F. MUSSNER, Evangelium 511.

191 So zu Recht F. MUSSNER, aaO. 512; H. KÜNG, Frühkatholizismus 192 und 198.

a) Alle Schriften des Neuen Testaments wollen als Christusverkündigung verstanden sein, die sich jeweils an konkrete Menschen richtet. Bei dieser Verkündigung läßt sich durchaus eine sachliche »Mitte« erkennen, die als solche dann auch schon für die den Schriften jeweils zugrunde liegende Tradition vorauszusetzen ist: die Botschaft von Tod und Auferstehung Jesu Christi. Dies soll an zwei Beispielen kurz erläutert werden: einerseits an Paulus und der vorpaulinischen Tradition, andererseits an den Evangelien und der vorevangelischen Tradition. (1) Schaut man auf die christologischen Glaubensformeln und -sätze, die Paulus aus seiner Tradition übernommen hat (z. B. 1 Kor 15,3–5; Röm 1,3 f.; 10,9 usw.), dann darf man schon in bezug auf diese vorpaulinische Überlieferung sagen: »Die Mitte der Christusverkündigung ist Jesus Christus, der auferstandene und erhöhte Herr, der doch zugleich der ist, der als Mensch gelebt hat und am Kreuz gestorben ist«[192]. Allerdings wollen derartige Sätze nach H. ZIMMERMANN nicht nur den christlichen Glauben artikulieren, sondern letztlich »das Handeln Gottes an Jesus Christus interpretieren«; alle Sätze »lassen sich . . . auf die Auferweckung Jesu als die endgültige Machttat Gottes zurückführen«; dies »aber hat zur Folge, daß über Jesus Christus nicht gesprochen werden kann wie über eine Person, deren Leben und Sterben der Vergangenheit angehören, sondern nur in Aussagen, die sich unmittelbar auf den gegenwärtig Lebenden und Wirkenden beziehen«, d. h. »es handelt sich um Sätze, die den in der Gegenwart lebenden und wirkenden Herrn auslegen, wie er im Glauben und im Leben der Kirche erfahren wird«[193]. Paulus seinerseits läßt die gleiche »Mitte« erkennen; auch in der »Mitte« seines Evangeliums steht Jesus Christus, der auferstandene und erhöhte Kyrios, der doch zugleich der Gekreuzigte ist. Es ist zu beachten, daß Paulus zwar im Unterschied zu der ihm vorgegebenen Tradition seine Verkündigung als »Wort vom Kreuz« bezeichnet (1 Kor 1,18; vgl. Gal 3,1; 6,14 u. ö.); dieses aber »schließt . . . das Wort von der Auferstehung und der Erhöhung des gegenwärtigen Kyrios in sich ein«[194]. (2) Was die vorevangelische Überlieferung angeht, so fällt auf, daß in ihr von vornherein dem Bericht über Passion und Auferstehung Jesu breiter Raum zukommt. Man darf sogar annehmen, daß die Passionsgeschichte als erste »in einem zusammenhängenden Bericht dargestellt

[192] H. ZIMMERMANN, Jesus Christus 57.
[193] H. ZIMMERMANN, aaO. 58.
[194] H. ZIMMERMANN, ebd. 61.

wurde«[195], und zwar aller Wahrscheinlichkeit nach sogar mehrfach[196]. In der Logienquelle (Q) gibt es zwar keine Passionsgeschichte, jedoch kann auch ihre Botschaft »nur im Blick auf den Tod und die Auferstehung Jesu in rechter Weise verstanden werden«[197]. Die Evangelisten ihrerseits haben die Bedeutung von Tod und Auferstehung Jesu noch stärker unterstrichen, etwa indem sie im Verlauf ihrer Darstellung immer wieder Hinweise auf das kommende Leiden, Sterben und Auferstehen Jesu bringen (vgl. vor allem die drei »Leidensankündigungen« Mk 8,31; 9,31; 10,32–34 und Parallelen) oder den »Weg« Jesu nach Jerusalem hervorheben (vgl. bes. den lukanischen »Reisebericht« Lk 9,51–19,27).

Man kann also in der Tat sagen: Die *eine* »Mitte« der Christusverkündigung, die dann zugleich auch die *Einheit* des Neuen Testaments selbst bestimmt, ist sachlich gesehen die Botschaft von Tod und Auferstehung Jesu Christi. Allerdings geht es letztlich nicht um die »Sache« als solche; es geht vielmehr um den erhöhten und in seiner Kirche lebenden Herrn! Mit H. ZIMMERMANN kann man daher sagen: »Das Eine des Neuen Testaments ist der Eine, Jesus Christus, als dessen gegenwärtige Verkündigung das Neue Testament sich selbst versteht«[198]. Er ist es, der in dieser Verkündigung ausgelegt wird[199].

b) Nun würde schon eine einzige Auslegung, wie sie etwa in der Auferweckungsformel vorliegt, in Verbindung mit dem Bekenntnis zum Kyrios Christus zu unserem Heil ausreichen (vgl. Röm 10,9). »Da aber das Christusgeschehen im letzten unausdeutbar und sein Geheimnis letztlich unfaßbar ist, kann es nicht genug an verschiedenen Auslegungen des eigentlichen Neuen Testaments geben, dessen ›Text‹ Jesus Christus ist«[200]. Deshalb verwundert es nicht, daß man im Neuen Testament – trotz der bestehenden Einheit – einer *Vielfalt* an Aussagen begegnet, die sich nicht zuletzt auch in der Vielfalt der bei der Christusverkündigung verwendeten Gattungen, Formen und Formeln widerspiegelt. Es verwundert um so weniger, wenn man dazu noch bedenkt, daß die Auslegung Jesu Christi als gegenwärtige Verkündigung immer abzielt auf »den Menschen, der in einer konkreten Situation des Glaubens und des Le-

[195] R. SCHNACKENBURG, Theologie 72.
[196] H. ZIMMERMANN, Methodenlehre 163.
[197] H. ZIMMERMANN, Jesus Christus 66.
[198] AaO. 177.
[199] Dies ist der richtige Kern an Luthers »christozentrischen Bibelkritik« (G. GLOEGE, Geschichte 29).
[200] H. ZIMMERMANN, Jesus Christus 177. H. SCHÜRMANN (Thesen 130) spricht zutreffend von »dem . . . recht pluralistischen . . . Gesamtsinn der Schrift«.

bens steht, um bestimmte Fragen ringt, sich in Gefahr des Abfalls befindet und von innerer oder äußerer Not bedrängt wird, der aber auch seinen Glauben verteidigt und – seines Glaubens froh – Gott dafür dankt, daß er ihm Christus geschenkt hat«[201].

Das bedeutet nun aber für die Frage nach der »Mitte« der Schrift bzw. des Evangeliums, daß diese (nicht unberechtigte) Frage nur dann sachgemäß, d. h. dem neutestamentlichen Befund entsprechend, beantwortet wird, wenn man Einheit *und* Vielfalt der gesamten neutestamentlichen Christusverkündigung beachtet. Jedenfalls darf man die »Mitte« des Evangeliums oder gar das Evangelium schlechthin nicht nur auf »ein ganz bestimmtes Einzelkerygma wie die iustificatio impii«[202] eingrenzen und darf deshalb auch nicht die neutestamentlichen Schriften einseitig an Paulus messen, sondern muß sehen, daß *alle* Schriften des (von beiden Seiten – sicher aus gutem Grund – anerkannten) Kanons, wenngleich in verschiedener Form und mit unterschiedlicher Akzentuierung, Christus auslegen (in diesem Sinne »Christum treiben«) wollen. Das gilt etwa auch für den Jakobusbrief und seine »Theologie der Vollkommenheit«[203]. Allerdings: Wenn die verkündigende Auslegung Jesu Christi gleichsam die *alle* Schriften des neutestamentlichen Kanons verbindende Klammer ist, kann von einem »Kanon im Kanon« im Sinne der Reformation dann wohl kaum mehr die Rede sein[204].

Mit diesen Hinweisen müssen wir uns begnügen. Sie dürften aber hinreichend verdeutlicht haben, wie notwendig, aber auch wie lohnend es erscheint, die zwischen den Konfessionen nach wie vor bestehenden Grunddissense in bezug auf Schrift und Schriftauslegung vom Neuen Testament her weiter zu überprüfen, um auf diese Weise die ökumenische Verständigung zu fördern. Dabei kann Verständigung in der gegenwärtigen Situation zunächst wohl nur dieses bedeuten: »gegenseitige Begegnung in Zustimmung und Widerspruch, in dem, was uns angesichts der Schrift neu verbindet und noch immer trennt, aber vielleicht nicht mehr auf immer scheiden muß«[205].

[201] H. ZIMMERMANN, aaO. 178.

[202] F. MUSSNER, Evangelium 511.

[203] Vgl. dazu den Aufsatz »Christliche ›Vollkommenheit‹. Erwägungen zur Theologie des Jakobusbriefes« S. 293–324.

[204] Das konstatiert auch F. MUSSNER, Evangelium 511.

[205] P. STUHLMACHER, Methoden- und Sachproblematik 13.

Literatur

BAUER, J. B., Der Weg der Exegese des Neuen Testaments, in: J. SCHREINER (Hrsg.), Einführung in die Methoden der biblischen Exegese, Würzburg 1971, 18–39.

BEINTKER, H., Die Bedeutung der Tradition bei Luther und im Luthertum, in: Kairos 21 (1979) 1–29.

BILLERBECK, P. (– STRACK, H. L.), Kommentar zum Neuen Testament aus Talmud und Midrasch, 4 Bände: I. München 1922 (⁷1978), II. München 1924 (⁷1978), III. München 1926 (⁷1979), IV. München 1928 (⁶1975); dazu 2 Ergänzungsbände, hrsg. von J. JEREMIAS in Verbindung mit K. RUDOLPH: V. Rabbinischer Index, München 1956 (⁵1979), VI. Verzeichnis der Schriftgelehrten. Geographisches Register, München 1961 (⁵1979).

BLÄSER, P., Art. »Schriftbeweis«, in: LThK² IX, 484–486.

BORNKAMM, G., Die ökumenische Bedeutung der historisch-kritischen Bibelwissenschaft, in: DERS., Geschichte und Glaube II. Gesammelte Aufsätze IV (BEvTh 53), München 1971, 11–20.

BROX, N., Kirche und Theologie der nachapostolischen Epoche, in: J. SCHREINER – G. DAUTZENBERG (Hrsg.), Gestalt und Anspruch des Neuen Testaments, Würzburg 1969, 120–133.

BULTMANN, R., Die Geschichte der synoptischen Tradition, Göttingen 1921 (⁹1979); dazu Ergänzungsheft (bearb. v. G. THEISSEN und PH. VIELHAUER), Göttingen 1958 (⁵1979).

– Ist voraussetzungslose Exegese möglich?, in: DERS., Glauben und Verstehen III, Tübingen ³1965, 142–150.

COLPE, C., Die religionsgeschichtliche Schule. Darstellung und Kritik ihres Bildes vom gnostischen Erlösermythos (FRLANT 78) Göttingen 1961.

CONZELMANN, H., Die Mitte der Zeit. Studien zur Theologie des Lukas (BHTh 17), Tübingen 1954 (⁵1964).

Das Zweite Vatikanische Konzil. Dokumente und Kommentare II (LThK²), Freiburg-Basel-Wien 1967.

Dekret über den Ökumenismus (lateinisch-deutscher Text mit Einführung von W. BECKER und Kommentar von J. FEINER), in: Das Zweite Vatikanische Konzil II (LThK²), Freiburg-Basel-Wien 1967, 9–126.

DENZINGER, H. – SCHÖNMETZER, A., Enchiridion Symbolorum (= DS), Freiburg i. Br. ³³1965.

DIBELIUS, M., Die Formgeschichte des Evangeliums, Tübingen 1919 (⁶1971; mit einem Nachtrag von G. IBER, hrsg. v. G. BORNKAMM).

– Aufsätze zur Apostelgeschichte, hrsg. v. H. GREEVEN (FRLANT 60), Göttingen ³1957.

Dogmatische Konstitution über die göttliche Offenbarung »Dei Verbum« (lateinisch-deutscher Text mit Einleitung von J. RATZINGER und Kommentar von J. RATZINGER [zu Kap. I, II und VI]), A. GRILLMEIER [zu Kap. III] und B. RIGAUX [zu Kap. IV und V]), in: Das Zweite Vatikanische Konzil II (LThK²), Freiburg-Basel-Wien 1967, 497–583.

EBELING, G., Die Bedeutung der historisch-kritischen Methode für die protestantische Theologie und Kirche, in: ZThK 47 (1950) 1–46.

– »Sola scriptura« und das Problem der Tradition, in: E. KÄSEMANN (Hrsg.), Das Neue Testament als Kanon, Göttingen 1970, 282–335.

Einheitsübersetzung der Heiligen Schrift. Das Neue Testament, Stuttgart [1]1979.

Enchiridion biblicum. Documenta ecclesiastica Sacram Scripturam spectantia (= EnchB), Neapel-Rom [4]1965 (Nachdruck).

ERNST, J., Das hermeneutische Problem im Wandel der Auslegungsgeschichte, in: DERS. (Hrsg.), Schriftauslegung. Beiträge zur Hermeneutik des Neuen Testaments und im Neuen Testament, München-Paderborn-Wien 1972, 17–53.

Evangelisch-Katholischer Kommentar zum Neuen Testament (= EKK), Vorarbeiten 4, Zürich-Einsiedeln-Köln-Neukirchen 1972.

FITZMYER, J. A., Die Wahrheit der Evangelien (SBS 1), Stuttgart 1965.

FRÖR, K., Wege zur Schriftauslegung. Biblische Hermeneutik für Unterricht und Predigt, Düsseldorf 1968.

FÜSSEL, K., Was heißt materialistische Lektüre der Bibel?, in: US (1977) 46–54.

GADAMER, H.-G., Wahrheit und Methode. Grundzüge einer philosophischen Hermeneutik, Tübingen [4]1975.

GEISELMANN, R., Art. »Tradition«, in: HThG II, 686–696.

GLOEGE, G., Zur Geschichte des Schriftverständnisses, in: E. KÄSEMANN (Hrsg.), Das Neue Testament als Kanon, Göttingen 1970, 13–40.

GNILKA, J., Die Verstockung Israels. Is. 6,9–10 in der Theologie der Synoptiker (StANT 3), München 1961.

– Das Evangelium nach Markus I (EKK II/1), Zürich-Einsiedeln-Köln-Neukirchen 1978.

GÜTTGEMANNS, E., Offene Fragen zur Formgeschichte des Evangeliums (BEvTh 54), München [2]1971.

HAENDLER, K., Art. »Schriftverständnis« I, in: LThK[2] IX, 493 ff.

HAHN, F., Probleme historischer Kritik, in: ZNW 63 (1972) 1–17.

JOEST, W., Die Frage des Kanon in der heutigen evangelischen Theologie, in: DERS. u. a. (Hrsg.), Was heißt Auslegung der Heiligen Schrift?, Regensburg 1966, 173–210.

KÄSEMANN, E., Begründet der neutestamentliche Kanon die Einheit der Kirche?, in: DERS., Exegetische Versuche und Besinnungen I, Göttingen [6]1970, 214–223.

– Zum Thema der Nichtobjektivierbarkeit, in: DERS., Versuche und Besinnungen I, Göttingen [6]1970, 224–236.

– Neutestamentliche Fragen von heute, in: DERS., Exegetische Versuche und Besinnungen II, Göttingen [3]1970, 11–31.

– (Hrsg.) Das Neue Testament als Kanon, Göttingen 1970.

KÜMMEL, W. G., Das Neue Testament. Geschichte der Erforschung seiner Probleme (OA III, 3), Freiburg-München [2]1970.

– Notwendigkeit und Grenze des neutestamentlichen Kanons, in: E. KÄSEMANN (Hrsg.), Das Neue Testament als Kanon, Göttingen 1970, 62–97.

– Einleitung in das Neue Testament, Heidelberg [20]1980.

KÜNG, H., Der Frühkatholizismus im Neuen Testament als kontroverstheologisches Problem, in: E. KÄSEMANN (Hrsg.), Das Neue Testament als Kanon, Göttingen 1970, 175–204.

LEHMANN, K., Der hermeneutische Horizont der historisch-kritischen Exegese, in: J. SCHREINER (Hrsg.), Einführung in die Methoden der biblischen Exegese, Würzburg 1971, 40–80.

LOHFINK, N., Bibelauslegung im Wandel. Ein Exeget ortet seine Wissenschaft, Frankfurt a. M. 1967.

LUTHER, M., Werke. Kritische Gesamtausgabe, 60 Bände, Weimar 1883–1983 (= WA).

– Deutsche Bibel, 12 Bände, Weimar 1906–1961 (= WA. DB).

MARXSEN, W., Der Evangelist Markus. Studien zur Redaktionsgeschichte des Evangeliums (FRLANT 67), München 1956 ([3]1964).

MINDE, H. J. VAN DER, Schrift und Tradition bei Paulus (Paderborner Theol. Stud. 3), Paderborn 1976.

MUSSNER, F., Die johanneischen Parakletsprüche und die apostolische Tradition, in: BZ NF 5 (1961) 56–70.

– Die Mitte des Evangeliums in neutestamentlicher Sicht, in: Cath 15 (1961) 271–292.

– »Evangelium« und »Mitte des Evangeliums«. Ein Beitrag zur Kontroverstheologie, in: J. B. METZ u. a. (Hrsg.), Gott in Welt (Festgabe für Karl Rahner) I, Freiburg-Basel-Wien 1964, 492–514.

– Aufgaben und Ziele der biblischen Hermeneutik, in: W. JOEST u. a. (Hrsg.), Was heißt Auslegung der Heiligen Schrift?, Regensburg 1966, 7–28.

– Der Galaterbrief (HThK IX), Freiburg-Basel-Wien [3]1977.

PESCH, R., Das Markusevangelium I (HThK II/1), Freiburg-Basel-Wien [3]1980.

RAD, G. VON, Theologie des Alten Testaments II, München [4]1965.

RAHNER, K., Art. »Heilige Schrift«, in: LThK[2] V, 115–119.

– Theologie im Neuen Testament, in: J. RATZINGER – H. FRIES (Hrsg.), Einsicht und Glaube (Festschrift für Gottlieb Söhngen), Freiburg-Basel-Wien 1962, 28–44.

ROHDE, J., Die redaktionsgeschichtliche Methode. Einführung und Sichtung des Forschungsstandes, Hamburg 1966.

SCHÄFER, PH., Bibel und Kirche, in: Kirche und Bibel (Festgabe für Bischof Eduard Schick), Paderborn 1979, 343–355.

SCHEFFCZYK, L., Die Auslegung der Heiligen Schrift als dogmatische Aufgabe, in: W. JOEST u. a. (Hrsg.), Was heißt Auslegung der Heiligen Schrift?, Regensburg 1966, 135–171.

SCHELKLE, K. H., Die Petrusbriefe. Der Judasbrief (HThK XIII/2), Freiburg-Basel-Wien [2]1964.

SCHICK, E., Formgeschichte und Synoptikerexegese (NTA XVIII, 2/3), Münster 1940.

SCHLIER, H., Über Sinn und Aufgabe einer Theologie des Neuen Testaments, in: BZ NF 1 (1957) 6–23.

SCHMIDT, K. L., Der Rahmen der Geschichte Jesu, Berlin 1919 (Neudruck Darmstadt 1969).

SCHNACKENBURG, R., Neutestamentliche Theologie. Stand der Forschung (BiH 1), München [2]1965.

– Der Weg der katholischen Exegese, in: DERS., Schriften zum Neuen Testament. Exegese in Fortschritt und Wandel, München 1971, 15–33.

– Zur Auslegung der Heiligen Schrift in unserer Zeit, in: DERS., Schriften zum Neuen Testament. Exegese in Fortschritt und Wandel, München 1971, 57–77.

– Das Johannesevangelium III (HThK IV/3), Freiburg-Basel-Wien [3]1979.

SCHÜRMANN, H., Thesen zur kirchlichen Schriftauslegung, in: ThGl 72 (1982) 330 f.

SCHÜTTE, H., Protestantismus. Selbstverständnis, Ursprung, Katholische Besinnung, Essen-Werden 1966.

STOCK, A., Überlegungen zur Methode eines Theologischen Kommentars, in: EKK Vorarbeiten 4, Zürich-Einsiedeln-Köln-Neukirchen 1972, 75–96.

STUHLMACHER, P., Thesen zur Methodologie gegenwärtiger Exegese, in: ZNW 63 (1972) 18–26.

– Zur Methoden- und Sachproblematik einer interkonfessionellen Auslegung des Neuen Testaments, in: EKK Vorarbeiten 4, Zürich-Einsiedeln-Köln-Neukirchen 1972, 11–55.

– Vom Verstehen des Neuen Testaments. Eine Hermeneutik (GNT [= NTD Ergänzungsreihe] 6), Göttingen 1979.

TRILLING, W., Das wahre Israel. Studien zur Theologie des Matthäus-Evangeliums, Leipzig 1959; München ^{3}1964 (= StANT 10).

– Die Schrift allein. Moderne Exegese und reformatorisches Auslegungsprinzip, Stuttgart 1970.

VÖGTLE, A., Was heißt »Auslegung der Schrift«? Exegetische Aspekte, in: W. JOEST u. a. (Hrsg.), Was heißt Auslegung der Heiligen Schrift?, Regensburg 1966, 29–83.

WIKENHAUSER, A. – SCHMID, J., Einleitung in das Neue Testament, Freiburg-Basel-Wien ^{6}1973.

WILCKENS, U., Über die Bedeutung historischer Kritik in der modernen Bibelexegese, in: W. JOEST u. a. (Hrsg.), Was heißt Auslegung der Heiligen Schrift?, Regensburg 1966, 85–133.

ZIMMERMANN, H., Neutestamentliche Methodenlehre. Darstellung der historisch-kritischen Methode, Stuttgart ^{6}1978.

– Jesus Christus – Geschichte und Verkündigung, Stuttgart ^{2}1975.

ZMIJEWSKI, J., Der Stil der paulinischen »Narrenrede«. Analyse der Sprachgestaltung in 2 Kor 11,1–12,10 als Beitrag zur Methodik von Stiluntersuchungen neutestamentlicher Texte (BBB 52), Köln-Bonn 1978.

Apg 1 als literarischer und theologischer Anfang der Apostelgeschichte*

Das Anfangskapitel der Apostelgeschichte dient nach der Intention seines Verfassers sowohl in literarischer wie in theologischer Hinsicht der Einleitung in das zweite Buch des aus Lukas-Evangelium und Apostelgeschichte bestehenden Doppelwerkes.

I.

Literarisch kommt dem Kapitel die Aufgabe zu, »den Leser über den bisherigen und den weiteren Verlauf des Berichts zu orientieren«[1]; zugleich will Lukas »den Leser ein für allemal auf den Zusammenhang zwischen beiden Büchern aufmerksam machen«[2] und damit die *Apostelgeschichte als die Fortsetzung des Evangeliums* erweisen. Dieser Aufgabe entledigt er sich vor allem dadurch, daß er in der Einleitung Rückblick und Ausblick literarisch miteinander verbindet.

1. Dem *Rückblick* dienen der Ansatz des kurzen Proömiums (1,1–2), der »in überaus knapper Zusammenfassung«[3] den Inhalt des Lukas-Evangeliums (als des ersten Teils des Doppelwerkes) in Erinnerung bringt, sowie die speziellere »Rückblende« auf die bereits im letzten Kapitel des Evangeliums (Lk 24) geschilderten Ereignisse von Ostern bis Himmelfahrt (1,3–14), die jetzt freilich in teilweise stark divergierender Form sowie unter Hinzufügung ergänzender und vertiefender Gesichtspunkte zur erneuten Darstellung gelangen. Des näheren weist 1,3 summarisch auf die (40 Tage hindurch erfolgten) Ostererscheinungen zurück (vgl. Lk 24,1–43), die Verse 1,4–8 handeln noch einmal von den letzten Weisungen des Auferstandenen an die Apostel (vgl. Lk 24,44–49), 1,9–11 von Jesu Himmelfahrt (vgl. Lk 24,50 f.) und 1,12–14 von der Rückkehr der Himmelfahrtszeugen nach Jerusalem und ihrem dortigen Verbleiben (vgl. Lk 24,52 f.). Lediglich zu der Perikope von der Nachwahl des Matthias 1,15–26 fehlt eine vergleichbare Parallele in Lk 24. Immerhin ergeben sich aber in ihr andere Rückverweise auf das im Evangelium Berichtete, so in 1,16 f. auf den »Verrat«

* Bisher noch unveröffentlichter Aufsatz.

[1] K. Löning, Lukas 211.

[2] U. Wilckens, Missionsreden 57.

[3] G. Stählin, Apg 11.

des Judas, der zu dessen Ausscheiden aus dem (deswegen nun zu ergänzenden) Zwölferkreis führte (vgl. Lk 22,3–6.21 ff. 47 f.), in 1,21 f. sogar auf die gesamte Zeit des Umgangs der Jünger mit Jesus, angefangen von der Taufe des Johannes bis zum Tag seiner »Aufnahme«. Dem entspricht in traditionsgeschichtlicher Hinsicht die Beobachtung, daß Lukas bei seinem Rückblick hauptsächlich Stoff aus der Jesustradition heranzieht[4]. Vor allem die »letzte Jesusszene« (1,1–11) »ist aus den Quellen der Jesusüberlieferung erarbeitet«[5], während im folgenden Abschnitt (1,12–26) Traditionen unterschiedlicher Art und Herkunft aufgenommen worden sind.

2. Das Bemühen des Verfassers, in der Einleitung mit dem Rückblick einen *Ausblick* auf das ab 2,1 Folgende zu verbinden, wird zunächst daran ersichtlich, daß er den ersten Teil der Einleitung *1,1–11* geradezu als »Exposition« zur gesamten Apostelgeschichte gestaltet[6], wobei der in 1,8 enthaltenen »Inhaltsangabe«[7] besondere Bedeutung zukommt. Auch beim zweiten Teil der Einleitung *1,12–26* lenkt Lukas, wie sich schon aus der Thematik ergibt, den Blick des Lesers deutlich nach vorne: Er stellt die Jüngergemeinde zu Jerusalem vor und berichtet davon, wie sie sich während der (mit der Himmelfahrt Jesu beginnenden) »Zwischenzeit« – der Weisung des Herrn gemäß (vgl. 1,4.8; Lk 24,49) – auf das Pfingstereignis (2,1–13) als die Erfüllung der Geistverheißung Jesu und den Anfang der Missionstätigkeit des zum Zeugnis beauftragten Apostelkreises vorbereitet. Besonders sinnvoll muß es dem Leser dabei erscheinen, daß gerade in *diesem* Zusammenhang die Perikope von der Nachwahl des Matthias (1,15–26) eingeordnet ist. In der Tat hat sie hier, an einer wichtigen »Nahtstelle«[8] der Apostelgeschichte, literarisch (und theologisch) »ihren geeigneten Platz«[9]: »Sie verbindet den Abschnitt über die Himmelfahrt Jesu und das Verweilen des Jüngerkreises in Jerusalem mit dem Pfingstbericht; für den letzteren schafft sie eine Voraussetzung, indem sie erklärt, wieso am Pfingsttag der Zwölferkreis wieder vollständig war«[10]. Daß Lukas mit dem gesamten Abschnitt 1,12–26 bewußt auf die Pfingstperikope 2,1–13 hinlenken will, geht im

[4] Vgl. R. Pesch, Anfang 9: »Die Brücke vom Evangelium zum zweiten Buch schlägt Lukas mit vorwiegend ›evangelischem‹ Material.«

[5] R. Pesch, aaO.

[6] R. Pesch, aaO. 7.

[7] E. Haenchen, Apg 151; J. Roloff, Apg 17.

[8] E. Nellessen, Tradition und Schrift 205; G. Schneider, Apg I 213.

[9] G. Schneider, aaO.

[10] E. Nellessen, Zeugnis 128.

übrigen aus bestimmten, die Situation des Pfingsttages »vorbereitenden« Angaben innerhalb dieses Abschnitts hervor; zu vergleichen ist etwa die Erwähnung von *Jerusalem* in 1,12 mit der in 2,5, der Hinweis auf das *Obergemach* (als ständige Aufenthaltsstätte der Jüngergemeinde) in 1,13 mit dem auf das *Haus* in 2,2, die Bemerkung über *das Zusammensein der Gemeinde »an ein und demselben Ort«* (ἐπὶ τὸ αὐτό) in 1,15 mit der entsprechenden Angabe über die Pfingstversammlung in 2,1. Allerdings richtet Lukas in 1,12–26 den Blick nicht allein auf die Pfingstperikope, sondern ebenso auf die weitere Darstellung. Das ergibt sich vor allem aus zwei Beobachtungen: 1. Der Bericht über die Situation der Urgemeinde vor Pfingsten in 1,13 f. ist bewußt in die Form eines *Summariums* gefaßt; auf diese Weise sollen offensichtlich jene »Sammelberichte« vorbereitet werden[11], bei denen es darum geht, das Leben und Wachsen der nachpfingstlichen Gemeinde zu beschreiben und damit »den Prozeß einer inneren Entwicklung der Urkirche anzudeuten«[12]. 2. Die Perikope von der Nachwahl des Matthias (1,15–26), in deren Mittelpunkt die erste Petrusrede steht, weist modellartig auf die ähnlich gestalteten Berichte über die in späterer Zeit notwendig werdenden Entscheidungen voraus[13].

II.

Abgesehen von der Klärung bestimmter, für das Gesamtverständnis der Apostelgeschichte wichtiger Begriffe (z. B. des »Zeugen«-Begriffs, vgl. 1,8.21 f.), besteht in *theologischer* Hinsicht die Aufgabe der Einleitung hauptsächlich im Aufweis der *heilsgeschichtlichen Kontinuität.* Der Aufweis geschieht dadurch, daß Lukas in Apg 1 bewußt und konsequent »die ›Zeit Jesu‹ mit der ›Zeit der Kirche‹ verbindet«[14], bzw. genauer: daß er bemüht ist, die christologischen Heilsereignisse bis zur Himmelfahrt Jesu einerseits und ihre Verkündigung durch die dazu beauftragten Zeugen andererseits als zwei nahtlos ineinander übergehende und sich ergänzende »Phasen« innerhalb ein und desselben Christusgeschehens darzustellen.

1. Vor allem die (unter literarischem Gesichtspunkt bereits behandelte) *Stoffauswahl,* bei der sich der Blick gleicherweise nach »rück-

[11] Vgl. bes. die drei großen »Sammelberichte« in 2,41–47; 4,32–35; 5,11–16.

[12] H. Zimmermann, Methodenlehre 233; vgl. Ders., Sammelberichte 72.

[13] Vgl. z. B. den Bericht über die Wahl der »Sieben« 6,1–7 oder die Darstellung des »Apostelkonzils« in Kap. 15.

[14] G. Schneider, Apg I 187.

wärts« wie nach »vorwärts« richtet, läßt dieses Bemühen deutlich erkennen: Wenn der Verfasser im Proömium 1,1–2 auf das Evangelium zurückschaut und eine inhaltliche »Rekapitulation des früheren Buches«[15] gibt, dann geschieht dies keineswegs nur aus literarischen, sondern letztlich aus theologischen Gründen, ist doch nach lukanischem Verständnis das gesamte »Tun und Lehren« Jesu »bis zu dem Tag, da er aufgenommen wurde«, lediglich als der »Anfang« (vgl. das ἤρξατο in V. 1) jenes umfassenden Christusgeschehens anzusehen, das in der nunmehr erfolgenden und den Gegenstand der Apostelgeschichte bildenden Verkündigung der Zeugen seine Fortsetzung findet und deshalb auch erst in dem Augenblick vollendet sein wird, da das Wort, der λόγος (vgl. V. 1; ferner Apg 6,7; 12,24; 19,20 u. ö.), tatsächlich »bis ans Ende der Erde« (1,8) gelangt ist. Wenn der Verfasser in 1,3–11 die schon Lk 24 geschilderten Ostergeschehnisse erneut darstellt, dann will er damit die entscheidenden christologischen Heilsereignisse der ersten »Phase« (Leiden/Tod – Auferstehung/Himmelfahrt) ins Gedächtnis zurückrufen, um deren weltweite Verkündigung es im Folgenden ja gerade geht, und verdeutlichen, daß das österliche Geschehen »nicht nur der glorreiche Abschluß des Lebens Jesu, sondern zugleich der lebenwirkende Heilsgrund der Kirche ist«[16] und für die zweite »Phase« des Christusgeschehens, insbesondere für die in ihr zu vollziehende Verkündigung der Zeugen *konstituierende* Bedeutung besitzt. Letzteres gilt dann ebenfalls bezüglich der Ereignisse, die Lukas in 1,12–26 aus der Zeit zwischen Himmelfahrt und Pfingsten anführt. Auch bei ihnen handelt es sich nach seiner Vorstellung um konstituierende Ereignisse, die aber wiederum gerade als solche die *Kontinuität* mit der ersten »Phase« des Christusgeschehens wahren. So ist für ihn die Rückkehr der Jüngerschar vom Ölberg und ihr Verweilen in Jerusalem (V. 12–13a) nichts anderes als die Erfüllung eines *vor* der Himmelfahrt ergangenen Auftrags Jesu (vgl. V. 4.8). So entspricht die Ergänzung des Zwölferkreises (V. 15–26) dem, was Jesus selbst intendierte, als er nach Lk 6,12–16 die Zwölf zu Aposteln erwählte. Insofern erscheint es kaum als Zufall, daß vor dem Bericht über die Ergänzung eine Apostelliste steht (V. 13b), die weitgehend mit der Lk 6,14–16 begegnenden übereinstimmt, wie es ebenfalls nicht zufällig sein dürfte, daß der gleiche Vorgang der Apostelwahl »das einzige Einzelereignis aus der ersten Periode des Wirkens Jesu«[17] ist, an das beim

[15] R. Pesch, Anfang 20.
[16] J. Kürzinger, Apg I 19.
[17] G. Stählin, Apg 12.

summarischen Rückblick im Proömium (V. 1–3) ausdrücklich erinnert wird.

2. Nicht nur durch die Stoffauswahl wird der Gedanke der heilsgeschichtlichen Kontinuität unterstrichen, sondern darüber hinaus durch eine Reihe von *Einzelmomenten,* von denen die folgenden als besonders wichtig gelten können:

a) Das *Zeitschema:* In der Darstellung von Apg 1 bilden die 40 Tage der Osterzeit bis zur Himmelfahrt als Abschluß der gesamten ersten »Phase« des Christusgeschehens und die 10 Tage der »Zwischenzeit« vor dem Pfingstfest als dem endgültigen Beginn der zweiten »Phase« gemeinsam einen kontinuierlich sich vollziehenden »Übergang«, dessen Ereignisse zudem, wie schon festgestellt, für die Konstituierung des nachösterlichen Zeugenkreises wesentliche Bedeutung besitzen. Wenn dabei für die Osterereignisse – im Unterschied zu Lk 24, wo sie »auf einen einzigen Tag zusammengedrängt«[18] erscheinen – eine Spanne von 40 Tagen angegeben wird (V. 3), dann bringt dies besonders klar zum Ausdruck, »daß das Wirken der Apostel nicht nach einem abrupten Einschnitt begonnen hat, sondern kontinuierlich aus dem Wirken Jesu herausgewachsen ist«[19]. Außerdem erhält auf diese Weise der Tag der Himmelfahrt neben Ostern und Pfingsten eine eigenständige Bedeutung, wird er doch nunmehr »als Endpunkt der ersten Periode und zugleich als Anfangstag der zweiten Phase«[20] des Christusgeschehens zu einem für die heilsgeschichtliche Kontinuität entscheidenden Bindeglied.

b) Das *Jerusalem-Motiv:* Die Kontinuität kommt auch dadurch zur Geltung, daß Jerusalem nicht nur als der Ort angegeben wird, an dem die Ostererscheinungen stattfinden (vgl. V. 4) und in dessen Nähe sich die Himmelfahrt Jesu ereignet (vgl. V. 12a) – wie für Lukas Jerusalem ja überhaupt »Ort der Erscheinungen«[21] ist –, sondern ebenso als jene Stadt, in der sich die erste Christengemeinde aus den Himmelfahrtszeugen bildet und – gemäß dem Auftrag des Herrn (V. 4; vgl. Lk 24,49) – auf die Herabkunft des Heiligen Geistes vorbereitet (V. 12–26). Indem Jerusalem »Zielpunkt des Weges Jesu«[22] und zugleich – entsprechend dem weiteren Auftrag des Herrn, seine »Zeugen in Jerusalem und in ganz Judäa und Samaria und bis ans Ende der Erde« zu sein (V. 8; vgl. Lk 24,47) – auch »Ausgangsort des neuen Geschehens in der Zeit der

[18] J. Ernst, Lk 648.
[19] M. Dömer, Heil 138.
[20] G. Stählin, Apg 11.
[21] H. Conzelmann, Mitte 124.
[22] K. Löning, Lukas 211.

Kirche«[23] ist, wird diese Stadt zum »Raumsymbol«[24] für die heilsgeschichtliche »Kontinuität von der Verkündigung Jesu zu derjenigen der christlichen Gemeinde«[25].

c) Das *Verheißungs-Motiv:* Der Herstellung einer Verbindung zwischen den beiden »Phasen« des Christusgeschehens im Sinne des Kontinuitätsgedankens dient ferner die Reihe der Verheißungen (vgl. die futurischen Aussagen in den V. 5.8.11). Zu nennen ist zunächst die Verheißung des Heiligen Geistes (V. 5.8), deren Erfüllung, vom Auferstandenen als »in wenigen Tagen« bevorstehend bezeichnet (V. 5), im Pfingstbericht (Apg 2) zur Darstellung kommt. Die Zeit bis zur Einlösung der Verheißung erscheint damit als eine von Spannung geprägte »Wartezeit«[26], die nahtlos, ja »scheinbar lässig«[27] – und dennoch (wegen ihrer Begrenzung auf eine *bestimmte* Dauer) durchaus »nicht undeutlich«[28] – »von dem Abschluß der irdischen Wirksamkeit Jesu zum Anfang der apostolischen Verkündigung hinüberführt«[29], und dies um so mehr, als sich mit der Verheißung des Geistes jene andere, für die Zukunft ebenfalls wichtige Verheißung verbindet, die den Auftrag des Auferstandenen an die Zeugen betrifft (V. 8: ». . . und ihr werdet meine Zeugen sein . . .«). Schließlich steht auch die im Himmelfahrtsbericht durch die Deuteengel ausgesprochene Parusieverheißung (V. 11: »Dieser Jesus . . . wird so wiederkommen . . .«) unter dem Gedanken der heilsgeschichtlichen Kontinuität, denn auf diese Weise wird schon am Ende der ersten »Phase« der Blick auf das Ende der zweiten »Phase« und damit des gesamten Christusgeschehens hingelenkt.

d) Der *personale Aspekt:* In Apg 1 werden drei personale Größen genannt, die für die Kontinuität von ausschlaggebender Bedeutung sind: Jesus Christus, die Zeugen, der Heilige Geist. Die Kontinuität *gründet* in *Jesus Christus,* dem erhöhten Kyrios, der doch zugleich der ist, der auf Erden gewirkt und gelehrt hat (vgl. V. 1). Von daher ist es nicht unwesentlich, daß die Zeugen ihre Aufträge und Verheißungen durch den *Auferstandenen* während der 40 Tage zwischen Ostern und Himmelfahrt erhalten, also in der Zeit, die zwar noch zur ersten »Phase« gehört, aber doch bereits ganz bestimmt ist von jener seit Ostern geltenden neuen Seinsweise Christi. Jedenfalls »darf man nicht vergessen, daß auch für

[23] AaO.

[24] G. Lohfink, Himmelfahrt 263; vgl. A. Weiser, Apg I 56.

[25] M. Dömer, Heil 137; vgl. E. Lohse, Auferstehung 9.

[26] K. Löning, Lukas 212.

[27] G. Stählin, Apg 12.

[28] So zu Recht K. Löning, aaO.

[29] M. Dömer, Heil 138.

Lk die zeitlich begrenzten Erscheinungen des auferweckten Jesus solche des in der Auferweckung eigentlich schon Erhöhten sind«[30]. Bezeichnenderweise reden denn auch die (*vor* der Himmelfahrt) »Versammelten« Jesus mit »Herr« (κύριε) an (V. 6), d. h. mit einem Titel, der seine Erhöhung bereits voraussetzt. Ähnliches spiegelt sich in der Tatsache wider, daß Petrus bei seiner Rede anläßlich der Matthiaswahl die »Phase« des *irdischen* Wirkens Jesu bis zur Himmelfahrt als »Zeit, in welcher der *Kyrios* Jesus bei uns ein- und ausging« umschreibt (V. 21). Und wenn schließlich die versammelte Gemeinde vor der Wahl zu Jesus als dem Kyrios betet (V. 24), der in ihr gegenwärtig ist und wirkt[31], dann ist auch dies nur so zu erklären, daß es sich bei der Wahl nicht eigentlich um einen Akt der Gemeinde bzw. der Apostel handelt, sondern daß hier der *gleiche* Kyrios Jesus wirkt (genauer: kontinuierlich weiterwirkt), der schon »damals«, in der Zeit des »Anfangs«, seine Apostel ausgewählt hat (V. 2). Als *Träger* der Kontinuität fungieren die *Zeugen,* d. h. im wesentlichen – wenn auch nicht ausschließlich[32] – die Apostel[33]. »Sie, die mit dem gesamten Wirken Jesu in Verbindung gestanden haben, leiten auch die Konstituierung und weitere Ausbreitung der christlichen Gemeinde und stellen auf diese Weise gewissermaßen die personale Verklammerung innerhalb der heilsgeschichtlichen Entwicklung dar«[34]. Näherhin können sie aus drei Gründen als Träger der Kontinuität gelten: 1. weil sie »als Augenzeugen Jesu (1,21 f.), des Irdischen (V 2), des Auferstandenen (V 3) und in den Himmel Aufgenommenen (VV 9–11), die zuverlässige Verbindung zwischen Jesus und der Kirche darstellen«[35]; 2. weil sie von Jesus, dem Kyrios, in dem die Kontinuität letztlich gründet, erwählt und zur Zeugenschaft beauftragt sind; 3. weil ihr »bis ans Ende der *Erde«* reichendes Zeugnis (V. 8), d. h. ihre universale Heilsverkündigung, nicht nur verkündigendes Reden *über* das Christusgeschehen ist, sondern zusammen mit den Heilsereignissen von Tod und Auferstehung selbst als integrierender Bestandteil *zu* diesem Christusgeschehen gehört (vgl. die Trias: Leiden des Christus – Auferstehung von den Toten – Verkündigung εἰς πάντα τὰ ἔθνη Lk 24,46 f.; ähnlich Apg 26,23). Insofern aber mit der weltweiten Verkündigung εἰς πάντα τὰ ἔθνη auch erst das Christusgeschehen in seiner Gesamtheit

[30] H. Schlier, Ekklesiologie 119.

[31] Die meisten Ausleger beziehen allerdings die Anrede κύριε in V. 24 auf Gott selbst.

[32] Vgl. E. Nellessen, Zeugnis 278.

[33] Vgl. dazu G. Lohfink, Himmelfahrt 267–272.

[34] M. Dömer, Heil 138.

[35] G. Schneider, Apg I 188.

zum Abschluß kommt, bildet die Erwählung der Apostel (V. 2) ebenso wie ihre Ergänzung (V. 15–26) die »Grundlage für die Vollendung des Christusgeschehens«[36]. Die Bedeutung des *Heiligen Geistes* besteht darin, daß er die Kontinuität *bewirkt*. Darunter ist ein Dreifaches zu verstehen: 1. Der Heilige Geist ist die *Wirkmacht* (1,8; Lk 24,49: δύναμις), welche die Sendung Jesu und die seiner Zeugen verbindet[37]. »Durch den Heiligen Geist« hat Jesus die Apostel erwählt (V. 2), ebenso wird »ihre Zeugenschaft Werk des Geistes sein«[38]. 2. Der Heilige Geist ist damit zugleich der *Ermöglichungsgrund* für die »innere Zuordnung von Jesuszeit und Zeit der Kirche«[39]: Wie der Beginn der von Lukas im Evangelium als erste »Phase« des Christusgeschehens dargestellten »Zeit Jesu« unter der besonderen Verheißung des Heiligen Geistes steht (vgl. Lk 1, vor allem den Abschnitt 1,26–38), so auch der in der Apostelgeschichte geschilderte Beginn der (bis zur Parusie dauernden) »Zeit der Kirche« als der zweiten »Phase« desselben Geschehens. 3. Insofern die innere Zuordnung der beiden »Phasen« dem (schon in der Schrift bezeugten) Heilsplan Gottes entspricht – das göttliche »Muß« (δεῖ) gilt sowohl für Jesu Sendung (Lk 4,43; 13,33), besonders für seinen Heilstod (Lk 17,25; 24,7.26 u. ö.), als auch für die Sendung der Zeugen (vgl. Apg 9,15 f.; 19,21; 23,11 u. ö.) –, ist der Heilige Geist der eigentliche *Garant* einer nach Gottes Willen »planmäßig ablaufenden Geschichte«[40] des Heils überhaupt, der deshalb auch gleicherweise hinter dem, was die Schrift über Gottes Plan vorherverkündet hat, und dessen Erfüllung in den einzelnen Ereignissen der gegenwärtigen Christuszeit steht (vgl. 1,16).

3. Mit dem Bestreben des Verfassers, die heilsgeschichtliche Kontinuität aufzuzeigen, dürfte auch zusammenhängen, daß sich in Apg 1 nicht immer klare *Perikopenabgrenzungen* ergeben, was denn auch zu den unterschiedlichsten Gliederungsversuchen geführt hat[41]. Eindeutige Markierungen bilden lediglich die Zeitangabe »dann« (τότε) zu Beginn von V. 12, die »nach vorwärts auf die Ereignisse nach der Himmelfahrt

[36] M. Dömer, Heil 138. Vgl. auch G. Stählin, Apg 12: »Auswahlakte Gottes sind schon an sich die entscheidenden Schrittsteine der Heilsgeschichte . . .; die Wahl der Apostel aber . . . ist das grundlegende Ereignis für alles im folgenden als Taten Jesu durch die Apostel Berichtete.«

[37] Vgl. K. Löning, Lukas 213: »Der Geist ist Prinzip der Sendung.«

[38] R. Pesch, Anfang 22.

[39] J. Ernst, Lk 12.

[40] J. Ernst, aaO.

[41] Vgl. dazu den kurzen Überblick bei G. Schneider, Apg I 187.

Jesu, auf die ›Zwischenzeit‹«[42] weist und damit den gesamten Abschnitt 1,12–26 als den zweiten Teil der Einleitung kenntlich macht, sowie die ebenfalls temporale Wendung »und in diesen Tagen« (καὶ ἐν ταῖς ἡμέραις ταύταις) am Anfang von V. 15, wodurch V. 15–26 »zweifelsfrei als erzählerische Einheit«[43] ausgewiesen wird. Ansonsten aber ist festzustellen: »Lukas bemüht sich in Apg 1 um einen zusammenhängenden Text, eine durchgehende Erzählung«[44]. Durch dieses gestalterische Mittel unterstreicht er indes nur noch zusätzlich das Moment der Kontinuität, um das es ihm in diesem Anfangskapitel theologisch entscheidend geht.

III.

Wie eng der literarische und der theologische Aspekt in Apg 1 miteinander *verbunden* sind, spiegelt sich ebenfalls in der Gestaltung des Kapitels deutlich wider, insbesondere in der Abfolge bzw. Zuordnung der Perikopen sowie in der Diktion.

1. Die beiden (von den konstituierenden Ereignissen bis zur Himmelfahrt bzw. in der vorpfingstlichen »Zwischenzeit« handelnden) Teile des Kapitels (1,1–11 und 1,12–26) lassen sich aus inhaltlichen Gründen, die aber durch formale und sprachliche Beobachtungen durchaus ergänzt werden können, in *fünf Abschnitte* aufgliedern: Der *1. Abschnitt (V. 1–3)* enthält das Proömium mit dem summarischen Rückblick auf das irdische Wirken Jesu insgesamt (V. 1 f.) sowie auf die Erscheinungen des Auferstandenen während der vierzigtägigen Osterzeit im besonderen (V. 3). Der *2. Abschnitt (V. 4–8)* berichtet von den letzten Weisungen des Auferstandenen, wobei innerhalb der Gesamtszene zwei Teilszenen zu unterscheiden sind: V. 4 f. und V. 6 ff. Der *3. Abschnitt (V. 9–11)* bringt den Himmelfahrtsbericht, der eine geschlossene Struktur erkennen läßt[45]. Der *4. Abschnitt (V. 12–14)* umfaßt die Bemerkung über die Rückkehr der Himmelfahrtszeugen nach Jerusalem (V. 12.13a), eine als Verbindungsstück zu verstehende Apostelliste (V. 13b) und das Summarium über die Situation der vorpfingstlichen Gemeinde (V. 14). Der *5. Abschnitt (V. 15–26)* handelt von der Nachwahl des Matthias, in deren Mittelpunkt die erste Petrusrede (V. 16–22) steht.

[42] R. Pesch, Anfang 7.
[43] G. Schneider, Apg I 187.
[44] R. Pesch, Anfang 7.
[45] Vgl. R. Pesch, Anfang 9.

Es ergibt sich bei dieser Aufgliederung eine klare *Symmetrie in der Perikopenabfolge:* Summarisches Stück (V. 1–3) – Einzelszene(n) mit den letzten Anweisungen Jesu (V. 4–8) – Himmelfahrtsbericht (V. 9–11) – summarisches Stück (V. 12–14) – Einzelszene mit der ersten Petrusrede (V. 15–26). Sicher nicht zufällig sind dabei die Perikopen einander so zugeordnet, daß jene Szene genau in die Mitte rückt, auf die es literarisch wie theologisch entscheidend ankommt: die Himmelfahrt Jesu[46]. Ihre Mittelpunktstellung wird nicht nur dadurch noch unterstrichen, daß sie den Gipfel eines erzählerischen Spannungsbogens markiert, insofern das im ersten Teil Berichtete auf sie hinzielt und das im zweiten Teil Dargestellte von ihr seinen Ausgang nimmt, sondern auch dadurch, daß die beiden vorangehenden Abschnitte (V. 1–3.4–8) und die beiden sich anschließenden Abschnitte (V. 12–14.15–26) in mannigfacher Weise *aufeinander* bezogen sind. So lassen sich z. B. folgende Wendungen bzw. gedanklichen Motive miteinander vergleichen: a) »er fing an« (V. 1) – »angefangen von« (V. 22); b) »bis zu dem Tag, an dem er aufgenommen wurde« (V. 2) – »bis zu dem Tag, an dem er von uns hinweg aufgenommen wurde« (V. 22); c) »die Apostel, die er erwählt hatte« (V. 2) – »zeig uns an, wen du erwählt hast« (V. 24); d) »ihnen hat er sich als lebend erwiesen . . ., indem er ihnen erschien« (V. 3) / »ihr werdet meine Zeugen sein« (V. 8) – »einer von diesen muß mit uns Zeuge seiner Auferstehung werden« (V. 22); e) »er gebot ihnen, von Jerusalem nicht wegzugehen, sondern zu warten (περιμένειν) . . .« (V. 4) – »dann kehrten sie nach Jerusalem zurück . . ., wo sie sich ständig aufhielten (καταμένοντες) . . .« (V. 12a.13a); f) »Johannes taufte mit Wasser« (V. 5) – »angefangen von der Taufe des Johannes« (V. 22); g) »in wenigen Tagen« (V. 5) – »in diesen Tagen« (V. 15); h) »die zusammenwaren« (V. 6) – »von denen, die mit uns zusammenwaren« (V. 21); i) »Herr« (κύριε) als Anrede Jesu (V. 6) – »Herr« (κύριε) als Anrede Jesu (V. 24; vgl. V. 21: ὁ κύριος Ἰησοῦς); j) »in dieser Zeit« (V. 6) – »in der ganzen Zeit« (V. 21); k) »euch steht es nicht zu, zu wissen (γνῶναι) . . .« (V. 7) – »Du Herzenskenner (καρδιογνῶστα) aller« (V. 24).

2. Was die Diktion betrifft, so ist besonders auf die *doppeldeutigen Wörter und Wendungen* im Proömium (1,1–2) hinzuweisen. Wie die folgenden Ausführungen zeigen werden, gebraucht Lukas sie bewußt zur Unterstreichung seiner literarischen *und* theologischen Konzeption.

[46] Wie noch zu zeigen sein wird (vgl. die Ausführungen in III.2. zu der in V. 2 begegnenden Zeitangabe »bis zu dem Tag, da er aufgenommen wurde«), markiert das Himmelfahrtsgeschehen literarisch und theologisch einen *Übergang*.

Schon die erste Wendung in V. 1 ist doppeldeutig: Lukas nennt seine Evangelienschrift, deren Inhalt er im folgenden kurz rekapituliert, »den ersten λόγος«. Der Begriff λόγος hat zunächst einen literarischen Sinn; er bedeutet soviel wie »Buch« oder »Bericht«[47]. Bedenkt man aber, daß Lukas im Vorwort zum gesamten Doppelwerk die literarische Arbeit seiner Vorgänger und vor allem die eigene schriftstellerische Absicht mit einem anderen Terminus, nämlich mit διήγησις (= »Bericht«, »Erzählung«) kennzeichnet (Lk 1,1), andererseits im gleichen Vorwort – wie auch an vielen Stellen der Apostelgeschichte (Apg 4,29.31; 6,4; 8,4.25; 11,19; 13,46; 14,25; 16,6) – der λόγος, als dessen »Diener« die Augenzeugen genannt werden, eindeutig das »Wort der Verkündigung« meint (Lk 1,2)[48], wird man auch hier, in Apg 1,1, ein über die bloß literarische Bedeutung hinausreichendes theologisches Verständnis des Begriffs mitzubeachten haben: Lukas will das Evangelium, aber gleichermaßen auch dessen Fortsetzung, die Apostelgeschichte, als *Verkündigung* kennzeichnen, und zwar durchaus als eine »Verkündigung in der Form geschichtlicher Darstellung«[49], die aber (wie schon die Vermeidung des an sich erwarteten Possessivpronomens anzeigt) nicht eigentlich seine eigene Verkündigung ist, sondern die des erhöhten Kyrios, und damit selbst zu jener (in der Apg dargestellten) zweiten »Phase« des einen und umfassenden Verkündigungsgeschehens gehört, in der sich die bereits zur Zeit des irdischen Wirkens Jesu beginnende Ausbreitung des »Wortes« (vgl. Lk 5,15; 7,17 u. ö.) kontinuierlich fortsetzt (s. die »Wachstumsnotizen« Apg 6,7; 12,24; 13,49; 19,20), bis das »Wort«, dem Sendungsauftrag von Apg 1,8 gemäß, alle Heidenvölker erreicht hat.

Von daher fällt nun auch Licht auf die nachfolgende, den Inhalt des Evangeliums angebende Wendung »über alles, was Jesus zu tun und zu lehren begann«: Mit dem Wort πάντα (»alles«), einer der für ihn typischen »Verallgemeinerungsformeln«[50], weist Lukas zunächst auf die *literarische* Vollständigkeit seiner ersten Schrift hin, also auch z. B. darauf, daß er in ihr »die gesamte Tradition zusammenfassen« wollte[51] – jedenfalls »soweit sie ihm erreichbar«[52] war –; gleichzeitig jedoch hebt er

[47] So übersetzen denn auch hier die meisten Ausleger λόγος unter Hinweis auf den griechisch-hellenistischen Sprachgebrauch.

[48] Vgl. zu diesem Sprachgebrauch bei Lukas u. a. H. SCHÜRMANN, Lk I 9 Anm. 54. Nach G. KITTEL, ThWNT IV 115 ff. meint λόγος auch sonst im Neuen Testament die urchristliche Verkündigungsbotschaft.

[49] H. ZIMMERMANN, Methodenlehre 143; 145.

[50] Vgl. H. J. CADBURY, Style II 115 f.

[51] E. HAENCHEN, Apg 144.

[52] A. WIKENHAUSER, Apg 24.

– vielleicht in Front gegen pseudochristliche Traditionsauswucherungen[53] – vor allem die *inhaltlich-theologische* Vollständigkeit der (im Evangelium sich vollziehenden) Verkündigung hervor. Dementsprechend umschreibt das Wortpaar »tun und lehren« nicht nur die beiden literarischen Arten der Jesusüberlieferung, nämlich die (vornehmlich von Mk übernommene) Geschichtstradition und die (zumeist aus der Logienquelle Q oder aus dem Sondergut stammende) Worttradition[54], sondern macht darüber hinaus auf den *theologischen Tatbestand* aufmerksam, daß das Wirken Jesu, das den Inhalt der Evangelienverkündigung ausmacht, eine »Doppelstruktur«[55] hat, insofern darin »Reden und Handeln zwei einander ergänzende und deutende Weisen seiner Botschaft sind«[56]. Das »Tun« meint dann aber nicht allein die Wundertätigkeit Jesu[57], auch nicht allein Wundertaten und Passion[58], sondern umfaßt den gesamten »Geschehenszusammenhang«[59], über den das Lukas-Evangelium berichtet, angefangen von dem in Lk 1–2 Geschilderten[60] über Jesu öffentliche Tätigkeit (zu der z. B. auch die in V. 2 genannte Apostelwahl gehört) bis hin zu seinen Ostererscheinungen (V. 3), durch die er nach seinem Todesleiden unter Beweis stellt, daß er lebt, und seiner Himmelfahrt. Desgleichen ist das »Lehren« weder inhaltlich noch umfangmäßig eingegrenzt, sondern bezeichnet die (durch Reden erfolgende) Verkündigung im umfassenden Sinn, wozu das in der »Kindheitsgeschichte« (Lk 1,19; 2,10) begegnende und auch von Johannes dem Täufer (Lk 3,18) ausgesagte εὐαγγελίζεσθαι ebenso gehört wie Jesu letzte Anweisung an die Jünger (V. 2) mitsamt seinem Reden über Gottes Reich (V. 3) nach seiner Auferstehung. In diesem Zusammenhang kommt der Verbform »er fing an« (ἤρξατο) eine eigene Bedeutung zu. Sie ist hier also keineswegs in ihrem Sinn abgeblaßt bzw. pleonastisch (d. h. als vollere Umschreibung für das »tun und lehren« selbst) zu ver-

[53] Vgl. dazu H. SCHÜRMANN, Lk I 11: »Apg 1,1 f. . . . unterstreicht Luk . . . die Vollständigkeit des apostolischen Zeugnisses . . ., offensichtlich in Front gegen pseudochristliche Geheimtradition.«

[54] Darauf weist z. B. H. ZIMMERMANN, Methodenlehre 149 Anm. 39 hin.

[55] G. LOHFINK, Himmelfahrt 221.

[56] G. STÄHLIN, Apg 11.

[57] Gegen E. HAENCHEN, Apg 144 Anm. 3.

[58] So aber z. B. A. WIKENHAUSER, Apg 24.

[59] J. ROLOFF, Apg 19.

[60] Gegen H. CONZELMANN, Apg 24, nach dessen Ansicht hier die »Geburtsgeschichte . . . übergangen« sei, spiele sie doch »in der lukanischen Heilsökonomie keine Rolle«.

stehen[61]. Sie hat allerdings auch nicht lediglich adverbiale Bedeutung[62]; Lukas will keineswegs nur sagen, »daß seine Darstellung das Wirken Jesu ›von Anfang an‹ umfaßt«[63], um »durch Betonung des Anfangs . . . die umfängliche Vollständigkeit herauszustellen«[64], denn 1. konnte er dafür – wie in Lk 1,2 – direkt den adverbialen Ausdruck ἀπ' ἀρχῆς (»von Anfang an«) gebrauchen, 2. hebt er »den Anspruch auf Vollständigkeit«[65] ja bereits durch die beiden Wendungen »alles« sowie »tun und lehren« hervor. Die Verbform ist vielmehr in einem emphatischen Sinn zu nehmen[66], d. h. es soll mit ihr der Anfang (in literarischem und theologischem Sinne) als *Anfang* hervorgehoben werden. Der »Anfang« meint hier aufgrund des Kontextes nicht wie Apg 1,22; 10,37 (vgl. Lk 3,23; 23,5) die Taufe Jesu als Beginn seines öffentlichen Wirkens und zugleich (nach Apg 1,22) der Augenzeugenschaft der Apostel[67] – wäre daran gedacht, dann hätte der Verfasser dies wie an den genannten Stellen (die sich übrigens schon durch die Formulierung, näherhin durch den Gebrauch des *Partizips* ἀρξάμενος [bzw. ἀρχόμενος] von Apg 1,1 unterscheiden) ausdrücklich gesagt –; es geht aber auch nicht nur um den Beginn des irdischen Lebens Jesu überhaupt, wie er Lk 1–2 dargestellt wird. Vielmehr ist – wie ähnlich schon für Markus, der in der Überschrift zu seinem Werk dessen Inhalt *insgesamt* als »Anfang des Evangeliums Jesu Christi, des Sohnes Gottes« (Mk 1,1) kennzeichnet[68] – auch für Lukas (der freilich statt des Substantivs das Verb gebraucht) das *gesamte* in seinem Evangelium dargestellte »Tun und Lehren« des irdischen Jesus der »Anfang«[69], die erste »Phase«, der eine Fortsetzung, eine zweite »Phase«, folgt. Daß dies gerade hier, im Proömium des zwei-

[61] Gegen G. DELLING, ThWNT I 477 Anm. 5; O. MERK, EWNT I 399. Vgl. auch E. HAENCHEN, Apg 144 Anm. 3: »Durch die Umschreibung bekommt Lukas in diesem sehr genau ausgewogenen Eingangssatz eine rhythmisch tadellose Wortfolge, die sich mit bloßem Imperfekt oder Aorist nicht erzielen ließ.«

[62] Gegen H. J. HOLTZMANN, Apg 23; A. LOISY, Actes 135; H. CONZELMANN, Apg 24; R. PESCH, Anfang 20; G. LOHFINK, Himmelfahrt 218 f.; G. SCHNEIDER, Apg I 189; 191 f.; J. ROLOFF, Apg 19; A. WEISER, Apg I 45; 48 u. a.

[63] M. DÖMER, Heil 110.

[64] AaO. Vgl. auch J. ROLOFF, Apg 19.

[65] J. ROLOFF, aaO.

[66] So u. a. F. F. BRUCE, Acts 29 f.; W. DE BOOR, Apg 28; G. STÄHLIN, Apg 11; E. NELLESSEN, Zeugnis 235.

[67] Gegen H. CONZELMANN, Apg 24; G. SCHNEIDER, Apg I 191 f.; J. ROLOFF, Apg 19 u. a.

[68] Vgl. dazu H. ZIMMERMANN, Jesus Christus 19; 259.

[69] Vgl. G. SCHILLE, Himmelfahrt 187.

ten Teils des Doppelwerkes, betont wird, erscheint höchst angebracht, erwartet doch der Leser Aufklärung darüber, warum dem Evangelium als dem »ersten λόγος« überhaupt noch ein weiteres Buch folgen soll, ja folgen muß; entgegen der Annahme H. CONZELMANNS ist also *gerade* »gemeint, daß das erste Buch den Anfang seines Wirkens erzähle und das zweite die Fortsetzung desselben (nach der Erhöhung)«[70].

Die Zeitangabe »bis zu dem Tag, da er aufgenommen wurde« in V. 2 ist ebenfalls doppeldeutig. Sie bezieht sich, wie schon ihre Stellung am Ende des Proömiums andeutet, sowohl auf die Bemerkung des Lukas bezüglich der Abfassung seines ersten λόγος und dessen Vollständigkeit als auch auf die Kennzeichnung der (den Inhalt des Evangeliums ausmachenden) gesamten Wirksamkeit des irdischen Jesus als »Anfang« zurück. Der Tag der Himmelfahrt erscheint somit in doppelter Hinsicht als ›terminus ad quem‹: *Literarisch* gesehen ist er »Endpunkt des Berichtszeitraums«[71] in der Evangelienschrift. *Theologisch* besteht seine Bedeutung darin, daß er die zeitliche »Grenze«[72] zwischen der ersten und zweiten »Phase« des Christusgeschehens markiert. Daß diese »Grenze« nicht im Sinne einer »Abgrenzung«[73], sondern eines die heilsgeschichtliche Kontinuität garantierenden *Übergangs* zu verstehen ist, ergibt sich aus folgenden Einzelheiten: 1. Lukas erwähnt neben dem Vorgang der Himmelfahrt selbst – hier (im Unterschied zu Lk 24,51, aber im Rückblick auf Lk 9,51 und im Vorblick auf Apg 1,11.22) mit dem traditionellen (u. a. aus 4 Kön 2 [LXX] bekannten, von Lukas freilich in einem seiner Christologie entsprechenden spezifischen Sinn verwendeten) »Entrükkungs«-Terminus »aufgenommen werden« (ἀναλαμβάνεσθαι) umschrieben – auch den »Auftrag« des Auferstandenen an die Apostel. Was darunter zu verstehen ist, bleibt an sich offen – das Partizip ἐντειλάμενος (»nach Auftrag«) läßt insofern »Raum für alles, was Jesus nach seiner Auferstehung seinen Jüngern als Vermächtnis übergab«[74] –; jedoch liegt es vom Kontext her nahe, konkret an jene mit der Himmelfahrt in einem unmittelbaren zeitlichen (weil am gleichen Tag erfolgenden) und sachlichen Zusammenhang stehenden *letzten* Weisungen und Verheißungen zu denken, die der Verfasser bereits Lk 24,44–49 er-

[70] H. CONZELMANN, Apg 24.
[71] G. SCHNEIDER, Apg I 192.
[72] G. STÄHLIN, Apg 11; R. PESCH, Anfang 21.
[73] So H. CONZELMANN, Apg 25.
[74] J. KÜRZINGER, Apg I 22.

wähnt hat[75] und die er in Apg 1,4–8 (vor dem nochmaligen Himmelfahrtsbericht 1,9–11) erneut, wenn auch in anderer Form, erwähnt, weil sie – zusammen mit der die Wirksamkeit des erhöhten Herrn eröffnenden Himmelfahrt – für die heilsgeschichtliche Kontinuität zwischen der ersten und der in der Apostelgeschichte in den Blick genommenen zweiten »Phase« des Christusgeschehens konstituierende Bedeutung haben. 2. Als Adressaten des »Auftrags« nennt Lukas die Apostel, d. h. jene »Augenzeugen«, die nunmehr zu »Dienern des Wortes« werden (Lk 1,2; vgl. Apg 1,22; 6,4) und als »Werkzeuge«[76] des eigentlich Handelnden, des erhöhten Kyrios, in besonderer Weise Träger der heilsgeschichtlichen Kontinuität sind[77]. Ihre einzigartige Bedeutung wird durch den (auf Lk 6,12–16 zurücklenkenden) Hinweis unterstrichen, daß Jesus sie »erwählt« hatte. Die Wahl der Apostel, das »einzige Einzelereignis aus der ersten Periode des Wirkens Jesu, an das hier kurz erinnert wird«[78], ist nach lukanischem Verständnis »das grundlegende Ereignis für alles im folgenden als Taten Jesu durch die Apostel Berichtete«[79], und ihre Erwähnung in diesem Zusammenhang soll deutlich machen: Das Werk der Apostel »ist ganz persönlich an den irdischen wie an den verklärten Jesus gebunden, an sein Wort, seine Vollmacht, seinen Auftrag«[80]. 3. Neben Jesus und den Aposteln wird auch die dritte, für die heilsgeschichtliche Kontinuität maßgebliche Größe genannt: der Heilige Geist (πνεῦμα ἅγιον). Die fast genau in der Satzmitte stehende Wendung »durch den Heiligen Geist« läßt des näheren verschiedene Beziehungsmöglichkeiten zu. So kann man die Wendung auf den Vorgang der *Apostelwahl* beziehen[81]; gemeint wäre dann: »Schon die Erwählung der Apostel war Werk des Geistes Gottes, wie ihre Zeugenschaft Werk des Geistes sein wird (vgl. Apg 4,8). Dem Geistträger Jesus (Lk 3,22; 4,1.14; 10,21) folgen . . . die Apostel als seine Erwählten und Beauftragten, denen Jesu Vermächtnis anvertraut ist (Lk 22,29)«[82]. Man kann

[75] So u. a. auch E. Haenchen, Apg 145; A. Wikenhauser, Apg 24 f.; G. Lohfink, Himmelfahrt 221; G. Schneider, Apg I 192.

[76] E. Haenchen, Apg 146.

[77] Vgl. J. Roloff, Apg 19: Die zwölf Apostel stellen »das Kontinuum zwischen der Zeit des Tuns und Wirkens Jesu und der Zeit der Kirche« dar.

[78] G. Stählin, Apg 12.

[79] AaO.

[80] J. Kürzinger, Apg I 21.

[81] So u. a. E. Haenchen, Apg 146; G. Lohfink, Himmelfahrt 221; G. Schneider, Apg I 193; J. Roloff, Apg 19; A. Weiser, Apg I 55.

[82] R. Pesch, Anfang 22.

die Wendung sodann auf den Vorgang der *Beauftragung* beziehen[83]; in diesem Fall »wäre gesagt, daß Jesus seinen Auftrag gab aus dem Erfülltsein mit dem heiligen Pneuma«, und auch »dies gäbe für die lukanische Christologie einen guten Sinn«[84]. Doch dürfte es – gerade wegen der Stellung – näherliegen, die Wendung »durch den Heiligen Geist« mit beiden Vorgängen zugleich[85], vielleicht sogar darüber hinaus auch noch mit dem Himmelfahrtsgeschehen[86] in Bezug zu bringen. Damit träte die »Grundanschauung des Lukas«[87] zutage, daß *alle* Geschehnisse sowohl der ersten wie der zweiten »Phase« unter dem Wirken des Heiligen Geistes stehen.

Zusammenfassend läßt sich sagen: Daß Lukas gerade im Proömium zu derartigen doppeldeutigen Formulierungen greift, kommt – so dürfte deutlich geworden sein – nicht von ungefähr. Mit ihrer Hilfe gelingt es ihm vielmehr, seinen Lesern sofort zu Beginn des insgesamt der Einleitung dienenden Anfangskapitels der Apostelgeschichte seine literarische und theologische Intention, die er mit seinem Doppelwerk verfolgt, zu erläutern und ihnen damit zugleich auch das rechte Verständnis für das im Folgenden Dargestellte zu erschließen.

[83] So die Mehrzahl der Ausleger.

[84] J. KÜRZINGER, Apg I 22.

[85] So u. a. G. STÄHLIN, Apg 12; W. DE BOOR, Apg 28.

[86] Das durch die Passivformulierung »er wurde . . . aufgenommen« umschriebene Handeln Gottes würde dann ebenfalls als ein »in der Kraft des Heiligen Geistes« erfolgendes Geschehen charakterisiert.

[87] G. STÄHLIN, Apg 12.

Literatur

Boor, W. de, Die Apostelgeschichte (Wuppertaler Studien-Bibel), Wuppertal 1965.
Bruce, F. F., The Acts of the Apostles, London ²1952.
Cadbury, H. J., The Style and Literary Method of Luke II (HThSt 6), Cambridge 1920 (Neudruck 1969).
Conzelmann, H., Die Mitte der Zeit. Studien zur Theologie des Lukas (BHTh 17), Tübingen ⁵1964.
– Die Apostelgeschichte (HNT 7), Tübingen ²1972.
Delling, G., Art. ἄρχω κτλ., in: ThWNT I, 476–488.
Dömer, M., Das Heil Gottes. Studien zur Theologie des lukanischen Doppelwerkes (BBB 51), Köln-Bonn 1978.
Ernst, J., Das Evangelium nach Lukas (RNT NF), Regensburg 1977.
Haenchen, E., Die Apostelgeschichte (KEK III¹⁶), Göttingen ⁷1977.
Holtzmann, H. J., Die Apostelgeschichte (HC I/2), Tübingen-Leipzig ³1901.
Kittel, G., Art. λέγω κτλ. D, in: ThWNT IV, 100–140.
Kürzinger, J., Die Apostelgeschichte I (Geistliche Schriftlesung 5/1), Düsseldorf 1966.
Löning, K., Lukas – Theologe der von Gott geführten Heilsgeschichte (Lk, Apg), in: J. Schreiner – G. Dautzenberg (Hrsg.), Gestalt und Anspruch des Neuen Testaments, Würzburg 1969, 200–228.
Lohfink, G., Die Himmelfahrt Jesu. Untersuchungen zu den Himmelfahrts- und Erhöhungstexten bei Lukas (StANT XXVI), München 1971.
Lohse, E., Die Auferstehung Jesu Christi im Zeugnis des Lukasevangeliums (BSt 31), Neukirchen 1961.
Loisy, A., Les Actes des Apôtres, Paris 1920 (Neudruck Frankfurt 1973).
Merk, O., Art. ἄρχω, in: EWNT I, 398–401.
Nellessen, E., Tradition und Schrift in der Perikope von der Erwählung des Matthias, in: BZ NF 19 (1975) 205–218.
– Zeugnis für Jesus und das Wort. Exegetische Untersuchungen zum lukanischen Zeugnisbegriff (BBB 43), Köln 1976.
Pesch, R., Der Anfang der Apostelgeschichte: Apg 1,1–11. Kommentarstudie, in: EKK V 3, Zürich-Einsiedeln-Köln-Neukirchen 1971, 7–35.
Roloff, J., Die Apostelgeschichte (NTD 5¹⁷), Göttingen 1981.
Schille, G., Die Himmelfahrt, in: ZNW 57 (1966) 183–199.
Schlier, H., Ekklesiologie des Neuen Testaments, in: MySal IV/1, Einsiedeln-Zürich-Köln 1972, 101–214.
Schneider, G., Die Apostelgeschichte I (HThK V/1), Freiburg-Basel-Wien 1980.
Schürmann, H., Das Lukasevangelium I (HThK III/1), Freiburg-Basel-Wien ²1981.
Stählin, G., Die Apostelgeschichte (NTD 5¹⁶), Göttingen ⁷1980.
Weiser, A., Die Apostelgeschichte I (ÖTK 5/1), Gütersloh-Würzburg 1981.
Wikenhauser, A., Die Apostelgeschichte (RNT 5), Regensburg ⁴1961.
Wilckens, U., Die Missionsreden der Apostelgeschichte. Form- und traditionsgeschichtliche Untersuchungen (WMANT 5), Neukirchen ³1974.

ZIMMERMANN, H., Die Sammelberichte der Apostelgeschichte, in: BZ NF 5 (1961) 71–82.
– Neutestamentliche Methodenlehre. Darstellung der historisch-kritischen Methode, Stuttgart ^{6}1978.
– Jesus Christus – Geschichte und Verkündigung, Stuttgart ^{2}1975.

Die Stephanusrede (Apg 7,2–53) – Literarisches und Theologisches*

Übersetzung des Textes[1]

[2]Er aber sprach: »Ihr Brüder und Väter, hört! Der Gott der Herrlichkeit erschien unserem Vater Abraham, als er in Mesopotamien war, ehe er sich in Haran niederließ, [3]und sprach zu ihm: ›*Zieh fort aus diesem Land und von deiner Verwandtschaft, und komm in das Land, das ich dir zeigen werde!*‹ (Gen 12,1). Da zog er aus dem Land der Kaldäer fort und ließ sich in Haran nieder. Und von dort ließ er ihn nach dem Tod seines Vaters in dieses Land übersiedeln, das ihr nun bewohnt. [5]Doch er gab ihm (noch) keinen Erbbesitz darin, auch nicht einen Fuß breit, verhieß aber, *es ihm zum Besitz zu geben und seiner Nachkommenschaft nach ihm* (vgl. Gen 17,8), obwohl er kein Kind hatte. [6]Es sprach aber Gott so: ›*Seine Nachkommenschaft wird als Fremdling sein in fremdem Land, und man wird sie zum Sklaven machen und schlecht behandeln vierhundert Jahre lang;* [7]*doch das Volk, dem sie als Sklaven dienen werden, will ich richten*‹, sprach Gott, ›*und danach werden sie ausziehen und mir dienen an diesem Ort*‹ (Gen 15,13 f.; Ex 3,12). [8]Und er gab ihm den Bund der Beschneidung. Und so zeugte er den Isaak und beschnitt ihn am achten Tag, ebenso Isaak den Jakob und Jakob die zwölf Patriarchen. –

[9]Und die Patriarchen wurden eifersüchtig auf Joseph und verkauften ihn nach Ägypten. Und Gott war mit ihm [10]und errettete ihn aus all seinen Bedrängnissen, und gab ihm Gnade und Weisheit vor dem Pharao, dem König Ägyptens, und setzte ihn zum Regenten über Ägypten und sein ganzes Haus. [11]Es kam aber eine Hungersnot über ganz Ägypten und Kanaan und eine große Drangsal, und unsere Väter fanden keine Nahrung. [12]Als aber Jakob hörte, daß es Nahrungsmittel in Ägypten gab, sandte er unsere Väter ein erstes Mal aus. [13]Und beim zweiten Mal gab sich Joseph seinen Brüdern zu erkennen, und es wurde dem Pharao die Herkunft des Joseph bekannt. [14]Joseph aber sandte hin und ließ Jakob, seinen Vater, und die ganze Verwandtschaft holen, fünfundsiebzig Personen. [15]Und Jakob zog hinab nach Ägypten; und er starb und unsere Väter. [16]Und sie wurden überführt nach Sichem und in der Grabstätte beigesetzt, die Abraham für eine Silbersumme von den Söhnen des Hamor in Sichem gekauft hatte. –

[17]Als aber die Zeit der Verheißung, die Gott dem Abraham zugesichert hatte, nahte, wuchs das Volk und mehrte sich in Ägypten, [18]bis ein anderer König über Ägypten auftrat, der von Joseph nichts (mehr) wußte. [19]Dieser, voll Arglist gegen unser Geschlecht, behandelte unsere Väter übel: Sie mußten ihre Säuglinge aussetzen, damit sie nicht am Leben blieben.

[20]In dieser Zeit wurde Mose geboren; und er war Gott angenehm. Er wurde drei Monate im Haus seines Vaters aufgezogen. [21]Als er aber ausgesetzt wurde, nahm ihn

* Bisher noch unveröffentlichter Aufsatz.

1 Die Übersetzung des Textes wird der besseren Orientierung halber der Auslegung vorangestellt.

die Tochter des Pharao an und erzog ihn sich wie einen Sohn. [22]Und Mose wurde unterrichtet in aller Weisheit der Ägypter; und er war mächtig in seinen Worten und Taten.

[23]Als sich aber für ihn die Zeit von vierzig (Lebens-)Jahren vollendet hatte, stieg in seinem Herzen der Gedanke auf, einen Besuch zu machen bei seinen Brüdern, den Söhnen Israels. [24]Und als er einen Unrecht leiden sah, leistete er Beistand und verschaffte dem Unterdrückten Vergeltung, indem er den Ägypter erschlug. [25]Er dachte aber, seine Brüder würden begreifen, daß Gott ihnen durch seine Hand Rettung schenken wolle; sie aber begriffen nicht. [26]Am folgenden Tag erschien er bei ihnen, als sie sich gerade stritten, und er versuchte, sie auszusöhnen (und) zum Frieden (zu bewegen), indem er sprach: ›Männer, ihr seid Brüder! Warum tut ihr einander Unrecht?‹ [27]Der aber, der seinem Nächsten Unrecht tat, stieß ihn weg und sagte: *›Wer hat dich zum Herrscher und Richter über uns gesetzt? Willst du mich etwa umbringen, wie du gestern den Ägypter umgebracht hast?‹* (Ex 2,14a). [29]Mose aber floh auf dieses Wort hin und wurde Fremdling im Land Midian, wo er zwei Söhne zeugte.

[30]Und als sich (weitere) vierzig Jahre vollendet hatten, erschien ihm in der Wüste des Berges Sinai ein Engel in der Flamme eines brennenden Dornbusches. [31]Als aber Mose die Erscheinung sah, verwunderte er sich. Als er aber hinzutrat, um genauer nachzuschauen, erscholl die Stimme des Herrn: [32]*›Ich bin der Gott deiner Väter, der Gott Abrahams und Isaaks und Jakobs‹* (Ex 3,6). Mose aber begann zu zittern und wagte nicht (mehr), genauer nachzuschauen. [33]Es sprach aber der Herr zu ihm: *›Löse das Schuhwerk von deinen Füßen, denn der Ort, an dem du stehst, ist heiliges Land!* [34]*Ich habe die Mißhandlung meines Volkes in Ägypten sehr wohl gesehen und sein Stöhnen gehört und bin herabgestiegen, sie zu befreien. Und nun komm, ich will dich nach Ägypten senden!‹* (Ex 3,5.7a.9a.10a).

[35]Diesen Mose, den sie verleugnet hatten mit den Worten: ›Wer hat dich zum Herrscher und Richter gesetzt?‹, diesen hat Gott als Herrscher und Erlöser gesandt durch die Hand des Engels, der ihm im Dornbusch erschienen war. [36]Dieser führte sie hinaus, indem er Wunder und Zeichen wirkte im Land Ägypten und im Roten Meer und in der Wüste vierzig Jahre lang. [37]Dieser ist der Mose, der zu den Söhnen Israels gesagt hat: *›Einen Propheten wie mich wird euch Gott aus euren Brüdern erstehen lassen‹* (Dtn 18,15). [38]Dieser ist es, der in der Gemeindeversammlung in der Wüste zum Mittler wurde zwischen dem Engel, der mit ihm auf dem Berg Sinai redete, und unseren Vätern und der lebendige Worte empfing, um sie uns zu geben. [39]Ihm wollten unsere Väter nicht gehorchen, sondern stießen ihn weg und wandten sich in ihren Herzen nach Ägypten hin. [40]Sie sagten zu Aaron: *›Mach uns Götter, die vor uns herziehen; denn dieser Mose, der uns aus dem Land Ägypten geführt hat – wir wissen nicht, was mit ihm geschehen ist!‹* (Ex 32,1.23). [41]Und sie machten ein Kalb in jenen Tagen und brachten ein Opfer dem Götzen und erfreuten sich an den Werken ihrer Hände. [42]Gott aber wandte sich ab und gab sie dahin, daß sie dem ›Heer des Himmels‹ dienten, wie geschrieben ist im Buch der Propheten:

> *›Habt ihr mir etwa Schlachtopfer und (andere) Opfer dargebracht vierzig Jahre in der Wüste, Haus Israel?* [43]*Und ihr habt mitgeführt das Zelt des Moloch und den Stern des Gottes Rompha, die Bilder, die ihr gemacht habt, um sie anzubeten; und ich werde euch verbannen bis jenseits von Babylon!‹* (Am 5,25 ff.). –

[44]Das Zelt des Zeugnisses besaßen unsere Väter in der Wüste, wie der, welcher mit Mose sprach, angeordnet hatte, daß man es mache nach dem (Vor-)Bild, das er gese-

hen hatte. [45]Dieses übernahmen unsere Väter und brachten es auch mit Josua hinein bei der Besetzung (des Landes) der Heiden, die Gott vor dem Angesicht unserer Väter vertrieb, bis zu den Tagen Davids. [46]Der fand Gnade vor Gott und bat, für das Haus Jakobs eine (Gottes-)Wohnung finden zu dürfen. [47]Salomo aber erbaute ihm ein Haus. [48]Doch der Höchste wohnt nicht in Machwerken von Menschenhand, wie der Prophet sagt:

[49]›*Der Himmel ist mir Thron, die Erde aber Schemel meiner Füße. Welches Haus wollt ihr mir bauen, spricht der Herr, oder was soll der Ort meiner Ruhe sein?* [50]*Hat nicht meine Hand dies alles gemacht?*‹ (Jes 66,1 f.). –

[51]Ihr Halsstarrigen und Unbeschnittenen an Herzen und Ohren! Ihr widersetzt euch allezeit dem Heiligen Geist, wie eure Väter, so auch ihr. [52]Welchen der Propheten haben eure Väter nicht verfolgt? Und sie haben die getötet, welche die Ankunft des Gerechten vorherverkündeten, dessen Verräter und Mörder jetzt ihr geworden seid, [53]die ihr das Gesetz auf Anordnungen von Engeln hin empfangen, aber nicht gehalten habt!«

Literarisches

I. Literarkritische Beobachtungen

1. Die Rede des Stephanus vor dem Synedrium (7,2–53), mit 52 Versen die längste aller Acta-Reden, gehört nicht zum Bestand der vorgegebenen Stephanustradition. Bei dieser handelt es sich aller Wahrscheinlichkeit nach um den Bericht über einen spontanen Akt von »Lynchjustiz«[2]. Zu einem solchen aber dürfte eine derartig lange Rede kaum passen. Es wäre jedenfalls nicht recht zu verstehen, warum das Auditorium dem Redner so lange Zeit ohne Unterbrechung geduldig zuhören sollte, um ihn dann sofort zu steinigen. Zudem ist die Rede nach Stil und Thematik keine typische Märtyrerrede[3].

[2] Der vorgegebene Bericht über den Tod des Stephanus enthielt in etwa die jetzigen Verse Apg 6,9.11.12; 7,58a; 8,2. Er läßt sich mit W. WIATER, Komposition 218 inhaltlich so bestimmen: »Von der sogenannten Synagoge der Libertiner, Cyrenäer und Alexandriner und von denen aus Cilicien und Kleinasien erhoben sich einige und stritten mit Stephanus. Sie stifteten Männer an, die das Volk in Aufruhr brachten, ihm entgegentraten, über ihn herfielen, ihn wegschleppten, zur Stadt hinauswarfen und steinigten. Fromme Männer bestatteten Stephanus und hielten eine große Totenklage über ihn.« Lukas hat diesen »Lynchbericht« übernommen und ihn zu einem regelrechten Gerichtsverfahren ausgestaltet, das er dem Prozeß Jesu deutlich angleicht. Vgl. dazu u. a. auch H. CONZELMANN, Apg 59; R. PESCH, Vision 45; G. SCHNEIDER, Apg I 433; A. WEISER, Apg I 171 f.; 190 ff.; J. ROLOFF, Apg 111.

[3] Vgl. M. DIBELIUS, Reden 146; H. W. SURKAU, Martyrien 109; H. CONZELMANN, Apg 57.

Eher erscheint die Rede verständlich, wenn man sie auf die lukanische Kompositionsarbeit zurückführt und davon ausgeht, daß der Acta-Verfasser bei der Ausgestaltung des vorgegebenen »Lynchberichtes« zu einem regelrechten Gerichtsverfahren auch diese ihrer Funktion nach eine verteidigende Antwort auf die Verhörfrage des Hohenpriesters (7,1) darstellende Rede eingefügt hat.

2. Gleichwohl wird man die Rede »nicht als freie Schöpfung des Acta-Verfassers verstehen können«[4], sondern sich der heute fast allgemein vertretenen Ansicht anschließen, daß Lukas sich auch bei der Gestaltung dieser Rede auf Tradition – näherhin auf eine schriftliche Vorlage – gestützt hat[5]. Für diese Ansicht sprechen folgende Erwägungen:

a) Die Rede nimmt kaum Bezug auf die vorausgesetzte Gerichtssituation. Ja, eigentlich ist sie »gar keine Verteidigungsrede«[6], wie man sie erwarten sollte. »Weder die Anklage der Zeugen (6,13) noch die Frage des Hohenpriesters (7,1) werden direkt aufgenommen«[7]. Es handelt sich eher um eine »Predigt«[8] bzw. eine »erbauliche Geschichtserzählung«[9], die allerdings »am Schluß in eine Scheltrede ausmündet«[10]. Hätte Lukas die ganze Rede ad hoc selbst gebildet, hätte er den Bezug zur Redesituation zweifellos viel direkter herausgestellt.

b) Innerhalb der Rede selbst gibt es Spannungen, die sich sinnvoll nur durch das *Nebeneinander von Tradition und (lukanischer) Redaktion* erklären lassen. Auf zwei Beobachtungen sei besonders hingewiesen: 1. Die Schriftverwendung in der Rede ist nicht einheitlich. So unterscheidet sich z. B. die Verwendung von Am 5,25 ff. in V. 42 f. und von Jes 66,1 f. in V. 49 f. im Sinne von Schriftbeweisen deutlich vom sonstigen Schriftgebrauch; die genannten Stellen scheinen ebenso auf Lukas hinzuweisen[11] wie jene Fälle bei der sonstigen Schriftverwendung, die sich durch große Genauigkeit bei der LXX-Zitierung auszeichnen oder die den Eindruck von Erweiterungen bzw. Veränderungen aufgrund besonderer Schriftgelehrsamkeit machen. 2. Die Rede ist thematisch und

[4] G. Schneider, Apg I 447.

[5] Doch vgl. G. Stählin, Apg 112, für den »auch diese Rede von Anfang bis zu Ende von Lukas selbst gestaltet ist«; ferner J. Bihler, Stephanusgeschichte 86; W. Mundle, Stephanusrede 133.

[6] F. Mussner, Apg 44.

[7] J. Roloff, Apg 117.

[8] F. Mussner, Apg 44.

[9] E. Haenchen, Apg 280.

[10] U. Wilckens, Missionsreden 209.

[11] Vgl. T. Holtz, Untersuchungen 86.

stilistisch uneinheitlich[12]. »So führen V. 44–50 zwar die Geschichtsaussagen bis auf Salomo fort, behandeln aber inhaltlich ein eigenes Thema«[13]. Im Mittelpunkt dieses mit einem stilistisch harten Asyndeton einsetzenden Abschnitts »steht nicht mehr Mose oder der Ungehorsam des Volks, sondern zunächst das ›Zelt des Zeugnisses‹«[14] und dann der Tempel, wobei die von Lukas schon in der Rahmenerzählung (Apg 6,13 f.) thematisierte Tempelkritik anklingt (vgl. V. 48 ff.). Ähnlich ist es mit den Abschnitten V. 35–43 und V. 51–53, die sich ebenfalls nicht nur inhaltlich, sondern aufgrund ihres (zum ansonsten ruhigen Erzählstil nicht recht passenden) »kritisch-polemischen Stils«[15] von den übrigen Teilen der Rede abheben[16] und mit ihrem anklagenden und zugleich bezeugenden Charakter der lukanischen Redeabsicht zu entsprechen scheinen[17], was aber grundsätzlich nicht ausschließt, daß Lukas bei ihrer Abfassung auf Traditionsmaterial zurückgegriffen hat.

II. Tradition und Redaktion

Wie ein Blick auf die Forschungsgeschichte zeigt[18], gehen die Ansichten der Exegeten, welche die Rede zum überwiegenden Teil auf Tradition zurückführen möchten, sowohl in bezug auf Zahl, Umfang und Herkunft der Tradition als auch in bezug auf den Anteil der lukanischen Redaktion auseinander.

1. Am überzeugendsten erscheint der von K. KLIESCH vorgetragene Lösungsversuch. Danach hat Lukas als *Tradition* ein zusammenhängendes heilsgeschichtliches Credo aus der Urkirche, das inhaltlich »das Handeln Gottes in der Geschichte des alten Gottesvolkes und an Jesus Christus« umfaßte[19], als Grundlage für *alle* Acta-Reden verwendet. Den alttestamentlichen Teil dieses Credos hat er dabei in der Stephanusrede und in der Paulusrede zu Antiochien, näherhin in Apg 13,17–22, verarbeitet. Dieser Lösungsversuch hat den unbestreitbaren Vorteil, einer-

[12] Vgl. G. STEMBERGER, Stephanusrede 170 u. a.

[13] K. KLIESCH, Credo 12.

[14] R. STORCH, Stephanusrede 94.

[15] A. WEISER, Apg I 179.

[16] Vgl. H. CONZELMANN, Apg 57: Es »zeigen sich literarische Nahtstellen, und zwar in den Übergängen von positiver biblischer Betrachtung zur Polemik«.

[17] Vgl. u. a. M. DIBELIUS, Reden 144 f.; H. THYEN, Stil 20; E. HAENCHEN, Apg 280, welche die »polemischen« Stellen ebenfalls Lukas zuschreiben.

[18] Vgl. dazu u. a. die Übersichten bei K. KLIESCH, Credo 5–11; A. WEISER, Apg I 180 f.; G. STEMBERGER, Stephanusrede 170 ff.

[19] K. KLIESCH, Credo 110.

seits den traditionsgeschichtlichen Zusammenhang aller Acta-Reden aufzuzeigen, andererseits die nicht zu leugnende »Sonderstellung«[20] der Stephanusrede sinnvoll zu erklären. Diese hängt danach – traditionsgeschichtlich gesehen – nicht damit zusammen, daß hier eine besondere Art von Überlieferung aufgenommen ist (nämlich nicht wie in den Missionsreden die Lehrtradition, sondern »die der Geschichtsschreibung«[21]), sondern ergibt sich einfach daraus, daß Lukas hier ausschließlich den alttestamentlichen Teil der gemeinsamen Vorlage herangezogen hat.

Nach KLIESCHS Analyse[22] gehören näherhin in etwa folgende Verse ganz oder teilweise zum alttestamentlichen Teil der Vorlage: Apg 7,2b. 3.4.5.6.7.8.9.10.11.15.16; 13,17; 7,18.19.20.22.23.24.26.27.29.30.32.34. 36; 13,17; 7,38.39.41; 13,18; 7,45; 13,19–22. Seiner Analyse ist im großen und ganzen zuzustimmen, wenn man auch mit einer wortwörtlichen Rekonstruktion, wie KLIESCH sie darbietet[23], vorsichtig sein wird, ist doch, was er selbst zugibt, grundsätzlich damit zu rechnen, daß »Lukas einen Satz der Tradition durchaus mit eigenen Worten wiedergeben kann, wie er umgekehrt seine eigene Aussage ebenso gut mit Hilfe traditioneller Wendungen wiederzugeben vermag«[24].

Inhaltlich läßt sich der im Credo dargebotene Überblick über die alttestamentliche Heilsgeschichte, wie er in Kap. 7 und Kap. 13 als Vorlage von Lukas verwendet worden ist, etwa so wiedergeben:

Der *erste Teil,* dem in etwa die Verse 7,2b–8 entsprechen, handelt von der ersten großen Heilstat Gottes an seinem Volk: von seinem Weg mit *Abraham.* In der summarischen Wiedergabe des Genesis-Berichts wird ein Zweifaches herausgestellt: 1. Gott erscheint dem Stammvater, fordert ihn auf, aus seiner heidnischen Heimat in ein anderes Land, das er ihm zeigen wird, zu ziehen; und Abraham gehorcht (V. 2b–4). 2. Gott gibt ihm zunächst dieses Land nicht zum Besitz, aber er gibt ihm die Verheißung, seine Nachkommenschaft werde dieses Land als Eigentum erhalten; zuvor freilich werde sie vierhundert Jahre lang »als Fremdling in fremdem Land« geknechtet; er aber werde das unterdrükkende Volk richten und ihnen den Exodus ermöglichen (V. 5 ff.). Zur Besiegelung dieser Verheißung gibt Gott ihm noch etwas anderes: den »Bund der Beschneidung« (V. 8a). Sie wird denn auch an Isaak, Jakob

[20] G. STEMBERGER, Stephanusrede 170.
[21] M. DIBELIUS, Reden 145.
[22] Credo 11–47.
[23] AaO. 45 ff.
[24] AaO. 12.

und den zwölf Patriarchen vollzogen (V. 8b). Gottes Handeln an Abraham wird hier »dargestellt als Erscheinen und Sprechen, als Wohnenlassen, als Nichtgeben und Verheißen und als Geben des Bundes der Beschneidung, wobei zweifellos das Schwergewicht der Aussagen in den Gottesworten selbst zu suchen ist«[25], während die Gestalt Abrahams stark zurücktritt. Im ganzen hat das Stück »deutlich die Funktion einer Exposition«[26]. Das Handeln Gottes an Abraham erscheint ganz hingeordnet auf die entscheidende Heilstat in der Zukunft: den Auszug des Volkes aus Ägypten und seine Hinführung ins Gelobte Land.

Der *zweite Teil,* der in den Versen 7,9–11.15 f. verarbeitet worden ist, hat eigentlich nur Übergangsfunktion. Er behandelt in Anlehnung an den Genesis-Bericht die Geschichte des *Joseph.* Dabei geht es wieder weniger um die Person des Joseph selbst; auch geht es nicht nur um das, was Gott an ihm tat, daß er nämlich mit ihm war, ihn, den nach Ägypten Verkauften, errettete und zum Regenten über Ägypten einsetzte (V. 9 f.); vielmehr wird zur Hauptsache dargestellt, wie sich die göttliche Verheißung zu erfüllen beginnt: Aufgrund der Hungersnot (V. 11) ziehen Jakob und die Patriarchen nach Ägypten, wo sie sterben (V. 15). Bestattet freilich werden sie dann in Abrahams Grab (V. 16) und damit in jenem Land, das Gott diesem einst für seine Nachkommen als bleibenden Besitz zugesagt hatte.

Der *dritte Teil,* der aus den Versen 13,17; 7,18 ff.22 ff.26 f.29 f.30.32. 34.36; 13,17; 7,38 f.41; 13,18; 7,45; 13,19 rekonstruiert werden kann, behandelt das Geschehen unter *Mose* bis zur Landnahme und ist schon wegen seiner Länge als das »Zentrum«[27] des heilsgeschichtlichen Abrisses anzusehen. Nach einer knappen Schilderung der schlimmen Lage, in die das erstarkende Volk durch einen arglistigen Pharao geraten ist (vgl. 13,17; 7,18 f.), wird in drei Abschnitten, die jeweils einen Zeitraum von vierzig Jahren in den Blick nehmen, Gottes Handeln an und durch Mose dargestellt:

Ein erster kurzer Abschnitt (7,20b.c.22a) spricht von der Geburt und Jugendzeit des Mose. Zwei Dinge, die für den weiteren Ablauf des Geschehens bedeutsam sind, werden dabei ausdrücklich erwähnt: daß Mose Gott »angenehm« war (V. 20c) und daß er in der Weisheit der Ägypter unterrichtet wurde (V. 22a).

[25] K. Kliesch, Credo 116.

[26] U. Wilckens, Missionsreden 209.

[27] U. Wilckens, aaO. 210.

Der zweite Abschnitt (7,23a.24a.26b.27a.29a.b) schildert »mit relativ eigenständiger Wortwahl«[28], wie Mose im Alter von vierzig Jahren (V. 23a) einen Mißhandelten rächt (V. 24a), dann aber bei seinem Versuch, Frieden zu stiften, verstoßen wird (V. 26b.27a) und nach Midian flieht, wo er sich in der Folgezeit als Fremdling aufhält (V. 29a.b). Wichtig an der Darstellung sind hier zwei Dinge: 1. Auch Mose muß wie schon Abraham (vgl. V. 6) als »Fremdling« leben. 2. Der spätere Widerstand des Volkes gegen Gott und Mose (vgl. 7,39.41) deutet sich hier schon an.

Der dritte Abschnitt (7,30.32a.34.36b; 13,17c; 7,38b.39b.41a; 13,18; 7,45a; 13,19) berichtet – wieder in engerer Anlehnung an die Exodus-Tradition – davon, wie Gott dem Mose nach weiteren vierzig Jahren am Sinai im brennenden Dornbusch erscheint (V. 30), sich als Gott der Väter zu erkennen gibt (V. 32a) und ihn zur Rettung des Volkes nach Ägypten sendet (V. 34), wie er (Gott!) dann Zeichen und Wunder in Ägypten wirkt (V. 36b) und die Israeliten herausführt (13,17c). Er schildert ferner, wie Mose von Gott auf dem Sinai die »lebendigen Worte« empfängt und sie den Vätern übergibt (vgl. V. 38b.c), diese aber ihre Herzen nach Ägypten wenden (V. 39b) und sich ein Goldenes Kalb machen (V. 41a). Der Abschnitt endet mit dem Hinweis, daß Gott sie vierzig Jahre in der Wüste geduldig ertrug (vgl. 13,18), ehe er sie schließlich unter Josua nach Kanaan hineinführte (7,45a; 13,19).

Auch in diesem Mose-Teil steht weniger die Person des Mose als vielmehr das Heilshandeln Gottes im Mittelpunkt. Das ergibt sich vor allem aus folgenden Einzelheiten: 1. Das Leben des Mose ist schematisch in Epochen von je vierzig Jahren eingeteilt (vgl. Dtn 34,7)[29]. Die »vierzig Jahre« werden dabei jeweils »als heilsgeschichtlich bedeutsam gekennzeichnet und mit dem Erfüllungsgedanken verbunden«[30]. 2. a) Gott, der von Anfang an mit Mose war (vgl. V. 20 b), ergreift die Initiative zur Rettung des Volkes. Dabei zeigt er sich dem Mose (V. 30) wie einst dem Abraham (vgl. V. 2); er offenbart sich ihm »als der Gott der Väter, um die Errettung anzusagen, jenes Heilsereignis, das entscheidend das Gottesbild des Judentums bestimmt«[31] und in dem das Volk Israel stets »die Begründung seiner Existenz und den Anfang seiner Geschichte gesehen hat«[32]. b) Gott führt nicht nur die Rettung aus Ägypten durch (V. 36 b;

[28] K. Kliesch, Credo 117.

[29] Das entspricht einer rabbinischen Tradition. Vgl. dazu die Belege bei P. Billerbeck, Kommentar II 679 f.

[30] G. Schneider, Apg I 460.

[31] K. Kliesch, Credo 117.

[32] H. Zimmermann, Jesus Christus 195.

13,17 c), sondern gibt dem neuen Volk Israel auch das Gesetz (vgl. V. 38). c) Gott ist es schließlich auch, der das Volk ins Gelobte Land hineinführt. Die Landnahme wird »völlig als Gottes Werk«[33] geschildert (vgl. 7,45; 13,19). Dabei läßt Gott sich von seinem Heilshandeln auch nicht durch den ihm entgegenstehenden Ungehorsam des Volkes (vgl. 7,39.41) abhalten; er verliert die Geduld nicht (vgl. 13,18): »Die Geschichte bleibt trotz des Versagens der Wüstengeneration eine Geschichte des Heilshandelns Gottes«[34].

Dies bestätigt der *vierte Teil* des Abrisses der alttestamentlichen Heilsgeschichte, der die Zeit von Josua (vgl. 7,45) bis David in den Blick nimmt. Lukas hat diesen Teil allerdings nicht mehr in die Stephanusrede, sondern erst in die Paulusrede Kap. 13 aufgenommen (vgl. 13,19–22).

Gerade der alttestamentliche Teil des (im ganzen erst mit dem Christusgeschehen endenden[35]) heilsgeschichtlichen Credos deutet auf dessen *Herkunft* aus dem Bereich des hellenistischen Judenchristentums hin[36], aus dem ja auch Stephanus stammte. Nicht nur basiert der alttestamentliche Abriß im wesentlichen auf der LXX, sondern er läßt auch sonst den »diasporajüdischen Hintergrund«[37] deutlich erkennen. So sind der Abraham- und der Joseph-Teil, aber auch das von Mose entworfene Bild (vgl. V. 20.22 f.) ganz von einer »diasporajüdischen Atmosphäre«[38] geprägt. Auch die sich hier andeutende (im Vergleich zur lukanischen Redaktion freilich noch nicht voll ausgeprägte) Tendenz zur Typologisierung (vgl. bes. V. 20c.22a.38) weist auf den hellenistisch-judenchristlichen Bereich[39], ebenso die – in Anlehnung an das deuteronomistische Geschichtsbild erfolgende – »israelkritische«[40] Tendenz, wie sie sich besonders in dem Hinweis auf das dem Heilshandeln Gottes zuwiderlaufende Verhalten der Väter zeigt (vgl. V. 39.41; auch V. 26 f.). Hier dürfte sich das Selbstbewußtsein des hellenistischen Judenchristentums widerspiegeln, das sich offenbar als das aus der »Fremde« von Christus »heimgeführte« Gottesvolk und damit als der eigentliche Erbe der Abrahamsverheißung sieht.

[33] G. Delling, Israels Geschichte 190.

[34] K. Kliesch, Credo 118.

[35] Zu den christologischen Aussagen, die den Abschluß des Credos bildeten, s. K. Kliesch, Credo 102; 119–124.

[36] Vgl. O. Bauernfeind, Apg 112; U. Wilckens, Missionsreden 217 u. a.

[37] J. Roloff, Apg 118.

[38] U. Wilckens, Missionsreden 217.

[39] Vgl. U. Wilckens, aaO. 218.

[40] F. Mussner, Apg 44.

Die Frage, *wann* das heilsgeschichtliche Credo entstanden ist, läßt sich nicht mit Sicherheit beantworten. Das Credo weist wohl eher auf eine nicht allzu frühe Zeit, denn: »Die positive Sicht der Geschichte, in der das Handeln Gottes durchgehend als Heil erkannt und bekannt wird, kann kaum am Anfang des Urchristentums für möglich gehalten werden«[41]. Es zeigt sich hier »die Bibel- und Geschichtsbetrachtung eines hellenistischen Judenchristentums vom außerpaulinischen Typ . . ., von dem sich auch sonst noch Spuren finden (bei Lk selbst, Hebr, Barn, Justin usw. . .)«[42]. Das Credo steht gleichwohl »im Traditionsstrom gleichwertiger oder ähnlicher heilsgeschichtlicher Abrisse«[43]. Solche Abrisse begegnen schon im Alten Testament (vgl. z. B. Dtn 6,20–24; 26,5–9; Jos 24,2–13; Neh 9,6–31; 1 Makk 2,52–60; Ps 78; 106; 136; Weish 10; Sir 44–50) und im Spätjudentum (z. B. 3 Makk 2,2–12; 4 Esr 3,4–36) und scheinen gerade für die hellenistische Synagogenpredigt typisch gewesen zu sein[44]. Daß allerdings das hellenistische Judenchristentum das Credo in seinem Kern aus dem Judentum übernommen und dann überarbeitet habe[45], läßt sich daraus nicht schließen.

2. *Lukas* hat den alttestamentlichen Teil des vorgegebenen heilsgeschichtlichen Credos bis auf den Davidabschnitt in Apg 7 aufgenommen und daraus (eventuell unter Zuhilfenahme weiterer Traditionselemente) eine großangelegte Rede gestaltet, die er dem Stephanus in den Mund legt (V. 2a). Dabei hat er die Vorlage nicht nur sprachlich-stilistisch überarbeitet, sondern – neben einigen sachbedingten Verkürzungen (vgl. die Transponierung einiger Sätze der Vorlage in die Rede Kap. 13) – auch Erweiterungen und sonstige Veränderungen vorgenommen, die, wie der folgende (keineswegs vollständige) Überblick zeigt, im wesentlichen von *drei Motiven* bestimmt sind: 1. vom *Motiv der Auffüllung bzw. Präzisierung* aufgrund persönlicher Schriftkenntnis, 2. vom *Motiv der Anpassung* an die Redesituation, 3. vom *Motiv der Deutung* der Vorlage im Sinne seiner eigenen theologisch-heilsgeschichtlichen Vorstellungen. Es ergibt sich des näheren folgender Befund:

[41] K. Kliesch, Credo 125.

[42] H. Conzelmann, Apg 57.

[43] K. Kliesch, Credo 124. Vgl. A. Weiser, Apg I 179 f.

[44] Vgl. H. Thyen, Stil 112; auch H. W. Beyer, Apg 49. Zur Frage, ob die Vorlage der Stephanusrede selbst auf die Synagogenpredigt zurückgeht, vgl. G. Stemberger, Stephanusrede 173 f. Mit einer solchen Herkunft rechnen u. a. M. Dibelius, Reden 145; E. Haenchen, Apg 279 f.; H. Thyen, Stil 20; 112.

[45] So u. a. F. Hahn, Hoheitstitel 385; O. H. Steck, Israel 266 f.; A. Weiser, Apg I 181; G. Schneider, Apg I 448.

Den *Abraham-Teil* (bis V. 8) übernimmt Lukas im großen und ganzen unverändert. Von einiger Bedeutung ist lediglich der von ihm in V. 2b eingeführte Ausdruck »Gott der Herrlichkeit« (vgl. Ps 29,3). Damit will er von vornherein den Bezug zur nachfolgenden Stephanusvision herstellen (vgl. 7,55) und sagen: »Der Gott, der dem Abraham erschienen ist, ist der gleiche, der seine Herrlichkeit den Stephanus sehen läßt«[46]. Die übrigen redaktionellen Erweiterungen dienen der Auffüllung der Vorlage (vgl. V. 4a.5c.6a.7b) bzw. deren Anpassung an die Redesituation (vgl. neben der Anrede in V. 2a auch den Einschub ». . . das ihr jetzt bewohnt« in V. 4c bzw. die Wendung »an diesem Ort« in V. 7c, die allerdings keineswegs belanglos ist, da sie auf die Anklage von 6,13 f. zurücklenkt).

Im *Joseph-Teil* (bis V. 16) fallen neben anderen Auffüllungen (so in V. 8.10.11) die Zusätze »eifersüchtig« in V. 9a (vgl. Apg 5,17; 17,5) sowie »und Weisheit« in V. 10a auf (vgl. Lk 2,40.52; 21,15; Apg 6,3.10). Sie hängen aufs engste mit dem ebenfalls redaktionellen Einschub der V. 12–14 zusammen. Es handelt sich bei diesem um eine »breite, reproduzierende Darstellung der Josephsgeschichte«[47] mit enger Anlehnung an die LXX[48]. Im Unterschied zur Vorlage werden durch die Erweiterungen die Gestalten Josephs und der Patriarchen selbst besonders hervorgehoben. Dies entspricht der lukanischen Tendenz: Einerseits erscheinen die »eifersüchtigen« Patriarchen, die ihren Bruder Joseph verkauften, als der erste »Beweis« für die Berechtigung der Anklage gegen Israel, wie sie Lukas dem Stephanus am Ende bei dessen an die Adresse seiner Zuhörer gerichteten Scheltrede (vgl. V. 51–53) in den Mund legen wird. Andererseits steht Joseph, der Mann voll unwiderstehlicher Weisheit (vgl. 6,3.10), als das »Vorbild« des unschuldig Verfolgten da, aus dessen Leiden aber gerade aufgrund seiner Weisheit reicher Segen für die Seinen fließt[49]; »er wird damit transparent für Jesus und Stephanus«, wie es umgekehrt »das Verhalten der Patriarchen für die ablehnende Haltung der Juden in der Gegenwart« ist[50].

Den *Mose-Teil* (ab V. 17) hat Lukas besonders stark bearbeitet. Neben zahlreichen Auffüllungen anhand der LXX und anderen Präzisie-

[46] K. Kliesch, Credo 155.

[47] K. Kliesch, aaO. 20.

[48] Vgl. bes. die Zahl 75 in V. 14, die dem LXX-Text von Gen 46,27 und Ex 1,5 (auch Dtn 10,22 v. l.) entspricht, während der hebr. Text an diesen Stellen die Zahl 70 schreibt.

[49] Vgl. W. Mundle, Stephanusrede 142.

[50] K. Kliesch, Credo 156.

rungen (vgl. die V. 18.19b.20d.21.23b.24b.26a.27b.28.29c.31.32b.33.40. 41b) sind folgende wichtige Änderungen zu erkennen:

a) Im Einleitungssatz (V. 17) charakterisiert Lukas die Mosezeit betont als »Zeit der Verheißung« und bringt außerdem den für ihn typischen »Wachstumsgedanken« ein. Nach Lukas bedeutet nämlich das »Wachsen und Sichmehren« des alten Gottesvolkes in Ägypten den Beginn der Erfüllung der Abrahamsverheißung (vgl. 7,5), deren neue und endgültige Realisierung dann das in der Apostelgeschichte dargestellte Wachsen des Logos und der Kirche ist[51].

b) Wieder stehen – anders als in der Tradition – die Person des Mose und – im Gegensatz zu ihm – das Fehlverhalten der Väter im Mittelpunkt[52]: *Mose* wird zunächst vorgestellt als der, welcher zur rechten Zeit geboren wird (V. 20a), der »mächtig in Worten und Taten« ist (V. 22b), durch dessen Hand Gott Rettung schaffen will (V. 25b) und der Unrecht verhindern möchte (V. 26c). Die von Lukas »stilistisch eindrucksvoll«[53] gestalteten V. 35–38[54] schildern dann, wie Mose tatsächlich zu dem wird, wozu er bestimmt ist: der von Gott gesandte »Herrscher und Erlöser« (V. 35b), der Befreier und Wundertäter (V. 36), der Prophet, der als solcher zum »Vorbild« für den kommenden Propheten wird (V. 37), und der Bundesmittler bzw. Gesetzgeber (V. 38). Die *Väter* erscheinen demgegenüber als die, die von vornherein nicht begreifen, daß Mose ihr Retter sein soll (V. 25c), die ihn verstoßen (V. 27a) und verleugnen (vgl. V. 35a) und die schließlich auch in der Wüste ihm ungehorsam sind (V. 39a). Damit aber fallen sie zugleich von Gott ab, zumal sie selbstgemachte Götter verlangen und sich an ihnen erfreuen (V. 40 f.). Die Vergeltung Gottes kann nicht ausbleiben: »die Heilsgeschichte schlägt zur Unheilsgeschichte um, so wie es im Buch Amos geschrieben steht (V. 42.43)«[55]. Wieder läßt sich sagen: »Mose wird zum Typos auf den Retter Jesus, aber auch auf Stephanus hin; dagegen wird das Verhalten der Väter als typisch gesehen für das Verhalten des Volkes Israel an Jesus und an dessen Verkündern«[56].

c) Lukas fügt mit V. 44–50 einen neuen Abschnitt an, der nur scheinbar einen Fortgang des heilsgeschichtlichen Überblicks bringt, tatsächlich aber ein eigenständiges Thema anspricht. Auf das Credo wird

[51] J. Zmijewski, EWNT III 252; P. Zingg, Wachsen 174.
[52] Vgl. K. Kliesch, Credo 156 f.
[53] U. Wilckens, Missionsreden 212.
[54] Vgl. jedesmal das betont am Anfang stehende »dieser« bzw. »diesen (Mose)«.
[55] K. Kliesch, Credo 157.
[56] AaO. Vgl. U. Wilckens, Missionsreden 212; A. Weiser, Apg I 179; 182.

dabei nur in der Bemerkung über die Landnahme unter Josua (V. 45) zurückgegriffen, allerdings in einer ganz dem neuen Thema angepaßten Form. Näherhin geht es in diesem Abschnitt, angeregt durch die Stichworte »Zelt« und »Typos« aus dem Amos-Zitat (vgl. V. 43) um die »Geschichte und Bedeutung von Bundeszelt und Tempel«[57], ein schon durch V. 7 vorbereitetes Thema[58], mit dem Lukas die Beziehung zur Anklage (vgl. 6,13 f.) herstellen will. Wie es schon im letzten Abschnitt über Mose der Fall war, mündet auch hier die zunächst positive Darstellung der Geschichte (V. 44–47) in eine durch ein Schriftzitat (Jes 66,1 f.) – das Lukas (ebenso wie das Amos-Zitat) aus einer anderen Tradition übernommen haben könnte[59] – erhärtete Tempelkritik. Diese hat offensichtlich den Sinn, die Anklage gegen Stephanus von 6,13 als böswillige Unterstellung erscheinen zu lassen und zugleich die Ankläger selbst falscher Vorstellungen bezüglich des Tempels und seines Kultes zu bezichtigen.

Damit ist der Boden bereitet für die abschließende *Scheltrede* (V. 51–53). Lukas hat sie »durch Aufnahme von Elementen aus der Tradition des deuteronomistischen Geschichtsbildes . . . wirkungsvoll gestaltet«[60]. Anders als der »deuteronomistischen« Tradition geht es Lukas allerdings nicht darum, Israel durch Vorhaltungen zur Umkehr rufen zu lassen; es geht vielmehr um eine radikale Distanzierung von Israel[61]. Noch unerbittlicher als in den bisherigen Reden der Apg wird hier die Schuld der Zuhörer an Jesu Tod als »die letzte konsequente Steigerung des Ungehorsams Israels« herausgestellt, traf ihre Verwerfung doch »den, in dessen Sendung sich die Verheißungstreue Gottes abschließend erwiesen hat«[62]. Mit der Einbeziehung des Christusgeschehens, die offensichtlich durch den (in der Rede ja nicht weiter aufgenommenen) christologischen Teil des heilsgeschichtlichen Credos beeinflußt worden ist, wird auf den Vorwurf der Ankläger gegen Jesus von 6,14 zurückgewiesen, aber doch wiederum so, daß sich nunmehr die Ankläger selbst in der Rolle von Angeklagten befinden.

[57] A. Weiser, Apg I 179.

[58] Vgl. W. Schmithals, Apg 75.

[59] Vgl. dazu K. Kliesch, Credo 34 f.; 37; 157.

[60] A. Weiser, Apg I 182. F. Hahn (Hoheitstitel 385), O. H. Steck (Israel 266), U. Wilckens (Missionsreden 214 ff.) rechnen die Verse zum vorgegebenen Geschichtssummarium, K. Kliesch (Credo 158) »in ihrem Kern zur Stephanustradition«.

[61] Vgl. G. Schneider, Apg I 468.

[62] J. Roloff, Apg 118.

III. Die Rede als lukanische Komposition

Aufs Ganze gesehen hat Lukas mit Hilfe des heilsgeschichtlichen Credos eine Rede komponiert, die sich durch folgende *Merkmale* besonders auszeichnet:

1. Sie ist voller »Anspielungen an das AT«[63].

2. Sie wird geprägt von einer Reihe durchlaufender Motive. Da ist die Rede von verschiedenen τόποι (»Orten«) und τύποι (»Bildern«), vom »Wohnen« Gottes bzw. der Menschen und vom Unterwegssein, von Verheißung und Erfüllung, von Gottes Heilshandeln und menschlichem Falschhandeln u. ä.

3. Sie weist eine klare und auf Steigerung angelegte *Struktur* auf: Der *erste und größte Abschnitt (V. 2b–43)* dient dem heilsgeschichtlichen Rückblick. Er gliedert sich in drei Teile: den Abraham-Teil (V. 2b–8), den Joseph-Teil (V. 9–16) und den – schon aufgrund seines Umfangs den »zentralen Passus«[64] der gesamten Rede bildenden – Mose-Teil (V. 17–43). Letzterer besteht aus drei kleineren Teilen (V. 17–22. 23–29.30–43), von denen der dritte der sachlich bedeutendste ist. Der in ihm dargestellte Kontrast zwischen Gottes Heilshandeln durch Mose, das in der Bundesschließung gipfelt, und dem Ungehorsam der Väter (vgl. V. 35–43) bildet ohne Zweifel den ersten Höhepunkt der Rede, der durch die Kennzeichnung des Mose als »Herrscher und Erlöser« und besonders durch die Ankündigung des kommenden »Propheten« zugleich zu einem »christologischen« Höhepunkt wird. Der *zweite Abschnitt (V. 44–50),* der sich asyndetisch an den ersten anschließt, behandelt den Tempel und seine Vorgeschichte und mündet in eine Tempelkritik ein, die den zweiten Höhepunkt der Rede ausmacht[65]. Der *Schlußteil (V. 51–53)* ist zwar der kürzeste, aber auch zugleich der wirkungsvollste. Er stellt eine zur Polemik gegen die Hörer werdende Zusammenfassung des bisher Gesagten dar. Die heftige Anklage an die gegenwärtige Generation der Juden wegen der Ermordung Jesu, des Gerechten (V. 52), ist dabei sowohl in heilsgeschichtlicher wie in christologischer Hinsicht der letzte, nicht mehr zu überbietende Höhepunkt der gesamten Rede.

[63] F. MUSSNER, Apg 44.
[64] U. WILCKENS, Missionsreden 211.
[65] Vgl. F. MUSSNER, Apg 45.

Theologisches

I. Einzelerklärung

V. 2a.b Die Rede beginnt – nach der redaktionellen Einführung (V. 2a) – mit der vertraulich und zugleich ehrfürchtig klingenden Doppelanrede »Brüder und Väter«, wie sie auch Paulus bei seiner Apologie vor dem Synedrium gebraucht (Apg 22,1), und der Aufforderung zum Hören (s. ebenfalls Apg 22,1; ferner 1,22; 13,16; 15,13). Die Anrede »Brüder« will die Verbundenheit des Redners mit seinen Hörern hervorheben. Stephanus weiß sich in Gemeinschaft mit den jüdischen Brüdern, »die zurückreicht auf die gemeinsamen Stammväter, die geprägt ist durch die gemeinsame, lange und wechselvolle Geschichte Israels«[66]. Die Anrede »Väter« wiederum, im Judentum damals vor allem eine respektvolle Bezeichnung für die Rabbinen[67], anerkennt die besondere »amtliche Stellung«[68], die den Zuhörern als den Mitgliedern des Synedriums zukommt. Hintergründig weist die so vertraulich und zugleich ehrfürchtig klingende Anrede aber auch zugleich auf die Distanzierung hin, um die es in der Rede wesentlich geht. Stephanus wird nämlich seine Ankläger und Richter in eine Reihe stellen mit jenen »Brüdern« und »Vätern«, die schon gegen einen Joseph und einen Mose vorgegangen sind (vgl. V. 9.12.23.39.41), wie sie überhaupt sämtliche Propheten verfolgt haben (V. 52). Entsprechend ist auch die Aufforderung »Hört!« hier von einer gewissen hintergründigen Bedeutung: Die Juden, die hier zum Hören auf das Wort des christlichen Zeugen aufgerufen sind – »Hören« hat hier deutlich einen qualifizierten Sinn[69] –, werden sich auch jetzt wieder (wie ihre Vorfahren) als »Unbeschnittene an Herzen und Ohren« (V. 51) erweisen, die das christliche Zeugnis nicht annehmen, sondern »sich die Ohren zuhalten« und Stephanus steinigen (V. 57 f.), und dies, obwohl er sich gleich zu Beginn der Rede – wie auch am Schluß (vgl. V. 55) – ausdrücklich zum »Gott der Herrlichkeit« (vgl. Ps 29,3) bekennt, der nach jüdischem Glauben die Welt erschaffen hat und der Herr der Geschichte, insbesondere der Geschichte des Volkes Israel, ist, und ebenso zu »unserem Vater Abraham« (vgl. zu dieser Bezeichnung Lk 1,73; 3,8; Joh 8,39.53.56; Röm 4,1.12 u. ö.), dessen

[66] J. Kürzinger, Apg I 172.
[67] Vgl. G. Schrenk, ThWNT V 977.
[68] G. Schneider, Apg I 453.
[69] Vgl. K. Kliesch, Credo 13; ferner G. Kittel, ThWNT I 220 f.

»Berufungsgeschichte« den Beginn des Heilshandelns Gottes an seinem Volk darstellte.

V. 2c–4a Stephanus schildert Abrahams »Berufungsgeschichte« in einer vom Genesis-Bericht etwas abweichenden Form. Dabei wird die Berufung 1. örtlich und zeitlich genau fixiert: Sie fand statt in Mesopotamien – nach V. 4a ist an Ur in Kaldäa gedacht (vgl. Gen 11,31; 15,7) –, noch ehe Abraham nach Haran gezogen war. Die Berufung selbst wird 2. – wie die Wendung »er erschien« (ὤφθη) anzeigt (vgl. zu dieser Formel in der LXX: Gen 17,1; 26,24; Ex 3,2 u. a.) – als ein (erstes) Offenbarungsgeschehen gedeutet, dessen Initiative bei Gott liegt und das mit einem konkreten Sendungsauftrag verbunden ist[70]. Diesen Auftrag sieht der Redner näherhin im Gotteswort Gen 12,1 ausgesprochen, das hier fast wörtlich (allerdings um die Wendung »und aus deinem Vaterhaus« verkürzt) nach der LXX zitiert ist (V. 3). Schließlich wird 3. gesagt, wie Abraham auf die Berufung reagierte: Er zog unverzüglich (τότε!) von Kaldäa nach Haran. Die sich in diesen Versen ergebenden Abweichungen vom Genesis-Bericht – nach Gen 11,31–12,1 erhielt Abraham nicht schon in Ur, sondern erst in Haran die Weisung fortzuziehen; von einer »Erscheinung« Gottes ist dabei nicht schon im Zusammenhang mit Gen 12,1, sondern erstmals in Gen 12,7 die Rede – dürften weniger auf einem Irrtum des Verfassers beruhen, der Gen 12 auf den ersten statt auf den zweiten Auszug Abrahams bezogen hat[71], sondern eher zu erklären sein als Übernahme einer bestimmten »jüdischen Tradition, die die beiden Auszüge Abrahams nicht deutlich unterscheidet«[72]. Am wahrscheinlichsten ist aber wohl die Annahme, daß der Verfasser des von Lukas benutzten Credos die Änderungen am Text unter Einfluß von Gen 15,7 (vgl. Neh 9,7) vorgenommen hat, um damit »die Wanderung Abrahams bewußt von Anfang an auf Gottes Initiative« zurückzuführen[73]. Für Lukas selbst dürfte dann noch ein weiterer Aspekt hinzukommen, der mit seiner besonderen heilsgeschichtlichen Konzeption zusammenhängt: In dem gottgewollten Aufbruch Abrahams aus dem *Heidenland,* seiner ursprünglichen Heimat (vgl. V. 3: »aus *deinem* Land«), sieht Lukas den Beginn jenes heilsgeschichtlichen Weges Gottes mit den Menschen, der nunmehr zu seiner eigenen Zeit in der (durch das Stepha-

[70] Vgl. H. ZIMMERMANN, Jesus Christus 197.

[71] So etwa E. HAENCHEN, Apg 269.

[72] A. WEISER, Apg I 183; s. die rabbinischen Belege bei P. BILLERBECK, Kommentar II 666 f. Vgl. auch H. H. WENDT, Apg 139 f., der mit einer ausgesprochenen »Schultradition« rechnet; O. BAUERNFEIND, Apg 114; A. WIKENHAUSER, Apg 88; K. KLIESCH, Credo 14; J. ROLOFF, Apg 120 u. a.

[73] G. SCHNEIDER, Apg I 453.

nusmartyrium entscheidend mitverursachten) christlichen Mission unter den Heiden, der ursprünglichen Verwandtschaft Abrahams, seine konsequente Vollendung findet.

V. 4b–5 Auch beim folgenden Geschehen ist, wie schon der »harte Subjektwechsel«[74] in V. 4b anzeigt, Gott als der allein Handelnde dargestellt. Gott hat, hebt der Redner hervor, den Abraham von Haran aus nochmals umziehen lassen (vgl. Gen 12,4), und zwar »nach dem Tod seines Vaters«, wie wiederum nicht ganz in Übereinstimmung mit dem Genesis-Bericht gesagt wird – nach Gen 11,32 starb Abrahams Vater Terach zwar in Haran, nach den Altersangaben von Gen 11,26.32; 12,4 zu urteilen, hat er andererseits Abrahams Auszug aus Haran um 60 Jahre überlebt[75]. Das Ziel des neuerlichen Umzugs war »dieses Land, in dem ihr jetzt wohnt«, also Kanaan/Palästina (V. 4b). Mit der letzten Bemerkung »nimmt der Redner vorweg, was erst im weiteren Verlauf der Geschichte offenbar wird, denn er deutet damit bereits den Zustand der Erfüllung an«[76] und will sagen: »Wenn die Verheißung an Abraham in diesem Punkt, d. h. in bezug auf die Landnahme, erfüllt ist, dann müßten die Juden, denn sie sind hier angesprochen, auch das ganze Heilshandeln Gottes an seinem Volk begreifen (vgl. 7,51)«[77].

Aber auch in »diesem Land«, so fährt Stephanus in V. 5 fort, gab Gott ihm – jedenfalls zu Lebzeiten (doch vgl. den Hinweis auf den Erwerb einer Grabstätte in V. 16) – »keine dauernde Heimat«[78]; nicht einmal, wird steigernd hinzugefügt, »einen Fuß breit« (vgl. Dtn 2,5), d. h. ein winzig kleines Stückchen des Landes konnte Abraham in dauernden Besitz nehmen! Statt dessen »gab« Gott ihm etwas anderes: die (mit den Worten von Gen 17,8 LXX in indirekter Redeweise wiedergegebene) *Verheißung,* er werde ihm und seinen Nachkommen später das Land zum bleibenden Besitz (κατάσχησις auch Gen 17,18; 48,4 LXX) geben. Man beachte hier den gewiß nicht unbeabsichtigten Kontrast: Abraham, auf den sich die Juden als ihren Stammvater berufen, war in *ihrem* Land nicht daheim, sondern lebte dort als Fremdling! Das bedeutet doch: Abrahamskindschaft ist offensichtlich nicht an ein bestimmtes Land gebunden – ein Gedanke, in dem sich nicht nur das Selbstverständnis des (hinter dem heilsgeschichtlichen Credo stehenden) hellenistischen Judenchristentums widerspiegelt, sondern der auch wieder gut

[74] G. Stählin, Apg 106.

[75] Vgl. dazu E. Haenchen, Apg 270 Anm. 1; A. Weiser, Apg I 183.

[76] J. Bihler, Stephanusgeschichte 42.

[77] AaO.

[78] W. Mundle, Stephanusrede 140.

in die Konzeption des Acta-Verfassers selbst paßt, dem es in der gesamten Rede wesentlich darum geht, die »Privilegien«, auf deren »Besitz« das Judentum stolz war, nämlich das Gelobte Land, die Beschneidung, das Gesetz und den Tempel mit seinem Kult, zwar grundsätzlich positiv zu sehen, aber dennoch ihren heilsgeschichtlichen Wert zu relativieren[79]. Zu dieser Relativierung paßt auch die Kennzeichnung Abrahams als Empfänger einer Verheißung, die sich nicht nur auf den Besitz eines Landes bezieht, sondern, wie die folgenden Sätze (V. 6 f.) deutlich machen, »die Zusage eines allein von Gott ausgehenden, nicht an menschliche Gegebenheiten anknüpfenden und die gesamte Geschichte Israels umfassenden Heilsgeschehens ist«[80], und damit zugleich auch seine Charakterisierung als Typos des Glaubenden, der nichts hat, was ihm die Erfüllung garantiert – nicht einmal die Nachkommenschaft, auf die sich ja die Verheißung bezieht, ist vorhanden, wie ausdrücklich hervorgehoben wird –, und der sich daher allein auf Gottes Wort und Handeln verlassen muß[81]. Damit ist nun auch positiv gesagt, worin Abrahamskindschaft besteht, nämlich darin, daß man nach Abrahams Vorbild Gottes Wort Gehorsam und Glauben entgegenbringt – wie es, so wird man die lukanische Aussageabsicht interpretieren dürfen, auf die Christen, die wahren Abrahamskinder, zutrifft.

V. 6.7 Der Redner erläutert im folgenden, wie sich die Verheißung Gottes in der Geschichte des Volkes vollziehen sollte. Er zitiert dabei die entsprechende Gottesankündigung (vgl. V. 6a: »Es sprach aber Gott so«) aus Gen 15,13 f. (LXX), die er noch durch eine Anspielung auf Ex 3,12 (LXX) ergänzt. Nach dieser Ankündigung sollte Abrahams Nachkommenschaft zunächst – wie ihr Stammvater – als »Fremdling in fremdem Land« leben und dort vierhundert Jahre lang versklavt werden (V. 6b.c); Gott wollte dann aber das Volk der Bedrücker (= Ägypten) richten (V. 7a) und ihnen, den Nachkommen Abrahams, den Exodus ermöglichen (V. 7b); sie aber sollten – das war sein eigentliches Ziel – ihm »an diesem Ort« (s. dagegen Ex 3,12 LXX: »an diesem Berg =[Sinai]«) dienen, d. h. ihn in rechter Weise verehren (V. 7c). Mit der (von Ex 3,12 LXX abweichenden und wohl erst von Lukas selbst eingeführten[82]) Wendung »an diesem Ort« dürfte nicht das Heilige Land als gan-

[79] Siehe auch die Ausführungen zu V. 7 f.38–41.44–50.

[80] J. Roloff, Apg 120.

[81] Vgl. G. Stählin, Apg 106 f.; J. Kürzinger, Apg I 174.

[82] K. Kliesch, Credo 18.

zes gemeint sein[83], sondern Jerusalem[84] bzw. – dies »läuft auf dasselbe hinaus«[85], entspricht aber noch besser dem lukanischen Kontext (vgl. 6,13 f. und 7,46 f.) – der Tempel[86]. Damit scheint zunächst »ein kräftiges Ja zum Tempel«[87] ausgedrückt zu sein; er wird hier immerhin als »von Gott gewollt und verheißen«[88] anerkannt. Allerdings wird man auch diese Bemerkung wie darüber hinaus die gesamte Zitatenkombination im Licht der besonderen heilsgeschichtlichen Vorstellungen des Acta-Verfassers zu werten haben, der die Ankündigungen von Gen 15,13 f. und Ex 3,12 eigentlich erst in der christlichen Gegenwart zur Erfüllung kommen sieht. Die damalige »Krisis, durch welche hindurch Gott seine Ankündigung verwirklicht« hat[89], erscheint danach als Vorbild für jene Krisis-Situation, in der sich nunmehr das neue Gottesvolk befindet: Wie damals Abrahams Nachkommen lange Zeit in der Fremde gewesen sind, so ist jetzt für die Christen Israel zur »Fremde« geworden. Wie damals der Same Abrahams in Ägypten bedrängt wurde, so geschieht es jetzt mit den Christen in Israel; aber wie damals Gott über das Unterdrückervolk sein Gericht ergehen ließ, so ergeht es jetzt über Israel (vgl. Lk 21,20–24) – ein recht deutlicher »Seitenhieb auf die derzeitige Haltung Israels gegen die Jesusjünger«[90]! Und auch die Verheißung des rechten Gottesdienstes »an diesem Ort« ist jetzt erst in Erfüllung gegangen: Die Christen, die vom Tempel Besitz ergriffen und ihn zum Ort der christlichen Verkündigung gemacht haben (vgl. Apg 2,46; 3,11 f.; 5,20.42 u. a.), bilden jenes eschatologische Volk Gottes, »das ihm in rechter Weise . . . Gottesdienst hält«[91], ist doch der von den Christen geleistete Gehorsam gegen Gott und sein Wort (wie schon Lk 1,74 f.; 2,37.49 u.. a. Stellen andeuten) »der endzeitliche Gottesdienst« und »der wahre Kult«[92]. Bei aller positiven Grundeinstellung

83 Doch vgl. O. BAUERNFEIND, Apg 114: »Palästina«; J. ROLOFF, Apg 120: »das Verheißungsland«.

84 So z. B. A. WIKENHAUSER, Apg 88.

85 H. CONZELMANN, Apg 52.

86 So T. HOLTZ, Untersuchungen 99; R. STORCH, Stephanusrede 30 f. Vgl. auch J. BIHLER, Stephanusgeschichte 43; G. SCHNEIDER, Apg I 455 Anm. 72; A. WEISER, Apg I 183; W. SCHMITHALS, Apg 72; K. HAACKER, Apg 45 f. u. a.

87 K. HAACKER, Apg 45 f.

88 A. WEISER, Apg I 184.

89 H. CONZELMANN, Apg 52.

90 O. BAUERNFEIND, Apg 114.

91 J. ROLOFF, Apg 120.

92 H. SCHÜRMANN, Lk I 88 (zu Lk 1,74 f.).

zu Tempel und Tempelkult wird also doch wieder die heilsgeschichtliche Bedeutung dieser Einrichtungen von Lukas relativiert!

V. 8 Dies gilt auch für jenes Zeichen, das Gott selbst zur Bekräftigung seiner damaligen Verheißung dem Abraham »gegeben« hat: den »Bund der Beschneidung« (vgl. Gen 17,10 LXX, wo sich der Ausdruck selbst allerdings nicht direkt findet). Die Relativierung dieses Bundeszeichens wird schon dadurch angedeutet, daß hier nicht eigentlich auf seinen Besitz als solchen abgehoben ist, sondern auf den Gehorsam, mit dem Abraham und die Patriarchen nach ihm die Beschneidung tatsächlich durchführten (V. 8b). Noch deutlicher findet sich dann am Ende der Rede die Relativierung ausgesprochen, wenn die Juden als »Unbeschnittene an Herzen und Ohren« bezeichnet werden (V. 51), was ja wohl heißen soll: Es kommt nicht auf die äußere Beschneidung an, sondern auf die sich im Gehorsam gegen Gott und sein Wort zeigende *innere* »Beschneidung«.

V. 9–16 Im folgenden Abschnitt geht der Redner auf eine andere Gestalt des Alten Bundes ein: auf Joseph, dessen Geschichte in einer freien Zusammenfassung des Genesis-Berichtes (vgl. Gen 37–50) skizziert wird. Dies geschieht (wie ähnlich schon im Abraham-Abschnitt) zum einen unter typologischem Gesichtspunkt, zum anderen unter dem Aspekt der Erfüllung der Abrahamsverheißung[93].

V. 9–10 Zunächst erinnert der Redner daran, daß die Patriarchen – gemeint sind die Söhne Jakobs und Brüder Josephs (vgl. V. 8) – »aus Eifersucht«, also aus niederen Beweggründen, ihren Bruder Joseph nach Ägypten verkauften (V. 9a; vgl. Gen 37,11 LXX), daß aber Gott »mit ihm« war, wie in einem eindrucksvollen Kontrast, der unwillkürlich »an die christologischen Kontrastformeln erinnert«[94], hinzugefügt wird, und durch die Errettung des Joseph und seinen Aufstieg zum Regenten über Ägypten (vgl. Gen 41,41; Ps 104,21 LXX) das ihm seitens seiner Brüder zugefügte »Unrecht schließlich zum Guten wendete und damit die Verheißung aufrechterhielt (VV 9b.10)«[95]. – Die »eifersüchtigen« Patriarchen, die, obwohl die Träger der Verheißung, durch ihr schuldhaftes Verhalten die damalige »Krise«[96] heraufführten, sind hier von Lukas deutlich als »Vorbilder« für die jetzige Judengeneration gekennzeichnet[97], die nicht nur gegen Jesus vorgegangen sind, sondern sich nun

[93] Vgl. dazu J. Bihler, Stephanusgeschichte 47 ff.

[94] J. Roloff, Apg 121.

[95] G. Schneider, Apg I 455.

[96] H. Conzelmann, Apg 53.

[97] Vgl. K. Kliesch, Credo 156.

auch mit der gleichen »Eifersucht« gegen seine Boten wenden (vgl. Apg 5,17; 13,45; 17,5). Joseph selbst wiederum erscheint in dreifacher Hinsicht als eine typische Gestalt: Er ist 1. als der in der Fremde lebende Nachfahre Abrahams nicht nur »Prototyp des Diasporajuden«[98], sondern darüber hinaus Vorbild für die ebenfalls in der »Fremde« lebenden Christen[99]. Er ist 2. Prototyp des (leidenden) Gerechten und Weisen (vgl. die von Lukas stammende Erweiterung ». . . und Weisheit« in V. 10a) und als solcher nicht nur »transparent für . . . Stephanus«[100], den Mann voll Gnade und Kraft (Apg 6,8) und voll Weisheit (Apg 6,3.10), sondern auch für Jesus[101]. Er ist 3. als der, »mit dem« Gott war (V. 9b), der Prototyp des Retters[102] und weist auch dadurch – wie später Mose, der Gott »angenehm« war (V. 20a) – auf Jesus voraus, von dem in einmaliger Weise gilt: »Gott war mit ihm« (Apg 10,39; vgl. Lk 2,40), d. h. in ihm und durch ihn wirkte Gott das Heil[103].

V. 11–15a Relativ breit wird nun zunächst – in Anlehnung an Gen 41,54.56 (vgl. auch Ps 36,19 LXX) – von der Hungersnot und großen Bedrängnis berichtet, die über Ägypten und Kanaan und damit auch über »unsere Väter«[104] kam (V. 11), sodann – in vereinfachter Wiedergabe des Inhalts von Gen 42,1–3; 43,15; 45,1 f.26 – über das dadurch ausgelöste zweimalige Kommen der Väter nach Ägypten, wobei sich Joseph ihnen beim zweiten Mal zu erkennen gab und auch dem Pharao sein γένος, d. h. seine (jüdische) Herkunft[105] bekannt wurde, und schließlich – auf der Grundlage von Gen 45,9 ff.; 46,1.6 f.27 LXX – über die Umsiedlung Jakobs und der gesamten Sippe, einer Gruppe von 75 Personen (vgl. Gen 46,27 LXX)[106], nach Ägypten. – Auch in diesen Versen treten die beiden Aspekte deutlich zutage, von denen der gesamte Joseph-Teil bestimmt wird: 1. der Aspekt der Erfüllung der Verheißung Gottes: Mit dem Umzug der Patriarchen nach Ägypten beginnt sich näherhin der erste Teil von Gen 15,13 f. zu erfüllen, daß nämlich der Same Abrahams »als Fremdling in fremdem Land« wohnen werde

[98] J. Roloff, Apg 121.

[99] Siehe das zu V. 6 f. Gesagte.

[100] K. Kliesch, Credo 156.

[101] Zur Weisheit Jesu s. Lk 2,40.52; auch Lk 11,31 par. Mt 12,42.

[102] Vgl. G. Stählin, Apg 107.

[103] Nach Ansicht von J. Roloff, Apg 121 sind nun allerdings derartige Bemerkungen »zu wenig eindeutig, um eine christologische Deutung zu stützen«.

[104] Diese den Redner mit seinen (jüdischen) Zuhörern zusammenschließende Formel begegnet auch Apg 3,13; 5,30; 7,12.15.38.39.44.45; 13,17; 15,10.

[105] Nach E. Haenchen, Apg 271: seine *Familie.*

[106] Der hebr. Urtext schreibt hier allerdings, wie schon erwähnt, die Zahl 70.

(vgl. V. 6b); 2. der typologische Aspekt: Joseph rettet – wie später Mose (vgl. V. 36), vor allem aber Jesus selbst – das Volk aus der Drangsal[107]; die 75 Seelen wiederum stellen einen »verhüllten Hinweis auf das neue Gottesvolk, das von Jesus gerufen wurde«[108], dar[109].

V. 15b.16 Der Joseph-Teil endet mit dem Hinweis darauf, daß Jakob und seine Söhne in Ägypten starben (vgl. Gen 49,33), nach Sichem überführt (vgl. Gen 50,25) und in dem Grabmal beigesetzt wurden, das Abraham dort von den Söhnen des Hamor gekauft hatte. Die Angabe über die Bestattung der Patriarchen in Sichem stimmt mit dem Alten Testament nicht ganz überein: Nach Gen 23,7–16 kaufte Abraham ein Grab bei *Hebron* von dem Hethiter Ephron, wo dann außer ihm und Sara (vgl. Gen 25,9 f.) auch Jakob beigesetzt wurde (Gen 50,13). Joseph dagegen wurde zwar nach Jos 24,32 auf dem Acker der Hamor-Söhne bei *Sichem* begraben; dieses Grundstück aber hatte nach Gen 33,19 f. (vgl. Jos 24,32) *Jakob* (und nicht Abraham) gekauft. Über die Begräbnisstätte der Brüder Josephs sagt das Alte Testament nichts. Jub 46,9 f. u. a. Texte lassen sie in Hebron bestattet sein[110]. Die Angabe in V. 16 scheint auf einer Tradition zu beruhen, in der die verschiedenen alttestamentlichen Texte vermischt wurden[111]. Aber vielleicht hat der Verfasser des heilsgeschichtlichen Credos ganz bewußt den Erwerb der Grabstätte auf Abraham zurückgeführt und alle Patriarchen in dieser bestattet sein lassen. Es wäre ein weiterer Bezug zur Verheißung Gottes: Zwar dürfen die Väter noch nicht als Lebende im Land der Verheißung bleiben, »aber als Tote kehren sie dorthin zurück«[112]. Für Lukas selbst scheint sich mit dem Grab der Patriarchen darüber hinaus auch wieder ein typologischer Aspekt zu verbinden, allerdings diesmal im negativen Sinn: Im Unterschied zu den großen Gestalten des Judentums wie Abraham, Jakob und Joseph, die, wie ihre Gräber beweisen, im Tod geblieben sind, gilt für Jesus: Er ist nicht im Tod geblieben[113].

V. 17a Noch konsequenter als der Joseph-Teil steht der Mose-Teil (V. 17–43) unter den beiden Aspekten: Erfüllung der Verheißung und Typologisierung. Bezeichnend ist schon der Einsatz mit der »periodisie-

[107] Vgl. G. Stählin, Apg 107.

[108] J. Kürzinger, Apg I 175.

[109] Vgl. die Analogie zu den Angaben über die Größe der christlichen Anfangsgemeinde in Apg 1,13.15.

[110] Zu den jüdischen Traditionen über die Begräbnisstätten der Patriarchen s. P. Billerbeck, Kommentar II 672–679.

[111] So u. a. A. Weiser, Apg I 184.

[112] J. Bihler, Stephanusgeschichte 184.

[113] Vgl. dazu auch die Gegenüberstellung: David–Jesus in Apg 2,29–32.

renden Zeitangabe«[114]: »Als aber die Zeit der Verheißung . . . nahte«. Damit wird die nunmehr zu behandelnde Mosezeit im ganzen als die Zeit gekennzeichnet, in der die (schon mit Joseph eingesetzte) Erfüllung der dem Abraham gegebenen Verheißung (vgl. V. 5 ff.) zu ihrem (vorläufigen) Abschluß gelangt. Unwillkürlich wird der Gedanke dadurch aber auch auf jene »Fülle der Zeit« (Gal 4,4) gelenkt, da in Jesus die neue und endgültige Einlösung der Verheißung erfolgen sollte[115].

V. 17b–19 Die z. T. in wörtlicher, z. T. in frei zusammenfassender Wiedergabe von Ex 1,7–22 (LXX) erfolgende Schilderung der Situation, in der sich die inzwischen aus einer großen Familie (V. 14) zu einem großen Volk gewordene (V. 17b: ». . . wuchs das Volk und mehrte sich«) Abrahamsnachkommenschaft in Ägypten zu dieser Zeit befindet, erläutert, daß sich die Verheißung Gottes an Abraham jetzt insofern weiter erfüllt, als seine Nachkommen nicht nur – und zwar, wie die Bemerkungen über das Wachsen des Volkes (V. 17b) und das Auftreten eines den Josef nicht mehr kennenden Pharao (V. 18) beweisen, schon längere Zeit (vgl. die Verheißung von Gen 15,13 in V. 6: »400 Jahre lang«) – »in fremdem Land« leben, sondern nunmehr auch, wie es ebenfalls der göttlichen Voraussage entspricht (vgl. V. 6c), von dem (auch Ex 1,10 LXX) als »arglistig« gekennzeichneten Pharao unterdrückt und geknechtet werden (V. 19a), wobei der Gipfel der Unterdrückung die unmittelbare Existenzbedrohung des Volkes ist, werden doch die Israeliten gezwungen, um ihr weiteres Anwachsen zu verhindern, ihre Kleinstkinder auszusetzen (V. 19b). Die hier gegebene Situationsschilderung hat in doppelter Hinsicht typologische Bedeutung: 1. Das geknechtete Gottesvolk in Ägypten erscheint als »Sinnbild für die Heilsnot der Menschen beim Kommen Christi«[116]. 2. Das Wachsen des alten Gottesvolkes weist hin auf jenes von Lukas in der Apostelgeschichte dargestellte, trotz aller Widerstände (vgl. etwa Apg 12,24) unaufhaltsame Wachsen des Logos und der Kirche, in dem die Abrahamsverheißung erst ihre endgültige Realisierung erfährt[117].

V. 20–22 Wie ein hoffnungsvoller Kontrast zu der düsteren Situationsschilderung wirkt der kurze, »in freier Nacherzählung von Ex 2,2–10 LXX«[118] erfolgende Bericht über Geburt (V. 20), Ausset-

[114] A. Weiser, Apg I 185.

[115] Vgl. J. Kürzinger, Apg I 178.

[116] J. Kürzinger, aaO.

[117] Zum Wachstumsgedanken in der Apostelgeschichte vgl. u. a. P. Zingg, Wachsen; J. Zmijewski, EWNT III 248 f.; 251 f.

[118] A. Weiser, Apg I 185.

zung (V. 21a), Adoption (V. 21b) und Erziehung (V. 21c.22) des Mose[119]. Folgende Einzelheiten lassen dabei Mose von Anfang an als die große Rettergestalt erscheinen, die ihn zum »Prototypen des Retters Jesus«[120] macht: 1. Er wird »in dieser Zeit« (V. 20a), das aber heißt: gerade zur rechten Zeit, geboren, wie man es dann auch von Jesus sagen kann (vgl. den »Synchronismus« Lk 2,1 f.; auch Lk 3,1). 2. Er ist Gott »angenehm« (ἀστεῖος). Angespielt wird damit auf die Ex 2,2 (LXX) konstatierte »Schönheit» des Knaben Mose[121], die dazu führt, daß er zunächst verborgen gehalten und dann von der Pharaotochter gerettet wird; sie erscheint hier näherhin – hellenistischer Tradition gemäß[122] – ganz »als ein Zeichen der göttlichen Erwählung«[123]. 3. Er »wird durch die Erziehung in der ›ganzen‹ sprichwörtlichen Weisheit der Ägypter zugerüstet für seine spätere Aufgabe«[124]. Ähnliches sagt Lukas vom Knaben Jesus (vgl. Lk 2,40.52). Freilich: Jesus überbietet Mose insofern, als ihm die Geistesfülle zukommt (vgl. Lk 4,1). 4. Er wird als »mächtig in seinen Worten und Taten« gekennzeichnet. Die Wendung widerspricht Ex 4,10[125], entspricht dafür aber in auffälliger Weise der Charakterisierung des »Propheten« Jesus Lk 24,19[126].

V. 23a Mit der Vollendung des 40. Lebensjahres, d. h. mit Erreichen der Lebensreife[127], beginnt die zweite Periode im Leben des Mose, die wiederum 40 Jahre dauert (vgl. V. 30). Wenn in dieser Rede das Leben des Mose in drei Perioden von je 40 Jahren gegliedert wird (vgl. außer V. 23a und V. 30 noch V. 36: die 40jährige Wüstenzeit als letzte Periode), wie es einer (offenbar von Ex 7,7 und Dtn 34,7 beeinflußten) jüdischen Überlieferung entspricht[128], dann liegt dies ganz auf der Linie der theologischen Aussageabsicht des Verfassers: Wie die Formulierung (»als sich für ihn die Zeit von 40 Jahren vollendet hatte«) anzeigt (s. die

[119] Vgl. dazu J. Bihler, Stephanusgeschichte 53, der die Aussagen nach einem bestimmten, ähnlich auch Apg 22,3 in bezug auf Paulus verwendeten Schema gegliedert sieht. Vgl. auch E. Haenchen, Apg 272.

[120] G. Stählin, Apg 107.

[121] ἀστεῖος so auch Hebr 11,23 von Mose ausgesagt.

[122] Vgl. z. B. Philo De vita Mos I 9. Nach G. Stählin, Apg 108 wird in der Spätantike auch sonst großen Führergestalten eine einzigartige Schönheit nachgesagt.

[123] O. Michel, Hebr 407 (zu Hebr 11,23).

[124] G. Stählin, Apg 108.

[125] Ex 4,10 wird des Mose Unbeholfenheit im Reden herausgestellt.

[126] Zu der Lk 24,19 verwendeten Mose-Jesus-Typologie vgl. J. Wanke, Emmauserzählung 62 ff.; J. Ernst, Lk 660.

[127] Vgl. H. Balz, ThWNT VIII 136.

[128] Belege s. bei P. Billerbeck, Kommentar II 679 f.

ähnliche Formulierung in V. 30a) wird hier dem Zeitraum von 40 Jahren weniger chronologische als vielmehr typologische Bedeutung zuerkannt, wie es auch sonst der Fall ist, wo die Vierzig in heilsgeschichtlichen Zusammenhängen begegnet (z. B. Apg 13,18.21)[129]. Das »Vollwerden« einer solchen heilsgeschichtlich relevanten Periode wiederum markiert – wie ebenfalls in anderen Fällen (vgl. Apg 2,1) – den »von Gott für eine Rettungstat bestimmten Zeitpunkt«[130].

V. 23b–29 In der Tat berichtet der Redner davon, wie sich Mose im Alter von 40 Jahren erstmals – und zwar keineswegs eigenmächtig[131], sondern in göttlichem Auftrag (vgl. V. 25a) – zu seinem Volk begab, um ihm beizustehen. Wenn sich auch die Darstellung in diesem Abschnitt eng an Ex 2,11–15.22 LXX anlehnt, so hat sie doch »aufs Ganze gesehen . . . einen anderen Skopus erhalten als im alttestamentlichen Bericht«[132]. Wie die folgenden Einzelheiten zeigen, ist der Exodus-Bericht eigentlich recht »neutral« gehalten, Mose selbst erscheint darin sogar eher in einer kläglichen Rolle, hier dagegen ist er von vornherein als die große Rettergestalt gezeichnet, die als solche deutlich auf Jesus hin transparent wird.

V. 23b Während der LXX-Bericht nur erwähnt, daß sich Mose, »als er groß geworden war« (also nicht unbedingt mit 40 Jahren!), zu seinen Brüdern, den Kindern Israels, begab (Ex 2,11a), wird hier sein Hingehen zum Volk auf einen aus seinem Herzen kommenden, d. h. von Gott eingegebenen Gedanken zurückgeführt und als ein ἐπισκέπτεσθαι (»Besuchen, Heimsuchen«) charakterisiert. Man fühlt sich unwillkürlich an Lk 1,68.78 erinnert, wo das messianische Kommen Jesu als ein ἐπισκέπτεσθαι, eine erlösungschaffende »Heimsuchung« Gottes, bezeichnet wird[133].

V. 24.25 Während Ex 2,11b.12b LXX nur davon berichtet, daß Mose einen Ägypter erschlug, der seinerseits einen Hebräer geschlagen hatte, wird hier die Tat des Mose als gerechte Strafe für geschehenes Unrecht dargestellt und damit als ein Vorgang, der bereits eine anfängliche Erfüllung jener Verheißung von Gen 15,14a bedeutet, wonach Gott das unterdrückende Volk richten werde (vgl. V. 7a). Dabei fehlt die Bemerkung aus Ex 2,12a (LXX), daß Mose – wohl aus Angst, entdeckt zu werden – den Ägypter erst erschlug, als er annehmen konnte,

[129] Vgl. dazu H. BALZ, ThWNT VIII 137 f.
[130] G. STÄHLIN, Apg 108.
[131] So aber G. STÄHLIN, aaO.
[132] J. BIHLER, Stephanusgeschichte 54.
[133] Vgl. O. BAUERNFEIND, Apg 116.

daß ihn niemand dabei beobachtete. Mose macht hier gar nicht erst den Versuch, seine Tat zu verbergen. Sie soll im Gegenteil offenbar werden, ist sie doch »ein Zeichen dafür . . ., daß Gott durch ihn . . . den Söhnen Israels Rettung geben will. Aber diese erkennen den gottgesandten Helfer nicht (V. 25)«[134], sondern bringen ihm – wie später Jesus (vgl. Lk 19,42; Apg 3,17; 4,10 ff.; 13,27 u. a.) – Verständnislosigkeit und »schuldhaften Ungehorsam«[135] entgegen[136].

V. 26 Im Unterschied zu Ex 2,13 LXX, wo – ziemlich neutral – erzählt wird, wie Mose anderntags nochmals »hinausging« und, als er zwei Hebräer sich streiten sah, den Urheber des Streits fragte, warum er seinen Nächsten schlage, ist hier davon die Rede, daß Mose ihnen, d. h. seinen »Brüdern« (vgl. V. 25), als sie miteinander kämpften (!), »erschien« – mit ὤφθη wird hier der gleiche Ausdruck verwendet wie zur Umschreibung der Gotteserscheinungen in V. 2 und V. 30, aber auch der nachösterlichen Erscheinungen Jesu (vgl. Lk 24,34; Apg 13,31; 1 Kor 15,5–8 u. a.) –, daß er sie »zum Frieden aussöhnen« wollte und an *beide* die Frage richtete, warum sie *einander* Unrecht zufügten, wo sie doch »Brüder« seien. Mose wird hier nicht nur als der große Friedensbringer, sondern auch »als der Mahner zur Einigkeit unter den Söhnen Israels«[137] gesehen.

V. 27.28 Zusätzlich zu Ex 2,14a.b LXX, wo davon die Rede ist, daß der, der dem Nächsten Unrecht getan hatte, an Mose die (rhetorische und vom Standpunkt des Fragenden negativ zu beantwortende) Frage stellte, wer ihn denn zum »Herrscher und Richter« über sie eingesetzt habe und ob er ihn etwa genauso wie gestern den Ägypter umbringen wolle, wird hier noch gesagt, daß der Betreffende ihn »von sich weg stieß« (vgl. V. 39). Mose wird also – wie später der Messias Jesus – von seinen eigenen »Brüdern« zurückgewiesen[138]. Statt sich die rhetorische Frage selbst (und zwar positiv!) zu beantworten und einzusehen, daß *Gott* Mose zum »Herrscher und Richter« über sein Volk eingesetzt hat, unterstellt man »ihm bei seiner Tat Anmaßung und Herrschsucht«[139].

[134] J. BIHLER, Stephanusgeschichte 54.

[135] J. ROLOFF, Apg 122.

[136] Vgl. in diesem Zusammenhang auch das grundsätzliche Interesse des Lukas am Motiv des »Verstehens« bzw. »Nichtverstehens« der Christusbotschaft; s. etwa Lk 2,50; 18,34; 24,25 ff.45; Apg 28,26 f.

[137] J. BIHLER, Stephanusgeschichte 55.

[138] Auf den christologischen Bezug macht auch W. MUNDLE, Stephanusrede 143 aufmerksam.

[139] J. ROLOFF, Apg 122.

V. 29 Während Mose nach Ex 2,15 LXX aus Angst vor Pharao, der vom Vorfall gehört hatte, nach Midian flieht, wo er dann als Fremdling wohnt und zwei Söhne zeugt (vgl. Ex 2,22), flieht er hier »auf dieses Wort« hin; das aber heißt: »Mose flieht als ein von seinem Volk Verworfener«[140]! Dies ist nun freilich – wie später auch die »Flucht« Jesu (vgl. Mt 2,13 ff.; auch Joh 8,59; 10,39), des ebenfalls von seinem Volk »Verworfenen« (Lk 9,22; Apg 3,14 u. a.) – keine Flucht aus Angst, sondern durch diese Flucht bewahrt Gott ihn für jene entscheidende Rettungstat an seinem Volk, die er nach einer weiteren Zeitperiode von 40 Jahren in göttlichem Auftrag durchführen sollte.

V. 30–34 Diese entscheidende Rettungstat begann mit der Berufung und Sendung des 80jährigen Mose (vgl. Ex 7,7). Die Darstellung erfolgt in weitgehender Anlehnung an Ex 3,2–10 LXX. Allerdings ist die Abfolge der einzelnen Teile des Gotteswortes etwas anders[141]. Die »Berufungsgeschichte« hat in etwa den gleichen Aufbau wie die des Abraham (vgl. V. 2–4a); schon dies ist ein Zeichen dafür, daß jetzt nach Auffassung des Redners die entscheidende Erfüllung der Abrahamsverheißung geschieht. Näherhin umfaßt die »Berufungsgeschichte« folgende Elemente: 1. die Zeit- und Ortsangaben (V. 30a.b); dabei fällt auf, daß nicht wie in Ex 3,1 (LXX) das Gebiet »unterhalb der Wüste am Berg Horeb« als Offenbarungsort angegeben wird, sondern daß der Redner den Vorgang »*in* der Wüste des Berges *Sinai*« lokalisiert, eine sicherlich beabsichtigte Änderung des Verfassers, die nicht nur die Besonderheit des Vorgangs unterstreicht – die Wüste wird auch sonst zu »einer besonderen Stätte der Gottesoffenbarung«[142] (vgl. Mk 1,12; Apg 13,18; 21,38 u. a.) und spielt als solche ja auch im weiteren Geschehen eine wesentliche Rolle (vgl. V. 36.38.42.44) –, sondern die darüber hinaus diese erste Selbstkundgabe Gottes an Mose ganz hingeordnet sein läßt auf die letzte und entscheidende: auf die Offenbarung des Gesetzes – beide Vorgänge finden statt am Sinai (V. 38; vgl. Ex 19,1) –; 2. die Beschreibung der »Erscheinung«, deren Subjekt Gott selbst ist – hier allerdings (im Unterschied zu V. 2) wie ebenso dann bei der Gesetzgebung (vgl. V. 38) repräsentiert durch seinen Engel – und die in einem Dornbusch stattfindet (V. 30c); 3. das verwunderte Herantreten des Mose (V. 31) – ein erstes spannungserhöhendes Moment –; 4. die Selbstvorstellung Gottes als »Gott der Väter« (V. 32a), die die heilsgeschichtliche Bedeutsamkeit des Vorgangs hervorheben und zugleich die

[140] J. Roloff, aaO.
[141] Vgl. V. 32a.33b.34 mit Ex 3,5–8 LXX.
[142] G. Stählin, Apg 108.

»Kontinuität der Offenbarung«[143] anzeigen soll; 5. der ein weiteres Spannungsmoment bildende Hinweis auf die (von Ex 3,6b allerdings etwas abweichende) Reaktion des Mose samt der »psychologische(n) Erklärung«[144] für diese (V. 32b); 6. das (in V. 33a neu eingeleitete) eigentliche Gotteswort (V. 33b–34), das drei Teile umfaßt: die Aufforderung, die Heiligkeit der Stätte zu achten (V. 33b) – der Dornbusch erscheint hier als der erste heilige τόπος (»Ort, Stätte«) Israels und steht damit in einer Linie mit den späteren Stätten der Gottesbegegnung: dem »Zelt des Zeugnisses« in der Wüste (V. 44) und vor allem dann dem Tempel (V. 47; vgl. V. 7), *der* »heiligen Stätte« Israels schlechthin (vgl. 6,13) –, die Mitteilung des Heilsratschlusses Gottes (V. 34a), die deutlich an die Abrahamsverheißung (V. 6 f.) erinnert[145], und schließlich – als eigentlicher Gipfel, auf dem der »Nachdruck« liegt[146] – die Sendungsformel, mit der Mose nach Ägypten (in Ex 3,10 LXX: zum Pharao)[147] geschickt wird. –

Die Darstellung der Erscheinung erinnert nun allerdings nicht nur an die Abrahamsgeschichte, sondern darf auch wieder als ein – zumindest versteckter – Hinweis auf den Messias Jesus gelesen werden, »dessen Auftreten auch in der Wüste begann«[148] und der ebenfalls die »Offenbarung und Erwählung Gottes« erfuhr, »da er sich anschickte zum Werk der Rettung an seinem Volk«[149] (vgl. Lk 3,22). Darüber hinaus ergibt sich bis in die Formulierungen hinein auch eine – sicher nicht unbeabsichtigte – Verbindung zur Korneliusgeschichte in Apg 10,3–16[150], die mit der Mosegeschichte dies gemeinsam hat, daß auch sie eine neue Phase in der Heilsgeschichte einleitet: die Hinwendung der christlichen Botschaft zu den Heiden.

V. 35–38 Haben schon die bisherigen Ausführungen über Mose erkennen lassen, wie positiv der Christ Stephanus über diesen denkt und wie absurd daher die Anklage gegen ihn auch in diesem Punkt ist (vgl. 6,11), so machen dies erst recht die folgenden vier Sätze deutlich. Ihr

[143] E. HAENCHEN, Apg 273.
[144] G. SCHNEIDER, Apg I 462.
[145] Vgl. J. BIHLER, Stephanusgeschichte 56.
[146] So zu Recht E. HAENCHEN, Apg 253.
[147] Die Änderung gegenüber dem LXX-Text hängt wieder mit der Abrahamsverheißung von V. 6 f. zusammen.
[148] J. KÜRZINGER, Apg I 181.
[149] AaO.
[150] Vgl. dazu die Einzelheiten bei J. BIHLER, Stephanusgeschichte 56.

rhetorisch eindrucksvoller Stil[151] und ihre »leidenschaftliche Sprache«[152] machen sie geradezu zu einer »Art von Mose-Hymnus«[153], der an die zahlreichen Christus-Hymnen des Neuen Testaments erinnert (vgl. vor allem Kol 1,15–20) und bei dem zwei Momente im Vordergrund stehen: Zum einen wird Mose selbst »in den höchsten Tönen« gelobt[154], wobei gerade solche Dinge von ihm hervorgehoben sind, die ihn »als den bedeutendsten Prototyp Christi kennzeichnen«[155], zum anderen werden »Elemente der Anklagerede«[156] mit einem deutlichen »israel-kritischen Akzent«[157] eingebracht.

V. 35 Beide Momente kennzeichnen vor allem den ersten Satz. In einem eindringlichen Kontrast (»diesen Mose, den sie . . ., diesen hat Gott . . .«) werden das ablehnende Verhalten der Volksgenossen, an das der Redner hier noch einmal in Form einer (fast) wörtlichen Wiedergabe der rhetorischen Frage von V. 27b zurückerinnert, und das Handeln Gottes an Mose, das als eine eindeutige Antwort auf diese rhetorische Frage anzusehen ist, einander gegenübergestellt und hervorgehoben, daß Gott – wie die Dornbuschgeschichte gezeigt hat – gerade den, den sein Volk »verleugnete«, d. h. nicht als »Herrscher und Richter« anerkennen wollte, als »Herrscher und Erlöser« gesandt hat. Der Kontrast erinnert (noch mehr als der von V. 9) formal, vor allem aber inhaltlich an die christologischen Kontrastformeln in den anderen Reden der Apostelgeschichte (vgl. bes. 3,13 ff.; auch 2,36; 5,30 f.; 10,39 f.). Mose erscheint damit wieder deutlich als »Vorbild« Christi, der ebenfalls, obwohl er zur »Erlösung« des Volkes gesandt war (vgl. Lk 1,68; 2,38), von diesem »verleugnet« (Apg 3,13), aber von Gott zum »Führer und Retter« (Apg 5,31; auch 3,15) erhoben wurde.

V. 36–38 Die folgenden, deutlich auf Steigerung angelegten Sätze geben in einem kleinen geschichtlichen Rückblick, der allerdings mehr andeutet als beschreibt[158], drei »Beweise« für das gottgewirkte Handeln des Mose als »Herrscher und Erlöser« an, das ihn zum Prototypen des Messias gemacht hat. Zuerst wird (in V. 36) an seine Wirksamkeit als *Wundertäter* beim Auszug aus Ägypten und während der 40jährigen Wü-

[151] Vgl. jeweils das emphatische »dieser (ist es)« o. ä. am Satzanfang.
[152] E. HAENCHEN, Apg 273.
[153] G. STÄHLIN, Apg 109.
[154] So W. SCHMITHALS, Apg 71.
[155] G. STÄHLIN, Apg 109.
[156] J. ROLOFF, Apg 122.
[157] A. WEISER, Apg I 185.
[158] So zu Recht J. BIHLER, Stephanusgeschichte 56.

stenwanderung erinnert, durch die er – wie später Jesus selbst (vgl. Apg 2,22) – von Gott beglaubigt wurde. Sodann wird (in V. 37) Mose als der im Auftrag Gottes sprechende *Prophet* gewürdigt (vgl. 3,21 f.). Seine prophetische Gabe hat er des näheren dadurch erwiesen, daß er das Kommen des endzeitlichen Propheten ankündigte und sich dabei selbst als dessen Vorläufer sah (Dtn 18,15 LXX). Der endzeitliche Prophet aber ist niemand anders als Jesus (vgl. Apg 3,22; auch Lk 24,19). Schließlich wird (in V. 38) die Rolle des Mose als *Mittler* hervorgehoben, der in der Gemeindeversammlung (ἐκκλησία!) das Gesetz, das er von dem Engel Gottes empfing, dem Volk weitergab als »Worte des Lebens« (vgl. Dtn 32,47; auch Hebr 4,12; 1 Petr 1,23), denen sich auch Stephanus – entgegen der Behauptung seiner Ankläger (vgl. 6,13) – durchaus verpflichtet weiß (vgl. das »uns«). Auch damit ist Mose zum »Vorbild« Christi geworden, der seinerseits der ἐκκλησία des neuen Gottesvolkes »Worte des Lebens« gegeben und sie zu deren Verkündigung beauftragt hat (vgl. Apg 5,20; auch 13,26).

V. 39 Indes: Genauso, wie es später beim neuen Mose, Jesus, der Fall sein sollte und (so darf man ergänzen) sich bei dessen Boten in der Gegenwart fortsetzt, geschah es schon damals beim ersten Mose: »Unsere Väter« wollten ihm nicht gehorchen, sondern stießen ihn erneut von sich, wie sie es ja bereits bei seinem ersten Rettungsversuch getan hatten (vgl. V. 27a). Wie der Zusatz »(sie) wandten sich in ihrem Herzen nach Ägypten hin« (vgl. Num 14,3) unterstreichen soll, war der Ungehorsam gegen den gottgesandten Mose letztlich ein radikaler (weil aus der »Wurzel« ihres Herzens kommender) Abfall von Gott und seinem Bund, »eine totale innere Abkehr von dem durch Mose an sie ergehenden Heilsangebot«[159].

V. 40.41 Der Abfall vom Bundesgott konkretisierte sich im Abfall vom wahren Kult. Obwohl sie schon durch die Verheißung an Abraham zur wahren Gottesverehrung bestimmt worden waren (vgl. V. 7), stellten sie an Aaron das Ansinnen, ihnen »Götter« zu machen (vgl. Ex 32,1.23 LXX), verfertigten dann auch das Goldene Kalb (vgl. Ex 32,4) und brachten ihm mit egoistischem Stolz (»sie freuten sich am Werk ihrer Hände«) Opfer dar (vgl. Ex 32,6). Wenn der Redner hier »eines der traurigsten Bilder aus Israels Geschichte . . . seinen Richtern vor Augen« stellt[160], dann deshalb, weil dieser »betrübliche Vorgang«[161] von damals wieder typische Bedeutung hat, zeigt er doch: Schon damals

[159] J. ROLOFF, Apg 123.
[160] J. KÜRZINGER, Apg I 185.
[161] J. BIHLER, Stephanusgeschichte 68.

war »Israel ... nicht dagegen gefeit, auf die Stufe der Heiden zu sinken«[162] – und daran hat sich bis heute nichts geändert!

V. 42a Aber schon damals blieb der Abfall von Gott nicht ungestraft: Nach dem Grundsatz der Entsprechung von Schuld und Strafe[163] wandte Gott sich seinerseits von Israel ab und »übergab« (παρέδωκεν wie Röm 1,24.26.28: »lieferte aus«) die Verehrer des Goldenen Kalbs einem »noch schlimmeren Götzendienst«[164]: dem Gestirnkult. Ein solcher wird Israel schon im Alten Testament vorgehalten (vgl. z. B. Dtn 4,19; Jer 7,18; 19,13; Hos 13,2 ff.). Für den Redner besonders relevant erscheint die Stelle Am 5,25–27, die er denn auch im folgenden als Schriftbeweis ausdrücklich zitiert.

V. 42b–43 Offensichtlich soll sich der – mit der typisch lukanischen Einleitungsformel[165] »wie geschrieben ist im Buch der Propheten« eingeführte – Schriftbeweis nicht nur auf die letzte Bemerkung, daß Gott sie dem Götzendienst »dahingab«, zurückbeziehen, sondern auf alles in V. 41.42a Gesagte. Für die Aussageabsicht sind dabei vor allem die Änderungen der hier vorliegenden (von Lukas vielleicht aus einer vorgegebenen Schriftauslegung entnommenen?) Textfassung gegenüber der LXX bedeutsam, die ihrerseits bereits eine Umdeutung des ursprünglichen Textes bietet.

Näherhin kann man die recht »komplizierte Überlieferungsgeschichte«[166] von *Am 5,25–27* etwa so wiedergeben:

a) Ursprünglich geht es, wie der Kontext anzeigt (vgl. Am 5,21–27), um die Kritik des (im Nordreich wirkenden) Propheten an der Veräußerlichung und Verzerrung des Kultes seiner Zeit, der für wichtiger gehalten wird als die Rechtschaffenheit (vgl. V. 24). Wenn der Prophet in diesem Zusammenhang auf die »vorbildliche Wüstenzeit«[167] hinweist (V. 25), dann soll dies seine Kritik an den aktuellen Verhältnissen unterstreichen: Damals, will er sagen, gab es überhaupt noch keinen festen Opferkult, und dennoch war es um Frömmigkeit und Religion besser bestellt als jetzt angesichts eines seelenlosen Kultes, der »zudem mit fremden Riten durchsetzt ist«[168]. Dementsprechend wird die Strafe ausfallen:

[162] O. Bauernfeind, Apg 117.

[163] Zu diesem alten Grundsatz vgl. Weish 11,16: »... daß man gestraft wird, womit man sündigt«.

[164] J. Roloff, Apg 123.

[165] Vgl. G. Schneider, Apg I 465.

[166] J. Roloff, Apg 124.

[167] E. Haenchen, Apg 275.

[168] F. Nötscher, Amos 729 (zu Am 5,26).

Sie werden von Gott »über Damaskus hinaus«, d. h. nach Assyrien verbannt und können dann weiter den dortigen Gottheiten Sakkut und Kewan dienen, die sie schon jetzt verehren (V. 26 f.).

b) Die LXX gibt der Amos-Stelle einen neuen Sinn. Bezeichnend ist schon die Tatsache, daß statt von den assyrischen Sternengottheiten Sakkut und Kewan vom »Zelt des Moloch« und dem »Stern des Rompha« die Rede ist, womit nunmehr offensichtlich auf *kanaanäisch-phönizische* Gottheiten angespielt ist; jedenfalls gilt dies für den Moloch[169], könnte aber auch auf den »Stern des Rompha«[170] zutreffen. Auch jetzt wird noch die Wüstenzeit als »vorbildliche Zeit« gesehen, und zwar deshalb, weil es in ihr noch keinen Opfer- und Bilderkult gegeben hat. Die Kritik bezieht sich jetzt darauf, daß Israel schon bald – in Kanaan – den – dem Jahweglauben ungemäßen und nach Herkunft und Wesen heidnischen – Opfer- und Bilderkult einführte. Auch hier wird als Strafe die »Verbannung über Damaskus hinaus« angegeben.

c) Demgegenüber stellt Apg 7,42b.43 eine nochmalige Interpretation dar. Diese ist in folgenden Punkten zu sehen: 1. Der Redner sieht schon in der *Wüste* den Abfall gegeben[171]. »Die Wüstenzeit gilt also nicht mehr als vorbildlich«[172]. 2. Der Abfall besteht nicht eigentlich im Opferkult an sich, sondern, wie der über die LXX-Fassung hinausgehende Zusatz »um sie anzubeten« (V. 43b) andeutet, eher darin, daß sie statt *Gott* durch Opfer zu ehren, Götzenbilder (τύποι) von Menschenhand anbeteten, und dies – darauf legt der Redner im Blick auf den folgenden Abschnitt (V. 44–50) einen gewissen Nachdruck – auch noch in einem von Menschen gemachten »Zelt« (σκηνή: V. 43a). 3. Als Strafe für die Aufgabe des wahren Gotteskultes – die vorher bereits ihrerseits »als Strafe Gottes für den Bilderdienst interpretiert«[173] worden ist (vgl. V. 42a), wird – in Abweichung vom LXX-Text und »auf den tatsächlichen Gang der Geschichte Israels anspielend«[174] – die Verbannung »über *Babylon* hinaus« angegeben. Die Erinnerung an die Babylonische Gefangenschaft als den Tiefpunkt der Geschichte des alten Gottesvolkes gegen-

[169] Vgl. dazu H. Gross, LThK VII 531, der es für wahrscheinlich hält, daß der Moloch-Opferkult im 8./7. Jh. v. Chr. aus Phönizien in Israel eingeführt wurde. Vgl. auch W. Kornfeld, BL 1163 f.

[170] Statt Rompha begegnen in verschiedenen Handschriften der Apostelgeschichte auch die Bezeichnungen: Rempha, Raipha u. ä.

[171] Vgl. H. Conzelmann, Apg 55.

[172] E. Haenchen, Apg 275; anders J. Bihler, Stephanusgeschichte 70.

[173] K. Kliesch, Credo 34; vgl. R. Storch, Stephanusrede 92 f.

[174] J. Roloff, Apg 124.

über den jüdischen Zuhörern verstärkt nicht nur die Anklage gegen Israel, sondern unterstreicht auch die Tragweite des göttlichen Gerichts, das über die ergeht, die von der wahren Gottesverehrung abfallen. Da sich mit der Erinnerung an die Babylonische Gefangenschaft auch die Erinnerung an die Zerstörung des ersten Tempels verbindet, ist damit auch bereits auf die relative Bedeutung des Tempels aufmerksam gemacht und auf diese Weise – genauso wie durch die Stichwörter »Zelt« (σκηνή) und »Bilder« (τύποι) – der Übergang zum folgenden Abschnitt (V. 44–50) geschaffen.

V. 44 Der Abschnitt, dessen Ausführungen eine »gewisse Ähnlichkeit mit 2 Sam 7«[175], aber auch mit 1 Kön 8,14–30 erkennen lassen, beginnt mit dem Hinweis darauf, daß »unsere Väter« in der Wüste das – auf ausdrückliche Anweisung des mit Mose Redenden (= Gottes bzw. des Engels Gottes; vgl. V. 38) und nach himmlischem Vorbild angefertigte (vgl. Ex 25,8 f.40; auch Hebr 8,5) – »Zelt des Zeugnisses« (LXX: σκηνὴ τοῦ μαρτυρίου) – gemeint ist die Stiftshütte – als Stätte der Offenbarung und Begegnung mit Gott (vgl. Ex 33,7–11; Num 11,16 f. u. a.) bzw. als Ort seiner Gegenwart (vgl. Ex 25,8 f.; Lev 17,4 u. a.) besaßen. Der Redner will sagen: Gott selbst ergriff die Initiative und schuf eine – angesichts des drohenden Abfalls des Volkes notwendige – Kultstätte als Symbol für den wahren, von Gott zu akzeptierenden Gottesdienst.

V. 45 Dieses Zeltheiligtum, das also »ganz dem Willen Gottes entsprach«[176], war nicht nur für den Wüstenaufenthalt bestimmt, sondern blieb auch noch für die Zeit von der Landnahme unter Josua (vgl. Jos 3,14–17; 18,1) bis zu den Tagen Davids, also durch viele Generationen hindurch[177], in dem für sie durch Gott selbst von den Heiden gereinigten (und damit zu *Seinem* Gebiet gewordenen) Gelobten Land »das legitime Heiligtum«[178].

V. 46.47 Mit David begann eine neue Phase. Er »fand Gnade vor Gott«[179] und konnte ihn deshalb darum bitten, ihn eine den neuen Verhältnissen eines seßhaft und zur Monarchie (zum »Haus« Jakobs) gewordenen Volkes angepaßte, also feste Gotteswohnung »für das (oder: in

[175] J. Bihler, Stephanusgeschichte 73.

[176] J. Bihler, aaO. 72.

[177] Vgl. E. Haenchen, Apg 276: »διαδεξάμενοι bezieht sich nicht nur auf Josuas Generation, sondern (beachte die Stellung hinter εἰσήγαγον!) jede Generation übernahm sie von der früheren bis zu den Tagen Davids.«

[178] A. Wikenhauser, Apg 87.

[179] Zu dieser biblischen Redeweise vgl. Lk 1,30; Hebr 4,16.

dem) Haus (v. l.: für den Gott) Jakobs« finden zu lassen[180]. Der Hinweis auf die »Gnade«, die David fand, zeigt, daß für den Redner auch die geplante neue Gotteswohnung durchaus die Billigung Gottes fand (so auch nach 2 Sam 7,13; 1 Kön 8,18). Andererseits weist aber die Tatsache, daß Gott – wie er es selbst kundgetan hatte (vgl. 2 Sam 7,13; 1 Kön 8,19) – nicht schon David, sondern erst dessen Sohn Salomo das neue Gotteshaus bauen ließ (V. 47), schon auf einen grundlegenden Sachverhalt hin: »In den Augen Gottes hat . . . der Tempel nicht die Bedeutung, welche ihm das jüdische Volk zuschreibt«[181]! Zwar sollte er – wie schon das »Zelt des Zeugnisses« – eine Stätte der Begegnung und des Gebetes (vgl. 1 Kön 8,29 f.) und ein »Ort der Verkündigung«[182] bleiben[183], vor allem aber sollte er als Symbol dienen für jene andere und noch wichtigere Verheißung Gottes an David, nämlich seine Zusage eines ewigen Königtums (vgl. 2 Sam 7,11 f.; 1 Kön 8,25) – eine Verheißung, die nach urchristlicher Überzeugung erst im Davidssohn Jesus in Erfüllung gegangen ist (vgl. Lk 1,32 f.; Apg 2,29 ff.). Man sieht: Der Tempel wird hier keineswegs grundsätzlich verworfen; er erscheint sogar »als Ziel und Höhepunkt der Erwählungsgeschichte«[184]. Insofern kann man dann aber weder uneingeschränkt davon sprechen, daß mit König Salomo ein »unheilvoller Umschwung« erfolgte[185] und daß der Tempelbau »Abfall vom wahren Gottesdienst«[186] bzw. eine »Verirrung«[187] war, noch davon, daß hier bewußt »Stiftshütte gegen Tempel« gesetzt wird[188]. Es geht indes nicht um eine *grundsätzliche* Polemik gegen den Tempel und seinen Kult; eine solche paßt auch weder zu der hier vorausgesetzten Situation – es soll ja gerade der Vorwurf gegen Stephanus, er verwerfe den Tempel (Apg 6,13 f.), ad absurdum geführt und als ein »bösartiges Mißverständnis« hingestellt werden[189] – noch überhaupt zu der Bedeutung, die

[180] Zu dieser »Bitte« vgl. die Absichtserklärung Davids nach 2 Sam 7,2, die ebenfalls mit den neuen Verhältnissen begründet wird: »Ich wohne in einem Zedernhaus, die Lade Gottes aber ruht mitten in einem Zelt«.

[181] A. Wikenhauser, Apg 87.

[182] W. Schmithals, Apg 72.

[183] Daß diese Momente gerade für das lukanische Verständnis des Tempels wesentlich sind, zeigen Stellen wie Lk 19,46 f.; Apg 2,46; 3,1; 5,20. Siehe auch die weiteren Ausführungen zu V. 46 f.

[184] K. Haacker, Apg 46.

[185] So aber J. Roloff, Apg 125.

[186] So E. Haenchen, Apg 276. Vgl. auch O. Bauernfeind, Apg 118.

[187] G. Stählin, Apg 110; U. Wilckens, Missionsreden 214.

[188] So aber U. Wilckens, aaO. Vgl. auch J. Bihler, Stephanusgeschichte 72; A. Weiser, Apg I 187 u. a.

[189] Vgl. W. Schmithals, Apg 72.

dem Tempel nach Auffassung des Lukas in der Urkirche als »Haus des Gebetes« (Lk 19,44; 24,53; Apg 2,46 f.; 3,1 u. ö.) und als »Stätte der Lehre« (Lk 19,47; Apg 3,1–26; 5,25 u. ö.) zukommt[190]; eine grundsätzliche Polemik gegen den Jerusalemer Tempel ist jedenfalls »der Apostelgeschichte nicht anzumerken und ist deswegen auch hier nicht beabsichtigt . . . In einer Zeit, als es den Jerusalemer Tempel nicht mehr gab, ist eine derartige grundsätzliche Polemik gegen diesen auch gar nicht zu erwarten, wohl aber eine Aussage gegen den heidnischen Tempel«[191]. Wohl aber geht es darum, nach der Relativierung der anderen Dinge, die das Judentum als Privilegien für sich ansah (wie das Land, die Beschneidung, das Gesetz) nun auch den »relativen Wert«[192] des Tempels und seines Kults aufzuzeigen[193] und zu verdeutlichen, daß der Tempel eben nur Symbolcharakter hatte, ansonsten nur *eine* (zeitlich und räumlich begrenzte) Weise der Anwesenheit Gottes darstellte. Bereits der Abschnitt über die Wüstenwanderung (V. 35–43) deutete auf diese Relativierung hin, indem er herausstellte: »Lange bevor der Tempel stand und das Volk im Heiligen Lande dauernden Aufenthalt genommen hatte, hat Gott den Vätern seine Offenbarungen und Heilserweise zuteil werden lassen, und zwar hauptsächlich in fremden Ländern«[194], und sich so als ein Gott erwiesen, der den Seinen eben »nicht . . . bloß an einer bestimmten Stätte nahe ist, sondern sie überall führt und beschützt«[195].

V. 48–50 Der gleiche Gedanke wird im folgenden durch die allgemein (und auch von Salomo selbst in seinem Tempelgebet: 1 Kön 8,27) anerkannte Glaubenswahrheit, daß »Gott nicht in dem *wohnt,* was *Menschenhände* gebaut haben«, bekräftigt (V. 48). Als Beleg für diese Glaubenswahrheit wird von Lukas Jes 66,1 f. – und zwar fast wörtlich nach der LXX – zitiert (V. 49 f.). In der Tat bringt gerade dieses Jesaja-Wort das Nichtgebundensein Gottes an Raum und Zeit und damit auch seine Nichtverfügbarkeit durch den Menschen zum Ausdruck: »Der Schöpfer, auf dessen Werk und Wille alles Seiende zurückgeht und der die ganze Welt zu seinem Tempel gemacht hat«[196], läßt sich nicht in seinem Woh-

[190] Vgl. dazu G. Schneider, Apg 468; Ders., Lk II 391 ff. (zu Lk 19,45–48).

[191] K. Kliesch, Credo 157 f.

[192] H. H. Wendt, Apg 149; A. Wikenhauser, Apg 87.

[193] Vgl. auch G. Schneider, Apg 467: Die Verse »bewerten den Salomonischen Tempel einschränkend«.

[194] A. Wikenhauser, Apg 87.

[195] AaO.

[196] J. Roloff, Apg 125.

nen und Wirken für immer an *einen* Ort binden; er »ist nicht *seßhaft*«[197], er wirkt überall und zu jeder Zeit – eine deutliche Anspielung auf die *Universalität* des göttlichen Heilshandelns in Jesus Christus, wie sie sich von jetzt an in der Heidenmission konkretisieren wird, zugleich aber auch eine ebenso deutliche Kritik an den jüdischen Adressaten dieser Rede: *Sie,* die dem Stephanus (und damit den Christen) Herabsetzung des Tempels und Blasphemie vorwerfen (Apg 6,11.13 f.), sie sind es in Wahrheit, die 1. den Tempel degradieren, indem sie ihn aus einer Stätte der lebendigen Begegnung mit Gott zu einem Objekt ihres eigenen Ruhms machen und zu einem Ort, an dem sie glauben, über Gott verfügen zu können, und die 2. Gott beleidigen, weil sie in ihrem Wahn, der Tempel sei für sie ein göttliches Privileg von ewigem Bestand, einerseits »die unfaßbare Größe Gottes« mißachten, »von dessen unendlicher Macht auch der *Tempel nur ein Sinnbild* ist«[198], andererseits sich einbilden, Gottes Willen schon durch eine äußerliche Gottesverehrung in Form eines Tempelkultes zu erfüllen, und dabei blind bleiben für das, was Gott tatsächlich von ihnen fordert.

V. 51–53 Damit ist nun der Übergang zum polemischen Schlußteil der Rede gegeben, in dem in deutlicher Anlehnung an »das in der deuteronomistischen Tradition verankerte Schema der Kritik an Israel«[199] das »aktuelle Fazit«[200] aus den gesamten Darlegungen im Blick auf die jüdischen Zuhörer gezogen wird. Der Redner geht hier zu einem direkten Angriff über, der ihn endgültig »von den jüdischen Gegnern distanziert«[201].

V. 51 Die (von Lukas selbst gebildete) *Scheltrede* beginnt mit einer generellen Kennzeichnung der Juden als »Halsstarrige« (vgl. in der LXX: Ex 33,3.5; 34,9; Dtn 9,6 u. a.) und »Unbeschnittene an Herzen und Ohren« (vgl. in der LXX: Jer 9,25; 6,10; Lev 26,41 u. a.), die sich stets dem Heiligen Geist widersetzen (vgl. dazu Jes 63,10 in Verbindung mit Num 27,14 LXX), d. h. als solche, deren »körperliche Beschneidung . . . nicht von einem willigen Gehorsam gegen Gott begleitet und darum wertlos«[202] ist (vgl. Röm 2,28 f.), eine Kennzeichnung, die ebenso auf die Juden der früheren Generationen – die der Redner hier

[197] K. Haacker, Apg 46.
[198] J. Kürzinger, Apg I 188.
[199] J. Roloff, Apg 125. Vgl. U. Wilckens, Missionsreden 214 ff.
[200] H. Conzelmann, Apg 56.
[201] G. Schneider, Apg I 468.
[202] A. Wikenhauser, Apg 90.

distanzierend »*eure* Väter« nennt (vgl. auch V. 52) – wie auf die gegenwärtige Generation zutrifft.

V. 52 Diese generelle Kennzeichnung sieht der Redner bestätigt in dem Vorgehen gegen die gottgesandten Propheten. Sie, die das Kommen des »Gerechten«[203], d. h. Jesu, vorherverkündeten (vgl. V. 37) – und zwar nicht nur mit Worten, sondern auch, insofern sie Prototypen des Messias waren –, wurden von den »Vätern« allesamt verfolgt (vgl. als Beispiele ihr Verhalten gegen Joseph und Mose) oder sogar getötet. Und wieder gilt die Anklage nicht nur den »Vätern«, sondern in weit höherem Maße den Juden der gegenwärtigen Generation. Sie stehen nicht nur »in Kontinuität mit dem Verhalten ihrer Väter«[204], deren Haß gegen die Propheten sich bereits »im Grunde gegen Jesus« richtete[205], sondern sie überbieten es noch, da sie die direkten »Verräter und Mörder« des »Gerechten« geworden sind.

V. 53 Darin aber »kulminiert« nach Ansicht des Redners »der Gesetzesbruch seit der Gabe des Gesetzes«[206], das sie von Engeln und damit von Gott empfangen haben. Mit dem »Gesetz« sind hier vor allem die »Worte des Lebens« (vgl. V. 38) gemeint, wie Gott sie einst durch Mose, jetzt aber endgültig durch Jesus gegeben hat (vgl. Apg 5,20). Daher ist ihre Ablehnung der Botschaft Jesu die schlimmste Form von Gesetzesbruch. So trifft die Juden selbst die Anschuldigung, die sie in Apg 6,13 f. gegen Stephanus richteten. Mit dieser scharfen Anklage endet die Verteidigungsrede des Stephanus, bei der es Lukas wesentlich um zwei Dinge ging: zum einen um den Nachweis der heilsgeschichtlichen Kontinuität zwischen Israel und der Kirche, zum anderen aber auch – wie die polemischen Teile zeigen – um »Distanzierung von dem Judentum, das sich dem Wirken des Heiligen Geistes widersetzt«[207].

II. Theologische Bedeutung der Rede

1. Wenn Lukas den Christen Stephanus in seiner Rede vor den jüdischen Zuhörern nicht nur an die Geschichte Gottes mit seinem Volk Israel erinnern, sondern diese bis in die christliche Gegenwart hinein verlängern und dabei zum einen – in positiver Hinsicht – die Kontinuität der Kirche mit Israel, zum anderen – in negativer Hinsicht – die Konti-

[203] Zu diesem messianischen Titel vgl. Apg 3,14; 22,14.
[204] U. Wilckens, Missionsreden 216.
[205] So G. Stählin, Apg 111.
[206] U. Wilckens, Missionsreden 216.
[207] A. Weiser, Apg I 188.

nuität der jetzigen Judengeneration mit ihren ungehorsamen Vätern herausstellen läßt (vgl. bes. V. 51 ff.), dann gibt er uns Heutigen damit die Anregung, unsererseits die Linie noch weiter auszuziehen und auch die weitere Geschichte der Kirche als Bestandteil der kontinuierlich (und auch nach bestimmten Gesetzmäßigkeiten) verlaufenden Heilsgeschichte zu begreifen. Folgt man nun dieser Anregung, wird man unschwer feststellen, daß die Geschichte der Kirche von ihren Anfängen bis heute eigentlich von der gleichen Spannung geprägt ist wie schon die Geschichte des alten Gottesvolkes von Abraham bis Jesus: auf der einen Seite ist sie eine Geschichte des Heils – und der Heiligen, auf der anderen Seite aber auch eine Geschichte der Sünde und des Versagens – eine Feststellung, aus der es für die Kirche insgesamt, aber auch für den einzelnen Christen in bezug auf seine eigene Existenz Lehren zu ziehen gilt.

2. Eine derartige »Verlängerung« auf die eigene christliche Existenz erscheint um so berechtigter, als schon in der Rede selbst die an sich einmaligen Vorgänge und Personen der Geschichte Israels allenthalben in ihrer Transparenz für Christus und die Kirche, d. h. in ihrer typologischen, aber damit doch eigentlich auch in ihrer allgemeingültigen Bedeutung gesehen werden. Unter diesem Aspekt betrachtet, lassen sich in jedem Redeabschnitt ganz bestimmte Lehren entdecken, die für Christen zu jeder Zeit Geltung beanspruchen können und daher je neu zu beachten sind.

Der *Abraham-Abschnitt (V. 2–8)* erinnert an die *Verpflichtung*, die Christen haben, wenn sie tatsächlich ihrem Anspruch gerecht werden wollen, das »Volk der Verheißung«, der »wahre Same Abrahams« zu sein (vgl. Röm 4,18; Gal 3,6 f. u. a.). Sie müssen dann nämlich – wie Abraham selbst – Gottes verheißendem Wort mit Glauben und Gehorsam begegnen und dabei – wie ihr geistiger Stammvater – bereit sein, immer wieder neu nach Gottes Willen aus Gewohntem »aufzubrechen« und den Weg ins Ungewisse zu gehen. So entspricht es nun einmal der irdischen Existenz des Christen, die von zwei Momenten gekennzeichnet ist: 1. von der *Heimatlosigkeit* – wie schon vom Samen Abrahams im Alten Bund, gilt auch von den Christen, daß sie »Fremdlinge auf Erden, heimatlose Pilger sind, die hier keine bleibende Stätte haben«[208], sondern unterwegs sind zur künftigen (vgl. Hebr 13,14; 1 Petr 2,11 u. a.) –, 2. von der *Hoffnung* auf die Erfüllung der Verheißungen Jesu, besonders auf die Heilsvollendung in der Auferweckung der Toten (vgl. Apg 26,6 ff.; 28,20) und auf das allgemeine Gericht (vgl. Apg 17,31),

[208] W. MUNDLE, Stephanusrede 140.

das auch über die Bedrücker und Verfolger Jesu und seiner Kirche ergehen wird (vgl. Mk 14,62; 2 Thess 2,12; Apk 20,11–15 u. a.). *Zeichen der Hoffnung* ist dabei die *Taufe,* die insofern in der jüdischen Beschneidung (V. 8) ihr »Vorbild« hat. Sie garantiert zugleich den Fortbestand des neuen, eschatologischen Gottesvolkes, indem sie diesem immer neue Kinder zuführt. Aber wie es ähnlich schon für die Beschneidung galt, trifft es auch auf die christliche Taufe zu: Sie ist nicht als »Privileg« oder als starrer »Besitz« aufzufassen, sondern als eine »Gabe« Gottes[209], die für den Menschen zu einer ständigen Aufgabe wird[210].

Der *Joseph-Abschnitt (V. 9–16),* in dem der Patriarch »als Typus des Frommen« erscheint, »der von der Welt gehaßt und verfolgt wird, sich aber Gottes wunderbaren Schutzes erfreuen darf und seinen Brüdern Böses mit Gutem vergilt«[211], kann Christen vor allem folgendes in Erinnerung rufen: 1. Auch die Kirche steht zu allen Zeiten unter dem Schutz Gottes; deshalb »kann auch die Bedrängnis die Kirche nicht auslöschen«[212]. 2. Überhaupt darf der Christ wissen, »daß in allen ausweglos erscheinenden Situationen der Geschichte wie des einzelnen Lebens *Gott allein* es ist, der die Wege so lenkt, daß sie zum Heile führen«[213], wobei er sich unter Umständen gerade auch menschlicher Schuld bedient, um seinen Heilsplan durchzuführen. 3. Dieses Wissen darum, daß Gott der Herr der Geschichte und des eigenen menschlichen Lebens ist, sollte einen Christen dazu führen, daß auch er – nach dem Vorbild Josephs (aber auch Jesu und des Stephanus: vgl. Apg 7,60) – »Böses mit Gutem vergilt« (Lk 6,27–38; Mt 5,43–48; Röm 12,21; 1 Petr 3,9) und dadurch seine Widersacher – zumal wenn es sich um die eigenen »Brüder« handelt – beschämt (vgl. 1 Petr 2,12; Röm 12,20).

Der *Mose-Abschnitt (V. 17–43)* bietet einem Christen besonders viele Anregungen zum Nachdenken. Auf weniges sei hingewiesen:

a) Das zu Beginn des Abschnitts dargebotene Bild des geknechteten Gottesvolkes in Ägypten (V. 17 ff.) läßt sich nicht nur als »ein Sinnbild für die Heilsnot der Menschheit beim Kommen Christi«[214], sondern auch für die Heilsnot der Menschen unserer Tage verstehen.

[209] Vgl. die entsprechende Bemerkung in V. 8a, daß Gott die Beschneidung »gab« (ἔδωκεν).

[210] Vgl. dazu Röm 6 u. a. neutestamentliche Taufparänesen.

[211] W. Mundle, Stephanusrede 142.

[212] J. Bihler, Stephanusgeschichte 51.

[213] J. Kürzinger, Apg I 176.

[214] J. Kürzinger, Apg I 178.

b) Die »Berufungsgeschichte« des Mose (V. 30–34) kann (wie auch schon die des Abraham in V. 2–4) als ein Paradigma für die kirchliche Berufung genommen werden. Auch wenn die Berufung heutzutage normalerweise nicht in Form einer Theophanie erfolgt, so hat sie doch mit den Berufungen des Alten (und des Neuen) Testaments zwei wesentliche Momente gemeinsam: 1. Die Initiative liegt bei Gott selbst. Der Mensch hat sich dementsprechend vor allem als ein Empfangender zu verstehen, der Gott an sich wirken läßt. Das schließt freilich nicht aus, sondern ein, daß Gott sich der menschlichen Fähigkeiten bedient; deren Förderung aber wird – wie im Fall des Mose (vgl. V. 22) – insbesondere durch eine gediegene Ausbildung »in aller Weisheit« erreicht.

c) Die Tatsache, daß sich der Christ Stephanus ausdrücklich zum Exodus Israels als dem grundlegenden Heilsereignis des Volkes Israel bekennt (V. 34.36), wird für den Christen Anlaß zur Frage, was er als das Grundlegende *seines* Credos ansieht. Nach urkirchlicher Überzeugung ist dieses Grundlegende das Bekenntnis zu dem »Gott, der ihn (d. h. Jesus Christus) von den Toten auferweckt hat« (Gal 1,1; Röm 4,24; 8,11; 10,9; 2 Kor 4,14; Eph 1,20 u. ö.), ein Bekenntnis, das auch in den Reden der Apostelgeschichte eine zentrale Stellung einnimmt (vgl. 2,24; 3,15; 4,10; 5,30; 10,40; 13,30). Die Auferweckung Jesu ist demnach die endgültige Heilstat Gottes, auf die der altbundliche Exodus hinwies, beruht doch auf ihr die Existenz des neuen Gottesvolkes, der Kirche! Um so mehr ist »zu bedauern, daß dieses Bekenntnis ›Gott ist der, der Jesus Christus von den Toten auferweckt hat‹ das Leben und die Geschichte der Kirche nicht so durchdrungen hat wie das Bekenntnis ›Gott ist der, der Israel aus Ägypten herausgeführt hat‹ das Leben und die Geschichte des alten Gottesvolkes«[215]. Jedenfalls wird »niemand . . . behaupten wollen, die heutige Kirche werde von diesem Bekenntnis geprägt, darin erfahre sie den Grund ihrer Existenz als des neuen Gottesvolkes im Gegenüber zur ›Welt‹, davon wisse sie ihre Geschichte bestimmt, und dadurch sehe sie ihre Zukunft eröffnet«[216]. Dies ist nicht zuletzt auch unter theologischem Aspekt zu bedauern, vermag doch gerade das Bekenntnis zu dem, der Jesus Christus von den Toten auferweckt hat, »eine entscheidende Antwort auf die viel diskutierte Frage« zu geben, »wie man heute von Gott sprechen könne«[217]. Die Antwort lautet: Von Gott läßt sich nicht anders sprechen als so, daß man ihn als den »Gott des Lebens« bekennt! Die Dornbuschgeschichte (vgl. V. 30–34) bestätigt dies, inso-

[215] H. ZIMMERMANN, Jesus Christus 195.
[216] AaO. 195 f.
[217] AaO. 196.

fern sich darin Gott selbst als der »Gott Abrahams, Isaaks und Jakobs« vorstellt[218].

d) Der »Mose-Hymnus« (V. 35–38), in dem »so ausführlich und ehrfürchtig von Mose gesprochen wird wie nirgends sonst im Neuen Testament«[219], gibt einem Christen Anlaß zu der Frage, wer *Jesus* für ihn ist, auf den Mose ja hinweist. Die Antwort auf diese Frage muß lauten: Jesus ist für einen Christen nicht lediglich der Sozialreformer, der politische Rebell oder Superstar, als den ihn heute viele hinstellen wollen, sondern er ist vielmehr – als der zweite Mose – der Führer, Retter und Richter aller Menschen (vgl. Apg 3,15; 5,30; 17,31)!

e) Wenn im gleichen Zusammenhang (V. 38) das durch Mose vermittelte Gesetz, die Tora, mit der Wendung »Worte des Lebens« bezeichnet und damit auf die durch Jesus und die Kirche verkündeten »Worte des Lebens« (vgl. Apg 5,20; auch 13,26) hingeordnet wird, dann ist dies eine Mahnung an den Christen, die Tora nicht gering zu achten. Immerhin kennzeichnet schon Jesus selbst die Tora in ihrer »lebenspendenden« Funktion, wenn er einen Mann, der ihn fragt, was er tun müsse, »um das ewige Leben zu erlangen«, ausdrücklich auf die Gebote der Tora hinweist (Mk 10,17–22 parr.). Auch Paulus weiß – trotz seiner scharfen Verurteilung der Tora als Weg zur Rechtfertigung des Menschen vor Gott –, daß das Gesetz als Äußerung des Willens Gottes »heilig« und jedes einzelne Gebot darin ebenfalls »heilig, gerecht und gut« ist (Röm 7,12). Er »weiß aber auch, daß der Mensch der Gnade Christi bedarf, um vom Gesetz Segen zu empfangen (Röm 8,2 ff.)«[220]

f) Die Erwähnung des sich im (kultischen) Abfall von Gott äußernden Ungehorsams der Wüstengeneration gegen Mose, der die Strafe Gottes nach sich zog (V. 39–43), ist als warnendes Beispiel auch an die Adresse der Christen zu verstehen. Der Vorgang von damals zeigt, was es für Folgen hat, wenn Menschen sich von Gott abwenden, seine Gebote übertreten, ihr Herz an »Götzen« hängen und statt auf Gott »auf irdische Dinge, auf Werke, die sie selber gemacht haben« vertrauen[221]. Die Folge ist zunächst, daß Gott sich seinerseits abwendet, und schließlich sein Gericht über die Gottlosen (vgl. Röm 1,18; Jud 25; 2 Petr 3,7 u. a.).

[218] Vgl. dazu das Streitgespräch über die Auferstehung der Toten Mk 12,18–27 parr., wo ausdrücklich aus der Selbstbezeugung Gottes als »Gott Abrahams, Isaaks und Jakobs« bei seiner Erscheinung vor Mose gefolgert wird, daß er ein »Gott der Lebenden« ist.

[219] K. Haacker, Apg 45.

[220] J. Kürzinger, Apg I 183.

[221] J. Bihler, Stephanusgeschichte 69.

Der *Abschnitt über den Tempelbau (V. 44–50)* warnt mit seinem Hinweis auf das die Begrenztheit alles Irdischen unterstreichende Jesaja-Wort (Jes 61,1 f.) vor jeder einseitigen »Veräußerlichung« der Gottesverehrung und fordert insofern auch Christen auf, die »Gefahr« nicht zu verkennen, »von der jede Gottesbeziehung bedroht ist, wenn der einzelne oder eine Gemeinschaft so ausschließlich in der Wertung äußerer Formen und Einrichtungen aufgeht, daß der Blick auf das alles umfassende und nie zu erfassende Mysterium Gottes verschlossen ist«[222].

Die *Scheltrede (V. 51–53)* mit ihrer Anklage gegen die Juden, die zwar äußerlich das Zeichen der Beschneidung tragen, aber halsstarrig und unbeschnitten an Herz und Ohren sind (V. 51), warnt schließlich die Christen vor bloßem Taufscheinchristentum und fordert sie zu einem Verhalten auf, das der Taufgnade entspricht. Ein solches kann nur darin gesehen werden, daß der Christ Herz und Ohren für das Wirken des Heiligen Geistes öffnet (vgl. V. 51b) und das als Gottesgabe empfangene Gesetz – das »Gesetz Christi«, das sich im Liebesgebot zusammenfassen läßt – erfüllt[223].

[222] J. Kürzinger, Apg I 189.

[223] Vgl. Mk 12,28–34 parr.; Gal 6,2 u. a. Stellen.

Literatur

BALZ, H., Art. τέσσαρες κτλ., in: ThWNT VIII, 127–139.

BAUERNFEIND, O., Die Apostelgeschichte, in: DERS., Kommentar und Studien zur Apostelgeschichte, hrsg. v. V. METELMANN (WUNT 22), Tübingen 1980, 1–282 (= Korrigierter Nachdruck seines als Bd. 5 des ThHK, Leipzig 1939, erschienenen Kommentars).

BEYER, H. W., Die Apostelgeschichte (NTD 5), Göttingen [9]1959.

BIHLER, J., Die Stephanusgeschichte im Zusammenhang der Apostelgeschichte (MThS.H 16), München 1963.

BILLERBECK, P. (– STRACK, H. L.), Kommentar zum Neuen Testament aus Talmud und Midrasch II, München [7]1978.

CONZELMANN, H., Die Apostelgeschichte (HNT 7), Tübingen [2]1972.

DELLING, G., Israels Geschichte und Jesusgeschehen nach Acta, in: H. BALTENSWEILER – B. REICKE (Hrsg.), Neues Testament und Geschichte (Festschrift für O. Cullmann), Tübingen 1972, 187–197.

DIBELIUS, M., Die Reden der Apostelgeschichte und die antike Geschichtsschreibung, in: DERS., Aufsätze zur Apostelgeschichte, hrsg. v. H. GREEVEN (FRLANT 60), Göttingen [3]1957, 120–162.

ERNST, J., Das Evangelium nach Lukas (RNT NF), Regensburg 1977.

GROSS, H., Art. »Moloch«, in: LThK[2] VII, 531.

HAACKER, K. u. a., Wege des Wortes: Apostelgeschichte (Bibelauslegung für die Praxis 20), Stuttgart 1984.

HAENCHEN, E., Die Apostelgeschichte (KEK III [16]), Göttingen [7]1977.

HAHN, F., Christologische Hoheitstitel. Ihre Geschichte im frühen Christentum (FRLANT 83), Göttingen [3]1966.

HOLTZ, T., Untersuchungen über die alttestamentlichen Zitate bei Lukas (TU 104), Berlin 1968.

KITTEL, G., Art. ἀκούω κτλ., in: ThWNT I 216–226.

KLIESCH, K., Das heilsgeschichtliche Credo in den Reden der Apostelgeschichte (BBB 44), Köln-Bonn 1975.

KORNFELD, W., Art. »Moloch«, in: BL[2] 1163 f.

KÜRZINGER, J., Die Apostelgeschichte I (Geistliche Schriftlesung 5/1), Düsseldorf 1966.

MICHEL, O,. Der Brief an die Hebräer (KEK III[13]), Göttingen [7]1975.

MUNDLE, W., Die Stephanusrede Apg 7: eine Märtyrerapologie, in: ZNW 20 (1921) 133–147.

MUSSNER, F., Apostelgeschichte (neue EB 5), Würzburg 1984.

NÖTSCHER, F., Zwölfprophetenbuch oder Kleine Propheten, in: Das Alte Testament III (EB), Würzburg 1958, 665–851.

PESCH, R., Die Vision des Stephanus. Apg 7,55–56 im Rahmen der Apostelgeschichte (SBS 12), Stuttgart 1966.

ROLOFF, J., Die Apostelgeschichte (NTD 5[17]), Göttingen 1981.

SCHMITHALS, W., Die Apostelgeschichte des Lukas (ZBK NT 3,2), Zürich 1982.

SCHNEIDER, G., Das Evangelium nach Lukas II (ÖTK 3/2), Gütersloh-Würzburg 1977.
– Die Apostelgeschichte I (HThK V/1), Freiburg-Basel-Wien 1980.
SCHRENK, G. – QUELL, G., Art. πατήρ κτλ., in: ThWNT V, 946–1024.
SCHÜRMANN, H., Das Lukasevangelium I (HThK III/1), Freiburg-Basel-Wien ²1981.
STÄHLIN, G., Die Apostelgeschichte (NTD 5¹⁶), Göttingen ⁷1980.
STECK, O. H., Israel und das gewaltsame Geschick der Propheten (WMANT 23), Neukirchen 1967.
STEMBERGER, G., Die Stephanusrede (Apg 7) und die jüdische Tradition, in: A. FUCHS (Hrsg.), Jesus in der Verkündigung der Kirche (SNTU Serie A/1), Linz 1976, 154–174.
STORCH, R., Die Stephanusrede Ag 7,2–53, (Diss.) Göttingen 1967.
SURKAU, H. W., Martyrien in jüdischer und frühchristlicher Zeit (FRLANT 54), Göttingen 1938.
THYEN, H., Der Stil der jüdisch-hellenistischen Homilie (FRLANT 65), Göttingen 1955.
WANKE, J., Die Emmauserzählung (EThSt 31), Leipzig 1973.
WEISER, A., Die Apostelgeschichte I (ÖTK 5/1), Gütersloh-Würzburg 1981.
WENDT, H. H., Die Apostelgeschichte (KEK III⁹), Göttingen ⁵1913.
WIATER, W., Komposition als Mittel der Interpretation im lukanischen Doppelwerk, (Diss.) Bonn 1972.
WIKENHAUSER, A., Die Apostelgeschichte (RNT 5), Regensburg ⁴1961.
WILCKENS, U., Die Missionsreden der Apostelgeschichte. Form- und traditionsgeschichtliche Untersuchungen (WMANT 5), Neukirchen ³1974.
ZIMMERMANN, H., Jesus Christus – Geschichte und Verkündigung, Stuttgart ²1975.
ZINGG, P., Das Wachsen der Kirche. Beiträge zur Frage der lukanischen Redaktion und Theologie (Orbis biblicus et orientalis 3), Freiburg/Schweiz-Göttingen 1974.
ZMIJEWSKI, J., Art. πλῆθος, in: EWNT III, 245–249.
– Art. πληθύνω, in: EWNT III, 249–252.

Beobachtungen zur Struktur des Philemonbriefes*

Die Sprachwissenschaft, die in den letzten Jahren einen ungeheuren Aufschwung genommen hat, darf das Verdienst für sich in Anspruch nehmen, die Aufmerksamkeit des Exegeten erneut und verstärkt auf die sprachlich-formale Seite biblischer Texte gelenkt zu haben[1]. Die Untersuchung von Sprache, Stil und Struktur solcher Texte geschieht dabei in der sicher nicht ganz unberechtigten Erwartung, mit ihrer Hilfe einen neuen Zugang zum Textverständnis zu gewinnen. Es muß freilich betont werden, daß die bisherigen exegetischen Methoden und ihre Ergebnisse keinesfalls als überflüssig abgetan werden können; vielmehr müssen die sprachlichen Untersuchungen in rechter Weise in diese integriert werden, um so ihren (ergänzenden) Beitrag zur Exegese der alt- und neutestamentlichen Texte leisten zu können[2].

Im Folgenden soll – allerdings unter weitgehender Vermeidung linguistischer Terminologie – der Versuch unternommen werden, eine Analyse der sprachlich-strukturalen Seite des Philemonbriefes durchzuführen, um am konkreten Beispiel die tatsächliche Ergiebigkeit derartiger Untersuchungen für die Exegese neutestamentlicher Texte aufzuzeigen.

Der Philemonbrief ist als Beispiel für einen solchen Versuch besonders gut geeignet, weil hier eine kleine und überschaubare Texteinheit vorliegt – der ganze Brief umfaßt nur 25 Verse. Zudem ist eine Strukturanalyse dieses Briefes vor allem deshalb ergiebig, weil mit ihrer Hilfe einige umstrittene Fragen, die mit Entstehung, Ziel und Bewertung des Philemonbriefes zusammenhängen, eindeutig zu beantworten sind. Solche Fragen sind z. B.: An wen richtet sich der Brief? Handelt es sich bei ihm – wie zuweilen gesagt worden ist – lediglich um ein »Privatschreiben«[3], oder hat dieser Brief genau wie die anderen Paulusbriefe amt-

* Erstmals veröffentlicht in: bibel und leben 15 (1974) 273–296.

[1] Dies ist schon deshalb positiv, weil es »eine heilsame Antithese gegen die Neigung vieler Exegeten bedeutet, über formale Eigenheiten der Texte hinwegzusehen, um vorschnell bei einem theologisch genehmen ›Inhalt‹ zu landen« (K. Koch, Formgeschichte 332).

[2] Vgl. dazu Näheres in meiner Habilitationsschrift: Der Stil der paulinischen »Narrenrede« 433–441.

[3] So charakterisieren den Philemonbrief u. a. P. Ewald, Eph, Kol, Phlm 270; J. Müller-Bardorff, RGG³ V 331 f.; W. Kümmel, Einleitung 307.

lichen, apostolischen Charakter[4]? Und worum geht es in diesem Brief? Geht es um die Lösung der Sklavenfrage bzw. zumindest um die Stellungnahme des Apostels Paulus zu einem konkreten Sklavenfall[5], oder reicht die (theologische) Bedeutung dieses Briefes tiefer? Kann man ihn vielleicht sogar – wie alle anderen Briefe des Apostels – als ein Zeugnis seiner besonderen Christusverkündigung verstehen[6]?

1. Einführende Bemerkungen

1.1 Dem Anliegen, die Ergiebigkeit strukturaler Untersuchungen am konkreten Beispiel aufzuzeigen und gleichzeitig die oben erwähnten umstrittenen Fragen hinsichtlich des Philemonbriefes mit Hilfe einer solchen Untersuchung zu beantworten, ist durchaus schon dann hinreichend Genüge getan, wenn man sich auf die markanteste Texteinheit, also auf das eigentliche Briefkorpus (V. 8–20), beschränkt. Eine solche Beschränkung darf um so eher gestattet sein, als im Verlauf der Darlegungen ohnehin die Beziehungen des Korpus zum Kontext, vor allem zum Präskript (V. 1–3) und zur Danksagung (V. 4–7) in sprachlicher Hinsicht ausführlich behandelt werden müssen, so daß von daher auch

[4] So u. a. U. Wickert, Philemonbrief 230–238; E. Lohse, Kol, Phlm 264; Vgl. auch H. Zimmermann, Jesus Christus 31 f.

[5] Mag auch die Ansicht Lohses zutreffen, daß heute kein Exeget mehr die Auffassung vertritt, es gehe im Philemonbrief um eine ausgesprochene »Regelung der Sklavenfrage« (E. Lohse, Kol, Phlm 265), so läßt sich gleichwohl bis heute die Tendenz beobachten, den inhaltlichen Schwerpunkt des Briefes allzustark in der Stellungnahme des Apostels zum konkreten Sklavenfall zu sehen. Vgl. z. B. W. G. Kümmel, Einleitung 308: »Für das 1 Kor 7,20 ff; Kol 3,22 ff ausgesprochene Urteil des Apostels über die Sklavenfrage ist Phlm die Probe auf das Exempel«; J. Reuss, Paulusbriefe 47: Der Brief gibt uns »einen sehr guten Einblick in die Behandlung der überaus schwierigen Sklavenfrage in einer urchristlichen Gemeinde«; J. Lähnemann – G. Böhm, Phlm 29: »Im Verlauf der Missionstätigkeit des Paulus scheint sich das Problem eines entlaufenen Sklaven ganz neu gestellt zu haben. Man wird deshalb die Empfehlungen des Apostels als ersten aktuellen Versuch, nicht als abschließend und auf dauernden Gebrauch zielend zu verstehen haben.«

[6] Es dürfte klar sein, daß gerade von der Beantwortung dieser Fragen entscheidend abhängt, ob der Philemonbrief auch uns heute noch – trotz unserer anderen Situation – etwas zu sagen hat.

die übrigen Teile des Briefes sprachlich-strukturell deutlich gekennzeichnet werden[7].

1.2 Jede Strukturanalyse baut auf einer syntaktisch-stilistischen Analyse des Textes auf[8]. Wendet sich diese mehr der Feststellung der Einzelelemente auf der Wort- und Satzebene zu, so nimmt die Strukturanalyse den Text als ganzen in den Blick und versucht, die Zusammenordnung und den Stellenwert der Elemente im Rahmen des Textes zu erheben. Auch in der vorliegenden Analyse ist es deshalb unumgänglich, daß auf sprachliche Einzelbeobachtungen wenigstens insoweit eingegangen werden muß, als diese für die Kennzeichnung der Textstruktur relevant erscheinen.

1.3 Man unterscheidet bei der Strukturanalyse grundsätzlich zwei Schritte: einmal die Analyse der äußeren, zum anderen die Analyse der inneren Struktur eines Textes.

Bei der *äußeren* Struktur geht es vor allem darum, die in der syntaktischen Analyse erhobenen Bezüge von Wortgruppen, Sätzen und Satzreihen so zusammenzuordnen, daß eine (eventuell vorhandene) genauere Gliederung des Gesamttextes in Abschnitte und Unterabschnitte erkennbar wird[9].

Bei der *inneren* Struktur geht es darum, die Funktion und Bedeutung der einzelnen Glieder des Textes (auf Wort- und Satzebene) und ihre Anordnung so zu kennzeichnen, daß der Gedankenverlauf und das Ziel der Texteinheit deutlich werden.

Da jedoch – wie unschwer einzusehen ist – innere und äußere Struktur eines Textes nur zwei Aspekte (Schichten)[10] ein und desselben Sachverhaltes darstellen, also aufs engste zusammenhängen, empfiehlt es

[7] Der Philemonbrief weist das übliche paulinische Briefschema auf: Präskript (1–3) – Danksagung und Bitte (4–7) – Briefkorpus (8–20) – Abschluß/Postskript (21–25). Zur Gliederung des Gesamtbriefes vgl. bes. die Ausführungen bei E. Lohmeyer, Phil, Kol, Phlm 174.

[8] Vgl. dazu G. Wanke, Analyse 66–71; 77–79.

[9] G. Wanke, aaO. 77 schlägt vor, die (äußere) Struktur eines Textes mit Hilfe eines graphischen Schaubildes (etwa einer Tabelle) übersichtlich darzustellen. Darauf soll indes bei der vorliegenden Untersuchung verzichtet werden, einmal, um die Gefahr einer allzu starken Formalisierung zu vermeiden; zum anderen deshalb, weil man sich zuvor darauf verständigen müßte, welche Gesichtspunkte bei einer solchen Übersicht als relevant aufzuführen sind.

[10] Näherhin steht bei der äußeren Struktur der Aspekt des »Ausdrucks«, bei der inneren Struktur der Aspekt der »Bedeutung« im Vordergrund.

sich im Folgenden, die beiden Schritte der Strukturanalyse nicht gesondert nacheinander, sondern nebeneinander durchzuführen.

1.4 Näherhin soll bei der sich anschließenden Analyse folgender Weg eingeschlagen werden:

Zunächst sollen überblickartig sowohl die besonderen strukturbildenden Elemente als auch die anderen sich durch den Text durchziehenden und ihn prägenden Sprachgegebenheiten aufgezählt werden, die deutlich machen, daß der vorliegende Textabschnitt 8–20 tatsächlich eine strukturell und inhaltlich vom Kontext trotz aller Verbindungen abzuhebende, geschlossene *Einheit* darstellt.

Sodann soll die *äußere und innere Struktur* der Einheit genauer analysiert und bewertet werden, d. h. es soll eine äußere Gliederung des Textes auf der Grundlage der durch die sprachlich-stilistische Analyse zu gewinnenden Erkenntnisse versucht werden, gleichzeitig aber soll immer auch – und zwar Abschnitt für Abschnitt – die Funktion bzw. Bedeutung der besonderen Art der Anordnung der sprachlichen Ausdrucksformen im Text, also die innere Struktur des jeweiligen Abschnitts, aufgezeigt werden.

Schließlich werden die Ergebnisse der Einzelanalyse unter den Aspekten zusammengestellt, die den *Gedankengang* und das *Ziel* der ganzen Einheit besonders verdeutlichen können.

2. *Die Strukturanalyse des Briefkorpus (8–20)*[11]

2.1 Beobachtungen zur Einheit des Abschnitts

Der Abschnitt 8–20 stellt sprachlich-strukturell eine in sich geschlossene, kunstvolle Einheit dar, die sich vom umgebenden Kontext (Präskript, Einleitung / Abschluß, Postskript) abheben läßt. Einige Beobachtungen, die entweder die Wort- oder Satzebene oder beide betreffen, seien dazu überblickartig aufgezeigt.

2.1.1 Es gibt im Bereich der *Wortebene* Formulierungen, die eine *rahmende* oder *klammerbildende* Funktion besitzen.

[11] Wertvolle Hinweise zur Erfassung der Struktur des Briefkorpus bietet vor allem E. Lohmeyer, aaO. 181–183; ferner E. Lohse, aaO. 269, bes. Anm. 5, wo diejenigen Wörter und Wendungen der Danksagung genannt sind, die im folgenden Korpus wiederkehren. Vgl. auch J. Lähnemann – G. Böhm, aaO. 23.

a) Sowohl unmittelbar vor dem Briefkorpus, näherhin in V. 7b, als auch an seinem Ende, in V. 20b, steht die auffallende Wendung ἀναπαύειν τὰ σπλάγχνα[12]. Der Hauptunterschied ist dabei, daß die Wendung in V. 7b im Rahmen einer allgemeinen begründenden Feststellung (vgl. die Perfektform des Verbs) enthalten ist (ὅτι τὰ σπλάγχνα τῶν ἁγίων ἀναπέπαυται διὰ σοῦ, ἀδελφέ), in V. 20b dagegen als konkrete Aufforderung formuliert ist (ἀνάπαυσόν μου τὰ σπλάγχνα . . .). In beiden Fällen bezieht sich die Wendung allerdings auf die gleiche Person: auf Philemon. Ohne Zweifel hat die Formulierung rahmende Funktion; sie gibt dem Abschnitt 8–20 Geschlossenheit. Übrigens begegnet das Substantiv τὰ σπλάγχνα auch noch in V. 12b, und zwar wieder an einer Stelle, wo seine besondere strukturbildende Funktion deutlich in Erscheinung tritt: Mit V. 12b schließt nämlich – wie noch durch andere Belege erwiesen werden soll – der erste Teilabschnitt innerhalb der Einheit. Die Formulierung αὐτόν, τοῦτ' ἔστιν τὰ ἐμὰ σπλάγχνα in V. 12b bildet (zusammen mit dem relativischen Anschluß ὅν in V. 13a) eine Art Klammer, die den ersten und zweiten Teilabschnitt miteinander verbindet.

b) Eine rahmende Funktion besitzt auch die Anrede des Philemon mit ἀδελφέ. Diese Anrede steht nicht nur als allerletztes Wort unmittelbar vor dem Briefkorpus in V. 7b, sondern auch im Schlußsatz des Korpus in V. 20a. Daß das Substantiv ἀδελφός noch einmal, und zwar auf dem Höhepunkt der Darlegungen (in V. 16) verwendet wird – mit ἀδελφὸν ἀγαπητόν ist hier konkret der Sklave und Christ Onesimus bezeichnet –, dürfte nicht von ungefähr kommen. Der Terminus »Bruder« wird damit zu einem wichtigen Leitwort des Textes und seines Verstehenshorizonts[13].

c) Ebenfalls dürfte es nicht zufällig sein, daß im Zusammenhang mit der Formulierung in V. 16 vom »geliebten« Bruder, vom ἀδελφὸς ἀγαπητός, die Rede ist. Das Adjektiv ἀγαπητός nimmt das Substantiv ἡ ἀγάπη auf, das bereits im ersten Satz des Briefkorpus (V. 9) steht. »Um der Liebe willen« bittet Paulus den Philemon (V. 9); das »Objekt« dieser Bitte aber ist der »geliebte Bruder« Onesimus (V. 16). Auch die

[12] Nach M. Dibelius – H. Greeven, Kol, Eph, Phlm 104 entspricht der Ausdruck dem »orientalisierend-pathetischen Stil« und erklärt sich aus der »unbewußten« Anlehnung des Apostels an die LXX.

[13] Vgl. dazu auch das Präskript (V. 1), wo der Mitabsender Timotheus ebenfalls ἀδελφός genannt wird.

Termini »Liebe«, »Geliebter« sind Leitwörter, die den vorliegenden Text prägen[14].

d) Eine letzte Formulierung sei erwähnt, die, weil sie sowohl am Anfang wie am Ende des Briefkorpus zu finden ist, ebenfalls rahmende Funktion besitzt, nämlich die Formel ἐν Χριστῷ (V. 8 bzw. V. 20b). Doch soll dazu später noch einiges mehr gesagt werden[15].

2.1.2 Alle bisher genannten Formulierungen besitzen freilich nicht nur die Funktion, das Korpus des Briefes selbst zu rahmen bzw. als Leitwörter einzelne Teile des Korpus miteinander in Beziehung zu setzen, sondern dienen auch dazu, eine *Verbindung zum Kontext,* namentlich zur Einleitung des Briefes (4–7) herzustellen, und zwar dergestalt, daß sich der Abschnitt 8–20 nun als eine nähere Ausführung des dort Gesagten und damit in der Tat als Korpus des Briefes erweist.

a) Von den bisher genannten Formulierungen trifft dies vor allem auf den Terminus ἡ ἀγάπη zu. Wenn Paulus zu Beginn des Korpus in V. 9a seine Bitte an Philemon διὰ τὴν ἀγάπην[16] richtet, so weist dies deutlich zurück auf die Einleitung, wo bereits zweimal, näherhin in V. 5a (ἀκούων σου τὴν ἀγάπην . . .) und in V. 7a (ἐπὶ τῇ ἀγάπῃ σου), von der Liebe des Philemon die Rede war. Diente dort der Terminus zur *grundsätzlichen* Kennzeichnung seines Verhaltens inerhalb seiner Gemeinde, so wird nun, in V. 9a, damit das Motiv der paulinischen Bitte in der *konkreten* Angelegenheit, in der er sich an Philemon wendet, genannt.

b) Unmittelbar nach dem Höhepunkt des Korpus, nämlich in V. 17a, fordert Paulus den Philemon auf, Onesimus aufzunehmen, mit den Worten: εἰ οὖν με ἔχεις κοινωνόν, προσλαβοῦ αὐτὸν ὡς ἐμέ. Das Substantiv κοινωνός im Bedingungssatz weist zurück auf V. 6a, wo von der κοινωνία (τῆς πίστεώς σου) gesprochen wurde. Wiederum läßt sich

[14] Es kommt nicht von ungefähr, daß Philemon selbst schon im Präskript (V. 1) als ἀγαπητὸς καὶ συνεργός bezeichnet wird. Durch das Beiwort συνεργός wird er in die Reihe der in V. 23 f. genannten Mitarbeiter eingeordnet, durch die Bezeichnung ἀγαπητός aber wird er als der Hauptadressat des Briefes (in dem ja die Termini »Liebe« und »Geliebter« eine so große Rolle spielen) erwiesen. Dies ist wohl das stärkste Argument gegen die These, nicht Philemon, sondern Archippus sei Herr des Onesimus und damit auch Hauptadressat des Briefes (so J. KNOX, Philemon 56, bes. 69). Vgl. zur Kritik u. a. E. LOHSE, Kol, Phlm 262; J. LÄHNEMANN – G. BÖHM, Phlm 23 Anm. 62.

[15] Siehe die Ausführungen unter 2.1.2e).

[16] M. DIBELIUS – H. GREEVEN, Kol, Eph, Phlm 104 übersetzen διά zutreffend mit »im Vertrauen auf . . .«.

sagen: Was dort im ὅπως-Satz mehr allgemein als Inhalt paulinischen Gebetes für Philemon angegeben wird[17], erscheint in V. 17 als die entscheidende Bedingung für die von Paulus an Philemon hinsichtlich des konkreten Falles gerichtete Aufforderung.

c) Ähnlich steht es mit dem Begriff τὸ ἀγαθόν. Im Briefkorpus begegnet das Wort in V. 14b innerhalb eines finalen ἵνα-Satzes: ἵνα μὴ ὡς κατὰ ἀνάγκην τὸ ἀγαθόν σου ᾖ ἀλλὰ κατὰ ἑκούσιον. Wieder wird eine Formulierung von V. 6 aufgenommen, wo innerhalb des vorhin bereits angesprochenen ὅπως-Satzes von der ἐπίγνωσις παντὸς ἀγαθοῦ die Rede ist. Und wieder gilt: Was in V. 6 im allgemeinen und umfassenden Sinn gemeint ist[18], wird im Korpus wieder auf das konkrete Anliegen bezogen. Zu beachten ist dabei, daß der Terminus ἐπίγνωσις aus V. 6 durch die Formulierung χωρὶς δὲ τῆς σῆς γνώμης in V. 14a offensichtlich bewußt aufgenommen wird, auch wenn die Bedeutung der beiden Substantive nicht identisch ist[19].

d) Eine weitere, die Verbindung zum voranstehenden Kontext herstellende Vokabel ist das Verb παρακαλῶ, das zweimal im ersten Satz des Briefkorpus, in V. 9a und V. 10a, vorkommt. Es weist zurück auf die Formulierung in V. 7a, wo Paulus von sich selbst im Blick auf die Vergangenheit sagt: χαρὰν γὰρ πολλὴν ἔσχον καὶ παράκλησιν ἐπὶ τῇ ἀγάπῃ σου. Bedeutsam ist dabei, daß in V. 7a von einer παράκλησις die Rede ist, die Paulus ob der ἀγάπη des Philemon bislang empfangen hat, während im Briefkorpus umgekehrt Philemon als der Empfänger einer paulinischen »Paraklesis« erscheint, womit konkret die Bitte für Onesimus gemeint ist.

e) Es wurde bereits auf die »rahmende« Funktion der Formel ἐν Χριστῷ zu Beginn und zum Abschluß des Korpus hingewiesen. Die ähnliche Formel ἐν κυρίῳ begegnet ebenfalls an zwei Stellen, in V. 16b und V. 20a. Es fällt nun auf, daß solche formelhaften Wendungen auch in der Einleitung begegnen, allerdings sind sie dort nicht mit Dativ-, sondern mit Akkusativpräpositionen gebildet. So steht in V. 5b die Formel πρὸς τὸν κύριον Ἰησοῦν, in V. 6b die Formel εἰς Χριστόν. Wird

[17] Da Paulus auch sonst mit der Danksagung die (daraus resultierende) Fürbitte verbindet, darf man im ὅπως-Satz V. 6 in der Tat den *Inhalt* der Fürbitte sehen. Als Bezugswort wäre dann vielleicht ein (aus τῶν προσευχῶν in V. 4 herauszuhörendes) προσεύχομαι zu ergänzen. Vgl. dazu M. Dibelius – H. Greeven, aaO. 103; J. Reuss, Paulus-Briefe 48 u. a.

[18] Auf diesen Sinn macht besonders das verallgemeinernde παντός aufmerksam.

[19] Bei ἡ γνώμη ist nicht an die Erkenntnis, sondern an die Kenntnis (im Sinne des konkreten Einverständnisses) gedacht. Vgl. M. Dibelius – H. Greeven, aaO. 106.

durch die Formeln in der Einleitung betont, daß die πίστις bzw. die κοινωνία τῆς πίστεως »auf Christus hin« gerichtet ist[20], so wird nun, wo es um ein konkretes Problem zwischen Christen geht, durch die ἐν-Formeln die existentielle Grundlage genannt, die sie verbindet und aus der heraus sie auch diesen konkreten Fall zu lösen haben: ihr gemeinsames »Sein in Christus«.

f) Als weiteres Element, das die Einleitung mit dem Briefkorpus verbindet, ist das Partizip ἔχων in V. 8 zu nennen, das das ἔχεις von V. 5b bzw. das ἔσχον von V. 7a aufnimmt und in den Verbformen κατέχειν (V. 13a), ἀπέχῃς (V. 15b) und ἔχεις (V. 17a) fortgesetzt wird.

Zusammenfassend ist zu sagen: Die bisherigen Beobachtungen, die sicher nicht vollständig sind, haben deutlich gezeigt, daß nahezu alle wichtigen Elemente, die in der Einleitung vorkommen, im Briefkorpus selbst – meist in variierender Form – erneut begegnen, und hier fast durchweg auf die Briefsituation hin konkretisiert. Der Text 8–20 erweist sich damit in der Tat als ein geschlossenes Ganzes, näherhin als ausführender Teil des Briefes, als Briefkorpus.

2.1.3 Nach der Aufzählung der Elemente, die eine rahmende, klammerbildende oder rückweisende Funktion besitzen, sollen nun diejenigen beschrieben werden, die *innerhalb* des Textes eine wichtige Rolle spielen, sei es, daß sie den Text des Korpus genauer gliedern, sei es, daß sie durch öfteres Vorkommen die Texteinheit entscheidend prägen und damit wichtige Hinweise auf Gedankenführung und Ziel des Textes geben[21].

a) Zunächst fällt auf, daß der Name »Paulus« zweimal betont genannt wird, nämlich sowohl innerhalb des ersten Teilabschnitts (V. 9b) als auch innerhalb des Schlußteils (V. 19a). Viermal findet sich im Text auch ein betontes ἐγώ: V. 13a; V. 19a (zweimal) und V. 20a. Mindestens an zwei Stellen, in V. 13a und V. 20a, wird durch ἐγώ jeweils ein neuer Einsatz markiert. Das Pronomen ist also relevant für die Gliederung des Textes.

b) Mehrfach findet sich im Text eine Reihe von Wörtern gleichen Stammes. Zu nennen sind:

[20] Die Formel εἰς Χριστόν in V. 6b läßt sich dabei gut als Zielangabe der gesamten Bitte von V. 6 verstehen.

[21] Sofern diese Funktion auch den bereits in anderem Zusammenhang besprochenen Wörtern und Wendungen zukommt, werden diese selbstverständlich noch einmal aufgeführt.

1. Die Verbformen ἔχων (V. 8a) – κατέχειν (V. 13a) – ἀπέχῃς (V. 15b) – ἔχεις (V. 17a). Interessant ist dabei die jeweilige Zuordnung der Subjekte und Objekte: In V. 8a sagt Paulus von sich, er habe »volles Recht in Christus«, um dem Philemon das Pflichtmäßige zu befehlen. In V. 13a sagt Paulus wieder über sich selbst, daß er den Onesimus (ὅν) gern bei sich behalten wollte. In V. 15b dagegen ist es Philemon, der den Onesimus (αὐτόν) für immer behalten soll. In V. 17a wird schließlich die bestehende Gemeinschaft zwischen Philemon und Paulus (με!) beschworen. Schon dies ist ein Hinweis darauf, daß in den jeweiligen Teilabschnitten des Korpus das Verhältnis der Personen zueinander eine entscheidende Rolle spielt.

2. Die Verbformen ὀφείλει (V. 18a) – προσοφείλεις (V. 19b). Es fällt nicht nur auf, daß diese beiden Verbformen in zwei nebeneinander stehenden Sätzen vorkommen, sondern zu beachten ist wiederum auch die Zuordnung der jeweiligen Subjekte und Objekte. In V. 18a wird gesagt: Onesimus schuldet dem Philemon etwas (τι ist *sachliches* Objekt); in V. 19b wird gesagt: Philemon schuldet sich selbst dem Paulus (σεαυτόν ist *persönliches* Objekt)[22].

3. Die Formulierungen δέσμιος Χριστοῦ Ἰησοῦ (V. 9b) – ἐν τοῖς δεσμοῖς (V. 10b bzw. V. 13b)[23]. Hier ist zu bemerken, daß diese Formulierungen nur in der ersten Hälfte des Briefkorpus vorkommen, wo es vor allem um die Beschreibung der Personen (des Paulus und des Onesimus) und ihrer Beziehung zueinander geht.

4. Hierher gehört auch das Wortspiel ἄχρηστον – εὔχρηστον in V. 11, das aber, weil damit eine Antithese markiert wird, an anderer Stelle behandelt werden soll.

[22] Diese für die Argumentationsweise des Apostels höchst relevante Zuordnung von sachlichem und personalem Aspekt ist im Briefkorpus mehrfach zu beobachten.

[23] Da die Formulierungen im Briefkorpus eine so entscheidende Rolle spielen, kommt es sicher nicht von ungefähr, daß Paulus sich schon im Präskript nicht wie üblich als ἀπόστολος oder δοῦλος sondern als δέσμιος Χριστοῦ Ἰησοῦ vorstellt. Allerdings darf man aus dem Fehlen des Apostelstitels keineswegs schließen, der Philemonbrief besitze keinen »amtlichen« bzw. »apostolischen« Charakter und sei lediglich »Privatbrief«. Wie sollte sich sonst etwa die Einführung eines Mitabsenders und der Hinweis auf die (neben den Einzelpersonen als Adressat erscheinende) ἐκκλησία erklären?

5. Schließlich sei noch erwähnt, daß die Optativform ὀναίμην in V. 20a wohl eine Anspielung auf den in V. 10b erwähnten Namen »Onesimus« zu sein scheint[24].

c) Es ist festzustellen, daß bestimmte grammatisch selbständige Morpheme entweder ausschließlich oder doch vorzugsweise im Briefkorpus Verwendung finden.

1. Unter den Präpositionen wird die Präposition ἐν besonders bevorzugt. Sie kommt an folgenden sechs Stellen vor: V. 8a: ἐν Χριστῷ; V. 10b: ἐν τοῖς δεσμοῖς; V. 13b: ἐν τοῖς δεσμοῖς; V. 16b zweimal: καὶ ἐν σαρκὶ καὶ ἐν κυρίῳ; V. 20a: ἐν κυρίῳ; V. 20b: ἐν Χριστῷ[25]. Die Präposition κατά begegnet zweimal in V. 14b, und zwar im Rahmen eines Gegensatzes: μὴ ὡς κατὰ ἀνάγκην . . . ἀλλὰ κατὰ ἑκούσιον. Zweimal wird auch die Präposition ὑπέρ verwendet, einmal (in V. 13a) mit Genitiv: ὑπὲρ σοῦ, einmal (in V. 16a) mit Akkusativ: ὑπὲρ δοῦλον[26] (vgl. auch V. 21b).

2. Auffallend häufig wird die Partikel ὡς verwendet, nämlich V. 9b: ὡς Παῦλος[27]; V. 14b: ὡς κατὰ ἀνάγκην; V. 16a: οὐκέτι ὡς δοῦλον; V. 17b: αὐτὸν ὡς ἐμέ.

3. Bedeutsam ist auch die Verwendung zahlreicher Steigerungsformeln. So wird zweimal, in V. 9b und in V. 11, mit νυνὶ δὲ καί eine (antithetische) Steigerung formuliert. Besonders auffallend aber ist die Häufung von Steigerungsformeln in V. 16, wo neben dem steigernden ὑπέρ (V. 16a) auch das (aus dem Schluß ›a minori ad majus‹ bekannte) πόσῳ δὲ μᾶλλον erscheint[28]. Schließlich hat auch das korrigierende ἵνα μὴ λέγω in V. 19b steigernden Sinn[29].

d) Strukturell von Bedeutung ist auch die Beobachtung, daß nahezu in jedem Satz eine Reihe von Pronominalformen (vor allem solche der

[24] Das gilt übrigens auch – wie die meisten Exegeten annehmen – von dem eben genannten Wortspiel ἄχρηστον – εὔχρηστον, mit dem offensichtlich ebenfalls auf den Namen »Onesimus« abgezielt wird. Vgl. dazu H. Zimmermann, Jesus Christus 31; J. Lähnemann – G. Böhm, Phlm 13 u. a. Weniger wahrscheinlich ist dagegen die Ansicht von E. Lohse, wonach -χρηστον an den Christusnamen anklingen soll (Kol, Phlm 279).

[25] Auf die Bedeutung der ἐν-Formeln wurde bereits in anderem Zusammenhang aufmerksam gemacht.

[26] Bei ὑπὲρ δοῦλον scheint die Präposition fast adverbial gebraucht zu sein (M. Dibelius – H. Greeven, Kol, Eph, Phlm 106).

[27] Das ὡς bedeutet hier wohl: »in meiner Eigenschaft als . . .«. So u. a. E. Lohse, Kol, Phlm 227 Anm. 3 (unter Berufung auf 1 Kor 3,10).

[28] Auch in V. 9a begegnet das steigernde μᾶλλον.

[29] Zu beachten ist dazu im Kontext auch die Verbform προσ-οφείλεις.

ersten und zweiten Person Singularis) vorkommt. Diese Pronominalformen dienen einmal als »Verbinder« zwischen den einzelnen Sätzen bzw. Teilabschnitten des Korpus, zum anderen geben sie dem Ganzen einen besonderen Akzent. Es wird deutlich, daß der Apostel sich in einen ganz persönlichen Dialog mit Philemon begeben will.

2.1.4 Beschränkten sich die bisherigen Beobachtungen im wesentlichen auf die Wortebene, so sollen nunmehr einige weitere Beobachtungen im Bereich der *Satzebene* angeschlossen werden, die noch klarer die Struktur des Textes erkennen lassen.

a) So muß z. B. auffallen, daß – sieht man einmal vom relativischen Anschluß (ὅν) in V. 13a ab – nur im ersten Teilabschnitt (8–12) Relativsätze und Partizipialkonstruktionen vorkommen. Dabei beziehen sich die Partizipien ausschließlich auf das *Subjekt* des Satzes, also auf Paulus selbst (V. 8: ἔχων . . . ἐπιτάσσειν; V. 9b: τοιοῦτος ὢν ὡς Παῦλος). Die Relativsätze beziehen sich dagegen auf das *Objekt,* also auf Onesimus. Sowohl die Relativsätze als auch die Partizipalkonstruktionen dienen zur näheren Kennzeichnung der Personen und ihres Verhältnisses zueinander.

b) Dafür fehlen im ersten Teilabschnitt modale Nebensätze; sie kommen aber in den weiteren Teilen des Korpus mehrmals vor. In den Versen 13–16 gibt es allein drei finale ἵνα-Sätze (mit Konjunktiv). Eine weitere ἵνα-Konstruktion (allerdings mit Indikativ) findet sich in V. 19b. Die Verse 17 f. enthalten schließlich zwei mit εἰ eingeleitete Bedingungssätze. Auch diese Zuordnung der Nebensätze ist relevant für eine genauere Gliederung des Textes.

c) Anders scheint es mit den Appositionen bzw. prädikativen und attributiven Formulierungen zu sein, weil diese sich durch den ganzen Text hindurch verfolgen lassen. Die entsprechenden Stellen sind: V. 9b: ὡς Παῦλος πρεσβύτης νυνὶ δὲ καὶ δέσμιος; V. 10 f.: 'Ονήσιμον, τόν . . . ἄχρηστον . . .; V. 12b: αὐτόν, τοῦτ' ἔστιν τὰ ἐμὰ σπλάγχνα; V. 16a: ἀδελφὸν ἀγαπητόν; V. 19a: ἐγὼ Παῦλος. Für die Struktur des Textes ist allerdings bedeutsam, daß solche Zusätze besonders an markanten Stellen des Textes zu finden sind.

2.1.5 Als letzte seien solche Beobachtungen zur strukturellen Kennzeichnung der Texteinheit genannt, die sowohl die *Wort-* wie auch die *Satzebene* betreffen. Hierzu gehören drei Gruppen:

a) Die *Gegensätze und Antithesen:* Es muß auffallen, daß im Briefkorpus Gegensätze und Antithesen in einer überraschend großen Zahl vorkommen.

1. So wird in V. 8 f. ein Gegensatz markiert durch die Zuordnung des (wohl konzessiv aufzulösenden) Partizips ἔχων und dem Verbum finitum παρακαλῶ. Verstärkt wird der Gegensatz durch die beiden offensichtlich ebenfalls einen gewissen Kontrast kennzeichnenden Wendungen πολλὴν . . . παρρησίαν[30] – διὰ τὴν ἀγάπην.

2. In den Versen 9 f. bilden πρεσβύτης und τέκνον ein Gegensatzpaar[31].

3. In der Formulierung von V. 11a liegt sogar eine ausgesprochene Antithese vor: τόν ποτέ σοι ἄχρηστον νυνὶ δὲ καὶ σοὶ καὶ ἐμοὶ εὔχρηστον. Nach N. SCHNEIDER[32] kann man hier deshalb von einer Antithese sprechen, weil der Gegensatz mit besonderen stilistischen Merkmalen verbunden ist. Näherhin liegt ein »komplikationsloses Zeugma«[33] nach dem Muster q (A_1 B_1/A_2 B_2) und als Verstärkung eine Homoioteleuton (-χρηστον) vor.

4. Ein weiterer Gegensatz ist in V. 14b enthalten: μὴ ὡς κατὰ ἀνάγκην . . . ἀλλὰ κατὰ ἑκούσιον.

5. In V. 16 begegnet sowohl ein Gegensatz als auch eine Antithese. Der Gegensatz wird durch die beiden Begriffe δοῦλος – ἀδελφός gebildet. Dagegen stellt die Formulierung (αὐτὸν) ὡς δοῦλον ἀλλὰ ὑπὲρ δοῦλον insofern eine Antithese dar, als es sich wieder um ein »komplikationsloses Zeugma« handelt[34] – es liegt folgender Typ vor: q (A_1/A_2) –; ferner ergibt sich eine antithetische »correctio«[35], wiederum verstärkt durch die

[30] Nach W. BAUER, Wörterbuch 1250 f. hat ἡ παρρησία mehrere Grundbedeutungen. Auch in Phlm 8 kann das Wort unterschiedlich übersetzt werden. Da es indes im Zusammenhang des Satzes um die Vollmacht des Apostels geht, das Pflichtgemäße (τὸ ἀνῆκον) zu befehlen, läßt sich die Partizipialkonstruktion πολλὴν . . . παρρησίαν ἔχων wohl am besten folgendermaßen wiedergeben: »Obwohl ich volles Recht habe . . .« Vgl. auch E. LOHSE, Kol, Phlm 274; J. LÄHNEMANN – G. BÖHM, Phlm 17, bes. Anm. 37. Bei einer solchen Wiedergabe käme auch der Gegensatz zwischen παρρησία und ἀγάπη voll zur Geltung.

[31] Damit ist dann auch die Übersetzung von πρεσβύτης im Sinne von »alter Mann« eindeutig festgelegt. Auch E. LOHSE, aaO. 227 f.; M. DIBELIUS – H. GREEVEN, Kol, Eph, Phlm 104; J. REUSS, Paulus-Briefe 49; G. BORNKAMM, ThWNT VI 682 f. u. a. bevorzugen diese Übersetzung. Vgl. dagegen E. LOHMEYER, Phil, Kol, Phlm 181; 185; U. WICKERT, Philemonbrief 233 ff.; C. F. D. MOULE, Epistles 144 u. a., die πρεσβ(ε)ύτης im Sinne von »Gesandter«, »Beauftragter« verstehen.

[32] N. SCHNEIDER, Eigenart 38; 40. Zur grundsätzlichen Unterscheidung zwischen Gegensatz und Antithese vgl. seine Ausführungen aaO. 15–33.

[33] Zum Begriff »Komplikationsloses Zeugma« vgl. H. LAUSBERG, Elemente §§ 320–322.

[34] Vgl. N. SCHNEIDER, Eigenart 51.

[35] N. SCHNEIDER, aaO. 50. Zum Begriff »correctio« vgl. auch H. LAUSBERG, Elemente § 384.

Stilfigur des Homoioteleuton (zweimal δοῦλον); hinzu kommen noch mehrere Alliterationen.

Diese Hinweise mögen genügen, um deutlich zu machen, wie entscheidend die Struktur des Textes von den Gegensätzen und Antithesen bestimmt wird. Der Text enthält dadurch nicht nur höchste rhetorische Wirksamkeit, sondern er wird auch in seiner Gedankenführung intensiviert.

b) Die Parallelen: Neben den genannten Gegensätzen und Antithesen prägen auch nicht-antithetische Parallelismen sowohl auf der Wort- wie auf der Satzebene die Struktur des Briefkorpus.

1. An zwei Stellen werden Einzelwörter und -wendungen durch ein koordinierendes (καὶ –) καί in Parallele gesetzt, nämlich in V. 11 (καὶ) σοὶ καὶ ἐμοί und in V. 16b: καὶ ἐν σαρκὶ καὶ ἐν κυρίῳ. Ein Parallelismus liegt auch in V. 12b vor: αὐτόν, τοῦτ' ἔστιν τὰ ἐμὰ σπλάγχνα.

2. Auch im Bereich der Satzebene sind Parallelismen anzutreffen. So fallen z. B. die Verse 13–14 durch ihre parallele Satzgestaltung auf: Voran geht jeweils der Hauptsatz mit einem Verb des »Wollens« und anschließender Infinitivkonstruktion; es folgt jeweils ein finaler ἵνα-Satz. Offensichtlich bilden die beiden Verse eine eigene Einheit für sich. Ähnlich ist es mit den in den Versen 17–18 enthaltenen Sätzen; auch sie weisen eine ähnliche Gestaltung auf: Voran steht in beiden Fällen eine mit εἰ eingeleitete Bedingung, es schließt sich jeweils der Hauptsatz mit einem Imperativ an. Zusätzlich fällt auf, daß im ersten Vers (17) der Imperativ προσλαβοῦ vor den Verbergänzungen (αὐτὸν ὡς ἐμέ) steht; im zweiten Vers (18) folgt dagegen der Imperativ ἐλλόγα erst hinter den Ergänzungen (τοῦτο ἐμοί). Weniger deutlich, aber doch erkennbar ist die parallele Gestaltung der beiden Halbverse 20a und 20b; zum einen enthalten sie jeweils einen Wunsch bzw. eine Aufforderung (wobei die verwendeten Verben dem Sinn nach recht verwandt sind: ὀναίμην – ἀνάπαυσον); zum anderen enden beide Sätze mit einer ἐν-Formel (ἐν κυρίῳ bzw. ἐν Χριστῷ).

c) Die Steigerungen: Es wurde bereits darauf hingewiesen, an welchen Stellen und mit welchen Formulierungen im Briefkorpus eine Steigerung erzielt werden soll. Am auffallendsten dürfte – wie bereits erwähnt – V. 16 sein, wo man geradezu einer Häufung von steigernden Vokabeln begegnet: ὑπέρ – μάλιστα – πόσῳ δὲ μᾶλλον[36].

[36] Vielleicht wird man auch den Parallelismus καὶ ἐν σακρὶ καὶ ἐν κυρίῳ am Ende von V. 16 in steigerndem Sinn zu verstehen haben. Jedenfalls darf der Sinn dieses Parallelismus nicht einfach in der Abgrenzung zweier (voneinander abtrennbarer) Bereiche gesehen werden.

Man wird zu Recht vermuten dürfen, daß hier – in V. 16 – der Höhepunkt des ganzen Briefkorpus zu finden ist. Nicht zuletzt spricht dafür die besonders feierliche Formulierung und die religiöse Färbung (vgl. vor allem das ἐν κυρίῳ am Schluß).

Eine (korrigierende) Steigerung liegt schließlich noch in V. 19b vor: ἵνα μὴ λέγω σοι . . . προσοφείλεις.

2.2 Die äußere und innere Struktur des Abschnitts

Aufgrund des gegebenen Überblicks ist es nun möglich, die äußere und innere Struktur des Briefkorpus ein wenig genauer zu kennzeichnen. Es lassen sich näherhin *fünf* Unterabschnitte feststellen, wobei freilich hinter V. 16 eine deutlichere Zäsur zu setzen ist. Im Folgenden soll versucht werden, diese Gliederung sprachlich-stilistisch und inhaltlich zu begründen.

Erster Teilabschnitt: 8–12

Die Verse bilden eine einzige Satzperiode, d. h. es liegt der Typ eines »langen Satzes« vor, in dem der eigentliche Satzkern mannigfach erweitert ist[37]. Der Satz hat einen eigenartigen Aufbau: Nach der einleitenden Konjunktion διό folgt zunächst ein durch eine Infinitivkonstruktion erweiterter Partizipialsatz: πολλὴν ἐν Χριστῷ παρρησίαν ἔχων ἐπιτάσσειν σοι τὸ ἀνῆκον. Auffallend ist dabei, daß das Partizip genau in der Mitte steht. Obwohl das Akkusativobjekt πολλὴν . . . παρρησίαν durch seine Anfangsstellung besonders betont werden soll, sind doch »Ausdrucks-« und »Eindrucksstelle«[38] gleichmäßig befrachtet, was der Ausgewogenheit der Information dient. Es folgt sodann der erste Teil-Hauptsatz mit dem Verbum finitum παρακαλῶ. Entsprechend der Struktur des Relativsatzes steht auch hier eine Ergänzung voran, nämlich die präpositionale Wendung διὰ τὴν ἀγάπην. Das nähere Verhältnis zwischen Relativsatz und Hauptsatz wird durch das dem Verbum finitum vorangestellte adversativ-steigernde μᾶλλον näher bestimmt.

Im zweiten Teil des Satzes folgt wieder zuerst ein Partizipialsatz (τοιοῦτος ὢν . . .). In ihm wird nicht nur der Name des Subjekts, Paulus, ausdrücklich genannt, sondern es wird auch eine nähere Beschrei-

[37] Zum Typ des »langen Satzes« vgl. die Ausführungen bei B. Sowinski, Stilistik 93–103.

[38] Zu diesen Begriffen vgl. B. Sowinski, aaO. 114.

bung und Charakterisierung der Person gegeben: Paulus ist πρεσβύτης, darüber hinaus jetzt aber auch δέσμιος Χριστοῦ Ἰησοῦ[39].

Die Tatsache, daß hier eine so ausführliche Beschreibung der Person gegeben wird und dabei ausdrücklich der Name »Paulus« genannt wird, der doch an sich aus V. 1 als bekannt vorausgesetzt werden kann, muß auffallen. Offenbar soll betont werden: Nicht irgendeiner ist es, der Philemon bittet, sondern der dem Philemon wohlbekannte Paulus, der mit seiner ganzen Persönlichkeit als Mensch und Christ, als πρεσβύτης und als δέσμιος Χριστοῦ Ἰησοῦ hinter dieser Bitte steht.

Erhöht wird die Wirksamkeit der Bitte noch dadurch, daß unmittelbar danach im zweiten Teil-Hauptsatz das Verbum finitum noch einmal genannt wird: παρακαλῶ[40]. Dieser Teil des Satzes umschreibt nun endlich nicht nur in Form des Akkusativpronomens σε den Adressaten der Bitte, sondern mit περὶ τοῦ ἐμοῦ τέκνου auch die Person, für die Paulus bittet. Der Name dieser Person wird allerdings hier noch nicht genannt. Vielmehr schließt sich an die Wendung περὶ τοῦ ἐμοῦ τέκνου ein Relativsatz an, der diese Wendung erläutern und damit die – näherhin durch ein Ereignis der Vergangenheit entstandene – Beziehung zwischen dieser Person und Paulus näher erklären soll: ὃν ἐγέννησα ἐν τοῖς δεσμοῖς[41]. Erst nach dieser – sicher aus psychologischen Gründen erfolgenden – »Vorbereitung«[42] wird der Name genannt: Onesimus. Doch damit nicht genug. Ähnlich wie vorher eine ausführliche Beschreibung des Paulus erfolgte, schließt sich nunmehr in Form eines zweiteiligen appositionsartigen Zusatzes eine nähere Personenbeschreibung des Onesimus an; d. h. jetzt steht er (wie zuvor Paulus) ganz im Mittelpunkt: τόν ποτέ σοι ἄχρηστον νυνὶ δὲ καὶ σοὶ καὶ ἐμοὶ εὔχρηστον. Der Zusatz fällt einerseits durch das Wortspiel ἄχρηστον – εὔχρηστον auf, andererseits durch die damit verbundene steigernde Antithetik. Außerdem wird nicht nur wie im vorangehenden Relativsatz die Beziehung des Apostels zu Onesimus herausgestellt, sondern – wie die Dativpronomina der ersten und zweiten Person beweisen – auch die, die zwischen Onesimus

[39] Die Charakterisierung ist also deutlich auf Steigerung angelegt.

[40] Vgl. dazu die Deutung von J. LÄHNEMANN – G. BÖHM, Phlm 26: »Indem Paulus hier ein zweites Mal ausdrücklich bittend mahnt, nicht gebietet, erhält sein Anliegen ein Gewicht, dem Philemon nicht ausweichen kann, noch bevor überhaupt der Gegenstand der Bitte genannt ist.«

[41] Die Einführung des Onesimus geschieht dabei so positiv wie möglich. Vgl. J. LÄHNEMANN – G. BÖHM, aaO. 26.

[42] Nach E. LOHSE, Kol, Phlm 275 führt Paulus den Philemon »behutsam« an den Inhalt der Bitte heran.

und Philemon bestanden bzw. jetzt zwischen Onesimus einerseits und Philemon und Paulus andererseits bestehen. Damit aber wird nun auch Philemon ganz persönlich als ein Mitbeteiligter angesprochen.

Erst danach kommt Paulus auf das eigentliche Anliegen zu sprechen, und zwar – wie die Wahl eines erneuten Relativsatzes zeigt – in einer Weise, als handele es sich um etwas ganz Normales und Nebensächliches: ὃν ἀνέπεμψά σοι[43]. Um so schärfer aber ist die Aussage selbst. Das kommt vor allem durch den Zusatz: αὐτόν, τοῦτ' ἔστιν τὰ ἐμὰ σπλάγχνα zum Ausdruck. Mit diesem Zusatz wird nicht nur wie vorher die Beziehung zwischen Paulus und Onesimus gekennzeichnet, sondern es wird in Konsequenz daraus geradezu eine Identifikation vorgenommen: Wenn Paulus den Onesimus seinem Herrn zurückschickt, dann schickt er damit gleichsam sein eigenes »Herz«, d. h. sich selbst[44].

Zusammenfassung: Es dürfte deutlich geworden sein, daß die Verse 8–12 als eine erste Einheit innerhalb des Briefkorpus angesehen werden können, weil sie sprachlich und inhaltlich eng zusammengehören. Dafür sprechen vor allem: die Prägung durch Partizipialkonstruktionen, Relativsätze und Appositionen, die der besonderen Personenbeschreibung dienen, die auffallende Nennung der Eigennamen, die Wiederholung des finiten Verbs in jeweils gleicher grammatischer Form, sowie das Überwiegen von Pronominalformen der ersten und zweiten Person Singularis (besonders im Dativ!), endlich die deutliche Steigerung, die in der Identifikationsformel (12b) ihren Höhepunkt findet.

Zweiter Teilabschnitt: 13–14

Obwohl V. 13a mit einem relativischen Anschluß (ὅν) beginnt und sich in V. 13b mit der Wendung ἐν τοῖς δεσμοῖς (τοῦ εὐαγγελίου) ein deutlicher Rückbezug auf V. 10 ergibt, darf man aufgrund sprachlich-struktureller, aber auch inhaltlicher Beobachtungen die Verse 13–14 als eine weitere kleine Texteinheit abgrenzen. Dafür sprechen mehrere Gründe:

Einmal wird das Subjekt neu eingeführt, und zwar in Form eines betonten ἐγώ. Zum anderen fällt das Tempus des ersten Verbs auf: ἐβουλόμην ist Imperfekt. Ferner begegnen in diesen Versen weder Partizi-

[43] ἀνέπεμψα ist Aorist des Briefstils.

[44] Besonders treffend ist in diesem Zusammenhang die Erklärung von J. Reuss, Paulus-Briefe 49: »Das Ich des Paulus und das Du des Sklaven sind zu einer Einheit zusammengeschlossen.« Zur »Parallelität zwischen den Personen« im Philemonbrief vgl. U. Wickert, Philemonbrief 237.

pien noch appositionsartige Zusätze noch konkret-menschliche Substantive (wie Eigennamen u. dergl.). Schließlich wurde bereits auf den parallelen Satzbau in den beiden Versen hingewiesen: Der voranstehende Hauptsatz enthält jeweils ein Verb des »Wollens«, dazu ein Akkusativobjekt, eine mit einem Pronomen ausgestattete präpositionale Wendung und einen vom Hauptverb abhängenden Infinitiv. Daran schließt sich in beiden Fällen ein finaler ἵνα-Satz an, der jeweils durch Kontrastformulierungen geprägt ist (V. 13b: ὑπὲρ σοῦ; V. 14b: μὴ ὡς κατὰ ἀνάγκην – ἀλλὰ κατὰ ἑκούσιον).

Freilich ergeben sich beim näheren Zusehen zwischen den beiden Sätzen auch Unterschiede, die für das Erfassen der inneren Struktur dieses Teilabschnitts besonders von Belang sein dürften. So steht z. B. das erste Verbum finitum (ἐβουλόμην), wie bereits erwähnt, in der Imperfektform und hat nach sich einen Infinitiv des Präsens (κατέχειν), dagegen steht das zweite Verbum finitum (ἠθέλησα) im Aorist und wird durch einen Infinitiv des Aorists (ποιῆσαι) ergänzt. Außerdem weist der erste Hauptsatz (V. 13a) ein auf die *Person* (Onesimus) bezogenes Objekt (ὅν) auf, während im zweiten Hauptsatz (V. 14a) mit οὐδέν ein *sachliches* Objekt zu finden ist.

Diese Tendenz der Zuordnung von personalen und sachbezogenen Angaben setzt sich in den ἵνα-Sätzen fort. Als Subjekt zu διακονῇ im ersten ἵνα-Satz (V. 13b) ist Onesimus zu nehmen. Wenn Paulus sagt: »Er sollte mir statt deiner dienen«, so sind damit wieder alle drei Personen unmittelbar nebeneinander genannt[45]. Im zweiten ἵνα-Satz (V. 14b) ist dagegen weder von Paulus noch von Onesimus die Rede, ja die Aussage bezieht sich nicht einmal direkt auf die *Person* des Philemon; vielmehr soll, wie das als Subjekt gewählte substantivierte Neutrum (mit anschließendem possessiven Genitivpronomen) τὸ ἀγαθόν (σου)[46] beweist, die von ihm erwartete *Handlungsweise* näher qualifiziert werden.

Aufs Ganze gesehen ist zu sagen, daß die beiden Verse im Gedankenablauf so etwas wie ein »retardierendes Moment« darstellen. Paulus gibt

[45] Das alle drei Personen Verbindende ist also die διακονία für das Evangelium, zu der sie als Christen verpflichtet sind. Letztlich steht – von Paulus her gesehen – auch der Philemonbrief als solcher unter dem Gesichtspunkt der διακονία, d. h. er dient der Verkündigung! Es wäre von daher ein einseitiges Verständnis des Briefes, wollte man in ihm lediglich einen der damals üblichen »Schutz-« oder »Begleitbriefe« sehen, der einem entlaufenen Sklaven, der zu seinem Herrn zurückkehrte, mitgegeben wurde.

[46] Die Annahme, daß mit τὸ ἀγαθόν(σου) konkret die Freilassung gemeint ist, ist nicht unbedingt zwingend. Wohl aber bereitet der Ausdruck die Aufforderung von V. 17 vor: προσλαβοῦ αὐτὸν ὡς ἐμέ.

zunächst eine Replik auf das, was er mit Onesimus vorhatte, und motiviert dann, warum er zu einem anderen Entschluß gekommen ist. Die Darstellung ist nicht mehr – wie im ersten Teilabschnitt – breit und pathetisch, sondern eher nüchtern und sachlich, was nicht nur aus der Wahl der Verben des »Wollens« sowie der beiden finalen ἵνα-Sätze hervorgeht, sondern auch aus der Bevorzugung eines ausgeprägt substantivischen Stils (wobei die Abstrakta überwiegen). Außerdem wird eine gewisse Ausdrucksknappheit durch die große Zahl von präpositionalen Wendungen erreicht, wobei das zweifache Vorkommen der Präposition κατά in V. 14b besonders auffällt, weil diese Präposition sonst nirgends im Briefkorpus begegnet (vgl. dazu auch das Kompositum κατ-έχειν in V. 13a).

Dritter Teilabschnitt: 15–16

Obwohl in V. 15a mit dem begründenden γάρ eine Verbindung zum Vorangehenden hergestellt wird und obwohl erneut ein ἵνα-Satz folgt, lassen sich die Verse 15–16 als eine Einheit für sich betrachten.

Dafür spricht schon die Form des Hauptverbs: ἐχωρίσθη ist Aorist Passiv; die dritte Person weist darauf hin, daß an ein neues Subjekt gedacht ist, nämlich an Onesimus. Auch der nachfolgende ἵνα-Satz ist von grundsätzlich anderer Qualität als die beiden voraufgehenden. Zunächst ist festzustellen, daß Haupt- und ἵνα-Satz durch πρὸς ὥραν bzw. αἰώνιον in einem deutlichen Kontrast zueinander stehen, was dann in der Zuordnung der beiden Verben χωρίζειν und ἀπέχειν seine Entsprechung findet. Sieht man im Passiv ἐχωρίσθη zudem eine Umschreibung für Gottes Handeln, dann läßt sich das ἵνα als »theologisches« ἵνα verstehen. Damit wird der Unterschied zum vorhergehenden Abschnitt deutlich: Dort wurde etwas über die eigenen menschlichen Absichten des Apostels gesagt, also darüber, was *er* will und welches Ziel *er* dabei im Auge hat; jetzt wird – gleichsam auf einer höheren Ebene – über die Absicht und das Ziel *Gottes* reflektiert: Vielleicht (τάχα) ist es nach Gottes Willen geschehen, daß Onesimus für kurze Zeit von Philemon getrennt wurde, damit dieser ihn für immer behalten kann[47]!

Wie sehr dabei das Schwergewicht auf der Aussage des ἵνα-Satzes liegt, geht daraus hervor, daß in V. 16 ein längerer Zusatz folgt, der sich auf das Objekt dieses Satzes, also auf αὐτόν, zurückbezieht. Ähnlich

[47] Vgl. dazu J. Lähnemann – G. Böhm, Phlm 27 Anm. 82: »Paulus spricht gar nicht von Flucht, sondern nur von ›Trennung‹, dazu in passivischer Form, als ob die Trennung Fügung Gottes wäre.«

wie im einleitenden Abschnitt wird wieder eine Art Personenbeschreibung gegeben, aber jetzt eben auf einer anderen, höheren Ebene. Das macht erstens die Kette der Prädikationen deutlich, die sich alle auf Onesimus beziehen und die man letztlich nur verstehen kann, wenn man den schon in V. 15 sichtbar gewordenen besonderen »theologischen« Hintergrund berücksichtigt. Zweitens weist auch die besondere Art der Antithetik und Steigerung darauf hin, daß hier eine höhere Ebene beschritten wird. Der Abschnitt erweist sich also als der Höhepunkt des ganzen Briefkorpus.

Näherhin beginnt der Zusatz mit der deutlich auf Steigerung angelegten Antithese: οὐκέτι ὡς δοῦλον ἀλλὰ ὑπὲρ δοῦλον. Jetzt erst – auf dem Höhepunkt – erfahren wir, daß Onesimus ein δοῦλος ist, aber sofort wird diese Mitteilung korrigiert: er ist »mehr als ein δοῦλος«! Was dieses »mehr« bedeutet, wird in der nachfolgenden Apposition ausgedrückt, auf der – wie schon aus ihrer besonderen Stellung in der Mitte des Verses hervorgeht – der besondere Akzent liegt. Paulus nennt Onesimus nicht mehr (wie im Einleitungsabschnitt) mit Namen, sondern er belegt ihn mit einer christlichen Bezeichnung: ἀδελφὸν ἀγαπητόν. Damit aber wird Onesimus genauso angeredet wie Philemon (vgl. das ἀδελφέ in V. 7b und V. 20a); d. h. durch das, was nach göttlichem Willen mit ihm geschah, ist er nun gleichberechtigter Partner, »geliebter Bruder«. Der Schluß des Verses versucht, die ganze Tragweite dieser Aussage dem Philemon vor Augen zu führen: μάλιστα ἐμοί, πόσῳ δὲ μᾶλλον σοὶ καὶ ἐν σαρκὶ καὶ ἐν κυρίῳ. Zu beachten ist die doppelte Steigerung. Eine erste liegt schon im Wort μάλιστα. Aber selbst diese superlativische Formulierung wird durch πόσῳ δὲ μᾶλλον noch erhöht. Wenn Onesimus schon für Paulus im Höchstmaß der »geliebte Bruder« ist, dann ist er es noch um so mehr für Philemon, weil dies, wie der anschließende Parallelismus aussagt, für ihn in einer doppelten Weise gilt: καὶ ἐν σαρκὶ καὶ ἐν κυρίῳ, also sowohl in seinem natürlich-menschlichen Verhältnis zu Onesimus (als zu seinem Sklaven) als auch (darüber hinaus) in seinem Verhältnis zu ihm als Christ, der mit ihm ἐν κυρίῳ verbunden ist[48].

Gerade hier wird sehr deutlich, daß es im Philemonbrief nicht eigentlich um die Sklavenfrage als solche oder um eine Lösung des bestimmten »Falles« geht, sondern wesentlich um jene »brüderliche Liebe«, die sich

[48] Die Wendung καὶ ἐν σαρκὶ καὶ ἐν κυρίῳ wird unterschiedlich wiedergegeben. Einige Beispiele: J. Dibelius – H. Greeven, Kol, Eph, Phlm 106: »Als Mensch und als Christ«; J. Reuss, Paulus-Briefe 50: »als Mensch in der natürlich sozialen Ordnung des Lebens wie als Christ«.

als Konsequenz für die Christen aus ihrem Brudersein ἐν κυρίῳ ergibt und sich im konkreten Verhalten zueinander bewähren muß.

Vierter Teilabschnitt: 17–19

Wie durch οὖν (V. 17a) angezeigt wird, setzt mit V. 17 ein neuer Abschnitt innerhalb des Briefkorpus ein. Nun spricht zwar manches dafür, den ganzen letzten Teil des Korpus (also V. 17–20) als eine Einheit zu nehmen; man denke z. B. nur an die Verteilung der Imperative. Dennoch scheint es angebracht zu sein, die Verse 17–19 als eine kleinere Einheit für sich zu betrachten. Dafür gibt es wieder Hinweise auf der Satz- und Wortebene.

Es wurde bereits erwähnt, daß es sich um zwei ihrem Aufbau nach ziemlich parallel gestaltete Satzperioden handelt: Voran geht jeweils ein mit εἰ eingeleiteter Bedingungssatz, dann folgt der Hauptsatz, dessen Verb in der Imperativform steht. Allerdings – und insofern wird der Parallelismus gesprengt – ist der zweite Satz stark erweitert: Abgesehen von der Tatsache, daß in diesen Satz mit V. 19a (ἐγὼ Παῦλος ἔγραψα τῇ ἐμῇ χειρί, ἐγὼ ἀποτίσω) ein konstruktionsfremder Satz gleichsam als Parenthese zur Bekräftigung eingeschoben ist, folgt in V. 19b auch noch ein durch seine Konstruktion (mit μή und Indikativ) auffallender ἵνα-Satz, den man als ein eingeschobenes Korrektiv werten kann. Näherhin hat das ἵνα μὴ λέγω die Aufgabe anzuzeigen, daß die Aufforderung des Hauptsatzes: τοῦτο ἐμοὶ ἐλλόγα in einem wesentlichen Punkt eigentlich korrigiert werden muß[49]. Der zu korrigierende Punkt wird durch das anschließende Dativpronomen σοι, das deutlich in Kontrast zum Dativpronomen ἐμοί im vorderen Teil des Hauptsatzes steht, zum Ausdruck gebracht[50]. Die Begründung für diese »Korrektur« wird im folgenden ὅτι-Satz gegeben: ὅτι καὶ σεαυτόν μοι προσοφείλεις. Besonders auffallend ist dabei die Wahl des Verbs: προσ-οφείλεις bezieht sich deutlich auf das ὀφείλει im Bedingungssatz zurück.

Für die innere Struktur dieser Einheit sind auch die weiteren Unterschiede zwischen den beiden Sätzen bedeutsam. Einmal fällt die Variation in den Verbformen auf. Zum anderen ist wieder die Zuordnung der

[49] Bei ἵνα μὴ λέγω, σοι . . . dürfte wohl eher eine Epidiorthose als eine Paraleipsis vorliegen (Bl-Debr § 495).

[50] Das σοι ist wohl deshalb auf ἐμοί zu beziehen, weil es ja auch sonst auf die Zuordnung der Personalpronomina im Brief entscheidend ankommt. Man wird also am besten im Dativpronomen σοι die Fortsetzung des Hauptsatzes sehen und übersetzen: »um nicht zu sagen, (setze es) dir (aufs Konto), weil . . .«.

Pronominalformen höchst interessant: Im ersten Satz (V. 17) finden sich Akkusativpronomina der ersten und dritten Person Singularis (με – αὐτόν – ὡς ἐμέ). Im zweiten Satz (V. 18.19b) finden sich neben zwei Akkusativpronomina der zweiten Person Singularis (σε – σεαυτόν) drei Dativpronomina der ersten und zweiten Person: ἐμοί – σοι – μοι. Der eingeschobene Bekräftigungssatz (19a) ist dagegen durch die Nennung des Namens »Paulus« (vgl. V. 9) und das doppelte betonte ἐγώ sowie durch die auffallende Futurform des zweiten Verbs (ἀποτίσω) gekennzeichnet.

Deutet wieder die besondere Zuordnung der Pronominalformen an, daß jeweils unterschiedliche Personenbeziehungen aufgezeigt werden sollen, so macht ein Blick auf die unterschiedlichen Objekte deutlich, daß – ähnlich wie im Abschnitt 13–14 – neben personalen auch sachgerichtete Aussagen getroffen werden. Dabei ergibt sich eine bedeutsame Steigerung: In V. 17 spielt sich alles auf der personalen Ebene ab. Näherhin wird im εἰ-Satz die κοινωνία zwischen Paulus und Philemon als Voraussetzung genannt, die die Erfüllung der im folgenden Hauptsatz ausgesprochenen Aufforderung (προσλαβοῦ αὐτόν)[51] möglich macht. In diesem Hauptsatz fällt vor allem die durch αὐτὸν ὡς ἐμέ ausgedrückte Identifikation zwischen Paulus und Onesimus auf; eine ähnliche fand sich bereits in V. 12b: αὐτόν, τοῦτ' ἔστιν τὰ ἐμὰ σπλάγχνα. In V. 18 kommt die Sachebene hinzu (vgl. das τι[52] bzw. das τοῦτο). Das wird noch durch die Wahl der juridisch klingenden Verben (ἠδίκησεν – ὀφείλει – ἐλλόγα)[53] bestätigt. Beide Ebenen, die personale und sachliche Ebene, stehen allerdings nicht getrennt nebeneinander, sondern sind miteinander verbunden. Wenn Paulus den Philemon auffordert, ihm selbst (Paulus) in Rechnung zu stellen, was Onesimus ihm schuldet, zieht er im Grunde nur die Konsequenz aus der zuvor herausgestellten Identifikation. Wieder zeigt sich: Die zwischen Christen bestehende grundsätzliche personale Verbundenheit hat sich im konkreten Zusammenleben dergestalt zu bewähren, daß auch ein sachliches Problem alle gemeinsam angeht, auch den Apostel, der in V. 19a eigens versichert, daß er selbst die Schuld des Onesimus einlösen wird. In V. 19b kommt

[51] Erst hier wird letztlich – wenn auch in verschärfter Form – der eigentliche Inhalt des παρακαλεῖν aus V. 10 genannt.

[52] Worauf sich das τι ἠδίκησεν konkret bezieht, wird nicht gesagt. G. Friedrich, Phlm 285 u. a. sind der Ansicht, Onesimus habe seinen Herrn bestohlen. Doch wird man mit J. Lähnemann – G. Böhm, Phlm 24 Anm. 68 sagen können: »Allein durch sein Fortlaufen hat Onesimus Philemon geschädigt.«

[53] Dies findet seine Fortsetzung in den Verbformen des V. 19: ἀποτίσω und προσοφείλεις sind ebenfalls im juridischen Sinn zu verstehen.

dann wieder eine Rückwendung auf die rein personale Ebene, diesmal aber in Form einer korrigierenden Steigerung. Paulus will offensichtlich zum Ausdruck bringen, daß, wenn man sich schon gegenseitig etwas aufrechnen will, auch gesagt werden müßte, daß Philemon seinerseits noch mehr in des Apostels Schuld steht, und zwar insofern – und hier zeigt sich die Steigerung –, als Philemon ihm nicht nur »etwas« schuldet, sondern sogar sich selbst[54].

Fünfter Teilabschnitt: 20a.b

Die beiden abschließenden Sätze 20a und 20b bilden eine letzte kleinere Einheit. Wiederum handelt es sich um zwei der Struktur und der Aussage nach ähnliche Sätze, die – wie das ναί zu Beginn anzeigt – der Bekräftigung dienen. Während sich allerdings der erste Satz durch den Optativ ὀναίμην als Wunschsatz zu erkennen gibt, stellt sich der zweite Satz durch den (wesentlich stärkeren) Imperativ ἀνάπαυσον als direkte Aufforderung dar.

Für die innere Struktur dieser Sätze sind folgende Beobachtungen wichtig: Erstens begegnet wieder eine besondere Art der Zuordnung von Pronomina. In V. 20a steht neben dem betonten ἐγώ das Genitivpronomen σου, in V. 20b dagegen das Genitivpronomen μου. Das bedeutet, daß jetzt, am Ende des Briefkorpus, wieder jene Personenbeziehung genannt wird, die auch zu Beginn (in den Versen 8 f.) im Vordergrund stand, nämlich die Beziehung zwischen Absender und Empfänger, also zwischen Paulus und Philemon. Zweitens wird auch durch die Aufnahme von Wörtern und Wendungen, die bereits unmittelbar vor dem Briefkorpus begegneten (vgl. ἀδελφέ, ἀναπαύειν τὰ σπλάγχνα), ein rahmender Abschluß gebildet. Drittens fällt auf, daß beide Sätze jeweils mit einer der typischen ἐν-Formeln enden (ἐν κυρίῳ – ἐν Χριστῷ).

Nimmt man alle diese Beobachtungen zusammen, so kann man sagen: Paulus versucht, durch diese abschließende Bekräftigung noch einmal jenen Verstehenshorizont zu verdeutlichen, von dem her sich die Ausführungen des Briefkorpus letztlich allein verstehen und erklären lassen: die gemeinsame Verbundenheit im Herrn.

[54] Aus dieser Bemerkung läßt sich schließen, daß Philemon auch sein eigenes Christsein dem Apostel verdankt. Auf jeden Fall wird hier – ähnlich wie in V. 16 – wieder die rein menschliche Ebene verlassen und die Argumentation auf die höhere, religiös-christliche Ebene gehoben.

2.3 Überlegungen zum Gedankengang und Ziel des Briefkorpus

In einem kurzen Resümee sollen einige besonders wichtige Aspekte der Strukturanalyse genannt werden, die Gedankengang und Ziel dieser Einheit verdeutlichen können. Zwei Tatsachen fallen besonders ins Gewicht:

2.3.1 *Die besondere Art der Komposition*

Es können fünf Teilabschnitte des Briefkorpus unterschieden werden, die hinsichtlich des Gedankenverlaufs verschiedene Funktionen ausüben. Der erste Teilabschnitt (8–12) dient vor allem zur Einführung und Charakterisierung der Personen und ihrer Beziehungen zueinander sowie zur Angabe des konkreten Anliegens; der zweite Teilabschnitt (13–14) stellt ein »retardierendes Moment« dar, insofern Paulus Aussagen trifft über seine (bisherigen und jetzigen) persönlich-menschlichen Überlegungen; der dritte Teilabschnitt (15–16) enthält eine deutliche Steigerung auf die religiös-theologische Ebene und stellt so den Höhepunkt des ganzen Briefkorpus dar. Der vierte Teilabschnitt (17–19) hat die Aufgabe, die Konsequenzen aus dem bisher Gesagten in personaler und sachlicher Hinsicht aufzuzeigen; der fünfte und letzte Teilabschnitt (20a.b) bringt eine sich wieder auf die religiöse Ebene erhebende Bekräftigung.

2.3.2 *Die verschiedenen Ebenen der Argumentation*

Es ist festzustellen, daß Paulus sich (vor allem mit Hilfe von Antithesen, Korrekturen oder Steigerungen) bei seiner Argumentation auf verschiedenen Ebenen bewegt. Näherhin stehen sich gegenüber:

a) Die rein *menschliche* – die *religiös-christliche* Ebene: Auf der menschlichen Ebene wird sowohl an den Verstand appelliert (vgl. z. B. die beiden Verse 13–14) als auch der emotionale Bereich angesprochen (vgl. z. B. die Wortwahl bei der Charakterisierung von Paulus und Onesimus in den Versen 9–12). Immer wieder aber wird die menschliche Ebene durch die religiös-christliche überboten. Beide Ebenen kommen auf dem Höhepunkt des Korpus in V. 16b zusammen (vgl. dort das καὶ ἐν σαρκὶ καὶ ἐν κυρίῳ). Damit wird ein erstes Ziel bereits deutlich: Paulus will den Philemon sowohl als Mensch als auch als Christ ansprechen. Die ganze Persönlichkeit des Philemon ist zur Entscheidung aufgerufen.

b) Die *personale* – die *sachliche* Ebene: Auf der personalen Ebene werden – wie vor allem durch die besondere Zuordnung der Pronominalformen deutlich wird – die Beziehungen der drei Personen zueinander in jeweils bestimmter Weise in die Argumentation integriert. Die Hinwendung zur Sachebene (vgl. besonders die Verse 14.18.19a) soll – und das dürfte ein weiteres Ziel sein – die Brücke zum konkreten Fall schlagen. Anders gesagt: Es soll deutlich gemacht werden, daß die zwischen Paulus, Philemon und Onesimus bestehende personale Verbindung sich auch und gerade in diesem konkreten Fall zu bewähren hat, daß die κοινωνία τῆς πίστεως hier wirksam werden muß (vgl. V. 6).

3. *Abschließende Bemerkungen*

Es dürfte bei dem oben durchgeführten Versuch einer Strukturanalyse hinreichend deutlich geworden sein, daß sprachlich-strukturale Untersuchungen an neutestamentlichen Texten nicht nur berechtigt, sondern durchaus auch ergiebig sind. So ist es, wie gerade das Beispiel des Philemonbriefes zeigt, mit Hilfe einer derartigen Untersuchung sowohl möglich, manche Übersetzungsschwierigkeiten zu klären, als auch unter Umständen besondere Probleme, die die Erfassung der literarischen Eigenart, der Gedankenführung und des Ziels von bestimmten Texten oder Gesamtschriften des Neuen Testaments betreffen, mit mehr oder weniger großer Sicherheit zu lösen.

Wie diese Lösung hinsichtlich des Philemonbriefes aussieht, soll im folgenden noch einmal kurz dargestellt werden:

3.1 Beim Philemonbrief handelt es sich *nicht um einen reinen »Privatbrief«,* sondern um einen Brief »amtlichen«, »apostolischen« Charakters. Dafür ergeben sich aus der sprachlich-strukturalen Analyse vor allem folgende Gründe:

a) Der Brief zeigt den gleichen formalen Aufbau wie die anderen Paulusbriefe.

b) Im Präskript werden mehrere Absender (Paulus und Timotheus) und Empfänger genannt, unter denen sich nicht nur bestimmte Einzelpersonen (Philemon, der eindeutig als Hauptadressat charakterisiert ist, Apphia, Archippus), sondern auch die gesamte Hausgemeinde des Philemon befindet.

c) Auch die Argumentation des Apostels ist stark auf die Gemeinschaft hin ausgerichtet: Schon in der Einleitung wird an das Wirken des Philemon innerhalb seiner Gemeinde erinnert[55]. Auch im Briefkorpus

[55] Vgl. den zweimaligen Hinweis auf die ἅγιοι in V. 5 und V. 7.

selbst wird immer wieder das die Christen Verbindende und Gemeinsame herausgestellt[56].

Dies alles läßt vermuten, daß Paulus selbst den Philemonbrief als »verbindliche Botschaft« an die ganze Gemeinde versteht[57].

3.2 Wie alle anderen Paulusbriefe ist auch der Philemonbrief ein *Zeugnis der besonderen Christusverkündigung* des Apostels[58]. Diese geschieht allerdings nicht so sehr – wie in den übrigen Briefen – in Form theologischer oder christologischer Erörterungen, sondern wesentlich in der Form der *Paraklese*[59].

Dies hängt zusammen mit der Besonderheit des Anliegens und seiner Motivation. Dazu läßt sich folgendes feststellen:

a) Paulus bittet nicht darum, den Sklaven Onesimus freizulassen, wohl aber darum, ihn als ἀδελφὸς ἀγαπητός aufzunehmen. Diese Bitte aber wird von dem her motiviert, was bereits mit Onesimus geschehen ist. Bewußt weist Paulus darauf hin, daß Onesimus sich zum Christentum bekehrt hat und damit ja schon längst (sowohl für Paulus selbst als auch für Philemon) zum »geliebten Bruder« geworden ist. Die Bitte, ihn dann auch als solchen aufzunehmen, ist im Grunde nur die Konsequenz aus dem »Brudersein in Christus«, das die einzelnen Christen untereinander verbindet und sich im konkreten Verhalten zueinander auswirken muß[60].

b) Wenn es aber entscheidend um die konkrete Verwirklichung des von Christus her geschehenen »Bruderseins« geht, dann ist für den Apostel nicht die Haltung des Befehlens, sondern allein die der Bitte angebracht. Denn diese Verwirklichung beruht ganz auf »Freiwilligkeit« (vgl. das κατὰ ἑκούσιον in V. 14) und steht unter dem Gesetz der »Liebe« (vgl. das διὰ τὴν ἀγάπην in V. 9a).

c) Es ist dabei höchst bedeutsam, daß Paulus die ganze Persönlichkeit des Philemon zur Entscheidung aufruft[61]. Damit soll deutlich gemacht werden, daß die Verwirklichung des »Bruderseins« in concreto stets

[56] Vgl. das zu den besonderen Leitwörtern des Philemonbriefs Gesagte.

[57] So zu Recht E. LOHSE, Kol, Phlm 264.

[58] Es sei noch einmal erinnert an das διακονεῖν-Verständnis in V. 13.

[59] Vgl. das zweimalige παρακαλῶ im ersten Teil des Briefkorpus.

[60] Auch sonst folgt für Paulus der Aufruf zum Handeln aus dem, was *seinshaft* an den Christen geschehen ist. Ein berühmtes Beispiel für diese Zuordnung von Indikativ und Imperativ sind die Ausführungen in Röm 6,1–14. Vgl. dazu S. 256 f.

[61] Dem dient – wie festgestellt werden konnte – auch die besondere Art der Argumentation, die sich auf verschiedenen Ebenen bewegt, um Philemon in gleicher Weise als Mensch und als Christ anzusprechen.

beim *Einzelnen* anfangen muß und sich daran zeigt, wie er sich dem »Bruder in Christus« gegenüber verhält.

3.3 Von daher gesehen wird nun vollends deutlich, daß der Philemonbrief mehr sein will als eine Stellungnahme des Apostels zur Sklavenfrage. Es geht konkret um die Person des Mitchristen Onesimus. Daß dieser – zufälligerweise – Sklave ist, ist letztlich nicht entscheidend für das im Philemonbrief ausgesprochene paränetische Anliegen[62]. Der »Fall« des Sklaven Onesimus ist eigentlich nur ein (wenngleich sehr treffendes) Beispiel, an dem aufgezeigt werden kann, was für christliches Verhalten grundsätzlich gilt, daß es nämlich darauf ankommt, das »Brudersein in Christus« zu *verwirklichen*, und daß diese Verwirklichung stets beim *konkreten* Menschen anzusetzen hat. Gerade in dieser Hinsicht aber dürfte die Paraklese des Philemonbriefes *alle* Christen, auch die Christen unserer Zeit, in entscheidender Weise angehen.

[62] Bezeichnenderweise wird die Tatsache, daß es sich bei Onesimus um einen δοῦλος handelt, nur einmal, und zwar auf dem Höhepunkt des Briefes in V. 16 erwähnt.

Literatur

BAUER, W., Griechisch-Deutsches Wörterbuch zu den Schriften des Neuen Testaments und der übrigen urchristlichen Literatur, Berlin-New York [5]1958 (Nachdruck 1971).

BLASS, F. – DEBRUNNER, A., Grammatik des neutestamentlichen Griechisch, bearbeitet von F. REHKOPF, Göttingen [14]1975 (= Bl-Debr).

BORNKAMM, G., Art. πρέσβυς κτλ., in: ThWNT VI, 651–683.

DIBELIUS, M. – GREEVEN, H., An die Kolosser, Epheser, an Philemon (HNT 12), Tübingen [3]1953.

EWALD, P., Die Briefe des Paulus an die Epheser, Kolosser und an Philemon (KNT 10), Leipzig [2]1910.

FRIEDRICH, G., Der Brief an Philemon, in: J. BECKER – H. CONZELMANN – G. FRIEDRICH, Die Briefe an die Galater, Epheser, Philipper, Kolosser, Thessalonicher und Philemon (NTD 8[14]), Göttingen 1976, 277–286.

KNOX, J., Philemon among the Letters of Paul. A New View of its Place and Importance, New York-Nashville [2]1959.

KOCH, K., Was ist Formgeschichte? Methoden der Bibelexegese, Neukirchen [3]1974.

KÜMMEL, W. G., Einleitung in das Neue Testament, Heidelberg [20]1980.

LÄHNEMANN, J. – BÖHM, G., Der Philemonbrief (Handbücherei für den Religionsunterricht 16), Gütersloh 1973.

LAUSBERG, H., Elemente der literarischen Rhetorik, München [4]1971.

LOHMEYER, E., Die Briefe an die Philipper, an die Kolosser und an Philemon (KEK IX[13]), Göttingen [6]1964.

LOHSE, E., Die Briefe an die Kolosser und an Philemon (KEK IX/2[14]), Göttingen 1968.

MOULE, C. F. D., The Epistles of Paul the Apostle to the Colossians and to Philemon (CGTC), Cambridge 1957.

MÜLLER-BARDORFF, J., Art. »Philemonbrief«, in: RGG[3] V, 331 f.

REUSS, J., Die Paulus-Briefe (EB.NT), Würzburg [2]1968.

SCHNEIDER, N., Die rhetorische Eigenart der paulinischen Antithese (HUTh 11), Tübingen 1970.

SOWINSKI, B., Deutsche Stilistik (Fischer Handbücher 6147), Frankfurt a. M. 1973.

WANKE, G., Sprachliche Analyse, in: G. FOHRER u. a., Exegese des Alten Testaments. Einführung in die Methodik (UTB 267), Heidelberg 1973, 57–81.

WICKERT, U., Der Philemonbrief – Privatbrief oder apostolisches Schreiben?, in: ZNW 52 (1961) 230–238.

ZIMMERMANN, H., Jesus Christus – Geschichte und Verkündigung, Stuttgart [2]1975.

ZMIJEWSKI, J., Der Stil der paulinischen »Narrenrede«. Analyse der Sprachgestaltung in 2 Kor 11,1–12,10 als Beitrag zur Methodik von Stiluntersuchungen neutestamentlicher Texte (BBB 52), Köln-Bonn 1978.

Kontextbezug und Deutung von 2 Kor 12,7a*

Stilistische und strukturale Erwägungen zur Lösung eines alten Problems

Die Frage, worauf sich die Anfangsworte von 2 Kor 12,7, also καὶ τῇ ὑπερβολῇ τῶν ἀποκαλύψεων, grammatisch-syntaktisch beziehen und in welchem Sinn man sie zu verstehen hat, stellt von jeher eine crux interpretum dar. In den heute gebräuchlichen Textausgaben[1] wird der Text der Verse 12,6–7 folgendermaßen wiedergegeben und interpunktiert:

[6]ἐὰν γὰρ θελήσω καυχήσασθαι, οὐκ ἔσομαι ἄφρων, ἀλήθειαν γὰρ ἐρῶ· φείδομαι δέ, μή τις εἰς ἐμὲ λογίσηται ὑπὲρ ὃ βλέπει με ἢ ἀκούει ἐξ ἐμοῦ [7]καὶ τῇ ὑπερβολῇ τῶν ἀποκαλύψεων. διὸ ἵνα μὴ ὑπεραίρωμαι, ἐδόθη μοι σκόλοψ τῇ σαρκί, ἄγγελος σατανᾶ, ἵνα με κολαφίζῃ, ἵνα μὴ ὑπεραίρωμαι.

Nach dieser Textfassung ist das Anfangskolon von V. 7 noch in den vorhergehenden Satz (V. 6) einzubeziehen, und der neue Satz beginnt erst mit διό. Gegen eine solche Beziehung werden aber von seiten der Exegeten immer wieder stilistische und sachliche Bedenken ins Feld geführt. So empfindet man das καὶ τῇ ὑπερβολῇ τῶν ἀποκαλύψεων im Rahmen von V. 6 als einen ungeschickten, schleppenden Nachtrag[2] und hält zudem diese Satzverbindung für schlechtweg unverständlich[3]. Läßt man aber, wie es vielfach geschieht, schon mit καὶ τῇ ὑπερβολῇ τῶν ἀποκαλύψεων den neuen Satz beginnen, integriert man also das Kolon in den V. 7, ergibt sich vor allem eine Schwierigkeit mit dem unmittelbar folgenden διό, das dann unvermutet mitten im Satz steht. Zwar ließe sich diese Schwierigkeit dadurch umgehen, daß man διό einfach streicht, wobei man sich durchaus auf Textzeugen berufen könnte[4], dennoch aber sprechen die gewichtigeren textkritischen Erwägungen *für* die Ursprünglichkeit von διό[5].

* Erstmals veröffentlicht in: Biblische Zeitschrift Neue Folge 21 (1977) 265–272.

[1] Vgl. z. B. die Textausgaben von K. Aland, H. J. Vogels oder die von K. Aland – M. Black – C. M. Martini – B. M. Metzger – A. Wikgren edierte internationale Ausgabe.

[2] Vgl. etwa K. Prümm, Diakonia Pneumatos I 657.

[3] H. Lietzmann – (W. G. Kümmel), Kor 155.

[4] Zu den Textzeugen, bei denen διό fehlt, gehören P[46] K D pl lat sa Ir[lat] Or[lat].

[5] Das διό wird 1. von den gewichtigeren Zeugen geboten (א A B G bo) und stellt 2. die offensichtlich schwierigere Leseart dar.

Wie hat man sich zu entscheiden? Bevor diese Frage beantwortet werden soll, erscheint es angebracht, zunächst die wichtigsten Lösungsmöglichkeiten überblickartig zusammenzustellen und zu bewerten.

Die verschiedenen Lösungsversuche und ihre Bewertung[6]

1. Will man das Kolon in V. 6 einbeziehen, dann ergeben sich folgende Bezugsmöglichkeiten:

a) Die Wendung καὶ τῇ ὑπερβολῇ τῶν ἀποκαλύψεων ließe sich als nachgetragenes Dativobjekt zu dem Infinitiv καυχήσασθαι des ersten Kolons von V. 6 verstehen[7]. Man müßte dabei freilich wohl die Worte ab ἀλήθειαν bzw. ab φείδομαι bis ἐμοῦ als eine Art »Parenthese« einklammern[8]. Aber entspricht eine solche Einklammerung der Gewichtigkeit der in dieser »Parenthese« enthaltenen Aussagen?

b) Das Kolon ließe sich auf das letzte Hauptprädikat, also auf φείδομαι, beziehen. Es läge dann bei τῇ ὑπερβολῇ ein Dativ der Beziehung vor, und καί wäre am besten adverbial mit »auch« (bzw. »sogar«) wiederzugeben[9]. Dagegen wird man jedoch einwenden können, die Beziehung auf das doch recht entfernt stehende φείδομαι sei »schwerlich das, was Paulus wollte«[10]; zudem könnte man weitere stilistische und logische Gründe dagegen anführen und etwa argumentieren: »Weder kann die präpositionale Wendung dem Finalsatz beigeordnet sein, noch gibt sie einen Grund für die Zurückhaltung (φείδομαι) ab, die P. übt«[11].

c) Die Wendung ließe sich als Dativobjekt auf ein zu φείδομαι zu ergänzendes τοῦ καυχήσασθαι beziehen[12]. Hier gelten aber die gleichen Einwände wie bei der vorigen Lösung.

[6] Eine gute Übersicht über die bisherigen Lösungsversuche findet sich z. B. in folgenden Kommentaren: H. LIETZMANN (– W. G. KÜMMEL), Kor 155; E.-B. ALLO, II Cor 308 f.; R. BULTMANN, 2 Kor 226.

[7] So einer der Alternativvorschläge von O. KUSS, Röm, Kor, Gal 242.

[8] Vgl. H. LIETZMANN (– W. G. KÜMMEL), Kor 155.

[9] Diese Lösung wird z. B. schon von C. F. G. HEINRICI, 2 Kor 370 bevorzugt: »auch rücksichtlich der über die Maßen herrlichen Offenbarungen halte ich mich . . . zurück«.

[10] A. SCHLATTER, Paulus 211.

[11] H. WINDISCH, 2 Kor 382.

[12] Nach H. LIETZMANN (– W. G. KÜMMEL), Kor 155 ist dies von allen Vorschlägen, die das Kolon mit V. 6 in Verbindung bringen wollen, der beste. Man kann das Gemeinte so wiedergeben wie H.-D. WENDLAND, Kor 248: »ich unterlasse es, mich zu rühmen auch wegen der Überschwenglichkeit der Offenbarungen, von denen man eigentlich überhaupt nicht sprechen soll«.

d) Schließlich könnte man das Kolon auf das Prädikat des μή-Satzes, also auf λογίσηται, beziehen[13]. In diesem Zusammenhang ließe sich darauf hinweisen, daß eine von λογίζεσθαι abhängige Dativkonstruktion durchaus gebräuchlich ist, oder man könnte auch auf das häufige Vorkommen eines »freien Dativs« bei Paulus aufmerksam machen[14]. Allerdings ließe sich dagegen einwenden, daß der Nachtrag immer noch schleppend wäre[15] und zudem statt καί wohl richtiger ein μηδέ stehen müßte[16] – jedenfalls dann, wenn man in der Wendung eine direkte *Parallelaussage* zum Relativsatz sieht[17].

2. Wenn man, wie es zahlreiche Exegeten vorschlagen[18], mit καὶ τῇ ὑπερβολῇ τῶν ἀποκαλύψεων einen neuen Satz anfangen lassen will, gerät man, wie bereits gesagt, mit dem nachfolgenden διό in Schwierigkeiten, das normalerweise eine einleitende Konjunktion darstellt[19].

Die Vertreter dieses Lösungsvorschlages versuchen nun allerdings, dieser Schwierigkeit auf verschiedene Weise zu begegnen:

a) Ph. Bachmann meint z. B., διό sei erst »nachträglich in den Text gekommen«[20]. Dagegen spricht aber eindeutig der textkritische Befund, und man wird urteilen dürfen: »Die Lösung ist zu billig, um richtig zu sein: denn wie wäre das Eindringen von διό zu erklären«[21]?

[13] Für diesen Lösungsvorschlag entscheiden sich u. a. E.-B. Allo, II Cor 308; J. Cambier, Le critère 481–518. Vgl. auch W. Schmithals, Gnosis 201 f., der die Wendung als adverbiale Bestimmung zu λογίσηται versteht, freilich statt καί ein κατά (gem. Röm 4,4) konjizieren möchte.

[14] Das räumt auch K. Prümm, Diakonia Pneumatos I 657 in seiner Kritik an Cambier bzw. Allo ein. Zum »freien Dativ« bei Paulus vgl. Bl-Debr § 188,2.

[15] So K. Prümm, aaO.: »Der Hauptgegengrund ist ein stilistischer, das Schleppende eines solchen Nachtrags.«

[16] So vor allem der Einwand von Ph. Bachmann, 2 Kor 391 Anm. 1, der sich auf 2 Kor 4,2; 1 Kor 5,8; Röm 9,11; 14,21 beruft.

[17] E.-B. Allo sieht freilich in Bachmanns Einwand für sich keine Schwierigkeit: »L'objection de Bachmann, qu'il faudrait alors μηδέ (›ni‹) au lieu de καί n'a guère de portée, croyons-nous, dans le style rapide de Paul, où il pourrait d'ailleurs signifier ›etiam‹ . . .« (II Cor 308).

[18] Etwa P. Ketter, Ph. Bachmann, K. Prümm.

[19] Zu διό vgl. Bl-Debr § 451,5; W. Bauer, Wörterbuch 394.

[20] 2 Kor 391 Anm. 1. Bachmann tut sich allerdings schwer mit einer Begründung: »Wie das διό nachträglich in den Text gekommen ist, bleibt freilich wohl ein Rätsel; vielleicht geht es aber doch auf ein altes Mißverständnis des Textes zurück, das in der Heimat von ℵ B aufgetreten war.«

[21] H. Lietzmann (– W. G. Kümmel), Kor 155. Vgl. zur Kritik auch R. Bultmann, 2 Kor 226.

b) A. Schlatter nimmt eine stärkere Textverderbnis an. Nach ihm liegt ein »Gemenge aus zwei Schreibungen« vor, bzw. es ist neben διό auch das anschließende (erste) μὴ ὑπεραίρωμαι als »Eindringling« auszuschalten[22]. Indes: Warum soll man das, was schwer zu erklären ist, vorschnell als Textverderbnis ausgeben?

c) H. Windisch sieht διό zwar als ursprünglich an, postuliert aber gleichwohl eine Textverderbnis. Dafür bestehen nach seiner Meinung zwei Möglichkeiten: Entweder ist καὶ τῇ ὑπερβολῇ τῶν ἀποκαλύψεων später an den Rand geschrieben worden und dann an die verkehrte Stelle geraten, oder – und dies ist für ihn wahrscheinlicher – die Wendung ist »das Rudiment eines verloren gegangenen Satzteils oder Satzes«[23]. Auch für diese Lösung spricht kein überzeugender Grund[24].

d) K. Prümm, der das διό ebenfalls beibehält, nimmt keine Textverderbnis an, sondern bietet zwei andere Erklärungen: Entweder ist von einem »vollen Anakoluth« auszugehen, oder es liegt – was nach seiner Ansicht eher zutrifft – ein »Hyperbaton« vor; ein solches »stünde ja nicht ohne Gegenstück bei Paulus da«[25] (vgl. z. B. Röm 8,18); das διό aber könnte dann »als unbetonte Vorausnahme von ἵνα gemeint sein«[26] (vgl. Hebr 13,12). Aber auch gegen diese Lösung erheben sich, wie noch gezeigt werden soll, Bedenken, vor allem stilistischer Art.

3. Eine weitere – allerdings sehr unwahrscheinliche – Lösung besteht darin, den *ganzen* Vers 6 als Parenthese einzuklammern und das Anfangskolon von V. 7 auf das Ende von V. 5 zurückzubeziehen[27]. Dagegen aber ist zu Recht eingewendet worden, daß der Sinn ganz in sein

[22] Paulus 665: »Ich halte καὶ τῇ ὑπερβολῇ τῶν ἀποκαλύψεων διὸ ἵνα μή für ein Gemenge aus zwei Schreibungen: καὶ τῇ ὑπερβολῇ τῶν ἀποκαλύψεων ἵνα μὴ ὑπεραίρωμαι, hier gehörte der Dativ zu ὑπεραίρωμαι, und τῇ ὑπερβολῇ τῶν ἀποκαλύψεων διὸ ἵνα μή, hier gehörte der Dativ zu λογίσηται. Wenn aber Paulus nur ein, und zwar das zweite ἵνα μὴ ὑπεραίρωμαι schrieb, wenn also das erste διὸ μὴ ὑπεραίρωμαι ein Eindringling ist, dann war καὶ τῇ ὑπερβολῇ τῶν ἀποκαλύψεων mit ἐδόθη verbunden.«

[23] 2 Kor 283.

[24] Weitere Autoren, die eine Textverderbnis annehmen, sind genannt bei E.-B. Allo, II Cor 308.

[25] Diakonia Pneumatos I 657. Von einem Anakoluth geht auch A. Plummer, II Cor 347 aus.

[26] AaO. 657. Dieser Vorschlag geht zurück auf E. Molland, Διό 49 f.; er wird u. a. auch von W. G. Kümmel in den Nachträgen zu Lietzmanns Kommentar (Kor 212) und von R. Bultmann, 2 Kor 226 übernommen.

[27] So K. Lachmann in seiner Textausgabe (S. 430).

Gegenteil verkehrt würde, wollte man diese Lösung ernsthaft in Erwägung ziehen[28].

4. Ebenso unwahrscheinlich wie die zuletzt genannte Lösung ist schließlich auch der Vorschlag, den Text in V. 7 umzustellen und die Wendung καὶ τῇ ὑπερβολῇ τῶν ἀποκαλύψεων »hinter das ἵνα μὴ ὑπεραίρωμαι am Schluß von V. 7 zu setzen«[29].

Stilistische und strukturale Ansatzpunkte für eine Lösung

Der keineswegs vollständige Überblick dürfte deutlich gemacht haben, daß alle genannten Lösungsvorschläge nicht voll befriedigen können. Daher soll im folgenden der Versuch gemacht werden, von einem besonderen, bislang noch zu wenig beachteten Ansatz her das Problem einer Klärung näherzubringen. Es lassen sich nämlich gewichtige *stilistische* und *strukturale* Beobachtungen anführen, die eher für eine Verbindung des Kolons mit V. 6 als für seine Hineinnahme in V. 7 sprechen:

1. Es ist eher vorstellbar, daß der neue Satz mit der Konjunktion διό und nicht mit dem doch wohl einen engeren Anschluß anzeigenden καί beginnt.

2. Bei einem Bezug der Wendung zum Hauptsatz von V. 7 würde sich eine unerträgliche Häufung von Dativformen ergeben: τῇ ὑπερβολῇ – μοι – τῇ σαρκί. Zudem stände das Bezugsverb ἐδόθη wieder sehr weit entfernt.

3. Es ist zu beachten, daß in V. 7 offensichtlich bewußt durch das zweifache ἵνα μὴ ὑπεραίρωμαι eine Rahmung hergestellt werden soll. Diese Rahmung, die übrigens für die paulinische Art der Gedankenordnung charakteristisch ist[30], würde ihre Bedeutung verlieren, wenn man schon mit καὶ τῇ ὑπερβολῇ τῶν ἀποκαλύψεων den neuen Satz beginnen ließe – ganz abgesehen von der Schwierigkeit, die das διό dann immer noch bieten würde. Gewiß ließe sich auf andere Stellen hinweisen, wo, wie hier, eine invertierte Wortstellung vorliegt, und zwar ebenfalls dergestalt, daß »das betonte Satzglied aus dem Finalsatze herausgehoben und vor das ἵνα gestellt ist«[31]; doch kann man dann genauso gut umgekehrt sagen, daß bei einer Endstellung von καὶ τῇ ὑπερβολῇ τῶν ἀποκαλύψεων diese Wendung im Rahmen des V. 6 nachdrucksvoll hervorgehoben wird[32].

[28] Vgl. H. Lietzmann (– W. G. Kümmel), Kor 155; ferner R. Bultmann, aaO.

[29] So ein ergänzender Vorschlag von R. Bultmann, aaO.

[30] Vgl. dazu R. Bultmann, Stil 97 f.

[31] Ph. Bachmann, 2 Kor 391 Anm. 1.

[32] Das betont zu Recht C. F. G. Heinrici, 2 Kor 370.

4. Das wichtigste Argument bietet die genauere *Strukturanalyse* des V. 6. Durch sie läßt sich eindeutig klarstellen, daß das Kolon V. 7a ein notwendiges und unverzichtbares Glied im Gesamtaufbau des Satzes bildet. Dazu die folgenden Beobachtungen:

Auf den ersten Blick könnte man das Satzgefüge (V. 6–7a) als eine ziemlich wahllose Aneinanderreihung von Haupt- und Gliedsätzen unterschiedlicher Art und unterschiedlichen Grades ansehen. Bei einer näheren Betrachtung stellt sich aber heraus, daß ein sehr kunstvoller Aufbau vorliegt, wobei die Beziehungen der einzelnen Teilsätze zueinander jeweils durch besondere grammatische Morpheme (Partikel bzw. Konjunktionen) gekennzeichnet werden[33]. Deutlich lassen sich zwei große Teile unterscheiden, von denen der erste (bis ἀλήθειαν γὰρ ἐρῶ) die große *Protasis,* also den spannungsschaffenden Teil, und der zweite (ab φείδομαι δέ) die große *Apodosis,* den spannungslösenden Teil, darstellt. Das Spannungsverhältnis wird dabei durch das antithetische δέ (hinter φείδομαι) sowie durch den Wechsel von Futur- zu Präsensformen bei den Verben angezeigt[34].

Diese beiden großen Teile sind wiederum für sich recht kunstvoll gegliedert; das Bemühen um steigernden (so im ersten Teil) bzw. um entfaltenden Satzbau (so im zweiten Teil) ist deutlich zu erkennen:

Die *Protasis* wird aus drei kurzen Einzelsätzen gebildet. Am Anfang steht ein konditionaler Gliedsatz, der – wie das einleitende ἐάν aufweist – einen Eventualfall konstruiert[35]. Das Hauptkennzeichen dieses Eingangskolons besteht in seiner *verbalen* Prägung; außer der Konjunktion ἐάν und dem die Verbindung zu V. 5 herstellenden γάρ findet sich nur noch die verbale Konstruktion θελήσω καυχήσασθαι[36]. Der Bedingungssatz bildet innerhalb der großen *Protasis* die kleinere (Nebensatz-)Protasis.

[33] Dabei ergibt sich folgende Reihung: ἐάν – οὐ – γάρ / δέ – μή (ὅ) – καί.

[34] Nach H. Lausberg, Elemente § 452 ist überhaupt das »semantische Grundverhältnis« zwischen Protasis und Apodosis die Antithese.

[35] Vgl. Bl-Debr § 373,1: »ἐάν bezeichnet das unter Umständen zu Erwartende – vom gegebenen (allgemeinen und konkreten) Standpunkt in der Gegenwart aus: eventueller oder iterativer Fall.«

[36] Ein Objekt zu καυχήσασθαι fehlt und muß – falls dies überhaupt erforderlich erscheint – aus dem vorhergehenden Satz (V. 5) ergänzt werden. Allerdings gibt es dabei verschiedene Möglichkeiten. Vgl. z. B. die unterschiedlichen Vorschläge von H. Windisch, 2 Kor 383; R. Bultmann, 2 Kor 225; aber auch H. D. Betz, Apostel 95 Anm. 358 u. a.

Der anschließende Hauptsatz, der nur aus drei Gliedern besteht, nämlich aus der Negationspartikel οὐκ, dem dazugehörigen Prädikat ἔσομαι und dem prädikativen Adjektiv ἄφρων, stellt ein erstes spannungslösendes Moment dar, läßt sich also als (Hauptsatz-)Apodosis innerhalb der *Protasis* bezeichnen.

Der weitere, mit γάρ koordinierte Hauptsatz, der wieder dreigliedrig ist und durch die betonte Voranstellung des Akkusativobjekts geprägt wird (ἀλήθειαν γὰρ ἐρῶ), dient offensichtlich zur Erweiterung der Apodosis, ist also eine Art (Hauptsatz-)Epiphrase, durch die der Eindruck des steigernden Satzbaus noch verstärkt wird.

Auch die *Apodosis* besteht aus drei Teilsätzen. Der äußerst kurze Hauptsatz φείδομαι δέ ist jetzt das spannungsbildende Moment, stellt demnach die (Hauptsatz-)Protasis der großen *Apodosis* dar. Unwillkürlich wird dabei die Erwartung geweckt, etwas Näheres über die Motivation für die mit φείδομαι markierte Aussage zu hören.

Dem wird der durch μή[37] τις eingeleitete Gliedsatz gerecht. Insofern dabei der angeschlossene Relativsatz (ὅ κτλ.), also der Gliedsatz zweiten Grades, lediglich eine Umschreibung des zu λογίσηται ὑπέρ zu ergänzenden Objekts darstellt, hat er keine eigenständige strukturale Bedeutung, sondern bildet zusammen mit dem finalen Gliedsatz ersten Grades die (Nebensatz-)Apodosis in der *Apodosis*[38].

Welchen Sinn aber hat dann das anschließende Kolon καὶ τῇ ὑπερβολῇ τῶν ἀποκαλύψεων? Der Gesamtstruktur des Satzes entsprechend, kann das Kolon nur die Funktion einer (Nebensatz-)Epiphrase innerhalb der *Apodosis* haben; es bildet also eine erklärende Erweiterung zum voranstehenden Finalsatz, also zur (Nebensatz-)Apodosis. Allerdings hat das Kolon nicht nur die Aufgabe, das μὴ λογίσηται ὑπέρ zu erläutern, sondern es stellt auch die gedankliche Überleitung zum Folgenden her (vgl. das διό). Auffallendes Kennzeichen des Kolons ist dabei der ausgeprägte *Nominalstil;* zwei mit Artikel versehene Substantivformen werden hier zu einem Syntagma zusammengeschlossen.

Es ergibt sich also insgesamt ein klarer Aufbau des Satzes. Seine beiden großen Teile, *Protasis* und *Apodosis*, sind dabei deutlich auf Kontrast angelegt. Dies ist nicht nur an dem antithetischen δέ zu erkennen, sondern auch an der Tatsache, daß die kleineren spannungsschaffenden

[37] Zu μή als Einleitung von Finalsätzen vgl. Bl-Debr § 369.

[38] Daß Final- und Relativsatz *einen* Aussagekomplex bilden, ergibt sich aus der besonderen Zuordnung der Pronominalformen zwischen den beiden Sätzen: εἰς ἐμέ / με – ἐξ ἐμοῦ.

bzw. spannungslösenden Glieder genau reziprok auf Haupt- und Nebensätze verteilt werden, wodurch sich das folgende klare Schema ergibt:

1. Nebensatz-Protasis/Hauptsatz-Apodosis/Hauptsatz-Epiphrase (= *Protasis*),
2. Hauptsatz-Protasis/Nebensatz-Apodosis/Nebensatz-Epiphrase (= *Apodosis*).

Besonders zu beachten ist in diesem Zusammenhang auch der zwischen Anfangs- und Schlußkolon des Satzes bestehende stilistische Kontrast: Das an V. 5 anknüpfende Anfangskolon ist *verbal* geprägt, das den Übergang zu V. 7b herstellende Schlußkolon (V. 7a) ist dagegen durch den *nominalen* Stil gekennzeichnet, was ebenfalls auf bewußte Komposition hinweist. Damit wird nun vollends bestätigt, daß das umstrittene καὶ τῇ ὑπερβολῇ τῶν ἀποκαλύψεων unbedingt zu V. 6 zu beziehen ist; das Kolon ordnet sich nicht nur gut in die Gesamtstruktur des Satzes ein, sondern hat hier eine notwendige, ja für die Geschlossenheit des Aufbaus unverzichtbare Funktion.

Die Bedeutung des Kolons im Kontext von 12,6

Gehört das Kolon zu V. 6, so muß auch die Frage beantwortet werden, welche Bedeutung ihm in diesem Zusammenhang sachlich zukommt. Aufgrund der strukturalen Beobachtungen kann die Antwort nur lauten: Durch das Kolon soll der voranstehende Finalsatz in bestimmter Hinsicht erläutert werden. Im Finalsatz aber wird angegeben, mit welcher Absicht Paulus – obwohl er dazu ein Recht hätte (vgl. V. 6a) – sich ein καυχᾶσθαι in eigener Sache ersparen will (φείδομαι)[39]. Die Antwort lautet: »damit niemand mir mehr (ὑπέρ) aufs Konto setzt (λογίσηται)[40], als was er an mir sieht oder von mir hört!« Die Formulierung ist recht eigenartig. Es muß auffallen, daß Paulus den Finalsatz negativ formuliert und dabei den Inhalt dessen, was er als Objekt bzw. als Maßstab für ein λογίζεσθαι ablehnt, so umständlich mit ὑπὲρ ὅ κτλ.

[39] Das absolute φείδομαι ist hier wohl nicht wie in 2 Kor 1,23 oder 13,2 im Sinne von »schonen« zu verstehen; dieses Verständnis kommt schon deshalb nicht in Betracht, »da das weitere Aufzählen von pneumatischen Erlebnissen nicht als strenges Verfahren gegen die Gemeinde bezeichnet werden kann« (R. BULTMANN, 2 Kor 225).

[40] Das λογίζεσθαι ist kaufmännischer Terminus (vgl. W. BAUER, Wörterbuch 940); freilich ist die Konstruktion mit εἰς c. Acc. der Person singulär.

wiedergibt[41]. Doch kommt es dem Apostel wohl gerade auf das ὑπέρ in diesem Zusammenhang entscheidend an, denn offensichtlich soll hier ein Kontrast herausgestellt werden zwischen dem, was man sehen und hören kann und was als Maßstab zur Beurteilung seiner Person von Paulus akzeptiert wird, und dem, was »darüber hinaus« geht und von ihm als Beurteilungsmaßstab abgelehnt wird. Das καὶ τῇ ὑπερβολῇ τῶν ἀποκαλύψεων knüpft nun gerade an die ὑπέρ-Aussage an. Es fügt dem zuvor abgelehnten Beurteilungsmaßstab kein weiteres Beurteilungsmoment hinzu, sondern will lediglich eine Antwort auf die Frage geben, *warum* denn jemand eigentlich dem Apostel *mehr* (ὑπέρ) aufs Konto setzen könnte als das, was er sieht oder hört. Die Antwort lautet: Das ist *nämlich* (καί)[42] möglich *wegen*[43] des Übermaßes an Offenbarungen. Von ihnen hat Paulus zwar im Zusammenhang seiner »Ruhmesrede« – wenn auch gezwungenermaßen – gesprochen (vgl. 2 Kor 12,1–4), aber da sie eben *über* die erfahrbare Wirklichkeit hinausgehen, lehnt er sie als Beurteilungsmaßstab seiner Person (und seines Apostolates) ab.

Es kommt nicht von ungefähr, daß Paulus gerade die Vokabel ὑπερβολή als Erläuterung von ὑπέρ wählt. Ähnliches begegnet auch an einer anderen Stelle innerhalb der »Ruhmesrede«, nämlich in 2 Kor 11,23, wo Paulus seine »Überlegenheit« über die Gegner bezüglich des Titels »Christusdiener« durch ein ὑπὲρ ἐγώ hervorhebt und das ὑπέρ dann durch ὑπερβαλλόντως (u. ä. Adverbien) in seinem Sinn näher erklärt[44]. Dabei ist zu bedenken, daß mit ὑπερβολή (wie ebenso mit ὑπερβαλλόντως) keineswegs nur eine Quantität ausgedrückt wird, sondern vor allem die Qualität der gemeinten Sache hervorgehoben werden soll. Darauf aber legt Paulus auch im vorliegenden Zusammenhang Wert: Er will noch einmal den einzigartigen Charakter der ἀποκαλύψεις, die er empfangen hat, deutlich herausstreichen. Daß er dafür die letzte Eindrucksstelle des Satzes wählt, auf der ohnehin das größte Gewicht liegt, erhöht zweifellos die Wirkung auf die Leser, und

[41] Paulus hätte ja einfacher positiv formulieren können, etwa: »damit jeder mir nur das aufs Konto setzt . . .«

[42] Das καί ist also keineswegs im Sinne von μηδέ zu verstehen, sondern ist eindeutig καί-explicativum (vgl. Bl-Debr § 442,6a) und also mit »nämlich« bzw. »und zwar« zu übersetzen. In diesem Zusammenhang sei darauf hingewiesen, daß auch die Epiphrase in der Protasis sich als *begründende Erklärung* (γάρ) versteht.

[43] Der Dativ τῇ ὑπερβολῇ ist also wohl Dativus causae. Vgl. dazu Bl-Debr § 196.

[44] 11,23 lautet: διάκονοι Χριστοῦ εἰσιν; παραφρονῶν λαλῶ, ὑπὲρ ἐγώ· ἐν κόποις περισσοτέρως, ἐν φυλακαῖς περισσοτέρως, ἐν πληγαῖς ὑπερβαλλόντως, ἐν θανάτοις πολλάκις.

man kann sagen: Das Kolon, das sich auf den ersten Blick vielleicht ein wenig fremdartig und schwer verständlich im Kontext ausnimmt, stellt in Wahrheit den kommunikativ wirkungsvollen Höhepunkt und Abschluß eines Satzes dar, der durch höchst kunstvollen Aufbau und durch starke Aussagekraft gekennzeichnet ist.

Literatur

ALLO, E.-B., Saint Paul. Seconde Epître aux Corinthiens (EtB), Paris [2]1956.

BACHMANN, PH., Der zweite Brief des Paulus an die Korinther (KNT VIII), Leipzig [2]1909.

BAUER, W., Griechisch-deutsches Wörterbuch zu den Schriften des Neuen Testaments und der übrigen urchristlichen Literatur, Berlin-New York [5]1958 (Nachdruck 1971).

BETZ, H. D., Der Apostel Paulus und die sokratische Tradition. Eine exegetische Untersuchung zu seiner »Apologie« 2 Korinther 10–13 (BHTh 45), Tübingen 1972.

BLASS, F. – DEBRUNNER, A., Grammatik des neutestamentlichen Griechisch, bearbeitet von F. REHKOPF, Göttingen [14]1975 (= Bl-Debr).

BULTMANN, R., Der Stil der paulinischen Predigt und die kynisch-stoische Diatribe (FRLANT 13), Göttingen 1910.

– Der zweite Brief an die Korinther (KEK, Sonderband; hrsg. von E. DINKLER), Göttingen 1976.

CAMBIER, J., Le critère de l'Apostolat en 2 Cor 12,6s, in: Bib. 43 (1962) 481–518.

HEINRICI, C. F. G., Der zweite Brief an die Korinther (KEK VI[8]), Göttingen [3]1900.

KUSS, O., Die Briefe an die Römer, Korinther und Galater (RNT 6), Regensburg 1940.

LAUSBERG, H., Elemente der literarischen Rhetorik, München [4]1971.

LIETZMANN, H. (– KÜMMEL, W. G.), An die Korinther I/II (HNT 9), Tübingen [5]1969.

MOLLAND, E., Διό, in: Serta Rudbergiana, Oslo 1931, 43–52.

PLUMMER, A., A Critical and Exegetical Commentary on the Second Epistle of St Paul to the Corinthians (ICC VIII), Edinburgh 1956 (Nachdruck 1966).

PRÜMM, K., Diakonia Pneumatos I: Theologische Auslegung des zweiten Korintherbriefes, Rom-Freiburg-Wien 1967.

SCHLATTER, A., Paulus, der Bote Jesu. Eine Deutung seiner Briefe an die Korinther, Stuttgart [3]1962.

SCHMITHALS, W., Die Gnosis in Korinth. Eine Untersuchung zu den Korintherbriefen (FRLANT 66), Göttingen [3]1969.

WENDLAND, H.-D., Die Briefe an die Korinther (NTD 7), Göttingen [15]1980.

WINDISCH, H., Der zweite Korintherbrief (KEK VI[9]), Göttingen 1924 (Neudruck 1970; hrsg. v. G. STRECKER).

II.

Zum Verhältnis von Theologie und Tradition im Neuen Testament

Die Eschatologiereden Lk 21 und Lk 17*

Überlegungen zum Verständnis und zur Einordnung der lukanischen Eschatologie

Das im folgenden zu behandelnde Thema umschreibt ein Problem, das seit einiger Zeit unter den Exegeten in der Diskussion steht. Es geht um das Eschatologieverständnis des Evangelisten Lukas, wie es sich vor allem in den beiden großen Reden Lk 21,5–36 und Lk 17,20–37 widerspiegelt, sowie um dessen genauere Einordnung in den größeren Rahmen der neutestamentlichen Eschatologie, also um die Beziehung des Evangelisten zu seiner Tradition und um sein Verhältnis zu anderen neutestamentlichen Schriftstellern in dieser Frage.

1. Ein Blick auf die Forschungsgeschichte zeigt, daß namentlich seit dem Aufkommen der redaktionsgeschichtlichen Methode, besonders durch das vielfach als »bahnbrechend« bezeichnete Werk von H. CONZELMANN über die Theologie des Lukas[1], das Doppelwerk des Evangelisten (Ev – Apg), seine Theologie und Geschichtsschreibung eine neue Aufmerksamkeit seitens der Exegeten erfahren haben, daß man aber gerade in der Frage nach deren Beurteilung und Einordnung keineswegs Einmütigkeit erzielte und nicht selten auch zu mißverständlichen, einseitigen oder gar pauschalierenden Urteilen gelangte, die einer kritischen Überprüfung anhand der Textzeugnisse selbst bedürfen. Dies gilt insbesondere hinsichtlich der eschatologischen Auffassungen des Evangelisten. So kommt etwa CONZELMANN in dem eben erwähnten Werk über die literarische und theologische Arbeit des Evangelisten zu dem Urteil, es lasse sich bei Lukas der Beginn einer »bewußten Reflexion« feststellen, die es vor ihm noch nicht gegeben habe. Diese Reflexion habe vor allem auf der Notwendigkeit, vor der sich Lukas sah, beruht, das Problem der »ausgebliebenen Parusie« anzugehen und zu lösen. Wörtlich schreibt er: »Lukas stellt sich der Lage, in welche die Kirche durch das Ausbleiben der Parusie und die Entstehung einer innerweltlichen Geschichte gekommen ist. Er versucht sie zu bewältigen durch das Faktum

* Erstmals veröffentlicht in: bibel und leben 14 (1973) 30–40.

[1] H. CONZELMANN, Die Mitte der Zeit. Studien zur Theologie des Lukas, Tübingen [5]1964 ([1]1954).

seiner Geschichtsschreibung«[2]. Nach dieser Auffassung, die CONZELMANN in seinem Werk in immer neuen Variationen darzubieten und zu erhärten versucht, dachte Lukas nicht mehr wie die neutestamentlichen Theologen vor ihm eschatologisch, sondern »historisch«, das führte ihn zu einer »objektivierenden« Geschichtsschreibung, in der er die einzelnen Ereignisse der Heilsgeschichte als Ereignisse der Vergangenheit beschrieb, die nicht mehr als eschatologische Vorgänge »gedeutet« werden können, sondern sich als uneschatologisch erweisen[3].

Ähnlich wie CONZELMANN erscheint Lukas auch anderen Exegeten als der Evangelist, der die Naherwartung der Urkirche konsequent aufgegeben und eschatologisches Denken durch rein »historisches« Denken ersetzt habe, weshalb denn auch bei ihm das Interesse von der Enderwartung weg auf die Paränese, auf die vita christiana und auf die Mission gerückt sei[4]. Damit erscheine er aber im Grunde als ein »Epigone«[5], der von der Höhe paulinischer Theologie (die Markus noch gehalten habe und Johannes wieder erreiche) herabgefallen sei und am Rand des neutestamentlichen Kanons stehe oder dessen Grenze bereits zum »Frühkatholizismus« überschritten habe[6].

Es ist indes die Frage zu stellen, inwieweit derartige Urteile über die theologischen und eschatologischen Vorstellungen des Evangelisten Lukas angesichts des Textbefundes aufrechtzuerhalten sind. Stimmt es wirklich, daß Lukas im Unterschied zur Urkirche »uneschatologisch« denkt und konsequent Eschatologie durch Geschichte »ersetzt« – dann müßte man von einem »Bruch« zwischen Lukas und der Urkirche sprechen, und das Urteil jener Exegeten bestünde zu Recht, die sagen, es lasse sich keine kontinuierliche Linie von der Botschaft Jesu über Paulus und die frühe Gemeinde bis zu Lukas hin durchziehen[7] –, oder ist es eher so, daß Lukas – aufbauend auf der ihm vorgegebenen Jesustradition der Urkirche – deren Vorstellungen nur konsequent weitergeführt und den besonderen Erfordernissen seiner Zeit angepaßt hat, so daß etwa das Faktum seiner Geschichtsschreibung keineswegs, wie z. B.

[2] Mitte 6.

[3] Vgl. besonders seine Ausführungen aaO. 124.

[4] So z. B. das Urteil von E. GRÄSSER, Problem 179.

[5] H. FLENDER, Heil 10.

[6] Von »Frühkatholizismus« bei Lukas sprechen u. a. R. BULTMANN, E. KÄSEMANN, PH. VIELHAUER, E. HAENCHEN. Vgl. zur Kritik aber H. FLENDER, aaO. 10 f.; ferner R. SCHNACKENBURG, Gottes Herrschaft und Reich 189 f.

[7] So z. B. H. CONZELMANN, Gegenwart und Zukunft, bes. 279 f.

Conzelmann mit Ph. Vielhauer meint[8], ein Beweis dafür ist, wie »uneschatologisch« er dachte, sondern vielleicht nur auf eine gegenüber der Tradition noch vertiefte Sicht des Verhältnisses zwischen Geschichte und Eschatologie bei Lukas hinweist?

2. Wie also sieht es mit den eschatologischen Vorstellungen des sogenannten »Historikers« Lukas aus, und wie sind sie auf dem Hintergrund der urkirchlichen Tradition zu beurteilen?

Wie bereits angedeutet, erhält man eine Antwort auf diese Frage wohl am besten durch eine traditions- und redaktionsgeschichtliche Untersuchung der beiden großen Eschatologiereden im Lukasevangelium, nämlich der Rede in Lk 21, die auf Mk 13 als literarische Vorlage zurückgeht, sowie der Rede in Lk 17, die – wenigstens in ihrem Kern – auf die von Lukas mit Matthäus gemeinsam benutzte Logienquelle (Q) zurückzuführen sein dürfte. Schon die Tatsache, daß Lukas zweimal in solcher Ausführlichkeit das eschatologische Thema behandelt, zeigt, wie wichtig für ihn die Beschäftigung mit diesem Thema ist.

Geht man dann einmal in beiden Reden der Redaktionsarbeit des Evangelisten an seinen literarischen Vorlagen nach[9], so gelangt man zu der für sein Verhältnis zur Tradition höchst bezeichnenden Feststellung, daß Lukas sich beidemal nicht nur um eine möglichst vollständige Aufnahme der ihm vorgegebenen Überlieferungen der Herrenworte in sein Evangelium bemüht, sondern sich auch der ganzen Wucht dieser übernommenen Tradition stellt und versucht, sie aus seiner Sicht heraus zu interpretieren und aktualisieren. In keinem Fall ist dabei ein *Bruch* zur Tradition festzustellen. Vielmehr wahrt Lukas gerade durch die Art seiner Interpretation die »geistliche Kontinuität«[10] mit der jeweiligen Überlieferung. Lk 21 stellt gegenüber Mk 13 genauso eine konsequente Fortführung dar wie Lk 17 gegenüber der Logienquelle.

[8] In: Mitte 6 Anm. 1 zitiert H. Conzelmann den entscheidenden Satz aus Ph. Vielhauer, »Paulinismus« 13: »Wie uneschatologisch Lukas denkt, geht nicht nur aus dem Inhalt, sondern vor allem aus dem Faktum der Apostelgeschichte hervor.« Hier liegt sowohl ein falsches Verständnis der Gattungsbegriffe »Evangelium« bzw. »Apostelgeschichte« vor (vgl. zu diesen Begriffen die Ausführungen von H. Zimmermann, Methodenlehre 141–147) als auch eine falsche Beurteilung der biblischen, vorab der lukanischen Geschichtsschreibung. Näheres dazu in meiner Dissertation: Die Eschatologiereden des Lukas-Evangeliums 2–22.

[9] Zur *genaueren* Analyse von Tradition und Redaktion in den beiden Reden sei verwiesen auf J. Zmijewski, Eschatologiereden 73–325 (zu Lk 21) und 361–540 (zu Lk 17).

[10] H. Flender, Heil 104.

Zunächst seien einige Beobachtungen zum Verhältnis zwischen Mk 13 und Lk 21 genannt: Es läßt sich deutlich machen, daß schon *Markus* sich in seiner Rede dem Problem des Zusammenhangs von Geschichte und Eschatologie stellt, indem er versucht, die Bedeutung seiner (bzw. seiner Leser) geschichtlichen Gegenwart hervorzuheben. Diese Gegenwart erscheint näherhin als eine Situation äußerer und innerer Bedrängnis für die Gläubigen. Die äußere Bedrängnis wird markiert durch den Krieg und sein Schrecken (vgl. 13,7 f.) – gemeint ist wohl konkret die Vorgeschichte des Jüdischen Krieges (66–70 n. Chr.), der zur Zerstörung Jerusalems und des Tempels führte –, die innere Bedrängnis erwächst der Gemeinde durch Verführer (vgl. 13,6), die in dieser Zeit dort auftreten und apokalyptische Irrlehren verbreiten, indem sie – unter falscher Berufung auf angebliche Jesusworte – das Ende der Welt als unmittelbar bevorstehend ausrufen, ja die Tempelzerstörung als »das« Zeichen für dieses Weltende erklären[11]. Markus sieht sich gezwungen, diesen falschen, die Gläubigen in Verwirrung setzenden und zum Abfall verführenden Irrlehren Einhalt zu gebieten und sie zu überwinden. Das geschieht dadurch, daß der Evangelist in dieser Rede der apokalyptischen Falscherwartung seine eigene (durch *echte* Herrenworte belegte) Naherwartung gegenüberstellt[12] und betont, daß die Tempelzerstörung keineswegs als das unmittelbare Vorzeichen für das Weltende zu gelten hat – denn »jenen Tag oder jene Stunde kennt niemand« (13,32) –, daß sie und die mit ihr verbundenen Geschehnisse aber durchaus im Zusammenhang mit dem Eschaton gesehen und gedeutet werden dürfen: Es handelt sich um den »Anfang der Wehen« (13,8c), dem dann nach einer mehr oder weniger kurzen Zwischenzeit, die von den Christen besonders zum »Zeugnisgeben« für Christus und sein Evangelium vor allen Völkern genutzt werden soll (13,9 f.), das eigentliche Endgeschehen folgen wird. Ganz bewußt bemüht sich Markus in dieser Rede immer wieder, den Blick der Gläubigen von fruchtlosen Spekulationen um das Ende weg auf eben diese Erfordernisse der Zwi-

[11] Vgl. dazu R. PESCH, Naherwartungen 104.

[12] Offensichtlich lagen dem Evangelisten *zwei* apokalyptische Traditionen vor, deren erste in den Versen 13,7a.8a.b.12.24–27, deren zweite in den Versen 13,14–22 wiederzufinden ist. Markus hat diese Traditionen aufgenommen, interpretiert und korrigiert sie aber mit Hilfe von Logien aus seiner eigenen Jesustradition (vgl. die Logien 13,2c.9b.11.13a.28b.30–32.34).

schenzeit zu lenken, die vor dem Ende liegt, aber doch von ihm bestimmt ist[13].

Lukas, der in Kap. 21 die markinische Rede als Vorlage verwendet, hat, obwohl er aus einer späteren Sicht heraus schreibt und für ihn die Ereignisse um den Krieg und die Tempelzerstörung längst der Vergangenheit angehören, die eschatologische Grundlinie seines Vorgängers keineswegs völlig aufgegeben, sondern konsequent fortgesetzt. Zwar redet er nicht mehr einer *zeitlichen* Naherwartung das Wort wie Markus, für ihn sind die damaligen Ereignisse und das Weltende zeitlich völlig getrennte Größen, dennoch aber – und das ist das Entscheidende – hält er an einem *sachlichen* Zusammenhang zwischen beiden fest[14].

So versucht er nachzuweisen, daß der geschichtliche Fall Jerusalems – darauf und nicht mehr auf die Tempelzerstörung legt er jetzt den Akzent[15] – durchaus in einem eschatologischen Sinn, also vom Ende her gedeutet und verstanden werden kann, stellt er doch das »vorweggenommene Endgericht« über das sein Heilsangebot ablehnende Judentum dar, dessen Schicksal zum warnenden Beispiel für alle wird, die das durch die Kirche ergehende Heilsangebot Jesu Christi ablehnen: Wie dem Judentum damals wird es am Ende einmal allen ergehen, die sich der Botschaft des Evangeliums widersetzen[16].

Von daher erhalten nun aber auch die anderen Ereignisse der dem Ende vorlaufenden Heilsgeschichte, wie er sie in dieser Rede in Anlehnung an Markus zur Sprache bringt, also auch etwa die durch die Verwerfung des Judentums möglich gewordene Mission an den Heiden, die jetzt ihre καιροί haben (21,24c), oder die Verfolgungssituation der Christen (vgl. besonders den Abschnitt 21,12–19, der an konkrete Ereignisse der Apostelgeschichte erinnert) ihren besonderen Sinn. Auch sie stehen für Lukas in diesem eschatologischen Sach- und Sinnzusammenhang. Sie sind Stationen *eines* heilsgeschichtlichen Weges, der mit

[13] Vgl. in diesem Zusammenhang die wiederholte Aufforderung: βλέπετε (13,5.9.23.33).

[14] Das kommt schon in der Formulierung zum Ausdruck: Lukas verknüpft (im Unterschied zu Markus) den Abschnitt 21,20–24, der vom Fall Jerusalems handelt, und den Abschnitt 21,25–28, der sich auf das Parusiegeschehen bezieht, durch ein einfaches verbindendes καί (V. 25a). Vgl. dazu H. FLENDER, Heil 103 f.; ferner K. LÖNING, Lukas 224.

[15] Lukas spricht bezeichnenderweise nicht mehr (wie Markus in 13,14) vom »Greuel der Verwüstung« am Tempel.

[16] Vgl. dazu die Deutungen von H. FLENDER, Heil 98–105 und K. LÖNING, Lukas 222 ff.

Jesus Christus begann, sich nach Gottes Willen planvoll in der Geschichte der Kirche fortsetzt und mit der Parusie des Menschensohns seinen Abschluß findet[17].

Damit wird klar: *Was bei Markus begann, wird bei Lukas konsequent weitergeführt.* Beide versuchen, das Verhältnis von Geschichte und Eschatologie zu bestimmen, beide denken im Schema von Verheißung und Erfüllung (vgl. Mk 13,23; Lk 21,22), beide legen das Gewicht auf den Heilsplan Gottes, der sich in den geschichtlichen Ereignissen auswirkt (vgl. das δεῖ in Mk 13,7 und Lk 21,9), beide heben auf ihre Weise die konkreten Erfordernisse der Gegenwart heraus. Mag Lukas dann auch die Zeit bewußt »dehnen« (vgl. das πρῶτον in 21,9b), mag er die zwischenzeitlichen Verfolgungen noch stärker hervorheben (21,12–19), die Tugend der ὑπομονή nachdrücklicher empfehlen (21,19) und die Paränese durch Warnung vor weltlichem Leben und Mahnung zu anhaltendem Gebet verstärken (21,34–36), so ist das alles doch schon bei Markus angelegt, der, wie R. SCHNACKENBURG zu Recht betont, einen Weg vorgezeichnet, eine Tür geöffnet hat, die Lukas dann in seiner Situation und Sicht vollends durchschritten hat[18].

Das, was zum Verhältnis von Lk 21 zur Markustradition gesagt worden ist, gilt entsprechend auch für das Verhältnis von Lk 17 zur Tradition der *Logienquelle*. Wie ist diese näher zu charakterisieren? Offensichtlich handelt es sich bei der Vorlage zu Lk 17 um eine zusammenhängende Spruchkette eschatologischen Inhalts, die sich als ganze nach dem Urteil von SCHNACKENBURG wie eine »prophetische Ansage des plötzlichen und unerwartet hereinbrechenden Tages des Menschensohnes und eine durch alttestamentliche Beispiele und lebendige Bilder aus dem Alltag verstärkte Mahnung« zu Wachsamkeit und Bereitschaft an die Adresse der Christen liest[19]. Die Hauptmerkmale dieser Spruchkette sind: einmal die Betonung einer kräftigen Naherwartung unter gleichzeitiger Distanzierung von falschen eschatologischen Vorstellungen, etwa der, man könne Spekulationen über Zeitpunkt und Ort der künftigen Menschensohnoffenbarung anstellen (vgl. das Logion 17,23); zum anderen die eindringliche Anschaulichkeit, mit der die Plötzlichkeit und Universalität des Parusiegeschehens (das vor allem als das Offenbarwerden der universalen Richterfunktion des Menschensohnes gedeutet wird) zur

[17] Zum »Weggedanken« bei Lukas vgl. vor allem W. C. ROBINSON, Weg.

[18] R. SCHNACKENBURG, Gottes Herrschaft und Reich 192 f.

[19] R. SCHNACKENBURG, Der eschatologische Abschnitt 237. SCHNACKENBURG bietet in seinem Aufsatz übrigens eine ausgezeichnete Analyse von Tradition und Redaktion in Lk 17.

Darstellung kommt – zu erwähnen sind die Bildworte vom »Blitz« (17,24), vom »Aas und den Geiern« (17,37) sowie die Erinnerung an die alttestamentlichen Vorbilder Noe und Lot (17,26 ff.) –; schließlich das besondere paränetische Interesse, das darauf abzielt, die angesprochene Gemeinde durch den Hinweis auf die Nähe der Parusie und die Universalität des kommenden Gerichts zu einer wahren eschatologischen Haltung in der Gegenwart zu mahnen (besonders deutlich: 17,23b).

Nimmt man die Redaktionsarbeit des Evangelisten *Lukas* in Kap. 17 in den Blick, dann stellt man wieder fest, *daß seine Ausführungen eine konsequente Interpretation und Weiterführung der in der Spruchkette zur Sprache gebrachten eschatologischen Vorstellungen bilden.* So übernimmt Lukas die Menschensohnvorstellung seiner Vorlage; auch er spricht ausführlich vom »Tag« des Menschensohns (17,24.30.31), auch er betont die Universalität des mit diesem Tag gegebenen Endgerichts (17,24.26–30.34 f.), auch er motiviert die Forderungen, die sich für die Gemeinde in der Gegenwart stellen, durch die Vorschau auf das Kommen des Menschensohns (vgl. besonders 17,31–33). Wenn er dann erklärend und interpretierend diese Gegenwart als die nachösterliche Zwischenzeit genauer zu bestimmen sucht, sie als »die Tage« des Menschensohns bezeichnet (17,22.26), in denen das bereits gilt, was dann an »dem« Tag des Menschensohns, also seiner Parusie, nur noch universal offenbart werden wird, nämlich die himmlische Erhöhung des Menschensohns, wenn er ferner davon spricht, daß auch die Jünger in dieser Zwischenzeit in jenes für den Menschensohn selbst geltende Spannungsverhältnis von Erniedrigung und Erhöhung, von Leiden und Herrlichkeit hineingestellt sind (wie aus einem Vergleich der Verse 17,22 und 17,25 miteinander hervorgeht), dann stellt er sich damit nicht gegen seine Tradition, sondern führt sie, geleitet von ähnlichen Motiven wie in Kap. 21, nur konsequent weiter und interpretiert sie aus seiner Sicht heraus sachgemäß.

Dabei stellt nunmehr in der *Zusammenschau* der beiden aus so unterschiedlichen Traditionen stammenden Reden in Kap. 21 und Kap. 17 die letztgenannte, wie an verschiedenen, hier nicht näher darlegbaren Beobachtungen hervorgeht, eine Weiterführung, Präzisierung und – von der Adresse her gesehen – auch eine Spezialisierung der Rede in Kap. 21 dar, weshalb es auch angebracht erscheinen mag, Lk 21 möglichst *vor* Lk 17 in den Blick zu nehmen[20].

[20] Eine ausführliche Zusammenschau der beiden Reden sowie eine nähere Begründung dafür, warum Lk 17 erst nach Lk 21 behandelt werden sollte, finden sich bei J. Zmijewski, Eschatologiereden 541–564; vgl. dort auch 39 ff.

Zusammenfassend ist zu sagen: Lukas steht, wie seine beiden Eschatologiereden erweisen, ganz auf dem Boden seiner Tradition. Er teilt grundsätzlich deren Vorstellungen. Genauso wie diese bereits die Jesusbotschaft lebendig aktualisiert hat – man denke nur an die Auseinandersetzung des Markus mit der Apokalyptik unter Zuhilfenahme seiner Jesustradition –, so tut es auch Lukas seinerseits mit der ihm überkommenen Überlieferung. Er sieht sie als eine Überlieferung von Herrenworten an, die der Interpretation und Anwendung auf die jeweilige Lage bedarf, die es aber in Treue zu bewahren gilt[21].

3. Die Frage der Bewertung und der rechten Einordnung der lukanischen Eschatologie innerhalb der Urkirche wäre indes nicht vollständig beantwortet, wenn nicht wenigstens ansatzweise auch noch kurz die Linie zu anderen neutestamentlichen Theologen, vor allem zu Paulus und Johannes ausgezogen würde, die sozusagen als die beiden Eckpfeiler der neutestamentlichen Theologie gelten können. War Lukas wirklich jener »Epigone«, der von der Höhe paulinischer Theologie, die dann Johannes wieder erreichte, herabgefallen ist? Diese Frage zu bejahen, hieße, die grundsätzliche Gemeinsamkeit in den eschatologischen Anschauungen der drei Theologen verkennen. Denn wenn auch die Akzente jeweils verschieden gesetzt werden, so haben alle drei doch im Grunde das gleiche Problem zu bewältigen, nämlich das Problem des Zusammenhangs von Geschichte und Eschatologie, das für die gesamte Urkirche bestimmend ist[22]. Alle drei bieten dazu Lösungen an, wobei die lukanische zweifellos in der Mitte steht. Sie bildet eine Art Synthese zwischen dem paulinischen und dem johanneischen Ansatzpunkt.

a) Für die *paulinische* Eschatologie ist die besondere *heilsgeschichtliche Dynamik* charakteristisch[23]. In Christus (vor allem in seinem Tod und in seiner Auferstehung) ist nach Paulus die entscheidende Wende bereits erfolgt. Man steht mitten im Umbruch (vgl. 1 Kor 7,31). Die Kräfte der kommenden Gottesherrschaft sind bereits am Werk. Sie sind dem Menschen in der Gegenwart zugänglich. Wer »in Christus« ist, der ist bereits dem Alten abgestorben (vgl. Röm 6,2.8; 2 Kor 5,14 f.; Gal 2,19 u. ö.). Wenngleich aber die eschatologische Gottesherrschaft bereits errichtet ist und in der Herrschaft Christi, des erhöhten Kyrios, gegenwärtig wirksam wird (vgl. Phil 2,11; 3,20 f. u. ö.), so steht gleich-

[21] So auch R. Schnackenburg, Der eschatologische Abschnitt 241.

[22] Darauf weist H. Flender, Heil 146 zu Recht hin.

[23] Vgl. dazu R. Schnackenburg, Gottes Herrschaft und Reich 194; ferner E. Haenchen, Apg 106.

wohl ihre kosmisch-universale Vollendung noch aus. Die »Jetztzeit« des Heils (2 Kor 6,2) ist denn auch nach Paulus kein schwebender Zwischenzustand, kein vorläufiger Endzustand, sondern eine auf Parusie und Vollendung hinstrebende und hindrängende Periode (vgl. 1 Kor 7,29 ff.). Die Christen sollen diese Zeit ausnutzen, um das Evangelium den Heiden zu verkünden (vgl. Röm 11,25), wie es dem göttlichen Heilsplan entspricht. Aber sie sollen auch diese Zeit zu ihrem eigenen Heil nutzen, damit sie untadelig dastehen am Tag der Offenbarung Jesu Christi (1 Thess 3,13; Phil 1,6.10 u. ö.). Dann nämlich soll sich an ihnen das vollziehen, was sich an Christus, dem Erstling, der schon auferweckt wurde, bereits vollzogen hat; auch sie werden auferweckt werden und den »Leib der Herrlichkeit« empfangen (vgl. 1 Kor 15,12 ff.). Die dynamisch-heilsgeschichtliche Sicht des Paulus ist also wesentlich von der Erkenntnis getragen, daß einerseits das eschatologische Heil bereits in Christus eröffnet ist und sich am Menschen konkret in der Gegenwart vollzieht, daß aber andererseits sowohl die Vollendung der Welt als auch der Abschluß des Heils für den einzelnen noch aussteht; anders gesagt: Heilsgegenwart und Heilszukunft stehen für Paulus in einem Spannungsverhältnis.

Vergleicht man diesen paulinischen Ansatzpunkt mit den eschatologischen Vorstellungen des Evangelisten Lukas, so läßt sich aufgrund der zuvor gemachten Überlegungen bezüglich der beiden Reden unschwer erkennen, *daß Lukas den Ansatz des Paulus nicht aufgegeben hat, sondern auch seinen Weg weitergegangen ist.* Mag er auch – wie festgestellt – die zeitliche Naherwartung zurückdrängen und den heilsgeschichtlichen Ablauf in seinen einzelnen Phasen noch stärker als Paulus zur Geltung bringen, so teilt er doch mit diesem die Überzeugung, daß mit Christus, dem Bringer der eschatologischen Gottesherrschaft (17,20 f.), bereits die Zeit der Erfüllung angebrochen ist und seither die Heilsgeschichte kontinuierlich nach Gottes Heilsplan auf die Vollendung hin unterwegs ist. Das kommt vor allem in Kap. 21 zum Ausdruck, wo Lukas zwischen geschichtlichem Geschehen und Eschaton einen sachlichen Zusammenhang herstellt.

b) Was die *johanneische* Eschatologie angeht, so ist festzustellen, daß der bereits bei Paulus vorhandene und von Lukas weiterentwickelte heilsgeschichtliche Ansatzpunkt keineswegs ganz fehlt[24]. Dennoch liegt der Hauptakzent seiner Eschatologie auf dem Moment der *Vergegen-*

[24] R. Schnackenburg, aaO. 195–198 führt eine Reihe von Gesichtspunkten an, die beweisen, »daß auch im Johannesevangelium das heilsgeschichtlich-eschatologische Denken nicht aufgegeben ist«.

wärtigung[25]. Einmal werden bei Johannes die einzelnen (eschatologischen) Ereignisse wie Sterben, Erhöhung, Geistsendung und Wiederkunft Jesu nicht als getrennte oder trennbare Ereignisse dargestellt, sondern als *ein* zusammenhängendes Ereignis gesehen; zum anderen wird die Vergegenwärtigung betont, die der einzelne im Glauben erfährt, indem er sich gegen die »Welt« für Gott entscheidet[26].

Wie diese für die johanneische Theologie außerordentlich charakteristisch erscheinende »vergegenwärtigte Eschatologie« genauer zu verstehen ist, hat H. ZIMMERMANN in seiner Untersuchung zur »Struktur und Aussageabsicht der johanneischen Abschiedsreden (Joh 13–17)« dargelegt[27]. Nach ihm gehört »wesentlich zur theologischen Eigenart des Johannesevangeliums, daß Tod und Verherrlichung Jesu als Einheit gesehen und dargestellt werden«[28]. Mit dem Kreuz Jesu beginnt nach Johannes die Verherrlichung des Menschensohns, ja man kann sagen: »Sein Sterben ist sein Verherrlichtwerden«[29]! Aber nicht nur Tod und Erhöhung Jesu werden bei Johannes im engsten Zusammenhang gesehen, sondern auch Jesu Hingang zum Vater und die Sendung des Heiligen Geistes (so besonders in den Parakletsprüchen Joh 15,26; 16,7–11. 13–15). Dieses »Kommen des Geistes aber bedeutet zugleich das Kommen des erhöhten Herrn zu den Seinen, d. h. mit anderen Worten: Was für die Wiederkunft des Herrn erwartet wird, geschieht bereits in der Gegenwart«[30]. Besonders die zweite Abschiedsrede zeigt auf, wie sich im Leben der Jünger die durch den Hingang Jesu zum Vater ermöglichte neue Wirklichkeit auswirkt; sie schildert das neue Leben in Christus, das Leben der Jünger in der Welt und erklärt dann – gleichsam in einer großartigen Synthese –, »wie das Leben der Jünger in Christus sich in ihrem Leben in der Welt verwirklicht«[31].

Wie ist nun das Verhältnis der johanneischen zur lukanischen Eschatologie zu sehen? Auch dazu nimmt ZIMMERMANN in der erwähnten Untersuchung Stellung. Er gelangt dabei zu folgendem Ergebnis: »Der Anlage seines Doppelwerkes entsprechend kann Lukas in geschichtlicher Darstellung auseinanderfalten, was bei Johannes in eins gefaßt und gemäß der Eigenart johanneischer Theologie auch zusammengehört«[32].

[25] Vgl. dazu R. SCHNACKENBURG, Joh I 140 f.

[26] Vgl. R. BULTMANN, Theologie 429; ferner H. FLENDER, Heil 147.

[27] Veröffentlicht in: bibel und leben 8 (1967) 279–290.

[28] Struktur 285.

[29] AaO. 286. Vgl. auch W. THÜSING, Erhöhung.

[30] H. ZIMMERMANN, aaO. 286.

[31] AaO. 289.

[32] AaO. 285.

In der Tat läßt sich das Verhältnis zwischen Lukas und Johannes grundsätzlich so bestimmen. Dabei wird man allerdings nicht übersehen dürfen, daß es auch in der lukanischen Eschatologie das Moment der Vergegenwärtigung durchaus gibt. Wenn Lukas auch die einzelnen eschatologischen Ereignisse geschichtlich entfaltet, so sieht er doch, ähnlich wie Johannes, die grundsätzliche *theologische* Einheit dieser Ereignisse. Auch für ihn gehören etwa Leiden und Verherrlichung des Menschensohns zusammen (vgl. 17,24 f.), ja es wird sogar ganz bewußt auch die Parusie in das Spannungsverhältnis von Herrlichkeit und Leiden einbezogen. Die Vergegenwärtigung zeigt sich bei Lukas dann auch darin, daß er den Vorgang der Erhöhung Jesu als »vorweggenommene Parusie« darstellt[33] und besonders durch die Gegenüberstellung der »Tage« und des »Tages« des Menschensohns in Kap. 17 erklärt, daß die Parusie lediglich das vor aller Welt offenbar machen wird, was schon jetzt gilt, nämlich die himmlische Erhöhung des Menschensohns (17,22.24). Eine Art von Vergegenwärtigung ist es auch, wenn Lukas in Kap. 21 ein Ereignis der Heilsgeschichte, nämlich den Fall Jerusalems, als das »vorlaufende Endgericht« darstellt. Schließlich – und auch dies entspricht grundsätzlich johanneischer Vorstellung – betont auch Lukas die neue Wirklichkeit, in die die Jünger in der Nachfolge Christi hineingestellt sind: Sie sind – wie vor allem Kap. 17 deutlich macht – in das gleiche Spannungsverhältnis von Erniedrigung und Erhöhung einbezogen wie Christus und haben den gleichen Weg zu gehen wie der Menschensohn (17,22.25), ja mehr noch: In ihrem Leiden wird das Leiden des Menschensohns je neu aktualisiert und vergegenwärtigt[34].

Diese wenigen Andeutungen zeigen: So eigenständig sich die lukanische Eschatologie auch ausnehmen mag – ihre Beziehung nicht nur zu den Vorstellungen von Markus bzw. der Logienquelle, sondern auch zu den anderen neutestamentlichen Theologen, namentlich zu Paulus und Johannes ist unverkennbar. So teilt Lukas mit Paulus die dynamisch-heilsgeschichtliche Schau, mit Johannes den Ansatz zur vergegenwärtigten Eschatologie. Von daher ist es durchaus berechtigt, seine Eschatologieauffassung in die Mitte zwischen die paulinische und die johanneische zu stellen, gleichsam als eine *Synthese,* die den Theologen Lukas aber ohne weiteres als einen eigenständigen »Typus« neben den beiden ande-

[33] Das entspricht auch dem »Himmelfahrtsbericht« Apg 1,9–11, der, wie H. FLENDER, Heil 87 herausstellt, deutlich Anklänge an die Terminologie der Parusie zeigt.

[34] Die Vergegenwärtigung zeigt sich auch sonst bei Lukas, z. B. im lukanischen »Heute« (σήμερον: 2,11; 4,21; 23,43 u. ö.).

ren erscheinen läßt[35]. Sein Weg, das eschatologische Problem auf dem Hintergrund der Tradition zu lösen, ist ebenso legitim und stellt genausowenig eine Verfälschung der Aussagen und Intentionen Jesu dar wie der Weg, den die anderen neutestamentlichen Theologen gegangen sind. Gerade der Blick auf die beiden Reden Lk 21 und Lk 17 hat wohl deutlich gemacht, daß auch Lukas genau wie die übrigen Theologen der Urkirche den anfordernden Charakter der eschatologischen Predigt Jesu durchgehalten, seine Intention getroffen hat, nämlich: angesichts der sich seit Christus in dieser Welt verwirklichenden Gottesherrschaft »die Menschen unter den eindringlichen Ruf zur Umkehr zu stellen und zur radikalen Jüngernachfolge zu verpflichten«[36].

[35] So urteilt auch H. FLENDER, Heil 147.
[36] R. SCHNACKENBURG, Der eschatologische Abschnitt 242.

Literatur

BULTMANN, R., Theologie des Neuen Testaments, hrsg. v. O. MERK (UTB 630), Tübingen [7]1977.

CONZELMANN, H., Die Mitte der Zeit. Studien zur Theologie des Lukas (BHTh 17), Tübingen [5]1964.

– Gegenwart und Zukunft in der synoptischen Tradition, in: ZThK 54 (1957) 277–296.

FLENDER, H., Heil und Geschichte in der Theologie des Lukas (BEvTh 41), München 1965.

GRÄSSER, E., Das Problem der Parusieverzögerung in den synoptischen Evangelien und in der Apostelgeschichte (BZNW 22), Berlin [3]1977.

HAENCHEN, E., Die Apostelgeschichte (KEK III[16]), Göttingen [7]1977.

LÖNING, K., Lukas – Theologe der von Gott geführten Heilsgeschichte (Lk, Apg), in: J. SCHREINER – G. DAUTZENBERG (Hrsg.), Gestalt und Anspruch des Neuen Testaments, Würzburg 1969, 200–228.

PESCH, R., Naherwartungen. Tradition und Redaktion in Mk 13, Düsseldorf 1968.

ROBINSON, W. C., Der Weg des Herrn. Studien zur Geschichte und Eschatologie im Lukasevangelium (ThF 36), Hamburg-Bergstedt 1964.

SCHNACKENBURG, R., Gottes Herrschaft und Reich. Eine biblisch-theologische Studie, Freiburg [4]1965.

– Das Johannesevangelium I (HThK IV/1), Freiburg [4]1979.

– Der eschatologische Abschnitt Lukas 17,20–37, in: DERS., Schriften zum Neuen Testament. Exegese in Fortschritt und Wandel, München 1971, 220–243.

THÜSING, W., Die Erhöhung und Verherrlichung Jesu im Johannesevangelium (NTA XXI, 1/2), Münster [2]1970.

VIELHAUER, PH., Zum »Paulinismus« der Apostelgeschichte, in: EvTh 10 NF 5 (1950/51) 1–15.

ZIMMERMANN, H., Neutestamentliche Methodenlehre. Darstellung der historisch-kritischen Methode, Stuttgart [6]1978.

– Struktur und Aussagebericht der johanneischen Abschiedsreden (Joh 13–17), in: BiLe 8 (1967) 279–290.

ZMIJEWSKI, J., Die Eschatologiereden des Lukas-Evangeliums. Eine traditions- und redaktionsgeschichtliche Untersuchung zu Lk 21,5–36 und Lk 17,20–37 (BBB 40), Bonn 1972.

Apostolische Paradosis und Pseudepigraphie im Neuen Testament*

»Durch Erinnerung wachhalten« (2 Petr 1,13; 3,1)

Im Jahre 1975 veröffentlichte N. BROX ein Buch mit dem Titel »Falsche Verfasserangaben. Zur Erklärung der frühchristlichen Pseudepigraphie«[1]. Es ist einer der bisher umfassendsten Versuche[2], die (wie es im Vorwort heißt) »interessanten, prekären und schwierigen Fragen«, welche das »Faktum der bewußt unzutreffenden Verfasserangaben« innerhalb der urchristlichen Literatur, vornehmlich des Neuen Testaments betreffen, neu zu stellen und sowohl »auf dem Hintergrund der zeitgenössischen Parallelen aus der nichtchristlichen Literatur« als auch »im Zusammenhang der weiteren, nachneutestamentlichen gefälschten christlichen Literatur« zu beantworten. BROX bemüht sich u. a. darum, die verschiedenen Formen von Pseudepigraphie im Neuen Testament exemplarisch vorzustellen (16–26), um sodann das Phänomen selbst auf seine Probleme hin zu analysieren.

Nach seiner Meinung reicht die Anwendung des Mittels der Pseudepigraphie im Neuen Testament »von einfacher Zuschreibung bis zu subtilen Formen der Fälschung« (17). Findet sich im 1. Petrusbrief noch die »einfache Zuschreibung eines Briefes an eine bekannte und prominente Autorität« (ebd.), so trifft man vor allem im 2. Petrusbrief »auf eine deutlich entwickelte Form pseudepigraphischer Schriftstellerei« (18), insofern hier »die Reklamation apostolischer Autorität . . . weit stärker und sogar qualitativ anders . . . literarisch durchgehalten ist und ›erfinderisch‹ wird bzw. die sich anbietenden Möglichkeiten der Fälschung detaillierter und entschlossener ausschöpft« (19). Am »perfektesten« jedoch ist nach BROX die »literarische Manipulation« in den Pastoralbriefen, in denen das Mittel der Fiktion noch »raffinierter, routinierter und literarisch auch besser gekonnt« verwendet wird (ebd.). Als eine »weitere interessante Spielart der Pseudepigraphie« bezeichnet BROX das Phänomen der sog. »Gegenfälschung«, wie es sich namentlich im

* Erstmals veröffentlicht in: Biblische Zeitschrift Neue Folge 23 (1979) 161–171.

[1] Erschienen als 79. Bd. in der Reihe der Stuttgarter Bibelstudien.

[2] Zur bisherigen Forschungsgeschichte vgl. u. a. den Überblick bei H. R. BALZ, Anonymität 403 f.; ferner die Literaturangaben bei K. M. FISCHER, Anmerkungen 77 Anm. 1–8.

2. Thessalonicherbrief zeige, dessen Verfasser vor umlaufenden Fälschungen warne und dazu selbst das Mittel der Täuschung einsetze (24). Schließlich bringt BROX auch die vier kanonischen Evangelien – die allerdings, wie er hervorhebt, »weder orthonym ... noch pseudonym ..., sondern anonym überliefert« sind (25) – sachlich mit der Pseudepigraphie in Verbindung, wenn er herausstellt, »daß die Evangelienverfasser ganz bewußt, mit gezielten Absichten und in erstaunlicher Unbefangenheit und Freiheit Worte Jesu in ihrer überlieferten Form zu verschiedensten Aussagezwecken und in unterschiedlichem Ausmaß redigierten, also – und zwar oft tiefgreifend – abänderten, außerdem ›Worte Jesu‹ neu formulieren und auch eine gänzlich neue, originell entfaltete Redensart Jesus in den Mund legen konnten« (26)[3].

Wie aber erklärt BROX das Phänomen selbst? Nach seiner Ansicht, die er in immer neuen Variationen vorträgt, stellt die Pseudepigraphie eine literarische Erscheinung dar, die – psychologisch-moralisch – als Lüge, Betrug, bewußte Irreführung und Manipulation bewertet werden muß. Freilich handelt es sich, wie er einräumt, um eine »vertretbare Lüge und legitime, weil nützliche Täuschung« (83). Dies ergibt sich für BROX aus den Anliegen und Motiven, die die neutestamentliche Pseudepigraphie grundsätzlich mit den anderen frühchristlichen und außerchristlichen »Fälschungen« teilt.

Folgende Hauptmotive hebt er heraus:

1. das »Motiv der Partizipation an der überlegenen Vergangenheit« (105): Dieses gründet auf dem besonderen Verständnis der Vergangenheit als einer »qualifizierten und normativen Anfangszeit« (118) – einem Verständnis, das in der Gewißheit besteht, »daß alles Relevante schon am Ursprung und in der Frühzeit der christlichen Predigt, nämlich bei Jesus, den Aposteln, deren Schülern und den ›Vätern‹ gesagt ist« (119). Wo sie bestimmte Äußerungen nach der Tradition nicht boten, »durfte man ihnen getrost das Fällige, das man für das Richtige und Wahre und also auch am Anfang schon Vorhandene hielt, in den Mund legen« (ebd.);

2. das Motiv der Kontinuität: Der pseudapostolische Brief z. B. »will die lebenswichtige apostolische Autorität in der Kirche gegenwärtig halten, indem er die Gegenwart des Apostels durch Brief, Abgesandten und angesagten Besuch simuliert« (113);

[3] Vgl. zur Kritik u. a. H. ZIMMERMANN, Taufe 93.

3. das Motiv der Begründung und Sicherung der eigenen Lehre: Die Fälschung »verschafft ihrer eigenen Aussage Autorität, indem sie die Leser über den tatsächlichen Verfasser, über Ort und Datum der Abfassung, also über die nicht- und nachapostolische Herkunft täuscht« (114). Freilich verbirgt sich nach BROX dahinter »die unbedingte Selbstgewißheit des Verfassers, im Erbe des Apostels zu stehen und nichts anderes niederzuschreiben als was der Apostel in dieser späten Situation ebenfalls geschrieben hätte« (113)[4]; schließlich

4. das Motiv der »sehr direkt abgezweckten Polemik bzw. Propaganda«, z. T. verbunden mit »kirchenpolitischen und gruppenegoistischen Absichten« (106).

Bei all dem jedoch bleibt für BROX »Pseudepigraphie als Fälschung, was sie ist: als Manipulation eine Trivialform der Literatur, die freilich nicht nur als literarisches Mittel, sondern auch als Spiegel einer zeitbedingten Argumentationsfigur antiquiert ist« (119).

An dieser von BROX vorgetragenen (und hier nur in wenigen Strichen gezeichneten) Position sind einige kritische Bemerkungen anzubringen:

1. Es erscheint fraglich, ob man dem Phänomen der neutestamentlichen Pseudepigraphie gerecht wird, wenn man daran zu vorschnell die *psychologisch-moralischen Kategorien* der Lüge bzw. bewußten Fälschung anlegt, selbst wenn man wie BROX deren »Berechtigung« nicht bestreiten möchte. BROX trägt hier allzu moderne Vorstellungen und Bewertungsmaßstäbe an die neutestamentlichen Schriften heran, und es gilt für seinen Ansatzpunkt die gleiche Kritik, die bereits K. ALAND zu den Untersuchungen F. TORMS[5] und A. MEYERS[6] angebracht hat, daß nämlich »psychologische Fragestellungen nicht ausreichen und die Ethik keine Kategorie ist, in die unser Problem hineingehört«[7].

2. So sinnvoll es auch sein mag, die neutestamentliche Pseudepigraphie auf dem Hintergrund der zeitgenössischen Parallelen in der christlichen wie nichtchristlichen Literatur zu betrachten, so wenig darf man dabei das Besondere der neutestamentlichen Pseudepigraphie übersehen; die Entstehung pseudonymer Schriften des Neuen Testaments läßt sich jedenfalls weder aus der Profanliteratur jener Zeit noch von der

[4] Ähnlich K. H. SCHELKLE in seinem Exkurs »Biblische Pseudepigraphie«, in: Petr, Jud 247: »Die Verfasser hatten die Überzeugung, daß die Alten heute so sprechen würden.«

[5] F. TORM, Psychologie.

[6] A. MEYER, Pseudepigraphie 262–279.

[7] K. ALAND, Problem 24.

spätjüdischen Pseudepigraphie her *voll* erklären[8]. Überhaupt wird man sich davor hüten müssen, das Problem als ein rein literarisches bzw. literaturgeschichtliches zu behandeln; vielmehr gilt es, die *theologischen* Implikationen, die damit verbunden sind, richtig zu werten und für eine Lösung des Problems in Anschlag zu bringen, anders gesagt: Die neutestamentliche Pseudepigraphie muß wesentlich als ein *theologisch-exegetisches Problem* gesehen werden.

Zwar nimmt auch Brox zu den theologischen Implikationen Stellung (aaO. 117–119), beschränkt sich dabei allerdings hauptsächlich auf die Bestimmung jenes »Wahrheitsverständnisses«, »das in der jüdisch-christlichen Denkform solche Phänomene gedeihen ließ« (118). Da nach seiner Ansicht die »frühchristlichen Pseudepigraphieautoren (auch die des NT) . . . sicher nicht so exklusiv anders in ihrem Handwerk zu beschreiben« sind »als die nichtchristlichen«, vermag er im übrigen eine »wirkliche Differenz zu außerchristlichen Vorstellungen« in theologischer Hinsicht nur »schwer anzugeben« (117).

Im folgenden soll gleichwohl der Versuch unternommen werden, das Phänomen der neutestamentlichen Pseudepigraphie nach seiner *theologisch-exegetischen* Seite hin ein wenig näher zu erhellen. Die Kernfrage, die es dabei zu beantworten gilt, ist ohne Zweifel die nach dem grundsätzlichen Zusammenhang der neutestamentlichen Pseudepigraphie mit der urchristlichen Verkündigung oder – genauer gesagt – mit der *Bewahrung und Weitergabe der apostolischen Paradosis (Tradition).* Von daher erscheint es notwendig, zunächst das den neutestamentlichen Pseudepigraphen eignende Verständnis von Paradosis und damit letztlich auch das Verständnis des jeweiligen Verfassers von seiner eigenen Aufgabe, deren Motivation, Gegenstand und Zielsetzung anhand informativer Texte kurz darzustellen[9], um daraus dann die Folgerungen für eine theologische Bewertung des Phänomens als solchem abzuleiten.

Der Ausgangspunkt der Überlegungen soll dabei jener Begriff bilden, dem für die Klärung der hier anstehenden Problematik in den nachapostolischen Schriften eine besonders große Bedeutung zukommt: der Begriff des *»Erinnerns«*[10]. Er stellt sozusagen den Schlüsselbegriff dar, mit dem die Verfasser dieser Schriften selbst ihre Aufgabe in bezug auf die apostolische Paradosis benennen.

[8] Vgl. K. Aland, Problem 33.

[9] Bei Brox u. a. vermißt man leider ein näheres Eingehen auf die Texte. Mit ihnen aber hat es der Exeget primär zu tun.

[10] Grundsätzliches zu diesem Begriff s. bei O. Michel, ThWNT IV 678–687.

Vor allem dem 2. Petrusbrief sind »Begriff und Sache des ›Erinnerns‹ . . . bedeutsam«[11]. Deshalb beschränken sich die folgenden Ausführungen auch im wesentlichen auf die Aussagen dieses (gerade einen Extremfall von Pseudepigraphie markierenden) Schreibens; andere relevante Stellen (vornehmlich aus den Deuteropaulinen und den Katholischen Briefen) sollen jeweils von Fall zu Fall mit in die Betrachtung einbezogen werden.

Zwei Texte des 2. Petrusbriefes handeln ausführlich vom »Erinnern«: 1,12–15 und 3,1 f. Besonders aufschlußreich sind die Aussagen zu Beginn von Kap. 3, aufschlußreich sowohl für das Selbstverständnis des Verfassers und sein Verhältnis zur Paradosis als auch für die Situation der Adressaten, die er mit seiner Schrift erreichen will. Der Text von 3,1 f. lautet:

> [1]Das ist bereits der zweite Brief, Geliebte, den ich euch schreibe. In beiden will ich euren reinen Sinn durch Erinnerung wachhalten, [2]eingedenk zu sein der von den heiligen Propheten vorhergesagten Worte und des durch eure Apostel verkündeten Gebotes des Herrn und Retters.

Deutlich läßt der Verfasser in diesem Text sein *Selbstverständnis* erkennen. Zunächst nimmt er in V. 1 ausdrücklich Bezug auf einen früher von ihm geschriebenen Brief. Geht man davon aus, daß damit der 1. Petrusbrief gemeint ist[12], dann heißt dies, daß der Verfasser »sich ihm anschließen und als Petrus sprechen will«[13]. Er beansprucht also für sich geradezu apostolische Autorität. Näherhin sieht er seine Aufgabe darin, den »reinen Sinn« der Adressaten durch Erinnerung wachzuhalten« (διεγείρω ὑμῶν ἐν ὑπομνήσει τὴν εἰλικρινῆ διάνοιαν). Schon im Abschnitt 1,12–15 hatte er mit ähnlichen Worten betont, er wolle immer darauf bedacht sein, sie an das zu erinnern, was sie bereits wissen (vgl. auch dort die Ausdrücke ὑπομιμνῄσκειν V. 12, ὑπόμνησις V. 13 und die Wendung μνήμην ποιεῖσθαι V. 15). Sein Anspruch ergibt sich also daraus, daß er nicht etwas Neues, Eigenes verkündet, sondern lediglich an das bereits Bekannte, Überlieferte *erinnert*. Durch diese Erinnerung wird die Überlieferung nicht nur weitergegeben und interpretiert, sondern – insofern sie mit der überkommenen Botschaft sachlich identisch ist – neu präsent.

[11] K. H. Schelkle, Petr, Jud 194.

[12] Zur näheren Begründung vgl. K. H. Schelkle, aaO. 222 Anm. 1.

[13] K. H. Schelkle, aaO. 222.

In V. 2 wird sodann – eingeleitet durch den Infinitiv μνησθῆναι – eine nähere Bestimmung des *Gegenstandes* der Einnerung gegeben. Es ist ein Zweifaches, dessen sich die Adressaten erinnern sollen: 1. der προειρημένα ῥήματα ὑπὸ τῶν ἁγίων προφητῶν (= der von den heiligen Propheten vorhergesagten Worte), 2. der τῶν ἀποστόλων ὑμῶν ἐντολὴ τοῦ κυρίου καὶ σωτῆρος (= des durch eure Apostel verkündeten Gebotes des Herrn und Retters)[14]. Die Verkündigung des Verfassers hat also eine doppelte Grundlage: das Alte Testament und die apostolische Paradosis. Man erinnert sich unwillkürlich an das Präskript des Römerbriefes, in dem Paulus auf die zwei Fundamente seiner Verkündigung hinweist, nämlich die γραφή (vgl. Röm 1,2) und die Christustradition (vgl. den christologischen Bekenntnissatz Röm 1,3b–4a)[15]. Allerdings darf der entscheidende Unterschied nicht übersehen werden: Für den Verfasser des 2. Petrusbriefes ist die apostolische Verkündigung selbst schon Tradition geworden. Das »Gebot« des Herrn ist bereits – wie er sagt – »durch eure Apostel« vermittelt. Die Formulierung τῶν ἀποστόλων ὑμῶν nimmt sich recht merkwürdig aus. Sie spricht zunächst dafür, daß die Adressaten die Apostel kennen, ja ihre Existenz auf sie – und zwar, wie der Plural anzeigt, offensichtlich auf alle in gleicher Weise – gründen. Dies ist nicht nur wichtig für das Verständnis von Apostolat – die Apostel werden hier deutlich »als Kollegium empfunden«[16] –, sondern hat auch im Blick auf die Kanongeschichte Bedeutung: Neben das Alte Testament, die γραφή, tritt mehr und mehr die in den *apostolischen* Schriften vorliegende Tradition, die ebenso wie jene autoritative Gültigkeit beanspruchen kann[17]. Auffallend ist sodann, daß der Verfasser nicht, wie man erwarten würde, »unsere Apostel« sagt, sondern »eure Apostel«. Dies ergibt sich aus seinem Selbstverständnis. Auf der einen Seite steht er den *Adressaten* (d. h. der Kirche als solcher) gegenüber – er redet ja »als Petrus« –, auf der anderen Seite sieht er sich allerdings auch in Distanz zu den *Aposteln* als jenem Kollegium der

[14] Eine vergleichbare Formulierung findet sich Jud 17: ὑμεῖς δέ, ἀγαπητοί, μνήσθητε τῶν ῥημάτων τῶν προειρημένων ὑπὸ τῶν ἀποστόλων τοῦ κυρίου ἡμῶν Ἰησοῦ Χριστοῦ.

[15] Vgl. dazu H. ZIMMERMANN, Methodenlehre 198 f.

[16] K. H. SCHELKLE, aaO. 223.

[17] Daß in der Tat zu jener Zeit z. B. schon eine Sammlung von Paulusbriefen bekannt ist, geht aus der Bemerkung in 3,15 f. hervor. Es beginnt sich damals also bereits ein neutestamentlicher Kanon auszubilden. Für den Verfasser von 2 Petr gehören dazu wohl außer den Paulusbriefen auch der 1. Petrusbrief und der Judasbrief. Zudem kennt er »die synoptische Überlieferung (2 Petr 1,17; 3,10), vielleicht doch durch Vermittlung von Schriften« (K. H. SCHELKLE, aaO. 237).

Erstzeugen, deren Verkündigung er – um es mit einem Ausdruck von K. ALAND zu sagen – als deren »Werkzeug« präsent macht[18].

Was aber ist mit dem Singular ἡ ἐντολή gemeint? Nach K. H. SCHELKLE kann damit nichts anderes gemeint sein als das »Hauptgebot der Liebe«[19]. Gemäß 2,21, wo von der παραδοθεῖσα ἁγία ἐντολή die Rede ist, welche die ὁδὸς τῆς δικαιοσύνης bestimmt, kann man auch allgemeiner vom »Glaubensgebot« sprechen[20] oder von der »christlichen Lehre« überhaupt[21]. Diese ἐντολή ist überliefert und hat verpflichtenden Charakter, denn sie stammt, wie es 3,2 heißt, vom »Herrn und Retter« selbst, ist von den Propheten vorhergesagt und von den Aposteln verkündet. Konkret bezieht sich die ἐντολή auf verschiedene Punkte: In Kap. 2 ist offenbar mehr an das sittliche Verhalten gedacht. Im Abschnitt 2,13–22 werden solche Christen erwähnt, die einen unsittlichen Lebenswandel führen und auch die anderen dazu auffordern (vgl. bes. V. 18). Von ihnen wird V. 21 gesagt, es wäre besser für sie, den Weg der Gerechtigkeit nicht erkannt zu haben, als ihn erkannt zu haben und sich wieder abzuwenden von dem heiligen, ihnen überlieferten Gebot. Nach Kap. 3 gehört zur ἐντολή aber noch etwas anderes, nämlich das ἐπάγγελμα (3,13), die eschatologische Verheißung, die mit dem Kommen des Tages des Herrn in Erfüllung gehen wird. Das Erinnern an die ἐντολή des Herrn, das der Verfasser als seine wesentliche Aufgabe ansieht, bezieht sich also vor allem auf die überkommenen Aussagen bezüglich der Parusie Jesu Christi.

Das *Ziel,* das der Verfasser mit seiner Erinnerung an die ἐντολή verfolgt, hängt entscheidend mit der *Situation* der Kirche zusammen. Nach 3,3 f. sind in ihr Irrlehrer am Werk, die offensichtlich aus der Parusieverzögerung falsche Schlüsse ziehen, die Erwartung der Wiederkunft Christi (nicht zuletzt durch ihren unsittlichen Lebenswandel) verspotten und damit in der Kirche Spaltungen herbeiführen (vgl. auch 2,1). Demgegenüber bemüht sich der Verfasser, den »reinen Sinn wachzuhalten«, d. h. den echten Glauben an die Parusie zu bewahren, dies um so mehr, als das Auftreten der Spötter selbst ebenfalls zu den das Ende der Zeiten betreffenden Voraussagen gehört. An der vorhin erwähnten Stelle 3,3 f. gibt der Verfasser – und zwar bezeichnenderweise in futurischer Form – die entsprechende Verheißung wieder[22], wie er ebenfalls den

[18] K. ALAND, Problem 29.

[19] Petr, Jud 219.

[20] So H. SCHÜRMANN, ». . . und Lehrer« 142.

[21] So G. SCHRENK, ThWNT II 552.

[22] Die Formulierung in 3,3 ähnelt übrigens der von Jud 18.

Inhalt der Falschlehre mit der Frage umschreibt: Ποῦ ἐστιν ἡ ἐπαγγελία τῆς παρουσίας αὐτοῦ. In den anschließenden Ausführungen (3,5–13) weist er sodann die falsche Lehre über die Parusie zurück und ruft die wahre Lehre ins Gedächtnis. Zwar gibt er die Möglichkeit einer Parusieverzögerung zu (vgl. V. 9), bekräftigt aber zugleich die Gewißheit, daß der Tag des Herrn kommen wird, und zwar unvermutet und plötzlich »wie ein Dieb« (V. 10). Doch gerade weil die Ankunft Christi sich verzögern kann, gilt es um so entschiedener, an der Verheißung festzuhalten, die (nach 3,2) als »Gebot Christi verkündet« ist[23]. Die Erinnerung an dieses Gebot dient also letztlich der *Paränese*. Schon dadurch aber erweist sie sich nicht als eine rein intellektualistische Angelegenheit, sondern ist hingeordnet auf das gesamte Leben und Tun der Christen oder – um es mit 2,21 zu sagen – auf die ὁδὸς τῆς δικαιοσύνης. Insofern hat O. MICHEL mit seiner Bemerkung recht, gerade die Exegese von 2 Petr 3,1 ff. zeige, daß das μιμνῄσκεσθαι im Neuen Testament »nicht historisierend und nicht intellektualistisch gemeint« sei. »Es handelt sich weder um das Lebendigwerden einer vergangenen Überlieferung noch um das gedächtnismäßige Aufbewahren religiöser Wahrheiten, sondern um ein bestimmtes Verständnis des Wortes Gottes, das in der späteren Zeit besonders hervortritt. Wer die Gemeinde *erinnert,* bezeugt damit das Evangelium, wer sich *erinnert,* stellt sich damit unter das Wort Jesu. Es geht auch hier um die Erfassung des ganzen Menschen«[24].

Aus dem, was beispielhaft am 2. Petrusbrief aufgezeigt worden ist, dürften sich einige wichtige Erkenntnisse ergeben, die allgemein für eine richtige *Bewertung* der neutestamentlichen Pseudepigraphie bedeutsam erscheinen:

1. Für den Verfasser des 2. Petrusbriefes (wie ebenso für die der anderen nachapostolischen Schriften) sind Begriff und Sache des »Erinnerns« von grundsätzlicher Bedeutung (vgl. u. a. noch Jud 5.17; 2 Tim 2,14; Tit 3,1). In der Form der Erinnerung gibt er den Gläubigen die Paradosis weiter; er macht auf diese Weise die von den Propheten vorhergesagten Worte und das durch die Apostel vermittelte Gebot des Herrn für die Kirche neu präsent (vgl. 3,1 f.). Damit aber entspricht nicht nur der *Inhalt* seiner Verkündigung, sondern auch die *Art ihrer Vermittlung* ganz der Tradition, wie sie schon in den Evangelien und ebenso in den Paulusbriefen bezeugt wird. Nach den Aussagen der syn-

[23] K. H. SCHELKLE, Petr, Jud 223.

[24] O. MICHEL, ThWNT IV 681 f.

optischen Evangelien etwa erweist das Wort Jesu seine Kraft darin, daß es durch Erinnerung im Jünger lebendig wird (vgl. z. B. Stellen wie Mk 14,72; Lk 24,6.8 u. a.). Nach dem Zeugnis des Johannesevangeliums verheißt Jesus seinen Jüngern, daß der Heilige Geist sie »alles lehren und an alles erinnern wird«, was er ihnen gesagt hat (Joh 14,26; vgl. ferner 16,12–15 u. a.). Paulus wiederum beruft sich nicht nur selbst auf das Wort des Herrn (so z. B. 1 Thess 4,15, wo er ein Herrenwort bezüglich der Parusie anführt), sondern fordert auch dazu auf, sich seiner eigenen Verkündigung zu erinnern. So erhält nach 1 Kor 4,17 Timotheus die Anweisung, die »Wege« des Apostels, wie er sie in jeder Gemeinde lehrt, den Korinthern in Erinnerung zu bringen; so lobt Paulus 1 Kor 11,2 die Gemeinde, daß sie in allem seiner gedenkt und an den Überlieferungen festhält, die er ihnen übergeben hat. Schon in der apostolischen Zeit ist also die Erinnerung an die Überlieferung für die Gläubigen unverzichtbar. Sie wird es in der nachapostolischen Zeit noch um so mehr, vor allem angesichts der Tatsache, daß sich in zunehmendem Maße Irrlehren in der Kirche auszubreiten beginnen. So sieht ja auch der Verfasser des 2. Petrusbriefes seine Aufgabe wesentlich darin, die Gläubigen durch die Erinnerung an die apostolische Paradosis wachzuhalten und damit vor der Gefährdung seitens der Irrlehrer zu bewahren.

2. Insofern der Verfasser durch »Erinnerung« die apostolische Paradosis präsent macht, kann er für sich selbst zu Recht apostolische Autorität beanspruchen. Er lehrt ja nichts Eigenes, sondern gibt nur das wieder, was die Erstzeugen verkündet und überliefert haben. Wer aber die apostolische Paradosis durch »Erinnerung« weitergibt, steht damit und insoweit in der Nachfolge der Apostel, d. h. in der apostolischen *Sukzession.* Diejenigen dagegen, die von dieser Paradosis abweichen (wie es nach dem 2. Petrusbrief die »Libertinisten« tun), erweisen sich schon dadurch als »Falschpropheten« und »Falschlehrer« (vgl. 2,1). Daß dies selbst dann gilt, wenn sich solche Leute ihrerseits ausdrücklich auf die Paradosis berufen, macht vor allem der 2. Thessalonicherbrief klar. Der Verfasser dieses Briefes bittet in 2,2 seine Gemeinde, sich nicht durch Leute verwirren zu lassen, die sich auf ein *angebliches* Wort oder Schreiben des Apostels berufen[25]. Sie berufen sich nämlich nach dem Verständnis des Verfassers fälschlicherweise auf die apostolische Paradosis. Er selbst hingegen sieht sich in der echten Nachfolge des Apostels, weil er nur das lehrt, was den παραδόσεις entspricht. So kann er in der posi-

[25] Der griechische Text von 2 Thess 2,2 lautet: . . . εἰς τὸ μὴ ταχέως σαλευθῆναι ὑμᾶς ἀπὸ τοῦ νοὸς μηδὲ θροεῖσθαι, μήτε διὰ πνεύματος μήτε διὰ λόγου μήτε δι᾽ ἐπιστολῆς ὡς δι᾽ ἡμῶν, ὡς ὅτι ἐνέστηκεν ἡ ἡμέρα τοῦ κυρίου.

tiven Wiederaufnahme der Formulierung von 2,2 in 2,15 die Gemeinde mit apostolischer Autorität auffordern: »Stehet und haltet fest an den Überlieferungen, in denen ihr unterrichtet wurdet, sei es durch ein Wort oder durch einen Brief von uns«[26]! Auch hier liegt also das gleiche Verständnis vor wie im 2. Petrusbrief: Der (aber auch nur der), welcher die *unverfälschte* Paradosis weitergibt, steht in der Nachfolge des Apostels, ja kann selber im Namen des Apostels sprechen.

3. Gerade aus dem zuletzt Gesagten ergeben sich wichtige Konsequenzen für die Bewertung der neutestamentlichen Pseudepigraphie. Man wird sagen können: Die Abfassung einer Schrift unter dem Namen eines Apostels hat nichts mit bewußter Fälschung oder Manipulation zu tun, nicht einmal mit frommer (oder unfrommer) Täuschung[27]. Weder der Verfasser noch seine Adressaten haben sie so verstanden. Es handelt sich überhaupt nicht um eine Fiktion im modernen Sinn, auch nicht darum, daß der wirkliche Verfasser durch die falsche Verfasserangabe dem eigenen Wort mehr Gewicht verleihen will, ja nicht einmal nur um das Bewußtsein, das vorzutragen, was die Apostel gesagt hätten, wären sie noch am Leben; vielmehr geht es um den *objektiven* Tatbestand, daß der Verfasser einer solchen Schrift – sofern er durch Erinnerung die apostolische Verkündigung interpretierend weitergibt und dadurch neu präsent macht – gleichsam nur als Werkzeug fungiert, durch den der eigentliche Verkündiger redet. Dieses Werkzeug aber ist als Person »nicht nur ganz nebensächlich«, sondern es würde umgekehrt eine »Verfälschung« bedeuten, »dieses Werkzeug überhaupt zu nennen«[28].

Die Kirche hat dem angesprochenen Tatbestand dadurch Rechnung getragen, daß sie die pseudepigraphischen Schriften des Neuen Testaments durch Aufnahme in den Kanon als inspirierte Schriften anerkannt hat. Sie sind es in der Tat. Wenn etwa der Verfasser von 2 Petr in 1,20 f. seine Adressaten auffordert, zu erkennen, daß keine Schriftweissagung eigenmächtige Deutung zuläßt, da eine Weissagung nie nach Menschenwillen erfolgte, sondern Menschen, vom Heiligen Geist getrieben (ὑπὸ πνεύματος ἁγίου φερόμενοι), von Gott her gesprochen haben, dann darf man das, was er hier bezüglich der Schriftweissagung ausführt, entsprechend auch auf seine eigene, sich als *Ausdeutung der apostolischen Paradosis* verstehende Schrift wie ebenso auf die anderen Pseudepigra-

[26] Der griechische Text von 2 Thess 2,15 lautet: ἄρα οὖν, ἀδελφοί, στήκετε καὶ κρατεῖτε τὰς παραδόσεις ἃς ἐδιδάχθητε εἴτε διὰ λόγου εἴτε δι' ἐπιστολῆς ἡμῶν.

[27] So zu Recht K. Aland, Problem 39.

[28] K. Aland, aaO. 30.

pha des Neuen Testaments anwenden und sagen: In ihnen wirkt der gleiche Heilige Geist, welchen Jesus den Aposteln selbst verheißen hat als den, der sie alles lehren und an alles erinnern wird, was er ihnen gesagt hat (Joh 14,26).

Literatur

Aland, K., Das Problem der Anonymität und Pseudonymität in der christlichen Literatur der ersten beiden Jahrhunderte, in: Ders., Studien zur Überlieferung des Neuen Testaments und seines Textes (ANTT 2), Berlin 1967, 24–34.

Balz, H. R., Anonymität und Pseudepigraphie im Urchristentum. Überlegungen zum literarischen und theologischen Problem der urchristlichen und gemeinantiken Pseudepigraphie, in: ZThK 66 (1969) 403–436.

Brox, N., Falsche Verfasserangaben. Zur Erklärung der frühchristlichen Pseudepigraphie (SBS 79), Stuttgart 1975.

Fischer, K. M., Anmerkungen zur Pseudepigraphie im Neuen Testament, in: NTS XXIII (1977) 76–81.

Meyer, A., Religiöse Pseudepigraphie als ethisch-psychologisches Problem, in: ZNW 35 (1936) 262–279.

Michel, O., Art. μιμνήσκομαι κτλ., in: ThWNT IV, 678–687.

Schelkle, K. H., Die Petrusbriefe. Der Judasbrief (HThK XIII/2), Freiburg-Basel-Wien [2]1964.

Schrenk, G., Art. ἐντέλλομαι, ἐντολή, in: ThWNT II, 541–553.

Schürmann, H., ». . . und Lehrer«. Die geistliche Eigenart des Lehrdienstes und sein Verhältnis zu anderen geistlichen Diensten im neutestamentlichen Zeitalter, in: Ders., Orientierungen am Neuen Testament. Exegetische Aufsätze III (KBANT), Düsseldorf 1978, 116–156.

Torm, F., Die Psychologie der Pseudonymität im Hinblick auf die Literatur des Urchristentums (SLA 2), Gütersloh 1932.

Zimmermann, H., Neutestamentliche Methodenlehre. Darstellung der historisch-kritischen Methode, Stuttgart [6]1978.

– Die christliche Taufe nach Joh 3. Ein Beitrag zur Logoschristologie des vierten Evangeliums, in: Cath 30 (1976) 81–93.

Die Pastoralbriefe als pseudepigraphische Schriften – Beschreibung, Erklärung, Bewertung*

Die Frage, ob die Pastoralbriefe als echte, d. h. authentische Schreiben des Apostels Paulus gelten können, wird seit nunmehr eineinhalb Jahrhunderten unter den Exegeten heftig diskutiert. Zwei grundverschiedene Positionen stehen sich gegenüber. Eine Gruppe von Forschern (z. B. B. WEISS, W. LÜTGERT, O. ROLLER, A. SCHLATTER, J. JEREMIAS, W. MICHAELIS, G. HOLTZ sowie die Mehrheit der älteren katholischen Kommentatoren) hält – zum Teil unter Berücksichtigung bestimmter Hilfstheorien, etwa der von O. ROLLER neu begründeten Sekretärshypothese[1] – an der Echtheit der Briefe fest; eine andere Gruppe (H. J. HOLTZMANN, M. DIBELIUS, H. VON CAMPENHAUSEN, W. G. KÜMMEL, J. SCHMID, K. ROMANIUK, N. BROX, P. TRUMMER u. a.) plädiert gegen die Annahme der paulinischen Verfasserschaft. In der Tat weisen vor allem sprachlich-stilistische, aber auch inhaltlich-theologische Beobachtungen darauf hin, daß es sich bei den Pastoralbriefen offensichtlich um spätere, unter dem Namen des Apostels verfaßte, also *pseudepigraphische* Schriften handelt[2], die einerseits deutlich »eine starke Ausrichtung am Corpus paulinum« zeigen, andererseits »aber auch gegenüber ihrer schriftlichen P-Tradition eine beachtliche interpretatorische Freiheit« erkennen lassen[3].

Wie aber hat man diesen kaum zu bestreitenden Tatbestand näher zu erklären und zu bewerten? Stellt die Pseudepigraphie für den nachapostolischen Verfasser dieser Briefe lediglich ein (in der Antike auch sonst gebräuchliches) *literarisches* Mittel dar, ist sie vielleicht sogar als eine (wenn auch vertretbare, legitime) Täuschung, Lüge, Manipulation und

* Erstmals veröffentlicht in: Studien zum Neuen Testament und seiner Umwelt, Serie A/4, Linz 1979, 97–118.

[1] Diese Hypothese geht grundsätzlich von der paulinischen Verfasserschaft der Briefe aus, versucht aber die nicht zu übersehenden Besonderheiten durch die Annahme zu erklären, der Apostel habe nur den wesentlichen Inhalt der Briefe diktiert und seinem Sekretär dann die Ausformulierung weitgehend selbst überlassen. Näheres zur »Sekretärshypothese« siehe u. a. bei J. JEREMIAS, Briefe 9 f.; G. HOLTZ, Pastoralbriefe 13–16.

[2] Vgl. dazu die ausführlichen Darlegungen bei N. BROX, Pastoralbriefe 22–77.

[3] P. TRUMMER, Paulustradition 110.

Fälschung zu bewerten, wie oft behauptet wird[4], oder hat sie sachliche Gründe und muß deshalb vornehmlich als ein *theologisches* Problem gesehen und beurteilt werden? Die folgenden Ausführungen verstehen sich als Beitrag zur Klärung gerade dieser für die Interpretation der Pastoralbriefe entscheidenden Frage. Ausgehend von einer am Textbefund selbst orientierten *Beschreibung* der pseudepigraphischen Gestalt der Pastoralbriefe (1), soll der Versuch einer *theologischen Erklärung* des Phänomens der Pseudepigraphie, wie sie uns in den genannten Schreiben konkret begegnet, unternommen (2) und sodann eine kurze *Bewertung* dieses Phänomens durchgeführt werden (3).

1. Die Beschreibung der pseudepigraphischen Gestalt der Pastoralbriefe

Die Pastoralbriefe unterscheiden sich von den übrigen pseudepigraphischen Schriften des Neuen Testaments[5] nicht nur dadurch, daß sie von ein und demselben Verfasser von vornherein als zusammenhängendes Corpus (nach dem Vorbild eines damals offensichtlich schon vorhandenen Corpus paulinum) konzipiert und verbreitet worden sind – was wohl ihren universalen Anspruch zum Ausdruck bringen soll[6] –, sondern vor allem dadurch, daß sie sich unmittelbar nicht an eine bestimmte Gemeinde (bzw. die Kirche insgesamt) richten, sondern an die bekannten Apostelschüler Timotheus und Titus. Damit begegnen wir hier einer fortgeschrittenen Form von Pseudepigraphie, bei der eine »doppelte Pseudonymität«[7] gegeben ist: Zum einen identifiziert der Verfasser sich selbst mit Paulus, zum anderen gibt er die »historischen« Apostelschüler als Adressaten an.

Die *Identifizierung des Verfassers mit Paulus* läßt sich zunächst – sieht man einmal von bestimmten sprachlichen Berührungspunkten mit den authentischen Schreiben des Apostels ab[8] – *formal* daran erkennen, daß er bewußt den *Stil* der paulinischen Briefe nachahmt.

[4] Siehe etwa die Charakterisierung der Pastoralbriefe durch N. Brox, Verfasserangaben 19: »Hier ist die literarische Manipulation perfekt, obwohl sie an vielen formalen und inhaltlichen Besonderheiten als Fiktion erkennbar ist.«

[5] Zu den Pseudepigrapha des Neuen Testaments sind außer den Pastoralbriefen mit Sicherheit zu rechnen: Eph, Kol, 2 Thess, Jak, 1 Petr, 2 Petr, Jud.

[6] So zu Recht P. Trummer, Paulustradition 74, der besonders die *Dreizahl* der Briefe hervorhebt. Vgl. auch seine Ausführungen aaO. 88 f.

[7] W. Stenger, Timotheus und Titus 253.

[8] Darauf soll hier nicht näher eingegangen werden; doch vgl. dazu G. Holtz, Pastoralbriefe 6–10; J. Jeremias, Briefe 7.

Dies trifft eindeutig auf die Briefeingänge zu (vgl. etwa die Selbstbezeichnung als »Paulus, Apostel Christi Jesu« mit entsprechenden weiteren Prädikationen und Zusätzen oder die für die Paulusbriefe charakteristische Zweiteilung des Präskripts) wie ebenso auf die Briefschlüsse mit ihren Grüßen, Namensnennungen und Segenswünschen.

Der Identifizierung mit Paulus dienen aber auch die zahlreichen biographischen Angaben, besonders die sogenannten »Paulusanamnesen«[9]. Der (sich Paulus nennende) Verfasser spricht z. B. davon, daß er früher ein Lästerer, Verfolger und Frevler gewesen ist, daß aber Christus selbst mit seinem Erbarmen ihn in Dienst nahm, damit er ὑποτύπωσις (Urbild bzw. Vorbild) für die später Glaubenden sei (1 Tim 1,12–17). Er sagt von sich, daß er zum »Herold, Apostel und Lehrer« der frohen Botschaft (2 Tim 1,11) bzw. zum »Lehrer der Heiden in Glaube und Wahrheit« bestellt sei (1 Tim 2,7). Ferner erwähnt er im 2. Timotheusbrief, daß er wegen seines Dienstes für Christus und das Evangelium leiden müsse (1,12) und gefangen sei (1,8; 2,9) und weist auf seinen bald bevorstehenden Tod hin (4,6 ff.). Der Verfasser bemüht sich also um eine sehr detaillierte Identifizierung mit der Person des Apostels.

Das gleiche gilt von den Angaben, die zur Person der *Adressaten* gemacht werden. Der Verfasser nennt Timotheus sein »rechtmäßiges Kind im Glauben« (1 Tim 1,1) bzw. sein »geliebtes Kind« (2 Tim 1,1; vgl. auch 1 Tim 1,18; 2 Tim 2,1); desgleichen wird Titus als »rechtmäßiges Kind gemäß dem gemeinsamen Glauben« bezeichnet (Tit 1,4). Vor allem von Timotheus wird uns eine Fülle biographischer Einzelheiten mitgeteilt. So erfahren wir, daß er noch jung ist (1 Tim 4,12; 5,1; 2 Tim 2,22), daß er von seiner Großmutter Lois und seiner Mutter Eunike im »ungeheuchelten« (d. h. aufrichtigen) Glauben erzogen wurde (2 Tim 1,5), von Kindheit an die heiligen Schriften kennt (2 Tim 3,15), daß er dem Apostel gefolgt ist (2 Tim 3,10), von ihm Belehrung empfing (2 Tim 1,13; 2,2; 3,15 u. ö.) und durch Handauflegung zum kirchlichen Amtsträger bestellt wurde (1 Tim 4,14; 2 Tim 1,6; vgl. auch 1 Tim 1,18). Über Titus erfahren wir immerhin, daß auch er offensichtlich noch jung ist[10] und im Dienst des Apostels steht (Tit 1,5; 3,12).

[9] Zu den (später noch eingehender zu besprechenden) »Paulusanamnesen« gehören folgende Stellen: 1 Tim 1,12–17; 2,7; 3,14 f.; 4,13; 2 Tim 1,3 f.11.15–18. Vgl. P. Trummer, Paulustradition 116–132.

[10] Jedenfalls legt sich dies aufgrund von Tit 2,6 f. nahe. Titus wird dort ermahnt, Vorbild (τύπος) gerade der jungen Männer zu sein. Wie im Fall des Timotheus hat auch in diesem Fall die Erwähnung des jugendlichen Alters *paränetische* Funktion. Vgl. N. Brox, Pastoralbriefe 295.

Darüber hinaus bemüht sich der Verfasser in allen drei Schreiben um eine sorgfältige Darstellung der jeweiligen *Briefsituation.*

Der *1. Timotheusbrief* setzt voraus, daß der Apostel und sein Schüler bis vor kurzem zusammen in Ephesus gewirkt haben, Paulus dann nach Mazedonien gereist und Timotheus in Ephesus zurückgelassen hat, damit er dort Ordnung und Lehre sichere (1,3)[11]. Zwar hat Paulus die Hoffnung, selbst bald zurückzukehren. Dennoch hält er es für notwendig, seinem Schüler konkrete *Anweisungen* zu geben, damit er – sollte sein Kommen sich verzögern – weiß, wie man sich im »Haus Gottes« zu verhalten hat (3,14 f.).

Diese Anweisungen betreffen zunächst die persönliche *Amts- und Lebensführung* des Timotheus. So soll er sich »der Verlesung, dem Zuspruch und der Lehre« widmen (4,13), er soll selbst in der Lehre verharren (4,16), den guten Kampf kämpfen, den Glauben und das gute Gewissen bewahren (1,18 f.; auch 6,12) und sich von den leeren Reden der Irrlehrer fernhalten (6,20); ferner soll er ein Vorbild (τύπος) für die Gläubigen sein »in Wort und Wandel, in Liebe, Glaube und Reinheit« (4,12) und »nach Gerechtigkeit, Frömmigkeit, Glaube, Liebe, Geduld und Sanftmut« streben (6,11).

Daneben gibt es auch solche Anweisungen, die sowohl die (von Timotheus aufrechtzuerhaltende) *Ordnung in der Kirche insgesamt* betreffen (vgl. z. B. die Haustafel 2,8–15)[12] als auch die *einzelnen kirchlichen Ämter* (vgl. in diesem Zusammenhang besonders die Pflichtenkataloge für die Bischöfe 3,1–7, die Presbyter 5,17–19, die Diakone 3,8–13 und die Witwen 5,3–16)[13]. Dies macht bereits deutlich, daß es hier nicht nur um die Person des Timotheus selbst geht, sondern daß über ihn die Kirche insgesamt angesprochen wird, »welche die konkreten Dienste stellt und wofür die Dienste auch bestellt sind«[14].

Außer diesen mehr amtlichen Anweisungen enthält der Brief aber auch konkrete Bemerkungen über bestimmte Personen, die dem Timotheus bekannt sind (sog. *»Personalnotizen«*). So werden in 1,20 zwei Männer namens Hymenaios und Alexander erwähnt, die »im Glauben

[11] Gerade die Tatsache, daß der Apostelschüler *zurückgelassen* wird, während in den authentischen Paulusbriefen in der Regel von einer *Sendung* der Mitarbeiter durch den Apostel die Rede ist, weist nach P. Trummer, Paulustradition 114 die ganze Briefsituation als pseudepigraphisch aus.

[12] Zur literarischen Form der *Haustafeln* vgl. H. Zimmermann, Methodenlehre 171 f. und die dort (bes. Anm. 130) angegebene Literatur.

[13] Zur literarischen Form der *Pflichtenkataloge* vgl. H. Zimmermann, aaO. 172 ff.

[14] P. Trummer, Paulustradition 223.

Schiffbruch erlitten« und von Paulus »dem Satan übergeben« wurden[15]. Ja es findet sich in 5,23 sogar eine anscheinend *medizinische Empfehlung* des Apostels an Timotheus, nämlich der Rat, er solle »nicht mehr nur Wasser trinken, sondern etwas Wein nehmen wegen seines Magens und seiner häufigen Schwächeanfälle«. Wie noch zu zeigen sein wird, dient auch eine solche – scheinbar triviale – Bemerkung nicht nur dazu, ein möglichst genaues Bild von der fiktiven Situation zu entwerfen, sondern mit ihr verbindet sich darüber hinaus eine hintergründige Bedeutung, die mit der Gesamtsituation des Verfassers aufs engste zusammenhängt.

Ähnliche Elemente wie der 1. Timotheusbrief weist auch der *Titusbrief* auf. Hier wird folgende Situation vorausgesetzt: Nachdem Paulus mit Titus auf Kreta eine Zeitlang Missionsarbeit geleistet hat, läßt er ihn bei seiner Abreise dort zurück[16], um »das Noch-Fehlende in Ordnung zu bringen«, d. h. die bereits begonnene Organisation nach den Richtlinien des Apostels weiterzuführen (1,5). Paulus will Titus bald durch Artemas und Tychikus ablösen lassen; dann soll er schleunigst zu ihm nach Nikopolis kommen, wo der Apostel den Winter verbringen will (3,12).

Auch Titus erhält konkrete Anweisungen für seine *Amts- und Lebensführung*. Er soll die »gesunde Lehre« verkünden (2,1), ermahnen und zurechtweisen (2,15; vgl. 1,13), nutzlosen Streit um das Gesetz ablehnen und die Häretiker nach ein- bzw. zweimaliger Zurechtweisung ausstoßen (3,9 f.). Ferner soll er bestimmte sittliche Verpflichtungen durch Erinnerung einschärfen (3,1 f.); er soll sich aber auch selbst als »Vorbild (τύπος) guter Werke« erweisen, »in der Lehre Unverdrossenheit, Würde sowie gesunde, unanfechtbare Rede« zeigen (2,7 f.).

Daneben begegnen auch wieder Anweisungen, die die *Ordnung der Kirche insgesamt* betreffen (vgl. die Haustafel in 2,2–10) bzw. die *einzelnen Ämter* (vgl. die Pflichtenkataloge für die Bischöfe 1,7–9 und die Presbyter 1,5 f.).

[15] Der gleiche Ausdruck findet sich 1 Kor 5,5. »Wie diese Übergabe an den Satan im einzelnen vorzustellen ist, wissen wir nicht. Fest steht, daß der Satan als Vollstrekker des Strafgerichts gedacht ist; wahrscheinlich ist, daß die Übergabe an ihn in Form der Ausstoßung aus der Gemeinde (Exkommunikation) erfolgte. Man war überzeugt, daß die auf solche Weise Gebannten von körperlicher Züchtigung (vgl. 1 Kor 11,30) getroffen werden würden. Jedenfalls handelt es sich bei dem V. 20 erwähnten Strafgericht um eine Handlung der Kirchenzucht, die nicht aus persönlichen Motiven erfolgte, sondern um der Gemeinde willen, deren inneres Leben zerstört wurde, und um der Sünder willen, die an weiterer Versündigung gehindert und durch die Züchtigung von des Satans Hand zur Buße geführt werden sollten« (J. JEREMIAS, Briefe 18).

[16] Zum Motiv der »Zurücklassung« vgl. das bereits Anm. 11 Gesagte.

Auch eine genauere *Beschreibung der Häretiker* findet sich in 1,10–16 (allerdings ohne besondere Namensnennungen)[17]. In diesem Zusammenhang wird sogar ein der Diskriminierung der Kreter allgemein dienender Hexameter des kretischen Dichters Epimenides auf die Irrlehrer angewendet, der da lautet: »Kreter sind immer Lügner, schlimme Bestien, faule Bäuche« (1,12)[18]. Schließlich gibt es auch im Titusbrief *persönliche Anweisungen,* etwa die, Titus möge Zenas, den Rechtsgelehrten, und Apollos sorgfältig für eine geplante Reise ausrüsten, damit es ihnen an nichts fehle (3,13)[19].

Noch stärker als in den beiden anderen Schreiben sind im *2. Timotheusbrief* Amtliches und Persönliches miteinander verbunden[20]. Dies hängt mit der veränderten und damit späteren Situation zusammen, die hier vorausgesetzt wird: Paulus befindet sich in Gefangenschaft (1,8.16 f.; 2,9)[21] und weiß sich dem Tod nahe (4,6 ff.18). Die Weisungen, die der Apostel in dieser Situation dem Timotheus erteilt (der sich offensichtlich noch in Ephesus aufhält)[22], gleichen jetzt geradezu einer testamentarischen Verfügung; sie kommen »einem persönlichen Vermächtnis an den vertrauten Gehilfen und Glaubensbruder nahe«[23].

Zunächst gibt es wieder Mahnungen, die auf die *Amts- und Lebensführung* des Timotheus abzielen. Was seine Amtsführung angeht, so soll er bei dem bleiben, was er von Paulus gelernt hat (3,14), er soll das »als Vorbild (ὑποτύπωσις) gesunder Lehren festhalten«, was er von ihm gehört hat und »das rechte, anvertraute Gut bewahren« (1,13 f.), er soll das Gehörte aber auch weitergeben an zuverlässige Menschen, die geeignet sind, wieder andere zu belehren (2,2); mit den Irrlehren hingegen

[17] Es handelt sich bei den hier angesprochenen Häretikern eindeutig um juden*christliche* und nicht um jüdische Gegner, wie offenbar P. TRUMMER, Paulustradition 165 annimmt.

[18] Über Epimenides, den Verfasser dieses Hexameters, s. Näheres bei M. DIBELIUS – H. CONZELMANN, Pastoralbriefe 101 ff.

[19] Zweck und Ziel dieser Reise werden nicht genannt. Nach N. BROX, Pastoralbriefe 313 reisten Zenas und Apollos aber wohl in kirchlicher Funktion. G. HOLTZ, Pastoralbriefe 237 charakterisiert sie als »Wanderprediger«.

[20] Vgl. W. G. KÜMMEL, Einleitung 331.

[21] Aus 1,17 geht hervor, daß die *römische* Gefangenschaft des Apostels gemeint sein dürfte. Zur Bedeutung Roms für die geographische Konzeption des Verfassers vgl. P. TRUMMER, Paulustradition 136.

[22] »Dafür sprechen die Grüße an Aquila und Priscilla (4,19), die sich nach 1 Kor 16,19 und Apg 18,18 f. dort aufhielten« (A. WIKENHAUSER – J. SCHMID, Einleitung 518).

[23] N. BROX, Pastoralbriefe 12.

soll er sich nicht auf Wortgefechte und leere Reden einlassen (2,16.23), sondern – allen Schwierigkeiten zum Trotz – das Wort verkünden, »sei es gelegen oder ungelegen«, zurechtweisen, rügen, ermahnen (4,2) und sich so »vor Gott als bewährt erweisen, als Arbeiter, der sich nicht schämt, sondern das Wort der Wahrheit geradeheraus verkündet« (2,15); mit Paulus soll er die Beschwerden für die Verkündigung des Evangeliums teilen (1,8; 2,3). Für seine Lebensführung wird ihm u. a. aufgetragen, »die Begierden der Jugend zu fliehen und nach Gerechtigkeit, Glaube, Liebe und Frieden zu streben« (2,22) und sich von den gottlosen, lasterhaften Menschen fernzuhalten (3,1–9, bes. V. 5).

In noch größerer Zahl als in den anderen Briefen begegnen die charakteristischen *»Personalnotizen«*. So wird Timotheus in 1,15–18 an Phygelos und Hermogenes erinnert, die sich von Paulus abgewandt haben, ferner an Onesiphoros, der den Apostel in seiner römischen Gefangenschaft oft erquickte, wie er ihm auch schon in Ephesus gute Dienste geleistet hat. In 2,17 werden Hymenaios und Philetos erwähnt, die zu den Irrlehrern gehören. Besonders viele Namensnennungen finden sich am Ende des Briefes in 4,9–22; hier werden u. a. erwähnt Demas, Kreszenz, Titus, Lukas, Markus, Tychikus, Karpus, Alexander der Schmied, Priska, Aquila. Schließlich fehlen auch die ganz *persönlichen Aufträge und Bitten* nicht: So soll sich Timotheus beeilen, noch vor Anbruch des Winters zu Paulus zu kommen (4,9.21), der Tag und Nacht im Gebet an ihn denkt (1,3) und sehnlichst wünscht, ihn wiederzusehen (1,4). Er soll dabei nicht nur den Markus mitbringen (4,11), sondern auch den Mantel, den der Apostel in Troas bei Karpus zurückgelassen hat, ferner die Bücher und vor allem die Pergamente (4,13)[24].

2. Die Erklärung der pseudepigraphischen Gestalt der Pastoralbriefe

Angesichts dieser geradezu total durchgeführten Pseudepigraphie drängt sich um so mehr die Frage auf: Warum eigentlich identifiziert der Verfasser sich selbst mit Paulus und seine Adressaten mit Timotheus und Titus, und warum zeichnet er die jeweilige Situation mit solcher Genauigkeit, daß er sogar immer wieder biographische Einzelheiten, konkrete Namensnennungen und persönliche Mitteilungen in seine Schreiben einfließen läßt? Ist das nur als eine klischeeartige Fiktion zu bezeich-

[24] Mit τὰ βιβλία sind wohl vornehmlich die heiligen Schriften gemeint; jedenfalls scheint sich dies durch den Zusatz μάλιστα τὰς μεμβράνας nahezulegen. Vgl. N. Brox, Pastoralbriefe 273 f.; P. Trummer, Paulustradition 84 f.; G. Holtz, Pastoralbriefe 196.

nen, wie sie nun einmal zur Pseudepigraphie grundsätzlich gehört, oder steckt mehr dahinter? Um diese Frage zu beantworten, erscheint es ratsam, ein wenig genauer auf das *Anliegen* des Verfassers einzugehen, wie es sich vor allem in den die Amts- und Lebensführung der Adressaten betreffenden Anweisungen und Mahnungen widerspiegelt.

Näherhin besteht sein Hauptanliegen wohl darin, *die von Paulus her überkommene Ordnung und Lehre als die auch jetzt in seiner Kirche gültige festzuschreiben.* Man kann sich das besonders gut an einigen *Stichwörtern und Wendungen* klarmachen, die für die drei Briefe entscheidende Bedeutung haben.

Eines dieser Stichwörter ist das Substantiv ἡ παραθήκη[25], das man im Deutschen mit *»das anvertraute Gut«* wiedergeben kann. Der Terminus meint in seinem Wortsinn das Hinterlegte (Deponierte), Anvertraute, das es zu hüten und zur gegebenen Zeit zurückzuerstatten gilt[26]. N. BROX sagt dazu: Der Terminus »charakterisiert die Lehre und Glaubenswahrheit . . . gerade unter jener Rücksicht, an welcher dem Verfasser der Pastoralbriefe vorrangig liegt. Denn das Hüten und Bewahren des ›anvertrauten Gutes‹, welches die kirchliche Predigt ist, vollzieht sich in der Form verantwortlicher und getreuer Weitergabe. Darin sind die Momente des Empfangens zu verläßlicher Sachwaltung, der Treue, des gegenseitigen Vertrauens zwischen dem Übertragenden und dem Empfangenden . . . und der Verantwortlichkeit ebenso eingeschlossen wie die unversehrte Rückgabe des ›Depositum‹. Es handelt sich bei der ›Paratheke‹ also um einen Terminus spezifischer Traditionssprache«[27].

Der Begriff begegnet an folgenden Stellen: 1 Tim 6,20; 2 Tim 1,12 und 1,14.

1 Tim 6,20 fordert Paulus seinen Schüler auf: »O Timotheus, bewahre das anvertraute Gut, halte dich fern von den unheiligen Schwätzereien und Antithesen (Einwänden, Streitsätzen o. ä.) der fälschlich so genannten ›Erkenntnis‹, zu der sich manche bekannt haben und (dadurch) bezüglich des Glaubens in die Irre gegangen sind.« An dieser Aussage sind vor allem zwei Momente bedeutsam:

1. Timotheus soll die »Paratheke« bewahren, behüten (φυλάσσειν). Die »Paratheke« wird also als das Objekt des »Bewahrens« gesehen.

2. Zu dem »Bewahren« gehört nach dieser Selle auch, daß Timotheus, dem diese Aufgabe zukommt, sich fernhält von den häretischen

[25] Siehe dazu CH. MAURER, ThWNT VIII 163 ff.; C. SPICQ, Saint Paul 481–502; N. BROX, Pastoralbriefe 235 f.; auch G. HOLTZ, Pastoralbriefe 147.

[26] Vgl. CH. MAURER, aaO. 165; ferner N. BROX, Amt 126 f.

[27] N. BROX, Amt 126.

Lehren, die fälschlich den Anspruch erheben, die γνῶσις, d. h. die Heilserkenntnis, zu vermitteln. Nur die »orthodoxe« Lehre kann also nach dem Verständnis des Verfassers Anspruch auf Vermittlung von γνῶσις erheben.

Noch genauer wird die »Paratheke« in 2 Tim 1,12–14 bestimmt. Es heißt dort: »Darum muß ich auch dies leiden, aber ich schäme mich nicht, denn ich weiß, wem ich vertraut habe, und bin gewiß, daß Er mächtig ist, meine παραθήκη bis zu jenem Tag zu bewahren. Als Vorbild für gesunde Lehre halte fest, was du von mir gehört hast in Glaube und Liebe in Christus Jesus. Die gute παραθήκη bewahre durch den heiligen Geist, der in uns wohnt.« Wichtig an diesen Ausführungen sind folgende Punkte:

1. Paulus spricht von *seiner* »Paratheke«. CH. MAURER diskutiert die Frage, »ob mit παραθήκην μου *das Gut, welches ich anvertraut habe* oder *das mir anvertraute Gut* gemeint ist«[28]. Diese Diskussion erscheint jedoch überflüssig. Denn die »Paratheke« meint wohl beides: Sie ist jenes Glaubensgut, das der Herr selbst dem Apostel anvertraut hat und das dann als »sein« Glaubensgut dem Timotheus und den kommenden Generationen weitergegeben wird[29].

2. Wieder begegnet im Zusammenhang mit παραθήκη das Verb φυλάσσειν, und zwar zweimal. Beim ersten Mal (in V. 12) ist es auf Gott (bzw. Christus) selbst bezogen: Er ist δυνατός, die paulinische »Paratheke« »bis zu jenem Tag« (d. h. bis zur Parusie) zu bewahren. Der Prozeß der Weitergabe des Glaubensgutes muß sich danach also durch alle kommenden Zeiten fortsetzen und wird sich fortsetzen, weil der Herr selbst diese »Paratheke« schützt und bewahrt. Beim zweiten Mal (in V. 14) wird das φυλάσσειν wieder als Auftrag an Timotheus bezeichnet: Er soll »die gute Paratheke« (d. h. das rechte, unverfälschte Traditions- und Glaubensgut) bewahren. Diese Bewahrung geschieht »unter dem Beistand des heiligen Geistes, der in uns wohnt«. Der heilige Geist ist hier – dem Zusammenhang entsprechend – nicht der allgemein den Christen innewohnende Geist, sondern »der zur Amtsausführung geschenkte Geist (vgl. V. 7) und dem Amtscharisma vergleichbar (1 Tim 4,14; 2 Tim 1,6)«[30]. Die Erwähnung des Geistes geschieht nicht von ungefähr. Zum einen wird dadurch die (ja schon mit anderen Worten in V. 12 ausgesprochene) *Zuversicht* unterstrichen, daß es dem Ti-

[28] CH. MAURER, aaO. 165.

[29] Vgl. in diesem Zusammenhang auch 2 Tim 2,8, wo Paulus ähnlich von εὐαγγέλιόν μου redet.

[30] N. BROX, Pastoralbriefe 235.

motheus tatsächlich gelingen wird, das »anvertraute Gut« unversehrt zu bewahren, hat er doch dazu den Beistand des Geistes; zum anderen wird damit die besondere *Verantwortung* hervorgehoben, die sich für Timotheus aus seinem Geistempfang ergibt[31].

3. Wichtig ist schließlich auch der betonte Hinweis auf das *Vorbild* des Apostels (V. 13). Die »Paratheke« ist ὑποτύπωσις für gesunde Lehren. Die Verkündigung des Apostels wird deutlich als die einzig beispielhafte, normative Lehre betrachtet, die es aufzunehmen, zu bewahren und weiterzugeben gilt[32].

Ähnliche Aussagen, wie sie an den genannten Stellen gemacht werden, finden sich dort, wo (zwar nicht von der παραθήκη, wohl aber) vom παρατίθεσθαι die Rede ist.

So heißt es 1 Tim 1,18: »Diese Weisung (παραγγελία) lege ich dir vor (bzw. vertraue ich dir an), mein Kind Timotheus, gemäß den früher über dich ergangenen Prophetensprüchen, damit du in ihnen den guten Kampf kämpfst . . .«. Konkret wird zurückgewiesen auf jene παραγγελία, die der Verfasser in 1,3–11 darlegt und in 1,12–17 durch eine »Paulusanamnese« ergänzt[33]. Doch kann hier mit παραγγελία über die konkrete Anordnung hinaus »die rechte Verkündigung überhaupt gemeint« sein (vgl. 1,5)[34]. Auf jeden Fall drückt das Verb παρατίθεσθαι auch an dieser Stelle den *Traditionsgedanken* in der für den Verfasser typischen Form aus. Paulus übergibt Timotheus, seinem »Kind« – die Bezeichnung »Kind« dürfte in diesem Zusammenhang sicher nicht zufällig sein[35] –, die verbindliche apostolische Weisung, wobei er ihn – auch dies geschieht nicht von ungefähr – an seine offensichtlich von geistbegabten prophetischen Reden begleitete Amtseinsetzung erinnert. »Die Stunde der Bestellung zur Amtsübernahme wird in Erinnerung gerufen, um mit Hilfe der damaligen, eindrucksvollen Begleitumstände Kraft und neue Zuversicht für die gegenwärtigen Anstrengungen zu wecken. Um

[31] So auch CH. MAURER, aaO. 165.

[32] Daß Paulus für Timotheus freilich nicht nur Vorbild der Lehre, sondern auch des Lebens ist, wird später noch zu besprechen sein.

[33] Wir haben es in 1,18 mit »einem zusammenfassenden Appell« zu tun, wie er in den Pastoralbriefen wiederholt begegnet, z. B. 1 Tim 4,6.11; 5,11; 2 Tim 2,14; Tit 2,15 (so N. BROX, Pastoralbriefe 117).

[34] M. DIBELIUS – H. CONZELMANN, Pastoralbriefe 26 f.

[35] Vgl. auch 1,2, wo Timotheus das »rechtmäßige Kind im Glauben« genannt wird. Die Bezeichnung soll nicht nur »das Moment eines persönlichen und herzlichen Verhältnisses zwischen Paulus und Timotheus« hervorheben (N. BROX, Pastoralbriefe 118), sondern gleichzeitig die *Legitimation* des Apostelschülers betonen, die paulinische Tradition treu zu bewahren und weiterzugeben.

ein Leichtes handelt es sich nämlich nicht. Die Aufgabe wird – wie öfter im Neuen Testament (vgl. z. B. Eph 6,10–17; 2 Tim 2,3 f.) – kurz als ›guter Kampf‹ umschrieben, . . . betreffs der kirchlichen Sorgen um Kult und Disziplin etc. ist das Bild des Kampfes (gegen Lauheit, Unordnung, Mißverständnis) durchaus angebracht«[36].

Noch bedeutsamer erscheint die Aussage von 2 Tim 2,2: »Und was du von mir vor (bzw. in Gegenwart von) vielen Zeugen gehört hast, das vertraue zuverlässigen Menschen an (παράϑου), die fähig sein werden, auch andere zu lehren.« Dieser Satz entwickelt besonders deutlich die Vorstellung einer *kontinuierlichen Tradition* (in bezug auf die Lehre) und *Sukzession* (in bezug auf die einander ablösenden Lehrer)[37]. Timotheus hat von Paulus vor Zeugen die Glaubenslehre vernommen; Ursprung des Überlieferungsprozesses ist also der Apostel selbst; der Hinweis auf die Zeugen erinnert dabei wieder an die (auch nach 1 Tim 6,12) vor Zeugen geschehene Amtseinsetzung, bei der ihm die apostolische (genauer: die paulinische) Lehre anvertraut worden ist. Timotheus wiederum soll sie »seinerseits zuverlässigen Nachfolgern verantwortlich übergeben«[38]. E. KÄSEMANN bemerkt dazu: »Die Traditionskette garantiert . . . den apostolischen Charakter der Verkündigung, deren Bewahrung und Darbietung nach den Pastoralen vornehmste Pflicht der Gemeindeleiter ist«[39]. Noch deutlicher formuliert es N. BROX: »Die Weitergabe ist nicht nur als Streuung in die Breite . . ., sondern als Bewahrung durch die Zeit gesehen . . . Der jeweilige Amtsträger weiß seine Predigt bis auf Paulus zurückreichend, hat sie durch amtlich-autoritative Übertragung anvertraut bekommen und damit zugleich die Aufgabe, sich nach den geeigneten Nachfolgern umzusehen. Für sie alle will die Instruktion und Paränese der Pastoralbriefe gelten«[40].

Alle genannten Stellen lassen das gleiche Anliegen erkennen: Es geht um das Empfangen, Anvertrauen, Bewahren der rechten Lehre, die als »Paratheke« von Paulus überkommen ist und in der Kirche durch alle

[36] N. BROX, Pastoralbriefe 118.

[37] Die von M. DIBELIUS – H. CONZELMANN, Pastoralbriefe 80 vertretene Ansicht, im Unterschied zum 1. Klemensbrief werde hier »der Traditionsgedanke nicht durch die Sukzessionsidee ergänzt«, dürfte so nicht haltbar sein. Die Sukzessionsidee ist in den Pastoralbriefen zwar »noch nicht definiert, aber in den Grundzügen faktisch da« (K. WEGENAST, Verständnis 143). Siehe zu diesem Problem auch G. G. BLUM, Tradition 55–59.

[38] J. JEREMIAS, Briefe 53.

[39] E. KÄSEMANN, Formular 105.

[40] N. BROX, Pastoralbriefe 240.

Zeiten hindurch garantiert, verkündigt und weitergegeben und damit je neu präsent wird durch das am Apostel orientierte Amt.

Ein weiteres Schlagwort, das dieses Anliegen des Verfassers ebenfalls deutlich umschreibt, ist das Schlagwort von der *»gesunden Lehre«* (ἡ ὑγιαίνουσα διδασκαλία)[41]. Es begegnet an folgenden Stellen: 1 Tim 1,10; 2 Tim 4,3; Tit 1,9; 2,1[42]. Beispielhaft seien hier zwei dieser Stellen genauer besprochen: Tit 2,1 und Tit 1,9.

In 2,1 erhält Titus den Auftrag zu reden, »was der gesunden Lehre entspricht«. Wie der voranstehende Kontext 1,10–16 erkennen läßt (und das adversative δέ bestätigt), liegt dem Begriff »gesunde Lehre« zweifellos eine antihäretische Tendenz zugrunde[43]. Die Lehre, die der Apostelschüler zu vertreten hat, wird wohl deshalb »gesund« genannt, weil sie dem von Paulus überkommenen Wort entspricht und als solche die einzige und wahre Lehre darstellt[44]; demgegenüber ist der »häretische Standort . . . als eine ›Krankheit‹ zu umschreiben«, geht doch durch ihn die Wahrheit verloren[45]. Bedeutsam erscheint, daß nach dieser Aufforderung in 2,2–10 eine der typischen Haustafeln folgt, in denen die für das »Haus Gottes« gültige Ordnung festgestellt wird. Dies weist darauf hin, daß die »gesunde Lehre«, um die es dem Verfasser wesentlich geht, nicht nur die »dogmatische Orthodoxie« meint, sondern zugleich auch die rechte Ordnung, Struktur und – wenn man so will – die »Orthopraxie« der Kirche umfaßt[46]. Von daher ist keineswegs verwunderlich, daß sich innerhalb der Pastoralbriefe mehrmals solche Haustafeln wie ebenso zahlreiche Pflichtenkataloge finden.

Einer dieser Pflichtenkataloge begegnet Tit 1,6–9; er betrifft die Presbyter (V. 6) und die Bischöfe (V. 7–9). Auffallend ist nun, daß in 1,9 unter den für den Bischof geforderten Qualifikationen auch aufgeführt wird, er solle in der Lage sein, in der »gesunden Lehre« zu unterweisen und die Widersprechenden zu überführen. Damit kommt ein weiterer Aspekt in den Blick: Nicht nur die Amtsstruktur der Kirche und die für die jeweiligen Amtsträger geforderten Qualifikationen als

[41] Siehe dazu die Ausführungen bei N. Brox, aaO. 107 f.; M. Dibelius – H. Conzelmann, Pastoralbriefe 20 f.; J. Jeremias, Briefe 14 f. Vgl. S. Ch. Agouridis, Χριστολογία 59–66; F. J. Schierse, Kennzeichen 76–86.

[42] Siehe dazu auch noch 1 Tim 6,3; 2 Tim 1,13; Tit 1,13; 2,2; 2,8.

[43] Vgl. die unmittelbar vorher (in 1,10–16) begegnende Charakterisierung der Häretiker.

[44] Das Attribut »gesund« ist also ein »Normbegriff« (O. Michel, Grundfragen 87).

[45] N. Brox, Pastoralbriefe 107 unter Hinweis auf 1 Tim 6,4 f.

[46] Vgl. V. Hasler, Verständnis 68.

solche entsprechen der »gesunden Lehre«; vielmehr wird diese selbst wiederum zur *Forderung* an die Amtsträger. Sie sind verpflichtet, die von Paulus überkommene Lehre in ihrer Gegenwart zu bewahren und – nicht zuletzt im Hinblick auf die konkreten Gefährdungen – konsequent durchzusetzen. Wieder also tritt hier das für die Pastoralbriefe konstitutive Traditions- und Sukzessionsprinzip deutlich zutage.

Eine weitere, für die Intention des Verfassers bezeichnende Formel stellt die Wendung πιστὸς ὁ λόγος (*»zuverlässig ist das Wort«*) dar[47]. Die nicht sosehr als Zitationsformel denn als *Beteuerungsformel* aufzufassende Wendung[48] begegnet an folgenden Stellen: 1 Tim 1,15; 3,1; 4,9; 2 Tim 2,11; Tit 3,8[49]. An allen Stellen bezieht sie sich auf ein vorausgehendes oder nachfolgendes Stück, das aus der Tradition stammt und Aussagen über das Heil bzw. die Glaubensverwirklichung enthält. Gerade weil es sich bei diesen Aussagen jeweils um einen λόγος πιστός handelt, muß man sie annehmen und je neu einschärfen. Dies wird 1 Tim 1,15 und 4,9 durch den Zusatz καὶ πάσης ἀποδοχῆς ἄξιος (»und jeder Annahme wert«) eigens unterstrichen[50]. Wie die einzelnen Stellen zeigen, ist ὁ λόγος offensichtlich umfassend gemeint. 1 Tim 1,15 z. B. steht die Formel im Zusammenhang mit einem christologischen Bekenntnissatz[51], 1 Tim 3,1 wird mit ihr ein Pflichtenkatalog für die Bischöfe eingeleitet[52], 1 Tim 4,9 bezieht sie sich auf die vorangegangenen Ausführungen über die Askese und die »Frömmigkeit«, welche »zu al-

[47] Siehe dazu u. a. L. P. Foley, »Fidelis, Faithful« 163 ff.; M. Dibelius – H. Conzelmann, Pastoralbriefe 23 f.; N. Brox, Pastoralbriefe 112 ff.

[48] Zur Frage, ob und inwieweit es sich um eine Zitations- oder Beteuerungsformel handelt, s. die ausführliche Stellungnahme bei M. Dibelius – H. Conzelmann, aaO. Vgl. auch J. M. Bover, Fidelis Sermo 74–79; G. Kittel, ThWNT IV 119 Anm. 199.

[49] Nicht dazu gehört die Formulierung ἀντεχόμενον τοῦ κατὰ τὴν διδαχὴν πιστοῦ λόγου Tit 1,9, die im Kontext eines Pflichtenkatalogs für Bischöfe steht.

[50] Vgl. N. Brox, Pastoralbriefe 112: »Die Erweiterung, die ja lediglich eine Sinnparallele enthält, wird man als ›Verstärkung‹ der eingliedrigen Formel verstehen.« So auch O. Michel, Grundfragen 85. ἀποδοχή ist übrigens ein Hapaxlegomenon. »Das im klassischen Griechisch gebräuchliche Wort ist in der Koine im guten Sinn gebraucht worden: mit Fug und Recht Anerkennung finden. Es wird hier mitgedacht sein, der Hörer dürfe auf jeden Rest von Widerspruch verzichten« (G. Holtz, Pastoralbriefe 46 f.).

[51] Es handelt sich näherhin um eine »Aussage über Jesu Sendung und Heilsfunktion«, die »einen fundamentalen Satz der christlichen Unterweisung« darstellt (N. Brox, Pastoralbriefe 111).

[52] Doch vgl. M. Dibelius – H. Conzelmann, Pastoralbriefe 24 und 42, wo Bedenken gegen einen Bezug der Formel auf das *nachfolgende* Stück erhoben werden.

lem nützlich ist, weil sie die Verheißung des jetzigen und künftigen Lebens« hat (V. 8)[53], 2 Tim 2,11 leitet die Formel »ein Stück älterer hymnischer Überlieferung« ein (2,11–13)[54], Tit 3,8 schließlich bekräftigt sie die Wichtigkeit der zuvor (in 3,4–7) gemachten kerygmatischen Darlegungen[55]. Der Inhalt des jeweiligen (als πιστός charakterisierten) λόγος ist also durchaus von unterschiedlicher Art. Dennoch gilt: Es handelt sich stets um *Traditionsgut,* das von *grundsätzlicher* Bedeutung erscheint und deshalb vom Verfasser »eingeschärft und als die heilsame Größe für die Gegenwart erklärt«[56] wird.

Zusammenfassend kann man die Intention des Verfassers noch einmal so umschreiben: Es geht ihm wesentlich darum, die paulinische παραθήκη, die als »gesunde Lehre« sowohl den dogmatischen Bestand orthodoxer Lehre als auch die rechte kirchliche Praxis wie ebenso die persönliche Lebensführung umfaßt, als »zuverlässiges Wort« dem Amtsträger der Kirche stichwortartig in Erinnerung zu rufen, damit er sie bewahre und an andere weitergebe.

Hält man sich diese Absicht des Verfassers vor Augen, dann erhellt, warum er zum einen sich selbst in so pointierter Form mit Paulus identifiziert und zum anderen seine Mahnungen unmittelbar an die Apostelschüler Timotheus und Titus gerichtet sein läßt.

Für die *Identifizierung des Verfassers mit Paulus* läßt sich aus dem bisher Gesagten folgende Begründung ableiten:

1. Paulus ist für den Verfasser *der* Apostel schlechthin. Es fällt auf, daß von anderen Aposteln in den Pastoralbriefen mit keinem Wort die Rede ist[57].

2. Als *der* Apostel schlechthin repräsentiert Paulus *Ursprung und Fundament* der kirchlichen Ordnung und Lehre. Er gibt die Richtlinien (vgl. z. B. Tit 1,5); seine »Paratheke« (2 Tim 1,12 u. ö.) bzw. sein

[53] »Wegen der Irrlehre wird die Zuverlässigkeit des Wortes von V. 8 betont, den . . . V. 9 wie mit einem Amen abschließt« (G. Holtz, Pastoralbriefe 106).

[54] N. Brox, Pastoralbriefe 244. Vgl. G. Holtz, aaO. 167 (»kunstvoll geformtes Lied«); M. Dibelius – H. Conzelmann, Pastoralbriefe 81 (»in hymnischem Stil gehaltenes Zitat«); J. Jeremias, Briefe 55 (»Lobpreis des Martyriums«).

[55] Wie N. Brox, aaO. 310 hervorhebt, deutet die Formel gleichzeitig »nachträglich darauf hin, daß es sich um zitiertes Gut aus der katechetisch-paränetischen Überlieferung handelt« (vgl. die Verbindung von 3,4–7 mit den vorangehenden Mahnungen 3,1–3).

[56] M. Dibelius – H. Conzelmann, Pastoralbriefe 8.

[57] Der Apostolat des Paulus der Pastoralbriefe ist also »exklusiv« (P. Trummer, Paulustradition 112).

»Evangelium«, mit dem er selbst betraut wurde (1 Tim 1,11)[58], bildet für die Kirche den entscheidenden Maßstab.

3. Zugleich ist Paulus aber auch das zeitlos gültige *Vorbild,* die ὑποτύπωσις (2 Tim 1,13; 1 Tim 1,16)[59], und zwar sowohl für die Gläubigen schlechthin als auch und besonders für die Amtsträger der Kirche. Ihnen ist er Vorbild sowohl für ihre Amts- als auch für ihre Lebensführung (vgl. etwa 2 Tim 1,8.12; 4,6 ff. u. ö.).

Die *Identifizierung der Adressaten mit den Apostelschülern* wiederum erklärt sich folgendermaßen:

1. Bedeutet Paulus Ursprung und Fundament der Ordnung und Lehre, so repräsentieren Timotheus und Titus das Moment der *Kontinuität.* Sie füllen gleichsam die Lücke aus zwischen Paulus und der Zeit des Verfassers. Ihnen kommt – anders gesagt – eine Art Brückenfunktion zu. Dies wird ja besonders klar 2 Tim 2,2 ausgesprochen. Timotheus hat von Paulus die Lehre empfangen und soll sie nun zuverlässigen Menschen anvertrauen, die fähig sind, wieder andere zu belehren. Dies kommt aber ebenso an den übrigen Stellen zum Ausdruck, an denen die Aufgabe der Apostelschüler als die des Erinnerns (2 Tim 2,14; Tit 3,1), des Ermahnens (1 Tim 1,3; 2 Tim 4,2; Tit 2,15), des Zurechtweisens (1 Tim 5,20; 2 Tim 4,2), des Bewahrens (1 Tim 6,20; 2 Tim 1,14) und des Weitergebens (Tit 3,8) bestimmt wird.

2. Wie Paulus selbst haben insofern auch die Apostelschüler *Vorbildcharakter* für die Gläubigen und insbesondere für die Amtsträger. Das Vorbildhafte an ihnen wird allenthalten angesprochen, z. B. 1 Tim 4,12; 2 Tim 3,10; Tit 2,7; 2,15 u. ö.[60]

Auf diesem Hintergrund werden nun auch die für die Pastoralbriefe so charakteristischen biographischen Einzelheiten (namentlich die sogenannten »Paulusanamnesen«), die »Personalnotizen«, aber auch die ganz persönlichen Anweisungen an Timotheus und Titus voll verständlich.

Zunächst zu den *»Paulusanamnesen«*:

Eine erste findet sich 1 Tim 1,12–17: Hier wird von der Vergangenheit des Paulus, näherhin von seiner »Bekehrung« (bzw. Berufung) gesprochen. Diese reflektierende »Paulusanamnese« hat »spezielle parä-

[58] Vgl. auch 2 Tim 2,8.

[59] Das Wort ὑποτύπωσις hat im Zusammenhang von 1 Tim 1,16 geradezu die Bedeutung »Urbild«.

[60] 1 Tim 4,12 und Tit 2,7 wird auf sie bezeichnenderweise der Ausdruck τύπος angewendet.

netische Funktion«[61]. Der Paulus, der hier vorgestellt wird, ist in doppelter Hinsicht *Vorbild*: Zum einen ist er, der vormalige Lästerer, Verfolger und Frevler, der aber durch Christus Barmherzigkeit fand, als »Prototyp der Erlösten« Vorbild für alle kommenden Generationen von Gläubigen (V. 16), denn an ihm erfüllte sich als erstem jener λόγος πιστός, daß nämlich »Christus Jesus in die Welt kam, um Sünder zu retten« (V. 15). Zum anderen erscheint Paulus aber auch »als Paradigma einer Amtseinsetzung des nachpln Amtsträgers«[62], insofern seine Beauftragung zum Apostelamt hier (vor allem in V. 12) als ein »ganz konkreter, überschaubarer Akt einer einmaligen Beauftragung und Stärkung zum Dienst dargestellt wird«[63].

Ähnlich verhält es sich 1 Tim 2,7. An dieser Stelle wird darauf abgehoben, daß Paulus zum »Herold und Apostel« eingesetzt ist, um Zeugnis von dem zu geben, was (gemäß dem in 2,5.6 Gesagten) in Jesus Christus geschah. Näherhin ist er bestimmt »zum Lehrer der Heiden in Glauben und Wahrheit«[64]. Hier begegnet Paulus als der universale Lehrer des Heils; als solcher aber ist er wieder Vorbild für die nachpaulinischen Amtsträger, vollzieht *er* doch bereits den gleichen Dienst, den auch sie zu erfüllen haben, nämlich den der (auf das Heil aller Menschen gerichteten) διδασκαλία, die in den Pastoralbriefen immer wieder die »gesunde Lehre« genannt wird[65].

Die zwischen einem Pflichtenkatalog für Bischöfe bzw. Diakone (3,1–13) und einem Christushymnus (3,16) eingefügte Anamnese 1 Tim 3,14 f. spricht von der Hoffnung des Apostels, bald zu Timotheus zu kommen, und davon, daß Paulus seinem Schüler deshalb schreibe, damit er im Fall der Verzögerung seines Kommens wisse, wie man sich im »Haus Gottes« zu verhalten hat. Die Ordnung der Kirche wie ebenso das Christuskerygma werden damit ganz an die Person des Paulus zurückgebunden. Der Brief soll dabei gleichsam die Anwesenheit des Apostel *ersetzen* bzw. – vielleicht besser gesagt – in die Gegenwart und Zukunft hinein *verlängern*. Allerdings ist es zumindest mißverständlich, wenn man (wie z. B. N. Brox) sagt, nach Ansicht des Verfassers *würde* der Apostel, *wäre* er anwesend, in der jetzigen Situation das anordnen und verkündigen, was in den Pastoralbriefen festgelegt ist[66]. Dies er-

[61] P. Trummer, Paulustradition 119.

[62] P. Trummer, aaO. 119.

[63] P. Trummer, aaO. 120.

[64] Wie N. Brox, Pastoralbriefe 129 zutreffend bemerkt, würde Paulus selbst eine solche Umschreibung seiner Funktion nicht auf sich angewandt haben.

[65] Vgl. P. Trummer, Paulustradition 122 f.

[66] So N. Brox, aaO. 156.

scheint deshalb mißverständlich, weil dadurch leicht der Gedanke aufkommen kann, es handle sich um eine bloße *Fiktion*. Vielmehr drückt sich hier die Grundüberzeugung des Verfassers aus: Wer sich an das hält, was in den Briefen gesagt wird, der hat *tatsächlich* das Wort des Apostels, steht in Übereinstimmung mit Paulus. Man bemerkt eine gewisse Analogie zu den Evangelien. Ähnlich wie dort an die Stelle Jesu Christi das εὐαγγέλιον tritt, das aber mit ihm selbst identisch ist[67], verhält es sich analog auch hier: An die Stelle der persönlichen Anwesenheit des Apostels tritt der (pseudepigraphische) Brief, in dem die paulinische Verkündigung und Anordnung bewahrt und interpretierend weitergegeben werden.

Diese Sicht findet auch an der ebenfalls zu den »Paulusanamnesen« gehörenden Stelle 1 Tim 4,13 ihren Niederschlag. Paulus fordert Timotheus auf, er solle sich bis zu seiner Ankunft »der Verlesung, dem Zuspruch und der Lehre« widmen. Auch hier wird wieder auf die Zeit der persönlichen Abwesenheit des Apostels rekurriert. P. TRUMMER spricht in diesem Zusammenhang von dem »Bewußtsein einer pln ›Parusieverzögerung‹«[68]. »Bis zum – bleibend verzögerten – Kommen des Apostels hat der nachpln Amtsträger . . . sich an die Verlesung, den Zuspruch und die Lehre zu halten . . . Verlesung, Zuspruch und Lehre gibt es für die Past nicht ohne P«[69].

Eine weitere Anamnese findet sich 2 Tim 1,3 ff., also innerhalb der Eingangsdanksagung des Briefes. Es heißt dort: »Ich danke Gott, dem ich von meinen Vorfahren her mit reinem Gewissen diene, wenn ich un-

67 Vgl. H. ZIMMERMANN, Jesus Christus 161.

68 P. TRUMMER, Paulustradition 124.

69 P. TRUMMER, aaO. TRUMMER versteht hier unter ἀνάγνωσις übrigens nicht nur die feierliche Verlesung des Alten Testaments (wie z. B. M. DIBELIUS – H. CONZELMANN, Pastoralbriefe 55 oder J. JEREMIAS, Briefe 34), sondern bezieht diese ja in einer »Paulusanamnese« stehende Aufforderung auch »auf die schriftliche P-Tradition einschließlich der Pseudepigraphie« (aaO.). Dies ist ein durchaus überlegenswerter Gedanke, der durch die Aussagen des Kontextes bestätigt zu werden scheint. Mit der παράκλησις und der διδασκαλία dürften ja wohl eindeutig die *paulinisch* ausgerichtete Ermahnung und Lehre gemeint sein; von daher liegt es nahe, auch die ἀνάγνωσις auf seine schriftliche Hinterlassenschaft, also seine Briefe, zu beziehen. 1 Tim 4,13 stellt dann einen Beleg dafür dar, daß sowohl die authentischen als auch die pseudepigraphischen Schriften des Apostels auf eine öffentliche Lektüre angelegt waren und deshalb auch in der Liturgie von vornherein ihren Platz hatten; vgl. in diesem Zusammenhang auch Stellen wie Kol 4,16, wo vom Austausch der Paulusbriefe zum Zweck der Verlesung die Rede ist, oder Eph 3,3 f.

ablässig deiner in meinen Gebeten gedenke bei Tag und bei Nacht, voller Sehnsucht, dich zu sehen, in Erinnerung an deine Tränen, damit ich mit Freude erfüllt werde, indem ich mich an den ungeheuchelten Glauben in dir erinnere, der schon in deiner Großmutter Lois und in deiner Mutter Eunike wohnte; ich bin aber überzeugt, er (ist) auch in dir.« Wenn Paulus hier den durch Generationen ererbten Glauben des Timotheus erwähnt, ja sogar herausstellt, daß er selbst schon von den Vorfahren her Gott mit reinem Gewissen gedient hat, dann soll damit offensichtlich folgendes zum Ausdruck gebracht werden:

1. Der Glaube ist ein in der Tradition stehendes und ihr verpflichtetes Gut, das es zu bewahren gilt.

2. Schon Paulus repräsentiert diesen Glauben exemplarisch und optimal. »Der Gedanke zielt . . . auf die Festigkeit und Bewährtheit religiöser Tradition und religiösen Erbes. Aus diesem Grunde findet hier nicht der Bruch des Paulus mit seiner jüdischen Herkunft (1 Tim 1,12 ff), sondern allein die Kontinuität seines treuen Dienstes vor Gott Erwähnung. Dieser Dienst ist bereits ein überlieferter, altbewährter, der mit Herkunft und Erziehung zusammenhängt und eine Glaubenstradition kennt«[70].

3. Wie Paulus ist auch (der mit ihm engstens verbundene) Timotheus Repräsentant dieses auf Tradition beruhenden und auf Kontinuität ausgerichteten Glaubens. Beide werden zugleich das besondere Vorbild für die kirchlichen Amtsträger, welche in der Regel bereits auf eine christliche Erziehung zurückblicken können. Es kommt nicht von ungefähr, daß im Anschluß an diese Anamnese in V. 6 an Timotheus die Aufforderung ergeht, er solle sich »aus diesem Grund« daran erinnern, »Gottes Gnadengabe wieder neu zu entfachen«, die in ihm ist durch die Handauflegung des Apostels[71]. Die vorangehende Anamnese motiviert bzw. begründet also die das Amtscharisma des Timotheus betreffende Ermahnung[72].

[70] N. Brox, Pastoralbriefe, 225.

[71] Zur Bedeutung der Handauflegung vgl. u. a. H. von Campenhausen, Amt 125 f.; ferner M. Dibelius – H. Conzelmann, Pastoralbriefe, 56 f. (Exkurs zu 1 Tim 4,14).

[72] Vgl. P. Trummer, Paulustradition 129: »In dem bereits seit Generationen bestehenden christlichen Glauben und im bereits über längere Zeit geübten und überschaubaren Akt einer Beauftragung zum Amt findet sich . . . der paränetische Ansatz, das pln verstandene Amtscharisma ›wiederaufflammen‹ zu lassen. Die Paränese hat angesichts eines (nach 2 Tim) in den Tod gehenden P besonderes Gewicht und verpflichtenden Charakter und fordert dazu auf, diesen Amtsauftrag auch in der Situation nach dem Tode des P weiterzuführen.«

Wie schon in 1 Tim 2,7 sagt Paulus auch 2 Tim 1,11, daß er zum »Herold, Apostel und Lehrer« bestellt sei. Paulus wird mit diesen Prädikationen wieder als *die* Autorität apostolischer Lehre hingestellt. Gleichzeitig wird ebenfalls wieder sein Vorbildcharakter für den Amtsträger der Kirche verdeutlicht. Jedenfalls dürfte es nicht zufällig sein, daß im Kontext dieser Anamnese so betont auf das *Leiden* des Apostels abgehoben ist (V. 12) und an Timotheus die Aufforderung ergeht, sich weder des Zeugnisses für den Herrn noch des gefangenen Apostels zu schämen, sondern *mitzuleiden* für das Evangelium (V. 8)[73]. Wie Paulus für das Evangelium Leiden auf sich nimmt, so muß es auch der Amtsträger tun; und indem er dies tut, bewährt er sich nicht nur im Dienst am Evangelium selbst, sondern erweist zugleich seine Treue zu Paulus, der als »Herold, Apostel und Lehrer« dieses Evangelium hinterlassen hat.

Eine letzte Anamnese findet sich 2 Tim 1,15–18. Sie stellt zugleich eine der in den Pastoralbriefen häufig vorkommenden »Personalnotizen« dar. Paulus erinnert Timotheus daran, daß sich alle in Asien von ihm abgewandt haben, namentlich Phygelos und Hermogenes. Er erwähnt auf der anderen Seite aber auch den Onesiphoros, der ihn in seiner römischen Gefangenschaft oft erquickt und sich seiner Ketten nicht geschämt hat, wie er ihm ebenso schon in Ephesus gute Dienste leistete. Die Erwähnung dieser Namen dient ebenfalls der Paränese. Phygelos und Hermogenes sind *negative* Beispiele; sie stehen für die, welche dem Apostel und seiner Lehre die Gefolgschaft aufgekündigt haben; Onesiphoros ist dagegen ein *positives* Beispiel für jene in V. 8 von Timotheus selbst geforderte Treue zum Apostel[74]. Zwei Dinge sollen dadurch zum Ausdruck gebracht werden:

1. Schon zur Zeit des Paulus gibt es beides: den Abfall vom Glauben und damit auch vom Apostel, der diesen Glauben repräsentiert, und das Eintreten für den Glauben und damit ebenso für Paulus selbst. Das, was damals geschah, erhält somit vorbildhafte Bedeutung für die gegenwärtige Situation.

2. Zugleich werden diese Hinweise auf die positiven und negativen Beispiele einer Paulusgefolgschaft »zu noch eindringlicheren Appellen an die nachpln Adressaten, sich in der P-Nachfolge zu bewähren«[75].

Das zur letzten Stelle Gesagte gilt entsprechend für die übrigen *»Personalnotizen«* der Pastoralbriefe (1 Tim 1,20; 2 Tim 2,17; 4,10–13;

[73] Siehe auch die Ausführungen in 2 Tim 2,1–13.

[74] So auch M. Dibelius – H. Conzelmann, Pastoralbriefe 79; N. Brox, Pastoralbriefe 238; P. Trummer, Paulustradition 131 f.

[75] P. Trummer, Paulustradition 132.

4,19.20; Tit 3,12.13). Es erübrigt sich daher wohl, auf diese Stellen näher einzugehen. Nur soviel sei grundsätzlich dazu gesagt:

Selbstverständlich handelt es sich – wenn man so will – um *literarische* und damit *fiktive* Namensnennungen, wie sie nun einmal zum Stil der Pseudepigraphie gehören. Aber diese Namen wollen keineswegs nur Echtheit *vortäuschen;* vielmehr verdeutlichen sie das *paränetische Anliegen* des Verfassers; sie stehen paradigmatisch als anschauliche Beispiele in Sachen Paulustradition – diese ist »nur mit ganz konkreten Namen und Personen möglich«[76] – und zeigen die beiden Weisen auf, wie sich Menschen seit der Zeit des Paulus zu dieser Tradition stellen können, nämlich entweder positiv (indem sie die Tradition bewahren und sich nach ihr richten) oder negativ (indem sie dagegen polemisieren und opponieren). Insofern fügen sich auch diese »Personalnotizen« mit ihrer paränetischen Funktion durchaus sinnvoll in das Gesamtkonzept des Verfassers ein.

Näher eingegangen werden soll indes noch auf die zum Teil recht merkwürdig anmutenden und auf den ersten Blick vielleicht banal erscheinenden *persönlichen Bemerkungen und Aufträge,* die der Verfasser den Apostel an seine Schüler richten läßt.

Da ist zunächst der an Timotheus ergehende Rat 1 Tim 5,23, er solle nicht mehr nur Wasser trinken, sondern etwas Wein nehmen wegen seines Magens und seiner häufigen Schwächeanfälle. Diese Bemerkung ist keineswegs als eine rein medizinisch-diätetische Empfehlung anzusehen; vielmehr findet auf diese Weise die – offensichtlich von den (gnostischen) Häretikern propagierte – rigorose Askese ihre Ablehnung (vgl. 1 Tim 4,3–5)[77]. Der Verfasser der Pastoralbriefe weiß sich auch in dieser Frage in Übereinstimmung mit paulinischen Vorstellungen und gibt deshalb seiner Ablehnung die Form eines persönlichen Rates des Apostels an seinen Schüler Timotheus.

Ähnlich verhält es sich mit den Anweisungen, die sich 2 Tim 4,13 finden[78]. Timotheus erhält den Auftrag, den Mantel mitzubringen, den

[76] P. Trummer, aaO. 135.

[77] So auch P. Trummer, aaO. 79. Dagegen N. Brox, Pastoralbriefe 203: »Ob dieser Vers mit 4,3–5 in Verbindung zu bringen und dementsprechend auszulegen ist, also eine antignostische Spitze gegen asketische Speise- und Trinkverbote der Häretiker enthält, läßt sich nicht mit Sicherheit entscheiden.«

[78] Nach C. Spicq, Pèlerine et vêtements 389 ist dieser Vers (neben 1 Tim 5,23) der banalste im neutestamentlichen Briefkorpus.

Paulus bei Karpus in Troas zurückgelassen hat, ferner die Bücher und vor allem die Pergamente[79]. Wie sind diese Aufträge zu verstehen?

Wenn verschiedene Exegeten[80] die Bitte um den Mantel mit der vorausgesetzten Gefangenschaftssituation des Apostels und dem bevorstehenden Winter in Zusammenhang bringen, so ist dies sicher zu vordergründig gesehen. Eher läßt sich vermuten, daß hier jener schon in 1 Tim 6,8 von Paulus vertretene Grundsatz illustriert wird, der da lautet: »Haben wir aber Nahrung und ›Bedeckung‹, werden wir damit zufrieden sein.« Es geht dann um das Motiv der »apostolischen Selbstgenügsamkeit«[81]. Paulus bietet für diese Selbstgenügsamkeit persönlich ein Beispiel, wenn er hier um seinen Mantel bittet. »Er selber wendet auf sich den Grundsatz der Genügsamkeit mit der ›Bedeckung‹ an, auch angesichts des Todes, was den testamentarischen Charakter seines Vorbildes noch unterstreicht«[82]. Der Mantel, das »ist alles, was er hat, und alles, was er braucht –, außer den Schriften«[83]. Mit τὰ βιβλία sind – wie früher schon gesagt – vornehmlich die heiligen Schriften gemeint[84]. Die Erwähnung der Schriften ist wieder paradigmatisch zu verstehen: Die Schriften sind das, was Paulus selbst – bis zu seinem Tod – benötigt, was für ihn unverzichtbar ist. So bleibt auch der Amtsträger in der Kirche stets auf diese Schriften angewiesen; sie gehören nämlich zur »Ausstattung« eines »Mannes Gottes« (2 Tim 3,17) und ihre ἀνάγνωσις bildet zusammen mit Zuspruch und Lehre seinen besonderen Auftrag (1 Tim 4,13)[85].

[79] Zu diesen Anweisungen vgl. bes. P. Trummer, »Mantel und Briefe« 193–207; Ders., Paulustradition 78–86.

[80] Etwa J. Jeremias, Briefe 65 oder G. Holtz, Pastoralbriefe 196.

[81] P. Trummer, Paulustradition 81. Die Deutung des Mantels »als sichtbares Zeichen der prophetischen Nachfolge« (gem. 2 Kön 2,13 ff.) lehnt er zu Recht ab (s. aaO. Anm. 141).

[82] P. Trummer, aaO. 81.

[83] P. Trummer, aaO. 82.

[84] Vgl. oben Anm. 24.

[85] Eine ähnlich vorbildhafte Bedeutung hat übrigens wohl der 2 Tim 3,15 anzutreffende Hinweis darauf, daß auch Timotheus von Kind an die heiligen Schriften kennt. Die Schriften bieten eben die verläßliche Orientierung, denn sie sind »nützlich zur Lehre, zur Überführung, zur Besserung und Erziehung in Gerechtigkeit« (3,16).

3. Bewertung

Versucht man eine Bewertung der Pseudepigraphie, wie sie sich speziell in den Pastoralbriefen darbietet, so wird man dabei folgende Momente hervorzuheben haben:

1. Daß der Verfasser unter dem Namen des Apostels Paulus schreibt und seine Briefe an die Apostelschüler Timotheus und Titus gerichtet sein läßt, bedeutet nicht – wie seit SCHLEIERMACHER immer wieder gesagt worden ist – eine *Fälschung,* selbst nicht einen »frommen Betrug«. Vielmehr hängt dieser Tatbestand wesentlich mit dem Verständnis des Verfassers von Tradition und Sukzession zusammen. Die Tradition hat in Paulus ihr Fundament und wird von den durch ihn beauftragten Amtsträgern bewahrt und weitergegeben, d. h. hinter ihr stehen bestimmte *Personen,* die durch ihr Amt die Rechtmäßigkeit und Reinheit der Lehre garantieren – insofern kann man in der Tat von einem »personalisierten Traditionsverständnis« bzw. von einer »Personalisierung der Tradition« sprechen[86]. Der *Brief* ist dabei die Weise, in der die Anwesenheit des Apostels sozusagen in die Gegenwart und Zukunft hinein verlängert wird: Das, was damals galt, gilt auch weiter in der Kirche.

2. Die Pastoralbriefe – und dies trifft ebenso auf die anderen Pseudepigrapha des NT zu – sind nicht einfach nur als literarische *Fiktion* abzutun. Es ist keineswegs so, daß der Verfasser sich lediglich ausdenkt, was der Apostel gesagt *hätte, wäre* er noch am Leben. Vielmehr entspricht das, was er sagt und lehrt, *tatsächlich* paulinischer Paradosis. Der Verfasser verkündet eben nichts Eigenes, Neues, er schafft z. B. keine neue Ordnung und Struktur in der Kirche, sondern reflektiert nur das, was schon seit Paulus in der Kirche besteht, um es für seine eigene, veränderte Gegenwart neu zur Geltung zu bringen.

3. Von daher kann man auch nicht sagen, der Verfasser verstecke sich gleichsam hinter Paulus, um seinem *eigenen* Wort größeres Gewicht zu geben, indem er »die Leser über den tatsächlichen Verfasser, über Ort und Datum der Abfassung, also über die nicht- und nachapostolische Herkunft täuscht«[87]. Vielmehr weiß der Verfasser sich im Grunde in der gleichen vermittelnden Funktion, mit der er schon die Apostelschüler Timotheus und Titus ausgestattet sieht. Wie diesen, so geht es auch ihm wesentlich darum, das Wort des Apostels zu erhalten, es freilich nun auch grundsätzlicher und allgemeiner zu verstehen und es damit nicht einfach nur zu konservieren, sondern neu für die Kirche seiner Zeit

[86] P. TRUMMER, Paulustradition 71; N. BROX, Problemstand 22.

[87] So aber N. BROX, Verfasserangaben 114.

zu aktualisieren. Insofern aber erheben die Pastoralbriefe – trotz ihres pseudepigraphischen Charakters – ebenso wie die authentischen Paulusbriefe einen legitimen Anspruch auf Gültigkeit, eine Gültigkeit, die sich – unabhängig von der Frage nach der »historischen« Echtheit – aus ihrem Inhalt und Ziel ergibt und die auch uns heute verpflichtet.

Literatur

AGOURIDIS, S. CH., Χριστολογία καὶ ὑγιαίνουσα διδασκαλία ἐν ταῖς ποιμαντικαῖς ἐπιστολαῖς, in: DERS., Biblika Meletemata 1, Thessaloniki 1966, 59–66.

BLUM, G. G., Tradition und Sukzession. Berlin-Hamburg 1963.

BOVER, J. M., Fidelis Sermo (1 Tim 3,1), in: Bib. 19 (1938) 74–79.

BROX, N., Die Pastoralbriefe (RNT 7/2), Regensburg [4]1969.

– Amt, Kirche und Theologie in der nachapostolischen Epoche, in: J. SCHREINER – G. DAUTZENBERG (Hrsg.), Gestalt und Anspruch des Neuen Testaments, Würzburg 1969, 120–133.

– Zum Problemstand in der Erforschung der altchristlichen Pseudepigraphie, in: Kairos 15 (1973) 10–23.

– Falsche Verfasserangaben. Zur Erklärung der frühchristlichen Pseudepigraphie (SBS 79), Stuttgart 1975.

CAMPENHAUSEN, H. VON, Kirchliches Amt und geistliche Vollmacht in den ersten drei Jahrhunderten (BHTh 14), Tübingen [2]1963.

DIBELIUS, M. – CONZELMANN, H., Die Pastoralbriefe (HNT 13), Tübingen [4]1966.

FOLEY, L. P., »Fidelis, Faithful«, in: CBQ 1 (1939) 163–165.

HASLER, V., Das nomistische Verständnis des Evangeliums in den Pastoralbriefen, in: SThU 28 (1958) 65–77.

HOLTZ, G., Die Pastoralbriefe (ThHK 13), Berlin [2]1972.

JEREMIAS, J., Die Briefe an Timotheus und Titus (NTD 9[11]), Göttingen 1975.

KÄSEMANN, E., Das Formular einer neutestamentlichen Ordinationsparänese, in: DERS., Exegetische Versuche und Besinnungen I, Göttingen [6]1970, 101–108.

KITTEL, G., Art. λέγω κτλ. D., in: ThWNT IV, 100–140.

KÜMMEL, W. G., Einleitung in das Neue Testament, Heidelberg [20]1980.

MAURER, CH., Art. παρατίθημι κτλ., in: ThWNT VIII, 163–165.

MICHEL, O., Grundfragen der Pastoralbriefe, in: M. LOESER (Hrsg.), Auf dem Grunde der Apostel und Propheten (Festschrift für Th. Wurm), Stuttgart 1948, 83–99.

SCHIERSE, F. J., Kennzeichen gesunder und kranker Lehre. Zur Ketzerproblematik der Pastoralbriefe, in: Diak. 4 (1973) 76–86.

SPICQ, C., Saint Paul et la loi des dépôts, in: RB 40 (1931) 481–502.

– Pèlerine et vêtements. A propos de II Tim. IV, 13 et Act. XX,33, in: Mélanges E. Tisserant I (StT 231), Città del Vaticano [2]1972, 389–417.

STENGER, W., Timotheus und Titus als literarische Gestalten. Beobachtungen zur Form und Funktion der Pastoralbriefe, in: Kairos 16 (1974) 252–267.

TRUMMER, P., »Mantel und Briefe« (2 Tim 4,13). Zur Interpretation einer persönlichen Notiz in den Pastoralbriefen, in: BZ NF 18 (1974) 193–207.

– Die Paulustradition der Pastoralbriefe (BET 8), Frankfurt-Bern-Las Vegas 1978.

WEGENAST, K., Das Verständnis der Tradition bei Paulus und in den Deuteropaulinen (WMANT 8), Neukirchen 1962.

WIKENHAUSER, A. – SCHMID, J., Einleitung in das Neue Testament, Freiburg-Basel-Wien [6]1673.

ZIMMERMANN, H., Neutestamentliche Methodenlehre, Stuttgart [6]1978.

– Jesus Christus – Geschichte und Verkündigung, Stuttgart [2]1975.

III.

Zum Verhältnis von Theologie und Glaubenspraxis nach dem Neuen Testament

Überlegungen zum Verhältnis von Theologie und christlicher Glaubenspraxis anhand des Neuen Testaments*

Das Christentum unserer Tage läßt Entwicklungen erkennen, die jedem, der um die Kirche besorgt ist, höchst bedenklich erscheinen müssen. Dazu gehört die Tatsache, daß heute eine immer mehr zunehmende *Diastase* zwischen der Theologie als der Glaubenswissenschaft und der Glaubenspraxis festzustellen ist. Diese Diastase geht fast durchweg zu Lasten der Theologie, der man oft kritisch oder gar ablehnend gegenübersteht.

Da sagt man z. B., die Theologie, wie sie heute betrieben wird, sei zu akademisch und zu wenig lebensnahe, und man fordert vom Theologen, vor allem auch vom Exegeten, eine größere Praxisbezogenheit. So schreibt etwa K. KLIESCH in seinem Beitrag »Historisch-kritische Methode und Erwachsenenbildung«[1], an die Adresse der Exegeten gerichtet, unter anderem: »Weil die Gläubigen mit Recht erwarten dürfen, daß Exegeten zu den Ratlosigkeiten, Fragen und Nöten heutiger Zeit auf Grund der Schrift ein bedeutsames, entscheidendes und erhellendes Wort zu sagen haben, erscheint es notwendig, daß sich die Exegeten mehr als üblich mutig, ja prophetisch in die Öffentlichkeit der Kirche begeben«[2]. KLIESCH beklagt in diesem Zusammenhang, »daß zahllose Veröffentlichungen sich zwar über den fachinternen Bereich hinaus auch an Nichtexegeten und theologische Laien wenden, aber als viel zu detailliert, viel zu abstrakt, zu schwer, schlichtweg unlesbar sind, als habe man sich nie Gedanken darüber gemacht, was den Menschen in ihren konkreten Situationen, Fragen und Problemen zuzumuten sei«[3], und er fordert dann, die Exegeten müßten »ein offensives und permanentes Gespräch vor allem mit den anderen theologischen Wissenschaften führen, aber auch mit den nichttheologischen, sofern sie für das Verstehen der biblischen Botschaft und die Erkenntnis heutiger Adressaten beizutragen vermögen«[4].

* Erstmals veröffentlicht in: theologie und glaube 72 (1982) 40–78.

[1] In: J. ZMIJEWSKI – E. NELLESSEN (Hrsg.), Begegnung mit dem Wort 379–400.

[2] K. KLIESCH, Methode 397.

[3] AaO.

[4] Ebd.

Die hier erhobene Forderung einer größeren Praxisnähe der Exegese – und das gleiche gilt selbstverständlich auch für die anderen theologischen Disziplinen – ist an sich nicht unberechtigt. Bedenklich aber muß es erscheinen, wenn diese Forderung – wie es heute leider immer wieder geschieht – dazu führt, daß man mit dem Argument, Orthopraxie gehe vor Orthodoxie, der Theologie überhaupt nur so weit eine Berechtigung einräumen möchte, als sie für die »Praxis« brauchbar bzw. an der »Praxis« orientiert sei. Dies ist nicht nur deshalb bedenklich, weil hier Theologie und Glaubenspraxis in unerlaubter Weise gegeneinander ausgespielt werden und man zudem an die Theologie einen falschen, nämlich den utilitaristischen Maßstab anlegt, sondern vor allem deshalb, weil sich in einer solchen ganz auf die »Praxis« abhebenden Antieinstellung gegenüber der Theologie oft genug nur die persönlichen Glaubensschwierigkeiten der Betreffenden widerspiegeln. Da man selbst mit dem Glauben, besonders mit der Glaubenslehre nicht zurechtkommt, da das eigene Glaubensfundament fehlt oder zumindest brüchig geworden ist, flieht man um so lieber in die bloße Aktivität, die man dann »Glaubenspraxis« nennt, und macht sie zum Maßstab für alles, auch für die Berechtigung oder Nichtberechtigung der Theologie. Das Betrübliche ist, daß heutzutage auch die, die selbst ein theologisches Studium absolviert haben und im kirchlichen Dienst stehen, vielfach eine solche Einstellung erkennen lassen. So mag es nicht verwundern, daß mancher von ihnen – aus den genannten Gründen – »sich in die Aufgabe eines Pädagogen, eines Psychologen oder eines Sozialarbeiters flüchtet, statt als Theologe Seelsorger und Verkünder des Wortes zu sein«[5].

Aber dies ist nicht die einzige Art kritischer oder gar ablehnender Haltung gegenüber der Theologie als Glaubenswissenschaft. Es läßt sich daneben noch eine andere, heute sicher genauso weit verbreitete beobachten: Man distanziert sich von der Theologie, weil man sie – namentlich die sogenannte »moderne Exegese« – als Ursache für die Verwirrung ansieht, in die heute viele Gläubige geraten sind[6]. Wenngleich ein solches Urteil oft auf Mißverständnissen beruht[7], dürfte so viel immer-

[5] H. ZIMMERMANN, Bekenntnis 4.

[6] Nach F. J. SCHIERSE, Ziele 194 sieht sich z. B. der Nichtexeget »durch die neuzeitliche Bibelwissenschaft verunsichert, überfordert und in eine schwere Krise seines Glaubens gestürzt«.

[7] Wie R. SCHNACKENBURG, Weg 15–33 darlegt, ist etwa das heutzutage »in manchen katholischen Kreisen (auch unter Theologen)« bestehende »Mißbehagen« an der »historisch-kritischen Methode« der Exegese auf verschiedene »Mißverständnisse« zurückzuführen (17). SCHNACKENBURG geht (17 f.) auf die wichtigsten »Mißverständnisse« ein und versucht, sie auszuräumen.

hin richtig sein, daß es innerhalb der wissenschaftlichen Theologie in manchen Fragen eine Fülle unterschiedlicher, ja zum Teil gegensätzlicher Lehrmeinungen gibt; und es ist zuzugestehen, daß man es – schon als Fachmann, erst recht als Laie – oft genug schwer hat, sich im Gestrüpp der Meinungsvielfalt noch einigermaßen zurechtzufinden. Aber gerade deshalb ist es – wie mir scheint – verkehrt, sich von der Theologie und der Auseinandersetzung mit ihr zu distanzieren. Es kommt im Gegenteil darauf an, seinem eigenen Glauben ein solides theologisches Fundament zu verschaffen, das stark genug ist, den notwendigen Halt zu geben, so daß man nicht von den verschiedenen Meinungen hin- und hergerissen wird und die Orientierung verliert[8].

Angesichts derartiger Beobachtungen, die noch durch weitere ergänzt werden könnten, erscheint es um so dringlicher, darüber nachzudenken, wie sich denn nun Theologie und Glaubenspraxis tatsächlich zueinander verhalten und verhalten sollten. Dies soll im Folgenden geschehen, und zwar anhand des Neuen Testaments. Eine solche Besinnung auf das Neue Testament ist deshalb angebracht, weil schon in ihm das hier anstehende Problem nicht nur eine wesentliche Rolle spielt, sondern auch in einer für uns heute noch verbindlichen Weise gelöst wird. Fragen wir also: Was kann uns das Neue Testament über das Verhältnis von Theologie und christlicher Glaubenspraxis sagen?

Zur Beantwortung dieser Frage ist es notwendig, zunächst den jeweiligen Sachverhalt darzustellen, wie er aus den Evangelien und den paulinischen Briefen – um wenigstens die beiden wichtigsten Schriftengruppen zu berücksichtigen – erhoben werden kann, und ihn an einigen informativen Beispielen zu erläutern.

Das Verhältnis von Theologie und Glaubenspraxis im Neuen Testament

I. Die Evangelien und ihre Tradition

1. Die vorevangelische Tradition

Will man erkennen, wie sich in den Evangelien das Verhältnis von Theologie und Glaubenspraxis darbietet, hat man die Tatsache zu beachten,

[8] H. ZIMMERMANN, aaO.; ferner M. SECKLER, Not 482: Theologie als Ergebnis einer »Bewegung, in welcher der Glaube sozusagen um sich selber ringt, ist an sich Sache eines jeden Glaubenden. Jeder Glaubende muß ein Interesse daran haben, den Sinn und die Bedeutung des Glaubens ermessen zu können.«

daß es sich bei dem, was die Evangelien mitteilen, im wesentlichen um *Tradition* handelt[9]. Dies will besagen: Der Evangelienstoff stammt zum größten Teil nicht von den Evangelisten selbst, sondern war ihnen bereits als festgeprägte Überlieferung vorgegeben. Nach der bekannten und heute von den allermeisten Exegeten auch anerkannten Zweiquellentheorie haben die Verfasser des Matthäus- und des Lukasevangeliums – und zwar unabhängig voneinander – außer ihrem jeweiligen Sondergut sowohl das Markusevangelium als auch eine Sammlung von Herrenworten (Q) als Quelle für ihre Darstellung verwendet[10]. Aber auch diesen Quellenschriften liegen bereits festgeprägte Traditionen zugrunde[11]. So enthält das Markusevangelium zur Hauptsache (wenn auch nicht ausschließlich) ursprünglich selbständig überlieferte Einzelperikopen oder Kompositionen von Überlieferungsstücken, die zur *Geschichtstradition* gehören, d. h. über *Ereignisse* des irdischen Lebens Jesu berichten, während in Q zumeist Einzelsprüche oder Spruchkompositionen zusammengestellt sind, die aus der *Worttradition* stammen und als solche auf die *Verkündigung* Jesu zurückgehen[12].

Die hinter den Quellen liegenden Traditionen sind in der Urkirche in je eigenen literarischen *Formen* ausgeprägt worden[13]. Zu den Formen innerhalb der Geschichtstradition kann man z. B. rechnen: Paradigmen, Streitgespräche, Wunderberichte sowie die Leidensgeschichte; zu den Formen innerhalb der Worttradition zählen etwa prophetische Worte,

[9] Zu den folgenden Ausführungen vgl. H. ZIMMERMANN, Jesus Christus 23 f.; R. SCHNACKENBURG, Auslegung 57–76, bes. 61–70.

[10] Näheres zu der Zweiquellentheorie, ihrer Geschichte und ihrer Problematik s. bei G. ZIENER, Frage 173–185, bes. 176 ff.; A. WIKENHAUSER – J. SCHMID, Einleitung 279–289; W. G. KÜMMEL, Einleitung 37–49; W. MARXSEN, Einleitung 122–126; H.-M. SCHENKE – K. M. FISCHER, Einleitung II 18–35.

[11] Es ist das große Verdienst der formgeschichtlichen Forschung (seit K. L. SCHMIDT, M. DIBELIUS, R. BULTMANN), dies erkannt und für die neutestamentliche Exegese fruchtbar gemacht zu haben.

[12] Die Aufgliederung der Evangelienüberlieferung in Wort- und Geschichtstradition »hat in der spätjüdischen Aufteilung der Überlieferung in Halakha und Haggada ihre Analogie und läßt sich von daher verstehen. Im allgemeinen kann man sagen, daß die Worte des Herrn in der Urkirche als normative Weisungen galten, während den Berichten über seine Taten und über Ereignisse aus seinem Leben die Aufgabe zukam, offenbar zu machen, wer Jesus ist und was er tut« (H. ZIMMERMANN, Jesus Christus 21). Vgl. dazu auch B. GERHARDSSON, Memory and Manuscript.

[13] Einen guten Überblick über die Formen der Evangelientradition bietet H. ZIMMERMANN, Methodenlehre 149–165. Vgl. ferner R. SCHNACKENBURG, LThK² IV 211 ff.

Weisheitsworte, Gesetzesworte, Nachfolgeworte, Ich-Worte und Gleichnisse.

Diese verschiedenen Formen lassen einen je unterschiedlichen *»Sitz im Leben«* erkennen. Darunter versteht man die jeweilige Situation, in der die literarischen Formen der Jesusüberlieferung innerhalb der Urkirche ausgebildet worden sind[14]. Einige Formen haben z. B. ihren »Sitz im Leben« in der Missionspredigt oder in der Auseinandersetzung der jungen Christenheit mit jüdischen bzw. heidnischen Gegnern; für andere sind die christliche Glaubensunterweisung in Predigt und Katechese oder der christliche Gottesdienst als »Sitz im Leben« anzugeben. Es sind also durchaus praktische Erfordernisse, denen die literarischen Formen der Evangelientradition ihre Entstehung und Ausbildung verdanken.

Jedoch hat man noch etwas anderes zu beachten: Die einzelnen Traditionsstücke werden in der vorevangelischen Überlieferungsphase zumeist *situationslos,* d. h. ohne nähere Orts- und Zeitangaben überliefert. Dies läßt darauf schließen, daß die Prägung und Anwendung des Traditionsgutes in der Urkirche nicht durch das Interesse am »historischen Jesus« veranlaßt sind. Es geht der Urkirche nicht darum, das »historisch« Geschehene für alle Zeiten sozusagen zu konservieren; vielmehr dient die so vorgeformte Tradition der *aktuellen Verkündigung* des erhöhten und in seiner Kirche gegenwärtigen Herrn[15].

Dieses auf die *Praxis* bezogene Ziel, nämlich durch die Ausbildung und Weitergabe der Tradition Christus als den gegenwärtigen Herrn, den Kyrios, zu *verkündigen,* setzt offensichtlich eine theologische Grundüberzeugung voraus, die ihrerseits wiederum aus dem von Anfang an die Mitte christlichen Lebens und Verkündigens ausmachenden Osterglauben der Urkirche erwachsen ist, die Überzeugung nämlich, daß – eben weil Christus als der Auferstandene und Erhöhte der in seiner Kirche lebende Kyrios ist – die damals vom irdischen Jesus in eine bestimmte Situation hineingesprochenen Worte und die in einer bestimmten Situation geschehenen Ereignisse seines Lebens nicht der Vergangenheit angehören, sondern daß sie in der Gegenwart neu zu *den* Menschen sprechen und sprechen sollen, an die sich die Verkündigung richtet[16].

[14] Zum Begriff »Sitz im Leben«, der vom Alttestamentler H. Gunkel (RGG[1] I 1193) stammt, s. M. Dibelius, Formgeschichte 7; G. Sauer, BHH III 1812.

[15] Vgl. H. Zimmermann, Jesus Christus 23.

[16] Vgl. H. Zimmermann, aaO. 22.

Daraus wiederum läßt sich der Schluß ableiten, daß die Jesusüberlieferung schon bei ihrer Ausprägung und Weitergabe innerhalb der vorevangelischen Überlieferungsphase auf der Grundlage der urkirchlichen Theologie (insbesondere der Christologie) *interpretiert* wird, um sie auf die eigene Situation applizieren bzw. in diese transponieren zu können. Die der Verkündigung dienende theologische Interpretation der Tradition zielt also – und auch hierin zeigt sich der enge Bezug zwischen Theologie und Praxis – von Anfang an auf die hin, denen die Frohbotschaft verkündet wird. »Sie sollen das lebendige Wort des Herrn in ihrer konkreten Situation hören und ihr Leben danach ausrichten; darum wird es für sie ausgelegt, wie es der aktuelle Bezug auf diese Situation erfordert«[17].

Daß in der Tat schon bei der Ausbildung und Weitergabe der Jesustradition innerhalb der *vorevangelischen* Überlieferungsphase Theologie und Glaubenspraxis aufeinander bezogene, weil beim Verkündigungsgeschehen zusammenwirkende Größen sind, soll im folgenden an *drei Beispielen* verdeutlicht werden.

a) Die vormarkinische Passionsgeschichte Mk 14,1–16,8

Es spricht alles dafür, daß die Passionsgeschichte innerhalb der vorevangelischen Überlieferungsphase schon recht früh in Form eines zusammenhängenden Berichts dargestellt wurde[18], und zwar »in geschlossener Folge vom Todesanschlag der Synedristen bis zum leeren Grab«[19]. Dies ist leicht verständlich, wenn man bedenkt, daß, wie schon erwähnt, dem Tod und der Auferstehung Jesu eine zentrale Bedeutung innerhalb der Verkündigung der Urkirche zukamen[20]. Demgemäß hatte der älteste Leidensbericht offensichtlich die Aufgabe, »die Grundlage dieses Kerygmas zu bilden und es zugleich zu erläutern, d. h. das Geschehen der Passion und der Auferstehung dem Glaubenden heilsgeschichtlich verständlich zu machen«[21].

[17] AaO. 24.

[18] R. Schnackenburg, Theologie 72.

[19] M. Dibelius, Formgeschichte 179. Die vormarkinische Passionsgeschichte dürfte also – bis auf wenige spätere Einschübe – im wesentlichen das in Mk 14,1–16,8 Dargebotene enthalten haben. Anders urteilt R. Pesch, Mk II 1–25, der die vormarkinische Passionsgeschichte schon bei 8,27 ansetzt.

[20] Vgl. M. Dibelius, aaO.: ». . . was wir vom Kerygma wissen, läßt eine Darstellung der ganzen Passion in der Predigt, zum mindesten in Umrissen, erwarten.«

[21] H. Zimmermann, Methodenlehre 163.

Die Leidensgeschichte versteht sich also von Anfang an nicht als »historischer« Bericht, sondern als eine *heilsgeschichtliche Darstellung*, in der sich die aus Glauben und Verkündigung (also aus der Praxis) erwachsende theologische Auffassung der Urkirche widerspiegelt, daß der Tod Jesu dem Heilswillen Gottes entsprochen hat. Deshalb wird immer wieder der Sinn des Leidens und Sterbens Jesu aus dem Gotteswort des Alten Testaments heraus gedeutet (etwa aus Ps 22 und Ps 69)[22]; deshalb endet auch die Passionsgeschichte mit der ausdrücklichen Erwähnung der Auferstehung. Diese auf theologischer Reflexion beruhende Darstellung aber ist nichts Theoretisches, sondern zielt ihrerseits auf die Praxis hin: Indem den Glaubenden Passion und Auferstehung Jesu heilsgeschichtlich verständlich gemacht werden, geschieht *aktuelle* Christusverkündigung.

b) Die vormarkinische Komposition Mk 10,2–31.35–45

Es darf angenommen werden, daß dem Evangelisten Markus das, was er in den Versen 2–31 und 35–45 des 10. Kapitels mitteilt, in dieser Zusammenstellung bereits vorgegeben war[23]. Es handelt sich näherhin um eine Komposition, die folgende ursprünglich selbständige Einzelperikopen umfaßt: das Streitgespräch über die Ehescheidung (10,2–12), die Perikope von der Kindersegnung (10,13–16), die Geschichte vom Reichen mit den anschließenden Sprüchen über Reichtum und Armut (10,17–31) sowie die Bitte der Zebedäussöhne um die ersten Plätze in der Gottesherrschaft mit den angefügten Logien über Macht und Dienen (10,35–45).

Diese sowohl ihrer Form wie ihrem Inhalt nach an sich verschiedenartigen Perikopen dürften einerseits aus einem sachlich-theologischen, andererseits aus einem auf die Praxis bezogenen Grund so zusammengestellt sein. Der *sachlich-theologische Grund* läßt sich folgendermaßen umschreiben: Man verstand und interpretierte die einzelnen Worte und Begebenheiten, die ursprünglich (also im Leben Jesu) eine andere Situation und auch andere Adressaten voraussetzten, als normative Weisungen des Herrn für das eigene christliche Leben[24]. Der *praxisbezogene Grund* ist dann wohl darin zu sehen, daß die Urkirche offensichtlich der-

[22] Vgl. z. B. Mk 15,34 mit Ps 22,2; Mk 15,29 mit Ps 22,8; Mk 15,24 mit Ps 22,19; Mk 15,23.36 mit Ps 69,22.

[23] Vgl. H.-W. KUHN, Sammlungen 146–191; H. ZIMMERMANN, Methodenlehre 163 ff.; DERS., Jesus Christus 24 f. und 267 ff.

[24] Siehe dazu das in Anm. 12 Gesagte.

artige, auf Jesus selbst zurückführende Weisungen brauchte, vor allem solche, die das konkrete Zusammenleben betrafen. So lag es nahe, diese vier Perikopen, die ja Aussagen zu den für das Zusammenleben wichtigen Themen Ehe, Kinder, Reichtum und Armut, Macht und Dienen enthalten, zu einer Komposition zusammenzustellen, die übrigens ihre Analogie in den sogenannten »Haustafeln« hat, wie sie in den neutestamentlichen Briefen begegnen[25]. Es entstand so eine Art christlicher Katechismus, der ganz auf die gegenwärtige Verkündigung ausgerichtet war und dazu diente, den Christen mit Hilfe der Herrenworte praktische Anweisungen für ihr Leben und Verhalten an die Hand zu geben.

c) *Die Spruchquelle Q*[26]

In der (ebenfalls noch der vorevangelischen Überlieferungsphase angehörenden) Spruchquelle Q nehmen die Aussagen über die *Gottesherrschaft* einen besonders breiten Raum ein[27]. Näherhin wird nicht nur betont, daß die Gottesherrschaft schon mit Jesus angebrochen ist[28], sondern auch herausgestellt, daß die in der Nachfolge Jesu stehenden Jünger sich als seine Boten verstehen, die dazu ausgesandt sind, die Botschaft von der Gottesherrschaft weiterzutragen[29] und auf das kommende

[25] Etwa Eph 5,21–6,9; Kol 3,18–4,1; 1 Tim 2,8–15; Tit 2,1–10; 1 Petr 2,13–3,12. Unter »Haustafeln« versteht man nach K. H. Schelkle, Petr, Jud 96 »solche gereihten Mahnungen«, die »die Ordnung des Lebens im Haus und das Verhältnis des Hauses zur Umwelt beschreiben«. Vgl. K. Weidinger, Haustafeln; G. Harder, BHH II 661 f.; H. Schlier, Eph 250–288 (zu Eph 5,21–6,9); M. Dibelius – H. Greeven, Kol, Eph, Phlm 48 ff. (Exkurs zu Kol 4,1); E. Schweizer, Kol 159–164 (Exkurs zu Kol 3,18–4,1); N. Brox, 1 Petr 116 f.; 125 ff.; 141 f.; 145; 151 f.; 233 f.

[26] Zu der Quelle Q und ihrer Theologie vgl. u. a. D. Lührmann, Redaktion; P. Hoffmann, Anfänge 134–152; Ders., Studien; S. Schulz, Q; A. Polag, Christologie.

[27] Vgl. z. B. Lk 6,20 par. Mt 5,3; Lk 7,28 par. Mt 11,11; Lk 9,62 (diff. Mt); Lk 10,9 (.11) par. Mt 10,7; Lk 11,2 par. Mt 6,10; Lk 11,20 par. Mt 12,28; Lk 13,18 par. Mt 13,31; Lk 13,28 f. par. Mt 8,11 f.

[28] So vor allem Lk 11,20 par. Mt 12,28; auch Lk 17,21, sofern das Logion aus Q stammt, was aber umstritten ist. Vgl. zum Problem der Herkunft von Lk 17,21 J. Zmijewski, Eschatologiereden 386–390; R. Schnackenburg, Der eschatologische Abschnitt 225 ff.

[29] Vgl. bes. die Aussendungsrede aus Q in Lk 10 (par. Mt 10). Dazu A. Polag, Christologie 84: »Durch die Aussendung wird den Jüngern eine bestimmte Funktion im Basileia-Geschehen zugewiesen: sie sollen die Sendung Jesu weitertragen (vgl. Lk 10,16 par. Mt) und so die Bewegung Jesu ausdehnen.« Ferner P. Hoffmann, Anfänge 137–141.

Gericht hinzuweisen, bei dem Jesus als der gekommene und doch zugleich auch zukünftige Menschensohn[30] der Richter über »dieses Geschlecht« sein wird[31]. Wenn die Spruchquelle dabei schon den irdischen Jesus als den »Menschensohn« bezeichnet, wie sie ihn ebenso den »Sohn«[32] und den »Herrn«[33] nennt, dann läßt sich dies nur begreifen aus dem gelebten Osterglauben der hinter Q stehenden Gemeinde. Ihre lebendige Begegnung und praktische Erfahrung mit dem Auferstandenen bildet die Grundlage für die Theologie der Spruchquelle[34].

Doch nicht nur daran zeigt sich in Q die enge Verbindung zwischen Theologie und Glaubenspraxis, sondern vor allem an der Tatsache, daß die Weiterverkündigung der Botschaft Jesu von der nahen Gottesherrschaft und vom kommenden Gericht konkrete *Anweisungen* für das christliche Leben einschließt. Hier sind an erster Stelle sittliche Forderungen zu erwähnen, etwa solche für das Verhalten dem Nächsten gegenüber und zu den irdischen Gütern[35], aber auch solche, die speziell die in der Nachfolge Jesu stehenden und als seine Boten ausgesandten Jünger angehen[36]. Daneben finden sich andere das christliche Leben betref-

[30] Vgl. die Menschensohn-Worte Lk 6,22 (diff. Mt 5,11); Lk 7,34 par. Mt 11,19; Lk 9,58 par. Mt 8,20; Lk 12,8–10 (diff. Mt 10,32–34); Lk 12,40 par. Mt 24,44; Lk 17,24.26.30 par. Mt 24,27.37.39.

[31] Von »diesem Geschlecht« (γενεὰ αὕτη) sprechen z. B. die Logien Lk 11,30 ff. par. Mt 12,40 ff. Nach V. Hasler, EWNT I 579 stammt die Wendung »aus der späteren hellenistischen Q-Schicht, die ihre Polemik gegen Israel als die letzte Generation vor dem Ende richtet und ihr das nahe Gericht verkündigt«. Wie F. Büchsel, ThWNT I 661 hervorhebt, ist »dieses Geschlecht« zwar »zunächst zeitlich zu verstehen, es enthält aber immer eine verurteilende Nebenbedeutung«. Vgl. auch A. Polag, aaO. 138 f., der als Hintergrund für die Ausdrucksweise in Q die Verwendung in Ps 94,10 LXX annimmt; deshalb ist es seiner Ansicht nach aber »unmöglich, den Begriff hier zeitlich zu verstehen, er enthält vielmehr in einem theologischen Kontext durch den Anklang an den Psalm in sich die Aussage, daß das Volk Israel die Heilsführung Gottes ablehnt und daher unter seinem Zorn steht« (138).

[32] Lk 10,22 par. Mt 11,27.

[33] Lk 6,46 par. Mt 7,21 f.; Lk 7,6 par. Mt 8,8; vgl. auch die Anrede »Herr« in den Q-Gleichnissen Lk 12,35–48 par. Mt 24,42–51; Lk 13,25 ff. par. Mt 7,22 f.; Lk 19,12–27 par. Mt 25,14–30, wo sie allerdings »auf Jesus als den kommenden Richter« hinweist (H. Zimmermann, Jesus Christus 65).

[34] Vgl. P. Hoffmann, Anfänge 146 f.; A. Polag, Christologie 172–176.

[35] Vgl. z. B. die Urgestalt der »Bergpredigt« in Q (= Lk 6,20–49); ferner Lk 12,13–31.33 f. (z. T. par. Mt 6,25–33.19 ff.).

[36] Neben der Aussendungsrede (Lk 10 par. Mt 10) sind hier vor allem folgende Stellen zu nennen: Lk 9,57–62 par. Mt 8,19–22; Lk 12,2–10 par. Mt 10,26–33; Lk 12,11 par. Mt 10,19 f.; Lk 12,35–48 par. Mt 24,42–51.

fende Anweisungen, z. B. über das Gebet, seinen Inhalt und seine Wirkung[37] oder über den Glauben[38].

Derartige Beispiele machen deutlich, daß Theologie und Praxis schon in der vorevangelischen Überlieferungsphase zwei aufeinander bezogene und sich gegenseitig geradezu bedingende Größen sind.

2. Die Evangelien

Nichts anderes läßt sich auch für die letzte Phase der Überlieferung feststellen, d. h. für die *Evangelien* selbst. Zwar entwickeln deren Verfasser jeweils durchaus eigenständige theologische Konzeptionen[39]; in keinem Fall aber handelt es sich um eine rein abstrakte, von der Praxis losgelöste Theologie. Das ist schon daran zu erkennen, daß die Evangelisten, wie bereits gesagt, bewußt auf die in der Urkirche ausgebildete *Tradition* zurückgreifen. Auch die Theologie der Evangelisten will dann eigentlich nichts anderes sein als die interpretierende Weitergabe der urkirchlichen Jesusüberlieferung. Und wie sie, so ist auch diese interpretierende Weitergabe ganz auf die Praxis hin ausgerichtet: Sie dient der *Verkündigung* an die gegenwärtige Kirche und hat zum Ziel, den Glauben an Jesus Christus, den Herrn, zu wecken und zu stärken[40].

Freilich geschieht die Christusverkündigung in den Evangelien – und darin unterscheidet sie sich von der vorevangelischen – *»in der Form geschichtlicher Darstellung«*[41], wie schon daran deutlich wird, daß die Evangelisten den Überlieferungsstoff in den *»Rahmen«* des irdischen Lebens Jesu hineingestellt und so zu einem fortlaufenden Bericht verbunden haben. Diesen von Markus als dem ältesten Evangelisten geschaffenen und von den anderen Evangelisten mehr oder weniger übernommenen »Rahmen« (wodurch der unlösbare Zusammenhang von Geschichte und Verkündigung, von irdischem Jesus und gepredigtem Christus zum Ausdruck kommen soll) kann man näherhin folgendermaßen umgrenzen: »Mit der Taufe durch Johannes beginnt die Zeit des öffent-

[37] Etwa Lk 11,1–4.9–13 par. Mt 6,9–13; 7,7–11.

[38] Etwa Lk 17,6 par. Mt 17,20. Vgl. dazu den Aufsatz »Der Glaube und seine Macht« S. 265–292.

[39] Insofern kann man mit Fug und Recht von einer Theologie des Markus, des Matthäus, des Lukas, des Johannes sprechen.

[40] H. Zimmermann, Jesus Christus 20; 22.

[41] AaO. 21.

lichen Wirkens Jesu; sie ist ausgefüllt mit Wundertaten und Lehren und wird abgeschlossen durch Jesu Leiden, Sterben und Auferstehen«[42].

Daß Markus als erster die Evangelientradition in den »Rahmen« des irdischen Lebens Jesu hineingestellt hat, hängt – und dies zeigt wieder eine enge Verbindung zur Praxis an – mit drei aktuellen Tendenzen in der Kirche seiner Zeit zusammen, die man näherhin so umschreiben kann[43]:

1. Die *judenchristlichen* Gemeinden waren wohl vor allem an den Worten Jesu interessiert, die sie im Sinne der jüdischen Tradition (Halakha) als normative Weisungen für ihre Leben ansahen. Dabei entstand die Gefahr, daß man die Worte Jesu wie die eines hervorragenden Lehrers lernte und weitertradierte, sie aber von seiner Person und seinem irdischen Leben loslöste.

2. In der Umwelt der *hellenistischen* Gemeinden wiederum gab es eine Reihe von sogenannten θεῖοι ἄνδρες (»göttlichen Menschen«), die das Volk durch Wundertaten in ihren Bann zogen. Damit ergab sich für die Christen die Gefahr, Jesus ebenfalls als einen solchen θεῖος ἀνήρ, als den über die Erde wandelnden Gottessohn, zu sehen und dabei seine menschliche Existenz, insbesondere sein Leiden und Sterben, aus dem Blick zu verlieren[44].

3. Die Urkirche *insgesamt* war stark vom Glauben an den erhöhten und gegenwärtigen Kyrios bestimmt. Diese Haltung konnte leicht zu einer enthusiastischen Frömmigkeit führen, in der man nur auf die Gegenwärtigkeit des Heils schaute und darüber die Geschichte des irdischen Lebens Jesu vergaß[45].

All diesen gefährlichen Tendenzen versucht Markus dadurch zu begegnen, daß er der Christusverkündigung bewußt einen geschichtlichen »Rahmen« gibt. Er will damit – und dies ist auch sein *theologisches* Anliegen – zum Ausdruck bringen, daß die Verkündigung des erhöhten

[42] H. ZIMMERMANN, Methodenlehre 142; DERS., Jesus Christus 20 f.

[43] Zum Folgenden vgl. E. SCHWEIZER, Mk 211 ff.; DERS., Leistung 337–355.

[44] Wie E. SCHWEIZER, Mk 212 bemerkt, war bei einem solchen Verständnis der Kreuzestod »nur als tragisches, durch die Torheit der Menschen verursachtes Ende« anzusehen.

[45] Man kann hier etwa an die Situation der korinthischen Gemeinde zur Zeit der Abfassung der beiden Korintherbriefe des Apostels Paulus denken. Aus Stellen wie 1 Kor 15 oder 2 Kor 3,12–18 geht hervor, daß es in dieser Gemeinde einige gab, die die Auferstehung als schon gegeben annahmen und das christliche Leben als ein Leben in der Herrlichkeit des Kyrios verstanden.

und gegenwärtigen Kyrios von der Geschichte des irdischen Lebens Jesu nicht zu trennen ist[46].

Nach diesen allgemeinen Ausführungen soll an je einem Beispiel aus dem Markus-, Matthäus- und Lukasevangelium veranschaulicht werden, wie sich die Beziehung von Theologie und Glaubenspraxis bei den einzelnen Evangelisten konkret darbietet.

a) Die dritte Leidensankündigung Mk 10,32–34

Der Abschnitt Mk 10,32–34 enthält die dritte Leidensankündigung des Markusevangeliums (nach Mk 8,31 und 9,30–32)[47]. Der Evangelist hat sie in jene (bereits besprochene und aus der Urkirche stammende) katechismusartige Zusammenstellung Mk 10,2–31.35–45 redaktionell eingefügt. Der Text lautet: »Sie waren auf dem Weg und gingen hinauf nach Jerusalem; und Jesus ging ihnen voran, und sie erstaunten; die ihm nachfolgten aber fürchteten sich. Und er nahm die Zwölf wiederum zu sich und begann ihnen zu sagen, was ihm widerfahren sollte: Siehe, wir gehen hinauf nach Jerusalem, und der Menschensohn wird den Hohenpriestern und Schriftgelehrten überliefert werden, und sie werden ihn zum Tod verurteilen und ihn den Heiden ausliefern, und sie werden ihn verspotten und ihn anspeien und ihn geißeln und töten, und nach drei Tagen wird er auferstehen.«

Daß Markus die dritte Leidensankündigung in diesen Zusammenhang eingefügt hat, läßt sich von seiner theologischen Grundkonzeption her erklären. Dem Evangelisten geht es bei seiner gesamten Darstellung wesentlich darum, den »Weg« nachzuzeichnen, den »Jesus Christus, der Sohn Gottes« (vgl. 1,1) nach dem Willen des Vaters zu gehen hat, jenen »Weg« nämlich, der sich in Leiden, Sterben und Auferstehen vollendet[48]. So ist zu verstehen, daß Markus nicht nur einen ausführlichen Passionsbericht ans Ende seines Evangeliums setzt, sondern auch vorher

[46] Daß es Markus wesentlich um die »geschichtliche Identität der Verkündigung« (H. ZIMMERMANN, Jesus Christus 148) geht, kommt auch dadurch zum Ausdruck, daß er das »Evangelium« der Person Jesu Christi zuordnet, ja geradezu an deren Stelle setzt (vgl. Mk 1,1.14 f.; 8,35; 10,29; 13,9 f.; 14,9). Vgl. W. MARXSEN, Evangelist Markus 99: »Christus selbst ist das Evangelium; und zugleich vergegenwärtigt es den Gekommenen wie den Kommenden.«

[47] Näheres zu den drei Leidensankündigungen s. bei G. STRECKER, Leidens- und Auferstehungsvoraussagen 16–39; M. BLACK, The ›Son of Man‹ Passion Sayings 1–8; H. ZIMMERMANN, Jesus Christus 67 ff.; 263–269.

[48] Zum »Weggedanken« bei Markus vgl. u. a. K. KERTELGE, Epiphanie 153–172, bes. 168 f.; R. PESCH, Mk I 59 f.; J. GNILKA, Mk I 25 f.

schon auf Tod und Auferstehung Jesu hinweist, vor allem durch die drei Leidensankündigungen (8,31; 9,30–32; 10,32–34)[49]. Die Tatsache, daß sich die drei Leidensankündigungen allesamt im zweiten Hauptteil des Markusevangeliums (8,27–10,52) befinden, der als ganzer der Jüngerbelehrung gewidmet ist, läßt noch etwas anderes, für die markinische Theologie Entscheidendes erkennen: Es geht dem Evangelisten nicht nur darum, den »Weg« *Jesu* nachzuzeichnen, sondern zugleich darum, klarzumachen, was dieser »Weg« für die *Jünger,* die *Christen,* bedeutet, nämlich *Nachfolge*[50]. Nicht zufällig spielt im zweiten Teil des Markusevangeliums das Wort »nachfolgen« (im spezifischen Sinne der »Nachfolge Jesu«) eine wesentliche Rolle[51]. »Nachfolge Jesu« aber meint nach Markus konkret: Jesus auf seinem »Weg« nachfolgen, der in das Leiden und in den Tod, aber auch zur Auferstehung führt[52].

Besonders deutlich kommt dies gerade in der dritten Leidensankündigung (10,32–34) zum Ausdruck. Sie weist nicht nur auf die Passionsgeschichte voraus[53], indem sie zeigt, daß der »Weg« Jesu nach Jerusalem der »Weg« in den Tod und zur Auferstehung ist, sondern es wird ausdrücklich betont, daß Jesus auf dem »Weg« nicht allein ist: Er geht voran, und seine Jünger folgen ihm (vgl. Mk 14,28; 16,7), auch wenn sie diesen »Weg« jetzt noch nicht verstehen[54].

Von hier aus läßt sich ohne weiteres einsichtig machen, warum der Evangelist die dritte Leidensankündigung gerade in den Zusammenhang der vorgegebenen katechismusartigen Zusammenstellung eingefügt hat.

[49] Vgl. außerdem im ersten Hauptteil: Mk 3,6; 6,6a.

[50] Vgl. dazu E. Schweizer, Leistung 349 ff.; K. Kertelge, aaO. 168 f.; W. Bracht, Jüngerschaft und Nachfolge 143–165.

[51] Näherhin begegnet ἀκολουθεῖν Mk 8,34; 9,38; 10,21.28.32.52.

[52] W. Bracht weist auf den *ekklesiologischen* Aspekt des markinischen Nachfolgegedankens hin: »Für Markus *geschieht* ›Kirche‹ . . . allein auf dem Weg der Nachfolge Jesu . . . Jüngerschaft, Nachfolge und Passion lassen sich als die sich überschneidenden Leitlinien des Mk bezeichnen und sind Ausdruck dessen, daß ›Kirche‹ sich im Nachfolgegeschehen realisiert« (aaO. 151 f.).

[53] Die Anspielungen auf die Passionsgeschichte (Kap. 14 f.) gehen hier noch weiter als bei den beiden anderen Leidensankündigungen.

[54] Zum Motiv des »Jüngerunverständnisses«, das mit dem des markinischen »Messiasgeheimnisses« zusammenhängt, vgl. u. a. W. Wrede, Messiasgeheimnis 93–101; U. Luz, Geheimnismotiv 9–30, bes. 25 f.; M. Horstmann, Studien 126 ff.; J. B. Tyson, Blindness 261–268; R. Pesch, Mk I 275 f.; J. Gnilka, Mk I 167–170. Nach H. Räisänen, »Messiasgeheimnis« 160 scheint bei Markus mit dem Thema des Jüngerunverständnisses »ein aktualisierendes paränetisches Anliegen verbunden zu sein«. Dies würde wiederum für eine enge Beziehung von Theologie und Glaubenspraxis bei Markus sprechen.

Er will damit den Christen seiner Zeit sagen: Es genügt nicht, die Weisungen des Herrn, wie sie in der katechismusartigen Zusammenstellung vorliegen, zu kennen und sie so zu befolgen, wie man eben Weisungen befolgt; es kommt vielmehr auf den konkreten Vollzug dieser Weisungen in der *Nachfolge* an, die das Folgen auf dem »Weg« Jesu ist[55] – eine Aussage, die um so verständlicher erscheinen muß, wenn man an die schon erwähnte aktuelle Situation der Kirche dieser Zeit denkt.

Das besprochene Beispiel zeigt mit aller Deutlichkeit, daß die markinische Theologie in engster Beziehung zur Glaubenspraxis steht; und zwar zum einen dadurch, daß innerhalb dieser Theologie der Gedanke der Nachfolge einen wesentlichen Bestandteil ausmacht, zum anderen dadurch, daß Markus seine Theologie in die Interpretation der vorgegebenen Tradition einbringt, um mit Hilfe dieser Interpretation seinen Adressaten in ihrer konkreten Situation Christus zu verkündigen als den, dessen »Weg« sich in Tod und Auferstehung vollendet, und sie zugleich dazu aufzurufen, ihr eigenes christliches Leben als Nachfolge auf Jesu »Weg« zu verstehen und zu verwirklichen.

b) Die Bergpredigt Mt 5–7

Der Evangelist Matthäus hat in den Kap. 5–7 Herrenworte unterschiedlicher Art und Herkunft zu einer Komposition zusammengestellt, durch die die neue Ordnung der mit Jesus Christus angebrochenen und in der Kirche sich verwirklichenden Gottesherrschaft angesagt wird. Und wiederum kann man diese Komposition nur verstehen auf dem Hintergrund der theologischen Gesamtkonzeption des Evangelisten, vor allem seiner Christologie, seiner Eschatologie und seiner Ekklesiologie[56].

Was die matthäische *Christologie* betrifft, so läßt diese sich in folgenden Thesen zusammenfassen:

1. Für Matthäus ist Jesus als Verkünder und Bringer der Gottesherrschaft zugleich der Erfüller der alttestamentlichen Heilsgeschichte.

So wird z. B. das durch das ganze Matthäusevangelium sich durchziehende Bemühen des Evangelisten verständlich, den Nachweis zu führen,

[55] H. ZIMMERMANN, Jesus Christus 269.

[56] Der theologischen Konzeption des Matthäus liegt dabei eine bestimmte *heilsgeschichtliche* Vorstellung zugrunde, die H. ZIMMERMANN, Jesus Christus 160 so beschreibt: »Die besondere Art der Darstellung im Matthäusevangelium hängt wesentlich damit zusammen, daß die Zeit Jesu und die Zeit der Kirche in die Heilsgeschichte eingeordnet werden, die von Abraham bis zur Parusie des Menschensohns reicht.« Vgl. dazu auch R. WALKER, Heilsgeschichte.

daß Jesus der von Gott verheißene Messias ist[57], der »nicht gekommen« ist, »das Gesetz oder die Propheten aufzuheben, sondern zu erfüllen« (5,17)[58]. So wird ferner verständlich, daß Matthäus immer wieder, besonders mit Hilfe der »Reflexions-« oder »Erfüllungszitate«[59] eine direkte Beziehung des Christusgeschehens zum Alten Testament herstellt.

2. Als der Verkünder und Bringer der Gottesherrschaft ist Jesus zugleich der gegenwärtige Lehrer der Kirche[60].

Deshalb nimmt die Lehre Jesu gerade im Matthäusevangelium einen breiten Raum ein; deshalb hat der Evangelist diese Lehre in kunstvoll komponierten Reden zusammengestellt, die allesamt zu verstehen sind als die gegenwärtige Verkündigung des Kyrios an seine Kirche[61]; deshalb hat Matthäus sich bemüht, auch die von Markus übernommenen Wunderberichte weitgehend »in Richtung auf beispielhafte Lehrerzählungen und -gespräche umzuformen«[62].

3. Als der Verkünder und Bringer der Gottesherrschaft und der Lehrer der Kirche ist Jesus auch der eschatologische Richter.

Von daher mag es nicht verwundern, daß Matthäus den Blick seiner Kirche immer wieder auf das kommende, durch den Menschensohn stattfindende Gericht lenkt[63]. Besonders deutlich geschieht dies im

[57] Vgl. J. SCHMID, Mt 27 f.; DERS., LThK² VII 176–179, bes. 177; W. GRUNDMANN, ThWNT IX 518–570, bes. 522 ff.; A. WIKENHAUSER – J. SCHMID, Einleitung 241–245; W. G. KÜMMEL, Einleitung 88; W. MARXSEN, Einleitung 154 f.

[58] Vgl. dazu W. TRILLING, Israel 171–179; G. STRECKER, Weg 143–147; G. BARTH, Gesetzesverständnis, bes. 60–68.

[59] Unter den »Reflexionszitaten« sind nach G. STRECKER, Weg 49 Anm. 2 solche Zitierungen zu verstehen, »die durch eine ausdrückliche Reflexion des Erzählers über die Beziehung des Dargestellten zum Alten Testament eingeleitet werden«. Vgl. auch W. ROTHFUCHS, Erfüllungszitate.

[60] Vgl. W. TRILLING, Matthäus 186–199, bes. 197 f.; W. MARXSEN, Einleitung 153.

[61] Es lassen sich näherhin folgende Redekompositionen unterscheiden: Mt 5–7 (Bergpredigt), Mt 10 (Aussendungsrede), Mt 13 (Gleichnisrede), Mt 18 (Gemeindeweisungen), Mt 23 (Rede gegen das Judentum) und Mt 24–25 (Eschatologierede). Charakteristisch ist, daß diese Redekompositionen jeweils mit der stereotypen Wendung »Und es geschah, als Jesus diese Reden beendet hatte« o. ä. abgeschlossen werden (so 7,28; 11,1; 13,53; 19,1; 26,1). Vgl. W. MARXSEN, Einleitung 150.

[62] G. BORNKAMM, RGG³ II 763. Vgl. H. J. HELD, Wundergeschichten 155–287; W. MARXSEN, Einleitung 153.

[63] Zum Gerichtsmotiv im Matthäusevangelium vgl. u. a. W. TRILLING, Israel 26 f.; 125 f.; 150 f.; DERS., Matthäus 198 f.; G. BORNKAMM, Enderwartung 13–47; G. BARTH, Gesetzesverständnis 54–58; G. STRECKER, Weg 158–165; 236–242.

Gleichnis vom königlichen Hochzeitsmahl 22,1–14[64], wo der Evangelist nicht nur ausführlich das Gericht beschreibt, das über jene Erstgeladenen ergangen ist, die die Einladung abgelehnt haben (V. 7), sondern auch von jenem Mann spricht, der sich ohne hochzeitliches Kleid im Hochzeitssaal befindet und deshalb vom König in die »Finsternis draußen« geworfen wird – ein deutlicher Hinweis an die *Christen*, sich nicht damit zufrieden zu geben, im »Hochzeitssaal« zu sein, sondern sich darum zu bemühen, beim Endgericht ein »hochzeitliches Kleid« zu tragen, d. h. danach zu streben, *wahrhaft* Christen zu sein, deren Äußeres dem Inneren und deren Inneres dem Äußeren entspricht (vgl. Mt 7,15–23); denn »viele sind berufen, wenige aber auserwählt« (22,14)[65].

Damit ist auch zugleich schon etwas von den *eschatologischen* Vorstellungen des Evangelisten Matthäus angedeutet. Man kann diese Vorstellungen des näheren vielleicht in folgenden Aussagen präzisieren:

1. Nach Matthäus ist die Gottesherrschaft mit Jesus zwar schon angesprochen, ihre Vollendung aber steht noch aus.

Die sich so ergebende Spannung zwischen dem schon Verwirklichten und dem noch Erwarteten spiegelt sich in der Verwendung des Begriffs »Reich der Himmel« (βασιλεία τῶν οὐρανῶν) wider, den nur Matthäus (dreiunddreißigmal) verwendet. Das »Reich der Himmel« kann bei ihm sowohl das erwartete Endreich, das »Reich des Vaters«, meinen (13,43; 26,29) als auch das gegenwärtige Reich Christi, des Menschensohnes (13,41), d. h. die Kirche[66]. Die in der Kirche *gegenwärtige* Gottesherrschaft ist zum Beispiel gemeint, wenn in den Seligpreisungen der Bergpredigt das »Reich der Himmel« den Armen und Trauernden, den Demütigen, Hungernden und Dürstenden, den Barmherzigen und im Herzen Reinen, den Friedensstiftern und den Verfolgten zugesagt wird[67].

2. Der Anbruch der Parusie, die die Vollendung der Gottesherrschaft, zugleich aber auch das Gericht bringt, geschieht plötzlich und unvermutet.

[64] Vgl. auch Mt 13,24–30.36–43; 25,31–46 u. ö.

[65] Zur Auslegung dieses Gleichnisses s. H. ZIMMERMANN, Jesus Christus 110–121.

[66] Vgl. dazu G. STRECKER, Weg 166 f. Anm. 7; W. TRILLING, Israel 151–154. Beide weisen freilich darauf hin, daß das (gegenwärtige) Reich des Menschensohnes (Mt 13,41) mit der Kirche *nicht schlechthin* identisch sei. Anders H. ZIMMERMANN, Jesus Christus 157, der betont hervorhebt, »daß mit der Gottesherrschaft, die Jesus als der Christus nicht nur verkündet, sondern auch selbst bringt, die gegenwärtige Kirche gemeint sein kann«. Ähnlich G. BORNKAMM, Enderwartung 40.

[67] Vgl. den Präsenszusatz in der ersten und achten Seligpreisung: »denn ihrer *ist* das Himmelreich«.

Von daher muß »die Gemeinde auf ihrem Weg stets mit der Möglichkeit des Endes« rechnen, ist »also aus dem eschatologischen Aspekt niemals entlassen«[68]. Damit aber erhalten vor allem die ethischen Forderungen, die Matthäus den erhöhten Herrn an seine Kirche stellen läßt (besonders in der Bergpredigt), letztlich eine eschatologische Begründung.

Aus der Christologie und der Eschatologie erklärt sich wiederum die *Ekklesiologie* des Evangelisten. Sie läßt sich näherhin in folgenden Aussagen umschreiben:

1. Die Kirche hat nach Matthäus eine universale Ausrichtung.

Dies kommt besonders deutlich in dem Auftrag des Auferstandenen Mt 28,18–20 zum Ausdruck, einer Stelle, die geradezu den »Schlüssel« für das Verständnis des gesamten Matthäusevangeliums an die Hand gibt[69]. Danach beruht der weltweite Sendungsauftrag des Auferstandenen auf seiner »Vollmacht«, durch die sich Gottes eschatologische Königsherrschaft verwirklicht. Der Auftrag selbst geht dahin, daß die Jünger zu taufen und die Beobachtung der Gebote Jesu zu lehren haben. Überhaupt ist das Matthäusevangelium unverkennbar universalistisch ausgerichtet[70]. Es kennt weder eine grundsätzliche noch eine situations- oder zeitgebundene Einschränkung des christlichen Glaubens[71].

2. Die Kirche ist das »wahre Israel«[72].

Da die Juden, wie besonders das Winzergleichnis (Mt 21,33–44) zeigen will, den Messias nicht anerkannt, sondern getötet haben, wird die Gottesherrschaft von ihnen genommen und einem Volk gegeben, »das seine Früchte bringt« (21,43). Die universale Völkerkirche ist dieses eschatologische Gottesvolk und damit das »wahre Israel«, das Israel der Erfüllung[73].

[68] G. Strecker, Weg 242.

[69] So O. Michel, Abschluß 21. Vgl. zu Mt 28,18 ff. auch W. Trilling, Israel 21–51; G. Barth, Gesetzesverständnis 122–128; E. Schweizer, Mt 345–351.

[70] Zum matthäischen Universalismus vgl. W. Trilling, Israel 124–130; Ders., Matthäus 192–197.

[71] Das betont auch W. Trilling, Israel 49.

[72] Vgl. dazu vor allem W. Trilling, Israel 99–163.

[73] W. Trilling hebt hervor, daß auch Stellen wie Mt 10,5 f. oder 15,24, die von einer Sendung Jesu bzw. der Jünger »(nur) zu den verlorenen Schafen des Hauses Israel« sprechen, nicht im Widerspruch zum Universalismus des Evangelisten stehen: »Der Messias ist der *Messias Israels.* Etwas anderes ist für ihn gar nicht denkbar«. Da aber Israel den Messias abgewiesen hat (vgl. 8,11 f.), »trifft es die Verwerfung, während die Heidenvölker seinen Platz im Reich Gottes einnehmen werden« (Israel 105); die Kirche »aus allen Völkern« übernimmt statt des alten Israel als »das wahre Israel in vollem Umfang seine Tradition« (ebd. 139).

3. Die Kirche ist das Volk Gottes auf dem Weg.

Obwohl die Kirche die gegenwärtige Gottesherrschaft, das »wahre Israel« ist, hat sie doch ihr Ziel noch nicht erreicht. Sie ist das Volk Gottes auf dem Weg. Dies bringt mit sich, daß die Kirche in ihrer jetzigen Gestalt ein recht gemischtes Gebilde darstellt[74], in dem die »Söhne des Reiches« und die »Söhne des Bösen« (13,38) miteinander leben. Dies bringt auch mit sich, daß die Kirche konkrete Maßstäbe und Richtlinien braucht; Matthäus bietet sie vor allem in seinen Redekompositionen.

Schon dieser Überblick über die theologische Konzeption des Evangelisten Matthäus zeigt, daß auch *seine* Theologie allenthalben auf die Glaubenspraxis hin ausgerichtet ist; man denke nur an den Gerichtsaspekt, durch den Matthäus den Forderungen Jesu eine eschatologische Begründung und Motivation verleiht, oder an das Bild, das er von der gegenwärtigen Kirche entwirft, aber auch an die Tatsache, daß er Redekompositionen schafft, die als die gegenwärtige Verkündigung des erhöhten Kyrios an seine Kirche gelten sollen.

Diese Praxisbezogenheit bestimmt nun auch die theologischen Aussagen der Bergpredigt. Wie schon angedeutet, legt Matthäus in dieser Redekomposition die neue Ordnung jener Gottesherrschaft dar, die Jesus in Wort und Tat gebracht hat, ist er doch (nach seinen eigenen Worten) gekommen, das Gesetz des Alten Bundes, d. h. das Alte Testament nach seiner normativen Seite hin, zu erfüllen (5,17). Dabei hebt der Evangelist nicht nur den *grundsätzlichen* Gedanken heraus, daß die (von Jesus gebrachte und verkündete) *Erfüllung* des Gesetzes allein die *Liebe* ist[75], sondern er führt auch *konkrete Anweisungen* Jesu auf, die zeigen sollen, daß und wie diese Liebe im eigenen *Leben* zu verwirklichen ist: Man soll z. B. die Feinde lieben (5,43–48); man soll sich mit seinem Bruder versöhnen (5,21–26); man soll den Mitmenschen vergeben (6,14.15); man soll nicht richten (7,1–5) usw. Gerade in der Verwirklichung dieser Liebe besteht nach Matthäus die »wahre Gerechtigkeit«[76] als das Kennzeichen jener Gottesherrschaft, die mit Jesus angebrochen

[74] G. Bornkamm, Enderwartung 17; G. Barth, Gesetzesverständnis 55; G. Strekker, Weg 216 u. a. sprechen von einem »corpus mixtum«.

[75] Die Bedeutung des Liebesgebotes als »Auslegungsprinzip« (G. Barth, aaO. 74) des gesamten Gesetzes unterstreicht vor allem die Goldene Regel in 7,12 mit dem bezeichnenden Zusatz: »Denn das ist das Gesetz und die Propheten«, bei dem es sich um eine bewußte »Wiederaufnahme« von 5,17 (vgl. 22,40) handelt. Zur »Wiederaufnahme« als Mittel der matthäischen Interpretation s. Näheres bei H. Zimmermann, Methodenlehre 235 ff.

[76] So u. a. G. Barth, aaO.

ist und deren Ordnung Jesus in der Bergpredigt – und zwar, wie es am Ende (7,29) ausdrücklich heißt, »in Vollmacht« – verkündet.

Fünfmal begegnet in der Bergpredigt das Wort δικαιοσύνη (5,6. 10.20; 6,1.33), und in allen Fällen ist es als redaktioneller Zusatz des Evangelisten anzusehen[77]. Schon daran läßt sich erkennen, daß Matthäus die Bergpredigt bewußt als die Rede von der »wahren Gerechtigkeit«, d. h. von dem *rechten* Verhältnis des Menschen zu Gott und dem (diesem Verhältnis entsprechenden) *rechten* Verhalten zum Nächsten, ausgestaltet hat[78].

Bereits zu Beginn der Rede spricht er in den Seligpreisungen von denen, »die hungern und dürsten nach der Gerechtigkeit« (5,6)[79], und von den »Verfolgten um der Gerechtigkeit willen« (5,10)[80].

Auch die übrigen Stellen innerhalb der Bergpredigt, an denen das Wort δικαιοσύνη vorkommt, wollen die Rede als ganze charakterisieren; zugleich wollen sie aber auch die einzelnen Abschnitte kennzeichnen, in die sich diese Rede aufgliedert. So wird der erste Redeteil, der aus sechs Antithesen besteht (5,21–48), in 5,20 mit dem Satz eingeleitet: »Wenn eure Gerechtigkeit die der Schriftgelehrten und Pharisäer nicht weit übertrifft, werdet ihr nicht in das Himmelreich eingehen.« Dieser (zuvor schon in 5,17–19 prinzipiell ausgesprochene) Gedanke wird in den nachfolgenden Antithesen mit ihrem stereotyp wiederkehrenden »Ihr habt gehört, daß gesagt wurde – ich aber sage euch« an einzelnen Beispielen konkretisiert. Der zweite Abschnitt der Bergpredigt (6,1–34) steht ebenfalls unter dem Stichwort »Gerechtigkeit«. In 6,1 heißt es: »Hütet euch davor, eure Gerechtigkeit vor den Menschen auszuüben, um von ihnen gesehen zu werden, sonst habt ihr keinen Lohn bei eurem Vater, der im Himmel ist.« Dieser allgemeine Satz wird im folgenden wieder an konkreten, auf die Praxis bezogenen Beispielen illustriert. Zunächst zeigen die Verse 6,2–18 an den drei schon im Judentum maßgebenden Frömmigkeitsübungen (Almosengeben, Beten, Fasten) auf, daß die neue Gerechtigkeit eine *wahre* Frömmigkeit fordert, d. h. eine Frömmigkeit, die in der rechten Haltung vor Gott besteht. In 6,19–34 schließen sich andere Beispiele an, die erläutern wollen, daß sich die rechte Haltung vor Gott nicht nur in den Werken der

[77] Vgl. G. Strecker, Weg 153; G. Barth, aaO. 130 f.

[78] So H. Zimmermann, Jesus Christus 158. Vgl. G. Schrenk, ThWNT II 200 f.; G. Barth, aaO. 130.

[79] In der Parallele Lk 6,21 ist nur von den »Hungernden« die Rede.

[80] Die entsprechende Seligpreisung Lk 6,22 lautet demgegenüber: »Selig seid ihr, wenn euch die Menschen hassen.«

Frömmigkeit, sondern im *gesamten* Leben der Jünger Jesu auswirken muß. Wenn dann am Ende des Abschnitts in 6,33 der Satz steht: »Suchet also zuerst das Reich Gottes und seine Gerechtigkeit, und dies alles wird euch dazugegeben werden!«, dann faßt Matthäus damit nicht nur das zuvor Gesagte wirkungsvoll zusammen, sondern leitet zugleich auch über zum letzten Abschnitt (7,1–27), in dem er diesen Satz durch eine Reihe weiterer konkreter Anweisungen erläutert. Diese Anweisungen, die immer wieder durch Bildworte aufgefüllt oder ergänzt werden (nämlich durch die Bildworte vom Splitter und Balken 7,3–5, von den Hunden und Schweinen 7,6, vom Baum und seinen Früchten 7,16–19 und vom Hausbau 7,24–27), betreffen nicht mehr nur das gegenwärtige Leben der Christen als solches, sondern lenken zugleich wesentlich auf das kommende Gericht hin, dienen also der Gerichtsparänese. Es handelt sich des näheren um folgende Anweisungen: die Mahnung, nicht zu richten, damit man nicht (von Gott) gerichtet wird (7,1.2); die Aufforderung zum Bittgebet (7,7–11); die Einschärfung des Liebesgebotes in Form der Goldenen Regel (7,12); den Aufruf, den schmalen Weg zu gehen, der zum Leben führt (7,13.14); die Warnung vor falschen Propheten (7,15.20)[81]; schließlich die Mahnung, ein Christentum der Tat an den Tag zu legen, um im Gericht bestehen zu können (7,21–23).

Dies zeigt, daß die Darlegungen des Evangelisten über die »wahre Gerechtigkeit« wesentlich auf die Praxis ausgerichtet sind. Die Christen sollen – so lautet die Forderung – jene rechte Haltung vor Gott und das daraus folgende rechte Verhalten dem Nächsten gegenüber in konkreten Taten der Liebe verwirklichen[82]. Die Gültigkeit dieser Forderung ergibt sich dabei aber – und das darf nicht übersehen werden – aus der sie tragenden christologisch-theologischen Begründung[83].

Mit anderen Worten: Die Glaubenspraxis wird von der Theologie bestimmt, wie diese umgekehrt ihrerseits auf die Praxis abzielt. Man kann diesen Zusammenhang näherhin vielleicht auf folgende Weise präzisieren:

[81] Damit könnten *anomistische,* d. h. das Gesetz verachtende Kreise innerhalb der matthäischen Kirche gemeint sein; so H. ZIMMERMANN, Methodenlehre 144. G. BARTH, Gesetzesverständnis 68 f.; 149–154, spricht von *Antinomisten;* doch vgl. auch G. STRECKER, Weg 137 f. Anm. 4, der diese Deutung ablehnt.

[82] Nach H.-D. WENDLAND, Ethik 17 wird oft »völlig verkannt, daß die Bergpredigt . . . bis zum Schluß überall ein *Tun,* gute Werke, Taten der Liebe, faktische Erfüllung des Willens Gottes verlangt, und zwar von den Jüngern«.

[83] Die mit dieser Forderung zusammenhängenden Mahnungen und Warnungen sind allesamt »Ausdruck einer einheitlichen, theologischen Konzeption« (H.-D. WENDLAND, aaO.).

1. Die »wahre Gerechtigkeit« hat einen *christologischen* Ansatz, insofern sie als die neue Ordnung der Gottesherrschaft aufs engste an die Person dessen gebunden ist, der sie verkündet: an Jesus Christus selbst. Von ihm her erhalten deshalb alle mit dieser »Gerechtigkeit« zusammenhängenden konkreten Forderungen ihre letztgültige Verbindlichkeit[84]. Das bedeutet zugleich, daß es sich hier nicht um irgendwelche Moralvorschriften handelt, sondern um Anweisungen des Herrn, die unmittelbar die christliche *Existenz* als solche betreffen[85].

2. Die »wahre Gerechtigkeit« hat darüber hinaus einen *theologischen* Ansatz im eigentlichsten Sinne des Wortes[86], stellt sie doch nicht nur das »Programm« *Jesu* dar, sondern den Inhalt des eschatologischen Heilswillens *Gottes*. Als solche ist sie ein Geschenk, das zugleich aber auch zum Anspruch an den Menschen wird[87]. K. Kertelge schreibt dazu: »Gott will Gerechtigkeit als das Heil der Menschen; eben dies beginnt Jesus in Wort und Tat zu realisieren. Die Gerechtigkeit wird damit einerseits zum Ausdruck des Heiles Gottes, nach dem die Menschen ›hungern und dürsten‹ (5,6). Andererseits bleibt sie . . . Forderung Gottes an die Menschen, eine auch von ihnen zu realisierende Bedingung des Heiles (5,20) . . . Zugrunde liegt hierbei . . . das atl. Verständnis, die Erwartung, daß Gott den Unterdrückten Recht verschaffen wird (vgl. Ps 146,7; Jes 61,11). Die ›Armen‹ (Mt 5,3), die ›hungern und dürsten nach der Gerechtigkeit‹ (5,6), dürfen sicher sein, daß ihr Recht nicht unter dem erlittenen Unrecht vergessen wird. Gott hat jetzt schon angefangen, mit dem Auftreten Jesu, ihnen Recht zu verschaffen, so daß sie das von Gott Ermöglichte jetzt ergreifen und ihrerseits – in der Erfüllung des Willens Gottes – zu realisieren suchen. Die Forderung Jesu in 6,33:

[84] Vgl. dazu G. Schmahl, Gültigkeit 180–187; ferner G. Barth, Gesetzesverständnis 98.

[85] Vgl. R. Schnackenburg, Bergpredigt 109–130.

[86] W. Trilling betont die »streng *theozentrische* Richtung alles menschlichen Handelns« bei Matthäus: »Das Handeln ist *theozentrisch,* weil die ethische Forderung theonom ist« (Israel 188). »Stärkstes Gewicht liegt auf der *Realisierung,* dem Tun dessen, was Gott will . . . Die tatsächliche Befolgung ist das Kriterium wahrer Zugehörigkeit zu Gottes Königtum schon jetzt. Dem entspricht die Bedeutung des praktischen Tuns bei Matthäus überhaupt. In dieser Hinsicht ist die Ethik Gehorsamsethik und Erfüllungsethik« (ebd. 188 f.).

[87] Vgl. G. Barth, aaO. 131. Zu einseitig deutet demgegenüber G. Strecker, Weg 157 f. die »Gerechtigkeit« lediglich als »die ethische Haltung der Jünger, eine Rechtschaffenheit, wie sie der wesentliche Gegenstand der Forderung Jesu ist«, welche aber »nicht als ›Gabe‹ verstanden« werden kann, »die dieser Forderung vorausginge«.

›suchet zuerst das Reich (Gottes) und seine Gerechtigkeit‹ stellt daher unter den durch seine Heilsverkündigung begründeten Imperativ. Die eschatologische Basileia Gottes kommt dem Menschen jetzt als seine Gabe nahe, eben in der Gestalt der Gerechtigkeit. Die Forderung einer ›besseren Gerechtigkeit‹ (5,20) ist daher keine Überforderung der Jünger, sondern eine Wegweisung, die von der konkretisierenden Auslegung des Willens Gottes beispielartig in den Antithesen 5,21–48 und damit von der ›bleibenden‹ Gegenwart Jesu als Lehrer seiner Gemeinde (28,18–20) bestimmt wird. Gerade in der Verwendung des δ.-Begriffs in der Bergpredigt zeigt sich die spannungsvolle Identität des Indikativs der göttlichen Heilszusage mit dem Imperativ der ethischen Anforderung an den Jünger Jesu. Nach dem Mt kommt es also auf das *Tun* der Gerechtigkeit an (6,1). Konkret wird dies in einem Recht-Verhalten der Jünger Jesu, die sich in ein Verhältnis der Brüderlichkeit zueinander versetzt sehen und in der Annahme des ›Bruders‹ (etwa nach 5,22–24; 18,15.21–35) ihre geschöpfliche Bestimmung durch Gott realisieren. Um dieses Recht-Tuns willen haben sie Verfolgungen zu ertragen (5,10)«[88]. Deutlicher kann nicht dargestellt werden, wie sich Theologie und Glaubenspraxis bei Matthäus zueinander verhalten: Einerseits begründet die Theologie die Glaubenspraxis, indem sie den *Indikativ* jenes Heilsgeschehens umschreibt, das Gott in Jesus Christus gewirkt hat und weiter wirkt; andererseits zielt sie auf die Praxis ab, indem sie aufweist, welcher *Imperativ* sich aus dem Indikativ für den Christen ergibt[89].

c) Das Gleichnis vom barmherzigen Samariter Lk 10,25–37[90]

Lukas hat das Gleichnis vom barmherzigen Samariter aus seinem Sondergut übernommen und mit dem aus Mk 12,28–34 stammenden Streitgespräch über das größte Gebot zu einer neuen Einheit verbunden. Das Gleichnis steht bei ihm näherhin im Zusammenhang mit der Frage des Gesetzeslehrers, was er tun müsse, um das ewige Leben zu erben (V. 25), und will konkret die Antwort geben auf die Frage »Und wer ist

[88] K. Kertelge, EWNT I 793.

[89] Vgl. G. Strecker, Weg 175, nach dessen Ansicht Imperativ und Indikativ für Matthäus geradezu »identisch« sind; ferner W. Marxsen, Einleitung 153. Wie H.-D. Wendland hervorhebt, verweist der Imperativ wesentlich auch auf das Gericht: »So haben wir eine doppelte Motivation des Gebotes vor uns: a) den Indikativ des sich vollziehenden oder gegenwärtigen Heils; b) das Futurum des kommenden Gerichtes« (Ethik 29).

[90] Vgl. dazu u. a. J. Jeremias, Gleichnisse 200–203; E. Linnemann, Gleichnisse 57–64; H. Zimmermann, Jesus Christus 245–258.

mein Nächster?« (V. 29), mit der sich der Gesetzeslehrer rechtfertigen will.

Da somit hinter dem Gleichnis im jetzigen Zusammenhang die Frage nach dem »Tun«, nach der »Praxis«[91] steht, wird begreiflich, warum Lukas sowohl das einleitende Streitgespräch als auch das Gleichnis selbst entsprechend umgestaltet hat: So lautet die Frage des Gesetzeslehrers nicht mehr wie noch bei Markus »Welches ist das größte Gebot?« (Mk 12,28), sondern vielmehr »Was muß ich *tun,* um das ewige Leben zu erben?« (V. 25). So legt Lukas ferner – im Unterschied zu Markus – die Zitierung des Liebesgebotes dem Gesetzeslehrer in den Mund und läßt Jesus daraufhin sagen: »*Tu* das, und du wirst leben« (V. 28). So endet schließlich auch das Gleichnis selbst, das, wie schon gesagt, die Antwort Jesu auf die Frage des Gesetzeslehrers »Und wer ist mein Nächster?« (V. 29) sein will, in V. 37b mit dem erneuten Hinweis Jesu auf das Tun: »Geh hin und *tu* desgleichen«. Dadurch hat Lukas nun freilich das vorgegebene Gleichnis sowohl seiner Form als auch seinem Sinn nach entscheidend verändert.

Beim *vorgegebenen* Gleichnis handelt es sich – wie schon die typische Einleitung mit »Ein Mann ging . . .« erkennen läßt[92] – um eine *Parabel,* bei der am Tun oder Verhalten der dort erwähnten Personen eine bestimmte Wahrheit verdeutlicht werden soll[93]. Bei derartigen Parabeln kommt es stets darauf an, das sogenannte ›tertium comparationis‹ zu erkennen, d. h. den *einen* Zug, der die Bild- und die Sachhälfte miteinander verbindet und den Sinn der Parabel erschließt.

Wie fast durchweg bei den Parabeln findet sich auch in der hier vorliegenden das ›tertium comparationis‹ am Schluß[94], näherhin in der Frage Jesu »Wer von diesen dreien ist dem der Nächste geworden, der den Räubern in die Hände gefallen war?« (V. 36) und in der Antwort des Gesetzeslehrers »Der, der das Erbarmen an ihm getan hat« (V. 37a).

Der *Sinn* dieser Parabel – und zwar schon in der Verkündigung Jesu selbst – dürfte dann wohl folgendermaßen zu bestimmen sein: Die Erzählung vom barmherzigen Samariter will ganz offensichtlich etwas über

[91] A. Schlatter, Lk 284.

[92] Das Gleichnis gehört zur besonderen Gruppe der ἄνθρωπός-τις-Gleichnisse (s. auch Lk 7,41 ff.; 12,16–21; 14,16–24; 15,11–32; 16,1–8; 16,19–31; 18,10–14; 19,12–27). Vgl. dazu G. Sellin, Lukas als Gleichniserzähler; H. Zimmermann, Methodenlehre 154.

[93] Vgl. F. Hauck, ThWNT V 749; E. Linnemann, Gleichnisse 13 f.; H. Zimmermann, Methodenlehre 153.

[94] Vgl. H. Zimmermann, aaO.

Jesu Person und *sein* Verhalten zu den Menschen aussagen. *Er* ist es, der sich (wie der barmherzige Samariter) als der »Nächste« erweist und in seinem Erbarmen, das er den Hilflosen, vor allem den Sündern zuteil werden läßt, das Erbarmen *Gottes* offenbart[95]. Insofern kann man sagen, »daß Jesus selbst in dem Gleichnis begegnet und sich selbst in ihm auslegt«[96], wie dies übrigens ähnlich auch für andere Gleichnisse gilt, etwa für das Gleichnis von den beiden Schuldnern (Lk 7,41.42) oder das vom Pharisäer und Zöllner (Lk 18,10–14a).

Aus der ursprünglichen Parabel hat *Lukas* eine *Beispielerzählung* gebildet, bei der es nicht mehr auf das eine ›tertium comparationis‹ ankommt, sondern darauf, aus dem geschilderten exemplarischen Fall eine unmittelbare Folgerung für das *eigene* Verhalten zu ziehen[97]. Diese Folgerung wird *hier* näher ausgesprochen in dem vom Evangelisten am Ende angefügten »Imperativ«[98] Jesu: »Geh hin und tu desgleichen!« (V. 37b).

Der *Sinn* dieser Beispielerzählung ist jetzt so zu bestimmen: Es soll gezeigt werden, wer der »Nächste« ist, nämlich nicht der, der (wie der jüdische Gesetzeslehrer) das Liebesgebot zwar kennt, sich aber dessen Forderung entzieht, indem er darüber diskutiert, wer denn *für ihn* der »Nächste« sei, wie weit *für ihn* die Verpflichtung überhaupt reiche, sondern der, der das Erbarmen *tut*, insofern er sich – wie Jesus selbst – des Armen und Hilflosen annimmt, also durch seine helfende Tat das Liebesgebot erfüllt. Der Akzent hat sich damit deutlich verlagert: Nicht mehr steht das »Tun« *Jesu* im Mittelpunkt, sondern das Handeln des *Menschen*, das freilich durchaus sein Vorbild nimmt am »Tun« Jesu selbst[99].

Dies ist keineswegs der einzige Fall, bei dem Lukas eine vorgegebene Parabel in eine auf die Praxis hin ausgerichtete Beispielerzählung umgewandelt hat. Vielmehr lassen sich noch drei weitere Fälle in seinem Evangelium finden: das Gleichnis vom törichten Reichen (12,16–21),

[95] So die Deutung von H. Zimmermann, Jesus Christus 256.

[96] Ebd.

[97] Zu den Beispielerzählungen s. Näheres bei E. Linnemann, Gleichnisse 14 f.; F. Hauck, ThWNT V 749; H. Zimmermann, Methodenlehre 154.

[98] R. Bultmann, Geschichte 192.

[99] H. Zimmermann, Jesus Christus 257. Auch der weitere Kontext, in den Lukas das Gleichnis eingefügt hat, zeigt die Ausrichtung aufs Tun: In 10,25–11,13 stellt der Evangelist die drei Hauptforderungen an die Christen seiner Zeit zusammen: die Erfüllung des Liebesgebotes (10,25–37), das Hören auf Gottes Wort (10,38–42) und das rechte Beten (11,1–13).

vom reichen Mann und armen Lazarus (16,19–31) sowie vom Pharisäer und Zöllner (18,10–14). In diesen Beispielerzählungen werden jeweils Themen angesprochen, die nach dem Verständnis des Evangelisten für das Leben der Christen in der Gegenwart von besonderer Wichtigkeit sind: das Liebesgebot, die Warnung vor der Gefahr des Reichtums, der Glaube an den Auferstandenen, die rechte Haltung vor Gott beim Gebet.

Daß gerade Lukas solche Beispielerzählungen gebildet hat, während sie bei den anderen Evangelisten fehlen, und daß es ganz bestimmte auf die Praxis hin ausgerichtete Themen sind, die in ihnen angesprochen werden, kommt nicht von ungefähr, sondern hängt wesentlich mit der Theologie des dritten Evangelisten zusammen.

Für diese kann als charakteristisch gelten, daß die Zeit Jesu und die gegenwärtige Zeit der Kirche als eine kontinuierliche Einheit gesehen werden. Sie bilden nach Lukas zusammen die eine große, durch die Erfüllung in Jesus Christus qualifizierte »Christuszeit«[100]. Dieser Gedanke der »heilsgeschichtlichen Kontinuität« kommt schon darin zum Ausdruck, daß Lukas seinem Evangelium, das den »Weg« *Jesu* nach Jerusalem beschreibt, ein zweites Werk, die Apostelgeschichte, folgen läßt, worin er darstellt, wie von Jerusalem aus – als Fortsetzung des »Weges« Jesu – das *Wort seiner Botschaft* durch die Missionare der Kirche – gemäß dem Auftrag des Herrn (Apg 1,8; Lk 24,47–49) – in die ganze Welt, bis an die Grenzen der Erde getragen wird[101].

Von diesem Gedanken der »heilsgeschichtlichen Kontinuität« her ist etwa auch zu verstehen, daß Lukas schon im Prolog seines Doppelwerkes (Lk 1,1–4) seine Absicht bekundet, einen Bericht über die Ereignisse zu geben, die sich »unter uns« (ἐν ἡμῖν), d. h. in der die Gegenwart einschließenden »Christuszeit« vollendet haben (V. 1)[102]. Von daher ist ferner zu verstehen, daß der Evangelist immer wieder auf das σήμερον, das »Heute«, abhebt, in dem die Botschaft Jesu Christi zur gegenwärtigen Botschaft des Kyrios an den Menschen wird[103]. Von daher ist schließlich auch zu verstehen, daß Lukas häufig von jenem νῦν, jenem »Jetzt«, spricht als dem durch Christus und seine Verkündigung be-

[100] H. Schürmann, Lk I 5; H. Zimmermann, Jesus Christus 152; 154.

[101] Vgl. K. Löning, Lukas 200–228; G. Schneider, Apg I 134–139.

[102] »Dieses ›unter uns‹ umgreift die ganze Erfüllungszeit und charakterisiert sie als ›Christuszeit‹« (H. Zimmermann, Jesus Christus 152; vgl. H. Schürmann, Lk I 233). Eine andere Auffassung vertritt J. Ernst, Lk 48.

[103] Vgl. z. B. Lk 2,11; 4,21; 23,43. Näheres zum lukanischen »Heute« s. bei H. Flender, Heil 135 ff.; H. Zimmermann, Jesus Christus 154.

stimmten Kairos[104]. Das »Jetzt« als Kairos ist immer da, wenn Gott in die Geschichte eingreift, so bei der Berufung der Jünger (Lk 5,10), bei der Hinwendung der Kirche zur Heidenmission (Apg 18,6) oder bei der Wende zur nachapostolischen Zeit (Apg 20,32). Es ist aber auch da, wenn der Mensch die *Botschaft* Jesu hört und in die Entscheidung gestellt wird, ob er ihr entspricht oder nicht (vgl. etwa Lk 6,20–26). Für Lukas ist das Jesusgeschehen eben nicht zur »Historie« geworden[105]; vielmehr wird dieses Geschehen in der *Verkündigung* je neu zum νῦν, zur aktuellen Heilsgegenwart, und zwar »nicht nur als Vorstellung, sondern als Tatsache des Jetzt, die freilich der Glaube allein erfaßt«[106]. Aber noch auf etwas anderes macht die lukanische Verwendung des Begriffs »Jetzt« (νῦν) aufmerksam: Wenn der Evangelist Jesus in Lk 22,69 vor dem Hohen Rat sagen läßt: *»Von jetzt an* wird der Menschensohn zur Rechten der Macht Gottes sitzen«, so weist er damit nicht nur auf Jesu Verherrlichung hin, sondern darüber hinaus auch schon auf seine Wiederkunft[107]. Das aber bedeutet: Im gegenwärtigen νῦν wird nicht nur das vergangene, sondern auch das zukünftige Christusereignis präsent; die Gegenwart erhält so eine *eschatologische* Dimension.

Hält man sich diese theologische Konzeption des Evangelisten Lukas vor Augen, dann wird einsichtig, warum er die erwähnten Beispielerzählungen mit ihrer besonderen (und übrigens auch sonst in seinem Doppelwerk anzutreffenden) Thematik gebildet hat. Offensichtlich will er den Christen seiner Zeit jene Grundhaltungen verdeutlichen, die das heilsgeschichtliche νῦν verlangt: Nur wenn man aus dem Glauben an den *Auferstandenen* lebt (wie es das Gleichnis vom reichen Mann und armen Lazarus fordert)[108], nur wenn man das richtige Verhältnis zur *Welt* und ihren Gütern hat (wie es das Gleichnis vom törichten Reichen veran-

[104] Vgl. G. Stählin, ThWNT IV 1099–1117, bes. 1106–1117; H. Zimmermann, Jesus Christus 154 f.

[105] Gegen H. Conzelmann, Mitte 6 u. ö. Zur Kritik an Conzelmanns Thesen vgl. z. B. W. C. Robinson, Weg; K. Löning, Lukas; J. Zmijewski, Eschatologiereden 5 f.; 9 ff. u. ö.; G. Schneider, Apg I 136 f. Vgl. auch den Aufsatz »Die Eschatologiereden Lk 21 und Lk 17« S. 171–183.

[106] G. Stählin, ThWNT IV 1116.

[107] Vgl. G. Stählin, aaO. 1106.

[108] Vgl. den Schlußsatz Lk 16,31: »Wenn sie auf Moses und die Propheten nicht hören, so werden sie sich auch nicht überzeugen lassen, wenn einer von den Toten aufersteht.« Dieser Satz scheint die christliche Erfahrung auszusprechen, wie wenige durch die Auferstehung Jesu zum Glauben gelangt sind. Auch J. Kremer, EWNT I 214 nimmt an, »daß dieser Satz in der Rückschau auf die Ablehnung der Botschaft des Gekreuzigten und Auferstandenen geprägt wurde«.

schaulicht), nur wenn man vor *Gott* nicht selbstgerecht ist, sondern sich betend seinem Heilswillen unterstellt (wie es das Gleichnis vom Pharisäer und Zöllner zeigt), nur wenn man in bezug auf den *Mitmenschen* das Hauptgebot der Liebe durch die Tat erfüllt (wie es das besprochene Gleichnis vom barmherzigen Samariter lehrt), dann – und nur dann – entspricht man auch jener eschatologischen Dimension, die die Jetztzeit als vergegenwärtigende Vorausnahme des *zukünftigen* Christusereignisses prägt.

Abschließend läßt sich sagen: Auch Lukas entwickelt eine Theologie, die sich als aktuelle Christusverkündigung versteht und als solche abzielt auf das praktische Leben und Verhalten der in dieser Verkündigung angesprochenen Hörer. Aber noch in einer anderen Hinsicht zeigt sich bei ihm die enge Verbindung von Theologie und Glaubenspraxis: Die Tatsache, daß Lukas den theologischen Hauptakzent auf den Gedanken der »heilsgeschichtlichen Kontinuität« legt und die Gegenwart als »Vergegenwärtigung« des (vergangenen und zukünftigen) Christusereignisses darstellt, um daraus praktische Forderungen an die Christen abzuleiten, ist ihrerseits nur zu erklären *aus* der Praxis, näherhin aus der konkreten Situation der Kirche seiner Zeit.

Lukas sieht sich zum einen einer Kirche gegenüber, die bereits den Weg zu den Heiden gefunden hat. In dieser Lage konnte die Frage nicht ausbleiben, ob damit, daß die Kirche sich vom Gottesvolk des Alten Bundes getrennt hatte, nicht eigentlich die Kontinuität des göttlichen Heilshandelns zerbrochen sei. Auf diese Frage gibt Lukas eine Antwort, indem er darstellt, daß die von Gott im Alten Bund verheißenen und seinem Heilswillen entsprechenden Ereignisse nicht nur tatsächlich erfüllt sind, sondern überall dort neu zur Erfüllung gelangen, wo Christus verkündigt wird[109].

Zum anderen sieht sich Lukas einer Kirche gegenüber, in der sowohl der Abstand zur vergangenen »Jesuszeit« als auch die ausgebliebene Parusie zum Problem geworden zu sein scheinen. Die ursprüngliche Begeisterung hat nachgelassen; die eschatologische Dimension des Christseins wird kaum mehr ernstgenommen. Die Christen beginnen nicht nur sich in der Welt einzurichten, sondern drohen auch den Gefahren der Welt, besonders der Gefahr des Reichtums zu erliegen. Diesen Tendenzen will Lukas entgegenwirken, indem er die heilsgeschichtliche Bedeutsamkeit

[109] Vgl. z. B. Lk 24,44–49 und Apg 26,22 f.; an beiden Stellen wird ausdrücklich hervorgehoben, daß zur Erfüllung der Schriften nicht nur das Leiden und die Auferstehung des Christus gehören, sondern auch die Verkündigung des Christusgeschehens an die Heidenvölker.

der Jetztzeit als der Vergegenwärtigung des vergangenen und des zukünftigen Christusereignisses hervorhebt und zu einem Verhalten auffordert, das dieser Bedeutsamkeit entspricht[110].

II. Die Paulusbriefe

Die Paulusbriefe lassen auf ihre Art eine enge Beziehung zwischen Theologie und Glaubenspraxis erkennen. Dafür sprechen folgende Beobachtungen:

1. Bei den Briefen des Apostels, in denen er seine theologischen Gedanken entwickelt, handelt es sich um Gelegenheitsschreiben, die durchweg an bestimmte Teilkirchen oder Einzelgemeinden gerichtet sind[111] und zumeist zu dort aktuellen Fragen und Problemen Stellung nehmen wollen[112]. Schon die für die Briefe typische Form der direkten Anrede zeigt, daß es dem Apostel nicht um theologische Abhandlungen im Sinne theoretischer Erörterungen geht, sondern daß er in einem lebendigen Dialog mit seinen Gemeinden versucht, »das eigentlich Christliche im Glauben«[113], um das er mit ihnen kämpft und ringt, darzulegen[114].

2. Dem entspricht, daß in den Paulusbriefen nicht nur allenthalben neben theologischen auch paränetische (d. h. der praktischen Ermahnung dienende) Abschnitte zu finden sind, sondern sich oft auch innerhalb ein und desselben Abschnitts Theologie und Paränese verschmelzen[115]. Immer wieder versucht der Apostel, aus theologischen Tatbe-

[110] Von daher ist etwa zu verstehen, daß Lukas immer wieder – vor allem in seinen eschatologischen Reden – Wachsamkeit und »Stetsorientierung am Ende« fordert (z. B. Lk 17,26–33; 21,34–36), zu Ausdauer und Durchhalten mahnt (Lk 8,13.15; 21,19), vor Erschlaffung und Verweltlichung warnt (Lk 21,34), ebenso vor der Gefahr des Reichtums (Lk 6,24 ff.; 12,13–21 u. ö.). Vgl. J. Zmijewski, Eschatologiereden 323; 537–540 (zur Paränese in Lk 21 bzw. Lk 17); auch K. Löning, Lukas 224–228.

[111] Auch der Philemonbrief richtet sich nicht lediglich an Einzelpersonen, sondern an die gesamte Hausgemeinde des Philemon (V. 2). Vgl. dazu den Aufsatz »Beobachtungen zur Struktur des Philemonbriefes«, bes. S. 152 f.

[112] Vgl. H. Zimmermann, Jesus Christus 29–32; Ders., Methodenlehre 146; G. Dautzenberg, Sprache 32 f.

[113] H. Zimmermann, Jesus Christus 17.

[114] Zu Form und Stil der paulinischen Briefe vgl. auch J. Zmijewski, Stil 421 ff.

[115] Schon R. Bultmann, Problem 123 stellt fest, daß bei Paulus »sich die verschiedenen Aussagen – die Indikative und die Imperative – nicht etwa nur an auseinanderliegenden Stellen der Briefe finden, sondern aufs engste miteinander verbun-

ständen praktische Konsequenzen abzuleiten und umgekehrt bestimmte Verhaltensweisen und Forderungen theologisch zu begründen und zu motivieren. Dies läßt ebenfalls darauf schließen, daß Paulus seine Theologie ganz in den Dienst der praktischen Verkündigung stellt.

3. Diese (Theologie und Praxis aufeinander beziehende) Verkündigung geschieht auf dem Fundament der Glaubenstradition der Kirche[116], als deren interpretierende Weitergabe sich die Verkündigung des Apostels versteht.

Wie den Evangelien liegt nämlich auch den Paulusbriefen bereits vorgeformtes Überlieferungsgut zugrunde[117]. Die Formen dieses in den Briefen aufbewahrten Überlieferungsgutes lassen sich des näheren in zwei große Gruppen einteilen: in das *liturgische* und das *paränetische* Überlieferungsgut.

Zum liturgischen Überlieferungsgut gehören im wesentlichen Christushymnen (z. B. Phil 2,6–11), Bekenntnissätze (z. B. 1 Kor 15,3–5) und eucharistische Texte (z. B. 1 Kor 11,23–25), also solche Stücke, die entweder direkt in der Liturgie verwendet wurden oder wenigstens indirekt mit ihr in Verbindung standen, wie es auf die aus Lehre und Katechese erwachsenen Formen zutrifft.

Zum paränetischen Überlieferungsgut sind neben den »Haustafeln« und »Pflichtenkatalogen« (die beide aber erst in den nachpaulinischen Briefen begegnen)[118] vor allem die »Tugend- und Lasterkataloge« zu rechnen (Röm 1,29–31; 13,13; 1 Kor 5,10.11; 2 Kor 12,20.21; Gal 5,19–21)[119]. Im Unterschied zu den Formen des liturgischen Überlieferungsgutes, bei denen es sich um genuin christliche Bildungen handelt, sind die Formen des paränetischen Überlieferungsgutes im allgemeinen aus der jüdisch-hellenistischen Umwelt übernommen. Dies hat seinen besonderen Grund: Für manche praktischen Fragen und Probleme, die

den sind und eine Antinomie bilden«, freilich in dem Sinne, daß es »um sich widersprechende und gleichwohl zusammengehörende Aussagen« geht, »die aus einem einheitlichen Sachverhalt herauswachsen, die also sachlich zusammengehören«.

[116] Zur Tradition als einem konstitutiven »Strukturelement« der paulinischen Theologie vgl. E. Käsemann, Traditionsgeschichte 137–152, bes. 141; 143 f.; ferner A. Grabner-Haider, Paraklese 26 f.; H.-D. Wendland, Ethik 50.

[117] Vgl. zum Überlieferungsgut der Briefe H. Zimmermann, Jesus Christus 32–35; Ders., Methodenlehre 165–178.

[118] So mehrfach in den Pastoralbriefen. Vgl. dazu den Aufsatz »Die Pastoralbriefe als pseudepigraphische Schriften – Beschreibung, Erklärung, Bewertung« S. 200 f. und S. 208 f.

[119] Näheres dazu bei H. Zimmermann, Methodenlehre 171 (mit Literaturangaben Anm. 126).

bei dem Versuch der jungen Christenheit auftraten, »sich im Alltag einzurichten«[120], gab es nun einmal keine direkten Anweisungen des Herrn; Paulus selbst hebt dies 1 Kor 7,12.25 eigens hervor. Deshalb hielt man sich an gebräuchliche Formen, prägte diese allerdings in christlichem Sinne um.

Außer den erwähnten Formen finden sich in den Paulusbriefen auch kurze, festgeprägte Wendungen, sogenannte *Formeln,* die ebenfalls auf Liturgie und Glaubensunterweisung als »Sitz im Leben« der Urkirche zurückweisen. Solche Formeln sind etwa: die Homologie (Röm 3,30; 10,9; 1 Kor 8,6; Phil 2,11), die Glaubensformel (besonders die Auferweckungsformel: Röm 5,8; 1 Thess 1,10; 1 Kor 6,14 u. ö. und die Sterbensformel: Röm 5,8; 1 Thess 5,9.10; 1 Kor 8,11 u. ö.) sowie die Doxologie (z. B. Röm 11,36; Gal 1,5; Phil 4,20) bzw. die Eulogie (z. B. Röm 1,25; 9,5; 2 Kor 11,31).

Wenn Paulus in seinen Briefen auf diese aus der Glaubenspraxis der Urkirche stammenden Formen und Formeln immer wieder bewußt zurückgreift, dann nicht nur, weil er sich selbst dieser Tradition verpflichtet weiß[121], sondern auch, weil sie für die Gemeinde verbindlich ist und sich insofern als Grundlage für die auf ihre Situation hin abzielende *Verkündigung* des Apostels zwangsläufig anbietet[122].

Diese grundsätzlichen Beobachtungen zum Verhältnis von Theologie und Glaubenspraxis beim Apostel Paulus sollen im folgenden an *drei Einzelbeispielen* erläutert werden.

a) 1 Kor 15,3–5[123]

Der Text dieser Stelle lautet: »Denn ich habe euch an erster Stelle überliefert, was auch ich empfangen habe: Christus ist gestorben für unsere Sünden gemäß den Schriften, und er ist begraben worden, und er ist auferstanden am dritten Tage gemäß den Schriften, und er ist dem Kephas erschienen, danach den Zwölf.«

[120] K. H. Schelkle, Petr, Jud 96.

[121] Dies geht z. B. aus 1 Kor 11,23a und 15,3a hervor, wo Paulus ausdrücklich darauf hinweist, er habe (vom Herrn) empfangen, was er überliefert (vgl. auch unten Anm. 124).

[122] Daß die paulinische Paraklese »eine Weise der Evangeliumsverkündigung« darstellt, hebt A. Grabner-Haider, Paraklese 40 f. zutreffend hervor.

[123] Vgl. dazu u. a. H. Zimmermann, Jesus Christus 184–207; Ders., Tod und Auferstehung 86–96; J. Kremer, Zeugnis (Lit.); K. Lehmann, Auferweckt (Lit.).

Wie schon die Einleitung (V. 3a) mit ihren charakteristischen Vokabeln »überliefern« und »empfangen« deutlich macht, zitiert Paulus in den V. 3b–5 den genauen Wortlaut eines aus der Tradition entnommenen Bekenntnissatzes, der Tod und Auferstehung Christi zum Inhalt hat[124].

Daß Paulus diesen christologischen Bekenntnissatz – und zwar wörtlich – gerade hier, zu Beginn des 15. Kapitels des ersten Korintherbriefes, anführt, hängt mit der Thematik dieses Kapitels zusammen. Der Apostel befaßt sich darin mit der Frage nach der Auferstehung der Toten. Diese Frage ist offensichtlich aus der Gemeinde von Korinth an ihn herangetragen worden. Wie etwa aus V. 12 hervorgeht, vertreten dort »einige« die Auffassung: »Es gibt keine Auferstehung der Toten«. Es handelt sich bei ihnen um solche Christen, die durchaus an die Auferstehung *Christi* glauben, daraus aber den falschen Schluß ziehen, mit der Auferstehung Christi sei die Heilsvollendung für alle schon geschehen; man brauche daher nicht mehr auf eine *allgemeine* Totenauferweckung zu warten. Diese Christen scheinen also »von einer einseitig verstandenen präsentischen Eschatologie« bestimmt zu sein[125]. »Sie sind so sehr von der Gegenwärtigkeit des Heils erfüllt, daß sie nicht mehr auf die Zukünftigkeit des noch zu Erwartenden schauen. Sie sehen so sehr das ›Jetzt‹ der Gegenwart des Herrn in seinem Pneuma, daß für sie die Spannung zwischen dem ›Schon jetzt‹ des gegenwärtigen Heils und dem ›Noch nicht‹ der zukünftigen Vollendung nicht gilt«[126].

Demgegenüber entwickelt Paulus seine »Theologie von der Auferstehung der Toten« in der Weise, daß er den unlösbaren Zusammenhang der für die Zukunft noch ausstehenden allgemeinen Totenauferweckung mit der bereits geschehenen Auferstehung Christi hervorhebt. In den V. 12–18 argumentiert er zunächst negativ, indem er darauf hinweist, daß man nicht gut an die Auferstehung Christi glauben, gleichzeitig aber die Auferstehung der Toten leugnen kann (vgl. besonders V. 16). In den V. 20–28 legt er sodann positiv dar, wie der Zusammenhang zu verstehen ist: Christus ist der »Erstling« der Entschlafenen, der auferweckt

[124] Mit den gleichen Ausdrücken »überliefern« und »empfangen« werden schon im Rabbinischen Traditionssätze eingeleitet. Vgl. H. ZIMMERMANN, Jesus Christus 37; DERS., Methodenlehre 165; A. GRABNER-HAIDER, Paraklese 25.

[125] H. ZIMMERMANN, Jesus Christus 187, der sich im übrigen dagegen wendet, die Leugner der Totenauferstehung als »Vertreter einer popular-philosophischen Unsterblichkeitslehre« bzw. als »Gnostiker« o. ä. zu bezeichnen (ebd. 185 ff.).

[126] Ebd. 187.

wurde; die, welche zu ihm gehören, werden ihm nach der (von Gott) bestimmten »Ordnung« (τάξις) folgen (V. 23).

Von daher wird nun verständlich, warum der Apostel seine Ausführungen mit der wörtlichen Zitierung des christologischen Bekenntnissatzes beginnt: Der in diesem Satz artikulierte Glaube an die Auferstehung Christi ist das gemeinsame Glaubensfundament, das auch von den Leugnern der allgemeinen Totenauferweckung anerkannt wird; und so liegt es nahe, daß der Apostel diesen Glaubenssatz zum Ausgangspunkt seiner theologischen Überlegungen wählt. Hinzu kommt aber, daß für Paulus die Auferstehung der Toten in der Tat nur von der Auferstehung Christi her verständlich werden kann.

Dieses Beispiel zeigt bezüglich des Zusammenhangs von Theologie und Glaubenspraxis ein Zweifaches mit aller Deutlichkeit auf:

1. Die theologischen Vorstellungen, die Paulus hier entwickelt, sind ausgelöst durch ein in der Gemeinde aktuelles Problem, welches das Glaubensleben unmittelbar betrifft und – schon um der Einheit des Glaubens willen – unbedingt geklärt werden muß.

2. Die theologischen Vorstellungen des Apostels haben als ihr Fundament das gemeinsame Bekenntnis zur Auferstehung Christi und verstehen sich näherhin als dessen Erläuterung. Insofern läßt sich durchaus sagen, Paulus treibe »hier Theologie als Auslegung des Credo«[127]. Freilich darf man dabei nicht übersehen, daß letztlich Christus selbst ausgelegt und verkündigt wird als der, der von den Toten auferstanden ist, und daß diese Verkündigung »in einer bestimmten Situation derer« geschieht, »an die die Verkündigung sich richtet«[128]. Sie sollen aus der Verkündigung die richtigen Folgerungen für ihre Gegenwart ziehen[129].

b) Phil 2,6–11[130]

Paulus greift in Phil 2,6–11 auf einen aus der Urkirche stammenden Christushymnus zurück, der in liedhafter Form den Erlöserweg Christi als einen Weg in die Erniedrigung und von der Erniedrigung zur Erhö-

[127] H. Conzelmann, 1 Kor 303.

[128] H. Zimmermann, Jesus Christus 206.

[129] A. Grabner-Haider, Paraklese 43 weist darauf hin, daß Paulus seine Ausführungen in V. 58 mit einer auf die Gegenwart gerichteten Ermahnung abschließt: »Werdet überreich im Werk des Herrn, denn ihr wisset, daß eure Mühe in Christus nicht umsonst ist!«.

[130] Vgl. dazu u. a. E. Käsemann, Analyse 51–95; E. Lohmeyer, Kyrios Jesus; J. Gnilka, Phil 111–147.

hung durch Gott beschreiben will. Der Apostel übernimmt diesen Hymnus nicht nur, sondern interpretiert ihn auch, und zwar im Sinne seiner ›theologia crucis‹[131], indem er an die den ersten Teil des Hymnus abschließende Wendung »er erniedrigte sich und wurde gehorsam bis zum Tod« die Worte anfügt »zum Tod aber des Kreuzes« (θανάτου δὲ σταυροῦ). Das deutet darauf hin, daß es Paulus bei seiner Interpretation offensichtlich nicht mehr (wie dies noch im ursprünglichen Hymnus der Fall ist) um die Beschreibung des gesamten Erlöserweges Christi geht, sondern wesentlich um die Unterstreichung seiner ταπείνωσις, seiner Erniedrigung, die nach dem Verständnis des Apostels im Kreuzestod ihren entscheidenden Ausdruck gefunden hat[132].

Die mit dieser Interpretation gegebene Sinnverschiebung hängt mit dem Kontext zusammen, in den der Apostel den Hymnus eingefügt hat. Dieser mit 2,1 beginnende Kontext ist *paränetisch* ausgerichtet; er dient der Paraklese, dem »mahnenden Zuspruch« (V. 1). Paulus, der zur Zeit dieses Briefes im Gefängnis ist (vgl. 1,7.17) und sich um die Gemeinde und ihre Einheit sorgt (vgl. 1,27 ff.), gibt hier den Christen zu Philippi konkrete Anweisungen, die ihr Zusammenleben betreffen. Dabei hebt er nicht nur auf die einmütige und gleiche Gesinnung ab (V. 2), sondern vor allem auf die *demütige Gesinnung,* die ταπεινοφροσύνη (V. 3a), die sich darin zeigen soll, daß man einander höher einschätzt als sich selbst (V. 3b) und nicht nur auf das Eigene achtet, sondern auch auf das der anderen (V. 4). Wenn der Apostel dann (in V. 5) mit den Worten »Habt diese Gesinnung in euch, die auch in Christus Jesus (ist)« zu dem nachfolgenden Hymnus (V. 6–11) überleitet, ist daraus zu schließen, daß der Hymnus offensichtlich dazu dienen soll, die Forderung der ταπεινοφροσύνη am Beispiel Jesu Christi zu erläutern[133], d. h. konkret: »die in der Paränese Angesprochenen sollen sich Christus in seiner Erniedrigung, die im ersten Teil des Hymnus ausgesagt und durch den Zusatz θανάτου δὲ σταυροῦ im Sinne des Apostels erläutert wird, zum Vorbild nehmen«[134].

[131] Vgl. dazu J. Schneider, ThWNT VII 575 f.; F. J. Ortkemper, Kreuz.

[132] Vgl. J. Gnilka, Phil 124: »Daß Paulus vornehmlich wegen des ταπεινοῦν und ὑπήκοος das Lied an dieser Stelle eingebracht hat, dürfte klar sein.«

[133] J. Gnilka, Phil 108 übersetzt V. 5 anders: »Das sinnet untereinander, was auch in Christus Jesus (zu sinnen sich schickt)!«. Nach seiner Ansicht soll dann der Hymnus nicht an das Vorbild Christi erinnern (bzw. zur ›imitatio Christi‹ aufrufen), vielmehr soll er an das »Christusgeschehen« als die »Grundlage des Imperativs« erinnern (ebd. 111). Aber schließt das eine das andere aus? Gehört beides nicht innerhalb der gleichen *christologischen* Begründung zusammen?

[134] H. Zimmermann, Methodenlehre 238.

Wieder wird der Zusammenhang von Theologie und Glaubenspraxis deutlich. Paulus sieht sich – offenkundig aus aktuellem Grund – veranlaßt, praktische Anweisungen für das Zusammenleben der Christen zu geben. Er tut dies mit Hilfe seiner Theologie, die sich ihrerseits als die Interpretation der vorgegebenen Glaubenstradition versteht. Damit aber wird nicht nur die Theologie selbst, sondern zugleich auch die (auf die Praxis abhebende) Paränese, der diese Theologie dient, auf ihr Fundament zurückverwiesen. Auch die Paränese hat »das in Christus gewordene Heilsgeschehen zur Grundlage und Voraussetzung[135], ja orientiert sich am Vorbild Christi selbst. Insofern darf man sagen, daß die Theologie, wie sie bei Paulus erkennbar ist, nicht nur aus der Praxis erwächst und auch nicht nur der Praxis dient, sondern daß diese Praxis ihrerseits einen wesentlichen *Inhalt* der paulinischen Theologie ausmacht; geht es doch dieser Theologie darum, das Christusgeschehen auszudeuten; das Christusgeschehen aber ist immer beides: Indikativ *und* Imperativ, Heilszusage *und* Heilsforderung[136].

c) *Röm 6,1–14*[137]

Paulus entwickelt in Röm 6,1–14 seine Tauftheologie. Er legt dar, daß die Taufe ein »Mit Jesus in den Tod Begrabensein« bedeutet, welches sein Ziel darin findet, daß »wie Christus von den Toten auferweckt wurde durch die Herrlichkeit des Vaters, ebenso auch wir in einem neuen Leben wandeln sollen« (V. 4). Auch diese theologischen Aussagen stehen in engster Beziehung zur Glaubenspraxis; und zwar

1. insofern sie einen Vorgang erläutern, der im Leben der Kirche konkret vollzogen wird, eben die Taufe;

2. insofern sie ganz offensichtlich das tradierte Bekenntnis zu Tod und Auferstehung zur Grundlage haben, wie daraus hervorgeht, daß in diesem Abschnitt mehrfach (etwa in den V. 4.9.10) an die Sterbens- und Auferweckungsformel erinnert wird;

3. und vor allem, insofern aus ihnen praktische Konsequenzen für das Leben der Getauften abgeleitet werden: Der Getaufte ist tot für die Sünde (V. 11), deshalb darf er nicht mehr in der Sünde verharren (V. 1), ihr nicht mehr dienen (V. 6), sich nicht mehr von ihr beherr-

[135] J. GNILKA, Phil 103.

[136] Zum Verhältnis von Indikativ und Imperativ in Phil 2 vgl. auch E. KÄSEMANN, Analyse 91.

[137] Vgl. dazu u. a. H. FRANKEMÖLLE, Taufverständnis (Lit.); R. SCHNACKENBURG, Todes- und Lebensgemeinschaft 361–391.

schen lassen, indem er den Begierden gehorcht (V. 12), sondern er soll sich Gott und seine Glieder als Waffen der Gerechtigkeit zur Verfügung stellen (V. 13). O. MICHEL hebt hervor, das Eigenartige dieses Abschnitts bestehe in dem »Nebeneinander von *Indikativen* und *Imperativen,* von dem, was Gott am Getauften getan hat, und dem, was der Getaufte tun soll«[138]. In der Tat schließt die Tauftheologie, wie Paulus sie hier entwickelt, beides ein: die Deutung des Taufgeschehens selbst und die Aufforderung an den Christen, »in der Konsequenz seines Getauftseins zu leben und zu handeln«[139]. Damit zeigt dieses Beispiel noch deutlicher als das zuvor besprochene (Phil 2,6–11) auf, daß die praktischen Forderungen einen integrierenden Bestandteil der Theologie ausmachen, insofern sie jenen Imperativ umschreiben, der mit dem Indikativ unmittelbar gegeben ist.

III. Zusammenfassung des neutestamentlichen Befundes

Vergleicht man zusammenfassend den Sachverhalt, wie er sich bezüglich des Verhältnisses von Theologie und Glaubenspraxis in den Paulusbriefen darbietet, mit dem in den Evangelien zu beobachtenden Befund, dann läßt sich folgendes feststellen:

Gewiß ist der Praxisbezug der Theologie beim Apostel Paulus leichter als in den Evangelien erkennbar; schon die direkte Form der Anrede weist auf diesen Praxisbezug hin. Gewiß läßt sich ferner in den Paulusbriefen eine viel eigenständigere Theologie beobachten[140]. Gewiß erscheint auch seine Paränese viel persönlicher, weil er sie in der Regel mit eigenen Worten und nicht wie die Evangelisten mit den Worten des Herrn formuliert. Gleichwohl kann gesagt werden, daß der Befund in allen neutestamentlichen Schriften (auch in den hier nicht behandelten) im wesentlichen der gleiche ist: Ob man an die vorevangelische Überlieferung denkt, in der die Worte und Taten Jesu auf der Grundlage des urchristlichen Osterglaubens ausgeformt und weitergegeben werden, oder an die Evangelisten selbst, die die Wort- und Geschichtstradition der Urkirche theologisch interpretieren, oder an Paulus, der seine Theologie

[138] O. MICHEL, Röm 149.

[139] O. MICHEL, aaO. Vgl. ferner H. SCHLIER, Röm 194. Zur Verbindung von Taufe und Ethik in Röm 6 s. auch R. SCHNACKENBURG, Taufe 470 (mit weiteren Literaturangaben in Anm. 17); H.-D. WENDLAND, Ethik 52.

[140] Dies hängt wesentlich damit zusammen, daß Paulus sich nicht wie die Evangelisten auf Quellenschriften stützt, sondern die urkirchliche Tradition unmittelbar in seine Theologie einbringt.

mit Hilfe liturgischen bzw. paränetischen Traditionsgutes entwickelt – immer weiß sich die neutestamentliche Theologie der Glaubenstradition der Kirche verpflichtet; immer versteht sie sich als aktuelle Christusverkündigung, die den Glauben an Jesus Christus, den erhöhten Herrn, wecken und stärken und den Menschen in seiner jeweiligen Situation dazu aufrufen will, das eigene Leben im Sinne Jesu Christi zu gestalten.

Folgerungen

Was aber ergibt sich daraus für unsere heutige Situation, auch wenn diese – zugegebenermaßen – nicht *völlig* mit der im Neuen Testament sich widerspiegelnden gleichgesetzt werden kann? Man wird diese Frage wohl so zu beantworten haben:

Theologie und Glaubenspraxis – das lehrt das Neue Testament mit aller Deutlichkeit – sind sich niemals fremd. Sie dürfen nicht auseinandergerissen oder gar gegeneinander ausgespielt werden. Die Behauptung, Orthodoxie gehe vor Orthopraxie, ist insofern ebenso falsch wie die umgekehrte Behauptung, Orthopraxie gehe vor Orthodoxie. Beide Größen gehören aufs engste zusammen, weil sie sich gegenseitig bedingen.

Das bedeutet in bezug auf die *Theologie:*

Gewiß hat die Theologie eine durchaus eigenständige Bedeutung im Leben der Kirche; und es wäre daher falsch, wollte man ihre Berechtigung allein davon abhängig machen, wieweit sie an der »Praxis« orientiert ist. Dennoch darf sich die Theologie niemals im Sinne eines »l'art pour l'art« als eine Wissenschaft verstehen, die sich selbst genügt und deshalb sozusagen im »luftleeren Raum« betrieben werden kann. Jede Theologie muß, wenn sie ihren Sinn behalten will, auf Leben und Praxis bezogen bleiben, und zwar in zweifacher Hinsicht: Sie muß sich 1. stets der Glaubenstradition der Kirche verpflichtet wissen. Bei aller Wissenschaftlichkeit bleibt die Theologie – und das unterscheidet sie von den »profanen« Wissenschaftszweigen – *Glaubenswissenschaft,* d. h. sie hat als Maß und Richtschnur den in der Kirche überlieferten Glauben und muß sich »in Übereinstimmung mit dem Glauben« (vgl. Röm 12,6) vollziehen[141]. Sie muß 2. stets hingeordnet sein auf die *Verkündigung* des Glaubens. Diesem Verkündigungsauftrag wird sie aber nur dann gerecht, wenn sie stets die konkrete Situation der Menschen, die sie ansprechen will, im Blick behält. Nur dann kann sie das gleiche Ziel errei-

[141] Vgl. M. Seckler, Not 482.

chen, um das es bereits den neutestamentlichen Theologen bei ihrer Verkündigung wesentlich geht, nämlich den überlieferten Glauben so zu reflektieren und darzulegen, daß die Menschen zu Christus, dem erhöhten und in seiner Kirche lebenden Herrn, Zugang finden, im Glauben an ihn gestärkt werden und ihr Leben nach seinem Wort auszurichten vermögen.

So gesehen, steht die Theologie immer in einer doppelten *Verantwortung,* zum einen dem ihr vorgegebenen Glauben gegenüber, zum anderen denen gegenüber, denen sie diesen Glauben verkündigend vermitteln soll[142]. Dies gilt grundsätzlich für *alle* Disziplinen der Theologie, in besonderem Maße jedoch für die *Exegese,* denn immerhin ist ihr ja aufgetragen, das die Grundlage des christlichen Glaubens bildende Wort Gottes selbst, wie es in der Heiligen Schrift begegnet, auszulegen und durch ihre Auslegung Christus zu verkündigen. Deshalb trägt sie besondere Verantwortung sowohl gegenüber dem Wort Gottes als auch den Hörern des Wortes gegenüber.

In bezug auf die *Glaubenspraxis* wiederum läßt sich folgendes sagen: Sie muß sich in zweifacher Hinsicht der Theologie verpflichtet wissen: Sie muß 1. den *Dienst* der Theologie annehmen, der darin besteht, für sie die Glaubensgrundlage zu schaffen. Auch hier können wir von den Verfassern der neutestamentlichen Schriften lernen. Die Art, in der sie ihre Theologie entwickeln, vor allem ihr zutiefst seelsorgerisches Bemühen, aus theologischen Gegebenheiten praktische Konsequenzen aufzuweisen, können uns zeigen, »daß für die rechte Praxis die beste Theologie gerade gut genug ist«[143]. Die Praxis muß sich 2. auch der *kritischen* Funktion, die die Theologie ihr gegenüber hat, verpflichtet wissen[144], d. h. sie muß sich von ihr sagen lassen, was praktischer Vollzug des Glaubens bedeutet, nämlich nicht Aktivität und menschliche Leistung schlechthin, sondern Besinnung auf das Entscheidende, den Anspruch Gottes, und der Versuch, diesem Anspruch im eigenen Leben gerecht zu werden.

Das setzt freilich auf seiten der Theologie voraus, daß sie diese ihre kritische Funktion erkennt und wahrnimmt, auch wenn sie dabei unter Umständen Gefahr läuft, als »unmodern« (weil nicht dem Trend der Zeit folgend) abgestempelt zu werden. Dies gilt wiederum für die *Exegese* in besonderer Weise. Nur wenn sie sich bei ihrer Auslegung des geschriebenen Gotteswortes das *Neue Testament* zum Vorbild nimmt, in

142 Die Verantwortung der Theologie stellt auch M. Seckler, Not 484 heraus.

143 H. Zimmermann, Bekenntnis 4.

144 Vgl. M. Seckler, Not 484.

dem allenthalben Christus selbst ausgelegt und verkündet wird, kann sie auch heute ihrer kritischen Funktion gegenüber der Praxis nachkommen, wie sie H. ZIMMERMANN prägnant mit den Worten umschreibt: »Auslegung des Neuen Testaments« hat »die Aufgabe, die Menschen in die Gemeinschaft mit Jesus Christus zu führen und so die Kirche aufzuerbauen. Sie will nicht zu der menschlichen Leistung anspornen, die Kirche durch Reformen und Strukturveränderungen für den heutigen Menschen attraktiver zu gestalten, sie in der veränderten Situation auf eine neue Weise der Welt anzugleichen, um ihr so in der Zeit des allgemeinen Umbruchs ein Überleben zu ermöglichen. Sie stellt vielmehr alle menschliche Leistung in Frage, indem sie zu dem einen Notwendigen hinleitet: das Wort Gottes zu hören, damit aus dem Hören der Glaube an Jesus Christus erwachse, in dem allein uns das Heil geschenkt wird«[145].

[145] H. ZIMMERMANN, Jesus Christus 180 f.

Literatur

Barth, G., Das Gesetzesverständnis des Evangelisten Matthäus, in: G. Bornkamm – G. Barth – H. J. Held, Überlieferung und Auslegung im Matthäus-Evangelium (WMANT 1), Neukirchen [6]1970, 54–154.

Black, M., The »Son of Man« Passion Sayings in the Gospel Tradition, in: ZNW 60 (1969) 1–8.

Bornkamm, G., Art. »Evangelien, synoptische«, in: RGG[3] II, 753–766.

– Enderwartung und Kirche im Matthäusevangelium, in: Ders. – G. Barth – H. J. Held, Überlieferung und Auslegung im Matthäus-Evangelium (WMANT 1) Neukirchen [6]1970, 13–47.

Bracht, W., Jüngerschaft und Nachfolge. Zur Gemeindesituation im Markusevangelium, in: J. Hainz (Hrsg.), Kirche im Werden, Paderborn 1976, 143–165.

Brox, N., Der erste Petrusbrief (EKK XXI), Zürich-Einsiedeln-Köln-Neukirchen 1979.

Büchsel, F., Art. γενεά κτλ., in: ThWNT I, 660–663.

Bultmann, R., Die Geschichte der synoptischen Tradition (FRLANT 29), Göttingen [9]1979.

– Das Problem der Ethik bei Paulus, in: ZNW 23 (1924) 123–140.

Conzelmann, H., die Mitte der Zeit. Studien zur Theologie des Lukas (BHTh 17), Tübingen [5]1964.

– Der erste Brief an die Korinther (KEK V[12]), Göttingen 1981.

Dautzenberg, G., Sprache und Gestalt der neutestamentlichen Schriften, in: J. Schreiner – G. Dautzenberg (Hrsg.), Gestalt und Anspruch des Neuen Testaments, Würzburg 1969, 20–40.

Dibelius, M., Die Formgeschichte des Evangeliums, Tübingen [6]1971 (mit einem Nachtrag von G. Iber, hrsg. von G. Bornkamm).

– Greeven, H., An die Kolosser, Epheser, an Philemon (HNT 12), Tübingen [3]1953.

Ernst, J., Das Evangelium nach Lukas (RNT NF), Regensburg 1977.

Flender, H., Heil und Geschichte in der Theologie des Lukas (BEvTh 41), München 1965.

Frankemölle, H., Das Taufverständnis des Apostels. Taufe, Tod und Auferstehung nach Röm 6 (SBS 47), Stuttgart 1970.

Gerhardsson, B., Memory and Manuscript. Oral Tradition and Written Transmission in Rabbinic Judaism and Early Christianity (ASNU 22), Uppsala [2]1964.

Gnilka, J., Der Philipperbrief (HThK X/3), Freiburg-Basel-Wien [2]1976.

– Das Evangelium nach Markus I (EKK II/1), Zürich-Einsiedeln-Köln-Neukirchen 1978.

Grabner-Haider, A., Paraklese und Eschatologie bei Paulus (NTA NF IV), Münster 1968.

Grundmann, W., Art. χρίω κτλ., D., in: ThWNT IX, 518–570.

Gunkel, H., Art. »Literaturgeschichte Israels«, in: RGG[1] I, 1189–1194.

Harder, G., Art. »Haustafeln«, in: BHH II, 661 f.

Hasler, V., Art. γενεά, in: EWNT I, 579–581.

Hauck, F., Art. παραβολή, in: ThWNT V, 741–759.

Held, H. J., Matthäus als Interpret der Wundergeschichten, in: G. Bornkamm – G. Barth – H. J. Held, Überlieferung und Auslegung im Matthäus-Evangelium (WMANT 1), Neukirchen [6]1970, 155–287.

Hoffmann, P., Die Anfänge der Theologie in der Logienquelle, in: J. Schreiner – G. Dautzenberg (Hrsg.), Gestalt und Anspruch des Neuen Testaments, Würzburg 1969, 134–152.

– Studien zur Theologie der Logienquelle (NTA NF VIII), Münster 1972.

Horstmann, M., Studien zur markinischen Christologie (NTA NF VI), Münster 1969.

Jeremias, J., Die Gleichnisse Jesu, Göttingen [8]1970.

Käsemann, E., Kritische Analyse von Phil. 2,5–11, in: Ders., Exegetische Versuche und Besinnungen I, Göttingen [6]1970, 51–95.

– Konsequente Traditionsgeschichte?, in: ZThK 62 (1965) 137–152.

Kertelge, K., Die Epiphanie Jesu im Evangelium, in: J. Schreiner – G. Dautzenberg (Hrsg.), Gestalt und Anspruch des Neuen Testaments, Würzburg 1969, 153–172.

– Art. δικαιοσύνη, in: EWNT I, 784–796.

Kliesch, K., Historisch-kritische Methode und Erwachsenenbildung, in: J. Zmijewski – E. Nellessen (Hrsg.), Begegnung mit dem Wort (Festschrift für H. Zimmermann) (BBB 53), Bonn 1980, 379–400.

Kremer, J., Das älteste Zeugnis von der Auferstehung Christi. Eine bibeltheologische Studie zur Aussage und Bedeutung von 1 Kor 15,1–11 (SBS 17), Stuttgart [3]1970.

– Art. ἀνάστασις κτλ., in: EWNT, 210–221.

Kuhn, H.-W., Ältere Sammlungen im Markusevangelium (StUNT 8), Göttingen 1971.

Kümmel, W. G., Einleitung in das Neue Testament, Heidelberg [20]1980.

Lehmann, K., Auferweckt am dritten Tag nach der Schrift. Früheste Christologie, Bekenntnisbildung und Schriftauslegung im Lichte von 1 Kor. 15,3–5 (QD 38), Freiburg-Basel-Wien 1968.

Linnemann, E., Gleichnisse Jesu. Einführung und Auslegung, Göttingen [7]1978.

Löning, K., Lukas – Theologe der von Gott geführten Heilsgeschichte (Lk, Apg), in: J. Schreiner – G. Dautzenberg (Hrsg.), Gestalt und Anspruch des Neuen Testaments, Würzburg 1969, 200–228.

Lohmeyer, E., Kyrios Jesus. Eine Untersuchung zu Phil. 2,5–11, Darmstadt 1961.

Lührmann, D., Die Redaktion der Logienquelle (WMANT 33), Neukirchen 1969.

Luz, U., Das Geheimnismotiv und die markinische Christologie, in: ZNW 56 (1965) 9–30.

Marxsen, W., Der Evangelist Markus. Studien zur Redaktionsgeschichte des Evangeliums (FRLANT 67), Göttingen [2]1959.

– Einleitung in das Neue Testament. Eine Einführung in ihre Probleme, Gütersloh [4]1978.

Michel, O., Der Abschluß des Matthäus-Evangeliums, in: EvTh 10 (1950/51) 16–26.

– Der Brief an die Römer (KEK IV[13]), Göttingen [4]1966.

Ortkemper, F. J., Das Kreuz in der Verkündigung des Paulus (SBS 24), Stuttgart 1967.

Pesch, R., Das Markusevangelium I (HThK II/1), Freiburg-Basel-Wien [3]1980.

– Das Markusevangelium II (HThK II/2), Freiburg-Basel-Wien [2]1980.

POLAG, A., Die Christologie der Logienquelle (WMANT 54), Neukirchen 1977.
RÄISÄNEN, H., Das »Messiasgeheimnis« im Markusevangelium, Helsinki 1976.
ROBINSON, W. C., Der Weg des Herrn. Studien zur Geschichte und Eschatologie im Lukas-Evangelium (ThF 36), Hamburg-Bergstedt 1964.
ROTHFUCHS, W., Die Erfüllungszitate des Matthäus-Evangeliums. Eine biblisch-theologische Untersuchung (BWANT 88), Stuttgart 1969.
SAUER, G., Art. »Sitz im Leben«, in: BHH III, 1812.
SCHELKLE, K. H., Die Petrusbriefe. Der Judasbrief (HThK XIII/2), Freiburg-Basel-Wien [2]1964.
SCHENKE, H.-M. – FISCHER, K. M., Einleitung in die Schriften des Neuen Testaments II: Die Evangelien und die anderen neutestamentlichen Schriften, Gütersloh 1979.
SCHIERSE, F. J., Ziele und Wege christlicher Schriftauslegung, in: GuL 50 (1977) 194–208.
SCHLATTER, A., Das Evangelium des Lukas. Aus seinen Quellen erklärt, Stuttgart [2]1960.
SCHLIER, H., Der Brief an dic Epheser, Düsseldorf [4]1963.
– Der Römerbrief (HThK VI), Freiburg-Basel-Wien [2]1979.
SCHMAHL, G., Gültigkeit und Verbindlichkeit der Bergpredigt, in: BiLe 14 (1973) 180–187.
SCHMID, J., Das Evangelium nach Matthäus (RNT 1), Regensburg [4]1959.
– Art. »Matthäusevangelium«, in: LThK[2] VII, 176–179.
SCHNACKENBURG, R., Art. »Formgeschichtliche Methode«, in: LThK[2] IV, 211–213.
– Neutestamentliche Theologie. Stand der Forschung (BiH 1), München [2]1965.
– Die Bergpredigt Jesu und der heutige Mensch, in: DERS., Christliche Existenz nach dem Neuen Testament I, München 1967, 109–130.
– Der Weg der katholischen Exegese, in: DERS., Schriften zum Neuen Testament. Exegese in Fortschritt und Wandel, München 1971, 15–33.
– Zur Auslegung der Heiligen Schrift in unserer Zeit, in: DERS., Schriften zum Neuen Testament. Exegese in Fortschritt und Wandel, München 1971, 57–77.
– Der eschatologische Abschnitt Lukas 17,20–37, in: DERS., Schriften zum Neuen Testament. Exegese in Fortschritt und Wandel, München 1971, 220–243.
– Todes- und Lebensgemeinschaft mit Christus. Neue Studien zu Röm 6,1–11, in: DERS., Schriften zum Neuen Testament. Exegese in Fortschritt und Wandel, München 1971, 361–391.
– Die Taufe in biblischer Sicht, in: DERS., Schriften zum Neuen Testament. Exegese in Fortschritt und Wandel, München 1971, 459–477.
SCHNEIDER, G., Die Apostelgeschichte I (HThK V/1), Freiburg-Basel-Wien 1980.
SCHNEIDER, J., Art. σταυρός κτλ., in: ThWNT VII, 572–584.
SCHRENK, G., Art. δικαιοσύνη, in: ThWNT II, 194–214.
SCHÜRMANN, H., Das Lukasevangelium I (HThK III/1), Freiburg-Basel-Wien 1969.
SCHULZ, S., Q. Die Spruchquelle der Evangelisten, Zürich 1972.
SCHWEIZER, E., Die theologische Leistung des Markus, in: EvTh 24 (1964), 337–355.
– Das Evangelium nach Markus (NTD 1[15]), Göttingen [5]1978.
– Das Evangelium nach Matthäus (NTD 2[14]), Göttingen [2]1976.
– Der Brief an die Kolosser (EKK), Zürich-Einsiedeln-Köln-Neukirchen 1976.
SECKLER, M., Die Not der Kirche mit ihren Theologen, in: Anzeiger für die katholische Geistlichkeit (Heft 12/1980) 480–484.

SELLIN, G., Lukas als Gleichniserzähler: die Erzählung vom barmherzigen Samariter (Lk 10,25–37), in: ZNW 65 (1974) 166–189 und 66 (1975) 19–60.

STÄHLIN, G., Art. νῦν, in: ThWNT IV, 1099–1117.

STRECKER, G., Der Weg der Gerechtigkeit. Untersuchung zur Theologie des Matthäus (FRLANT 82), Göttingen ³1971.

– Die Leidens- und Auferstehungsvoraussagen im Markusevangelium, in: ZThK 64 (1967) 16–39.

TRILLING, W., Das wahre Israel. Studien zur Theologie des Matthäus-Evangeliums (StANT 10), München ³1964.

– Matthäus, das kirchliche Evangelium – Überlieferungsgeschichte und Theologie, in: J. SCHREINER – G. DAUTZENBERG (Hrsg.), Gestalt und Anspruch des Neuen Testaments, Würzburg 1969, 186–199.

TYSON, J. B., The Blindness of the Disciples in Mark., in: JBL 80 (1961) 261–268.

WALKER, R., Die Heilsgeschichte im ersten Evangelium (FRLANT 91), Göttingen 1967.

WEIDINGER, K., Die Haustafeln. Ein Stück urchristlicher Paränese (UNT 14), Leipzig 1928.

WENDLAND, H.-D., Ethik des Neuen Testaments (GNT [= NTD Ergänzungsreihe] 4), Göttingen ³1978.

WIKENHAUSER, A. – SCHMID, J., Einleitung in das Neue Testament, Freiburg-Basel-Wien ⁶1973.

WREDE, W., Das Messiasgeheimnis in den Evangelien. Zugleich ein Beitrag zum Verständnis des Markusevangeliums, Göttingen ⁴1969.

ZIENER, G., Die synoptische Frage, in: J. SCHREINER – G. DAUTZENBERG (Hrsg.), Gestalt und Anspruch des Neuen Testaments, Würzburg 1969, 173–185.

ZIMMERMANN, H., Neutestamentliche Methodenlehre. Darstellung der historisch-kritischen Methode, Stuttgart ⁶1978.

– Jesus Christus – Geschichte und Verkündigung, Stuttgart ²1975.

– Das Bekenntnis der Hoffnung. Tradition und Redaktion im Hebräerbrief (BBB 47), Köln-Bonn 1977.

– Tod und Auferstehung im neutestamentlichen Frühchristentum, in: H. J. KLIMKEIT (Hrsg.), Tod und Jenseits im Glauben der Völker, Wiesbaden 1978, 86–96.

ZMIJEWSKI, J., Die Eschatologiereden des Lukas-Evangeliums. Eine traditions- und redaktionsgeschichtliche Untersuchung zu Lk 21,5–36 und Lk 17,20–37 (BBB 40), Bonn 1972.

– Der Stil der paulinischen »Narrenrede«. Analyse der Sprachgestaltung in 2 Kor 11,1–12,10 als Beitrag zur Methodik von Stiluntersuchungen neutestamentlicher Texte (BBB 52), Köln-Bonn 1978.

Der Glaube und seine Macht*

Eine traditionsgeschichtliche Untersuchung zu Mt 17,20; 21,21; Mk 11,23; Lk 17,6

»Evangelium meint . . . die gegenwärtige Verkündigung des gegenwärtigen Herrn an die Menschen, die es in die Entscheidung stellt, das von Gott in Jesus Christus geschaffene und durch das Wort der Verkündigung dargebotene Heil im Glauben anzunehmen oder es zu ihrem Unheil abzulehnen. Evangelium ist also ein Geschehen, das sich im Wort der Verkündigung und in der Antwort des Menschen ereignet, ein Geschehen, in dem Jesus Christus ausgelegt und im Glauben ergriffen wird«[1]. Mit diesen Sätzen umschreibt H. ZIMMERMANN in seinem »Jesusbuch« treffend, worum es in den Evangelien (und darüber hinaus im gesamten Neuen Testament) geht, nämlich um die Auslegung Jesu Christi im Sinne der gegenwärtigen Verkündigung, deren Ziel es ist, den Glauben an den erhöhten und in seiner Kirche wirkenden Kyrios zu wecken und zu stärken. So läßt sich verstehen, daß die Urkirche – um es wieder mit H. ZIMMERMANN zu sagen – »die von Jesus in eine bestimmte Situation hinein gesprochenen Worte und die in einer bestimmten Situation geschehenen Ereignisse seines Lebens auf ihre eigene Lage appliziert und in diese transponiert. Auch die Evangelisten interpretieren die ihnen vorgegebene Tradition so, daß ihre Interpretation der Tradition zur Verkündigung an die Kirche ihrer Zeit wird«[2].

Die folgende traditionsgeschichtliche Untersuchung will diesen Sachverhalt an einem informativen Beispiel aus der synoptischen Überlieferung erhellen, nämlich an dem in vier Fassungen vorliegenden Logion vom Glauben und seiner Macht (Mt 17,20b; 21,21b; Mk 11,23; Lk 17,6b). Das Beispiel ist deshalb so informativ, weil hier der Glaube (dessen Weckung und Stärkung ja gerade das Ziel der Verkündigung darstellt) selbst zum Thema wird und sich von daher in der Traditionsgeschichte dieses Logions das Glaubensverständnis der Urkirche in seinen unterschiedlichen, aber doch aufeinander bezogenen Ausprägungen unmittelbarer als anderswo widerspiegelt. Hinzu kommt, daß das Logion

* Erstmals veröffentlicht in: J. ZMIJEWSKI – E. NELLESSEN (Hrsg.), Begegnung mit dem Wort (Festschrift für H. Zimmermann) (BBB 53), Bonn 1980, 81–103.

[1] H. ZIMMERMANN, Jesus Christus 50.

[2] AaO. 22.

zu den sogenannten *Doppelüberlieferungen* (aus Markus und der Logienquelle Q) gehört, an denen besonders gut die Geschichte der synoptischen Tradition bis zu ihrem Ursprung in der Verkündigung Jesu verfolgt werden kann[3].

Analyse und Vergleich der vier Fassungen

Schon ein Blick auf die jeweilige Einordnung und Formulierung der vier Fassungen, in denen das Logion innerhalb der synoptischen Evangelien begegnet, spricht dafür, daß wir es mit einer Doppelüberlieferung zu tun haben.

Mk 11,23:

> Ἀμὴν λέγω ὑμῖν
> ὅτι ὃς ἂν εἴπῃ τῷ ὄρει τούτῳ· ἄρθητι καὶ βλήθητι εἰς τὴν θάλασσαν,
> καὶ μὴ διακριθῇ ἐν τῇ καρδίᾳ αὐτοῦ ἀλλὰ πιστεύῃ ὅτι ὃ λαλεῖ γίνεται,
> ἔσται αὐτῷ.

Markus verbindet das Logion mit der den Bericht über die Tempelreinigung umrahmenden Perikope von der Verfluchung und Verdorrung des Feigenbaums (11,12 ff.20 f.). Näherhin bildet es – zusammen mit der Eingangsaufforderung ἔχετε πίστιν θεοῦ (V. 22b) und zwei sich an das Logion anschließenden, ursprünglich ebenfalls isoliert überlieferten Herrenworten (V. 24 f.)[4] – die Antwort Jesu auf den Einwurf des Petrus: ῥαββί, ἴδε ἡ συκῆ ἣν κατηράσω ἐξήρανται (V. 21b). Charakteristisch für die markinische Fassung des Logions ist neben dem Einsatz mit ἀμὴν λέγω ὑμῖν die generelle Formulierung in der dritten Person Singular. Die Protasis hat die Form eines konditionalen Relativsatzes (ὃς ἂν . . .) und weist mehrere Teilkola auf, die mit καὶ μή bzw. ἀλλά

[3] Vgl. R. Laufen, Doppelüberlieferungen 78: »Der Exeget befindet sich hier in einer ähnlich günstigen Situation wie bei den der Logienquelle entnommenen Stükken der beiden Großevangelien. Wie es möglich ist, durch den Vergleich von Matthäus und Lukas den Wortlaut der Logienquelle zu ermitteln . . ., so ist es mutatis mutandis möglich, durch den Vergleich der Doppelüberlieferungen zu der Fassung eines Logions vorzustoßen, auf die die Varianten von Q und Markus zurückgehen. Daß ein Überlieferungszusammenhang zwischen den bei Q *und* Markus erhaltenen Texten besteht, kann nicht bestritten werden.«

[4] Zur Begründung der ursprünglichen Selbständigkeit der Logien s. u. Anm. 52.

koordiniert sind; die überraschend kurze Apodosis steht im Futur (ἔσται αὐτῷ)[5].

Lk 17,6b:

Εἰ ἔχετε πίστιν ὡς κόκκον σινάπεως,
ἐλέγετε ἂν τῇ συκαμίνῳ ταύτῃ· ἐκριζώθητι καὶ φυτεύθητι ἐν τῇ θαλάσσῃ,
καὶ ὑπήκουσεν ἂν ὑμῖν.

Das Logion befindet sich bei Lukas innerhalb der großen »Einschaltung« (9,51–18,14), die im wesentlichen Sondergut sowie Stoff aus Q enthält[6]. Den näheren Kontext bildet der Abschnitt 17,1–10, in dem der Evangelist eine Reihe von Einzellogien unter dem Stichwort »Jüngerbelehrung« aneinanderfügt (V. 1–6) und durch ein Gleichnis abschließt (V. 7–10)[7]. Der Spruch stellt die Antwort Jesu auf die in V. 5 mitgeteilte Bitte der Apostel um »Vermehrung« des Glaubens dar: καὶ εἶπαν οἱ ἀπόστολοι τῷ κυρίῳ· πρόσθες[8] ἡμῖν πίστιν. Diese Bitte dürfte redaktionelle Bildung des Evangelisten sein[9]. Das geht nicht nur aus der bereits erwähnten Tatsache hervor, daß der gesamte Abschnitt (17,1–10) ursprünglich selbständig überlieferte Logien enthält, die erst Lukas zu einer Spruchreihe zusammengeschlossen hat, sondern ergibt sich auch aus dem Vokabular: »Die Bezeichnung der Zwölf als ἀπόστολοι ist bei Lk stark gehäuft; ebenso wird Jesus bei Lk häufig als ὁ κύριος bezeich-

[5] Vgl. R. Pesch, Mk II 203. Die gleiche Form (konditionaler Relativsatz mit futurischer Apodosis) begegnet auch bei den Amen-Worten Mk 3,28 f.; 9,41; 10,15.29. »Diese Sätze sind zunächst ohne ihren jetzigen Kontext überliefert und sekundär mit der Amen-Einleitung versehen worden« (K. Berger, Amen-Worte 35).

[6] Näheres dazu s. bei W. G. Kümmel, Einleitung 100; J. Ernst, Lk 28.

[7] Vgl. J. Schmid, Lk 269; W. Grundmann, Lk 331; J. Ernst, Lk 477–480; S. Schulz, Q 165 f.

[8] Das Verb προστιθέναι heißt hier nicht »verschaffen«, »verleihen« (so z. B. E. Klostermann, Lk 171), sondern »hinzufügen«, »vermehren« (vgl. J. Wellhausen, Lc 92; F. Hauck, Lk 211; J. Schmid, Lk 269; W. Grundmann, Lk 332; K. H. Rengstorf, Lk 197; J. Ernst, Lk 479). Daß die Jünger als bereits Glaubende gesehen werden, geht aus ihrer Kennzeichnung als ἀπόστολοι hervor.

[9] So u. a. M. Dibelius, Formgeschichte 162; R. Bultmann, Geschichte 360; J. Jeremias, Gleichnisse 192, bes. Anm. 1; J. Schmid, Lk 270; W. Grundmann, Lk 332; J. Ernst, Lk 480; C.-H. Hunzinger, ThWNT VII 288 Anm. 25; S. Schulz, Q 465.

net; προστίθεσθαι ist ebenfalls lk«[10]. Das Logion selbst wird mit der (gleichermaßen redaktionellen) Eingangswendung εἶπεν δὲ ὁ κύριος (V. 6a) an die Bitte angefügt. Gegenüber der markinischen Fassung weist die lukanische einige bemerkenswerte Unterschiede auf: 1. Der Spruch besteht aus einem einfachen Konditionalsatz als Protasis (εἰ ἔχετε . . .) und einer zweigliedrigen Apodosis (ἐλέγετε ἂν . . . καὶ ὑπήκουσεν ἂν . . .)[11]; statt der generellen Formulierung in der dritten Person Singular findet sich – sieht man einmal vom zweiten Glied der Apodosis ab – die paränetische in der zweiten Person Plural. 2. Lukas spricht im Unterschied zu Markus vom »Glauben wie ein Senfkorn«. 3. Anstelle des Berges, der sich ins Meer stürzt, ist bei ihm von einer sich ins Meer verpflanzenden Sykamine[12] die Rede. Alle diese Beobachtungen lassen vermuten, daß die lukanische Fassung nicht auf Markus zurückgeht, sondern auf eine andere Vorlage, näherhin wohl auf Q. Ein Blick auf die beiden Versionen bei Matthäus vermag diese Vermutung zur Gewißheit erheben.

Mt 21,21b:

> ’Αμὴν λέγω ὑμῖν,
> ἐὰν ἔχητε πίστιν καὶ μὴ διακριθῆτε,
> οὐ μόνον τὸ τῆς συκῆς ποιήσετε,
> ἀλλὰ κἂν τῷ ὄρει τούτῳ εἴπητε· ἄρθητι καὶ βλήθητι εἰς τὴν θάλασσαν,
> γενήσεται.

In Kap. 21 folgt der erste Evangelist eindeutig der Markusvorlage, wie der weitere Kontext (vgl. Mt 21,1–27 mit Mk 11,1–33), die Verbindung des Logions mit der Feigenbaumperikope (vgl. Mt 21,18–22 mit Mk 11,12 ff. 20–25), vor allem aber die Übereinstimmungen in der For-

[10] S. Schulz, Q 466. Doch vgl. auch H. Schürmann, Spracheigentümlichkeiten 225, der die Bezeichnung ὁ κύριος in Lk 17,5 f. »dem komponierenden Redaktor von Q« zuschreibt; ebenso A. Polag, Christologie 7, bes. Anm. 5; ferner K. H. Rengstorf, Lk 197: »Die . . . Bitte der Jünger . . . mag – das ist durch 22,31 f. nahegelegt – schon in der besonderen Überlieferung des Lukas hier gestanden haben . . .«.

[11] Beim ersten Glied der Apodosis (ἐλέγετε ἂν . . .) handelt es sich nach K. Beyer, Syntax I 280 um eine »konditionale Parataxe im Hauptsatz«.

[12] Mit der Sykamine ist wohl – im Unterschied zur Sykomore (Lk 19,4), dem Maulbeerfeigenbaum – der (schwarze) Maulbeerbaum gemeint, der »als besonders fest und tief verwurzelt galt« (C.-H. Hunzinger, ThWNT VII 758; vgl. P. Billerbeck, Kommentar II 234; W. Grundmann, Lk 333; E. Klostermann, Lk 172; F. Hauck, Lk 212).

mulierung des Logions zeigen. Auch bei Matthäus wird es mit ἀμὴν λέγω ὑμῖν eingeleitet; auch bei ihm ist vom Berg die Rede; der an diesen ergehende Befehl wird mit den gleichen Worten wie bei Markus wiedergegeben: ἄρθητι καὶ βλήθητι εἰς τὴν θάλασσαν; ferner hebt der erste Evangelist ähnlich wie Markus das Moment des »Nicht-Zweifelns« hervor, indem er zu ἐὰν ἔχητε πίστιν ein καὶ μὴ διακριθῆτε hinzufügt[13]; schließlich erinnert auch das γενήσεται am Ende des Satzes an die markinische Fassung[14]. Die Abweichungen wiederum lassen sich unschwer als matthäische Redaktion erklären. So verknüpft Matthäus den Spruch vom Glauben durch den Zusatz οὐ μόνον τὸ τῆς συκῆς ποιήσετε ἀλλά noch enger mit der Feigenbaumperikope[15], wie er ebenso die Erzählung über die Tempelreinigung umstellt (vgl. Mt 21,12 f. mit Mk 11,15 ff.) und von der Verfluchung und Verdorrung des Feigenbaums im Zusammenhang berichtet (vgl. Mt 21,18 ff. mit Mk 11,12 ff.20 f.). Der Hauptunterschied zu Markus ist indes darin zu sehen, daß Matthäus die Form des Logions geändert hat. Die Apodosis besteht aus zwei Gliedern (οὐ μόνον . . . ποιήσετε, ἀλλὰ . . . γενήσεται), deren zweites noch durch einen eingeschobenen Bedingungssatz (κἂν . . . εἴπητε . . .) erweitert ist. Noch bemerkenswerter aber erscheint, daß der erste Evangelist die generelle Ausdrucksweise der Markus-Vorlage nicht übernimmt, sondern statt dessen – bis auf das γενήσεται am Ende – durchweg die paränetische Formulierung in der zweiten Person Plural wählt (ἐὰν ἔχητε . . . διακριθῆτε . . . ποιήσετε . . . εἴπητε)[16]. Offensichtlich handelt es sich dabei um eine bewußte Angleichung an die nunmehr zu besprechende andere Fassung des Spruchs in 17,20b[17], die ihrerseits deutlich der lukanischen nahesteht – in beiden findet sich ebenfalls die paränetische Formulierung – und deshalb wohl auf Q-Einfluß zurückzuführen sein dürfte.

[13] Vgl. in der Markus-Fassung: καὶ μὴ διακριθῇ ἐν τῇ καρδίᾳ αὐτοῦ.

[14] Bei Markus begegnet γίνεται, allerdings schon innerhalb der Protasis.

[15] In der Aussage selbst erreicht der Evangelist dadurch eine »Steigerung« (K. BERGER, Amen-Worte 47); das Logion hat jetzt »grundsätzlichen Charakter« (D. LÜHRMANN, Redaktion 108).

[16] Zur Form vgl. K. BEYER, Syntax I 227; K. BERGER, Amen-Worte 75.

[17] Die Angleichung wird verständlich, wenn man bedenkt, daß es sich bei 17,20b/21,21b um eine der für Matthäus typischen »Wiederaufnahmen« handelt, die ein besonderes Mittel seiner Interpretation darstellen. Vgl. dazu H. ZIMMERMANN, Methodenlehre 235 f.

Mt 17,20b:

> Ἀμὴν γὰρ λέγω ὑμῖν,
> ἐὰν ἔχητε πίστιν ὡς κόκκον σινάπεως,
> ἐρεῖτε τῷ ὄρει τούτῳ· μετάβα ἔνθεν ἐκεῖ,
> καὶ μεταβήσεται, καὶ οὐδὲν ἀδυνατήσει ὑμῖν.

Das Logion in Kap. 17 bildet den Abschluß der von Markus übernommenen Perikope von der Heilung eines besessenen Knaben (Mk 9,14–29; Mt 17,14–20). Jedoch erweist sich seine Verbindung mit dem Wunderbericht als redaktionell: Während bei Markus Jesus auf die Frage der Jünger: ὅτι ἡμεῖς οὐκ ἠδυνήθημεν ἐκβαλεῖν αὐτό (9,28b) zur Antwort gibt: τοῦτο τὸ γένος ἐν οὐδενὶ δύναται ἐξελθεῖν εἰ μὴ ἐν προσευχῇ (9,29b), bringt Matthäus als Antwort auf die gleiche Frage zunächst die Formulierung διὰ τὴν ὀλιγοπιστίαν ὑμῶν (17,20a)[18], an die sich dann mit ἀμὴν γὰρ λέγω ὑμῖν[19] der Spruch vom Glauben anschließt (17,20b). Daß der Evangelist bei dieser Version des Spruchs auf eine mit Lukas gemeinsame Vorlage, also auf Q zurückgreift – obwohl er sich, wie später noch zu zeigen sein wird, auch in diesem Fall um eine Angleichung an seine andere Version (21,21b) bemüht –, vermögen die formalen und inhaltlichen Übereinstimmungen mit Lk 17,6b gegen Mk 11,23 zu beweisen: 1. Beide Stellen, Mt 17,20b und Lk 17,6b, lassen im wesentlichen die gleiche Struktur erkennen: Einem einfachen Konditionalsatz als Protasis (bei Matthäus: ἐὰν ἔχητε πίστιν ὡς κόκκον σινάπεως, bei Lukas: εἰ ἔχετε πίστιν ὡς κόκκον σινάπεως) folgt eine mehrteilige Apodosis (bei Matthäus: ἐρεῖτε . . . καὶ μεταβήσεται καὶ . . . ἀδυνατήσει . . ., bei Lukas: ἐλέγετε ἂν . . . καὶ ὑπήκουσεν ἂν . . .). Charakteristisch ist hier wie dort die paränetische Formulierung (vgl. aber auch Mt 21,21b). 2. Wichtiger erscheint freilich, daß beidemal übereinstimmend vom »Glauben wie ein Senfkorn« gesprochen wird. Mk 11,23 und die Parallele Mt 21,21b kennen diese Qualifizierung des Glaubens nicht.

[18] Wegen der besseren Bezeugung ist die Leseart ὀλιγοπιστίαν als ursprünglich anzusehen (anders E. Klostermann, Mt 144 und E. Lohmeyer – W. Schmauch, Mt 271, die sich für die vom »westlichen« Text und der Koine bezeugte Lesart ἀπιστίαν entscheiden). Das Substantiv ὀλιγοπιστία findet sich nur an dieser Stelle; das Adjektiv ὀλιγόπιστος kommt bei Matthäus öfter vor (6,30; 8,26; 14,31; 16,8). Ob man von einem »Lieblingswort des Matthäus« sprechen kann (so G. Bornkamm, Sturmstillung 52), möchte V. Hasler, Amen 67 Anm. 70 bezweifeln.

[19] Wie die Konjunktion γάρ erkennen läßt, ist das Amen-Wort hier »Begründung für die Notwendigkeit, den Kleinglauben aufzugeben« (K. Berger, Amen-Worte 30).

Damit dürfte feststehen, daß das viermal vorliegende Logion vom Glauben zu den Doppelüberlieferungen gehört. Mk 11,23 und Mt 21,21b spiegeln den einen, Lk 17,6b und Mt 17,20b den anderen Überlieferungsstrang wider. Dies wird heute weitgehend von den Forschern anerkannt[20]. Umstritten sind aber nach wie vor die sich daraus notwendig ergebenden weiteren Fragen: Wie sah das Q-Logion aus, und welche der beiden Fassungen (Mt 17,20b bzw. Lk 17,6b) kommt ihm am nächsten[21]? Welche Form hatte das Logion in der dem Evangelisten Markus vorgegebenen Tradition? Wie verhalten sich Q- und vormarkinische Version zueinander, und welche von beiden ist als die ältere anzusehen[22]? Wie hat sich der Sinn des Logions im Laufe der Überlieferungsgeschichte verändert? Die folgenden Schritte der Untersuchung wollen auf diese Fragen eine (gewiß nicht in allen Einzelheiten unanfechtbare) Antwort versuchen.

Die Rekonstruktion der Q-Fassung

Wie aus einem Vergleich von Mt 17,20b mit Lk 17,6b hervorgeht, bestehen zwischen beiden Fassungen – trotz der bereits genannten formalen und inhaltlichen Gemeinsamkeiten – zahlreiche, zum Teil gravierende Differenzen. Gerade von ihrer Klärung hängt aber die Beantwortung der Frage letztlich ab, wie das ihnen zugrunde liegende Q-Logion ausgesehen haben mag.

Zunächst fällt auf, daß Matthäus im Unterschied zu Lukas den Spruch mit der Amen-Formel einleitet. Ob sie bereits in Q stand, läßt sich nicht mit voller Sicherheit entscheiden[23]. Da allerdings bei Matthäus die Ten-

[20] Vgl. R. Laufen, Doppelüberlieferungen 89.

[21] Zu denen, die die lukanische Version für ursprünglicher halten, gehören: E. Hirsch, W. Grundmann, J. Schmid, K. H. Rengstorf, C.-H. Hunzinger, S. Schulz; für die matthäische Fassung entscheiden sich u. a. A. von Harnack, G. Ebeling, R. Bultmann, E. Schweizer. Unentschieden bleibt J. Ernst (Lk 480).

[22] Die meisten Exegeten sehen die Q-Version für älter an; einige wenige (z. B. R. Pesch) plädieren für die Ursprünglichkeit der Markus-Version. Nicht überzeugend ist der von E. Lohmeyer – W. Schmauch, Mt 271 f. gebotene Lösungsversuch, der von zwei *verschiedenen* Grundformen ausgeht.

[23] Näheres zu den Amen-Worten der Logienquelle s. bei K. Berger, Amen-Worte 94 f.; V. Hasler, Amen 55–76; 136 f.; 159–162.

denz vorzuherrschen scheint, die Formel selbständig zu gebrauchen[24], darf angenommen werden, daß sie an dieser Stelle nicht aus Q stammt, sondern redaktionelle Einfügung des Evangelisten ist[25]. Offensichtlich hat er sie von seiner Markus-Parallele 21,21b hierher übernommen, um dadurch die beiden (von ihm im Sinne einer »Wiederaufnahme« verstandenen) Fassungen des Logions einander anzugleichen.

Nicht leicht fällt auch die Entscheidung zwischen ἐάν mit Konjunktiv (Mt) und εἰ mit Indikativ (Lk). Bedenkt man jedoch, daß Lukas öfter εἰ für ἐάν schreibt[26], wird man die matthäische Ausdrucksform als ursprünglicher anzusehen haben[27].

Dies gilt ebenfalls bezüglich des bei Matthäus in der Apodosis erscheinenden Futurs ἐρεῖτε gegenüber dem mit ἄν verbundenen Augmentindikativ ἐλέγετε bei Lukas, der formal einen Irrealis darstellt[28], aber wohl eher als Potentialis zu verstehen ist[29] und insofern eine Abschwächung der eine Verheißung[30] in paradoxer Formulierung markierenden ursprünglichen Fassung bedeutet. Daß Lukas hier »die Strenge des Wortlautes . . . erweicht«[31] hat, wird verständlich, wenn man sich den besonderen Zusammenhang vergegenwärtigt, in den der dritte Evangelist das Logion hineinsetzt. Bei ihm ist es Antwort auf die Bitte der Apostel um »Vermehrung« des Glaubens, d. h. es wird bereits vorausgesetzt, daß die Apostel Glauben haben, und Jesus greift ihre Bitte in der Weise auf, daß er ihnen bedeutet: ›Wenn ihr überhaupt (wie ihr meint) Glauben *habt* . . ., *könntet* ihr sagen . . .‹.

[24] Vgl. die Zusammenstellung bei W. TRILLING, Israel 169 Anm. 12. Auch H. SCHÜRMANN, Sprache 96 f. rechnet damit, daß Matthäus (ähnlich wie Johannes und die Apokalypse) die Amen-Formel oft von sich aus in Herrenworte eingetragen hat, um so die »Christussprache« stärker herauszuarbeiten. Demgegenüber stellt J. JEREMIAS, Kennzeichen 90 f. bei Matthäus »verstärkt« die Tendenz fest, vorgegebene ἀμήν-Wendungen zu tilgen.

[25] So auch W. TRILLING, aaO.; D. LÜHRMANN, Redaktion 108; V. HASLER, Amen 67; S. SCHULZ, Q 466.

[26] A. VON HARNACK, Beiträge II 65; S. SCHULZ, Q 466.

[27] Überhaupt begegnet ἐάν in Q doppelt so häufig wie εἰ (A. VON HARNACK, aaO. 112).

[28] Vgl. Bl-Debr § 372,1.

[29] Nach R. KÜHNER – B. GERTH, Grammatik II 471 Anm. 2 ist dieses Verständnis bei derartigen hypothetischen Satzgefügen, die im Vordersatz einen realen Indikativ aufweisen, im Griechischen durchaus möglich.

[30] Für eine Verheißung spricht das Futur: ἐρεῖτε (Q/Mt). Allerdings nimmt S. SCHULZ, Q 466 (unter Berufung auf Bl-Debr § 362) an, das Futur ersetze hier einen Imperativ.

[31] E. LOHMEYER – W. SCHMAUCH, Mt 273.

Umstritten ist, ob in Q vom Versetzen eines Berges oder von der Verpflanzung einer Sykamine die Rede war. Diejenigen, welche das Bild vom Berg für ursprünglich halten[32], gehen davon aus, Lukas wolle durch die Einführung der Sykamine die in Kap. 19 von ihm nicht gebrachte Feigenbaumperikope wenigstens anklingen lassen. Zu dieser Vermutung werden sie offenkundig durch die Tatsache verleitet, daß bei Markus die Erzählung vom verdorrten Feigenbaum und das Wort vom Glauben miteinander verbunden sind. Aber diese Erklärung kann nicht akzeptiert werden: 1. bleibt eine solche Änderung völlig unverständlich, da es im lukanischen Zusammenhang (Lk 17) nicht wie bei Markus um eine an einem Feigenbaum sich vollziehende Gleichnishandlung geht; 2. meint das Hapaxlegomenon συκάμινος – wie früher schon gesagt[33] – den (schwarzen) Maulbeerbaum, der weder mit der συκῆ noch mit der συκομορέα gleichgesetzt werden darf; 3. ist das Bild von der sich ins Meer verpflanzenden Sykamine im Unterschied zu dem vom »versetzten Berg«, das bei den Juden geläufig war[34], ein »ungebräuchliches Bild«, daher wohl ursprünglich[35]. Es gibt also keinen einsichtigen Grund, warum der dritte Evangelist den Berg durch einen Maulbeerbaum ersetzt haben sollte. Dagegen läßt sich einsichtig machen, aus welchem Grund Matthäus statt der Sykamine den Berg nennt: Es handelt sich um eine weitere Angleichung an 21,21b par. Mk 11,23, durch die zusätzlich wohl noch eine »Steigerung«[36] erreicht werden soll[37].

[32] Zum Beispiel H. J. Holtzmann, Mt 261; J. Wellhausen, Lc 92 f.; A. von Harnack, Beiträge II 65; R. Bultmann, Geschichte 78; D. Lührmann, Redaktion 108.

[33] Siehe oben Anm. 12.

[34] Vgl. P. Billerbeck, Kommentar I 759.

[35] W. Grundmann, Lk 333. Für die Ursprünglichkeit des lukanischen Bildes treten ebenfalls ein: E. Hirsch, Frühgeschichte II 154; J. Schmid, Mt und Lk 304; E. Klostermann, Mt 144; K. H. Rengstorf, Lk 198; C.-H. Hunzinger, ThWNT VII 288; S. Schulz, Q 466 u. a.

[36] C.-H. Hunzinger, aaO.

[37] Vgl. auch die Erklärung von E. Hirsch, der in diesem Zusammenhang auf zweierlei aufmerksam macht: »Erstens, Matth harmonisiert auch da, wo er Dubletten bringt, indem er die ihm wertvoller erscheinende Fassung auf die andere einwirken läßt . . . Zweitens, Berge entwurzeln ist ein geläufiges jüdisches Bild, sowohl für das Tun des Unmöglichen wie für die geistige Vollmacht des Lehrers im Widerlegen von Irrtümern; Matth konnte die Fassung, die den Berg hatte, also leicht als vertrauter und tieferer Deutung fähig empfinden. Danach muß für Q nicht die Entwurzelung des Berges, sondern des Maulbeerbaums, d. h. die Lukasvariante angesetzt werden« (Frühgeschichte II 154).

Die Entscheidung zwischen μετάβα ἔνθεν ἐκεῖ (Mt) und ἐκριζώθητι καὶ φυτεύθητι ἐν τῇ θαλάσσῃ (Lk) muß zugunsten der lukanischen Formulierung ausfallen. Zur Vorstellung von der Sykamine paßt das blasse (μετάβα) ἔνθεν ἐκεῖ nicht, das nur ein »kurzer Ausdruck für das plastische Detail Lc 17,6« ist[38]. Matthäus wiederum war gezwungen, mit der Änderung des Bildes auch die Formulierung zu verändern. Mit μεταβαίνειν führt er eine Vokabel ein, die er auch sonst durchweg redaktionell gebraucht (8,34; 11,1; 12,9; 15,29). Auch für ἐκεῖ zeigt er eine besondere Vorliebe[39]. Da auf der anderen Seite in der Parallelfassung keine lukanischen Spracheigentümlichkeiten zu finden sind – ἐκρίζουν kommt bei Lukas nur an dieser Stelle vor, φυτεύειν wird von ihm ausschließlich in traditionellen Zusammenhängen gebraucht[40] –, kann damit gerechnet werden, daß der dritte Evangelist hier »seine Vorlage getreu wiedergibt«[41].

Im zweiten Glied der Apodosis dürfte das von ihm bezeugte (bei den Synoptikern sonst nur noch Mk 1,27; 4,41 parr. begegnende) ὑπακούειν ebenfalls ursprünglicher sein. Allerdings wird in der Q-Vorlage statt der Augmentform mit ἄν (die Lukas in Angleichung an das vorangehende ἐλέγετε ἄν verwendet) das Futur gestanden haben[42]. Das (den Imperativ μετάβα aufnehmende) καὶ μεταβήσεται bei Matthäus erweist sich demgegenüber ebenso als sekundär wie der »kommentierende Zusatz«[43] καὶ οὐδὲν ἀδυνατήσει ὑμῖν. Matthäus, der auch sonst »gerne die Nutzanwendung beifügt«[44], stellt damit eine »Stichwortverbindung«[45] zur Perikope von der Heilung des besessenen Knaben her. Näherhin greift er die Formulierung von 17,16b auf (καὶ οὐκ ἠδυνήθησαν αὐτὸν θεραπεῦσαι) und ebenso die entsprechende Frage der Jünger in 17,19 (διὰ τί ἡμεῖς οὐκ ἠδυνήθημεν ἐκβαλεῖν αὐτό)[46].

38 E. Klostermann, Mt 145; S. Schulz, Q 466.

39 Das Wort begegnet bei ihm 28mal gegenüber 11mal bei Markus, 16mal bei Lukas.

40 S. Schulz, Q 467 Anm. 489.

41 S. Schulz, Q 467.

42 Gegen S. Schulz, aaO.

43 E. Klostermann, Mt 145. Vgl. R. Bultmann, Geschichte 78; 93; J. Schmid, Mt und Lk 304 Anm. 4; S. Schulz, aaO.

44 J. Schmid, aaO.

45 H. J. Held, Wundergeschichten 178.

46 Daneben ergibt sich noch eine weitere »Stichwortverbindung«: Die Termini ὀλιγοπιστία (V. 20a) und πίστις (V. 20b) knüpfen deutlich an das ὦ γενεὰ ἄπιστος (V. 17) an. Vgl. H. J. Held, Wundergeschichten 179; J. Schmid, Mt 264.

Als Ergebnis des Vergleichs zwischen den beiden Fassungen Mt 17,20b und Lk 17,6b kann festgestellt werden, daß offensichtlich weder Matthäus noch Lukas die Q-Vorlage vollkommen bewahrt haben. Bei Matthäus dürfte die Satzform ursprünglicher sein, bei Lukas das Bild und das Vokabular. Das Q-Logion hatte demnach wahrscheinlich folgenden Wortlaut:

ἐὰν ἔχητε πίστιν ὡς κόκκον σινάπεως,
ἐρεῖτε τῇ συκαμίνῳ ταύτῃ· ἐκριζώθητι καὶ φυτεύθητι ἐν τῇ θαλάσσῃ,
καὶ ὑπακούσει ὑμῖν.

Das markinische Logion und seine Überlieferungsgeschichte

Nach R. Pesch gehörte der Spruch vom Glauben Mk 11,23 (zusammen mit der voraufgehenden Aufforderung ἔχετε πίστιν θεοῦ 11,22) bereits im Rahmen der vormarkinischen Passionsgeschichte zur Feigenbaumerzählung[47]. Er beruft sich für seine Ansicht vor allem darauf, daß das Amen-Wort – ebenso wie die anderen Amen-Worte der vormarkinischen Passionsgeschichte (12,43; 14,9.18.25.30) – »kontextbezogen und situationsgebunden« sei[48]; »dieser Berg« z. B. meine konkret den »Ölberg, von dessen Ostabhang unfern von Bethanien das Tote Meer sichtbar ist«[49]. Die Hinzufügung der beiden dem Spruch vom Glauben folgenden Logien (11,24.25), die unter dem gemeinsamen Stichwort »Gebet« stehen, will Pesch demgegenüber eher auf die Redaktionsarbeit des Evangelisten zurückführen[50], wenngleich er nicht verkennt, daß sie ursprünglich selbständig existiert haben[51]. Letzteres dürfte in der Tat unbestreitbar sein[52]; nur muß man dann auch sehen, daß dies genauso auf

[47] R. Pesch, Mk II 202. Zu seiner (allerdings keineswegs überzeugenden) Rekonstruktion einer »vormarkinischen Passionsgeschichte« s. seinen Exkurs aaO. 1–27, bes. 15 ff.

[48] AaO. 203. Vgl. dagegen K. Berger, Amen-Worte 33, nach dessen Ansicht die Amen-Einleitung in Mk 11,23 gerade »eine aus der Situation herausgehobene Anwendung« bezeichnet und damit als redaktionell gelten kann.

[49] AaO. 204. Vgl. W. Grundmann, Mk 233.

[50] AaO. 202.

[51] Vgl. seine Ausführungen aaO. 206–208.

[52] Für die ursprüngliche Selbständigkeit der beiden Logien spricht schon ihre jeweils unterschiedliche Form: Mk 11,24 ist ein »Mahnwort« (R. Bultmann, Geschichte

den Spruch vom Glauben zutrifft. Auch er wurde zunächst isoliert überliefert und erst nachträglich an die Feigenbaumperikope angeschlossen[53]. Dann aber ergeben sich zwei Fragen: a) Wann und auf welche Weise vollzog sich die Anfügung dieses Spruchs und der beiden anderen? b) Kam es dabei zu Veränderungen an der ursprünglichen Fassung des Logions, oder hat dieses sich unverändert bewahrt[54]? Auf diese Fragen soll im folgenden eine Antwort gegeben werden.

a) Es dürfte sehr wahrscheinlich sein, daß die Sprüche 11,23–25 schon im Stadium der vorevangelischen Überlieferung miteinander verbunden waren, ehe sie dann »von Markus mit der Verfluchung des Feigenbaums kombiniert« wurden[55]. Dafür sprechen folgende Gründe:

1. Eine stichwortartige Zusammenstellung von Einzellogien ist für die vormarkinische Traditionsstufe kein Sonderfall[56]. Auch die drei Sprüche bilden miteinander eine relativ geschlossene Einheit und konn-

80), 11,25 eine »Frömmigkeitsregel« (aaO. 156). Hinzu kommt, daß es sich zumindest beim ersten Logion (vielleicht aber auch beim zweiten?) um eine »Doppelüberlieferung« handelt, die in je verschiedenen Zusammenhängen begegnet (vgl. zu Mk 11,24/Mt 21,22 die Q-Varianten Mt 7,8/Lk 11,10, zu Mk 11,25 die Parallelen Mt 6,14 f.; 5,23 f.).

[53] So richtig J. Schmid, Mk 213. Vgl. auch E. Klostermann, Mk 118; R. Bultmann, Geschichte 24.

[54] Die Beantwortung dieser Frage ist deshalb besonders wichtig, weil nachher die Q-Fassung mit der ursprünglichen Fassung der Markus-Tradition verglichen werden muß, um auf diese Weise die beiden zugrunde liegende älteste Form des Logions zu ermitteln.

[55] C.-H. Hunzinger, ThWNT VII 288 Anm. 25. Die Entwicklung verlief also in mehreren Stufen. Dem stimmt auch R. Bultmann, Geschichte 24 grundsätzlich zu. Allerdings klammert er dabei die vormarkinische Überlieferungsstufe völlig aus und führt nicht nur die Verknüpfung der Logien mit der Feigenbaumperikope, sondern auch ihre Verbindung miteinander auf den Evangelisten selbst bzw. auf die nachmarkinische Redaktion zurück. So hat Markus seiner Ansicht nach sowohl das ἔχετε πίστιν θεοῦ (V. 22b) als Einleitung zu V. 23 gebildet (aaO. 95; vgl. ThWNT VI 206 Anm. 243) als auch das (ursprünglich ebenfalls isoliert überlieferte) Logion V. 24 angefügt (Geschichte 98); das Logion V. 25 stand »wohl noch nicht im ursprünglichen Mk-Text«, sondern kam erst später (vielleicht zusammen mit V. 26?) hinzu (aaO. 65).

[56] Vgl. z. B. die vormarkinische »Wortkomposition« Mk 9,33–50 (s. dazu R. Schnackenburg, Markus 9,33–50, 129–154; H. Zimmermann, Methodenlehre 156; aber auch H.-W. Kuhn, Sammlungen 32–36) oder die Logienpaare Mk 4,21 f.24 f. (s. dazu J. Jeremias, Gleichnisse 90; H. Zimmermann, aaO. 194).

ten daher gut als Stichwortkomposition (Glauben/Beten) zusammengefügt werden. Die – trotz aller Unterschiede in der Form – deutliche Entsprechungen aufweisenden Verse 23.24[57] heben zunächst die Macht des Gebets hervor, das Erhörung findet, wenn es sich in gläubigem Vertrauen und ohne Zweifel an Gott wendet; V. 25 nennt sodann eine weitere wichtige Voraussetzung der Gebetserhörung: die Vergebungsbereitschaft gegenüber dem Nächsten.

2. So sehr die drei Sprüche *miteinander* eine relativ geschlossene Einheit bilden (weshalb sie vermutlich schon *vor* Markus zusammengestellt wurden), so wenig passen sie an sich in den Kontext der Feigenbaumperikope hinein. Dies gilt nicht nur für das Logion 11,25, das thematisch völlig aus dem Rahmen des markinischen Kontextes herausfällt[58], sondern trifft gleichermaßen auf die beiden anderen Logien 11,23.24 zu. Während Petrus sich in 11,21 erstaunt über die Wirkung des von *Jesus* ausgesprochenen Fluches (11,14a) äußert, also – wenn man so will – die Wirkmacht des Wortes *Jesu* bewundert, geht es im ersten Logion (11,23) um die Wirkmacht *derer, die Glauben haben* (vgl. 11,22b); im Logion 11,24 wird dieser Glaube dann des näheren als *Gebetsglaube* charakterisiert. Insofern kann man J. Schmids Feststellung zustimmen, alle scheinbar als Antwort Jesu auf den Ausruf des Petrus folgenden Sprüche besäßen »keinen logischen Zusammenhang mit der Verfluchung des Feigenbaums, die weder eine Tat des Glaubens noch des Gebetes war«[59].

b) Ebenso, wie man davon ausgehen kann, daß die drei Logien dem Evangelisten als Einheit bereits vorgegeben waren und er sie dann (aus später noch zu erörternden Gründen) an die Feigenbaumperikope anfügte, wird man auf der anderen Seite damit rechnen müssen, daß die der Markus-Tradition zugrunde liegende Fassung des Glaubensspruchs schon bei dessen Verknüpfung mit den anderen Logien innerhalb der vormarkinischen Überlieferungsschicht bestimmte Ergänzungen erfahren hat.

[57] Man beachte beidemal die Einleitung mit (ἀμὴν bzw. διὰ τοῦτο) λέγω ὑμῖν, die Betonung des πιστεύειν als Bedingung, den fast gleichen Nachsatz mit ἔσται αὐτῷ ὑμῖν.

[58] Vgl. E. Klostermann, Mk 119: »Dieser Spruch führt vollends von dem Ausgangspunkt ab.« Daraus darf freilich nicht gefolgert werden, V. 25 sei eine (aus Mt 6,14 f.) *nachträglich* in den Markus-Text eingedrungene »sekundäre Auffüllung«; so aber außer E. Klostermann (aaO.) auch V. Hasler (Amen 44) und – wie bereits oben (Anm. 55) erwähnt – R. Bultmann (Geschichte 65).

[59] J. Schmid, Mk 213.

So wird man die Einleitungsformel ἀμὴν λέγω ὑμῖν wohl kaum als ursprünglich ansehen können[60]. Es ist zu bedenken, daß das folgende Logion (V. 24) ähnlich mit διὰ τοῦτο λέγω ὑμῖν beginnt. Beide Male aber erfüllen die Formeln offensichtlich nur »die formale Funktion der Spruchverklammerung«[61].

Schwieriger zu klären ist das dem Logion unmittelbar voraufgehende (im jetzigen Markus-Zusammenhang den Beginn der Antwort Jesu bildende) ἔχετε πίστιν θεοῦ (V. 22b). Es gibt hier mehrere Möglichkeiten:

1. Es könnte sein, daß die Aufforderung bereits in der vormarkinischen Überlieferung den Abschluß der Feigenbaumperikope bildete. V. Hasler rechnet mit dieser Möglichkeit: »Hinter V. 22 spürt man eine Zäsur. Es ist anzunehmen, daß die ursprüngliche Perikope hier abbrach. Markus aber war mit seinem Thema noch nicht fertig. Sein Leser soll wissen, was der Glaube an die Vollmacht Jesu zu tun vermag. Darum schließt er das Logion vom bergeversetzenden Glauben V. 23 an«[62]. Jedoch muß die Formulierung beachtet werden: Vom Glauben an die Vollmacht *Jesu* ist in V. 22b – wenigstens nicht ausdrücklich – die Rede; vielmehr wird allgemein zum Glauben an *Gott* aufgerufen. Daß ein solcher Aufruf den Abschluß der Perikope von der Verfluchung des Feigenbaums gebildet haben soll, die als solche eben »weder eine Tat des Glaubens noch des Gebetes war«[63], erscheint fragwürdig.

2. Möglich ist ferner die Annahme, daß die Aufforderung erst von Markus selbst in den Zusammenhang eingefügt wurde, um die nachfolgenden Worte einzuleiten und mit der Feigenbaumperikope zu verknüpfen. R. Bultmann, einer derjenigen, welche sich für diese Annahme aussprechen, weist zur Begründung vor allem auf die Ausdrucksweise hin: Die Wendung πίστις θεοῦ komme im Sinne eines Genitivus objectivus nur hier vor (Röm 3,3 meine sie »Gottes Treue«) und entspreche

[60] Vgl. K. Berger, Amen-Worte 33; dagegen R. Pesch, Mk II 203; J. Jeremias, Kennzeichen 92; auch H. Schürmann, Sprache 96 f.

[61] V. Hasler, Amen 43; allerdings ist seiner Meinung nach die Verbindung der Formel mit einem tradierten Logion in beiden Fällen erst »das Werk des Evangelisten«. Vgl. noch E. Klostermann, Mk 119, der zumindest mit der Möglichkeit rechnet, daß das διὰ τοῦτο λέγω ὑμῖν (V. 24) eine »einfache Aufreihungsformel« darstellt.

[62] V. Hasler, Amen 42 f.

[63] J. Schmid, Mk 213.

»nicht der at.lich-jüd. Redeweise, sondern der Missionsterminologie«[64]. Dagegen bemerkt R. PESCH zu Recht, daß »diese Einschätzung gerade angesichts der Singularität des Ausdrucks nicht überzeugend« ist, »dem es nicht um den wahren Bekehrungs-, sondern um den unbedingten Vertrauensglauben geht«[65].

3. Noch eine weitere Möglichkeit bleibt zu erwägen: Schon bei der Zusammenstellung der drei Logien im Stadium der vormarkinischen Überlieferung mochte es notwendig erscheinen, das sie verbindende Stichwort in Form einer Aufforderung vorwegzunehmen, um so dem Leser von vornherein den Schlüssel zum Verständnis der Einheit an die Hand zu geben. Markus hat nach dieser Voraussetzung das ἔχετε πίστιν θεοῦ also bereits übernommen und dann lediglich bei der Verbindung der Logienreihe mit der Feigenbaumperikope durch καὶ ἀποκριθεὶς ὁ Ἰησοῦς λέγει αὐτοῖς unmittelbar an das Vorangehende angeschlossen. Diese dritte Möglichkeit verdient vor allem deshalb den Vorzug, weil sie einerseits eine durchaus sinnvolle Erklärung anbietet und andererseits den Schwierigkeiten, die bei den übrigen Hypothesen auftreten, entgeht[66].

Daß es über die beiden erwähnten Zusätze hinaus bei der vormarkinischen Zusammenstellung der Logien oder bei ihrer Verbindung mit der Feigenbaumperikope durch den Evangelisten zu Veränderungen *innerhalb* des Glaubensspruchs gekommen ist, läßt sich nicht beweisen. Wenn K. BERGER die Auffassung vertritt, der Spruch habe ursprünglich wohl nur das Bild vom ins Meer stürzenden Berg enthalten – ein in der apokalyptischen Tradition »im Sinne des Bestrafens« zu verstehendes Motiv – und dementsprechend sei der zweite Teil des ὅς-Satzes (also die

[64] R. BULTMANN, ThWNT VI 206 Anm. 243. Vgl. dagegen seine Darlegungen in: Geschichte 24. Dort weist er darauf hin, die V. 22 f. seien ursprünglich isoliert überliefert worden, sie träten ja auch jetzt noch isoliert Mt 17,20/Lk 17,6 auf. Damit aber setzt er zumindest an dieser Stelle eindeutig voraus, daß V. 22 *nicht von Markus* stammt, sondern bereits von Anfang an zusammen mit V. 23 *ein* Logion bildete.

[65] R. PESCH, Mk II 204. PESCH selbst hält – wie oben ausgeführt – die Aufforderung V. 22 zusammen mit V. 23 für einen ursprünglichen Bestand der Feigenbaumperikope im Rahmen der vormarkinischen Passionsgeschichte.

[66] Rein theoretisch besteht noch eine vierte Möglichkeit: die Aufforderung könnte ursprünglich schon mit dem nachfolgenden Spruch zusammengestanden haben (so neben R. PESCH, aaO.; R. BULTMANN, Geschichte 24 u. a. auch A. VON HARNACK, Beiträge II 157). Dagegen spricht jedoch die unterschiedliche Form der beiden Verse.

Wortfolge von καὶ μὴ διακριθῇ bis γίνεται) nachträglicher (markinischer) Zusatz, der sich aus V. 22b und V. 24 erkläre[67], scheint er dabei von der bereits als unzutreffend gekennzeichneten Voraussetzung auszugehen, daß das Logion 11,23 ursprünglich schon mit der Perikope von der Verfluchung und Verdorrung des Feigenbaums verbunden war[68]. Hinzu kommt, daß auf diese Weise kaum einsichtig wird, inwiefern die beiden folgenden Logien später (von Markus bzw. – was wahrscheinlicher ist – in der vormarkinischen Tradition) mit dem ersten zusammengeschlossen werden konnten, wenn in diesem vom Glauben überhaupt noch nicht die Rede war[69].

Man wird also annehmen dürfen, daß das Logion des markinischen Traditionsstrangs von Anfang an den gleichen Wortlaut hatte, wie er uns in Mk 11,23 begegnet. Dies gilt auch in bezug auf seine Form: Das generelle ὃς ἂν κτλ. kann allein deshalb als ursprünglich betrachtet werden, weil es zu den paränetischen Ihr-Formen der anderen Logien (11,24.25) nicht paßt. Hätte im Logion anfangs statt der generellen Ausdrucksweise die paränetische gestanden (vgl. Q), so müßte man erklären, aus welchem Grund diese – den anderen Logien adäquate – Form bei der späteren Komposition der Einheit verändert wurde. Eine plausible Erklärung dafür läßt sich jedoch nicht finden.

Die Urform des Logions

Ist es bei einer Doppelüberlieferung im allgemeinen schon nicht leicht, aus dem Vergleich zwischen Markus und Q die beiden zugrunde liegende Urform des Logions zu rekonstruieren[70], so gestaltet sich eine sol-

[67] K. Berger, Amen-Worte 47. Vgl. R. Bultmann, Geschichte 98: »Mk hat das Wort speziell auf den Gebetsglauben bezogen, wie die Hinzufügung von V. 24 zeigt, und deshalb eingefügt: καὶ (ὃς ἂν) μὴ διακριθῇ κτλ.; er hat das Wort also für die Diskussionen umgeprägt . . .«.

[68] Aber selbst, wenn die genannte Voraussetzung zuträfe, bliebe zu fragen, »ob ›ins Meer Werfen‹ hier (im Kontext der Fluchwundergeschichte) als Ausdruck von Bestrafung . . . gewählt ist« (R. Pesch, Mk II 204 Anm. 11).

[69] Der Hinweis auf den Glauben (ἀλλὰ πιστεύῃ) steht ja in der von Berger als sekundär eingeklammerten Wortfolge.

[70] Wie R. Laufen, Doppelüberlieferungen 80 zu Recht hervorhebt, kann »die angestrebte Scheidung von Tradition und Redaktion hier . . . nicht mit letzter Schärfe durchgeführt werden . . . Denn man kann zwar zwischen der gemeinsamen ›Urfassung‹ und dem Endprodukt der Entwicklung, dem Text der Logienquelle bzw. des Markusevangeliums, unterscheiden, aber es ist nicht immer mit letzter Sicherheit auszumachen, ob die Abweichungen von der ›Urfassung‹ auf das Konto des

che Rekonstruktion im konkreten Fall um so schwieriger, als zwischen den beiden Fassungen – trotz gewisser Übereinstimmungen – sowohl formal als auch inhaltlich beträchtliche Unterschiede bestehen. Nur wenn es gelingt, sie zu erklären, kann man Rückschlüsse auf die älteste Gestalt des Logions ziehen. Dies soll im folgenden versucht werden.

1. In beiden Versionen ist vom Glauben die Rede. Allerdings steht in der Q-Version die πίστις selbst im Mittelpunkt; sie wird näherhin als πίστις ὡς κόκκος σινάπεως gekennzeichnet; dagegen geht es in der markinischen Fassung um das πιστεύειν, also um den *Vollzug* des Glaubens. Q dürfte in diesem Punkt eindeutig ursprünglicher sein. Dafür bürgt neben der originellen Bildhaftigkeit[71] auch die »viel kühnere Formulierung«[72], der gegenüber sich die markinische Formulierung »als offenkundig sekundäre Abwandlung u. Interpretation« zu erkennen gibt[73] (vgl. das καὶ μὴ διακριθῇ ἐν τῇ καρδίᾳ αὐτοῦ bzw. das ὅτι ὃ λαλεῖ γίνεται).

2. Beidemal wird das Machtwort in direkter Rede wiedergegeben. In Q ergeht es an eine bestimmte Sykamine (τῇ συκαμίνῳ ταύτῃ), bei Markus an einen bestimmten Berg (τῷ ὄρει τούτῳ). Auch hier dürfte Q die älteste Fassung bewahrt haben. Jedenfalls läßt sich gut erklären, warum das sonst nicht belegte Bild von der Entwurzelung der Sykamine und ihrer Verpflanzung ins Meer nachträglich durch das vom »versetzten Berg« abgelöst wurde. Dieses ist nämlich – wie bereits früher gesagt – das geläufigere Bild und begegnet schon im Judentum als Umschreibung für »unmöglich Scheinendes möglich machen«[74].

jeweiligen Endredaktors, also des letzten Bearbeiters der Logienquelle oder des zweiten Evangelisten, gehen oder auf frühere, vor der Q- bzw. Markusredaktion liegende Eingriffe in die Textgestalt zurückzuführen sind.«

[71] Zwar pflegte man schon seit dem Spätjudentum geringfügige Quantitäten mit der Größe eines Senfkorns zu bezeichnen (vgl. P. Billerbeck, Kommentar I 669), das Bild findet sich aber sonst nirgends in Anwendung auf den Glauben.

[72] C.-H. Hunzinger, ThWNT VII 288.

[73] AaO.; ferner E. Lohmeyer – W. Schmauch, Mt 272 f. Vgl. dagegen R. Pesch, Mk II 205: »Der Vergleich des Glaubens mit dem kleinen Senfkorn . . . dürfte bei der sekundären Konzeption des Spruchs als selbständigem Logion zur Kontrastierung mit der mächtigen Sykomore eingebracht worden sein.«

[74] P. Billerbeck, Kommentar I 759 (mit Belegen). Das Bild ist übrigens auch 1 Kor 13,2 anzutreffen, ferner im Thomas-Evangelium Log. 48 und 106 (vgl. dazu W. Schrage, Verhältnis 116 ff.) sowie im Bruchstück eines apokryphen Evangeliums im Anhang zu den Acta Pauli (s. den Text bei K. Berger, Amen-Worte 47 f.).

3. In struktureller Hinsicht gleichen sich Markus- und Q-Fassung darin, daß jeweils auf eine konditionale Protasis eine im Futur stehende Apodosis folgt. Jedoch gibt es zwei Unterschiede: a) Bei Markus befindet sich das vorhin erwähnte Machtwort in der Protasis und wird damit unmittelbar als die bedingende Voraussetzung für das wunderbare Geschehen angegeben, in Q dagegen steht es in der Apodosis und damit selbst schon auf der Seite des Bedingten. Logischer ist hier zweifellos die markinische Version. Doch gerade deshalb wird man sie als nachträgliche Korrektur ansehen, die mit der oben angesprochenen interpretierenden Umwandlung des Logions innerhalb der Markus-Tradition unmittelbar zusammenhängt. b) In der markinischen Fassung erscheint als Protasis ein generell formulierter konditionaler Relativsatz mit ὃς ἄν und der dritten Person Singular, in Q demgegenüber ein einfacher Konditionalsatz mit ἐάν und der paränetischen Formulierung in der zweiten Person Plural. Nun scheint zwar ὃς ἄν für die Form vieler authentischer Jesusworte charakteristisch zu sein[75]; jedoch ist genausogut möglich, daß die grundsätzlichere Formulierung die mehr situationsgebundene, paränetische nachträglich verdrängt hat[76].

Aus all dem dürfte sich ergeben, daß die älteste Fassung des Spruchs im wesentlichen die gleiche Gestalt besaß, wie sie für Q vorausgesetzt werden kann: Schon das ursprüngliche Logion war mit großer Wahrscheinlichkeit paränetisch formuliert; mit Sicherheit aber enthielt es bereits den Vergleich der πίστις mit dem Senfkorn wie ebenso das Bild von der sich ins Meer verpflanzenden Sykamine.

Daß es in dieser Gestalt auf ein *authentisches Jesuswort* zurückgeht, kann nicht bezweifelt werden, obwohl wir den ursprünglichen »Sitz im Leben« nicht mehr kennen[77]. Es handelt sich um eines jener *paradoxen Bildworte,* wie sie Jesus des öfteren in seiner Verkündigung gebraucht; erinnert sei nur an das Logion vom Splitter und Balken (Mt 7,3) oder an das vom Kamel und dem Nadelöhr (Mk 10,25 parr.)[78]. Die Paradoxie liegt jedesmal klar auf der Hand. Mit dem zuletzt genannten Bildwort

[75] Beispiele s. bei R. PESCH, Autorität Jesu 40; vgl. ferner J. WELLHAUSEN, Einleitung 24; R. BULTMANN, Geschichte 139; W. GRUNDMANN, Mk 8; R. LAUFEN, Doppelüberlieferungen 347; 578 Anm. 18; aber auch K. BERGER, Sätze 16 (ὃς ἐάν bzw. ὃς ἄν »typisch markinisch«).

[76] Darauf könnte auch das Demonstrativpronomen hinweisen. Es setzt ursprünglich wohl eine *bestimmte* Situation und damit eine *konkrete* Zuhörerschaft voraus.

[77] K. H. RENGSTORF, Lk 198 vermutet allerdings, daß vielleicht noch bei Lukas »eine echte Erinnerung an den Anlaß des Wortes« vorliegt.

[78] Auf Mk 10,25 verweisen u. a. auch R. BULTMANN, Geschichte 98; W. GRUNDMANN, Lk 333; J. ERNST, Lk 480.

etwa will Jesus sagen: Wie es unmöglich ist, daß ein Kamel durch ein Nadelöhr geht, genauso unmöglich, ja noch unmöglicher ist es, daß ein Mensch von sich aus, aus eigener Kraft, ins Reich Gottes hineingelangt. Doch wenn dies auch für den Menschen unmöglich ist –: bei Gott ist alles möglich (vgl. Mk 10,27). In ähnlichem Sinn hat man auch das (sogar eine »doppelte Paradoxie«[79] enthaltende) Bildwort vom Senfkorn und Maulbeerbaum zu verstehen: An sich ist es dem Menschen selbst mit der stärksten Kraft seines Glaubens unmöglich, dem Maulbeerbaum mit seiner sprichwörtlich starken Wurzelkraft, diesem »Bild der Festigkeit und Dauer«[80], zu befehlen, sich auszureißen und ins Meer zu verpflanzen. Solches steht eben nicht in der Macht des Menschen, sondern allein in Gottes Schöpfermacht – er spricht, und es geschieht; er gebietet, und seine Geschöpfe entstehen; er befiehlt ihnen, und sie gehorchen ihm (vgl. Ps 33,9) –; da indes der Glaube Anteil an der Macht Gottes schenkt, ist seine Macht in Wirklichkeit unbegrenzt[81]. So gleicht der Glaube in der Tat einem Senfkorn: Klein wie dieses birgt er sich im Herzen des Menschen, aber – teilnehmend an der Macht Gottes – ist seine Kraft so groß, daß er Unmögliches möglich werden läßt.

Was mit dem das Unmögliche zustande bringenden Glauben des näheren gemeint ist, wird im Logion nicht unmittelbar ausgesprochen. Insofern erscheint es durchaus berechtigt, unter πίστις hier zunächst allgemein jene von Gott geschenkte Haltung zu verstehen, in welcher der Mensch sich Gott und seinem Handeln ganz überläßt[82]. Gleichwohl bleibt zu überlegen, ob die Aussage nicht einen noch konkreteren Bezug aufweist. Wie ein Vergleich mit anderen Jesusworten zeigt (z. B. Lk 11,20/Mt 12,28), könnte mit πίστις näherhin der *Glaube an Jesus selbst* als den Bringer der Gottesherrschaft gemeint sein[83], und es wäre dann gesagt: Wer diesen Glauben besitzt, nimmt teil an jener göttlichen Macht, die gerade im Wirken Jesu offenbar wird, und hat eine Kraft, die

[79] K. H. RENGSTORF, Lk 198.

[80] J. SCHMID, Mt und Lk 304 Anm. 3.

[81] Vgl. A. SCHLATTER, Lk 385.

[82] So z. B. C.-H. HUNZINGER, ThWNT VII 289: »Eben darin erweist sich Glaube als Glaube, daß er nicht auf sich selber blickt, sondern allein auf Gott: sofern er Gott handeln läßt, ist ihm das Unmögliche möglich«; ferner A. SCHLATTER, Glaube 117: »Im Glauben kehrt sich der Blick und Wille des Menschen völlig von sich ab, einzig hin zu Gott . . . Die Macht des Glaubens beruht darauf, daß Gott für den Glaubenden handelt.«

[83] Allerdings ist es letztlich »kein Unterschied, ob von dem Glauben an Gott oder dem Glauben an Christus gesprochen wird . . .; denn in dem Letzteren ist der Gottesglaube enthalten« (H. ZIMMERMANN, BThW^3 I 574).

so groß ist, daß sie nicht nur den Glaubenden selbst umgestaltet, sondern ihn auch zum Zeugen Gottes und zum Verkündiger seiner Offenbarung in Jesus Christus macht.

Die weitere Überlieferung des Logions

Nachdem der Sinn des ursprünglichen Logions ermittelt ist, soll nunmehr erörtert werden, ob und wie dieser Sinn sich im Verlauf der Überlieferungsgeschichte gewandelt hat.

a) Zunächst gilt es, unter diesem Gesichtspunkt das Q-*Logion* und die von ihm abhängigen Fassungen in den Blick zu nehmen.

In *Q* dürfte, wie oben dargelegt, das Wort sich unverändert bewahrt haben. Sein dortiger Kontext ist freilich nicht mehr zu eruieren[84]. Lediglich kann man vermuten, daß schon in Q eine ähnliche kurze Einleitungswendung stand, wie sie Mt 17,20a (ὁ δὲ λέγει αὐτοῖς) bzw. Lk 17,6a (εἶπεν δὲ ὁ κύριος) begegnet; sie läßt sich aber nicht mehr wörtlich rekonstruieren[85]. Auf jeden Fall hat das Logion in Q den gleichen Sinn wie in der Urfassung. Insofern ist die Aussage von S. SCHULZ höchst mißverständlich, der Spruch fordere in Q »keineswegs zum Glauben heraus«, sondern verheiße, »daß auch dem kleinsten Glauben das größte Wunder gelingt«[86], denn zum einen schließen sich Glaubensforderung und Verheißung an den Glauben hier nicht aus, zum anderen wird der Bildcharakter der Aussage verkannt, wenn man das Möglichmachen des »Unmöglichen«, das durch die Verpflanzung des Maulbeerbaums ins Meer veranschaulicht wird, *sofort* im Sinne eines konkreten *Wundergeschehens* interpretiert. SCHULZ' Hinweis darauf, daß Wunder und Glaube in den jüngeren hellenistisch-judenchristlichen Q-Stoffen (ähnlich wie in der vormarkinischen Gemeindetradition) zusammengehören[87], vermag nicht zu überzeugen, zumal er sich dafür nur auf die Perikope vom Hauptmann zu Kapharnaum (vgl. Lk 7,9 par. Mt 8,10) berufen kann.

Eine dem ursprünglichen Sinn durchaus angemessene Interpretation hat das Q-Logion durch *Lukas* erfahren. Den Ausgangspunkt bildet bei ihm die Bitte der Apostel um »Vermehrung« des Glaubens (17,5). Diese Bitte scheint zunächst auf zwei richtigen Erkenntnissen zu beruhen, daß

[84] P. HOFFMANN, Studien 5 rechnet das Wort deshalb auch zu den »nicht mehr sicher lokalisierbaren Einzelsprüchen« der Logienquelle.

[85] S. SCHULZ, Q 466.

[86] Q 467.

[87] So aaO. 468.

nämlich 1. der Glaube ein Geschenk ist, um das man nur bitten kann, und daß 2. in den Augen der Apostel ihr gegenwärtiger Glaubensstand nicht ausreicht[88]. »Der Glaube, den sie haben, erscheint ihnen als klein; sie fürchten, er reiche für den ihnen gegebenen Beruf nicht aus«[89]. Darum bitten sie den Herrn um seine »Vermehrung«, d. h. um ein größeres Maß an Glauben. Die Antwort Jesu will darauf hinweisen, daß diese Bitte als solche eigentlich falsch gestellt ist. Wer so bittet, zeigt, daß er seinen Glauben an sich selbst mißt und noch nicht verstanden hat, wie unbegreiflich Großes ihm *überhaupt* mit dem Glauben von Gott geschenkt ist, nimmt ja der Glaube – mag er auch klein sein wie ein Senfkorn – teil an der Schöpfermacht Gottes. Insofern aber geht das Jesuswort nur scheinbar, jedenfalls aber anders als erwartet auf die Bitte der Apostel ein, denn es will nicht sagen, daß schon der kleinste Glaube ausreicht, um das Unmögliche zu vollbringen[90], sondern es enthält im Gegenteil eine grundsätzliche Aussage über die Macht des Glaubens schlechthin[91].

Eine etwas andere Nuancierung hat das Logion in der ebenfalls auf Q zurückgehenden (allerdings mit markinischen Elementen durchsetzten) Fassung bei *Matthäus* (17,20b) erhalten. Bezeichnend ist schon der besondere Zusammenhang: Das Logion bildet den Abschluß der Perikope von der Heilung des besessenen Knaben (17,14–20). Die Jünger richten an Jesus die Frage: διὰ τί ἡμεῖς οὐκ ἠδυνήθημεν ἐκβαλεῖν αὐτό (17,19b). Jesus verweist zunächst auf ihre ὀλιγοπιστία (17,20a) und fügt dann begründend mit ἀμὴν γὰρ λέγω ὑμῖν das Logion vom Glauben an[92]. Deutlich werden hier zwei Arten des Glaubens und deren Wirkungen unterschieden: die ὀλιγοπιστία und die πίστις, die »wie ein Senfkorn« ist. Die Jünger haben noch den »geringen« Glauben – mit ὀλιγοπιστία dürfte jener Glaube gemeint sein, dessen Maß der Mensch in sich selbst sucht und der »gerade dann versagt, wenn es darauf an-

[88] Vgl. A. Schlatter, Lk 385; W. Grundmann, Lk 333; J. Ernst, Lk 480.

[89] A. Schlatter, aaO.

[90] So aber die meisten Ausleger.

[91] Nach A. Schlatter, Glaube 121 wird dann freilich gerade durch diese Aussage die Bitte der Apostel »im vollsten Maß erfüllt, da die Antwort Jesu das Glaubenshindernis in ihnen beseitigt und die Furcht tilgt, die sie ängstlich die Größe ihres Unglaubens oder Glaubens messen läßt, und ihr Auge statt dessen an die Macht der Gnade bindet, die dem Glaubenden nichts versagt«.

[92] Indem Matthäus an die (im übrigen im Vergleich zu Markus stark verkürzte) Wundergeschichte das durch eine Jüngerfrage vermittelte Logion anschließt, entsteht »eine Art Apophthegma« (R. Bultmann, Geschichte 65; vgl. H. H. Held, Wundergeschichten 232).

kommt«[93] –, deshalb ist ihnen das Unmögliche nicht möglich. Wenn sie demgegenüber πίστιν ὡς κόκκον σινάπεως haben, also jenen sich ganz von Gott her verstehenden, an seiner Kraft teilnehmenden Glauben, dann wird ihnen nichts mehr unmöglich sein. Aber nicht eigentlich durch die Gegenüberstellung ὀλιγοπιστίαν – πίστιν ὡς κόκκον σινάπεως hat Matthäus den Sinn des Q-Logions verändert, auch nicht dadurch, daß er – offensichtlich unter Einfluß der Markus-Parallele – das Bild von der Sykamine durch das vom Berg ersetzt. Entscheidend ist vielmehr, daß er, wie der Zusammenhang erkennen läßt, das Möglichmachen des Unmöglichen – ebenfalls von Markus beeinflußt – im Sinne eines *Wundergeschehens* und damit den Glauben als *Wunderglauben*[94] (bzw. genauer: als »Glauben an die rettende Wunderkraft Jesu«[95]) interpretiert[96].

b) Wie gezeigt werden konnte, liegt der *markinischen Tradition* bereits eine sekundäre Form des Logions zugrunde, die sich von der (noch in Q erhaltenen) Urform außer durch die generelle Ausdrucksweise vor allem in zweifacher Hinsicht unterscheidet: 1. tritt bereits hier das Bild vom »versetzten Berg« an die Stelle des Bildes von der Sykamine; 2. wird nicht mehr die πίστις selbst in ihrer Wirkkraft veranschaulicht, vielmehr geht es jetzt um das Problem des rechten Glaubens*vollzugs* (des πιστεύειν). Zwar wird in dieser Fassung noch stärker als in Q auf die Macht des im Glauben gesprochenen Wortes abgehoben (vgl. die Formulierung ὃς ἂν εἴπῃ . . . ὃ λαλεῖ . . .), die Voraussetzung für die Erfüllung des Machtwortes aber ist nicht mehr jener von Gott geschenkte und an seiner Wirkkraft teilnehmende Glaube als solcher, sondern der sich als uneingeschränktes Vertrauen auf Gott erweisende, auf seiten des Menschen keinen Zweifel einschließende Glaube. Auf der Gegenüberstellung μὴ διακριθῇ ἐν τῇ καρδίᾳ αὐτοῦ ἀλλὰ πιστεύῃ

[93] G. Bornkamm, Enderwartung 24. Vgl. E. Schweizer, Mt 230: Der »Kleinglaube« gerät »in Anfechtung, wenn eine seine Kraft überragende Anforderung an ihn herantritt«.

[94] R. Bultmann, Geschichte 98.

[95] G. Bornkamm, Enderwartung 24.

[96] A. Schlatter bringt bei seiner Deutung noch einen anderen Gesichtspunkt zur Geltung. Er weist darauf hin, daß dem Logion bei Matthäus die erste Leidensankündigung (16,21 ff.) und die Verklärung Jesu (17,1–13) voraufgehen. »Während dieser sind die Jünger allein und erscheinen sich als ohnmächtig. Der Grund ihrer Ohnmacht wird ihnen in ihrer Glaubenslosigkeit gezeigt und das Glauben als das erkennbar gemacht, was ihnen allein die Ausrichtung ihres Berufes in jener Größe und Herrlichkeit ermöglicht, die ihr eigenes Vermögen völlig überragt« (Glaube 105).

liegt also in dieser Fassung das ganze Gewicht[97]. Die ursprüngliche Glaubensverheißung ist »zu einer geforderten Glaubenshaltung des Christen«[98] geworden.

Das zunächst selbständig überlieferte Logion wurde wohl noch vor Markus mit zwei anderen Jesusworten zu einer Spruchreihe verbunden. In ihr geht es um das Thema »Erhörung des Gebets«. Der in den beiden ersten Logien angesprochene Glaube erhält dadurch einen spezielleren Sinn: Gemeint ist jetzt das gläubige Vertrauen auf die Erhörung des Gebets, also der *Gebetsglaube*[99]. Das Bild vom »versetzten Berg« ist freilich auch auf dieser Traditionsstufe als paradox-hyperbolisches Bild zu verstehen, d. h. auch hier erscheint der Glaube noch nicht als »Wundermacht« im konkreten Sinn.

Dieses Verständnis begegnet erst bei *Markus* selbst. Er verknüpft die ihm vorgegebene Spruchreihe bewußt mit der Perikope von der Verfluchung und Verdorrung des Feigenbaums, einem »Strafwunder«[100], das allerdings symbolischen Charakter [101] hat[102]. Die »Deutung der Wundermacht als Glauben und des Glaubens als Wundermacht«[103] findet sich auch sonst im Markusevangelium. Als Beispiel sei die Aussage von 9,23 erwähnt. Jesus sagt zu dem Vater, der um die Heilung seines Sohnes bittet: ›Alles ist möglich dem Glaubenden!‹ Gemeint ist wohl: Nur demjenigen, der Jesus unbedingtes Vertrauen in seine Wundermacht entge-

[97] Vgl. dazu die Deutung von R. Pesch, Mk II 205: »Der Zweifler hält für möglich, daß *nicht* geschieht, was er sagt, also daß Gottes Allmacht sich seinem Vertrauen entzieht. Der Glaubende ist in seinem Vertrauen ungeteilt bei Gott, als Person (›in seinem Herzen‹) ganz, heil und mächtig: Er macht das Unmögliche möglich.«

[98] V. Hasler, Amen 43.

[99] Vgl. R. Bultmann, Geschichte 98; C.-H. Hunzinger, ThWNT VII 289; V. Hasler, Amen 123. Zu beachten ist in diesem Zusammenhang die Formulierung ›empfangen habt‹ (ἐλάβετε) in V. 24; sie »zeigt, daß an einen Glauben gedacht ist, der weiß, daß Gott schon schenkt, bevor der Mensch auch nur darum bittet« (E. Schweizer, Mk 129).

[100] J. Schmid, Mk 210; R. Pesch, Mk II 195; E. Schweizer, Mk 126.

[101] Die Verbindung zwischen Wunder und symbolischer Handlung sehen hier u. a. auch G. Münderlein, Verfluchung 89–104, bes. 99; C.-H. Hunzinger, ThWNT VII 756 f.; E. Schweizer, aaO. Ein ausschließlich symbolisches Verständnis begegnet z. B. bei A. Schlatter, Mt 620; H. Giesen, Feigenbaum 95–111.

[102] Näheres zur Auslegungsgeschichte der Perikope s. bei G. Münderlein, aaO. 92 ff.; H. Giesen, aaO. 96–99; R. Pesch, Naherwartungen 71 f.; Ders., Mk II 195.

[103] R. Pesch, Mk II 205.

genbringt und es bittend äußert, kann Jesus helfen[104] (vgl. ferner Mk 6,5 f.). Wie Jesus alles möglich ist, so auch dem, der sich glaubend und bittend an ihn wendet[105]. Unsere Stelle macht ebenfalls deutlich, daß für Markus Gebet, Glaube und Wunder zusammengehören. Wenn der Evangelist Jesus auf den Einwurf des Petrus: »Rabbi, sieh', der Feigenbaum, den du verflucht hast, ist verdorrt!« die Jünger zur πίστις θεοῦ aufruft und verheißt, daß dem, der in seinem Herzen nicht zweifelt, sondern glaubt, das Unmögliche möglich ist – ein Gedanke, der durch das Bild vom »versetzten Berg« veranschaulicht wird –, dann will er damit zum Ausdruck bringen, daß auch die Jünger – wie Jesus selbst – zu außerordentlichen Wundertaten fähig sein werden, wenn sie Gott darum in vertrauendem Glauben bitten[106].

Die Herausstellung des Zusammenhangs zwischen Glaube, Gebet und Wunder ist nun allerdings nur *ein* Aspekt der markinischen Interpretation in Kap. 11. Ein weiterer kommt hinzu: Wie bereits angedeutet, ist die Verfluchung und Verdorrung des Feigenbaums (ebenso wie die dazwischen eingefügte Tempelreinigung) offenkundig als ein *symbolischer* Vorgang zu verstehen; näherhin geht es um die Verwerfung Israels, insbesondere seiner Führer[107]. Wenn sich nun an die (die Tempelreinigung umrahmende) Feigenbaumperikope die Logien vom Glauben, vom vertrauensvollen Gebet und von der Vergebungsbereitschaft (11,23–25) anschließen, so wird damit ein Kontrast gekennzeichnet: Dem Unglauben Israels und seiner Führer (vgl. 11,18), der letztlich ihre in beiden vorangehenden Perikopen symbolisch dargestellte Verwerfung bedingt, soll betont jener Glaube entgegengesetzt werden, der Kennzei-

[104] Gewiß ist mit πιστεύειν zunächst »das vorbehaltlose Vertrauen auf die alles vermögende Macht Gottes« gemeint (J. Schmid, Mk 176; vgl. E. Schweizer, Mk 102), aber die christologische Ausrichtung läßt sich auch hier nicht leugnen, denn die Wunder Jesu sollen ja »seine messianische Sendung und seinen göttlichen Anspruch beglaubigen« (H. Zimmermann, BThW³ I 574).

[105] Vgl. R. Pesch, Mk II 93: »Was Jesus dem Vater zumutet, ist selbst Grundlage seiner Zu-Mutung.«

[106] Vgl. dazu die Interpretation von V. Hasler, Amen 123: »Wie Jesus in seiner Vollmacht den gesunden, blättergrünen Feigenbaum verdorren lassen konnte, so sagt Jesus nach der Meinung des Evangelisten auch den Jüngern und den Gliedern seiner Gemeinde die wundertätige Geisteskraft zu, durch welche sogar Berge ins Meer versetzt werden können. Einzige Bedingung ist ein nicht zweifelnder Glaube . . . Ein starker Glaube aber, der die Wundertaten ermöglicht, zeigt sich im Gebet. Durch das Gebet empfängt der Glaubende die Geisteskraft zur Ausübung der Wunder.«

[107] G. Münderlein, Verfluchung 97; H. Giesen, Feigenbaum 103.

chen wahrer Jüngerschaft ist. Wer Jünger Jesu sein will, darf dessen Lehre und Vollmachtsanspruch nicht im Unglauben zurückweisen, sondern muß jenen Glauben besitzen, der Anteil an der Vollmacht Jesu verleiht und den Menschen zum größten Wunder befähigt, wenn er sich in seinem (die Vergebungsbereitschaft gegenüber dem Mitmenschen voraussetzenden) Gebet vertrauensvoll an Gott wendet[108].

Matthäus hat bei seiner Redaktion zu Markus in Kap. 21 das Logion von der Vergebung (Mk 11,25) an dieser Stelle ausgelassen (doch vgl. Mt 6,14 f.)[109] und dadurch den ganzen Zusammenhang noch deutlicher »unter das Thema πίστις gestellt«[110]; ferner hat er durch Auslassung der Amen-Formel beim nachfolgenden Logion (21,22) dieses mit dem ersten (21,21b) zu einem einzigen Spruch verbunden. Vor allem hat er aber den schon bei Markus erkennbaren Zusammenhang zwischen Glaube, Gebet und Wunder dadurch verstärkt, daß er zum einen durch Perikopenumstellung[111] die Logien noch enger mit dem vorangehenden Wundergeschehen verbindet und zum anderen im Glaubensspruch selbst durch den Zusatz οὐ μόνον τὸ τῆς συκῆς ποιήσετε ἀλλά das von Jesus am Feigenbaum gewirkte Wunder (das auch Matthäus symbolisch versteht[112]) im Blick auf die Zukunft der Jünger ins Grundsätzliche ausweitet. Über der Verheißung liegt nicht nur »ein großer Ernst«[113], sondern sie atmet jetzt geradezu unbeschränkte Siegesgewißheit[114]. Das, was Jesus beispielhaft getan hat, ja noch viel Größeres werden die *Jünger* zu tun imstande sein, wenn sie dies im Glauben von Gott erbitten[115].

[108] Vgl. H. Giesen, aaO. 110.

[109] Dort wird das Wort von Matthäus als »Kommentar« zu einer Vaterunser-Bitte redigiert (R. Bultmann, Geschichte 159).

[110] D. Lührmann, Redaktion 108.

[111] Die Tempelreinigung steht bei ihm der Feigenbaumperikope voran.

[112] E. Schweizer, Mt 266.

[113] E. Schweizer, aaO.

[114] J. Schmid, Mt 301 f. behauptet das Gegenteil: »In V. 22 fehlen (gegen Mk 11,24) die Worte: ›Daß ihr es empfangen habt‹. Infolgedessen kommt die Siegesgewißheit des rechten Betens weniger klar zum Ausdruck.«

[115] Vgl. W. Grundmann, Mt 454; auch K. Berger, Amen-Worte 47.

Literatur

Berger, K., Die Amen-Worte Jesu. Eine Untersuchung zum Problem der Legitimation in apokalyptischer Rede (BZNW 39), Berlin 1970.

– Zu den sogenannten Sätzen Heiligen Rechts, in: NTS XVII (1970/71) 10–40.

Beyer, K., Semitische Syntax im Neuen Testament I: Satzlehre Teil 1 (StUNT 1), Göttingen ²1968.

Billerbeck, P., (– Strack, H. L.), Kommentar zum Neuen Testament aus Talmud und Midrasch I und II, München ⁷1978.

Blass, F. – Debrunner, A., Grammatik des neutestamentlichen Griechisch, bearbeitet von F. Rehkopf, Göttingen ¹⁴1975 (= Bl-Debr).

Bornkamm, G., Enderwartung und Kirche im Matthäusevangelium, in: Ders. – G. Barth – H. J. Held, Überlieferung und Auslegung im Matthäusevangelium (WMANT 1), Neukirchen ⁶1970, 13–47.

– Die Sturmstillung im Matthäusevangelium, in: Ders. – G. Barth – H. J. Held, Überlieferung und Auslegung im Matthäusevangelium (WMANT 1), Neukirchen ⁶1970, 48–53.

Bultmann, R., Die Geschichte der synoptischen Tradition (FRLANT 29), Göttingen ⁹1979.

– Weiser, A., Art. πιστεύω κτλ., in: ThWNT VI, 174–230.

Dibelius, M., Die Formgeschichte des Evangeliums, Tübingen ⁶1971 (mit einem Nachtrag von G. Iber, hrsg. von G. Bornkamm).

Ernst, J., Das Evangelium nach Lukas (RNT NF), Regensburg 1977.

Giesen, H., Der verdorrte Feigenbaum – Eine symbolische Aussage? Zu Mk 11,12–14.20 f, in: BZ NF 20 (1976) 95–111.

Grundmann, W., Das Evangelium nach Matthäus (ThHK I), Berlin ²1971.

– Das Evangelium nach Markus (ThHK II), Berlin ³1966.

– Das Evangelium nach Lukas (ThHK III), Berlin ⁷1974.

Harnack, A. von, Beiträge zur Einleitung in das Neue Testament II: Sprüche und Reden Jesu. Die zweite Quelle des Matthäus und Lukas, Leipzig 1907.

Hasler, V., Amen. Redaktionsgeschichtliche Untersuchung zur Einführungsformel der Herrenworte »Wahrlich ich sage euch«, Zürich-Stuttgart 1969.

Hauck, F., Das Evangelium des Lukas (ThHK III), Leipzig 1934.

Held, H. J., Matthäus als Interpret der Wundergeschichten, in: G. Bornkamm – G. Barth – H. J. Held, Überlieferung und Auslegung im Matthäusevangelium (WMANT 1), Neukirchen ⁶1970, 155–287.

Hirsch, E., Frühgeschichte des Evangeliums II: Die Vorlagen des Lukas und das Sondergut des Matthäus, Tübingen 1941.

Hoffmann, P., Studien zur Theologie der Logienquelle (NTA NF VIII), Münster 1972.

Holtzmann, H. J., Das Evangelium nach Matthäus, in: Ders., Die Synoptiker (HC I/3), Tübingen-Leipzig ³1901, 185–299.

Hunzinger, C.-H., Art. σίναπι, in: ThWNT VII, 286–290.

– Art. συκῆ κτλ., in: ThWNT VII, 751–759.

JEREMIAS, J., Die Gleichnisse Jesu, Göttingen [8]1970.
– Kennzeichen der ipsissima vox Jesu, in: Synoptische Studien (Festschrift für A. Wikenhauser), München 1953, 86–93.

KLOSTERMANN, E., Das Markusevangelium (HNT 3), Tübingen [5]1971.
– Das Matthäusevangelium (HNT 4), Tübingen [4]1971.
– Das Lukasevangelium (HNT 5), Tübingen [2]1929.

KÜHNER, R. – GERTH, B., Ausführliche Grammatik der griechischen Sprache. Satzlehre II, Hannover [4]1955.

KÜMMEL, W. G., Einleitung in das Neue Testament, Heidelberg [20]1980.

KUHN, H.-W., Ältere Sammlungen im Markusevangelium (StUNT 8), Göttingen 1971.

LAUFEN, R., Die Doppelüberlieferungen der Logienquelle und des Markusevangeliums (BBB 54), Königstein/Ts.-Bonn 1980.

LOHMEYER, E. – SCHMAUCH, W., Das Evangelium des Matthäus (KEK Sonderband), Göttingen [4]1967.

LÜHRMANN, D., Die Redaktion der Logienquelle (WMANT 33), Neukirchen 1969.

MÜNDERLEIN, G., Die Verfluchung des Feigenbaums (Mk. XI.12–14), in: NTS X (1963/64) 89–104.

PESCH, R., Naherwartungen. Tradition und Redaktion in Mk 13 (KBANT), Düsseldorf 1968.
– Das Markusevangelium II (HThK II/2), Freiburg-Basel-Wien [2]1980.
– Über die Autorität Jesu. Eine Rückfrage anhand des Bekenner- und Verleugnerspruchs Lk 12,8 f. par., in: R. SCHNACKENBURG – J. ERNST – J. WANKE (Hrsg.), Die Kirche des Anfangs (Festschrift für H. Schürmann), Freiburg-Basel-Wien 1978, 25–55.

POLAG, A., Die Christologie der Logienquelle (WMANT 45), Neukirchen 1977.

RENGSTORF, K. H., Das Evangelium nach Lukas (NTD 3), Göttingen [14]1969.

SCHLATTER, A., Der Glaube im Neuen Testament, Stuttgart [5]1963.
– Der Evangelist Matthäus. Seine Sprache, sein Stil, seine Selbständigkeit, Stuttgart [6]1963.
– Das Evangelium des Lukas. Aus seinen Quellen erklärt, Stuttgart [2]1960.

SCHMID, J., Matthäus und Lukas. Eine Untersuchung des Verhältnisses ihrer Evangelien (BSt 23,2–4), Freiburg i. Br. 1930.
– Das Evangelium nach Matthäus (RNT 1), Regensburg [4]1959.
– Das Evangelium nach Markus (RNT 2), Regensburg [4]1958.
– Das Evangelium nach Lukas (RNT 3), Regensburg [4]1960.

SCHNACKENBURG, R., Markus 9,33–50, in: DERS., Schriften zum Neuen Testament. Exegese in Fortschritt und Wandel, München 1971, 129–154.

SCHRAGE, W., Das Verhältnis des Thomas-Evangeliums zur synoptischen Tradition und zu den koptischen Evangelienübersetzungen, zugleich ein Beitrag zur gnostischen Synoptikerdeutung (BZNW 29), Berlin 1964.

SCHÜRMANN, H., Die Sprache des Christus. Sprachliche Beobachtungen an den synoptischen Herrenworten, in: DERS., Traditionsgeschichtliche Untersuchungen zu den synoptischen Evangelien (KBANT), Düsseldorf 1968, 83–108.
– Protolukanische Spracheigentümlichkeiten? Zu Fr. Rehkopf, Die lukanische Sonderquelle. Ihr Umfang und Sprachgebrauch, in: DERS., Traditionsgeschichtliche Untersuchungen zu den synoptischen Evangelien (KBANT), Düsseldorf 1968, 209–227.

SCHULZ, S., Q. Die Spruchquelle der Evangelisten, Zürich 1972.
SCHWEIZER, E., Das Evangelium nach Markus (NTD 1[15]), Göttingen [5]1978.
– Das Evangelium nach Matthäus (NTD 2[14]), Göttingen [2]1976.
TRILLING, W., Das wahre Israel. Studien zur Theologie des Matthäus-Evangeliums (StANT 10), München [3]1964.
WELLHAUSEN, J., Einleitung in die drei ersten Evangelien, Berlin 1905.
– Das Evangelium Lucae, Berlin 1904.
ZIMMERMANN, H., Art. »Glaube«, in: BThW[3] I, 573–589.
–Neutestamentliche Methodenlehre. Darstellung der historisch-kritischen Methode, Stuttgart [6]1978.
– Jesus Christus – Geschichte und Verkündigung, Stuttgart [2]1975.

Christliche »Vollkommenheit«*

Erwägungen zur Theologie des Jakobusbriefes

Im Jahre 1930 veröffentlichte A. MEYER ein Buch mit dem Titel »Das Rätsel des Jacobusbriefes«[1]. Der Titel mag zunächst überraschen; er spiegelt aber im Grunde nur die Schwierigkeiten wider, die dieses neutestamentliche Schreiben von jeher den Theologen bereitet hat[2] und – so darf hinzugefügt werden – auch heute noch bereitet. In der Tat gibt der Jakobusbrief nach wie vor »eine Fülle von Rätseln auf«[3], und dementsprechend unterschiedlich sind die Stellungnahmen zu den meisten Einzelfragen. Zwar scheint heute weitgehend Einigkeit darüber zu bestehen, daß der Jakobusbrief literarisch zur Gattung der *Paränese* gehört[4] und seine Briefform »bloße Einkleidung und Fiktion« ist[5]. Aber dadurch allein wird das »Rätsel« dieses Schreibens keineswegs gelöst, ebensowenig dadurch, daß man sich – wie es bei der Zuordnung des Jakobusbriefes zur Gattung der Paränese nur natürlich ist – um den Aufweis von Parallelen innerhalb der paränetischen Literatur bemüht. Im Gegenteil: Da sich »für fast jede Einzelmahnung«, die in diesem Brief ausgesprochen wird, ohne Mühe »in stoisch-kynischer, jüdischer und urchristlicher

* Erstmals veröffentlicht in: Studien zum Neuen Testament und seiner Umwelt, Serie A/5, Linz 1980, 50–78.

1 A. MEYER, Das Rätsel des Jacobusbriefes (BZNW 10), Gießen 1930.

2 Vgl. dazu die Ausführungen über »Die Schicksale des Briefes in der Kirche« bei A. MEYER, Rätsel 8–108; ferner bei M. DIBELIUS – H. GREEVEN, Jak 74–81; W. G. KÜMMEL, Einleitung 357 ff.; A. WIKENHAUSER – J. SCHMID, Einleitung 565–568.

3 A. MEYER, aaO. 1.

4 Vgl. u. a. M. DIBELIUS – H. GREEVEN, Jak 13–23; A. MEYER, aaO. 168; E. LOHSE, Glaube und Werke 1–22; F. MUSSNER, Jak 23–26; R. WALKER, Allein aus Werken, bes. 155 f.; W. SCHRAGE, Jak 6 f.; W. G. KÜMMEL, Einleitung 359–362; A. WIKENHAUSER – J. SCHMID, Einleitung 568–571. A. SCHLATTER, Jak 85 nennt den Brief eine »rhythmisch geformte διδαχὴ καὶ νουθεσία«. J. BLINZLER, LThK² V 861 bezeichnet ihn als »eine Art Spruchbuch, der literar. Gattung nach den atl. Weisheitsbüchern u. gewissen spätjüd. Schriften . . . nahestehend«. H.-M. SCHENKE – K. M. FISCHER, Einleitung II 231 sprechen von einer »Mahnrede«.

5 W. SCHRAGE, Jak 6.

paränetischer Literatur Parallelen finden« lassen[6], erscheint es nur noch schwieriger, eine genaue Standortbestimmung des Schreibens vorzunehmen und die damit zusammenhängenden Einzelfragen (nach Verfasser, Entstehungszeit, Entstehungsort, Adressaten, Zweck etc.) zu klären.

Die Hypothesen weichen denn auch stark voneinander ab. A. MEYER z. B. bestimmt den Jakobusbrief als die um 80–90 n. Chr. (wahrscheinlich in Rom oder Palästina) entstandene christliche Umgestaltung einer jüdisch-hellenistischen Grundschrift aus der 1. Hälfte des 1. Jh. n. Chr., bei der es sich seiner Meinung nach um ein pseudepigraphisches Schreiben des Patriarchen Jakob an die 12 Stämme in der Diaspora gehandelt und in der die auf jüdischer Onomastik beruhende allegorische Ausdeutung der in der alttestamentlichen Jakobsgeschichte vorkommenden Namen die Disposition für die Paränesen geliefert habe[7]. Nach F. MUSSNER stellt dagegen der Jakobusbrief eine »vielleicht um das Jahr 60 n. Chr.«[8] vom Herrenbruder Jakobus in Jerusalem[9] verfaßte, also christliche Schrift dar, die noch deutlich die Auseinandersetzung mit einem »mißverstandenen Paulinismus«[10] widerspiegelt[11]. Die meisten neueren Exegeten halten den Brief für ein späteres christliches Pseudepigraphon[12], wobei sie allerdings Ort und Zeit der Entstehung unterschiedlich bestimmen.

[6] H.-M. SCHENKE – K. M. FISCHER, Einleitung II 230.

[7] A. MEYER, aaO. 240–307. Der These von einer jüdischen Herkunft, die vor MEYER ähnlich schon durch F. SPITTA und L. MASSEBIEAU vertreten worden ist, neigt u. a. auch H. WINDISCH, Gnomon 10 (1934) 379–384 zu. Vgl. ferner W. MARXSEN, Einleitung 225, der »manche Beobachtungen« MEYERS als so »frappierend« bezeichnet, daß man »mindestens fragen« könne, »ob diese Onomastik nicht in einer früheren Traditionsstufe das Ordnungsprinzip für die Sammlung der verschiedenen paränetischen Traditionen abgegeben hat«.

[8] F. MUSSNER, Jak 19.

[9] F. MUSSNER, aaO. 23.

[10] F. MUSSNER, aaO. 18.

[11] Neben TH. ZAHN, A. SCHLATTER, J. BLINZLER und einigen anderen Autoren tritt auch G. KITTEL, Ort 71–105 für eine Frühdatierung des Briefes ein und hebt hervor, »daß der Jakobusbrief die älteste uns erhaltene christliche Schrift ist; daß er seinen Platz innerhalb der palästinischen Urgemeinde, und zwar bei dem Herrenbruder hat«; ja daß er sogar »in die Zeit noch vor dem Apostelkonzil und unmittelbar vor der ersten Missionsreise, also etwa Mitte der vierziger Jahre, gehört« (71).

[12] So z. B. M. DIBELIUS – H. GREEVEN, W. SCHRAGE, W. G. KÜMMEL, A. WIKENHAUSER – J. SCHMID. Auch nach W. MARXSEN, Einleitung 228 handelt es sich um eine spätere, *nach* Paulus anzusetzende Schrift; jedoch bedeutet dies nicht, »daß man bewußte Pseudonymität anzunehmen hat. Wenn nämlich die Vermutung zutrifft, daß eine Jakobs-Schrift die Quelle unseres Dokuments bildet, gehört der

Besonders gravierend ist, daß durch die Zuordnung des Jakobusbriefes zur literarischen Gattung der Paränese auch das die Gedankenführung und die Theologie des Verfassers betreffende »Rätsel« nicht gelöst wird: Gibt es überhaupt so etwas wie eine logische Gliederung und eine einheitliche, von einer eigenständigen Theologie getragene Thematik, oder muß man denen recht geben, die dem Brief – gerade unter Berufung auf seinen paränetischen Charakter – sowohl den gedanklichen Zusammenhang als auch die thematische Einheitlichkeit absprechen[13] und seinem Verfasser darüber hinaus eine bestimmte, eigenständige Theologie aberkennen wollen[14]?

Die theologischen »Schlüsselwörter«

Zur Klärung derartiger Fragen ist es ratsam, die Aussagen des Briefes selbst in den Blick zu nehmen und zu untersuchen, ob es in ihm Wörter gibt, deren rechtes Verständnis die das Schreiben tragenden Gedanken und die vielleicht hinter ihnen stehende Theologie zu erschließen vermögen.

Ein solches »Schlüsselwort«, wenn nicht sogar *das* »Schlüsselwort« überhaupt dürfte das Adjektiv τέλειος (= »ganz, vollständig, vollkommen«) sein[15]. Darauf weist schon der statistische Befund hin: τέλειος begegnet im Neuen Testament insgesamt 19mal, davon allein im Jakobusbrief fünfmal (1,4a.b; 1,17; 1,25; 3,2) und damit ebensooft wie in den paulinischen Hauptbriefen (vgl. Röm 12,2; 1 Kor 2,6; 13,10; 14,20; Phil 3,15)[16]. Dazu kommen noch je einmal die Verben τελεῖν (2,8) und τελειοῦν (2,22) sowie viermal das mit τέλειος gleichbedeutende ὅλος

Name bereits in die Vorlage. Er ist dann nicht in dem Sinne ein Pseudonym wie der Name Paulus in den Deuteropaulinen (ein Pseudonym also, das bewußt gewählt wurde), sondern lediglich eines, das durch bloße Übernahme erst zu einem solchen wurde.«

[13] Vgl. etwa M. Dibelius – H. Greeven, Jak 19 f., wo neben dem »Eklektizismus« auch »das Fehlen des Zusammenhangs« als eine »oft beobachtete Eigentümlichkeit des Jak« bezeichnet wird; ferner F. Mussner, Jak 58 f., der ausdrücklich darauf hinweist, er wolle erst »keine gedankliche Einheit des Briefes« suchen, und zwar »aus der Überzeugung heraus, daß es keine gibt«. Wenigstens »eine ansatzweise zu erkennende Sachgliederung« vermutet W. Schrage, Jak 8.

[14] So z. B. M. Dibelius – H. Greeven, Jak 36 unter Hinweis darauf, eine Paränese biete »keinen Raum für die Entfaltung und Durchführung religiöser Ideen«.

[15] Vgl. dazu G. Delling, ThWNT VIII 68–79, bes. 75 f.

[16] Daneben findet sich τέλειος im Neuen Testament nur noch an neun weiteren Stellen: Mt 5,48 (2mal); 19,21; Eph 4,13; Kol 1,28; 4,12; Hebr 5,14; 9,11; 1 Joh 4,18.

(2,10; 3,2.3.6) und einmal das ebenfalls synonyme ὁλόκληρος (1,4)[17]. Das Adjektiv δίψυχος als Gegensatz zu τέλειος begegnet im Neuen Testament überhaupt nur im Jakobusbrief (1,8; 4,8)[18]; das gleiche gilt für das ebenfalls in Opposition zu τέλειος stehende Adjektiv ἀκατάστατος[19] (1,8; 3,8; vgl. auch das Substantiv ἀκαταστασία 3,16).

Wichtiger freilich als der statistische Befund erscheint die Tatsache, daß die Wörter τέλειος, τελεῖν, τελειοῦν, ὅλος fast durchweg in Verbindung mit anderen tragenden Wörtern des Briefes auftreten: mit ἔργον (1,4; 2,22), σοφία (vgl. 1,5.17), πίστις (2,22; vgl. 1,6) und νόμος (1,25; 2,8.10). Dies ist kein Zufall; vielmehr geht es dem Verfasser wesentlich um den τέλειος ἀνήρ (3,2)[20], den ganzen, ungeteilten (und deshalb auch) »vollkommenen« Menschen, der keinen Zwiespalt aufweist zwischen Wort und Tat, zwischen Glauben und Werken[21]. Zwar ist die »Vollkommenheit« nicht primär eine menschliche Eigenschaft oder Leistung, sondern kommt – wie jede gute Gabe – als δώρημα τέλειον »von

[17] Das Adjektiv ὁλόκληρος »bezeichnet eigentlich die äußere Unversehrtheit des Leibes oder sonst eines Konkretums. Aber die häufige Verbindung mit τέλειος, sowie die Anwendung auf Abstrakta mag dazu beigetragen haben, ihm die ethische Bedeutung ›untadlig‹ zu geben, in der es hier ganz offenbar gebraucht ist« (M. Dibelius – H. Greeven, Jak 103).

[18] Der Ausdruck, der »zwiespältig«, bzw. »zweifelnd« bedeutet, ist vor dem Jakobusbrief nicht nachweisbar; vgl. E. Schweizer, ThWNT IX 666.

[19] Das Adjektiv meint »wankelmütig, unbeständig« (A. Oepke, ThWNT III 449).

[20] F. Mussner, Jak 160 hebt zu Recht hervor, daß in 3,2 das Adjektiv τέλειος dem ἀνήρ vorangestellt ist, »weil auf ihm der Ton liegt«.

[21] Vgl. auch 1,4: »Die Standhaftigkeit (ὑπομονή) soll ein vollendetes Werk (ἔργον τέλειον) besitzen, damit ihr vollkommen (τέλειοι) und unverschrt (ὁλόκληροι) seid, in nichts zurückbleibend (ἐν μηδενὶ λειπόμενοι).« Nach F. Mussner, Jak 67 ist »der eschatologische Klang der Termini ὑπομονή, τέλειος, ὁλόκληρος . . . unüberhörbar. Der ›Perfektionismus‹ des Jak ist ein eschatologischer! Eine innerweltliche Vollendung im Sinne des stoischen Humanismus kennt er nicht.« Dazu wird man freilich sagen müssen: 1. Gewiß ist die eschatologische Dimension bei den Paränesen des Jakobusbriefes unverkennbar, aber die τελείωσις darf nicht nur als ein erst für die Zukunft erwartetes Ziel angesehen werden, sondern muß schon – wenn auch nicht im Sinne der Stoa – in der (durch Bedrängnisse gekennzeichneten) Gegenwart das Handeln des Christen motivieren (vgl. das Präsens ἦτε). 2. Man wird mit dem Begriff »Perfektionismus« vorsichtig sein müssen, da er leicht zu Mißverständnissen führt. W. Schrage, Jak 16 bemerkt zutreffend: »›Vollkommenheit‹ meint . . . keinen Perfektionismus (vgl. 3,2), sondern die Ganzheit, die Ungeteiltheit. Um das Durchhalten dieser Ganzheit des Glaubens geht es letztlich in der Anfechtung.«

oben«[22] (1,17)[23]. Umso mehr aber gilt es, daß der Mensch die »Gabe von oben« in sein Leben hineinnimmt und darin zur Auswirkung bringt.

Dieser Gedanke kommt immer wieder in den *Einzelparänesen* des Briefes zum Tragen, auch wenn dabei das Wort »vollkommen« nicht überall ausdrücklich erwähnt wird; z. B. 2,1–4: Wo προσωπολημψία (d. h. Ansehen der Person) herrscht, da kann keine »Vollkommenheit« sein[24]; 3,1–12: Wie man sich in der Tat verfehlen kann (vgl. 2,8–11)[25], so auch im Wort; wer sich im Wort nicht verfehlt – Jakobus spielt in 3,9 f. namentlich auf die »Doppelzüngigkeit« im Reden[26] an –, der ist ein τέλειος ἀνήρ (3,2)[27]; 5,12: Man soll nicht schwören; vielmehr soll

[22] Vgl. A. SCHLATTER, Jak 132: »Gott ist der Gebende. Es gibt nichts Gutes und nichts zur Ganzheit Gelangtes, Vollendetes, was nicht Gabe wäre.« Ferner K. H. SCHELKLE, Theologie III 207: »Nur Gott kann Vollkommenes geben.«

[23] Was primär mit dem δώρημα τέλειον, das »von oben« kommt (1,17), gemeint ist, gibt 1,5 an: es ist die σοφία. Deshalb soll der, der an der σοφία Mangel leidet, sie von Gott erbitten. Die Verse 1,6 ff. verdeutlichen, daß sich die »Vollkommenheit« nicht nur auf das »Objekt« des Betens bezieht, sondern auch auf das Beten selbst: »Er soll aber bitten im Glauben, ohne den geringsten Zweifel. Denn wer zweifelt, gleicht einer Meereswoge, die vom Wind bewegt und hin und her getrieben wird. Denn nicht glaube jener Mensch, daß er irgendetwas vom Herrn empfangen werde: ein zwiespältiger Mann (ἀνὴρ δίψυχος), wankelmütig auf allen seinen Wegen.« Ein δώρημα τέλειον ist neben der σοφία aber auch der λόγος (vgl. 1,18).

[24] Die Paränese 2,1 ff. verfolgt also keineswegs, wie R. WALKER, Allein aus Werken 161 meint, nur »ein spezielles Anliegen«, sondern ist durchaus Erläuterung des grundsätzlichen theologischen Anliegens des Verfassers.

[25] Siehe bes. 2,10: »Denn wer das Gesetz hält, aber in einem (Gebot) dagegen verstößt, der ist ein Versündiger an allen geworden.« Daß es auch in diesem Zusammenhang um die »Vollkommenheit« geht, wird später noch genauer darzulegen sein.

[26] Die Verwendung der 1. Pers. Plur. (εὐλογοῦμεν, καταρώμεθα) in 3,9 zeigt nach F. MUSSNER, Jak 167 f., daß der Verfasser »eine allgemeine Erfahrung ausspricht, die jeder aus eigenem Erleben kennt: Mit der Zunge preisen wir den Herrn und Vater, nämlich beim Gottesdienst und Gebet, mit derselben Zunge verfluchen wir die Menschen – und das Schlimme an letzterem ist vor allem, daß der Mensch nicht irgendeine Kreatur, sondern nach Gottes Bild geschaffen ist. Erst daraus ergibt sich die ganze dämonische ›Paradoxie‹ der Zunge.«

[27] Auch diese »konkrete Paränese« (R. WALKER, aaO. 155) spiegelt also das grundsätzliche *theologische* Anliegen des Verfassers, seine Theologie der »Vollkommenheit«, wider.

das Ja ein (ganzes) Ja und das Nein ein (ganzes) Nein sein[28]. Schon diese aus den Einzelparänesen stammenden Beispiele, die sich noch durch weitere ergänzen lassen[29], zeigen, »wie bedeutsam der Begriff τέλειος – in seiner eigenen Prägung – für Jakobus ist«[30]. Noch mehr aber zeigen dies die *grundsätzlichen »Abhandlungen«,* welche um die mit der Theologie der »Vollkommenheit« in engster Verbindung stehenden Grundbegriffe (πίστις, ἔργα, σοφία, λόγος, νόμος) kreisen[31]. Die wohl bedeutsamste »Abhandlung« findet sich im Abschnitt 2,14–26. In diesem »Herzstück des Briefes«[32] kommt der Verfasser ausführlich auf

[28] Nach F. Mussner, Jak 212 ist hier »die Forderung nach absoluter Wahrhaftigkeit in der Rede« ausgesprochen, »die jeden Schwur überflüssig macht«. Vgl. auch W. Schrage, Jak 56: »Wo ein Ja wirklich ein Ja und ein Nein wirklich ein Nein ist, da ist jeder Eid überflüssig. Der Hinweis auf das Gericht verstärkt die Mahnung.« Man wird allerdings sagen müssen, daß es hier im Grunde nicht um das Eidverbot als solches geht; vielmehr veranschaulicht der Verfasser daran nur wieder seine Theologie der »Vollkommenheit«.

[29] Vgl. etwa noch die Aussagen über das Beten 1,5; 4,3 f. oder den Abschnitt 4,13–17, der die berühmte »conditio Jacobaea« enthält (V. 15) und mit dem Satz endet: »Wer also Gutes zu tun weiß und es nicht tut, für den ist es Sünde« (V. 17).

[30] G. Delling, ThWNT VIII 76.

[31] R. Walker, Allein aus Werken 156 spricht von »generellen und grundsätzlichen Paränesen«; er zählt dazu die Abschnitte 1,22–25; 2,10–12 und 2,14–26 und führt aus: »Man beachte in diesen drei Stücken die Wendung ins Allgemeine. Nicht das eine oder andere ist zu tun, das *Wort* soll *(generell)* getan und nicht bloß gehört werden (1,22 ff.). Nicht dieses oder jenes Gebot ist zu erfüllen, sondern das ganze Gesetz (2,10 ff.). Nicht ein bestimmtes Werk ist aufzugreifen, *Werke* muß der Mensch haben, denn ohne Werke ist der Glaube tot (2,14 ff.). Den drei genannten generellen Paränesen ist aber nicht nur die Wendung ins Allgemeine gemeinsam, sie sind alle auch ausgesprochen ›theologische‹ Stücke. Ohne sie wäre der Jakobusbrief eine theologisch unprofilierte Anhäufung gemischter Imperative . . . Man mache die Probe aufs Exempel; man streiche 1,22 ff.; 2,10 ff.; 2,14 ff. – und der Jakobusbrief hat seine ganze theologische Problematik verloren« (aaO.). In der Tat kommt in diesen grundsätzlichen Abschnitten, zu denen man auch noch die Darlegung über die Weisheit (3,13–18) rechnen muß, die Theologie der »Vollkommenheit« am deutlichsten zum Tragen. Daß aber ohne diese Abschnitte der Jakobusbrief »eine theologisch unprofilierte Anhäufung gemischter Imperative« wäre, ist eine nicht ganz zutreffende Behauptung, da ja auch, wie gezeigt wurde, die Einzelparänesen das theologische Anliegen des Verfassers durchaus verdeutlichen. Nur so viel scheint richtig, daß man es ohne die genannten Abschnitte schwerer hätte, die *Einheitlichkeit* der Theologie des Jakobus zu erkennen.

[32] R. Walker, aaO. 163.

das Verhältnis von *Glauben und Werken* zu sprechen[33]. Da dieser Abschnitt – gerade wegen seiner Thematik – von jeher die besondere Aufmerksamkeit der Theologen auf sich gezogen, aber auch immer wieder Anlaß zu beträchtlichen Mißverständnissen und Fehlinterpretationen gegeben hat, erscheint es angebracht, zunächst den Text *dieses* Abschnitts genauer zu analysieren[34]; danach sollen dann auch die anderen »Abhandlungen« in die Betrachtung einbezogen werden.

Analyse des Abschnitts 2,14–26

Der Text gliedert sich in zwei Teilabschnitte, die gedanklich und stilistisch offenbar aufs engste zusammengehören.

a) Der *erste Teilabschnitt* umfaßt die Verse 14–17[35]. Seine Struktur ist klar erkennbar. Zunächst wird in V. 14 – einsetzend mit der aus der Diatribe bekannten Formel τί τὸ ὄφελος[36] (vgl. 1 Kor 15,32) – in Form rhetorischer Fragen das Thema umschrieben, das der Verfasser im Folgenden mit seinen Lesern zu erörtern gedenkt: »Was nützt es, meine Brüder, wenn jemand (τις) sagt, er habe Glauben, Werke aber nicht hat? Kann denn der Glaube ihn retten?« Der Verfasser führt hier einen im Stil der Diatribe mit τις apostrophierten fingierten »Gegner« bzw.

[33] F. Mussner, Jak 128 bezeichnet 2,14–26 ebenfalls als den »zentralen« Abschnitt des Briefes, fügt aber hinzu: »Doch scheint das mehr der Eindruck der ›Nachfahren‹ in der Neuzeit zu sein, deren Blick durch die Fragestellung der Reformation für das Thema ›Glauben und Werke‹ besonders geschärft worden ist. Für Jak selbst dürfte dieser Abschnitt, sosehr ihm seine Thematik selbstverständlich am Herzen liegt, einer unter den anderen Abschnitten seines Briefes sein, in denen er sein Grundanliegen, ein Christentum der Tat, durchgehend zur Sprache bringt, nur jetzt unter der speziellen Rücksicht auf das Verhältnis von Glauben und Werken im Rechtfertigungsvorgang . . . Der Brief will ein Ganzes sein und als solches betrachtet werden.«

[34] Eine genaue Analyse ist im übrigen auch deshalb notwendig, um mit ihrer Hilfe die nicht leicht zu lösenden *exegetischen* Probleme, die mit diesem Text verbunden sind, einer Klärung näherzubringen.

[35] Daß der Einschnitt hinter V. 17 – und nicht, wie F. Mussner, Jak 129–151 annimmt, hinter V. 20 – anzusetzen ist, ergibt sich schon aus der deutlichen Korrespondenz zwischen V. 14 und V. 18 (beidemal wird ein τις als »Redner« eingeführt) sowie zwischen V. 17 und V. 26 (beide Sätze ziehen die gleiche Schlußfolgerung, daß nämlich der Glaube ohne Werke tot ist). Richtig E. Lohse, Glaube und Werke 3.

[36] Der Kontext, vor allem V. 14b, macht klar, daß es um den *eschatologischen* »Nutzen«, um die »Rettung« aus dem Gericht geht. So die meisten Ausleger.

»Zwischenredner« ein[37], der offensichtlich eine von der Verfasseransicht abweichende These vertritt. Näherhin wird dieser τις als jemand vorgestellt, der für sich *nur den Glauben* (ohne die Werke) gelten läßt. Sein Motto[38] »Ich habe Glauben« bezeichnet Jakobus in der ersten rhetorischen Frage als »nicht nützlich«, um daran sogleich in der zweiten Frage eine nähere Erklärung anzuknüpfen: Der »Nur-Glaube«[39] genügt nicht, um den Betreffenden einst beim göttlichen Gericht zu retten.

Nach dieser Erklärung bringt der Verfasser in einer charakteristischen Form (mehrgliedriger antithetischer ἐάν-Satz mit anschließender rhetorischer Frage) einen »Fall« als Vergleich[40], an dem die »Nutzlosigkeit« eines Glaubens, der ohne Verbindung mit den Werken ist, aufgezeigt werden kann: »Wenn ein Bruder oder eine Schwester nackt sind und an der täglichen Nahrung Mangel leiden, einer von euch aber ihnen sagen würde: ›Geht hin in Frieden, wärmt und sättigt euch!‹, ihr ihnen aber nicht gäbt die für den Leib notwendigen Dinge, was (wäre) der Nutzen?« (V. 15 f.). Daß der Verfasser gerade diesen »Fall« zur Illustration wählt, kommt nicht von ungefähr; es ist »ein typischer ›Fall‹ des täglichen Lebens«[41]. Allerdings verstellt man sich das Verständnis für die Funktion dieser Verse, wenn man sie als Anspielung auf eine bestimmte Gemeindesituation sieht (so A. Bisping)[42] oder sie zu vorschnell mit der

[37] Vgl. M. Dibelius – H. Greeven, Jak 185 f.

[38] A. Schlatter, Jak 185 versteht die mit λέγῃ eingeführte Aussage im Sinne eines prägnanten »Bekenntnisses«.

[39] Wie R. Walker, Allein aus Werken 165 bemerkt, ist »das nackte ›der Glaube‹, das als stereotype Prägung immer wiederkehrt (2,14.17.18.22.26)«, auffallend. »Was Jakobus vor Augen hat, ist ›der Glaube‹, präziser: der christliche Glaube (vgl. 2,1) in der für ihn gängigen, normalen Gestalt, beileibe keine Karikatur des Glaubens, kein Scheinglaube, Unglaube, Heuchelglaube – ›der Glaube‹« (165 f.).

[40] Auch in 2,2 ff. wird mit einem antithetisch formulierten ἐάν-Satz ein konkreter »Fall« eingeführt und die Konsequenz daraus in einer rhetorischen Frage angegeben.

[41] R. Walker, aaO. 166.

[42] Gegen Bisping bemerkt F. Mussner, Jak 116 f. zu Recht: »Die lebhafte Schilderung des Falles darf nicht zu der Meinung verführen, er sei in der Tat in einer Gemeinde so oder ähnlich vorgekommen«, um dann allerdings – seine eigene Bemerkung einschränkend – fortzufahren: »Damit ist nicht gesagt, daß nicht konkrete Anlässe in den Gemeinden vorlagen, die Jak bestimmten, die Sache auf diese Weise zu behandeln. Das ist sogar sehr wahrscheinlich, da er sonst kaum darauf zu sprechen käme« (117).

»Armenfrömmigkeit« des Jakobus[43] in Verbindung bringt[44]. Man muß sehen, daß es sich hier nicht um ein konkretes Einzelbeispiel handelt, sondern um einen der Illustration dienenden *Vergleich*[45]. Der Gegensatz, um den es dabei geht, ist nicht der zwischen »arm« und »reich«, sondern der zwischen »Wort« und »Tat«[46]. Wenn beides auseinanderklafft, soll gesagt werden, hat dies keinen »Nutzen«.

In V. 17 wird mit οὕτως καί die Anwendung (bzw. Durchführung) des Vergleichs gebracht: »So ist auch der Glaube, wenn er keine Werke hat, tot für sich allein!« Zweifellos liegt auf dem am Ende (also an exponierter Stelle) stehenden καθ' ἑαυτήν (»für sich allein«) der Hauptakzent[47]. Der Verfasser will sagen: Der Glaube ist, wenn er keine Werke hat, sondern als »Nur-Glaube« für sich allein bleibt, »tot«, d. h. »unfruchtbar«[48] und damit auch »nutzlos« (vgl. das τί τὸ ὄφελος in V. 14.16). Oder positiv gewendet: Der Glaube kann nur dann als »lebendig« angesehen werden, wenn es wie zwischen Wort und Tat (vgl. V. 15 f.) so auch zwischen Glauben und Werken keinen Zwiespalt gibt[49]. Gegenüber dem »Gegner« (τις), der den »Nur-Glauben«-Stand-

[43] Zur »Armenfrömmigkeit« des Jakobus vgl. Näheres bei M. Dibelius – H. Greeven, Jak 58–66; F. Mussner, Jak 76–84 (mit Lit.).

[44] So offensichtlich F. Mussner, Jak 132, der zwar zugesteht, daß der »Fall« hier »ad hoc gebildet« sei, »freilich aus der Vorliebe des Jak für die Armen und im Anschluß an Forderungen des AT und Jesu«.

[45] So u. a. M. Dibelius – H. Greeven, Jak 188 f.; zur Funktion der »Beispiele« im Jakobusbrief vgl. dort auch den Exkurs S. 161 ff.

[46] R. Walker, Allein aus Werken 167 präzisiert: »Der beabsichtigte Kontrast lautet bei Jakobus nicht: schöne Worte – wirkliche Tat, sondern: gute Worte – ohne (gute) Werke.«

[47] Nach M. Dibelius – H. Greeven, Jak 189 ist das tertium comparationis »durch νεκρά ausgedrückt«; man wird aber besser sagen: durch νεκρά in Verbindung mit καθ' ἑαυτήν!

[48] Auch bei Epiktet III 16,7; 23,28 hat νεκρός die Bedeutung »unfruchtbar«. Vgl. M. Dibelius – H. Greeven, Jak 189 Anm. 1.

[49] R. Walker, aaO. 167 f. konstruiert einen unnötigen Zwischengedanken. Nach seiner Ansicht »ist unverkennbar, daß 2,17 auf einen Indikativ hin formuliert ist; 2,17 setzt voraus, daß über ein analoges Phänomen zuvor eine Ist-Aussage gemacht wurde. 2,16 schließt aber mit einer Frage: was nützt das? Und an diese Frage läßt sich kein Indikativ anhängen. Die Fortsetzung muß hier lauten: So ist auch im Blick auf den Glauben, der keine Werke hat, zu *fragen* . . ., aber niemals: So ist auch der Glaube, wenn er nicht Werke hat, für sich selbst tot. Die Lösung dieser Spannung zwischen 2,15 f und 2,17 ist einfach. Jakobus nimmt an, daß seine Leser die Frage von 2,16 in seinem Sinn mit einem Indikativ beantworten. Diese Antwort setzt er voraus und wendet sie entschlossen auf den Glauben ohne Werke an.«

punkt vertritt, betont der Verfasser also die Notwendigkeit des *Zusammenwirkens* von Glauben und Werken[50].

b) Wirkt die Gedankenführung des ersten Teilabschnitts (14–17) in sich relativ geschlossen – seine drei Teile: These, Vergleich und Anwendung folgen logisch aufeinander –, so scheint dies beim *zweiten Teilabschnitt* 18–26 – wenigstens auf den ersten Blick – nicht ohne weiteres der Fall zu sein.

Die Schwierigkeiten beginnen schon bei V. 18, der zu Recht eine »der schwierigsten neutestamentlichen Stellen überhaupt« genannt worden ist[51]. Gerade von der Klärung dieses Verses aber hängt das Verständnis des gesamten Abschnitts entscheidend ab. Zwei Fragen sind des näheren zu klären:

Die *erste* Frage lautet: Wer ist mit dem τις gemeint, der in V. 18a eingeführt wird, und zu wem spricht er? Kann man – schon aus stilistischen Gründen – von vornherein die Annahme ausschließen, daß »hinter diesem τις Jak sich selber verberge . . ., da eine fingierte Einführung des Verf.s nur in einer ausgeführten Szene am Platz wäre«[52], so bleiben noch zwei Möglichkeiten diskutabel: Entweder handelt es sich um einen neuen fingierten »Gegner« bzw. »Zwischenredner«[53] oder um einen »Sekundanten«, der keinen eigentlichen Einwand bringt, sondern lediglich die Position des Verfassers selbst wiedergeben soll[54]. Gegen die zweite und für die erste Möglichkeit lassen sich sprachliche und inhaltliche Argumente anführen: 1. Wenn in V. 14 mit τις der Vertreter einer vom Standpunkt des Jakobus aus falschen Ansicht eingeführt wird, dann darf dies analog auch für den τις von V. 18a gelten, wobei das adversative ἀλλά darauf hindeutet, daß beide Ansichten *zueinander* im Gegensatz stehen[55]. 2. Um einen »Sekundanten« des Verfassers kann es

[50] Insofern ist es dann aber falsch, wenn R. WALKER aus der Aussage »Der Glaube ist, wenn er nicht Werke hat, für sich selbst tot« die Folgerung zieht, für Jakobus habe der Glaube als solcher überhaupt keine Heilsbedeutung, er sei »soteriologisch null und nichtig«; es seien *nur* die Werke, »die das Heil bedeuten« (aaO. 169); der Glaube sei bei Jakobus eine »passive, empfangende, nicht aktive, gebende Größe«, er werde überhaupt erst durch die Werke »konstituiert« (170). WALKER unterstellt Jakobus damit zu Unrecht einen »Nur-Werke«-Standpunkt. Jakobus spielt eben nicht Glauben und Werke auf diese Weise gegeneinander aus, sondern betont das *Zusammen* beider Größen.

[51] M. DIBELIUS – H. GREEVEN, Jak 190.

[52] M. DIBELIUS – H. GREEVEN, Jak 185.

[53] So u. a. M. DIBELIUS – H. GREEVEN, aaO.; A. SCHLATTER, Jak 192 f.

[54] Davon geht z. B. F. MUSSNER, Jak 137 aus, der allerdings den τις von V. 18a nicht »mit einem bestimmten ›christlichen Bundesgenossen‹ oder gar einem ›Nichtchristen‹ . . . identifizieren« will.

sich deshalb nicht handeln, weil der zweite τις gar nicht die Meinung des Jakobus wiedergibt. Für diesen gehören ja, wie aus V. 17 hervorging (und sich aus den Versen 22–26 bestätigen wird), Glaube und Werke als *Einheit* zusammen. Der in V. 18a eingeführte τις aber sagt von sich nur, *er* habe ἔργα. Wie der erste τις den Standpunkt des »Nur-Glaubens« vertritt (V. 14), so der zweite also offenbar den »Nur-Werke«-Standpunkt. 3. Da das σὺ πίστιν ἔχεις das (vom ersten τις für sich reklamierte) πίστιν ἔχειν aus V. 14 wiederaufnimmt, richtet sich der Einwurf des zweiten τις nicht gegen Jakobus selbst, sondern gegen den ersten τις[56], d. h. »der erste τις (V. 14) wird vom zweiten τις (V. 18a) offensichtlich apostrophiert«[57].

[55] Die Exegeten, die unter dem τις in V. 18a einen (zustimmenden) »Sekundanten« des Jakobus sehen, nehmen das ἀλλά im »emphatischen« Sinne und paraphrasieren es z. B. so: »mit viel mehr Berechtigung«; vgl. etwa F. MUSSNER, Jak 137 Anm. 4.

[56] Wenn man die Einrede in V. 18a an Jakobus selbst gerichtet sein läßt (so offensichtlich M. DIBELIUS – H. GREEVEN, Jak 185; A. SCHLATTER, Jak 192 f.; W. SCHRAGE, Jak 31), hat man Schwierigkeit, den Sinn des Einwands zu verstehen. Jedenfalls kann ja doch eigentlich niemand dem *Verfasser* nach dem, was er in V. 17 gesagt hat, überhaupt ernsthaft unterstellen, er vertrete den »Nur-Glauben«-Standpunkt. So bemerkt schon F. HAUCK, Jak 126 f.: »Diese Worte überraschen ja zunächst völlig als Einwurf. Denn nachdem Jac sich so entschieden als einen Lobredner der Werke gezeigt hat, kann ihm schwerlich einer entgegenhalten: Du hast eben Glauben und ich vielmehr habe Werke.« HAUCK selbst versucht übrigens die Schwierigkeit dadurch zu lösen, daß er σύ und ἐγώ in V. 18a im unbestimmten Sinne von »der eine« und »der andere« versteht und also paraphrasiert: »›Der eine hat eben Glauben aufzuweisen so wie der andere Werke. Es wird eins soviel wert sein wie das andere‹« (127). Dieser (u. a. auch von W. SCHRAGE übernommene) Vorschlag löst indes die Schwierigkeit ebensowenig wie die (von H. WINDISCH – H. PREISKER, J. SCHNEIDER, O. KNOCH u. a. vertretene) Hypothese, der ursprüngliche Einwand des Gegners (gegen Jakobus) sei ausgefallen; er habe etwa so gelautet: »Was nützen Werke ohne Glauben? Dieser ist die Hauptsache, und den habe ich!«, worauf dann der Verfasser mit V. 18a die Antwort gebe. Nun kann man aber m. E. die Schwierigkeit von vornherein vermeiden, wenn man nämlich davon ausgeht, daß der τις von V. 18a der Vertreter eines (von Jakobus selbst abgelehnten!) »Nur-Werke«-Standpunkts ist, der sich näherhin nicht gegen Jakobus wendet, sondern mit dem Vertreter des »Nur-Glaube«-Standpunkts (also dem τις von V. 14) einen fiktiven Dialog führt. Jakobus wiederum will durch dieses Stilmittel des Dialogs den Vertreter des »Nur-Werke«-Standpunkts offensichtlich nur deutlicher in seiner Ansicht vorstellen. Das aber heißt dann: Ging es in V. 14–17 um den *einseitig* auf den *Glauben* Pochenden und dessen Zurückweisung, so steht nun (ab V. 18) der *einseitig* auf die *Werke* Pochende im Blickpunkt, und seine Ansicht wird dann ebenfalls von Jakobus zurückgewiesen.

[57] F. MUSSNER, Jak 137, der dies allerdings als ein Argument für seine »Sekundantenhypothese« nimmt.

Die *zweite* Frage lautet: Wieweit reicht die Rede des zweiten τις, und wo beginnt die persönliche Stellungnahme des Verfassers? Einige Exegeten nehmen an, Jakobus rede bereits in V. 18b wieder selbst[58]; sie berufen sich dabei vor allem auf die Formulierung der zweiten Satzhälfte, aber auch auf das nachher in V. 22 Gesagte[59]. Jedoch lassen sich folgende Beobachtungen *gegen* diese Annahme ins Feld führen: 1. Die sprachliche Struktur von V. 18b entspricht deutlich der von V. 18a. Wie dort die beiden Gegenpositionen durch σὺ ἔχεις – κἀγὼ ἔχω angezeigt werden, so hier durch δεῖξόν μοι – κἀγώ σοι δείξω[60]. 2. Wenn es in V. 18b heißt: »Zeig mir deinen Glauben ohne die Werke, und ich will dir aus meinen Werken den Glauben zeigen«, so scheint Letzteres zwar auf den ersten Blick der (zweifellos) den Standpunkt des Verfassers wiedergebenden Formulierung in V. 22 zu entsprechen – auch dort begegnet die Wendung ἐκ τῶν ἔργων im Zusammenhang mit πίστις –, in Wirklichkeit aber gibt es einen entscheidenden Unterschied, der nicht übersehen werden darf: In V. 22 sagt der Verfasser im Blick auf Abraham, daß der Glaube »aus den Werken *vollendet*« wurde (ἐτελειώθη); diese für den Verfasser wesentliche Aussage findet sich in V. 18b aber eben noch nicht. 3. Ein stilistisches Argument kommt hinzu: In V. 18b ergibt sich eine »stilistisch reizvolle Verschränkung«[61]. Im ersten Teil des Satzes steht das Genitivpronomen (σου) bei πίστις, im zweiten Teil findet sich das Pronomen (μου) bei ἔργα. Auch dies weist darauf hin, daß es nach wie vor um die fiktive Auseinandersetzung zwischen den Vertretern der beiden gegensätzlichen Positionen geht. Näherhin wird im ersten Teil auf die Position des »Nur-Glaubens« abgehoben, die – wie das Pronomen σου anzeigt – nach der dem zweiten τις vom Verfasser in den Mund gelegten Ansicht auf seinen »Gegenspieler«, den ersten τις, zutrifft, sodann im zweiten Teil auf die »Nur-Werke«-Position, die

[58] Es handelt sich vor allem um die Exegeten, die den »Einwurf« in V. 18a an Jakobus gerichtet sehen.

[59] So stellt A. SCHLATTER, Jak 200 ausdrücklich heraus, in V. 22 gleiche »die Führung des Gedankens der Antwort an den, der für sich die Werke in Anspruch nahm, Vers 18«.

[60] Da in V. 18b sowohl die Aufforderung als auch das »Gegenangebot« jeweils ein direktes Gegenüber voraussetzen, σύ und ἐγώ also unbestreitbar »disputatorisch gebraucht werden« (A. MEYER, Rätsel 92), muß man dies aufgrund der Parallelität auch schon für V. 18a gelten lassen; damit bestätigt sich das oben (in Anm. 56) Gesagte, daß man nämlich die Pronomina in V. 18a nicht (wie es z. B. HAUCK oder SCHRAGE tun) mit »der eine« und »der andere« wiedergeben kann.

[61] M. DIBELIUS – H. GREEVEN, Jak 192.

der zweite τις – durch μου – als seine eigene kennzeichnet[62], die aber selbstverständlich von Jakobus selbst aus gesehen ebenso abzulehnen ist wie die andere. Denn wie es nach Ansicht des Jakobus für den ersten τις unmöglich ist, der Aufforderung des zweiten τις zu entsprechen und seinen Glauben *ohne die Werke* zu zeigen – nach V. 22b muß der Glaube wie bei Abraham aus den Werken *vollendet* werden (τελειοῦσθαι) –, genauso unmöglich ist es für den zweiten τις, *sein* dem ersten τις gegenüber gemachtes »Angebot« zu verwirklichen, den Glauben*(allein) aus seinen Werken* zu beweisen. Mag er es auch von sich behaupten – in Wirklichkeit besitzt er überhaupt keinen Glauben im Sinne des Verfassers, denn dieser muß – wie es in V. 22a in bezug auf Abraham gesagt wird – mit den Werken *zusammenwirken* (συνεργεῖν)[63].

Wenn es aber stimmt, daß in V. 18b nicht der Verfasser (bzw. sein »Sekundant«) spricht, sondern der zweite τις seinen in V. 18a begonnenen fiktiven Dialog mit dem ersten τις fortsetzt, dann liegt es nahe, das gleiche auch für die folgenden Verse 19–21 anzunehmen.

Für V. 19 ergibt sich dies zum einen aus der Formulierung σὺ πιστεύεις, die deutlich auf das (ja ebenfalls aus dem Munde des zweiten τις stammende) σὺ πίστιν ἔχεις in V. 18a zurückweist, zum anderen aus der Logik der Gedankenführung. Mit der Aussage »Du glaubst, daß es einen (einzigen) Gott gibt; du tust recht (damit); auch die Dämonen glauben und zittern« will der zweite τις offensichtlich die von seinem »Gegenspieler« vertretene Position des »Nur-Glaubens« nunmehr auch aufgrund ihres »Inhalts«[64] in ironischer Form (vgl. das καλῶς

[62] Die »Verteilung auf Du und Ich« ist also keineswegs »Nebensache«, wie bei M. Dibelius – H. Greeven, aaO. behauptet wird.

[63] Wenn W. Schrage, Jak 32 bemerkt, in V. 18b betone der Verfasser nur »die Sinnlosigkeit eines behaupteten Glaubens ohne Werke«, dagegen trete »das Umgekehrte, Werke ohne Glauben, . . . überhaupt nicht in den Blick«, so trifft er damit nicht den *vollen* Sinn der Argumentation.

[64] Vgl. F. Mussner, Jak 138, der erklärt: »Der Gegner ist ein entschiedener Vertreter des strengen Monotheismus; er ist kein Polytheist, sondern bekennt sich zu dem Gott der Offenbarung.« Zu Recht fügt er hinzu, daß »aus dem Hinweis des Briefes auf den ›Monotheismus‹ des Gegners keine allzu großen Schlüsse auf dessen religiöse Herkunft gezogen werden« dürfen (139). Jedenfalls geht aus dem Satz nicht hervor, daß hier ein Jude angesprochen ist und die Aussage »in lebendiger Fühlung mit dem geistigen Erbe des Judentums« erfolgt (so M. Dibelius – H. Greeven, Jak 195 f.; vgl. auch A. Schlatter, Jak 197); immerhin bekennt sich auch »der Christenglaube . . . wie Israel (vgl. Dtn 6,4) zu der Einzigkeit Gottes« (R. Walker, Allein aus Werken 172).

ποιεῖς)[65] ad absurdum führen. Die »Absurdität« kommt durch den Hinweis auf die Dämonen, die (das gleiche) glauben und zittern, sehr effektvoll zum Ausdruck[66].

Entsprechendes gilt für die Verse 20 f., die aufgrund ihrer gemeinsamen Form – es handelt sich um zwei Fragesätze – auf jeden Fall zusammengehören[67]. Auch sie sind dem Vertreter des »Nur-Werke«-Standpunkts in den Mund gelegt. Das geht zunächst aus dem Einsatz mit θέλεις δὲ γνῶναι in V. 20 hervor, womit – ähnlich wie durch das doppelte κἀγώ in V. 18 – die Gegenposition des zweiten τις gegenüber dem ersten τις gekennzeichnet wird, wie ebenso aus der weiteren Formulierung des Verses. Hinzuweisen ist auf die Anrede ὦ ἄνθρωπε κενέ[68], die dem Diatribestil entspricht[69], vor allem aber auf die Diktion des ὅτι-Satzes (ὅτι ἡ πίστις χωρὶς τῶν ἔργων ἀργή[70] ἐστιν), die deutlich die in V. 18b ebenfalls vom zweiten τις ausgesprochene Aufforderung δεῖξόν μοι τὴν πίστιν σου χωρὶς τῶν ἔργων aufnimmt (vgl. demgegenüber die

[65] Die »Ironie« ist nach M. Dibelius – H. Greeven, Jak 195 »unverkennbar«; vgl. auch W. Schrage, Jak 32.

[66] R. Walker, aaO. 173 schreibt: »Der Verfremdungseffekt, den Jakobus mit καὶ τὰ δαιμόνια κτλ. erzielt, sucht seinesgleichen. Zuerst lockt Jakobus den Bekenner des einen Gottes mit καλῶς ποιεῖς zu sich heran, dann zieht er ihm, den er eben noch gelobt hat, mit einem Ruck den vermeintlich so sicheren Boden unter den Füßen fort und stürzt ihn in eine bodenlose Tiefe, wo er sich Seite an Seite mit den Dämonen wiederfindet: auch die Teufel glauben – und zittern! Woraus man ersehen mag, wieviel Tragfähigkeit bloßer Glaube besitzt. Wer sich auf diesen Boden stellt, stürzt ab zu den Teufeln.« An dieser Aussage ist sicher richtig, daß es um die Abwehr des »Nur-Glauben«-Standpunkts geht; jedoch kann man daraus nicht (wie Walker) schließen, *Jakobus* »verteufele« den Glauben, »den Christenglauben per se« (174), denn hier spricht ja gar nicht der Verfasser selbst – er hat seine Stellungnahme zum »Nur-Glauben«-Standpunkt bereits mit V. 17 abgeschlossen –, sondern er läßt den Vertreter des »Nur-Werke«-Standpunkts von dessen Position aus zu dem Vertreter des »Nur-Glauben«-Standpunkts sprechen. Für *Jakobus* geht keineswegs «Orthopraxie« *vor* »Orthodoxie« (was dem heutigen Trend sicher willkommen wäre), sondern beide gehören zusammen.

[67] F. Mussner, Jak 140 trennt dagegen die beiden Verse. Nach seiner Ansicht steht V. 21 am Beginn des bis V. 26 reichenden Abschnitts, in dem Jakobus die »Nutzlosigkeit eines ›werklosen‹ Glaubens . . . an zwei biblischen Exempla erhärtet«.

[68] Nach M. Dibelius – H. Greeven, Jak 198 heißt die Anrede: »Du Prahlhans«.

[69] Vgl. M. Dibelius – H. Greeven, aaO.; F. Mussner, Jak 140.

[70] Die Lesart νεκρά (ℵ A K pl vg^{cl} sy bo) ist zwar gut bezeugt, doch dürfte es sich dabei um eine sekundäre Angleichung an V. 26 handeln. Für ἀργή als ursprüngliche Lesart spricht zudem, daß sich durch die Nebeneinanderstellung von ἔργων und ἀργή eine (von Jakobus auch sonst geschätzte) Paronomasie ergibt. Vgl. M. Dibelius – H. Greeven, Jak 198 Anm. 2; auch 56 (dort weitere Beispiele).

etwas andere Formulierung ἡ πίστις, ἐὰν μὴ ἔχῃ ἔργα, νεκρά ἐστιν καθ' ἑαυτήν in V. 17, womit Jakobus seine *eigene* Auffassung umschreibt)[71]. Offensichtlich will der Vertreter des »Nur-Werke«-Standpunktes hier seinen »Gegner« zu der Einsicht bringen (θέλεις δὲ γνῶναι), daß er »schlecht beraten«[72] ist, wenn er auf einen »Glauben ohne Werke« setzt, denn ein solcher Glaube ist nach seiner Ansicht »unbrauchbar«, »ohne Wert« (ἀργή)[73].

Die »Unbrauchbarkeit« eines »werklosen« Glaubens oder – um es umgekehrt und im Sinne des zweiten τις zutreffender zu sagen – die (alleinige) Werthaftigkeit der Werke wird sogleich in der rhetorischen Frage V. 21 an einem Beispiel aus der Schrift erhellt: »Abraham, unser Vater, wurde er nicht *aus Werken* gerechtfertigt, da er Isaak, seinen Sohn, auf den Altar hinauftrug?« Der Vertreter des »Nur-Werke«-Standpunkts meint also in der Gen 22 überlieferten Geschichte von der Opferung Isaaks durch Abraham einen »Beweis« für die Richtigkeit seiner Ansicht zu finden, wonach es (nicht der Glaube, sondern allein) die Werke sind, die zur Rechtfertigung des Menschen vor Gott führen. Die rhetorische Frage ist nach seiner Ansicht dementsprechend mit einem klaren »Ja doch«[74] zu beantworten.

Daß dies nicht die Auffassung des Jakobus selbst ist und auch nicht sein kann, schon weil dem eine einseitige, gegen die gesamte Tradition stehende Ausdeutung der Abrahamsgeschichte zugrunde liegt[75], dürfte leicht einsichtig sein. Um so mehr erwartet man nach diesem den Höhepunkt und krönenden Abschluß des fiktiven Dialogs zwischen den beiden »Gegnern« bildenden Rückgriff auf die Schrift nunmehr eine klare Stellungnahme des Verfassers.

Diese setzt in der Tat, wie gleich zu zeigen sein wird, mit V. 22 ein; d. h. erst von jetzt an spricht unzweifelhaft Jakobus selbst! Auffallend

[71] Der Unterschied besteht in folgenden Punkten: 1. Jakobus selbst spricht davon, daß der Glaube, wenn er keine Werke hat, *tot* ist (νεκρά, nicht ἀργή!); vgl. 2,26. 2. Er hebt auf die *»Isolierung« des Glaubens* ab (καθ' ἑαυτήν); vgl. das μόνον in 2,24. Der Unterschied in der Ausdrucksweise bestätigt demnach, daß der Verfasser in V. 20 nicht seine eigene Position wiedergibt, sondern die vom Vertreter des »Nur-Werke«-Standpunkts eingenommene zitiert.

[72] F. Mussner, Jak 140.

[73] G. Delling, ThWNT I 452.

[74] R. Walker, Allein aus Werken 176.

[75] Bereits »das Judentum sah in Abraham nicht nur den exemplarischen Gerechten und Gehorsamen (vgl. Sir. 44,19 ff.; Jubil. 23,10 u. ä.), sondern auch das Vorbild des Glaubens« (W. Schrage, Jak 33). Ähnliches gilt auch für Paulus (vgl. Röm 4,1–12 u. ö.), der allerdings – im Unterschied zum Judentum – die πίστις nicht selbst zu den guten Werken rechnet.

ist freilich der abrupte Beginn seiner Ausführungen mit βλέπεις (V. 22a); jedoch entspricht ein derartiger unvermittelter Einsatz dem (auch sonst oft zu beobachtenden) »asyndetischen« Denken des Verfassers[76], der sich zudem an dieser Stelle genötigt sieht, den Dialog zwischen den beiden »Gegnern« möglichst rasch abzubrechen und sich selbst zu Wort zu melden, damit der einseitige (und daher falsche) Standpunkt des »Nur-Werke«-Vertreters, vor allem dessen Ausdeutung der Abrahamsgeschichte, nicht länger unkorrigiert im Raum stehen bleibt. Jakobus scheint sich mit βλέπεις direkt an den zweiten τις zu wenden, möglicherweise hat er aber auch schon hier, wie aus der Parallelität mit ὁρᾶτε in V. 24 hervorgeht[77], den Leser im Blick[78]. Das Präsens muß man dabei wohl im futurischen Sinn verstehen (wie ja gern in volkstümlicher Rede das »lebhaft vergegenwärtigende Präsens« für das Futur eintritt)[79] und also übersetzen: »Du wirst gleich sehen (nämlich aus meinen Darlegungen)«.

Nach dieser kommunikativ recht wirkungsvollen Eröffnung mit βλέπεις folgt in V. 22b.23 ein mehrgliedriger ὅτι-Satz, der den Inhalt des βλέπειν wiedergibt und dazu dient, die nach Ansicht des Verfassers falsche bzw. einseitige Ausdeutung des Abraham-Beispiels durch den Vertreter des »Nur-Werke«-Standpunkts zurechtzurücken. Näherhin macht Jakobus darauf aufmerksam, daß im Falle des Abraham »der Glaube mit seinen Werken *zusammenwirkte* (συνήργει)«[80] und »aus den Werken der Glaube *vollendet* wurde (ἐτελειώθη)«[81] und so »die

[76] Vgl. F. MUSSNER, Jak 33: »Sein Denken ist ›skandierend‹, nicht bedächtig voranschreitend von Punkt zu Punkt in langer rhetorischer Entwicklung einer Sache. Ein gewisses Ungestüm seines Wesens offenbart sich darin.« A. SCHLATTER, Jak 84 zählt im ganzen 79 Asyndeta im Jakobusbrief.

[77] Zu beachten ist, daß auch ὁρᾶτε in V. 24 asyndetisch steht.

[78] So A. SCHLATTER, Jak 201.

[79] Vgl. Bl-Debr § 323.

[80] Das nur von wenigen Handschriften (א* A ff) bezeugte Präsens συνέργει ist sekundäre Lesart und erklärt sich aus dem Bemühen, die *allgemeingültige* Bedeutung des Satzes zu unterstreichen. Die Wiedergabe des folgenden ἐτελειώθη durch das Präsens ›confirmatur‹ in ff bestätigt, »daß eine Tendenz bestand, die Aussage in das Präsens umzusetzen« (M. DIBELIUS – H. GREEVEN, Jak 200 Anm. 1). A. SCHLATTER, Jak 201 entscheidet sich allerdings für συνεργεῖ weil 1. συνήργει »das einzige Imperfekt wäre, das der Brief enthält«, und 2. συνεργεῖ sich »glatt an βλέπεις« anfügt, »indem es den erzählenden Vorgang vergegenwärtigt«. Aber gerade die beiden von SCHLATTER angeführten Gründe erhärten, daß es sich beim Imperfekt um die ursprüngliche, weil »schwierigere« Lesart handelt.

[81] Es ist sicher nicht zufällig, daß einmal das Imperfekt συνήργει und das andere Mal der Aorist ἐτελειώθη steht. A. SCHLATTER, Jak 201 ist auf der richtigen Spur,

Schrift *erfüllt* wurde (ἐπληρώθη), die sagt: ›Es glaubte aber Abraham Gott und es wurde ihm zur Gerechtigkeit angerechnet‹, und er wurde ›Freund Gottes‹ genannt«. Im Unterschied zum zweiten τις, der auf die Rechtfertigung Abrahams allein aufgrund seiner Werke, d. h. konkret: seiner Bereitschaft, den Isaak zu opfern, abhebt, verweist der Verfasser also darauf, daß bei Abraham Glaube und Werke *zusammen* die Rechtfertigung bewirkten[82]. Dies geht für ihn aus der (vom Vertreter des

wenn er bezüglich des (von ihm allerdings abgelehnten) Imperfekts συνήργει vermutet, es wolle »sagen, der Glaube sei in Abrahams Leben bleibend als der Gehilfe seiner Werke wirksam geworden«; demgegenüber richte sich beim Aorist ἐτελειώθη der Blick »wieder auf die eben erzählte Tat Abrahams«.

[82] So zu Recht F. Hauck, Jak 137; E. Lohse, Glaube und Werke 5; 21; vgl. O. Knoch, Jak 64. Demgegenüber betont R. Walker, Allein aus Werken 178, es sei »eine Sünde wider den Kontext, in 2,22 aus dem Gehege der Rechtfertigung auszubrechen und den Glauben unvermittelt als dynamisches Phänomen der Frömmigkeit zu betrachten«: Jakobus hat »bisher energisch betont, der Glaube qua Glaube bewirke *nichts* für das Heil (2,14.17.19.20)«, und er »wird im Folgenden (wie schon 2,21) hinreichend klarstellen, daß er *nichts* zur Rechtfertigung vermag; eine hartnäckig wiederholte These also, die außer acht zu lassen hier, in 2,22, wo es um die Wirkung des Glaubens für die Rechtfertigung geht, zu den gröbsten Verzeichnungen führen muß« (179). Walker gibt also zu, daß es »um die Wirkung des Glaubens für die Rechtfertigung geht«, andererseits betont er, »der Glaube qua Glaube bewirke *nichts* für das Heil«. Man wird fragen müssen, warum Jakobus denn überhaupt den Glauben erwähnt, wenn er nichts zur Rechtfertigung vermag. Walker beachtet nicht, daß Jakobus hier (im Aktiv!) vom συνεργεῖν, vom *Zusammen*-wirken des Glaubens (ἡ πίστις ist Subjekt des Satzes!) *mit* den Werken (und nicht von einer überhaupt erst durch die *Werke* zustande kommenden Heilsbedeutung des Glaubens) spricht. Entsprechend falsch legt Walker auch den zweiten Teil des Satzes (»Der Glaube wurde aus den Werken vollendet«) aus, indem er aus dem Passiv ableitet, der Glaube sei »bloßes Objekt« (180), ihm komme nur die »Rolle vollkommener Inferiorität« zu (181). Aus dem Satz, daß Abrahams »Glaube aus den Werken vollendet wurde«, geht keinesfalls die *Unterordnung* des Glaubens unter die Werke hervor; ebensowenig kann man aus ἐτελειώθη herauslesen, der Glaube werde erst durch die Werke »völlig zum Glauben« (aaO.); vielmehr denkt Jakobus, wie M. Dibelius – H. Greeven, Jak 200 zu Recht bemerken, »offenbar bei der ›Vollendung‹ des Abraham-Glaubens an etwas Höheres, an das Ziel, auf das beide Faktoren, Glaube und Werke, hinarbeiteten: die Gerechtigkeit Abrahams«, die er durch *Gott* erhielt. Vielleicht ließe sich von daher sogar das Passiv ἐτελειώθη genauso, wie dies auf die in V. 23 bei der Darstellung des Rechtfertigungsgeschehens begegnenden Passivformulierungen (ἐλογίσθη, ἐκλήθη) zutrifft, als »passivum divinum« verstehen. Gemeint wäre dann: *Gott* hat den Glauben des Abraham dadurch »vollendet«, daß er ihn rechtfertigte; diese »Vollendung« aber geschah ἐκ τῶν ἔργων: weil Abraham seinen Glauben aus den Werken erwies.

»Nur-Werke«-Standpunkts bewußt ausgeklammerten[83]) Schriftstelle Gen 15,6 eindeutig hervor[84]. In der Tat wird man daraus mit M. DIBELIUS – H. GREEVEN einen Hinweis auf *beide* Faktoren ableiten können, und zwar aus ἐπίστευσεν δὲ ᾿Αβραὰμ τῷ θεῷ den Hinweis auf den *Glauben* und aus ἐλογίσθη αὐτῷ εἰς δικαιοσύνην den Hinweis auf die *Werke*[85]. Entscheidend ist aber, daß für Jakobus beide Faktoren nicht zu trennen sind, sondern eine Einheit bilden. Beiden zusammen, dem Glauben *und* den Werken, verdankte Abraham seine »Ehrenstellung als Freund Gottes«[86]. Mit πιστεύειν ist also nach dem Verständnis des Verfassers von vornherein nicht der »bloße« Glaube des Abraham gemeint, sondern der Glaube, der sich in den Werken erwiesen hat und aus den Werken *vollendet* wurde (V. 22b); umgekehrt meint λογίζεσθαι εἰς δικαιοσύνην im Falle des Abraham zwar ein Gerechtwerden aus den Werken, aber eben nicht aus den Werken *allein,* sondern aus den Werken, mit denen der Glaube *zusammenwirkte* (V. 22a). Gerade in dieser »Synthese aus Glauben und Werken«[87] erfüllte sich nach Jakobus das Schriftwort Gen 15,6.

In V. 24 zieht der Verfasser mit ὁρᾶτε ὅτι für seine Leser das »theologische Resümee, die allgemeingültige Regel aus dem Abrahamsbeispiel«[88], das er in V. 22 auf ähnliche Weise (durch βλέπεις ὅτι) eingeleitet hatte: »Ihr seht, daß aus Werken ein Mensch gerechtfertigt wird und nicht aus Glauben allein.« Nach den Ausführungen in V. 22 f. ist klar, wie Jakobus diesen Satz verstanden wissen will, nämlich im Sinne seiner These vom *Zusammenwirken* des Glaubens und der Werke. Dann aber geht es hier eigentlich um *zwei* Aussagen, die mit F. MUSSNER so zu umschreiben sind:

»a) Jak behauptet keineswegs, daß der Glaube keine rechtfertigende Kraft besitzt, vielmehr nur, daß die Rechtfertigung nicht ›aus Glauben allein‹ erfolgt, sondern auch aus den Werken, besser noch: aus einem Glauben, der sich als solcher in Werken erweist.

[83] Dieser stützt sich ja nur auf Gen 22.

[84] Jakobus zitiert Gen 15,6 also deshalb, weil diese Stelle seine These vom Zusammenwirken von Glauben und Werken erhärtet, und nicht einfach, »weil es die Tradition von Gen 15,6 nun einmal gibt« (so R. WALKER, aaO. 182).

[85] M. DIBELIUS – H. GREEVEN, Jak 203.

[86] M. DIBELIUS – H. GREEVEN, aaO.

[87] F. MUSSNER, Jak 142.

[88] F. MUSSNER, Jak 145.

b) Umgekehrt bedeutet das οὐκ ἐκ πίστεως μόνον aber auch, daß er auch nicht den Werken allein die rechtfertigende Kraft zuschreibt. Wäre das seine Meinung, dann hätte er auf das μόνον verzichten können«[89].

In V. 25 fügt der Verfasser von sich aus noch ein weiteres Beispiel aus der Schrift an, das seine These erhärten soll: »Ebenso aber auch Rahab, die Dirne, wurde sie nicht aus Werken gerechtfertigt, als sie die Boten aufnahm und auf einem anderen Weg hinausließ?« Interessant ist, daß Jakobus dieses von ihm zusätzlich eingeführte Beispiel in die gleiche Form kleidet wie der zweite τις das Abraham-Beispiel (V. 21), nämlich in die Form einer rhetorischen Frage, ja daß er sogar mit οὐκ ἐξ ἔργων ἐδικαιώθη bewußt dessen Ausdrucksweise sich zu eigen macht. Doch trotz der gleichen Ausdrucksweise, die offenbar nur den Chrakter des zweiten Beispiels als »Probe aufs Exempel« dem Leser deutlicher unterstreichen soll, ist der Sinn ein anderer. Der Verfasser versteht das Rahab-Beispiel *genauso* (ὁμοίως δὲ καί)[90], wie er das Abraham-Beispiel verstanden hat; d. h. es spricht nach seiner Ansicht ebensowenig wie das des Abraham für eine Rechtfertigung *allein* aus den Werken. Auch in Rahab sieht Jakobus (wie übrigens ebenfalls der Hebräerbrief und der 1. Klemensbrief)[91] eine Glaubende, bei der aber Glaube und Werke *zusammenwirkten* und in ihrem Zusammenwirken zur Rechtfertigung führten[92].

So bestätigt Rahab durchaus die Grundthese des Verfassers, die er am Ende des Abschnitts in V. 26 mit Hilfe eines Vergleichs[93] (aus der

[89] F. MUSSNER, aaO.

[90] Nach F. MUSSNER, Jak 150 ist ὁμοίως δὲ καί »häufige Übergangsformel, weniger im Sinn von similiter als von item (›ebenso aber auch‹)«.

[91] Vgl. Hebr 11,31; 1 Klem 12.

[92] Auf den ersten Blick scheint es gewiß eine Schwierigkeit zu bedeuten, daß Jakobus nicht eigens vom Glauben der Rahab spricht (wenngleich dieser in V. 26, wie γάρ andeutet, vorausgesetzt ist). Dies aber berechtigt noch lange nicht zu der Annahme, es gehe (auch) bei diesem Beispiel allein um die Werke. Denn immerhin übergeht Jakobus ja auch den Hinweis auf den Jos 6,22 ff. erwähnten Lohn der Rahab für ihre Tat. Daß beides (Glaube und Lohn für die Tat) hier keine Erwähnung findet, hängt damit zusammen, daß für Jakobus das, was er am Beispiel Abrahams entwickelt hat, »ohne weitere Diskussion auch für Rahab« gilt (so R. WALKER, aaO. 186, der allerdings meint, der Glaube könne hier schon deshalb nicht mehr erscheinen, weil er bereits »für die Rechtfertigung Abrahams gründlich aus dem Feld geschlagen« sei).

[93] Wie das γάρ anzeigt, dient der Vergleich »formell als Begründung zu v. 25« (M. DIBELIUS – H. GREEVEN, Jak 206).

Anthropologie)[94] und in deutlichem Anklang an die Formulierung des Schlußsatzes des ersten Abschnitts (V. 17) noch einmal prägnant in die Worte faßt: »Denn wie der Leib ohne Geist tot ist, so ist auch der Glaube ohne Werke tot.« Der Verfasser will sagen: Wenn der Glaube nicht mit den Werken zusammenwirkt, dann ist er tot wie ein Leichnam, bei dem Leib und Seele getrennt sind, und hat daher keine Heilsbedeutung; er kann nicht retten[95]. Wenn er aber mit den Werken zusammenwirkt – und mit den »Werken« sind, wie gerade aus dem Rahab-Beispiel hervorgeht, konkret die Werke der *Liebe* gemeint –, dann wird er »zur rettenden fides viva«[96].

Die wesentlichsten Aspekte der Theologie der »Vollkommenheit«

1. Das Zusammenwirken von Glauben und Werken

Die Analyse des Abschnitts 2,14–26 hat einen wesentlichen (wenn nicht sogar den wesentlichsten) Aspekt verdeutlicht, unter dem der Verfasser des Jakobusbriefes seine Theologie der »Vollkommenheit« darstellt. Für ihn gilt weder »Glaube ohne Werke« (2,14) noch »Werke ohne Glauben« (2,18); vielmehr müssen – wie die Beispiele Abraham und Rahab zeigen – Glaube und Werke zusammenwirken; nur in diesem *Zusammen*, d. h. in der Einheit mit den Werken wird der Glaube »vollkommen« (vgl. 2,22) und führt zur Rechtfertigung durch Gott[97]. Deshalb darf es für den Christen keine Diastase zwischen Glauben und Werken geben, will er selbst als »Vollkommener« vor Gott dastehen.

[94] W. SCHRAGE, Jak 34; F. MUSSNER, Jak 151.

[95] Nach M. DIBELIUS – H. GREEVEN, Jak 206 ist der Vergleichspunkt »selbstverständlich nur der Todeszustand«. Jedoch wird man genauer sagen müssen: Der Vergleichspunkt ist nicht erst der Todeszustand selbst, sondern das, was ihn auslöst, also die *Trennung* von Leib und Seele bzw. von Glaube und Werken (vgl. beidemal das χωρίς); so auch A. SCHLATTER, Jak 206. Auf keinen Fall kann man aber aus dem Satz ein »Allein aus Werken« ableiten, wie es wieder R. WALKER, aaO. 188 f. tut, der dementsprechend erklärt: »2,26 hebt noch einmal hervor, was im Vorausgehenden durchgängig mit ἡ πίστις gemeint war; es legt den passiven Inhalt von ἡ πίστις in einem großen Finale eindeutig fest: wie der Leib ohne Geist tot ist, so ist auch der Glaube ohne Werke tot. Gibt es eine radikalere Abwertung des Glaubens?«

[96] F. MUSSNER, Jak 151.

[97] Die Werke »konstituieren« aber nicht erst den Glauben (gegen R. WALKER, aaO. 170) oder bringen ihn gar erst »ins Dasein« (187). Vielmehr hat der Glaube durchaus seine Eigenbedeutung; allerdings muß er stets ein »vollkommener«

2. Die Weisheit

Ähnliches gilt für einen anderen Aspekt, den der Verfasser im Zusammenhang mit seiner Theologie der »Vollkommenheit« nennt: für die Weisheit (σοφία). Von ihr handelt ausführlich der Abschnitt 3,13–18: Wer weise sein will, wird hier betont, darf sich nicht nur als Lehrer der anderen dünken, sondern muß »aus dem guten Lebenswandel (ἐκ τῆς καλῆς ἀναστροφῆς) seine Werke in der Sanftmut der Weisheit zeigen« (V. 13)[98]; ja mehr noch: Die »von oben kommende Weisheit«, die im Gegensatz zur »irdischen, psychischen, dämonischen« Weisheit steht (V. 15; vgl. V. 17)[99], muß geradezu mit dem Menschen selbst zur Einheit und Ganzheit geworden sein, will er als wirklicher σοφός gelten. Von daher ist es kein Zufall, daß der »Tugendkatalog« in V. 17, der selbstverständlich für den σοφός gelten soll[100], tatsächlich auf die σοφία angewendet wird, wie es ebenso nicht zufällig sein dürfte, daß die aufgeführten »Tugenden« ihrerseits allesamt das Ganzheitliche zum Ausdruck

Glaube sein. Diese »Vollkommenheit« des Glaubens zeigt sich gewiß wesentlich in den Werken der Liebe und führt mit ihnen zusammen zur Rechtfertigung; sie muß aber – und dies darf nicht übersehen werden – auch sonst vorhanden sein; z. B. beim Gebet (vgl. 1,6 ff.: »Er soll aber bitten im Glauben, ohne den geringsten Zweifel; denn wer zweifelt, . . . [ist] ein zwiespältiger Mann . . .«) oder in der Anfechtung (vgl. 1,2 ff.).

98 A. Schlatter, Jak 232 deutet den Satz so: »Wie sich der Glaube durch die Tat zeigt und durch sie vollendet wird, so wird auch die Weisheit durch die ἀναστροφή sichtbar, durch die Weise, wie sich der Weise betätigt und sich eine Wirksamkeit verschafft.« Diese Deutung ist allerdings etwas zu ungenau. Jakobus sagt nicht direkt, die *Weisheit als solche* solle durch die (gute) ἀναστροφή sichtbar werden, wohl aber hebt er darauf ab, daß die (offenbar schon vorausgesetzten) *Werke* der Weisheit aus der ἀναστροφή erwiesen werden müssen. Wenn man will, kann man sagen: Der Grundsatz der »Vollkommenheit« kommt hier sogar in einer *doppelten* Hinsicht zur Geltung, zum einen dadurch, daß überhaupt eine Übereinstimmung zwischen Lehre und Werken (bzw. zwischen Theorie und Praxis) bestehen muß, wenn jemand wirklich »weise« (und damit »vollkommen«) sein will; zum anderen dadurch, daß sich (zusätzlich) auch die Werke des Betreffenden als »vollkommen« erweisen müssen; dieser »Erweis« geschieht »aus dem guten Wandel«. Was damit gemeint ist, sagt der »Tugendkatalog« in 3,17.

99 Vgl. dazu u. a. die Ausführungen bei J. Wanke, Lehrer 489–511, bes. 495.

100 J. Wanke, aaO. 496 vermutet, »daß in Jak 3,17 ein Tugendspiegel verarbeitet ist, der ursprünglich auf die Lehrer in den Gemeinden zugeschnitten war und der erst durch die nachträgliche Verknüpfung mit dem Stichwort ›Weisheit‹ und durch Erweiterungen des Verfassers des Jakobusbriefes zu einem allgemeinen Tugendkatalog geworden ist« (vgl. auch 499).

bringen[101]: »Die Weisheit aber, die von oben stammt, ist erstens lauter, sodann friedfertig, nachgiebig, willig, voll von Erbarmen und guten Früchten, einfältig[102], ohne Heuchelei.«

3. Wort und Gesetz – Hören und Tun

Ebenso wie mit der Weisheit verhält es sich nach 1,16–25 mit dem Wort (λόγος). Wie die σοφία »von oben« kommt (3,15.17), so kommt auch der λόγος als δώρημα τέλειον (1,17) von Gott, der »uns seinem Willen gemäß durch das *Wort der Wahrheit* (λόγῳ ἀληθείας) hervorgebracht hat« (1,18). Dieser λόγος ist uns »eingepflanzt« (ἔμφυτος) und vermag die »Seelen zu retten«; deswegen gilt es, ihn anzunehmen (1,21); das aber heißt – und hier kommt wieder das Thema der Ganzheit im Sinne des τέλειος εἶναι zum Tragen –: man darf ihn nicht nur hören, sondern muß ihn in seinem *Tun* verwirklichen[103]. So ist es zu verstehen, wenn der Verfasser in 1,22 fordert: »Werdet aber Täter des Wortes und nicht nur Hörer, die sich selbst betrügen!« Diese Forderung wird zunächst in 1,23 f. »mit einem Vergleich erläutert«[104] bzw. begründet[105] (vgl. das ὅτι in V. 23 und das γάρ in V. 24)[106]: »Denn wenn jemand (nur) Hörer des Wortes und nicht Täter ist, gleicht dieser einem Mann, der das Aussehen seines Daseins (τὸ πρόσωπον τῆς γενέσεως αὐτοῦ)

[101] Zu den schon bei 3,13 genannten Aspekten, unter denen der Grundsatz der »Vollkommenheit« bezüglich der σοφία abgehandelt wird, tritt in 3,17 also ein weiterer hinzu: Es gehört zur »Vollkommenheit«, daß der Weise mit der Weisheit selbst zu einer Einheit wird, was sich wiederum an den ihn kennzeichnenden »Tugenden« zeigt, die allesamt auf Einheit und Ganzheit ausgerichtet sind.

[102] Nach M. DIBELIUS – H. GREEVEN, Jak 257 bedeutet das Adjektiv ἀδιάκριτος ursprünglich im negativen Sinn »ohne Teilung«, »parteilos«; hier, im Tugendkatalog, hat es eher die positive Bedeutung »einfältig« oder »einträchtig«. W. SCHRAGE, Jak 41 übersetzt das Adjektiv mit »ohne Zweifel«. Diese Übersetzung kann sich auf 1,5 f. stützen.

[103] Vgl. F. MUSSNER, Jak 104: »Gläubige, wirkliche ›Annahme‹ des Wortes zeigt sich für Jak in seiner Verwirklichung.« Dem hier zum Ausdruck gebrachten Ganzheitsgedanken entspricht auch schon der (in Parallele zur Forderung nach Aufnahme des »eingepflanzten Wortes« stehende) Imperativ in V. 21: »Legt darum *allen* Schmutz und die *Überfülle* des Bösen ab!«.

[104] M. DIBELIUS – H. GREEVEN, Jak 147.

[105] Näherhin soll der Vergleich »begründen, warum das bloße Hören des Wortes ohne eine Umsetzung in die Tat fruchtlose Selbsttäuschung ist« (F. MUSSNER, Jak 105).

[106] »Vielleicht« folgt der Verfasser bei dem Vergleich einer Tradition (so F. MUSSNER, aaO. unter Hinweis auf Mt 7,26 f.; Abot III 17b).

im Spiegel betrachtet[107]. Denn er betrachtete sich und ging weg, und sogleich vergaß er, wie beschaffen er war.«

Das hier begegnende »Bild vom Spiegel spielt in der antiken Literatur, auch gerade in der religiösen, eine bedeutsame Rolle«[108], ist aber im vorliegenden Zusammenhang nicht leicht zu verstehen. Um zu einem richtigen Verständnis dessen zu gelangen, was der Verfasser mit diesem Vergleichsbild sagen will, darf man nicht in den Fehler verfallen, die einzelnen Züge allegorisierend auszudeuten, wenn dies auch nahezuliegen scheint[109], sondern muß nach dem *einen* tertium comparationis fragen, das den Sinn des Vergleichs erschließen kann. Worin aber besteht der »springende Punkt«, der Bild- und Sachhälfte miteinander verbindet? Ist vielleicht an die »Oberflächlichkeit«[110], die »Flüchtigkeit«[111] oder die

[107] Die Wendung τὸ πρόσωπον τῆς γενέσεως αὐτοῦ ist schwer zu erklären, da die Substantive an sich verschiedene Bedeutungen haben: πρόσωπον kann z. B. heißen »Gesicht« oder »Aussehen« (vgl. E. Lohse, ThWNT VI 777), γένεσις kann u. a. bedeuten »Natur«, »Dasein«, »Leben«, sodann »Geburt«, »Abstammung«, aber auch »Ursprung«, »Wurzel« (vgl. F. Büchsel, ThWNT I 681–685; A. Kretzer, EWNT I 582 ff.). Entsprechend vielfältig sind die Übersetzungsvorschläge zu τὸ πρόσωπον τῆς γενέσεως αὐτοῦ. Beachtet man aber, daß Jakobus in 1,11 das Wort πρόσωπον im Sinne von »Aussehen« gebraucht – näherhin geht es dort um die äußere Gestalt einer Blume – und in 3,6 das Wort γένεσις im Sinne von »Dasein«, »Leben« versteht – mit dem τροχὸς τῆς γενέσεως ist dort das »Rad des Lebens« gemeint –, dann liegt es nahe, die Wendung in 1,23 mit »Aussehen seines Daseins« wiederzugeben (so z. B. auch E. Lohse, aaO. 777; M. Dibelius – H. Greeven, Jak 148). Der Verfasser will dann nicht einfach hervorheben, daß das Gesicht des Menschen »von seiner Geburt, seiner Abstammung her gegeben ist« (F. Mussner, Jak 105) bzw. daß es sich bei dem, was der Mensch im Spiegel sieht, um »sein natürliches Aussehen« handelt (O. Knoch, Jak 46; W. Schrage, Jak 21 u. a.) – dies hervorzuheben erscheint ja im Grunde überflüssig –; vielmehr will er betonen, daß das Spiegelbild nicht das (eigentliche und ganze) Dasein des Menschen wiedergibt, sondern nur das, was davon rein äußerlich erkennbar ist. Jedenfalls wird der Zusatz τῆς γενέσεως αὐτοῦ (statt eines einfachen αὐτοῦ) am besten verständlich, wenn man davon ausgeht, daß »γένεσις etwas Wesentliches hinzubringt« (M. Dibelius – H. Greeven, Jak 148).

[108] M. Dibelius – H. Greeven, Jak 147; vgl. F. Mussner, Jak 105.

[109] Vgl. zur Kritik M. Dibelius – H. Greeven, aaO.: »In der Tat legt der Anfang von v. 25 es nahe, den Spiegel auf νόμος oder λόγος zu deuten; dann kommt man dazu, nach dem Objekt zu fragen, das dieser Spiegel wiedergibt; schließlich vergleicht man die Art des Sehens und findet so des Deutens kein Ende.«

[110] Auf die »Oberflächlichkeit« hebt z. B. O. Knoch, Jak 47 ab.

[111] Um die »Flüchtigkeit des im Spiegel dargebotenen Bildes« geht es nach G. Kittel, ThWNT II 693. Auch F. Mussner, Jak 106 nimmt »die oberflächliche Flüchtigkeit, mit der jemand sein Antlitz im Spiegel betrachtet«, als Vergleichspunkt.

»Schnelligkeit des Vergessens eines empfangenen Eindrucks«[112] als Vergleichspunkt zu denken? Man wird sagen können: Selbstverständlich spielen alle diese Momente eine Rolle; das Entscheidende liegt freilich wohl in dem (die genannten Momente zusammenhaltenden) Grundgedanken, daß eine rein äußere Wahrnehmung, wie der Blick in den Spiegel sie ermöglicht, als solche *unvollkommen* ist; man gewinnt ja immer nur ein (notwendigerweise oberflächlich-flüchtiges, schnell vergehendes) Bild, macht sich dadurch aber das Wesen der Sache selbst nicht wirklich zu eigen. Nimmt man den Gedanken der *Unvollkommenheit* (einer rein äußerlichen Wahrnehmung) als das eigentliche tertium comparationis, dann dürfte der Sinn des Vergleichs so zu bestimmen sein: Wie mit jemandem, der, sich im Spiegel betrachtend, nur ein unvollkommenes Bild von sich selbst erhält – er sieht ja nur das »Aussehen seines Daseins« (τὸ πρόσωπον τῆς γενέσεως αὐτοῦ) und gewinnt weder einen vollständigen noch einen bleibenden Eindruck davon, »wie beschaffen« er wirklich ist –, so verhält es sich mit dem, der lediglich Hörer des Wortes ist (sich also ebenfalls mit einer bloß äußerlichen Wahrnehmung zufrieden gibt): Er gewinnt nur ein unvollkommenes Bild von dem, was der λόγος seinem Wesen nach ist: nämlich Anspruch des Willens Gottes, den es im Leben zu verwirklichen gilt; und da er diesen Anspruch nicht vollkommen erfaßt, kann er ihn wiederum auch nicht erfüllen und bleibt somit selbst ein »unvollkommener« Mensch, bei dem Hören und Tun (oder um es mit der Terminologie von 2,14–26 zu sagen: Glaube und Werke) auseinanderklaffen. Wer sich nun aber mit diesem »Auseinanderklaffen« zufriedengibt, erliegt letztlich der Selbsttäuschung (vgl. V. 22)[113].

[112] So W. Schrage, Jak 23, der allerdings darauf hinweist, daß dieser Vergleichspunkt nicht genügt; »weil nach V. 24 der, der in den Spiegel sieht, ›sich selbst‹ erblickt, und weil er beim Fortgehen nicht nur vergißt, was er gesehen (sein Gesicht) oder wie er ausgesehen hat, sondern ›was für einer‹ er war«, kommt es nach Schrage entscheidend auf das Moment der »Selbsterkenntnis« an. Das »Vergessen« wird auch bei M. Dibelius – H. Greeven, Jak 147 als der »springende Punkt« bezeichnet. A. Schlatter, Jak 149 verbindet das Moment des »Vergessens« der Wahrnehmung mit dem ihrer »Wertlosigkeit«: Das Bild »verblaßt sofort, sowie wir uns vom Spiegel entfernen. Es ist nicht möglich, die Wahrnehmung in der Erinnerung festzuhalten. Das Gleichnis verdeutlicht die Wertlosigkeit jeder Erkenntnis, die nicht bis in den Grund der Seele vordringt und nicht stark genug ist, um das Handeln zu gestalten.«

[113] Nach A. Kretzer, EWNT I 583 »liegt dem Autor daran, den Ursprung, den Ausgangspunkt, die Wurzel zu erkennen und den Menschen dorthin (zu seinem ›Urbild‹) zurückzuführen. Alles andere ist Selbsttäuschung, ja Selbstverlust.« Daran ist sicher richtig, daß Jakobus den Menschen (Christen) letztlich zu jener wahren

Demgegenüber betont der Verfasser in 1,25 noch einmal sein eigenes Ideal, wie es sich als Antithese (δέ!) aus dem Vergleich ergibt[114]: »Wer aber, nachdem er genau hingeschaut hat in das vollkommene Gesetz der Freiheit (εἰς νόμον τέλειον τὸν τῆς ἐλευθερίας), darin auch verharrt, (und) nicht vergeßlicher Hörer geworden ist, sondern Täter des Werkes, dieser wird selig sein durch sein Tun«.

An der Formulierung dieses Satzes fällt nicht nur auf, daß Jakobus statt (wie in 1,22 f.) vom »Täter des Wortes« nun vom »Täter des Werkes« spricht, sondern daß er überhaupt nicht mehr vom λόγος redet, vielmehr vom νόμος, den er näherhin als νόμος τέλειος ὁ τῆς ἐλευθερίας, als »vollkommenes Gesetz der Freiheit«, bezeichnet. Dies deutet darauf hin, daß für den Verfasser »Täter des Wortes« und »Täter des Werkes« ebenso zusammengehören, ja geradezu identisch zu sein scheinen wie »Wort« (λόγος) und »Gesetz« (νόμος)[115]. Wie hat man diese »Identifizierung« zu verstehen?

Diese Frage stellt sich vor allem deshalb, weil der λόγος für Jakobus offensichtlich zunächst ganz generell das verkündigte Wort der christlichen Botschaft meint, was sich daraus erschließen läßt, daß er den λόγος in 1,18 »Wort der Wahrheit« nennt, durch das uns Gott seinem Willen gemäß hervorgebracht hat[116], und in 1,21 dazu auffordert, das

Selbsterkenntnis führen will, die im Erkennen seines »Ursprungs« und im Einswerden mit diesem besteht. Allerdings darf man dabei nicht an eine Selbsterkenntnis denken, wie sie z. B. bei Seneca propagiert wird (vgl. F. MUSSNER, Jak 106); es geht vielmehr um die Erkenntnis dessen, was der Mensch nach dem *ursprünglichen Willen Gottes,* der ihn durch das »Wort der Wahrheit« hervorgebracht hat (V. 21), sein soll, nämlich ein τέλειος ἀνήρ.

[114] Gegen F. MUSSNER, aaO., der die Ansicht vertritt, erst V. 25 bringe die eigentliche Sachhälfte des Vergleichs, ist mit M. DIBELIUS – H. GREEVEN, Jak 147 darauf hinzuweisen, »daß v. 25 an das Bild nur anknüpft« (um nämlich daraus die antithetische Folgerung zu ziehen), »daß aber der Vergleich selbst in v. 23.24 vollständig enthalten ist«.

[115] Vgl. dazu u. a. W. GUTBROD, ThWNT IV 1074.

[116] Auch sonst bezeichnet die Wendung »Wort der Wahrheit« im Neuen Testament (z. B. 2 Kor 6,7; Eph 1,13; Kol 1,5) allenthalben »die konkrete apostolische Verkündigung (das ›Evangelium‹), die die göttliche Wahrheit ans Licht bringt« (F. MUSSNER, Jak 94). Insofern ist es durchaus berechtigt, mit M. DIBELIUS – H. GREEVEN, Jak 137 unter dem λόγος ἀληθείας das »Evangelium« im umfassenden Sinn zu verstehen. Jedenfalls darf man ὁ λόγος nicht vorschnell einseitig »nomistisch« ausdeuten, wie dies z. B. bei R. WALKER der Fall ist, der aus dem »Fehlen spezifisch christologischer und evangelischer Traditionen im Jakobusbrief« (Allein aus Werken 161) den Schluß zieht, der λόγος ἀληθείας meine hier »ohne jeden Abstrich« das Wort, das »den gesetzlichen Kanon des frommen und gerechten Lebens« (d. h. die »Wahrheit«) zum Inhalt hat und als solches »nicht . . . mit

»eingepflanzte Wort« anzunehmen, das sie Seelen zu retten vermag[117]. Da nun aber der λόγος gerade als »Wort der Wahrheit« den *Willen* Gottes widerspiegelt (vgl. das βουληθείς in 1,18) und als »eingepflanztes« Wort natürlicherweise darauf angelegt ist, Frucht zu bringen, d. h. aufgenommen (vgl. 1,21: δέξασθε) und getan zu werden (vgl. 1,22: γίνεσθε δὲ ποιηταὶ λόγου)[118], ist der λόγος notwendigerweise *zugleich* νόμος, göttliches Gesetz, das dem Christen die im Tun zu verwirklichende sittliche Norm angibt[119]. Insofern der λόγος als νόμος im Tun (ἔργον) sein Ziel findet, kann der Verfasser nicht nur λόγος durch νόμος, sondern auch »Täter des Wortes« durch »Täter des Werkes« ersetzen und von diesem sagen: »Er wird selig sein durch sein Tun«[120].

irgendetwas Christlichem in Verbindung« steht (159). Natürlich enthält λόγος »den gesetzlichen Kanon des frommen und gerechten Lebens«, aber es ist eben nicht irgendein »Kanon«, sondern der mit dem christlichen »Evangelium« gegebene! Abzulehnen ist aufgrund des Gesagten übrigens selbstverständlich auch die u. a. von C.-M. EDSMAN, Schöpferwille 11–44 vertretene These, der λόγος sei hier das Schöpferwort Gottes gemäß Gen 1. Die Aussage Jak 1,18 ist indes nicht kosmologisch, sondern *soteriologisch* zu verstehen. Vgl. F. MUSSNER, Jak 94 f.

117 Das »eingepflanzte Wort« ist nach F. MUSSNER, Jak 102 »das im Taufunterricht eingepflanzte Wort. Näherhin kann dann damit nur die Bekanntgabe der christlichen Grundwahrheiten gemeint sein, die nicht bloß christologisch-soteriologischen, sondern auch ethischen Inhalts sind. ›Das eingepflanzte Wort‹ . . . darf wohl mit der urapostolischen Paradosis identifiziert werden, die im Taufunterricht vermittelt wurde.«

118 Vgl. F. MUSSNER, aaO: »Weil das Wort ›eingepflanzt‹ ist, soll es Frucht tragen, was vom Verhalten jener abhängt, in die es eingepflanzt ist.«

119 A. SCHLATTER, Jak 150 bemerkt treffend: »Ein Wort, das getan werden soll, ist ein Gesetz, und dieses Merkmal, Gesetz zu sein, ist dem göttlichen Wort immer eigen; denn Gott ist der Gesetzgeber, 4,12, und ist es wie alles, was er ist, beständig. Es gibt also kein Wort Gottes, das nicht auch Gesetz wäre, und dies ist es gerade dann, wenn es die Rettung verkündet und schafft. Der Mensch hört also das Wort Gottes nur dann richtig, wenn er im Wort das Gesetz hört. Es muß seinen Willen ansprechen und ihn durch seine Heiligkeit binden, so daß er den ihm geltenden göttlichen Willen vernimmt.«

120 Wie das Futur anzeigt, ist der Makarismus hier »eschatologisch« ausgerichtet (vgl. auch 1,12); er verweist also auf den »sicheren göttlichen Lohn«, der dem Werktäter *durch* sein Tun zukommen wird (so F. HAUCK, ThWNT IV 372; F. MUSSNER, Jak 110) und nicht auf das ihm schon jetzt bei seinem Tun zuteil werdende Heil. So aber u. a. M. DIBELIUS – H. GREEVEN, Jak 153: ἔσται ist »als logisches Futurum zu verstehen (im Deutschen nahezu Gegenwart) und nicht unter Berufung auf 1,21 eschatologisch zu deuten. ἐν bezeichnet den begleitenden Umstand, indirekt aber, da das Ganze ein lobendes Urteil ausspricht, dessen Grund: ›Heil ihm bei seinem Tun‹.« Vgl. ferner O. KNOCH, Jak 48: »Durch das ›Tun‹ des Willens Gottes . . . wird im Leben des Christen bereits jetzt das Heil gegenwärtig.«

Was mit dem Tun des näheren gemeint ist, ergibt sich besonders deutlich aus den Ausführungen in 2,1–13. Der Verfasser denkt an die konkrete Verwirklichung des *Liebesgebotes*. Dann aber bezieht sich die Wendung »vollkommenes Gesetz der Freiheit« in 1,25 (vgl. auch 2,12) – ebenso wie die Wendung »königliches Gesetz« (νόμος βασιλικός) in 2,8 – eindeutig auf eben dieses Liebesgebot und *nicht auf das alttestamentliche Gesetz*[121]. Zwar wird in 2,9–11 ohne Zweifel eine Verbindung zum alttestamentlichen νόμος hergestellt[122]. Dies geschieht aber lediglich, um die in 2,8 ausgesprochene Grundthese, wonach man nur dann gut handelt, wenn man »das ›königliche Gesetz‹ erfüllt gemäß der Schrift: ›Liebe deinen Nächsten wie dich selbst‹« (Lev 19,18), durch den Hinweis darauf zu erläutern, daß jedwede Übertretung eines der im alttestamentlichen νόμος (speziell in der 2. Tafel) aufgeführten Gebote dem »Kern des göttlichen Willens, der im ›Liebesgesetz‹ sich offenbart«[123], widerspricht (also zwangsläufig Verletzung des νόμος βασιλικός ist) und, da dieser Wille stets ein ganzer ist, (gerade als Verletzung des νόμος βασιλικός) immer auch eine Versündigung gegen das *ganze* Gesetz darstellt[124]. So bedeutet z. B. der Personenkult (2,9) genauso eine Übertretung des νόμος βασιλικός und damit des ganzen Gesetzes wie Ehebruch oder Mord (2,11)[125].

Freilich heißt das Liebesgebot nicht schon deshalb »vollkommenes Gesetz der Freiheit«, weil es das »Ganze« des Gesetzes ausmacht, sondern weil es – im Unterschied zum »unvollkommenen« Gesetz des Alten Bundes – »das durch Jesus vollendete Gesetz« ist (Mt 5,17; vgl.

[121] Vgl. W. Gutbrod, ThWNT IV 1074: Der Zusatz τέλειος ὁ τῆς ἐλευθερίας will den Ausdruck νόμος »vor dem Mißverständnis schützen, als sei damit das Gebot des at.lichen Gesetzes gemeint«.

[122] Gerade dies bringt z. B. M. Dibelius – H. Greeven, Jak 177 dazu, den Ausdruck νόμος βασιλικός nicht auf das Liebesgebot zu beziehen, sondern allgemein »auf das Gesetz, von dem jenes Gebot einen Teil bildet«.

[123] O. Knoch, Jak 58.

[124] Das Liebesgebot ist also nicht »ein Teil des ganzen Gesetzes«, so daß es nur »denselben Rang wie irgendein anderes Gebot des Gesetzes« hat (W. Schrage, Jak 28; ähnlich M. Dibelius – H. Greeven, aaO.); es ist allerdings auch nicht lediglich die »Summe« einzelner Gebote, sondern macht, da es den Einzelgeboten als Maßstab zugrunde liegt, überhaupt das *Ganze* des Gesetzes und seine *Erfüllung* aus (vgl. Röm 13,8 ff.), ja ist »im eigentlichen Sinn ›das Gesetz‹. An ihm wird daher auch Reden und Tun gemessen« (W. Gutbrod, ThWNT IV 1074).

[125] F. Mussner, Jak 126 sagt es anders und z. T. umgekehrt: Die Verweigerung der Nächstenliebe ist ihrerseits »eine Art Mord«, das (ebenfalls eine Verletzung des Liebesgebotes darstellende) »Buhlen mit den Reichen eine Art von (geistigem) ›Ehebruch‹«.

Mk 12,28 ff.)[126], das als νόμος τέλειος aus der dem Christen geschenkten Freiheit (ἐλευθερία) von Sünde und Tod erwächst[127], wie es ebenso »seine Befolger zur Freiheit führen kann«[128] und sie – gerade als Befolger des νόμος τέλειος – zu »vollkommenen« Menschen macht[129] und damit zu wahren Christen[130].

Ergebnisse

Die wichtigsten Ergebnisse der vorangehenden Erwägungen lassen sich in folgenden Punkten kurz zusammenfassen:

1. Beim Jakobusbrief handelt es sich nicht um eine jüdische, auch nicht um eine christlich überarbeitete jüdische Schrift, sondern um eine genuin *christliche* Schrift[131]. Das aufgenommene paränetische Traditionsgut darf darüber nicht hinwegtäuschen.

2. In diesem Schreiben sind nicht lediglich Sprüche und Spruchreihen ohne Plan und Ziel aneinandergefügt, so daß sich »eine theologisch unprofilierte Anhäufung gemischter Imperative«[132] ergibt. Vielmehr wird der Brief – und zwar in allen seinen Teilen, also sowohl in den »grundsätzlichen« Abschnitten (1,16–25; 2,1–13; 2,14–26; 3,13–18) als auch in den »speziellen« Paränesen – offensichtlich von einem *einheitlichen*

[126] F. Mussner, Jak 109.

[127] Schon Paulus kann ja in Röm 8,2 von dem νόμος τοῦ πνεύματος τῆς ζωῆς ἐν Χριστῷ Ἰησοῦ sprechen und von ihm sagen: »Er hat dich von dem Gesetz der Sünde und des Todes befreit (ἠλευθέρωσεν).«

[128] F. Mussner, aaO.

[129] Vgl. O. Knoch, Jak 48: »Es [das vollkommene Gesetz der Freiheit] kommt aus dem Heilswillen Gottes, zielt auf die Vollkommenheit des erlösten Menschen und wirkt sich im ›königlichen Gesetz‹ der selbstlosen Nächstenliebe aus (2,8; vgl. 4,11 f.). So kommt dieses Gesetz aus der Freiheit des von Sünde, Selbstsucht und Weltgeist erlösten Menschen, es bewahrt ihn darin und wirkt diese Freiheit vollkommen aus.«

[130] Dazu F. Mussner, Jak 108: »Das *vollkommene* Gesetz befähigt zum Christen . . ., wie das unvollkommene Gesetz des Alten Bundes zum Juden befähigt hat. Diesem ›vollkommenen Gesetz‹ wird zwar nicht seine ›Gesetzhaftigkeit‹ abgesprochen, aber es wird nicht als lästige Last empfunden.«

[131] Dafür sprechen – außer der Thematik – übrigens auch die zahlreichen (hier nicht näher zu behandelnden) Berührungen mit den synoptischen Herrenworten. Vgl. dazu das Urteil bei G. Kittel, Ort 84: »Es gibt keine Schrift des NT außer den Evangelien, die so mit Anklängen an Herrenworte gespickt ist wie er.«

[132] R. Walker, Allein aus Werken 156.

Thema geprägt[133]: dem Thema »Christliche Vollkommenheit«. Zwar begegnet dieses Thema auch anderswo in den Schriften des Neuen Testaments[134]; aber im Jakobusbrief wird die Theologie der »Vollkommenheit« nicht nur umfassender, sondern auch durchaus *eigenständig* vorgetragen.

3. Diese *Theologie der »Vollkommenheit«* geht von dem Gottesgeschenk aus, welches das »vollkommene Geschenk« (1,17), die »Zeugung« durch das »Wort der Wahrheit« (1,18), das »eingepflanzteWort« (1,21), das »vollkommene Gesetz der Freiheit« (1,25; vgl. 2,12) oder auch die »Weisheit von oben« (3,15.17; vgl. 1,5) genannt wird und die Christen gewissermaßen zur ἀπαρχὴ τῶν αὐτοῦ κτισμάτων (1,18) macht[135]. Das eigentliche Anliegen dieser Theologie besteht freilich darin, den Nachweis zu führen, daß das Gottesgeschenk ganz ins christliche Leben integriert werden und mit ihm eine Einheit bilden muß: Der Christ soll ein τέλειος, nicht ein δίψυχος sein[136]! Diese zweifellos große Theologie ist deshalb so schwer zu erkennen, weil sie sich in der Form der Paränese darbietet. Sie ist deshalb so oft verkannt worden und wird immer noch verkannt, weil sie verkürzt als »Werkgerechtigkeit« gesehen und an Paulus, näherhin an der paulinischen Rechtfertigungslehre, gemessen wird[137]. Beides aber ist ein Mißverständnis. Von einer »Werkgerechtigkeit« im einseitigen Sinn kann bei Jakobus keine Rede sein. Be-

[133] Die Frage, ob und inwieweit der Einheit des Themas auch ein einheitlicher Aufbauplan entspricht (wofür es manche Hinweise gibt) müßte noch genauer untersucht werden. Die bisherigen Untersuchungen zu Gliederung und Gedankengang des Briefes (z. B. die von A. Meyer, G. Hartmann, R. Reicke, M. Rustler, M. Gertner) überzeugen jedenfalls nicht, zumal sie z. T. von falschen Voraussetzungen ausgehen. Vgl. zu dieser Frage auch K. Kürzdörfer, Charakter 96–113.

[134] Man denke nur an die »Vollkommenheitslehre« des Matthäusevangeliums (5,48; 19,21); vgl. dazu R. Schnackenburg, Vollkommenheit 131 ff.; K. H. Schelkle, Theologie III 204 f.

[135] Der Ansatzpunkt ist also nicht anthropologisch, sondern *theologisch* im eigentlichen Sinn. Vgl. K. H. Schelkle, aaO. 207: »Vom Menschen her gesehen ist die Vollkommenheit eine Unmöglichkeit. Nur Gott kann Vollkommenes geben: ›Jede gute Gabe Gottes und jedes vollkommene Geschenk stammt vom Vater der Lichter‹ (Jak 1,17). Licht ist immer kostbare Gabe. Da Gott Schöpfer des Lichtes ist, kommt von ihm nur gute Gabe, zumal die vom Menschen ersehnte Vollkommenheit.«

[136] Aus dem »Indikativ« folgt also der »Imperativ«. »Die eigene Bemühung ist zur Erlangung der Vollendung betont« (K. H. Schelkle, aaO.)

[137] Bei einem Vergleich zwischen Paulus und Jakobus gilt es nach M. Dibelius – H. Greeven, Jak 214 aber immer »zu bedenken: daß man eigentlich Unvergleichbares nebeneinander stellt«.

sonders der Abschnitt 2,14–26 zeigt, daß für den Verfasser weder gilt »Glaube ohne Werke« (2,14) noch »Werke ohne Glauben« (2,18), sondern daß für ihn beides eine untrennbare Einheit bildet. Wenn dies aber seine Vorstellung ist, dann darf man ihn auch nicht vorschnell an Paulus messen (bzw. in ihm den Bekämpfer eines falsch verstandenen »Paulinismus« sehen) wollen. Man darf es schon deshalb nicht, weil Jakobus πίστις und ἔργα nicht in direkten Bezug zum alttestamentlichen νόμος setzt. Zwar spricht auch er vom νόμος, allerdings vom νόμος τέλειος ὁ τῆς ἐλευθερίας (1,25; vgl. 2,12) bzw. vom νόμος βασιλικός (2,8)[138], der mit dem λόγος, der christlichen Glaubensbotschaft, identifiziert werden kann (vgl. 1,18.21.25)[139]. Mit diesem νόμος aber meint der Verfasser nicht das alttestamentliche Gesetz – weder das ganze noch, unter Ausschluß des sogenannten Zeremonialgesetzes, nur das Sittengesetz[140] – sondern die »Erfüllung« dieses Gesetzes durch das (von Jesus Christus endgültig zur Geltung gebrachte) Liebesgebot (vgl. 2,8).

4. Dies ist nun auch für eine genauere *geschichtliche Einordnung* des Jakobusbriefes bedeutsam. Die Situation, die dieser Brief voraussetzt, dürfte eine andere sein als die des Paulus. Dieser sieht sich noch gezwungen, gegenüber der jüdischen Heilslehre zu betonen, daß der Mensch nicht ἐξ ἔργων νόμου (Röm 3,20; Gal 2,16 u. ö.) gerechtfertigt wird, sondern χωρὶς ἔργων νόμου allein durch die πίστις (Röm 3,28 u. ö.)[141]; dementsprechend konstatiert er einen scharfen Gegensatz zwischen πίστις und ἔργα in bezug auf die Rechtfertigung[142]. Bei Jakobus dagegen wird betont, daß πίστις und ἔργα, christlicher Glaube und christliche Werke – und damit sind wesentlich die Werke der Liebe gemeint – nicht auseinanderfallen dürfen, sondern daß der Glaube ganz ins Leben des Christen hineingenommen, in ihm vollendet werden muß. Das aber weist darauf hin, daß der Kampf, den Paulus um die Freiheit von der Herrschaft des alttestamentlichen Gesetzes führen mußte, zur Zeit des Jakobus längst der Vergangenheit angehört. Bei Jakobus geht

[138] Der Hinweis auf den alttestamentlichen νόμος in 2,9 ff. hat, wie gezeigt wurde, lediglich die Funktion einer Erläuterung zu 2,8, ist also eingebettet in die spezifisch christliche Theologie der »Vollkommenheit«, wie sie der Jakobusbrief entwickelt.

[139] Daß für Jakobus die *christliche* Glaubensbotschaft die Grundlage seiner Theologie und Paränese bildet, ergibt sich aus Stellen wie 2,1 oder 5,7–11.

[140] Doch vgl. demgegenüber z.B. M. Dibelius – H. Greeven, Jak 152; 179; W. Schrage, Jak 28.

[141] Bei Jakobus sucht man die Bezeichnung ἔργα νόμου vergebens.

[142] Es gilt zu beachten, daß es Paulus »nicht um den Gegensatz Glaube/Werke an sich geht«, sondern lediglich um die Hervorhebung der »Ablösung des alten durch den neuen Heilsweg« (R. Heiligenthal, EWNT II 126).

es nicht mehr darum, ob das alttestamentliche Gesetz, das die »Werke« fordert, als Heilsweg gelten kann, sondern darum, der Gefahr einer *Diastase von Glauben und Werken* zu wehren. Diese Gefahr, gegen die der Verfasser allenthalben ankämpft, aus der heraus er seine Theologie der »Vollkommenheit« entwickelt und um derentwillen er sie vermutlich auch in die Form der Paränese gekleidet hat, ist aber eine typische Gefahr nicht des Anfangs, sondern einer späteren Zeit[143].

[143] Insofern spricht alles dafür, die Zeit der Abfassung des Jakobusbriefes nicht allzu früh anzusetzen. Wahrscheinlich werden wir »für die Datierung des Briefes in eine Zeit verwiesen, die dem Ende des 1. Jh. mindestens sehr nahe lag« (A. WIKENHAUSER – J. SCHMID, Einleitung 579).

Literatur

BLINZLER, J., Art. »Jakobusbrief«, in: LThK[2] V, 861–863.
BÜCHSEL, F., Art. γίνομαι κτλ., in: ThWNT I, 680–688.
DELLING, G., Art. ἀργός κτλ., in: ThWNT I, 452–455.
– Art. τέλειος, in: ThWNT VIII, 68–79.
DIBELIUS, M. – GREEVEN, H., Der Brief des Jakobus (KEK 15[11]), Göttingen [5]1964.
EDSMAN, C.-M., Schöpferwille und Geburt Jac 1,18. Eine Studie zur altchristlichen Kosmologie, in: ZNW 38 (1939) 11–44.
GUTBROD, W., Art. νόμος D., in: ThWNT IV, 1051–1077.
HAUCK, F., Der Brief des Jakobus (KNT 16), Leipzig 1926.
– Art. μακάριος κτλ. D., in: ThWNT IV, 369–373.
HEILIGENTHAL, R., Art. ἔργον, in: EWNT II, 123–127.
KITTEL, G., Art. ἔσοπτρον, κατοπτρίζομαι, in: ThWNT II, 693 f.
– Der geschichtliche Ort des Jakobusbriefes, in: ZNW 41 (1942) 71–105.
KNOCH, O., Der Brief des Apostels Jakobus (Geistliche Schriftlesung 19), Düsseldorf 1964.
KRETZER, A., Art. γένεσις, in: EWNT I, 582–584.
KÜMMEL, W. G., Einleitung in das Neue Testament, Heidelberg [20]1980.
KÜRZDÖRFER, K., Der Charakter des Jakobusbriefes, (Diss.) Tübingen 1966.
LOHSE, E., Art. πρόσωπον κτλ., in: ThWNT VI, 769–781.
– Glaube und Werke. Zur Theologie des Jakobusbriefes, in: ZNW 48 (1957) 1–22.
MARXSEN, W., Einleitung in das Neue Testament. Eine Einführung in ihre Probleme, Gütersloh [4]1978.
MEYER, A., Das Rätsel des Jacobusbriefes (BZNW 10), Gießen 1930.
MUSSNER, F., Der Jakobusbrief (HThK XIII/1), Freiburg-Basel-Wien [3]1975.
OEPKE, A., Art. καθίστημι κτλ., in: ThWNT III, 447–449.
SCHELKLE, K. H., Theologie des Neuen Testaments III: Ethos, Düsseldorf 1970.
SCHENKE, H.-M. – FISCHER, K. M., Einleitung in die Schriften des Neuen Testaments II: Die Evangelien und die anderen neutestamentlichen Schriften, Gütersloh 1979.
SCHLATTER, A., Der Brief des Jakobus, Stuttgart [2]1956.
SCHNACKENBURG, R., Die Vollkommenheit des Christen nach Matthäus, in: DERS., Christliche Existenz nach dem Neuen Testament I, München 1967, 131–155.
SCHRAGE, W., Der Jakobusbrief, in: H. BALZ – W. SCHRAGE, Die »Katholischen« Briefe (NTD 10[12]), Göttingen [2]1980, 5–59.
SCHWEIZER, E., Art. δίψυχος, in: ThWNT IX, 666.
WALKER, R., Allein aus Werken. Zur Auslegung von Jakobus 2,14–26, in: ZThK 61 (1964) 155–192.
WANKE, J., Die urchristlichen Lehrer nach dem Zeugnis des Jakobusbriefes, in: R. SCHNACKENBURG – J. ERNST – J. WANKE (Hrsg.), Die Kirche des Anfangs (Festschrift für H. Schürmann), Freiburg-Basel-Wien 1978, 489–511.
WIKENHAUSER, A. – SCHMID, J., Einleitung in das Neue Testament, Freiburg -Basel-Wien [6]1973.
WINDISCH, H., Gnomon 10 (1934) 379–384.

Neutestamentliche Weisungen für Ehe und Familie*

In seinem Apostolischen Schreiben über die Aufgaben der christlichen Familie in der Welt von heute mit dem Titel »Familiaris Consortio«[1] vom 22. November 1981 erklärt Papst Johannes Paul II. in Art. 3 u. a.: »Die Kirche weiß aus dem Glauben um den Wert von Ehe und Familie in ihrer ganzen Wahrheit und tiefen Bedeutung; deshalb fühlt sie sich erneut gedrängt, das Evangelium, die ›Frohbotschaft‹, allen ohne Unterschied zu verkünden, besonders aber jenen, die zur Ehe berufen sind und sich auf sie vorbereiten, sowie allen Eheleuten und Eltern der Welt. Sie ist tief davon überzeugt, daß nur die Annahme des Evangeliums die volle Verwirklichung aller Hoffnungen schenkt, die der Mensch mit Recht in Ehe und Familie setzt.« Mit diesen Worten verdeutlicht der Papst ein Grundanliegen, das er mit seinem Schreiben verfolgt: Er will allen, namentlich denen, die es besonders angeht, erneut das Evangelium in bezug auf Ehe und Familie verkünden, aus der Glaubensüberzeugung heraus, daß das sich von Jesus Christus herleitende, in den Schriften des Neuen Testaments niedergelegte, von der Kirche je neu zu verkündende und von allen Gläubigen zu bezeugende Evangelium – und nur dieses – »den Wert von Ehe und Familie in ihrer ganzen Wahrheit und tiefen Bedeutung« erkennen läßt und deshalb auch nur die Annahme des Evangeliums all das erfüllen kann, was sich der Mensch von Ehe und Familie erhofft.

In der Tat atmet dieses Schreiben allenthalben den Geist des Evangeliums. So werden immer wieder Stellen aus der Heiligen Schrift, insbesondere aus dem Neuen Testament zitiert, die für den jeweils zur Debatte stehenden Diskussionspunkt relevant erscheinen. Detaillierte Ausführungen zu bestimmten Texten der Schrift oder gar eine zusammenhängende Darlegung der biblischen Weisungen zum Themenkomplex »Ehe und Familie« sucht man indes vergebens, was aber nicht verwundern darf, geht es doch dem Papst in diesem Schreiben nicht um die exegetische bzw. bibeltheologische Problematik, sondern um ein pastorales Ziel, nämlich darum, »vor der Menschheit die lebendige Sorge der

* Erstmals veröffentlicht in: Studien zum Neuen Testament und seiner Umwelt, Serie A/9, Linz 1984, 31–78.

[1] Die deutsche Übersetzung des Schreibens, aus der auch im folgenden zitiert wird, findet sich in Heft 33 der vom Sekretariat der Deutschen Bischofskonferenz herausgegebenen Schriftenreihe »Verlautbarungen des Apostolischen Stuhls«.

Kirche für die Familie zu bekunden und geeignete Weisungen für einen erneuerten pastoralen Einsatz in diesem so grundlegenden Bereich menschlichen und kirchlichen Lebens zu geben« (Art. 2).

Immerhin mag aber der zu Anfang zitierte Hinweis des Papstes auf die grundlegende Bedeutung des Evangeliums einem Exegeten Anlaß genug sein, sich ein wenig genauer – und für den Exegeten heißt das immer: anhand konkreter Texte – mit den – eine bestimmte Sicht von Ehe und Familie widerspiegelnden – Weisungen des im Neuen Testament enthaltenen »Evangeliums« für Ehe und Familie zu befassen[2]. Bewußt ist hier von »Sicht« und »Weisungen« und nicht von »Lehre« die Rede, denn eine neutestamentliche »Lehre« von Ehe und Familie (oder auch nur von Ehe) im Sinne einer theoretisch-abstrakten Systematik gibt es nicht[3]. Auch das berühmte Kap. 7 des 1. Korintherbriefes enthält in diesem Sinne keine »Lehre«, sondern nur Weisungen, die aus der Sicht des Glaubens Antworten auf bestimmte Anfragen der Gemeinde geben wollen, also aus der konkreten Situation heraus zu erklären sind[4].

Daß es eine ausgesprochene »Ehelehre« im Neuen Testament nicht gibt, hat seinen Grund: »Als eine nach alttestamentlichem Denken trotz ihres Charakters als göttliche Stiftung ›im Wesen zivile, privatrechtliche Einrichtung‹ (J. Haspecker), als ein im Alten Testament ›weltlich Ding‹ (F. Horst) beansprucht die Ehe an sich auch im Neuen Testament kein besonderes Interesse. Sie wird im allgemeinen nur dann zur Sprache gebracht, wenn sogenannte Grenzfälle, wenn Irregularitäten zur Debatte stehen, wenn vor Unzucht gewarnt, wenn vom Ehebruch abgemahnt, ja wenn die Ehescheidung verboten wird. Gerade die gelegentlichen Äußerungen legen aber – da sie der Diskussion der Grenzfälle angehören – die Grundlagen der Ehe in neutestamentlicher Sicht bloß; aus ihnen können wir – allerdings nur im Kontext des Glaubensverständnisses des Neuen Testamentes – die neutestamentliche Weisung für die Ehe erfragen«[5].

[2] Bezüglich der bisherigen exegetischen Beiträge zur Thematik, die allerdings in der Regel das Thema »Familie« ausklammern und sich auf Ausführungen über die »Ehe« im Neuen Testament beschränken, sei u. a. verwiesen auf die ausführlichen Literaturhinweise bei G. Schneider, Jesu Wort 65 Anm. 1; J. Michl, LThK² III 679 f.; K. Niederwimmer, EWNT I 564 f.

[3] Vgl. G. Schneider, aaO. 65.

[4] Zu Recht betont H. Baltensweiler, Ehe 165, daß es »darum im höchsten Grade verhängnisvoll und auch unverantwortlich« ist, »wenn trotz der Situationsbezogenheit aller Aussagen versucht wird, auf Grund von 1. Kor 7 eine systematische Ehelehre aufzubauen«.

[5] R. Pesch, Weisung 208.

Selbstverständlich ist es nicht möglich, in einem einzelnen Beitrag auf alle neutestamentlichen Texte einzugehen, die Äußerungen zur anstehenden Problematik enthalten. Es gilt, sich auf einige Schwerpunkte zu beschränken. Näherhin soll es in einem ersten größeren Teil (I) darum gehen, anhand einiger relevanter Texte aus den synoptischen Evangelien Jesu Weisungen für die Ehe (samt dem dahinter stehenden Eheverständnis) und deren Adaption durch die Urkirche bzw. die Evangelisten in den Blick zu nehmen; sodann sollen in einem zweiten kleineren Teil (II) wichtige neutestamentliche Weisungen behandelt werden, die das (in »Familiaris Consortio« einen breiten Raum einnehmende[6]) Problem des Zusammenlebens in der Gemeinschaft einer christlichen Familie betreffen.

I. Jesu Weisungen für die Ehe nach den synoptischen Evangelien

Einführende Bemerkungen

Jesu Einstellung zur Ehe, wie sie sich in den synoptischen Evangelien widerspiegelt, muß man auf dem Hintergrund seiner gesamten Reich-Gottes-Verkündigung sehen.

Nur so wird verständlich, daß Jesus, der als Bringer und Künder der Gottesherrschaft selbst (wie auch schon sein Vorläufer Johannes der Täufer) ehelos lebt, die Menschen, die in einer Ehe stehen, immer wieder dazu auffordert, »die Bereitschaft für den die Parusie des Menschensohnes u. das Gericht kündenden Ruf Gottes«[7] nur ja nicht zu verlieren (vgl. z. B. Lk 14,20; Mt 24,38 f.; Lk 17,27[8]). Die Ehe ist eben für Jesus »eine vorläufige Lebensform, sie wird in ihrer gegenwärtigen Gestalt keinen Raum in der künftigen Welt haben (Mk 12,25). Der Verzicht auf sie kann darum etwas Großes sein«[9]. Mehrfach wird denn auch auf jene große Möglichkeit hingewiesen, »um des Reiches Gottes willen eine Ehe aufzugeben (Lk 18,29 f) oder von vornherein auf sie zu verzichten (Mt 19,12)«[10].

Auf dem Hintergrund der Reich-Gottes-Verkündigung wird ebenfalls verständlich, warum Jesus sich bemüht, auch die Ehe, die er durchaus positiv, nämlich als »eine vom Schöpfer verfügte Grundordnung

[6] Vgl. bes. die Art. 15 und 21–27 dieses Schreibens.

[7] J. Michl, LThK² III 677.

[8] Zu Lk 17,27 vgl. u. a. J. Zmijewski, Eschatologiereden 461–464.

[9] A. Auer, HThG I 244.

[10] J. Michl, LThK² III 677.

menschlicher Gemeinschaft«[11] sieht, in ihrer Gottes Willen entsprechenden Gestalt »einer unauflösl., gottgewirkten Einheit v. einem Mann mit einer Frau«[12] zur Geltung zu bringen: Auch das gehört zu der das kommende Gottesreich herbeiführenden Tätigkeit Jesu, daß er wie in allem so auch in diesem Punkt dem (durch Menschensatzung oft verzerrten) Willen Gottes zum Sieg verhilft.

Einzelbeispiele

Das Streitgespräch über die Ehescheidung Mk 10,2–9:

Ein beredtes Beispiel dafür findet sich in der Perikope *Mk 10,2–9,* die in sekundärer Form auch Mt 19,3–9 überliefert ist und die man als eine Kronstelle für das Eheverständnis Jesu und der Urkirche bezeichnen kann. Es handelt sich um ein Streitgespräch, das Jesus mit Pharisäern über die Erlaubnis der Ehescheidung führt und das bei Markus den folgenden *Wortlaut* hat:

> [2]Und Pharisäer kamen herbei und fragten ihn, um ihn zu prüfen: »Ist es dem Mann erlaubt, (seine) Frau zu entlassen?« [3]Er aber antwortete ihnen: »Was hat euch Mose geboten?« [4]Sie aber sagten: »Mose hat gestattet, einen Scheidebrief zu schreiben und zu entlassen.« [5]Da sagte Jesus zu ihnen: »Auf eure Herzenshärte hin hat er euch dies Gebot aufgeschrieben. [6]Von Anfang der Schöpfung an aber – da schuf er sie als Mann und Weib. [7]Darum wird der Mensch Vater und Mutter verlassen, [8]und werden die zwei zu einem Fleisch werden. Also sind sie nicht mehr zwei, sondern ein Fleisch. [9]Was nun Gott verbunden (gepaart) hat, das soll der Mensch nicht trennen.«

Das markinische Streitgespräch ist nach einem auch im jüdisch-rabbinischen Bereich anzutreffenden *Schema* aufgebaut[13]: Auf eine öffentliche Frage der Gegner (V. 2) gibt Jesus eine öffentliche Antwort (V. 3–9), hier des näheren aufgeteilt in eine Gegenfrage Jesu (V. 3), eine entsprechende Erwiderung der Gegner (V. 4) und eine abschließende Stellungnahme Jesu (V. 5–9), welche die Fragesteller zum Schweigen bringt, da sie »ganz im Bereich ihres Verständnisses«[14] bleibt. Wie in anderen Fällen wird auch hier in den (später noch zu behandelnden) Versen 10–12 eine Jüngerbelehrung angehängt, bestehend aus

[11] A. Auer, HThG I 244.
[12] J. Michl, LThK² III 677.
[13] Vgl. dazu D. Daube, New Testament 141–150.
[14] H. Zimmermann, Methodenlehre 119.

Jüngerfrage (V. 10) und Antwort Jesu (V. 11 f.), die, obwohl privat, doch erst die eigentliche und voll befriedigende Erklärung zu dem anstehenden Problem bietet.

Die Anfrage, von der das Streitgespräch seinen Ausgang nimmt, lautet: »Ist es dem Mann erlaubt, seine Frau zu entlassen?« (V. 2). Zwei Dinge fallen an dieser Fragestellung vorab auf: 1. Es wird hier nicht nach einem »Gebot« gefragt, d. h. nach dem, was unbedingt Gültigkeit hat, weil dahinter Gottes eigener Wille steht, sondern nach einer »Erlaubnis«, »also nach einer gesetzlichen Bestimmung, die eine bestimmte Handlungsfreiheit einräumt, die einen bestimmten Vorteil gewährt«[15]. 2. Die Frage ist einseitig auf den Mann zugespitzt: Ist *ihm* eine Ehescheidung erlaubt oder nicht?

Um die genannten Auffälligkeiten an dieser Frage sowie die darauf erfolgende Antwort Jesu zu verstehen, erscheint es angebracht, sich die damalige jüdische Scheidungspraxis zu vergegenwärtigen, die dem Mann – aber auch nur ihm[16] – die Ausstellung eines Scheidebriefes unter bestimmten Umständen und unter Beachtung genau festgelegter Formalitäten gestattete, wobei der eigentliche Zweck des Scheidebriefes die »Freierklärung der Frau« war, »die bei der Wiederheirat vor dem Vorwurf des Ehebruchs bewahrt werden sollte«[17].

Der entsprechende Text aus der Tora, auf den man sich dabei stützte, war der Abschnitt *Dtn 24,1–4,* an den ja auch im vorliegenden Streitgespräch (vgl. V. 4) ausdrücklich erinnert wird. Es heißt an der genannten Stelle des Deuteronomiums: »Wenn ein Mann eine Frau geheiratet hat und ihr Ehemann geworden ist, sie ihm dann aber nicht gefällt, weil er eine ›schändliche Sache‹ an ihr entdeckt, und er ihr dann einen Scheidebrief ausstellt, ihn ihr übergibt und sie aus seinem Haus fortschickt, und wenn sie dann sein Haus verläßt, hingeht und die Frau eines anderen Mannes wird, und wenn dann auch der andere Mann sie nicht mehr liebt, ihr einen Scheidebrief ausstellt, ihn ihr übergibt und sie aus seinem Haus fortschickt, oder wenn der andere Mann, der sie geheiratet hat, stirbt, dann darf sie ihr erster Mann, der sie fortgeschickt hat, nicht wieder nehmen, daß sie seine Frau werde, nachdem sie für ihn unrein geworden ist. Denn das wäre ein Greuel vor Jahwe, und du sollst über das Land, das Jahwe, dein Gott, dir zum Erbbesitz geben wird, keine Schuld bringen.«

[15] R. Pesch, Weisung 213.

[16] Vgl. E. Lövestam, Bedeutung 24.

[17] R. Pesch, Mk II 123. Vgl. P. Billerbeck, Kommentar I 304; ferner den Exkurs »Ehescheidung und Wiederverheiratung« bei J. Gnilka, Mk II 76 ff.

Wie deutlich erkennbar ist, handelt der Deuteronomium-Text nicht allgemein von der Ehescheidung, sondern nimmt »einen sehr speziellen Rechtsfall«[18] in den Blick: Es geht um die »Unmöglichkeit der Wiederverheiratung mit einer Frau, die von ihrem Manne schon einmal geschieden war«[19]. Immerhin wird hier aber die Ehescheidung (wie auch in Dtn 22,19.29) »als bestehende Rechtssitte vorausgesetzt«[20], jedoch nur für den Mann – im Judentum galt nämlich die Ehe juristisch als eine »sachenrechtliche Größe« und »die Frau als Besitz des Mannes«[21]. Ferner wird die Bedingung genannt, unter welcher der Mann einen Scheidebrief ausstellen konnte. Näherhin wird in V. 1 »die Scheidung davon abhängig gemacht, daß der Ehemann an seiner Frau kein Gefallen mehr findet, weil er an ihr ›etwas Schandbares‹ (erwath dabar) entdeckt«[22]. Da der hebräische Ausdruck ›erwath dabar‹ (= »eine schändliche Sache«) als solcher »völlig unbestimmt«[23] war – er konnte »sowohl etwas moralisch Schandbares, als auch etwas physisch Widerwärtiges bezeichnen«[24] –, verwundert es nicht, daß es noch zur Zeit Jesu in der juristisch-theologischen Diskussion, wie sie vornehmlich in den Rabbinenschulen vonstatten ging, die unterschiedlichsten Ansichten darüber gab, was unter ›erwath dabar‹ zu verstehen sei[25], ob etwa eine direkte Verfehlung der Frau oder nur etwas an ihr Abstoßendes. Die rigoristische Schule des Rabbi Schammai z. B. faßte den Begriff ›erwath dabar‹ sehr eng und ließ nur die schwere sittliche Verfehlung der Frau, d. h. Unzucht bzw. Ehebruch als Scheidungsgrund gelten[26]. Demgegenüber gestattete die laxe Richtung der Schule des Rabbi Hillel die Scheidung schon bei einem geringfügigen Anlaß; und Rabbi Hillel selbst war frivol genug zu sagen: Schon wenn eine Frau das Essen anbrennen läßt, ist das eine »schändliche Sache«, und der Mann kann sie entlassen[27], wobei natürlich zu beachten ist, »daß das Kochen zu den wichtigsten Frauenpflichten gehörte«[28] und deren Vernachlässigung leicht als »passiver

[18] R. Pesch, Weisung 209.

[19] G. von Rad, Dtn 107. Vgl. H. Junker, Dtn 513.

[20] H. Junker, aaO.

[21] J. Gnilka, Mk II 76.

[22] J. Gnilka, aaO. 72.

[23] P. Billerbeck, Kommentar I 312.

[24] AaO.

[25] Vgl. die Zusammenstellung der Belege bei P. Billerbeck, aaO. 313 ff.

[26] P. Billerbeck, aaO. 313.

[27] Vgl. P. Billerbeck, aaO.

[28] J. Gnilka, Mk II 77.

Widerstand der Frau«[29] gedeutet werden konnte. Selbst der berühmte Rabbi Aqiba († 135 n. Chr.) vertrat den laxen Standpunkt der Hilleliten, ja er erklärte eine Ehescheidung sogar dann für berechtigt, wenn sich die Neigung des Mannes einer Frau zuwandte, die ihm besser gefiel als seine bisherige Frau[30]. Neben diesen beiden Extremen gab es zahlreiche Zwischenpositionen. Erwähnt sei nur noch die (bereits in dem einen oder anderen älteren Targum anzutreffende) Ansicht, wonach einerseits als einziger Scheidungsgrund die Übertretung eines Gebotes durch die Frau anerkannt, andererseits aber das, was unter »Übertretung eines Gebotes« zu verstehen sei, wiederum sehr weit interpretiert wurde. So heißt es im Mischnatraktat Ketubbot VII 6: »Folgende Frauen sind durch Scheidebrief zu entlassen, aber ohne Auszahlung der Hochzeitsverschreibung: die, welche das Gesetz Moses und das jüdische Recht übertritt. Was ist (in diesem Zusammenhang) mit dem Gesetz Moses gemeint? Wenn z. B. die Frau ihrem Mann Unverzehntetes zu essen gibt, oder wenn sie ihn den Beischlaf vollziehen läßt während ihrer Menstruation (ohne dem Mann zu sagen, daß sie unrein sei), oder wenn sie nicht die Teighebe absondert, oder wenn sie Gelübde auf sich nimmt und sie nicht hält. Was ist mit jüdischem Recht gemeint? Wenn sie mit aufgelöstem Haar ausgeht, wenn sie auf der Straße spinnt, wenn sie mit jedem beliebigen redet. Abba Schaul (um 150) sagte: Auch die, die des Mannes Eltern in seiner Gegenwart schimpflich behandelt. R. Tarphon (um 100) sagte: Auch eine Schreierin. Was ist eine Schreierin? Die, welche in ihrem Hause (vertraulich mit ihrem Manne) redet, und ihre Nachbarn vernehmen ihre Stimme«[31].

Der Überblick zeigt: Man war sich zur Zeit Jesu durchaus darüber einig, *daß* es bei Vorliegen einer »schändlichen Sache« für den Mann die Möglichkeit der Entlassung seiner Frau gab; umstritten war nur, *was* man unter einer »schändlichen Sache« zu verstehen habe. Um so mehr muß es dann aber auffallen, daß hier bei Markus (im Unterschied übrigens zu der Matthäus-Fassung) Jesus nicht gefragt wird, *wann* eine »schändliche Sache« vorliegt, unter welchen Umständen also die Scheidung erlaubt sei, sondern ob sie *überhaupt* erlaubt sei. Wie ist diese ins Grundsätzliche gehende Formulierung zu erklären?

Hier wird man zunächst darauf hinweisen können, daß es bei der Ausformung der Perikope in der Urkirche nahelag, die Frage in V. 2 von vornherein der nachfolgenden radikalen, grundsätzlichen und als Wei-

[29] AaO.
[30] Vgl. P. Billerbeck, Kommentar I 313; 315.
[31] Zitiert nach P. Billerbeck, aaO. 316; vgl. R. Mayer, Talmud 495.

sung des Herrn für das eigene Verhalten maßgebenden Antwort, die wenigstens »in ihrem Kernbestand«[32] auf Jesus selbst zurückgehen dürfte[33], anzupassen[34]. Insofern kann man sagen: Die so formulierte »Prüfungsfrage setzt . . . Jesu Scheidungsverbot bzw. die in der frühen Kirche als Scheidungsverbot rezipierte provokative Lehre Jesu voraus«[35]. Das braucht nun freilich keineswegs zu bedeuten, daß die hier formulierte Frage nur – um es mit R. SCHNACKENBURG auszudrücken – »fingiert ist, um der Szene einen passenden Rahmen zu schaffen«[36]. Es erscheint durchaus möglich, daß Pharisäer Jesus tatsächlich so radikal gefragt haben[37], etwa weil »sie schon von einer anderen Einstellung Kenntnis hatten und ihn herausfordern wollten, der klaren Regelung des mosaischen Gesetzes zu widersprechen«[38], oder weil sie an jene radikaleren Eheauffassungen dachten, wie sie damals bestimmte jüdische Gruppen, etwa die Leute von Qumran durchaus vertreten haben[39].

Wie dem auch sei – interessant ist, wie Jesus auf diese Frage reagiert. Er antwortet nicht einfach mit Ja oder Nein, sondern er »geht einen längeren Weg«[40] und stellt zunächst eine Gegenfrage, die sich auf das (nach Mk 7,10.13 für ihn eindeutig als Weisung Gottes geltende) Gebot des Mose, also auf die Tora, bezieht: »Was hat euch Mose geboten?« (V. 3). Diese Frage zeigt einerseits, daß das hier zwischen Jesus und den Pharisäern (bzw. auf der Ebene der Urkirche: zwischen Christen und Juden) zur Debatte stehende Problem durchaus »zunächst auf dem Boden der gemeinsamen Bindung an den durch Mose vermittelten Gotteswillen beantwortet werden soll«[41], deutet andererseits aber auch schon an, welch tiefe Kluft zwischen den Fragestellern und Jesus besteht. Jesus fragt hier ja nicht wie sie nach einer »Erlaubnis« bzw. danach, »wie man innerhalb

[32] J. ERNST, Mk 287.

[33] An der Historizität des gesamten Streitgesprächs hält u. a. H. BALTENSWEILER, Ehe 51 ff. fest.

[34] Vgl. J. GNILKA, Mk II 70: »Die gegnerische Frage, prinzipiell auf ein Ja oder Nein ausgerichtet, bereitet die radikale Antwort Jesu schon vor.« Ferner R. PESCH, Freie Treue 23; DERS., Weisung 211; auch J. SCHMID, Mk 186; P. HOFFMANN, Jesu Wort 327.

[35] R. PESCH, Mk II 122.

[36] R. SCHNACKENBURG, Ehe 417.

[37] Vgl. H. BALTENSWEILER, Ehe 52. Anders urteilen E. SCHWEIZER, Mk 109; P. HOFFMANN, Jesu Wort 327 u. a.

[38] R. SCHNACKENBURG, Ehe 417.

[39] Vgl. dazu u. a. R. PESCH, Weisung 212 f.; J. GNILKA, Mk II 77.

[40] R. PESCH, Freie Treue 23.

[41] R. PESCH, Mk II 122.

des Erlaubten möglichst viel für sich herausschlagen könne«[42], sondern nach dem verbindlichen »Gebot«, nicht nach »dem ›Dürfen‹ des Mannes«, sondern nach dem »im Willen Gottes grundgelegte(n) ›Müssen‹«[43]. »Das aber ist eine ganz andere Frage als die nach einer Erlaubnis. Die Frage nach einer Erlaubnis ist eine Frage vom Menschen her an Gott, im Grunde eine eigensüchtige, eben eine ›gesetzliche‹ Frage. Die Frage nach Gottes Gebot ist eine Frage von Gott her auf den Menschen hin – eine demütige Frage. Wer nach der Erlaubnis fragt, will etwas für sich; wer nach dem Gebotenen fragt, ist bereit, nach dem Willen anderer zu leben. Jesu Gegenfrage ist also keineswegs eine Angelegenheit geschickter Taktik, Jesus läßt sich gar nicht erst auf die Ebene gesetzlicher Spekulation um Scheidebrief und Scheidungserlaubnis ein, auf der es etwas zu taktieren gäbe. Jesu Gegenfrage reißt die Kluft menschlicher Haltungen auf; sie sind gekennzeichnet durch die Stichworte ›Erlaubnis‹ und ›Gebot‹ oder menschlich verstandenes Gesetz und Gotteswille«[44].

Die Antwort der Pharisäer (V. 4) bestätigt die Verschiedenheit der Perspektiven. Denn trotz der Frage Jesu nach dem *Gebot* sprechen die Pharisäer auch jetzt noch von der *Erlaubnis:* »Mose hat *gestattet,* ›einen Scheidebrief zu schreiben und zu entlassen‹!« Die Pharisäer bleiben sich also treu. Gegenüber Jesus, der »nach dem freien, gewissenhaften, Gottes Willen (und dem Wohl der Mitmenschen, konkret: der Ehefrau) verpflichteten Verhalten« fragt[45], zielen sie einseitig auf eine »gesetzliche Dispens«[46], auf die »Zugeständnisse und Privilegien des Mannes«[47]. So ist zu verstehen, daß sie sich hier 1. nur auf jene Stelle Dtn 24,1 berufen, aus der sie ein solches Privileg für den Mann bezüglich der Ehescheidung glauben herauslesen zu können – andere Stellen, die z. B. in bestimmten Fällen eine Entlassung der Frau ausdrücklich verbieten (z. B. Dtn 22,13–21.29), bleiben unberücksichtigt –, und daß sie dabei 2. geflissentlich übersehen, daß auch in Dtn 24 die Ausstellung eines Scheidebriefes immerhin zum Schutz der Frau an eine bestimmte Bedingung geknüpft wird, wie ja überhaupt der Scheidebrief seiner ursprünglichen

[42] E. SCHWEIZER, Mk 109. Nach K. H. SCHELKLE, Ehe und Ehelosigkeit 185 begnügen sich die Frager »mit dem Minimum«.

[43] J. ERNST, Mk 288.

[44] R. PESCH, Weisung 213; vgl. DERS., Freie Treue 24.

[45] R. PESCH, Mk II 123.

[46] R. PESCH, Freie Treue 24.

[47] J. ERNST, Mk 288.

Intention nach einen »Schutz für die entlassene Frau darstellte, da sie durch die Urkunde ihre Ehre und Handlungsfreiheit behielt«[48].

Aber gerade dies zeigt nun, wie berechtigt der Vorwurf ist, den Jesus zu Beginn seiner endgültigen Erwiderung ausspricht: »Auf eure Herzenshärte hin hat er euch dies Gebot aufgeschrieben« (V. 5). Es fällt auf, daß Jesus nach wie vor – jetzt konkret im Blick auf Dtn 24,1 – von einem *Gebot* spricht, d. h. – nach seinem Verständnis – von einer Weisung *Gottes* für den Menschen. Schon von daher wie auch aufgrund des gesamten Aufbaus[49], vor allem aber bei Berücksichtigung der damals allgemein anerkannten »Autorität des Mose als Gesetzgeber«[50] kann wohl kaum die Rede davon sein, daß Jesus hier, wie oft gesagt wird, (nun doch) ein Zugeständnis macht[51], indem er durch den Hinweis auf die »Herzenshärte« die Bestimmung des Deuteronomiums zwar nicht anficht, wohl aber als eine nachträgliche Konzession des Mose[52] – dazu noch »eine nicht gerade ehrenvolle«[53] –, erklärbar aus der damaligen Situation heraus bzw. auch als Konsequenz einer damals im Judentum schon längst vorhandenen Gewohnheit, entschuldigt[54] oder gar kritisiert[55].

Wäre indes derartiges tatsächlich Jesu Absicht, dann würde er spätestens jetzt – wie vorher schon die Gegner – von einer »Erlaubnis« reden (vgl. die Parallelfassung Mt 19,8). Statt dessen aber spricht er weiterhin von »Gebot«, nicht, weil nun einmal »diese Erlaubnis Teil einer gesetzlichen Bestimmung ist«[56], sondern weil es sich für ihn tatsächlich um ein Gebot handelt, und zwar keineswegs, wie etwa K. BERGER meint,

[48] R. SCHNACKENBURG, Mk II 78. Vgl. E. SCHWEIZER, Mk 109; K. H. SCHELKLE, Ehe und Ehelosigkeit 185.

[49] Darauf verweist zu Recht E. SCHWEIZER, Mk 109.

[50] J. ERNST, Mk 288.

[51] So zu Recht R. PESCH, Weisung 214; DERS., Freie Treue 25; E. SCHWEIZER, Mk 109 u. a.

[52] J. SCHMID, Mk 186: »nachträgliche Dispens«.

[53] So E. KLOSTERMANN, Mk 99.

[54] So z. B. J. SCHMID, Mk 186.

[55] Dies ist z. B. die Position von K. BERGER, Gesetzesauslegung I, bes. 508–575; vgl. DERS., Hartherzigkeit 1–47. Nach BERGER geschieht hier durch Jesus eine »direkte Abrogation eines mosaischen Gesetzes« (Hartherzigkeit 44), handelt es sich bei diesem doch bereits um einen »Abfall von der Schöpfungsordnung« (Gesetzesauslegung I 543) und damit vom »ursprünglichen Gottesgesetz« (aaO. 542). Auch nach J. GNILKA, Mk II 72 geht es hier um »Gesetzeskritik«.

[56] So E. HAENCHEN, Weg 339.

um ein »falsches Gebot«[57] bzw. »Gegengebot«[58], das bereits »einen Kompromiß mit dem Götzendienst des Volkes«[59] darstellt, sondern um ein solches, hinter dem *Gottes* Wille steht.

So wird nun auch die Wahl des Begriffs »Herzenshärte« (σκληροκαρδία; vgl. Dtn 10,16; Jer 4,4; Sir 16,10 LXX)[60] verständlich, mit dem schon im Judentum wesentlich der Ungehorsam und Abfall des Volkes vom (ursprünglichen) Willen Gottes gemeint ist[61]. Der Hinweis auf die »Herzenshärte«, mit der hier das Gebot von Dtn 24 in Verbindung gebracht wird, ist dann aber eben »nicht resigniertes Zugeständnis«[62], «nicht . . . Konzession an die Schwachheit der Juden«[63], sondern *Anklage*[64], die dieses Gebot gerade *als Gebot,* d. h. als eine vom Willen *Gottes* getragene Forderung erhebt. Dahinter steht wohl die Vorstellung, die in etwas anderer Form auch z. B. im Römerbrief[65] des Apostels Paulus begegnet[66], daß das mosaische Gesetz ein Ankläger bzw. »Belastungszeugnis«[67] gegen die Juden ist. Allerdings trifft die Anklage hier eigentlich nicht die Juden insgesamt, auch eigentlich nicht die damalige Generation am Sinai, erst recht nicht Mose selbst[68], sondern, wie dies auch sonst bei den Verstockungsaussagen im Markusevangelium der Fall ist (vgl. z. B. Mk 4,11 f.; 6,52 u. ö.), die konkreten Zuhörer Jesu, also die jetzige Generation. »Auf *eure* Herzenshärte hin« ist demnach wörtlich zu verstehen. Gesagt sein soll dann wohl nicht, *wegen* der (damals schon bestehenden und bis jetzt andauernden) Verstocktheit

[57] K. BERGER, Hartherzigkeit 44.

[58] K. BERGER, Gesetzesauslegung I 542.

[59] AaO. 538.

[60] Zum Begriff vgl. die bei P. FIEDLER, EWNT III 606 f. angegebene Literatur.

[61] R. PESCH, Mk II 123; P. FIEDLER, aaO. 607. Nach K. BERGER, Gesetzesauslegung I 538 bezeichnet das Wort näherhin den »›Abfall‹ . . . von der Ordnung der Natur und besonders in bezug auf sexuelle Gebote« sowie »im Zusammenhang mit Gesetzen des Moses . . . den Abfall des Volkes zum Götzendienst an das goldene Kalb«.

[62] E. SCHWEIZER, Mk 109.

[63] R. SCHNACKENBURG, Mk 78.

[64] So u. a. R. PESCH, Weisung 215; DERS., Freie Treue 25; DERS., Mk II 122; E. SCHWEIZER, Mk 109; J. ERNST, Mk 288; vgl. auch H. GREEVEN, Aussagen 114 f.; DERS., Ehe 377 f.

[65] Vgl. z. B. Röm 3,19 f.; 5,20; 7,1–13.

[66] Vgl. R. PESCH, Weisung 214: »wir spüren eine Nähe zu Paulus«.

[67] J. ERNST, Mk 288; R. SCHNACKENBURG, Mk 78.

[68] So aber K. BERGER, Gesetzesauslegung I 541; vgl. DERS., Hartherzigkeit 1.

der Juden habe Mose – dieser nachgebend, »mit Rücksicht auf sie«[69] – das Gebot aufgeschrieben[70]. Vielmehr hat die πρός-Wendung (πρὸς τὴν σκληροκαρδίαν ὑμῶν) hier verschiedene andere Nuancen. Näherhin soll mit ihr das *Ziel*[71] umschrieben werden, das dieses Gebot gerade *»im Hinblick auf«*[72] die jetzige Generation hat; und dieses Ziel besteht darin, daß das Gebot – weil es Ausdruck des lebendigen, immer gültigen Willens Gottes ist – ein Zeugnis *gegen*[73] deren Verstocktheit, eine »dauernde Anklage«[74] darstellt. Gerade dadurch, daß »sie sich auf das Institut des Scheidebriefs, eine Schutzbestimmung für die Frau, im Interesse männlicher Willkür, . . . berufen, verraten die Fragesteller ihre Hartherzigkeit, d. h. ihre Gesetzlosigkeit, ihren Abfall von Gottes Willen«[75], und so wird in der Tat das Gebot, das sie (obwohl es das ja gar nicht ist) »als Erlaubnis interpretieren und somit atomisierend auseinander- und vom Willen Gottes losreißen«[76], zum »Gericht wider sie«[77].

Was aber ist der zu beachtende Wille Gottes in bezug auf die anstehende Problematik »Ehe und Ehescheidung«? Diese grundsätzliche Frage beantwortet Jesus in den folgenden Sätzen (V. 6–9), und zwar bewußt anhand dessen, was das gleiche mosaische Gesetz, die Tora, darüber sagt[78]. Wenn Jesus im folgenden zwei Genesis-Stellen (Gen 1,27 und 2,24) zitiert[79], dann also nicht, um Schöpfungs- und Gesetzesord-

[69] So übersetzen das πρός c. Acc. u. a. E. Haenchen, Weg 335; E. Klostermann, Mk 98.

[70] Das aber meint z. B. K. Berger, Gesetzesauslegung I 541 f., für den dieses mosaische Gebot bereits »Ausdruck der Hartherzigkeit des Volkes ist« (aaO. 542).

[71] Zum finalen Sinn von πρός vgl. H. Greeven, Aussagen 114; Ders., Ehe 377 f. Nach Greeven ist die Herzenshärte »das Ziel, das er (Mose) treffen will, nicht der Ort, von dem er herkommt« (Ehe 378).

[72] So das Verständnis von πρός etwa bei J. Gnilka, Mk II 72; vgl. W. Bauer, Wörterbuch 1409.

[73] So die Wiedergabe von πρός u. a. bei R. Schnackenburg, Ehe 418; Ders., Mk 76; E. Schweizer, Mk 108; H. Greeven, Aussagen 114; vgl. H. Baltensweiler, Ehe 48, der in diesem Zusammenhang (Anm. 14) auf die bedeutungsähnliche Wendung εἰς μαρτύριον αὐτοῖς (»zum Zeugnis gegen sie«) in Mk 1,44; 6,11 hinweist.

[74] E. Schweizer, Mk 109.

[75] R. Pesch, Mk II 123.

[76] R. Pesch, Weisung 215.

[77] E. Schweizer, Mk 109.

[78] Vgl. R. Pesch, Freie Treue 25 f.: »Jesus führt . . . das Zeugnis der Tora, Mose selbst, für seine Auslegung der Tora, für sein Verständnis des Mose ins Feld.«

[79] Zur Auslegungsgeschichte der beiden Stellen im Judentum vgl. K. Berger, Gesetzesauslegung I 521–533.

nung gegeneinander auszuspielen[80], und auch nicht, um »Deuteronomium mit Genesis« zu »schlagen«[81], sondern um im Gegenteil zu belegen, daß das Gesetz, die Tora, selbst den Schlüssel dafür an die Hand gibt, wie man ein solches Einzelgebot wie das in Dtn 24 sinnvoll – und das heißt: auf den Willen Gottes hin und zum Besten des Menschen – zu interpretieren hat.

»Von Anfang der Schöpfung an aber« – sagt Jesus zunächst in Anspielung auf Gen 1,27 – »schuf Gott sie[82] als Mann und Weib« oder, wie ἄρσεν καὶ θῆλυ genauer wiederzugeben ist: »männlich und weiblich«[83]. Bewußt wird hier zunächst an die Schöpfungs-*Tat* Gottes erinnert. Er hat die Zweigeschlechtlichkeit und damit auch die Geschlechtsverschiedenheit des Menschen geschaffen; sie ist also »Gottes Setzung« und »natürliche Gegebenheit«[84]. Da es sich aber bei beiden (Mann und Frau) um das eine und gleiche Genus »Mensch« handelt, hat Gott damit zugleich 1. die nach Einheit und Vereinigung strebende »Anziehungskraft«[85] der Geschlechter und 2. die (nicht biologische, sondern personale) Gleichheit von Mann und Frau geschaffen[86]. Schon damit ist einer Vielehe ebenso der Boden entzogen wie einer Minderbewertung der Frau. Freilich: Wenn hier an die Schöpfungs-Tat Gottes erinnert wird, dann richtet sich der Blick nicht nur auf eine »Urordnung«, wie sie vielleicht jetzt nicht mehr besteht. Es heißt eben nicht: *»Am* Anfang (ἐν ἀρχῇ) schuf er sie . . .«, sondern: »Von Anfang an (ἀπ᾽ ἀρχῆς) . . .«! Diese »etwas verkürzende Formulierung«[87] will sagen, »daß es nie anders war«[88] und deshalb auch in der *Gegenwart* so ist: »Gott schafft *den Menschen* immer als Mann und Weib«[89]. Die Schöpfungstat Gottes ist nie zu Ende! Insofern geht es hier dann aber eigentlich nicht um eine bloße Belehrung über die menschliche Natur als solche[90], sondern es geht letztlich um den jeweils konkreten Menschen, um das, was *Gott* an ihm tut und von ihm

[80] Vgl. aber etwa J. GNILKA, Mk II 73, nach dessen Ansicht hier »der ursprüngliche Gedanke Gottes gegen das sekundär hinzugetretene Gebot« steht.

[81] So E. KLOSTERMANN, Mk 99.

[82] In der LXX-Fassung von Gen 1,27 steht der Singular: αὐτόν = »ihn«, d. h. den Menschen.

[83] Vgl. R. PESCH, Weisung 215; DERS., Freie Treue 26.

[84] E. SCHWEIZER, Mk 110.

[85] E. HAENCHEN, Weg 339.

[86] Vgl. dazu W. TRILLING, Im Anfang 67 f.

[87] E. SCHWEIZER, Mk 110.

[88] AaO. 109.

[89] R. PESCH, Weisung 215.

[90] So zu Recht auch R. PESCH, aaO.

will, aber auch – und das darf nicht übersehen werden – um das, was der *Mensch* als geschichtliches Wesen seinerseits dem Willen Gottes gemäß tut und tun soll.

So ist nun auch zu verstehen, daß Jesus den Hinweis auf die Schöpfungs-Tat Gottes aus Gen 1,27 mit dem Wort Gen 2,24 verbindet: »Darum wird der Mensch Vater und Mutter verlassen, und werden die zwei zu einem Fleisch werden« (V. 7.8a). Damit wird einerseits auf den mit der göttlichen Schöpfungs-*Tat* mitgegebenen Schöpfungs-*Willen* hingewiesen: Gott verbindet mit der Erschaffung von Mann und Frau »den Willen . . ., daß die Eheleute zu einer unlöslichen Einheit werden«[91]. Diese »gottgewollte Folge (ἕνεκεν τοῦτο) der Schöpfungstat Gottes«[92] wird andererseits als ein *menschliches* Tun gesehen: Der »Mensch« – mit ἄνθρωπος ist hier (anders als in der LXX) nicht nur der »Mann« gemeint, sondern, wie auch die »gezielte Auslassung«[93] der in Gen 2,24 LXX stehenden Wendung καὶ προσκολληθήσεται πρὸς τὴν γυναῖκα αὐτοῦ (»und wird seinem Weibe anhangen«) beweist[94], in der Tat der *»Mensch«,* also Mann und Frau in gleicher Weise – bemüht sich *selbst* um das Einswerden der Geschlechter. Das geschieht dadurch, daß er »Vater und Mutter verläßt«. Damit folgt er keineswegs nur einem dumpfen Trieb – weil nun einmal die »Kraft der . . . Bindung der beiden Geschlechter aneinander . . . so groß«[95] ist –; vielmehr ist seine Handlungsweise Erfüllung des »Schöpfungsauftrag(s)«[96] und damit selbst ein Handeln in schöpferischer und verantwortlicher Freiheit! Der Mensch gibt damit die bisherigen Bindungen und Sicherheiten seiner Familiengemeinschaft auf, die bekanntlich »in den damaligen Verhältnissen die Menschen viel fester als heute umschloß und ihnen Geborgenheit gab«[97], und geht »eine neue Bindung . . ., damit auch eine neue Haftung« ein[98]. Diese »neue Bindung«, die zugleich »neue Haftung« ist, wird zum Abschluß des Zitats mit den Worten umschrieben: »und die zwei werden zu einem Fleisch werden« (V. 8a). Das Wort σάρξ (hebr. basar) ist hier nicht in einem abwertenden Sinn gemeint (etwa Fleisch als Gegensatz zu Geist), sondern ist – alttestamentlich-jüdischer Vorstel-

[91] R. SCHNACKENBURG, Mk 78.
[92] R. PESCH, Mk II 124.
[93] R. PESCH, aaO.
[94] Doch vgl. die Textvarianten zu dieser Stelle.
[95] J. SCHMID, Mk 187.
[96] J. GNILKA, Mk II 73.
[97] R. SCHNACKENBURG, Mk 78.
[98] R. PESCH, Weisung 216.

lung durchaus entsprechend – Terminus für den Leib des Menschen sowie darüber hinaus für den ganzen Menschen (in seiner »leiblichen Existenz«)[99]. Das »Zu-einem-Fleisch-Werden« meint demnach durchaus die leibliche Vereinigung, die geschlechtliche Verbindung, meint darüber hinaus aber umfassender das in Liebe und Treue sich manifestierende personale Einswerden in der ehelichen Gemeinschaft überhaupt[100]. Mit anderen Worten: »Die Personalität des Menschen ist anerkannt, die in der ehelichen Gemeinschaft nicht zuerst die Befriedigung des Geschlechtstriebes, sondern die Bindung von Person zu Person, die personale Erfüllung des Menschen in der Begegnung und Gemeinschaft mit dem Partner zu sehen erlaubt«[101].

So läßt sich nun auch die Folgerung verstehen: »Also sind sie nicht mehr zwei, sondern ein Fleisch« (V. 8b). Deutlicher kann nicht ausgesprochen werden, wie *eng,* ja *unlösbar* die personale Einheit zwischen Mann und Frau in der Ehe ist. Kein Wunder, ist sie doch, wie wir sahen, in der Schöpfungstat und im Schöpfungswillen *Gottes* verankert, etwas »was Gott verbunden hat« (V. 9a). Dies ist keineswegs nur so zu verstehen, daß Gott generell »die beiden Geschlechter füreinander geschaffen« hat[102], sondern – da Gottes Schöpfungstat und -wille ja stets *lebendige* Größen sind – durchaus auch in dem Sinne, daß Gott die *konkrete* Ehe begründet[103]. Er paart Mann und Frau, spannt sie gleichsam unter ein Joch[104], d. h. verbindet sie als Paar in der Ehe zu einer untrennbaren Einheit. Der hier zum Ausdruck kommende Gedanke, daß Gott der eigentliche »Ehestifter«[105] ist, der die Eheleute zusammenfügt, »ist dem Judentum ein geläufiger Gedanke«[106]. Manche Rabbinen entwickelten sogar die geradezu naturalistische Vorstellung, seitdem Gott in sechs Tagen Himmel und Erde fertiggestellt habe, sei er damit beschäftigt, die Ehepaare zusammenzubringen, und dies sei »so schwer wie das Spalten des Schilfmeeres«. Auch meinte man, durch eine Himmelsstimme werde

[99] Vgl. A. Sand, EWNT III 549–557, bes. 550.

[100] Vgl. J. Ernst, Mk 289: »Die Betonung liegt . . . auf dem Moment der Einheit, die den ganzen Menschen, mit Leib und Seele, einbezieht.« Ferner H. Baltensweiler, Ehe 50: »Das Ein-Fleisch-Werden meint mehr als nur die körperliche Vereinigung. Mann und Frau gehören auch über den Körper hinaus noch zusammen.«

[101] R. Schnackenburg, Mk 79.

[102] So etwa E. Haenchen, Weg 340.

[103] Vgl. H. Baltensweiler, Ehe 50 Anm. 20a.

[104] So die ursprüngliche Bedeutung von συζευγνύναι.

[105] R. Schnackenburg, Mk 79.

[106] R. Pesch, Freie Treue 28; vgl. H. Baltensweiler, Ehe 50.

kundgetan, wer wem in der Ehe gehören solle[107]. Selbstverständlich sind solche naturalistischen Vorstellungen nicht haltbar. Aber die Grunderkenntnis bleibt – und »Jesus macht mit dieser Erkenntnis völligen Ernst«[108] –, daß in der Tat Ehen »im Himmel« (d. h. bei Gott) geschlossen werden, insofern Gott selbst es ist, der Mann und Frau zur ehelichen Einheit verbindet.

Wenn dies aber gilt, dann kann – im Hinblick auf die hier zur Debatte stehende Problematik – das Urteil nur lauten: »Was Gott verbunden hat, das soll der Mensch nicht trennen« (V. 9)! Das klingt wie ein apodiktischer Rechtssatz, ist aber doch mehr als ein solcher[109], und zwar aus zwei Gründen: 1. Jesus argumentiert hier ja eigentlich nicht auf der juristischen Ebene, bei der es um Erlaubtheit bzw. Nichterlaubtheit, um Geltung und Dispens eines Gesetzes geht, er argumentiert auch nicht vom Naturgesetz her, sondern er argumentiert *theologisch,* stellt ein »theologische(s) Postulat«[110] auf, indem er die Ehescheidung als Widerspruch gegen den Willen Gottes erklärt[111]. 2. Jesus will seine Zuhörer gerade aus der Enge gesetzlichen Denkens heraus- und an »die *Wirklichkeit* der Ehe«[112] heranführen und sie zugleich zu einer positiven, d. h. humanen Handlungsweise in bezug auf die Ehe anleiten. R. Pesch drückt es so aus: »Jesu Antwort . . . prangert die Herzensstarre, die Unmenschlichkeit des Menschen an. Die Ehe ist auf Bindung und Haftung hin geschaffen, auf Einheit hin; wer sich mit einer Erlaubnis solcher Bindung und Haftung entziehen will, handelt wider Gottes Willen, handelt unmenschlich. Der Mensch soll aber nach Gottes Willen menschlich leben, d. h. nach der Weisung Gottes für die Ehe: im Blick auf deren Einheit leben, seine Bindung und Haftung *todernst* nehmen«[113].

[107] Belege s. bei P. Billerbeck, Kommentar I 803 f. Vgl. ferner K. Berger, Gesetzesauslegung I 536 f.; H. Baltensweiler, Ehe 50 f.

[108] H. Baltensweiler, aaO. 50.

[109] Nach K. Berger, Gesetzesauslegung I 557 ist V. 9 »am besten als weisheitlicher Mahnspruch zu charakterisieren, dem im Hebr ein Prohibitiv entsprechen würde«.

[110] P. Hoffmann, Jesu Wort 330.

[111] Vgl. J. Gnilka, Mk II 74: »Das Verbot der Ehescheidung wird gerade nicht aus einem naturhaften Vorgang, sondern dem Willen des frei verfügenden Gottes abgeleitet.« Ferner H. Baltensweiler, Ehe 51: »Jesus führt die Möglichkeit der Scheidung ad absurdum, durch den Aufweis der Größe des Schöpferwillens Gottes.«

[112] P. Hoffmann, Jesu Wort 330.

[113] R. Pesch, Weisung 217. Vgl. Ders., Freie Treue 28 f.

Jesu Worte über Ehebruch und Ehescheidung:

Die im Streitgespräch Mk 10,2–9 erkennbar werdende *Grundhaltung* Jesu (wie ebenso der Urkirche) in bezug auf die Ehe spiegelt sich deutlich wider in jenen beiden innerhalb der synoptischen Evangelien überlieferten Einzellogien, die man als Stellungnahmen zum sechsten Gebot in Form kasuistischer Rechtssätze ansehen kann, da sie vom Ehebruch bzw. von der Ehescheidung als Ehebruch handeln.

1. Das Logion vom Ehebruch

Das Logion vom Ehebruch ist *Mt 5,27 f.* überliefert und hat folgenden *Wortlaut:*

> »Ihr habt gehört, daß gesagt worden ist: Du sollst nicht ehebrechen. Ich aber sage euch: Jeder, der eine Frau anblickt, um sie zu begehren, hat mit ihr schon Ehebruch begangen in seinem Herzen.«

Das Logion gehört im jetzigen matthäischen Kontext in die Reihe der fünf Antithesen der Bergpredigt (5,21–48), in denen an Einzelbeispielen gezeigt wird, worin sich das (in 5,20 erwähnte) περισσεύειν (»Überströmen«) der Gerechtigkeit des Christen (d. h. die Liebe) im Gegenüber zum Gesetzesdenken der Schriftgelehrten und Pharisäer zeigt. Näherhin bildet das Logion, das durch das Doppellogion vom Ausreißen des Auges und vom Abhauen der Hand (5,29 f.) ergänzt wird, die zweite Antithese, die – wie die erste (5,21 f.) und vierte (5,33–37) – in dieser Form bereits in der Tradition der Urkirche ausgebildet worden ist und auf ein authentisches Jesuswort zurückgehen dürfte[114].

Jesus nimmt hier Stellung zum sechsten Gebot des Dekalogs: »Du sollst nicht ehebrechen« (Ex 20,14). Schaut man sich die Auslegungsgeschichte des sechsten Gebots im Judentum an[115], dann stellt man fest, daß der Ehebruch im Alten Testament fast nur unter sozialem, im Rabbinismus unter juristischem Aspekt gesehen und beurteilt wird. Es fehlt weitgehend die *moralische* Bewertung[116]. Nach alttestamentlicher Gesetzesauffassung bedeutet Ehebruch das Eindringen des Mannes in die

[114] Vgl. dazu u. a. R. BULTMANN, Geschichte 144; D. LÜHRMANN, Redaktion 54; E. LOHSE, »Ich aber sage euch« 189. Vgl. ferner die Stellungnahme von G. STREKKER, Antithesen 39–43.

[115] Vgl. dazu P. BILLERBECK, Kommentar I 294–298.

[116] Allerdings weist E. LÖVESTAM, Bedeutung 22 zutreffend auf den religiösen Aspekt hin: Ehebruch bedeutete im Alten Israel auch »Auflehnung gegen den Gott des Bundes und war daher etwas, was das gesamte Bundesvolk anging«.

Ehe eines anderen[117]. Die Frau gehört ja zum »Eigentum«, das man unrechtmäßigerweise weder besitzen noch begehren darf (vgl. das neunte Gebot Ex 20,17). Darum begeht die (verheiratete bzw. verlobte) Frau immer Ehebruch, wenn sie sich einem anderen Mann hingibt, der Mann aber nur, wenn er sich eine verheiratete oder verlobte Frau zu eigen nimmt[118]. Freilich werden später innerhalb des Alten Testaments und des Spätjudentums auch andere Stimmen laut, die dem Wort Jesu ziemlich ähnlich klingen. So heißt es Ijob 31,1: »Mit meinen Augen habe ich einen Bund geschlossen, und wie hätte ich lüstern nach einer Jungfrau blicken sollen?« Oder Sir 26,11: »Hüte dich davor, wollüstigem Auge nachzugehen, und wundere dich nicht, wenn es sich dann an dir vergeht!« Oder Ps Sal 4,4: »Seine (= des Unheiligen) Augen sind auf jedes Weib ohne Unterschied gerichtet, seine Zunge lügt (selbst) beim eidlichen Vertrag.« Der *Rabbinismus* ist bemüht, den Dekalog gleichsam als Bestimmungen eines Strafgesetzbuches auszulegen; deshalb haben auch alle Ausdeutungen des sechsten Gebots bei den Rabbinen rein formal juristischen Charakter und bestimmen eigentlich nur, »in welchem Fall und in welcher Weise der Ehebruch mit dem Tode zu bestrafen sei«[119]. Jedoch gibt es auch hier vereinzelt Worte, die dem Sinn des Wortes Jesu nahekommen, wenn sie etwa fordern, man solle »auch nicht mit dem Auge und nicht im Herzen« ehebrechen[120]. Aber der strengen Theorie stand zumeist eine sehr laxe Praxis gegenüber (vgl. Röm 2,22)[121].

Dazu stellt nun Jesu Wort in der Tat eine Antithese dar, deren *Radikalität* sich 1. darin zeigt, daß Jesus Gottes Gebot »radikal verschärft«[122], indem er den »Tatbestand« des Ehebruchs auch schon bei einem begehrlichen Anblick einer Frau gegeben sieht; 2. darin, daß er auf die ›radix‹, d. h. die Wurzel für gut und böse hinweist: das Herz des Menschen. Ähnlich wie Jesus in dem bereits besprochenen Streitgespräch das »harte« Herz verurteilt, so hier das böse Herz, durch dessen Entscheidung der Ehebruch bereits vollzogen wird, auch wenn es (noch) nicht zur Tat selbst kommt. Gleichzeitig macht er damit *positiv* klar, wie man

[117] Dies wurde später auf den »Nächsten«, den jüdischen Volksgenossen, eingeschränkt. Vgl. P. BILLERBECK, Kommentar I 297.

[118] Vgl. H. GREEVEN, Ehe 381; F. HAUCK – S. SCHULZ, ThWNT VI 584 f.; S. SCHULZ, Q 117 f.; E. LÖVESTAM, Bedeutung 21 f.

[119] P. BILLERBECK, Kommentar I 297.

[120] Belege s. bei P. BILLERBECK, aaO. 299 ff.

[121] Siehe dazu die Belege bei P. BILLERBECK, Kommentar III 109.

[122] E. HAENCHEN, Weg 59.

auch in diesem Fall zu handeln hat, wenn das Handeln wirklich menschlich (human) sein und Gottes Willen entsprechen soll. »Herz« (καρδία) meint nach biblischem Verständnis nämlich nicht nur die Gesinnung – Jesus gibt hier keineswegs *allein* »die Gesinnung als das entscheidende Prinzip der Moral«[123] aus –; »Herz« meint vielmehr die »personale Mitte« des Menschen, in der Leib und Seele, Tat und Gesinnung noch eine ursprüngliche Ganzheit und Einheit bilden, in der alle Entscheidungen fallen, in der es besonders aber zur Begegnung des Menschen mit Gott kommt[124]. In bezug auf das sechste Gebot heißt das: Man erfüllt es nur dann in humaner, Gottes Willen entsprechender Weise, wenn man *ganz und ungeteilt,* in Gesinnung *und* Tat, sich gegen den Ehebruch, d. h. positiv: *für die eheliche Treue* entscheidet.

Man kann sich vorstellen, was diese Forderung Jesu damals in einer Umwelt bedeutete, in der der Mann seiner Ehefrau durchaus untreu werden konnte und dies nur dann als Ehebruch galt, wenn er sich mit der Ehefrau eines anderen einließ und damit das »Eigentum eines anderen«[125] verletzte. Jesus lehnt mit seinem Wort die falsche (und doppelte) Moral ab, die dem Mann nicht nur mehr »Rechte« als der Frau zuerkannte, sondern vor allem einen klaren Verstoß gegen Gottes heiligen Willen darstellte. Für Jesus gilt: Auch der Mann »ist zur absoluten Treue gegen seine Frau verpflichtet«[126].

Wenn dies aber so gilt, dann ist eigentlich *alles,* was dieser absoluten Treue zuwiderläuft, als *Ehebruch* zu werten, auch und vor allem die Entlassung einer Frau durch den Mann, die »Trennung« bzw. Scheidung[127].

2. Das Logion von der Ehescheidung als Ehebruch

Daß für Jesus in der Tat »die Ehescheidung dem Ehebruch gleich«[128] und deshalb radikal abzulehnen ist, läßt sich aus dem Logion von der Ehescheidung als Ehebruch entnehmen, das viermal in den synoptischen Evangelien überliefert ist: Mt 5,32; 19,9; Mk 10,11 f.; Lk 16,18 (vgl.

[123] J. Schmid, Mt 101.

[124] Vgl. P. Hoffmann, HThG I 686–690, bes. 687; A. Sand, EWNT II 615–619, bes. 616; auch G. Strecker, Antithesen 51 f.

[125] J. Schmid, Mt 100.

[126] E. Haenchen, Weg 338.

[127] Vgl. R. Laufen, Doppelüberlieferungen 348 f: »Wenn aber . . . Jesus bereits den begehrenden Blick als Ehebruch bezeichnet, so ist erst recht die real vollzogene Ehescheidung als Ehebruch anzusehen.«

[128] H. Greeven, Ehe 381.

dazu noch 1 Kor 7,10 f.). Es fällt allerdings schwer, den ursprünglichen, auf Jesus selbst zurückweisenden Wortlaut des Logions zu bestimmen, da sich die vier Fassungen zwar formal in etwa entsprechen – es handelt sich jeweils um ein Gesetzeswort[129], das (mit Ausnahme von Mt 19,9) zwei kasuistische Doppelsätze«[130] umfaßt –, aber in der Einordnung, in der konkreten Ausformulierung und vor allem im Inhalt zum Teil stark divergieren. »Dieser merkwürdige, scheinbar widerspruchsvolle Tatbestand läßt nach ihrem Verhältnis zueinander fragen, sowohl unter dem Gesichtspunkt der Überlieferungsgeschichte wie unter dem der Auffassung von der Ehescheidung, die sich darin geltend macht«[131]. Die Frage kann näherhin nur mit Hilfe einer sorgfältig vergleichenden literarkritischen Analyse der vier Fassungen und einer ebenso sorgfältigen traditions- und redaktionsgeschichtlichen Untersuchung beantwortet werden.

a) Analyse und Vergleich der vier Fassungen des Logions:

Matthäus bringt das Logion zum ersten Mal in *Mt 5,32,* also innerhalb der Bergpredigt. Es bildet dort zusammen mit 5,31 die dritte Antithese, die als solche wahrscheinlich erst vom Evangelisten selbst ausgeprägt worden ist[132].

Der Text von Mt 5,32 lautet:

(ἐγὼ δὲ λέγω ὑμῖν ὅτι)
πᾶς ὁ ἀπολύων τὴν γυναῖκα αὐτοῦ
– παρεκτὸς λόγου πορνείας –
ποιεῖ αὐτὴν μοιχευθῆναι·
καὶ ὃς ἐὰν ἀπολελυμένην γαμήσῃ,
μοιχᾶται.

»(Ich aber sage euch:)
Jeder, der seine Frau entläßt
– unberücksichtigt bleibt die ›schändliche Sache‹ –,
macht, daß mit (bzw. von) ihr die Ehe gebrochen wird;
und wer (bzw. wenn er) eine Entlassene heiratet,
begeht (er) Ehebruch.«

[129] R. Bultmann, Geschichte 140 u. a. Doch vgl. G. Delling, Logion 263, der das Logion dem Inhalt nach eher als »eine konkret formulierte grundsätzliche Äußerung über die Unlösbarkeit der Ehe« bezeichnen will. H. Greeven, Ehe 376 nennt das Logion einen »Maschal«.

[130] H.-Th. Wrege, Überlieferungsgeschichte 67.

[131] G. Delling, Logion 264.

[132] Vgl. u. a. R. Bultmann, Geschichte 143; H. Baltensweiler, Ehe 113; R. Pesch, Freie Treue 44.

Hier werden zwei Sachverhalte als Ehebruch bezeichnet: die Entlassung einer Frau und die Heirat einer Entlassenen durch einen Mann.

Dieser Fassung am nächsten kommt nun freilich nicht, wie man vermuten möchte, die zweite Matthäus-Version in 19,9, sondern *Lk 16,18.* Das lukanische Logion steht nicht nur in einem ähnlichen Kontext – wie Matthäus in seiner Bergpredigt geht es auch Lukas in 16,16–18 darum, mit Hilfe von Worten aus der Logienquelle Q die »Dialektik von Gültigkeit und Ungültigkeit des Gesetzes«[133] angesichts der in Jesus angebrochenen Gottesherrschaft darzulegen –, sondern er weist auch deutliche Übereinstimmungen mit Mt 5,32 in Formulierung und Inhalt auf.

Das lukanische Logion hat folgenden *Wortlaut:*

πᾶς ὁ ἀπολύων τὴν γυναῖκα αὐτοῦ καὶ γαμῶν ἑτέραν μοιχεύει,
καὶ ὁ ἀπολελυμένην ἀπὸ ἀνδρὸς γαμῶν μοιχεύει.

»Jeder, der seine Frau entläßt und eine andere heiratet, begeht Ehebruch;
und wer eine von ihrem Mann Entlassene heiratet, begeht Ehebruch.«

Auch hier findet sich wie in Mt 5,32 im ersten Satz die generalisierende Wendung πᾶς ὁ . . . (»Jeder, der . . .«); auch hier wird neben der Entlassung einer Frau die Heirat einer Entlassenen durch den Mann angesprochen. Allerdings wird dabei nicht die Entlassung als solche, sondern die durch die Wiederheirat (καὶ γαμῶν ἑτέραν) »unwiderruflich«[134] gemachte Entlassung als Ehebruch (und zwar eindeutig auf seiten des Mannes) bezeichnet.

Dies ist zwar auch im Logion *Mk 10,11 f.* der Fall. Gleichwohl gehen die beiden eben besprochenen Fassungen bei Matthäus und Lukas nicht auf diese Quelle zurück, da sie gerade in dem, worin sie übereinstimmen, gegen Markus stehen, dessen Version sich auch sonst von den beiden genannten unterscheidet. So bringt Markus das Logion in einem anderen Kontext, nämlich im Rahmen eines Jüngergesprächs (10,10–12), das sich an das schon behandelte Streitgespräch Mk 10,2–9 anschließt. Zudem führt er neben der Entlassung der Frau durch den Mann und dessen Wiederheirat als zweites nicht, wie dies übereinstimmend bei Mt 5,32 und Lk 16,18 der Fall ist, die Verheiratung des Mannes mit einer geschiedenen Frau an, sondern spricht in V. 12 – in deutlicher Parallelisierung der Tatbestände – von der Entlassung des Mannes durch die Frau und deren Wiederheirat.

[133] R. Laufen, Doppelüberlieferungen 354.
[134] H. Greeven, Ehe 382; G. Schneider, Jesu Wort 84.

Der *Wortlaut* bei Markus ist folgender:

ὃς ἂν ἀπολύσῃ τὴν γυναῖκα αὐτοῦ καὶ γαμήσῃ ἄλλην, μοιχᾶται ἐπ' αὐτήν·
καὶ ἐὰν αὐτὴ ἀπολύσασα τὸν ἄνδρα αὐτῆς γαμήσῃ ἄλλον, μοιχᾶται.

»Wer seine Frau entläßt und eine andere heiratet, begeht Ehebruch an ihr;
und wenn sie ihren Mann entläßt und einen anderen heiratet, begeht sie Ehebruch.«

Bleibt noch *Mt 19,9* zu besprechen. Der *Text* lautet:

(λέγω δὲ ὑμῖν ὅτι)
ὃς ἂν ἀπολύσῃ τὴν γυναῖκα αὐτοῦ
– μὴ ἐπὶ πορνείᾳ –
καὶ γαμήσῃ ἄλλην,
μοιχᾶται.

»(Ich aber sage euch:)
Wer seine Frau entläßt
– auch nicht bei Unzucht (soll man sie entlassen) –
und eine andere heiratet,
begeht Ehebruch«[135].

Da diese Version fast wörtlich mit dem ersten Satz des markinischen Logions (Mk 10,11) übereinstimmt und zudem wie bei Markus im Zusammenhang mit dem Streitgespräch über die Ehescheidung steht (vgl. Mt 19,3–9) – näherhin bildet es jetzt dessen unmittelbaren Abschluß, hinter dem allerdings noch ein sekundärer Anhang folgt (19,10–12) –, kann wohl kaum daran gezweifelt werden, daß diese zweite Matthäus-Fassung auf Markus zurückgeht.

Wir haben es demnach aller Wahrscheinlichkeit nach mit einer *Doppelüberlieferung* aus der Logienquelle Q und der markinischen Tradition zu tun. Mt 5,32 und Lk 16,18 dürften näherhin auf die (von ihnen neben Markus gemeinsam benutzte) Logienquelle zurückgehen, Mt 19,9 auf die aus der markinischen Tradition stammende und Mk 10,11 überlieferte Fassung.

[135] Die längere Lesart mit dem Zusatz »und wer eine Entlassene heiratet, begeht Ehebruch« dürfte trotz relativ guter Bezeugung (u. a. B C* W und der Koine-Text) sekundäre Angleichung an Mt 5,32 sein.

b) Rekonstruktion der Q-Fassung:

Als nächsten Schritt gilt es, aus Mt 5,32 und Lk 16,18 die vorgegebene *Q-Fassung* zu ermitteln, um diese mit der Markus-Fassung vergleichen und mit Hilfe des Vergleichs dann die beiden zugrunde liegende Urform des Logions ermitteln zu können.

Feststehen dürfte, daß die Passagen, in denen die beiden Fassungen (Mt 5,32 und Lk 16,18) gegen Markus übereinstimmen, aus Q stammen. Keinem Zweifel unterliegt es ferner, daß die (gemeinhin als »Ehebruchs-« oder »Unzuchtsklausel« bezeichnete) Parenthese in Mt 5,32 παρεκτὸς λόγου πορνείας redaktionell ist, »da ein ähnlicher Zusatz . . . sich auch in Abweichung von der Mk-Vorlage in Mt 19,9 findet«[136]. Die nur bei Lukas begegnende Wendung in der zweiten Vershälfte »(eine) von ihrem Mann (Entlassene)« kann ohne Schwierigkeiten »als lukanischer Zusatz erklärt werden«[137]. Wie aber steht es mit der nur bei Lukas anzutreffenden Wendung ». . . und eine andere heiratet« (καὶ γαμῶν ἑτέραν)? Bei ihr könnte es sich um eine – noch nicht in Q stehende – redaktionelle Angleichung des Evangelisten an die ihm bekannte, von ihm aber nicht übernommene Markus-Version handeln (vgl. dort das καὶ γαμήσῃ ἄλλην)[138]. Hätte Matthäus seinerseits den Zusatz in Q vorgefunden, dann hätte er ihn aller Wahrscheinlichkeit nach übernommen, wie er ja auch in 19,9 den gleichen Zusatz aus Mk 10,11 übernommen hat. Das Gegenargument, Matthäus habe den schon in Q stehenden Zusatz in 5,32 aus redaktionellen Gründen weggelassen und bewußt »aus dem Logion über den Ehebruch (= Wiederheirat nach der Entlassung) ein Wort über die Ehescheidung (Entlassung) gemacht«[139], da er das Thema »Ehebruch« schon in der zweiten Antithese (5,27 f.) behandelt habe, überzeugt nicht, geht es ihm doch gerade in seiner hier vorliegenden dritten Antithese darum, das vorher in der zweiten bezüglich des Ehebruchs Gesagte auf die Ehescheidung anzuwenden, d. h. auch diese, ja gerade sie, *als Ehebruch* zu qualifizieren. Im übrigen erweist sich die bei Lukas, aber auch schon bei Markus durch den Zusatz »und eine andere heiratet« gegebene Differenzierung zwischen Scheidung und Wiederverheiratung bereits als deutliche Anpassung an *spätere* Verhältnisse, entspricht sie doch mehr der monogamen hellenistischen

[136] S. SCHULZ, Q 117 mit Anm. 165 (Lit.).

[137] G. SCHNEIDER, Jesu Wort 70.

[138] So u. a. S. SCHULZ, Q 117. Vgl. H. GREEVEN, Ehe 384 f.; G. SCHNEIDER, Jesu Wort 70 Anm. 7.

[139] R. LAUFEN, Doppelüberlieferungen 345.

Eheordnung, nach der erst die neue Heirat eine Trennung unwiderruflich macht, als der im Prinzip polygamen jüdischen Eheordnung[140], in der durch eine zweite Heirat die erste Ehe keineswegs gebrochen wurde[141]. Die kürzere Fassung des Matthäus ist demnach wohl die ursprünglichere. Bleibt noch die Frage zu klären, ob die bei Matthäus anzutreffende, merkwürdig »umständlich«[142] klingende Formulierung »(er) macht, daß mit (bzw. von) ihr die Ehe gebrochen wird« (ποιεῖ αὐτὴν μοιχευθῆναι) oder die einfachere Aussage bei Lukas »(er) bricht die Ehe« (μοιχεύει) ursprünglicher ist. Man wird letzteres annehmen dürfen. Jedenfalls entspricht es zweifellos der Grundintention des Logions als einer Stellungnahme zu dem ganz auf den Mann ausgerichteten jüdischen Eherecht, wenn das Logion nicht, wie es bei Matthäus der Fall ist, auf den Ehebruch der Frau abhebt, sondern darauf, »daß der Mann, der seine Frau entläßt . . ., dadurch selbst Ehebruch begeht«[143]. Es ist zu beachten, daß ja auch der zweite Satz (»und wer eine Entlassene heiratet, begeht Ehebruch«) auf das Verhalten des *Mannes* abzielt. Im übrigen könnte die matthäische Formulierung hier durch die markinische (Mk 10,11: μοιχᾶται ἐπ' αὐτήν = ». . . begeht Ehebruch an ihr«) veranlaßt sein.

Berücksichtigt man alle diese Erwägungen, dann kann man für die Q-Vorlage etwa folgenden *Wortlaut* annehmen:

πᾶς ὁ ἀπολύων τὴν γυναῖκα αὐτοῦ	μοιχεύει,
καὶ ὁ ἀπολελυμένην γαμῶν	μοιχεύει.
»Jeder, der seine Frau entläßt,	begeht Ehebruch;
und wer eine Entlassene heiratet,	begeht Ehebruch.«

Es handelt sich um einen zweigliedrigen Satz mit streng parallelem Aufbau, wie er für viele Sprüche der Logienquelle charakteristisch ist[144].

c) Die Urform des Logions:

Ist dies nun aber schon als die *Urform* des Jesuslogions anzunehmen? Zur Beantwortung dieser Frage muß man, wie oben angedeutet, nunmehr die Markus-Fassung in die Betrachtung miteinbeziehen, wobei es

140 Zur Polygamie im Judentum vgl. H. BALTENSWEILER, Ehe 27–31.

141 Vgl. H. BALTENSWEILER, aaO. 63; H. GREEVEN, Ehe 382; R. PESCH, Freie Treue 11 f.; DERS., Mk II 125.

142 E. LOHMEYER – W. SCHMAUCH, Mt 129 Anm. 1.

143 J. SCHMID, Mt 103.

144 Belege s. bei R. LAUFEN, Doppelüberlieferungen 578 Anm 19.

zuerst zu klären gilt, wie die *von Markus benutzte Vorlage* ausgesehen haben mag.

Geht man davon aus, daß nicht nur der schon bei Lukas besprochene Zusatz ». . . und eine andere heiratet« in V. 11, sondern auch die Aussage von V. 12 eine »Applikation . . . auf hellenistische Rechtsverhältnisse«[145] darstellt – eine Scheidung durch die Frau, wie sie hier vorausgesetzt ist, war »in Palästina nicht möglich«[146], ja »undenkbar«[147] –, dann ergibt sich für die *vormarkinische Traditionsstufe* folgender einzeiliger Satz:

ὃς ἂν ἀπολύσῃ τὴν γυναῖκα αὐτοῦ, μοιχᾶται ἐπ' αὐτήν.
»Wer seine Frau entläßt, begeht Ehebruch an ihr«.

Damit kommen wir schon an die *Urform* des Jesuswortes heran[148], und zwar aus folgendem Grund: Einerseits findet sich die gleiche Aussage auch in Q (dort allerdings bereits durch eine zweite sekundär erweitert); andererseits ist die in der markinischen Tradition begegnende *Form* des konditionalen Relativsatzes (ὃς ἂν . . .) für derartige kasuistische Rechtssätze als ursprünglicher anzusehen als das generalisierende »Jeder, der . . .« (πᾶς ὁ . . .), wie es sich in Q findet[149].

Gibt nun aber der Satz in dieser Form Jesu eigene Auffassung adäquat wieder, wovon wir ausgehen dürfen, dann erhellt, wie provozierend diese Aussage in der jüdischen Umwelt sein mußte[150]. Jesus stellt ja ein Zweifaches heraus: 1. Auch der Mann kann die Ehe brechen, und zwar keineswegs nur die fremde, sondern durchaus seine eigene, d. h. er »kann der eigenen Frau gegenüber zum Ehebrecher werden . . .: die *einseitige* Bindung der Frau an ihren Mann wird zur *gegenseitigen* Bindung der beiden Gatten. Ihre gleichberechtigte Partnerschaft in der Ehe

145 R. Pesch, Mk II 125. Auch G. Delling, Logion 266 vermutet für V. 12, »daß hier der Kernsatz auf die heidenchristliche Situation angewendet wird«. Vgl. ferner P. Hoffmann, Jesu Wort 327; E. Lövestam, Bedeutung 23 f.

146 G. Delling, aaO. 266.

147 J. B. Bauer, EWNT I 340.

148 Auch B. Schaller, Sprüche 236 f. geht von einem *einzeiligen* Satz als *Urform* aus; näherhin sieht er Mk 10,11/Lk 16,18a (also eine Fassung, die bereits den Zusatz »und eine andere heiratet« aufweist) »als ursprünglich allein überlieferten Spruch« an; dabei weist er darauf hin, daß der Einzelspruch in ähnlicher Formulierung auch bei Hermas (Mand IV 1,6) begegnet. Vgl. ferner G. Delling, Logion 265; 273 Anm. 1.

149 Vgl. R. Laufen, Doppelüberlieferungen 347.

150 R. Pesch, Freie Treue 18: »Jesu Spruch ist eine Provokation, kein Rechtssatz.«

ist insofern aufgewiesen«[151]. 2. Jesus qualifiziert – und das ist als das eigentlich »Neue gegenüber der jüdischen Anschauung«[152] anzusehen – die »Ehescheidung als *Ehebruch*«[153]. Und zwar ist sie das nach Jesus keineswegs erst dann, wenn die Scheidung, wie es im Judentum fast selbstverständlich war[154], zur Wiederverheiratung geführt hat, sondern *von Anfang an!* So entspricht es jener Auffassung von Ehebruch, wie sie in der zweiten Antithese Mt 5,27 f. zum Ausdruck kommt. »Ebenso wie Ehebruch im Herzen seinen Ursprung hat, bevor er begangen wird (Mt 5,28), so geschieht er bereits in dem Augenblick, da der Mann seine Frau mit schuldhafter Absicht entläßt. Denn Jesus beurteilt das Tun nicht nach seiner äußeren Übereinstimmung mit dem Gesetz wie die Pharisäer, sondern nach der inneren Absicht des Herzens«[155]. Man sieht deutlich: »Der Ehebruchbegriff Jesu ist nicht juridischer, sondern sittlicher Art«[156], auch wenn er sich hier »paradoxerweise gerade in einem kasuistischen Rechtssatz«[157] zum Ausdruck bringt.

Warum aber ist für Jesus Ehescheidung gleich Ehebruch, d. h. Verstoß gegen das sechste Gebot und damit gegen den Willen Gottes? Die Antwort lautet: weil sie Bruch der (nach Mk 10 die Konsequenz aus der gottgewollten Einheit und Unauflöslichkeit der Ehe darstellenden) *Treue* ist! Nicht zufällig heißt es in diesem Satz: »(er) begeht Ehebruch *an ihr* (d. h. an seiner eigenen Frau)«. Damit spricht Jesus »von *der* Grundhaltung der Ehe überhaupt, der Treue. Treue ist ihrem Wesen nach Wahrhaftigkeit, Vertrauen, ja Glauben. Im Horizont der Verkündigung Jesu meint Glauben an den anderen Menschen den Glauben an Gottes Möglichkeiten für den anderen Menschen, die Jesus dem Menschen zusagt. Zu solchen Zusagen Jesu gehören etwa gerade auch Vergebung der Schuld und Solidarität, ungesetzliches, aber frei gutwilliges Verhalten, kurzum, immer wieder Liebe . . . Jesu Weisung für die Ehe übersteigt somit weit die Frage von erlaubt und unerlaubt, die immer auf die ›Scheidung‹, das Trennen und Sondern aus ist«[158].

[151] P. Hoffmann, Jesu Wort 326.
[152] H. Baltensweiler, Ehe 61.
[153] H. Baltensweiler, aaO.
[154] Vgl. H. Baltensweiler, aaO. 62; G. Delling, Logion 271; R. Laufen, Doppelüberlieferungen 350.
[155] J. Moingt, Ehescheidung 208.
[156] R. Laufen, Doppelüberlieferungen 349.
[157] AaO. 351.
[158] R. Pesch, Weisung 218.

d) Die späteren Ausformungen des Logions und ihre Interpretation der Intention Jesu:

Nehmen wir von hier aus noch einmal die *späteren Ausformungen* des Logions in der Urkirche bis hin zu den Evangelien in den Blick und fragen wir dabei vor allem nach ihrem Verhältnis zur ursprünglichen Intention Jesu!

Schon die Tatsache, daß dieses Jesuswort überhaupt – und sogar noch mehrfach – in der Urkirche überliefert worden ist, zeigt: Offensichtlich diente das Wort den Christen als »autoritative Norm«[159] für ihre eigene Praxis. Gewiß: Man erweiterte schon bald das Logion, paßte es den geänderten Verhältnissen an, legte es wohl auch, wie die schon bei Markus zu findende Differenzierung zwischen Ehescheidung und Wiederheirat anzudeuten scheint, kasuistisch aus[160]. Jedoch ist dies nicht unbedingt als eine »Erweichung des ursprünglichen Wortes« anzusehen[161]. Jedenfalls interpretieren *alle* Fassungen das Jesuswort durchaus sachgemäß als *absolutes Scheidungsverbot* (auch wenn dabei dann mehr die im juristischen Sinne durch die Wiederverheiratung vollendete Scheidung im Blick ist) und behalten, wie der folgende Überblick zeigen wird, die »ursprüngliche Radikalität«[162] der Intention Jesu nicht nur bei, sondern verdeutlichen sie noch gegenüber der Tradition auf unterschiedliche Weise durch entsprechende Zusätze, ja verstärken sie durch das Mittel der Verschärfung.

In *Q* etwa wird das Jesuswort, das ursprünglich wohl lediglich vom Ehebruch eines Mannes in bezug auf seine eigene Ehe sprach, nicht nur sachgerecht – und durchaus jüdischen Ehevorstellungen entsprechend – durch den Hinweis auf den Ehebruch eines Mannes in bezug auf eine fremde Ehe ergänzt und so »eine Lücke in die Argumentation ausgefüllt«[163], sondern es ist wahrscheinlich dort schon, wie

[159] R. LAUFEN, aaO. 351.

[160] Doch vgl. R. LAUFEN, aaO.: »Daß es im Sinne einer Differenzierung zwischen Ehescheidung und Wiederheirat kasuistisch ausgelegt wurde, ist nicht sehr wahrscheinlich.«

[161] So aber H. BALTENSWEILER, Ehe 69. Vgl. auch B. SCHALLER, Sprüche 245 f., der meint, die Urkirche sei »mit der Umformung des Wortes Jesu gegen die Ehescheidung in ein Wort gegen die Wiederheirat dem von Jesus gerade abgelehnten kasuistischen Denken wieder verfallen«.

[162] R. LAUFEN, Doppelüberlieferungen 351.

[163] H. BALTENSWEILER, Ehe 63. G. DELLING, Logion 268 bezeichnet diese Ergänzung als »eine bedeutsame Weiterführung, die die Unvereinbarkeit der Scheidung mit dem Schöpferwillen Gottes in einer neuen Konsequenz deutlich macht«.

Lk 16,16–18 zeigen, mit zwei anderen Logien zu einer Einheit zusammengefügt[164], bei der es »um die Gültigkeit des Gesetzes und die Auslegung des Gesetzes durch Jesus geht«[165]. Das erste Logion (Lk 16,16 = Mt 11,12) spricht von der mit Johannes dem Täufer eingetretenen Zeitenwende und dem gegenwärtigen Bedrängtwerden der Gottesherrschaft; das zweite (Lk 16,17 = Mt 5,18) betont die bleibende Gültigkeit des Gesetzes; das dritte schließlich (Lk 16,18 = Mt 5,32) handelt vom Verbot der Ehescheidung.

Die Komposition, die als das Werk des Q-Redaktors anzusehen ist, dürfte so zu verstehen sein: Mit Johannes dem Täufer hat eine neue Epoche der Heilsgeschichte begonnen, die sich von der durch »Gesetz und Propheten« bestimmten Zeit, d. h. »der Zeit des Alten Bundes, abhebt, weil sie die Zeit der Königsherrschaft Gottes ist. Das bedeutet nicht, will das zweite Logion sagen, daß das Gesetz als ganzes abgetan wäre; als Ausprägung des Willens Gottes bleibt es vielmehr unverbrüchlich bestehen. »Nicht das Gesetz als solches ist also abgetan, sondern nur seine gottfeindliche Verabsolutierung und den Gotteswillen verkehrende Auslegung«[166].

Und eben dafür bietet das dritte Logion, das von der Ehescheidung und vom Ehebruch, ein anschauliches Beispiel[167]. Im Gegensatz zur jüdisch-pharisäischen Gesetzesauslegung, welche die Ehescheidung aufgrund von Dtn 24,1 erlaubt und so mit Hilfe des Gesetzes den Gotteswillen umgehen zu können glaubt, wird hier das Ehescheidungsverbot Jesu als maßgeblich hingestellt, dem es dabei um nichts anderes geht als darum: in der mit ihm anbrechenden Zeit der Königsherrschaft Gottes dessen Willen zum Sieg zu verhelfen[168]. Dieses neue Gesetzesverständnis macht sich auch in der Formulierung des Q-Logions bemerkbar, dadurch nämlich, daß die ursprüngliche *Form* des kasuistischen Rechtssat-

[164] Doch ist dies in der Forschung umstritten. Nach H. BALTENSWEILER, Ehe 80 z. B. ist zumindest »zu erwägen, ob nicht Lukas die V. 16–18 bereits in seiner Quelle in dieser Zusammenstellung vorgefunden und sie hier einfach als ein Ganzes eingeschoben hat«. Nach P. HOFFMANN, Jesu Wort 327 läßt sich dagegen der Kontext des Wortes in Q »nicht mehr ermitteln«. Vgl. zur Diskussion R. LAUFEN, Doppelüberlieferungen 352; 585 Anm. 61 und 62.

[165] R. SCHNACKENBURG, Ehe 415. Vgl. H. SCHÜRMANN, »Wer daher eines dieser geringsten Gebote auflöst . . .« 238–250, bes. 246 f.; G. SCHNEIDER, Jesu Wort 75 f.

[166] R. LAUFEN,Doppelüberlieferungen 355.

[167] J. ERNST, Lk 468 nennt das Logion eine »aktualisierende Anwendung der Grundsatzworte von V. 17«. W. GRUNDMANN, Lk 324 spricht ähnlich von einem »Anwendungswort«.

[168] Vgl. R. LAUFEN, Doppelüberlieferungen 355 f.

zes (ὃς ἂν . . .) aufgegeben und durch die generalisierende Wendung πᾶς ὁ . . . ersetzt wird. Auf diese Weise erfährt die ursprüngliche Fassung des Logions eine nicht unerhebliche Verschärfung.

Eine Verschärfung liegt auch bei der *Markus-Fassung* des Logions (10,11 f.) vor. Sie kommt auf eine doppelte Weise zustande: einmal dadurch, daß Markus das Gebot Jesu an die Umwelt seiner Leser angleicht (vgl. bes. V. 12), zum anderen dadurch, daß er das Logion als Jüngerbelehrung an das Streitgespräch über die Ehescheidung (10,2–9) anschließt und es so in den Zusammenhang von Kap. 10 einordnet. Durch die Angleichung des Logions an die Umwelt seiner Leser will Markus zum Ausdruck bringen, daß das Gebot Jesu nicht nur auf den palästinensischen Raum beschränkt ist, sondern *uneingeschränkte* Geltung auch für die Heidenchristen innerhalb des Imperium Romanum hat[169]. Mit der Anfügung des Logions an das Streitgespräch (10,2–9) wird das Ehescheidungsverbot Jesu als die unausweichliche Folge jenes dort entwickelten grundsätzlichen Gedankens charakterisiert, der an dem Gottes Willen entsprechenden »Maßstab der unaufhebbar gültigen ersten Ehe orientiert ist«[170]. Mit der Einordnung der gesamten Einheit (Streitgespräch und Jüngerbelehrung über die Ehe) in den Rahmen von Kap. 10 (näherhin 10,2–45) schließlich will Markus auf den existentiellen Bezug aufmerksam machen, den diese Anweisung Jesu für den in seiner Nachfolge stehenden Christen besitzt.

Es darf nämlich »angenommen werden, daß der Evangelist Markus das in den Versen 2–31 und 35–45 des zehnten Kapitels seines Evangeliums Mitgeteilte in dieser Zusammenstellung bereits übernommen hat«[171]. Dabei handelt es sich neben der Perikope über Ehe und Ehescheidung (V. 2–12) um folgende Einzelstücke: die Kindersegnung (V. 13–16), die Geschichte vom Reichen (V. 17–31) und die Bitte der Zebedäussöhne um die ersten Plätze im Gottesreich (V. 35–45). Diese Komposition ist als eine Art christlicher Katechismus zu verstehen, der mit den urkirchlichen »Haustafeln« (d. h. den die Ordnung in einer

[169] Die Verschärfung besteht hier also in der universalen Ausweitung des Geltungsbereichs des Jesusgebots.

[170] K.-G. Reploh, Markus 181.

[171] H. Zimmermann, Jesus Christus 24. Vgl. Ders., Methodenlehre 163 ff.; H.-W. Kuhn, Sammlungen 146–191. Zur vormarkinischen Komposition in Mk 10 s. auch den Aufsatz »Überlegungen zum Verhältnis von Theologie und christlicher Glaubenspraxis anhand des Neuen Testaments« S. 229 f.

Haus- und Familiengemeinschaft betreffenden Mahnungen)[172] vergleichbar ist, will er doch den Christen Anweisungen geben zu den Themen »Ehe«, »Kinder«, »Armut und Reichtum«, »Macht und Dienen« und damit »eine Art Lebensordnung« für die Christen sein, »in der für sie wichtige Fragen des menschlichen Zusammenlebens geregelt werden«[173]. Bemerkenswert ist nun aber, daß Markus in diese vorgegebene Komposition redaktionell die dritte Leidensankündigung eingefügt hat (10,32–34), in der der Nachfolgegedanke eine bedeutende Rolle spielt (vgl. bes. V. 32.33a). Damit will er offensichtlich zum Ausdruck bringen: Es genügt nicht, die hier zusammengestellten Anweisungen Jesu zu den einzelnen Bereichen (Ehe, Kinder usw.) zu kennen, es kommt vielmehr darauf an, sie konkret in der *Nachfolge* Jesu zu verwirklichen[174]. Nachfolge Jesu aber ist nach Markus wesentlich »das Folgen auf dem Weg Jesu in das Leiden und in die Auferstehung«[175]. Wie das zu verstehen ist, läßt sich so erläutern: »Der Maßstab des Handelns, den der erhöhte Herr seiner Gemeinde gibt, ist mit dem der Menschen (vgl. 8,33) nicht vereinbar. So kommt es notwendig zum Konflikt, in dem sich der Christ durch treue Nachfolge seines Herrn bewähren muß. Diese Nachfolge führt mit Jesus in das Leiden, aber auch in die Auferstehung«[176].

Lukas bringt in 16,18 nicht nur eine »Kombination«[177] zwischen Q und Markus, insofern er deren Vorstellungen über die Scheidung als Ehebruch miteinander verbindet – nach Lukas ist es ja so, daß vom Mann »sowohl durch Scheidung mit Wiederheirat als auch durch Heirat einer Geschiedenen das 6. Gebot übertreten wird«[178] –, sondern auch, insofern er deren Grundintentionen übernimmt und mit seinen eigenen verbindet.

So bringt Lukas *mit Q* das Logion nicht nur im gleichen engeren Kontext, also innerhalb jener Einheit (16,16–18), bei der es um die Gesetzesproblematik geht, sondern ergänzt diese Einheit im weiteren Kontext des Kap. 16 durch andere Traditionsstücke, die nach seiner Ansicht mit dem gleichen Grundthema, der Gesetzesproblematik, zu tun haben, nämlich solche Stücke, bei denen es um Reichtum und Besitz geht (vgl.

[172] Zu den Haustafeln s. die Ausführungen in Teil II. dieses Aufsatzes.
[173] H.-W. Kuhn, Sammlungen 173.
[174] Vgl. K.-G. Reploh, Markus 173–210; H. Zimmermann, Jesus Christus 269.
[175] H. Zimmermann, aaO. 269.
[176] R. Laufen, Doppelüberlieferungen 360.
[177] K. Berger, Gesetzesauslegung I 568. Vgl. R. Pesch, Freie Treue 56.
[178] K. Berger, aaO.

16,1–8.9–13.19–31). Für Lukas, den »Evangelisten der Armen«, ist eben »das rechte Verhältnis zu Reichtum und Besitz einer der zentralen Punkte, in denen sich die richtige Auslegung des Gesetzes bewähren und realisieren muß«[179]. Jedoch sind die beiden Einzelthemen »Ehe« und »Besitz« nicht nur durch die umfassendere Gesetzesproblematik verbunden, sondern haben nach Lukas auch unmittelbar etwas miteinander zu tun. Mit G. SCHNEIDER ist darauf hinzuweisen, daß gerade durch die Einschaltung der aus Markus stammenden Wendung »und eine andere heiratet« das Logion bei Lukas gegenüber Q »noch stärker gegen das egoistische Besitzenwollen des Mannes« zielt[180].

Damit trifft sich Lukas nun auch wiederum *mit Markus*, bei dem ja, wie schon ausgeführt, die Anweisungen Jesu zu Ehe und Ehescheidung (10,2–12) in einer vorgegebenen Komposition stehen, in welcher auch das Thema »Besitz und Besitzverzicht« eine Rolle spielt (vgl. Mk 10,17–31), bei deren redaktioneller Bearbeitung es Markus selbst aber vor allem auf den Gedanken der *Nachfolge Jesu* – im Sinne des Folgens auf seinem Weg – ankommt. Lukas bringt auf seine Weise den gleichen Gedanken zum Ausdruck, indem er das Ehescheidungslogion samt den anderen thematisch zusammenhängenden Stücken in Kap. 16 in den größeren Rahmen des »Reiseberichts« (9,51–19,27) einfügt, der von dem »Weg« Jesu nach Jerusalem handelt, einem »Weg«, auf dem ihn seine Jünger begleiten (9,51 f.57 u. ö.).

Auch *Matthäus* bringt in *5,32* das Grundanliegen Jesu in seiner Radikalität durch das Mittel der Verschärfung zum Ausdruck. So bedeutet es schon eine Verschärfung, daß er das aus Q übernommene Logion in den Kontext seiner Antithesen stellt[181], bei denen es um die »überströmende« Gerechtigkeit der Jünger Jesu gegenüber der jüdisch-pharisäischen Gesetzesfrömmigkeit geht[182]. Näherhin bildet es, wie schon erwähnt, zusammen mit V. 31 die dritte Antithese. Diese lautet im Zusammenhang: »Es ist ferner gesagt worden: ›Wer seine Frau entläßt, soll ihr einen Scheidebrief geben‹ (Dtn 24,1). Ich aber sage euch: Jeder, der seine Frau entläßt – unberücksichtigt bleibt die ›schändliche Sache‹ (= Unzucht) –, macht, daß mit (bzw. von) ihr die Ehe gebrochen wird; und wer (bzw. wenn er) eine Entlassene heiratet, begeht (er) Ehebruch.«

179 R. LAUFEN, Doppelüberlieferungen 352. Vgl. P. HOFFMANN, Studien 54 f.

180 G. SCHNEIDER, Lk II 339.

181 Vgl. R. PESCH, Freie Treue 47: »In der zweiten (Ehebruch) und dritten (Ehescheidung) Antithese wird das sechste Gebot verschärft.«

182 Vgl. P. HOFFMANN, Jesu Wort 329; R. PESCH, aaO. 46.

Indem Matthäus das Schriftzitat aus Dtn 24,1 und das Gebot Jesu in die antithetische Form kleidet und der Bestimmung des Deuteronomiums das mit »Ich aber sage euch« eingeleitete Wort Jesu entgegenstellt, bringt er noch deutlicher, ja radikaler die Intention zum Ausdruck, die wir bereits in der Q-Redaktion finden konnten: Jetzt, in dieser Zeit der mit Jesus angebrochenen Gottesherrschaft, deren »Ordnung«[183] gerade die Bergpredigt darlegen will, gilt nicht mehr die im mosaischen Gesetz enthaltene Erlaubnis der Ehescheidung – in diesem Sinne wird hier in der Tat eine alttestamentliche Weisung »außer Kraft« gesetzt[184] –, sondern das dem Willen Gottes entsprechende Wort Jesu; dieses löst dabei aber nicht die Tora als solche ab; es »führt vielmehr vom Wortlaut des Mose-Gesetzes auf seine eigentliche Intention zurück«[185] und ist gerade »als Ausdruck des lebenfördernden Liebeswillens Gottes«[186] durchaus »Gebot«, freilich nicht Gebot im Sinne eines juristischen, positivistischen Gesetzes! Das zeigt die Formulierung: Der matthäische Jesus »redet überhaupt nicht von der juristischen Form, sondern allein von der Sache der Ehescheidung«[187], und zwar in einer Weise, die wiederum gegenüber Q, aber auch den anderen Fassungen eine Verschärfung darstellt: Als einziger bringt Matthäus – damit die ursprüngliche Intention Jesu voll und ganz treffend – schon die Entlassung einer Frau, »die bloße Scheidung – ohne Wiederheirat mit einer anderen Frau, wie sie überall sonst als Voraussetzung hinzutritt«[188] –, mit Ehebruch in Verbindung.

Allerdings ist die Formulierung merkwürdig: »Wer seine Frau entläßt, *macht, daß mit (bzw. von) ihr die Ehe gebrochen wird«*. Diese Formulierung hängt mit der »rejudaisierenden«[189] oder besser: »historisierenden« Absicht zusammen, die Matthäus hier (und ähnlich auch in Kap. 19) verfolgt. Er setzt ja das Wort Jesu der bisherigen jüdischen Rechtspraxis des Scheidebriefes entgegen, mit dem einerseits der Mann (und nur er) eine Frau entlassen konnte, der es andererseits aber auch der Frau ermöglichen sollte, eine neue Ehe einzugehen, ohne des Ehebruchs bezichtigt werden zu können. Demgegenüber stellt das Jesuslogion in der matthäischen Fassung ein Zweifaches heraus, was »dem übli-

[183] H. ZIMMERMANN, Jesus Christus 158.
[184] E. SCHWEIZER, Mt 66.
[185] S. SCHULZ, Q 119. Vgl. G. STRECKER, Antithesen 55.
[186] R. PESCH, Freie Treue 15.
[187] E. LOHMEYER – W. SCHMAUCH, Mt 129.
[188] H. GREEVEN, Ehe 382.
[189] Vgl. B. SCHALLER, Sprüche 236; J. GNILKA, Mk II 75 u. a.

chen Denken . . . radikal widerspricht«[190]: 1. wird gesagt, daß die *Frau* – trotz des Scheidebriefes – des Ehebruchs schuldig wird, und zwar keineswegs nur dann, wenn sie wieder heiratet – von Wiederheirat der Frau ist hier (jedenfalls ausdrücklich) ja nicht die Rede –; 2. wird darauf abgehoben, daß auch der *Mann* schuldig wird, und zwar nicht nur in bezug auf eine fremde Ehe, sondern auch in bezug auf die eigene, nicht erst, wenn *er* wieder heiratet oder wenn er, wie dies im Nachsatz ausgesagt ist, seinerseits eine Geschiedene (deren erste Ehe ja noch fortbesteht) heiratet[191], vielmehr schon, wenn er seine eigene Ehefrau entläßt. Die Schuld des Mannes ist dann zwar nicht juristischer Art, wohl aber *moralischer* Art; sie besteht nicht darin, daß er *selber* die *Tat* des Ehebruchs begeht, sondern darin, daß er seine Ehefrau zum Ehebruch *treibt* (ποιεῖ). Das aber »ist so schlimm wie Ehebruch«[192] selbst!

Man sieht: Auch Matthäus interpretiert in 5,32 die aus der Tradition (Q) übernommene Weisung Jesu durchaus sachgemäß. Er erkennt, daß Jesu Wort über Ehescheidung und Ehebruch »nicht die Promulgation eines neuen Gesetzes, sondern ein eindringlicher Ruf zu freier Treue«[193] ist. In der Tat kommt hier »die Treue gegen die eigene Frau und die eigene Ehe zu entscheidenden und regulierenden Worten, und ihr Motiv ist nicht nur die Anklage gegen den Mann, sondern mehr noch die Sorge um die Frau«[194] als die »Schutzlose«[195] und daher Schutzbedürftige. Gerade in der matthäischen Fassung des absoluten Scheidungsverbots Jesu klingt jener »alte prophetische Gedanke« auf, »der eine Scheidung zum Verrat stempelt, weil Gott der Zeuge des Ehebundes ist (Mal 2,15)«[196].

Aber handelt es sich bei Mt 5,32 überhaupt um ein *absolutes* Verbot? Ist nicht die Parenthese im ersten Satz παρεκτὸς λόγου πορνείας, der in 19,9 die ähnliche Parenthese μὴ ἐπὶ πορνείᾳ entspricht, als *Ausnahme* zu verstehen? In der Tat deuten die allermeisten Exegeten die Parenthese im Sinne einer Ausnahme bzw. Einschränkung, also exklusiv. Ihrer Meinung nach soll die Wendung παρεκτὸς λόγου πορνείας besagen: Ehescheidung ist verboten – *ausgenommen im Fall von Un-*

[190] G. DELLING, Logion 267.
[191] Nach H. GREEVEN, Ehe 382 ist im Nachsatz wohl an den gleichen Mann gedacht wie im Vordersatz. Man hat καὶ ὃς ἐάν dann nicht zu übersetzen: »und wer . . .«, sondern »und wenn er . . .« (vgl. aaO. 384).
[192] E. LOHMEYER – W. SCHMAUCH, Mt 129 Anm. 1.
[193] R. PESCH, Freie Treue 16.
[194] E. LOHMEYER – W. SCHMAUCH, Mt 130.
[195] E. SCHWEIZER, Mt 76.
[196] E. LOHMEYER – W. SCHMAUCH, Mt 130.

zucht, wobei unter »Unzucht« (πορνεία) dann Verschiedenes verstanden wird: Hurerei bzw. sexuelles Fehlverhalten im eigentlichen Sinn[197] oder ehewidriges Verhalten[198], Ehebruch[199], eheliche Untreue[200], andauernde Untreue[201], (sexueller) Treuebruch[202], aber auch das »matrimonium nullum«[203] bzw. die verbotene oder illegitime Ehe[204], d. h. namentlich das »Heiraten in den Lev 18 verbotenen Verwandtschaftsgraden«[205], das auch im Aposteldekret Apg 15,20.29 mit πορνεία gemeint sein könnte, oder die nicht-sakramentale Ehe[206] usw.[207]. Hinter dieser Ausnahmeregelung (Unzuchts- oder Ehebruchsklausel) sieht man dann zumeist eine von Matthäus selbst[208] eingebrachte Anpassung an die Situation bzw. Praxis seiner (judenchristlichen) Gemeinden, die »das generelle Verbot Jesu mit dem Rechtsempfinden der jüdischen Tradition« ausgleichen wolle[209], »eine flexible Handhabung der Scheidungspraxis« intendiere[210] bzw. darum bemüht sei, »die Forderung Jesu in der Praxis anwendbar zu machen«[211].

Dazu ist ein Zweifaches zu bemerken: 1. Die Antithese muß »im Licht der These gelesen werden«[212], also von V. 31 her. Dort aber wird an die jüdische Praxis des Scheidebriefs gemäß Dtn 24,1 erinnert (was eine Anpassung an Mt 19,3–9 sein könnte), die dem Mann gestattete, seine Frau bei Vorliegen von ›erwath dabar‹ zu entlassen; und wir haben ja bereits darauf hingewiesen, daß es schon im Judentum umstritten war,

[197] So z. B. A. Sand, Unzuchtsklausel 128; G. Schneider, Jesu Wort 81.

[198] So u. a. B. Schaller, Sprüche 234 f. (mit Berufung auf Sota 5,1; vgl. 1,5 und 4,2).

[199] R. Pesch, Freie Treue 46 f. u. a.

[200] P. Hoffmann, Jesu Wort 329. Vgl. auch etwa G. Strecker, Weg 132; J. B. Bauer, Bemerkungen 23.

[201] E. Schweizer, Mt 75; A. Kretzer, Frage 220.

[202] E. Lövestam, Bedeutung 21.

[203] P. Gaechter, Mt 183.

[204] Vgl. etwa J. Bonsirven, Le divorce 46; J. B. Bauer, BThW³ I 236.

[205] H. Baltensweiler, Ehe 101. Vgl. R. Pesch, Weisung 212.

[206] So etwa J. Sickenberger, Äußerungen 208.

[207] Vgl. zu den verschiedenen Deutungen auch R. Schnackenburg, Ehe 419 f.; 433 f.

[208] So die meisten Ausleger. Doch vgl. A. Sand, Unzuchtsklausel 128, nach dessen Ansicht Matthäus die beiden Ausnahmebestimmungen in 5,32 und 19,9 bereits in seiner »Sondertradition« vorgefunden hat.

[209] So etwa K. Niederwimmer, Askese 44. Auch nach G. Bornkamm, Ehescheidung 57 gleicht Matthäus das Wort Jesu an die jüdische Lehre an.

[210] G. Strecker, Antithesen 54.

[211] P. Hoffmann, Jesu Wort 329. Vgl. G. Strecker, Weg 132; R. Pesch, Freie Treue 47.

[212] R. Pesch, Freie Treue 46.

was damit gemeint sei. Nun ist die hier stehende Wendung λόγος πορνείας zwar nicht Übernahme des LXX-Textes von Dtn 24,1 – in der LXX wird ›erwath dabar‹ mit ἄσχημον πρᾶγμα übersetzt –, läßt sich aber dennoch ohne weiteres als (aramäisierende) Übersetzung von ›erwath dabar‹ ins Griechische verstehen, meint also in der Tat jene Dtn 24,1 angesprochene »schändliche Sache«, wie immer man diese dann auch näher interpretieren mag[213]. 2. Schon weil Matthäus das Ehescheidungsverbot in die Antithesen mit ihren radikalen Forderungen eingefügt hat, erscheint die Annahme nicht sehr plausibel, daß er mit dem Einschub tatsächlich eine Einschränkung angeben will[214]. Die Wendung dürfte also nicht exklusiv, sondern *inklusiv* zu verstehen sein[215]! Das immer wieder angeführte Gegenargument, es sei »aus sprachlichen Gründen« unmöglich, die Parenthese in 5,32 (und 19,9) »anders als im ausschließlichen, einen Ausnahmefall nennenden Sinn zu verstehen«[216], ist unbegründet. Das Wort παρεκτός (wörtlich: »außerhalb«) kann nicht nur meinen »außer« (im Sinne einer Ausnahme von der Regel), sondern auch »draußen«, »fern von« und (im übertragenen Sinne) »unerwähnt« (d. h. außerhalb der Diskussion; vgl. 2 Kor 11,28; Did 6,1)[217].

So ist die von uns gewählte Übersetzung der Parenthese in 5,32: »unerwähnt (= außerhalb der Diskussion) bleibt die ›schändliche Sache‹« (da sich nämlich eine solche Diskussion angesichts des *absoluten* Scheidungsverbots erübrigt) keineswegs eine »gewaltsam« vorgenommene Interpretation[218], sondern erscheint als die einzig sachgemäße. Sie hat zudem den Vorteil, daß man, wenn man ihr folgt, von dem Bemühen befreit ist, die Matthäus-Fassung mehr oder weniger gekünstelt mit der rigorosen Forderung Jesu ausgleichen, zumindest aber abschwächen zu müssen, indem man die Klausel lediglich im Sinne der »Trennung von Tisch und Bett« ausdeutet[219].

[213] Vgl. G. Schneider, Jesu Wort 80: »die matthäische Formulierung erinnert . . . an Dt 24,1.« Ferner H. Greeven, Ehe 379; K. Staab, Frage 41; 43.

[214] Vgl. R. Schnackenburg, Ehe 434: »Ferner stört die matthäische Unzuchtsklausel, wenn man sie als echte Ausnahme vom Verbot der Ehescheidung versteht, die Tendenz der Bergpredigt, die sittlichen Forderungen Jesu zu radikalisieren.«

[215] So auch die bei H. Baltensweiler, Ehe 90 Anm. 31 aufgeführten Autoren; vgl. ferner H. Zimmermann, μὴ ἐπὶ πορνείᾳ 299 (zu Mt 19,9).

[216] J. Schmid, Mt 103. Vgl. auch G. Delling, Logion 269; H. Baltensweiler, Ehe 90 Anm. 31; G. Bornkamm, Ehescheidung 56.

[217] Vgl. H. Zimmermann, Methodenlehre 247. Zu 2 Kor 11,28 vgl. auch J. Zmijewski, Stil 268.

[218] So aber der Vorwurf von G. Bornkamm, Ehescheidung 56.

[219] So die »klassische kirchliche Auslegung, die auf Hieronymus zurückgeht« (G. Schneider, Jesu Wort 81). Vgl. J. B. Bauer, BThW[3] I 236.

Ob unsere Interpretation von 5,32 richtig ist, muß die zweite Matthäus-Fassung *19,9* erweisen, die dort innerhalb des von Markus (10,2–9) übernommenen Streitgesprächs über die Ehescheidung steht (Mt 19,3–9).

Nun zeigt ein Vergleich zwischen den Fassungen des Gesprächs bei Markus und bei Matthäus, daß letzterer 1. den Aufbau der Perikope verändert[220] und 2. das Streitgespräch – und zwar »wenig geschickt«[221] – mit einem angehängten Jüngergespräch verbunden hat (V. 10–12), in dessen Mittelpunkt der sogenannte Eunuchenspruch (V. 11 f.) steht[222]. Beides hängt wesentlich miteinander zusammen. D. h.: Matthäus hat um des »Anhangs« willen das Streitgespräch gegenüber Markus weitgehend umgestaltet. Bei ihm ist es (anders als bei Markus) in der Tat »ein schriftgelehrter Disput, ein wirkliches Streitgespräch über eine Gesetzesfrage«[223], nämlich über die Scheidungs-*Gründe*[224].

Näherhin nimmt bei ihm das Gespräch seinen Ausgang von der Frage der Pharisäer, ob es erlaubt sei, seine Frau *aus jedem Grund* (κατὰ πᾶσαν αἰτίαν) zu entlassen (V. 3). Es ist klar: Der Streit geht hier um die rechte *Auslegung* von Dtn 24,1[225]. Die an Jesus gerichtete Anfrage kann man also so umschreiben: Sagt die Stelle in der Tora, daß jeder beliebige Grund hinreichend zur Ehescheidung ist – wie es bekanntlich die Hilleliten annehmen –, oder muß man ein strengeres Maß anlegen und darf nur *einen* Grund gelten lassen – wie es bei den Schammaiten geschieht[226]? Was ist maßgebend: jeder Grund oder nur Unzucht (bzw. Ehebruch)? Auf diese Frage soll Jesus offenbar eine klare Antwort ge-

[220] Vgl. dazu u. a. H. ZIMMERMANN, μὴ ἐπὶ πορνείᾳ 293 ff.; DERS., Methodenlehre 117–120; 242–247; H. BALTENSWEILER, Ehe 84 ff.; R. SCHNACKENBURG, Ehe 416; P. HOFFMANN, Jesu Wort 328; R. PESCH, Freie Treue 49 f.

[221] H. ZIMMERMANN, μὴ ἐπὶ πορνείᾳ 295.

[222] Vgl. zu diesem Spruch u. a. J. BLINZLER, Εἰσὶν εὐνοῦχοι 254–270; DERS., »Zur Ehe unfähig . . .« 20–40; A. SAND, Reich Gottes.

[223] R. SCHNACKENBURG, Ehe 416 Anm. 4.

[224] So zutreffend G. SCHNEIDER, Jesu Wort 82.

[225] So u. a. auch E. SCHWEIZER, Mt 248; G. BORNKAMM, Ehescheidung 57 Anm. 4.

[226] Eine andere Auffassung vertritt H. BALTENSWEILER, Ehe 86: »Trotz der fachmännischen Formulierung der Frage nach dem Scheidungsgrund, geht es nicht um eine Diskussion, ob Hillel oder Schammai im Recht ist.« Wenn A. SAND, Unzuchtsklausel 125 meint, es sei »durch nichts zu beweisen, daß Matthäus durch den Einschub ›aus jedem Grund‹ in die Diskussion zwischen der Schule Hillels und der Schule Schammais eingreifen wollte«, so ist dies nur zum Teil richtig: Matthäus will zwar nicht selbst in den Streit »eingreifen«, etwa indem er sich für die strengere Auslegung des Schammai entscheidet, wohl aber »historisiert« er.

ben und dadurch – darin besteht das »Versucherische«[227] – sich für *eine* Lehrmeinung entscheiden (was ja automatisch zur Folge hätte, daß er sich die Anhänger der anderen Schule zu Gegnern machte).

Wie reagiert Jesus darauf? Er verweist in seiner Antwort (anders als es bei Markus der Fall ist) sofort (in V. 4 f.) auf die Schrift, wo zu lesen ist, daß Gott von Anfang an die Menschen als Mann und Weib erschaffen hat (Gen 1,27) und die Zwei *ein* Fleisch werden (Gen 2,24)[228]. Daraus wird die Folgerung gezogen: »Was nun Gott zusammengefügt hat, soll der Mensch nicht trennen« (V. 6b). Die Gegner geben sich mit dieser Antwort nicht zufrieden, sondern schlagen mit der gleichen Waffe zurück: Es steht ja auch geschrieben, daß Mose *geboten* hat, einen Scheidebrief auszustellen und die Entlassung zu vollziehen (V. 7). In seiner Entgegnung auf diesen Einwurf weist Jesus darauf hin, Mose habe »auf ihre Herzenshärte hin« *erlaubt,* die Frauen zu entlassen (V. 8a), um sogleich wieder auf den Anfang, die Schöpfungsordnung, zurückzulenken (V. 8b) und der Gesetzesbestimmung Dtn 24,1 seine eigene (mit dieser Schöpfungsordnung übereinstimmende) Forderung entgegenzustellen: »Ich aber sage euch: Wer seine Frau entläßt und eine andere heiratet, begeht Ehebruch« (V. 9). Damit wird der Streit der Rabbinen beiseite geschoben und gesagt: Jetzt ist nicht mehr die »schändliche Sache« von Dtn 24,1 maßgebend – wie immer man sie auch auslegen mag –, jetzt gilt mein Wort: *Jede* Entlassung einer Frau ist Ehebruch! Warum? Weil die Ehe etwas ist, »das direkt aus Gottes Händen hervorgeht«[229].

In den letzten Satz eingefügt stehen die Worte μὴ ἐπὶ πορνείᾳ. Für jeden, der dem Gedankengang bis hierhin gefolgt ist, dürfte einsichtig sein, daß mit ihnen nicht das wieder umgestoßen werden kann, was vorher aufgerichtet worden ist. Das aber wäre der Fall, wenn sie den Sinn hätten, der ihnen fast allgemein beigelegt wird: »außer wegen Unzucht (bzw. Ehebruch)«.

Deshalb scheint die folgende Erklärung näher zu liegen: Mit der von jeder der beiden Schulmeinungen unabhängigen Aussage Jesu ist eine deutliche Antwort auf die Frage gegeben, ob *jeder* Grund zur Ehescheidung ausreiche, und damit die Auffassung der Hilleliten zurückgewiesen, von welcher Fragestellung das Streitgespräch ja seinen Ausgang genommen hatte (V. 3). Mit der Parenthese in V. 9 μὴ ἐπὶ πορνείᾳ wird

[227] E. Lohmeyer – W. Schmauch, Mt 281.

[228] Wie R. Pesch, Freie Treue 50 richtig bemerkt, bezieht Matthäus Gen 2,24 übrigens »wieder auf den Mann, weil auch der abschließende Bescheid Jesu (V. 9) nur vom Mann spricht (anders Mk 10,11 f.)«.

[229] H. Baltensweiler, Ehe 85 f.

nun auch die Meinung der Schammaiten für nichtig erklärt, die aufgrund der Auslegung »›schändliche Sache‹ = Unzucht (bzw. Ehebruch)« diesen Tatbestand als Grund für die Ehescheidung gelten ließen. Demnach wäre zu übersetzen: »auch nicht bei Unzucht (bzw. Ehebruch)«.

Sprachlich ist diese Übersetzung durchaus möglich[230]. Im Griechischen kann in unabhängigen Sätzen das Wort μή prohibitiv gebraucht werden, um einen verneinenden Wunsch oder eine Warnung auszudrükken[231]. Dazu gehören auch abgerissene Wendungen ohne Verbform, wie das etwa der Fall ist in Mt 26,5 par. Mk 14,2: »Nur ja nicht (μή!) am Fest (sc. wollen wir gegen ihn vorgehen)« oder in Joh 18,40: »Nicht diesen (μὴ τοῦτον), sondern den Barabbas (wollen wir frei haben)«. Um eine solche abgerissene Wendung dürfte es sich auch hier handeln, wobei (wie schon in den angeführten Beispielen) das vorhergehende Verb zu ergänzen ist, also: »auch nicht (bzw. nur ja nicht) bei Unzucht (Ehebruch) soll man sie entlassen!«

Daß diese Erklärung auch sachlich geboten ist, ergibt sich schon aus der redaktionellen Einleitung des Spruchs (V. 9a): Matthäus stellt – ähnlich wie in 5,32 – Jesu Weisung *antithetisch* (mit »Ich aber sage euch«) dem mosaischen Gebot – das er Jesus selbst deshalb zuvor (in V. 8) im Unterschied zur Markus-Fassung als bloße »Erlaubnis« charakterisieren läßt[232] – gegenüber. Die Unbedingtheit dieser Weisung Jesu wird noch durch ihre Stellung am Ende des Streitgesprächs unterstrichen.

Die Umgestaltung des Gesprächs bei Matthäus geschieht nun aber – wie schon erwähnt – wesentlich wegen des in den Schlußversen (10–12) als Jüngerbelehrung angehängten Eunuchenspruchs, der sich schon vom Schema des Streitgesprächs her als Zusatz erweist und ursprünglich mit der Ehescheidungsfrage nichts zu tun hat. Auf diesen Schlußversen »liegt das Hauptgewicht des ganzen Gesprächs (›Achtergewicht‹)«[233]. Insofern sind sie dann aber »nicht als Anhang oder als ›Nachgespräch‹ zu verstehen«[234]. Vielmehr kommt in ihnen »nach dem Vorläufigen und Unvollkommenen das Eigentliche und Endgültige« zur

[230] Gegen G. Delling, Logion 269; H. Baltensweiler, Ehe 90 Anm. 31.

[231] Vgl. W. Bauer, Wörterbuch 1022 f.

[232] Die Ansicht von G. Schneider, Jesu Wort 83, Matthäus habe gegenüber Markus »den feinen Unterschied zwischen Erlaubtheit und Konzession an den Menschen einerseits und Gebot und Forderung Gottes andererseits . . . offensichtlich nicht gesehen«, ist insofern unzutreffend.

[233] H. Zimmermann, Methodenlehre 245.

[234] AaO. Vgl. J. Blinzler, »Zur Ehe unfähig . . .« 33.

Sprache, daß nämlich »das ›Charisma‹ der Ehelosigkeit größer ist als die Ehe«[235]. So ist zu verstehen, »daß die eigentliche Aussage Jesu in der Ehescheidungsfrage bei Mt auf die Ebene der Diskussion mit den Gegnern gedrängt ist, um der Aussage über die Ehelosigkeit Platz zu machen: Nicht mehr (wie bei Mk) ist die Entscheidung Jesu in der Frage der Ehescheidung von ausschlaggebender Wichtigkeit, sondern sein Wort über das ehelose Leben. Alles, was vorher im Streitgespräch über die Ehescheidung gesagt wird, hat die Aufgabe, auf dieses Wichtige hinzulenken und es vorzubereiten«[236].

Matthäus hat das Streitgespräch um des »Anhangs« willen aber nicht nur weitgehend umgestaltet, sondern es auch ähnlich wie das Gleichnis vom königlichen Hochzeitsmahl Mt 22,1–14 »historisiert«[237]. Ähnlich wie in dem genannten Gleichnis wird auch hier ein Abriß der Heilsgeschichte gegeben: Matthäus stellt an den Anfang die Schöpfungsordnung bezüglich der Ehe (V. 4 ff.); es folgt der Hinweis auf die Ordnung des mosaischen Gesetzes, die im matthäischen Verständnis (etwas anders bei Markus!) der ursprünglichen Ordnung nicht mehr entspricht (V. 7 f.). Mit »Ich aber sage euch« schließt sich Jesu Weisung an, der einerseits in bezug auf die Ehe den ursprünglichen Willen des Schöpfers wieder zur Geltung bringt (V. 9), andererseits dann aber denen, die es »fassen« können (vgl. V. 12), die Ehelosigkeit um des Himmelreiches willen als das der Ehe gegenüber noch höhere Gut verkündet (V. 10–12)[238]. Die Hinzufügung von κατὰ πᾶσαν αἰτίαν in V. 3 und von μὴ ἐπὶ πορνείᾳ in V. 9 entspricht ebenfalls dem Bemühen um »Historisierung«, insofern die erste Wendung, wie dargelegt, die Ausdeutung von Dtn 24,1 durch die Hilleliten, die zweite die der Schammaiten widerspiegelt. Wichtig aber ist eben, daß *beide* Auslegungen als *falsch* zurückgewiesen werden: Ehescheidung ist *grundsätzlich* verboten! Es gibt keine Ausnahmeregelung! Eine solche würde ja auch der Aussageabsicht widersprechen, die Matthäus mit seiner gesamten Komposition in 19,3–12 verfolgt: »Wenn die Ehelosigkeit als ein so hohes Gut verkündet werden sollte (V. 12), dann mußte im vorausgehenden Ge-

[235] H. Zimmermann, aaO.

[236] Ebd.

[237] Zu Mt 22,1–14 vgl. u. a. W. Trilling, Überlieferungsgeschichte 251–265; ferner H. Zimmermann, Jesus Christus 110–120.

[238] Vgl. dazu A. Sand, Reich Gottes 47: »Das Verbot, eine Frau zu entlassen und eine andere zu heiraten, ist . . . generell; der Verweis auf den freiwilligen Eheverzicht betrifft dagegen nur bestimmte Menschen. Die in der Matthäusgemeinde geübte Askese ist also nicht Rücksichtslosigkeit als Lebensprinzip.«

sprächsteil die Ehe ebenfalls als etwas sehr Großes herausgestellt werden«[239]. Wenn aber die Ehe als etwas durchaus Großes gesehen ist, dann dürfte es auch von daher unwahrscheinlich sein, daß die matthäische Parenthese in V. 9 einen Ausnahmefall konstruieren will[240]. Gerade durch ihre *absolute Unauflöslichkeit* erhält die Ehe ihren letzten Sinn und Wert, der nur noch durch den »höheren« Wert der Ehelosigkeit um des Himmelreiches willen überboten wird.

Man sieht: Auch bei Matthäus – ja gerade bei ihm – wird die Ehe dem menschlichen Willen entzogen und ganz Gottes Willen unterstellt. In diesem Willen Gottes, wie Jesus ihn verkündet, ist die Ehe so fest verankert und begründet, daß niemand die Macht hat, sie aufzulösen. Die Bestimmung des alten Gesetzes, wie sie in Dtn 24,1 ihren Ausdruck gefunden hat, wird nach Matthäus dadurch beseitigt und aufgehoben, daß – wie es die Bergpredigt lehrt – in der »neuen Schöpfung« der Basileia das Herz des Menschen mit all seinen Entscheidungen unmittelbar an den Willen Gottes gebunden und darin geborgen wird. Damit wird die Basileia Gottes zum Maß für die christliche Ehe, wie sie ebenso auch Maß für das der Ehe gegenüber »höhere« Gut ist: die Ehelosigkeit (19,10–12).

Zusammenfassend ist festzuhalten: Alle Ausformungen des Logions sprechen ein *absolutes Scheidungsverbot* aus. Sie behalten damit die Radikalität der Intention Jesu bei und verdeutlichen sie auf unterschiedliche Weise den von ihnen in den Blick genommenen Menschen, die dadurch »mit dem radikalen Anspruch auf unverbrüchliche Treue gegenüber Gott und seinem Willen«[241] konfrontiert und aufgerufen werden, unter den konkreten Bedingungen, unter denen sie stehen, diesem Anspruch gemäß zu leben und zu handeln[242].

[239] H. ZIMMERMANN, Methodenlehre 247.

[240] So auch die Folgerung von H. ZIMMERMANN, aaO.

[241] E. LÖVESTAM, Bedeutung 28.

[242] Das Gesagte gilt auch für die (hier nicht näher behandelte) paulinische Version 1 Kor 7,10 f., bei der der Apostel – ähnlich wie Markus – auf eine Tradition zurückgreift, »in der Jesu Wort hellenistisch-römischen Rechtsverhältnissen angepaßt ist« (P. HOFFMANN, Jesu Wort 329). Zu 1 Kor 7 vgl. u. a. H. BALTENSWEILER, Ehe 150–196, bes. 187–191 (zu 7,10 f.); G. BORNKAMM, Ehescheidung 57 f.; H. GREEVEN, Ehe 85 ff.; R. SCHNACKENBURG, Ehe 420; 423–426; 430–433; R. PESCH, Weisung 219 f.; DERS., Freie Treue 60–67; G. SCHNEIDER, Jesu Wort 72 f.; K. NIEDERWIMMER, Askese 80–124, bes. 98 ff. (zu 7,10 f.); E. SCHICK, Allen Alles werden 115–118.

II. Zu den neutestamentlichen Weisungen für das Zusammenleben in der christlichen Familie

Einführende Bemerkungen

Nach dem Zeugnis des Neuen Testaments setzte die Missionstätigkeit der Urkirche in der Regel bei den Familien, Sippen bzw. »Häusern« an. Öfter wird hervorgehoben, daß die Bekehrung eines einzelnen die ganze Familie zum Glauben führte, zu der damals neben den Eltern und Kindern auch die Diener (Sklaven) und im Haus lebenden Verwandten gehörten[243]. Es bildeten sich dadurch zunächst *Hausgemeinden* heraus. So ist etwa Apg 11,14 vom Haus des Kornelius die Rede, Apg 16,15 von dem der Lydia, Apg 16,31.34 von dem des Kerkermeisters in Philippi; Apg 18,8 spricht vom Glauben des Krispus und seines ganzen Hauses; 1 Kor 1,16 erwähnt Paulus, daß er das Haus des Stephanas getauft hat. Den Philemonbrief richtet der Apostel außer an Philemon selbst, die Schwester Apphia und Archippus auch an die Gemeinde im Haus des Philemon (V. 2). Das 2 Tim 1,16 und 4,19 genannte »Haus« des Onesiphoros hat man sich wohl ebenfalls als eine solche christliche Hausgemeinde vorzustellen.

In diesen Hausgemeinden, die – schon damals – den »Grundstock«[244] für die größere Ortsgemeinde abgaben[245], spielte sich dementsprechend das religiös-christliche Leben weitgehend ab. Man versammelte sich in den »Häusern« zum Brotbrechen, d. h. zur Eucharistiefeier (Apg 2,42.46); die »Häuser« waren (wie der Tempel) Stätten der christlichen Verkündigung (Apg 5,42; 20,20).

Angesichts der großen Bedeutung, die Haus und Familie »als die kleinsten natürlichen Einheiten« besaßen, »von denen aus die Gemeinde als Ganzes aufgebaut« wurde[246], verwundert es nicht, daß man nach Weisungen für die christliche Gestaltung einer solchen Lebensgemeinschaft, wie sie die Familie (das »Haus«) nun einmal war, fragte. Nun gab es aber keine *direkten* Weisungen des Herrn, die sich auf das Zusammenleben in der Familie bezogen; es handelte sich hier um eines der vielen Probleme und Fragen, in bezug auf die man – ähnlich wie es

[243] Vgl. O. Michel, ThWNT V 132 f.; J. Goetzmann, TBLNT^5 I 639.

[244] J. Goetzmann, aaO. 639.

[245] Dies gilt auch heute noch; insofern ist es nur zu begrüßen, daß »Familiaris Consortio« ausführlich auf die Bedeutung der Familie als einer »Ecclesia domestica« eingeht (s. bes. die Art. 49–62).

[246] O. Michel, ThWNT V 133.

Paulus in 1 Kor 7,25 gestehen muß – ein Gebot vom Herrn nicht hatte[247]. Gleichwohl gelangte man zu normativen Weisungen auch in dieser Frage, und zwar vor allem auf eine zweifache Weise:

Die *erste Weise* haben wir bereits kennengelernt, als wir über die Mk 10 zugrunde liegende Komposition sprachen. Wir sahen: Man stellte mehrere, ursprünglich selbständige Perikopen zu einer neuen Einheit zusammen, und zwar das Gespräch über Ehe und Ehescheidung (V. 2–12), die Perikope von der Kindersegnung (V. 13–16), die Geschichte vom Reichen (V. 17–31) und die Perikope von der Bitte der Zebedäussöhne um die ersten Plätze (V. 35–45), und erhielt so eine Art christlichen Katechismus, aus dem man in der Tat – wenigstens indirekt – Weisungen Jesu für das Zusammenleben in Ehe und Familie entnehmen konnte. So konnte man z. B. in der Perikope von der Kindersegnung, die an sich eine »Zeichenhandlung«[248] in bezug auf das Gottesreich darstellt, die »betonte Hochwertung«[249] der Kinder durch Jesus erkennen und daraus ihre Bedeutung für die christliche Familie ableiten. So konnte man aus der Perikope über Macht und Dienen (V. 35–45) nicht nur eine »Demutsregel«[250] für die Gemeindeleiter heraushören, sondern durchaus auch eine besondere Hochschätzung des Sklavenstandes durch den, der von sich sagt, daß er als Menschensohn nicht gekommen ist, sich bedienen zu lassen, sondern zu dienen (vgl. V. 45).

Die *andere Weise,* zu normativen Weisungen für das Zusammenleben in der Familie zu gelangen, war die: Man übernahm einfach gebräuchliche Formen der Paränese aus der Umwelt und erfüllte sie mit christlichem Geist. So ist es vor allem bei den sogenannten *Haustafeln* in der neutestamentlichen Briefliteratur der Fall. Darunter versteht man, wie schon in anderem Zusammenhang angedeutet, jene aneinandergereihten Mahnungen, welche »die Ordnung des Lebens im Haus und das Verhältnis des Hauses zur Umwelt beschreiben«[251]. Ansätze zu solchen christlichen Haustafeln finden sich schon in den authentischen Paulusbriefen (vgl. z. B. Röm 13 oder 1 Kor 7); aber in »ausgeprägter

[247] Vgl. H. Zimmermann, Jesus Christus 25.

[248] J. Ernst, Mk 291; vgl. H. Zimmermann, Methodenlehre 155.

[249] A. Oepke, ThWNT V 647.

[250] R. Pesch, Mk II 161.

[251] K. H. Schelkle, Petr, Jud 96. Vgl. H. Zimmermann, Methodenlehre 171 (mit Literaturangaben in Anm. 130). Vgl. auch den Aufsatz »Überlegungen zum Verhältnis von Theologie und christlicher Glaubenspraxis anhand des Neuen Testaments« S. 230 Anm. 25 (Lit.).

Form«[252] begegnen sie erst in den späteren Briefen (vgl. Eph 5,22–6,9; Kol 3,18–4,1; 1 Tim 2,8–15; Tit 2,1–10; 1 Petr 2,13–3,12). Die neutestamentlichen Haustafeln halten sich (wie ähnlich übrigens auch die Tugend- und Lasterkataloge und die Pflichtenkataloge) »offenbar an ein in der paränetischen Tradition der Urkirche vorgegebenes Schema, das wiederum aus der stoischen Philosophie . . . und der jüdisch-hellenistischen Ethik . . . übernommen ist«[253]. Dabei ist ein Zweifaches festzustellen:

1. Das übernommene Schema wird von Fall zu Fall modifiziert. »Während Eph 5,22–6,9 und Kol 3,18–4,1 in derselben Reihenfolge die Frauen, Männer, Kinder, Väter, Sklaven und Herren angesprochen werden, wendet 1 Tim 2,8–15 sich an die Männer und Frauen, Tit 2,1–10 an die alten Männer und alten Frauen, an die jungen Frauen und jungen Männer und an die Sklaven, 1 Petr 2,13–3,12 schließlich werden die Pflichten gegenüber dem Staat, den Sklaven, den Frauen und den Männern dargelegt«[254].

2. Die Verchristlichung geschieht auf verschiedene Weise, etwa durch bloße Hinzufügung der Formel »im Herrn« (so vor allem im Kolosserbrief), aber auch dadurch, daß die aufgeführten Weisungen bewußt eine »Begründung aus dem Gedankengut des christlichen Glaubens«[255] erhalten; so wird auf das Vorbild Christi hingewiesen: Eph 5,22–33 etwa im Blick auf die Beziehung von Mann und Frau in der Ehe, 1 Petr 2,18–25 im Blick auf das Verhalten der Sklaven gegenüber ihren Herren[256].

Die Haustafel Kol 3,18–4,1

Als Beispiel für eine neutestamentliche Haustafel sei im folgenden der Abschnitt *Kol 3,18–4,1* näher vorgestellt; es handelt sich um die Haustafel, die wahrscheinlich die älteste ist, älter jedenfalls als die des Epheserbriefes[257].

[252] J. Ernst, Briefe 231.

[253] H. Zimmermann, Methodenlehre 171 f. Vgl. auch K. H. Schelkle, aaO. 96; J. Gnilka, Kol 214.

[254] H. Zimmermann, Methodenlehre 172. Vgl. K. H. Schelkle, aaO. 97 f.

[255] K. Staab, Gefangenschaftsbriefe 100.

[256] Vgl. G. Harder, BHH II 662.

[257] Vgl. K. Staab, aaO. 100; J. Gnilka, Kol 205; R. Schnackenburg, Eph 246.

Der Wortlaut:

»[18]Ihr Frauen, ordnet euch den Männern unter, wie es sich im Herrn gehört. [19]Ihr Männer, liebt die Frauen und werdet nicht bitter gegen sie. [20]Ihr Kinder, gehorcht den Eltern in allem; denn das ist gut so im Herrn. [21]Ihr Väter (Eltern), reizt eure Kinder nicht auf, damit sie den Mut nicht verlieren. [22]Ihr Sklaven, gehorcht in allem euren leiblichen Herren, nicht in Augendienerei, um Menschen zu gefallen, sondern in Herzenseinfalt den Herrn fürchtend. [23]Was immer ihr tut, wirkt es von Herzen für den Herrn, nicht für Menschen, [24]im Wissen darum, daß ihr vom Herrn den Lohn des Erbteils empfangen werdet. Dem Herrn Christus dient. [25]Denn wer Unrecht tut, wird empfangen, was er an Unrecht getan hat, und da gibt es kein Ansehen der Person. [1]Ihr Herren, gewährt euren Sklaven, was recht und billig ist, im Wissen darum, daß auch ihr einen Herrn im Himmel habt.«

Struktur und Aufbau:

Struktur und Aufbau des gesamten Abschnitts sind »klar«[258]; sie lassen sich folgendermaßen beschreiben: »In drei Gruppen werden je Frauen und Männer, Kinder und Eltern, Sklaven und Herren einander gegenübergestellt. Immer beginnt der Satz mit dem Vokativ der angeredeten Personen, gefolgt vom Imperativ. Im ersten Glied wird er jeweils mit einem Hinweis auf den ›Herrn‹ begründet. Im zweiten Glied folgt dies nur bei der Mahnung an die Herren, während die an die Eltern anders begründet und die an die Männer nur durch einen weiteren Imperativ ergänzt wird. Die Mahnung an die Sklaven ist schon in V 22 stärker ausgebaut, vor allem aber in VV 23–25 durch einen allgemeinen Hinweis auf das Gericht, bei dem man freilich fragen kann, ob er sich nicht schon an die Herren oder an beide Gruppen zusammen wendet«[259]. Bemerkenswert ist, daß in dieser Haustafel[260] – durchaus im Unterschied zu den hellenistischen Vorbildern – auch Frauen, Kinder und Sklaven als Adressaten erscheinen, ja daß sie als die jeweils gesellschaftlich Schwächeren immer zuerst (also vor den Männern, Vätern bzw. Herren) genannt werden[261].

Einzelerklärung:

Zunächst werden in V. 18 die *Frauen* angesprochen. Als ihre »Tugend« bzw. »Pflicht« wird die *Unterordnung* (ὑποτάσσεσθαι) unter den Mann

[258] J. Gnilka, Kol 204.
[259] E. Schweizer, Kol 164.
[260] Nach J. Gnilka, Kol 205 »wäre es angemessener, von Ständetafel zu reden«.
[261] Vgl. J. Gnilka, Kol 216.

genannt. Nach J. ERNST hält sich diese Mahnung »an die im Judentum und in der Antike gesellschaftlichen Strukturen«[262]. Das Wort »untertan« gehe »von einem ausgeprägten Autoritätsgedanken aus«[263]. Es zeige sich, daß das Neue Testament »das Verhältnis der Geschlechter zunächst völlig unkritisch nach dem ›geltenden Recht‹ gesehen und bewertet« habe[264]. So erscheine hier ja auch »als Begründung lediglich das blasse, ›weil es sich so gehört‹«, d. h.: »Man beruft sich . . . auf das, was üblich ist und was die Tradition vorschreibt«[265]. Diese Ausführungen erweisen sich indes als nicht ganz zutreffend. So muß man doch wohl beachten, daß der hier stehende Ausdruck ὑποτάσσεσθαι »einen unterschiedlichen Sinn in den jeweiligen Zusammenhängen annehmen kann, im ganzen aber wenig mit dem Klang von ›Unterordnung‹ zu tun hat, der sich uns aufdrängt«[266]. Nach E. KÄHLER handelt es sich um einen Ordnungsbegriff, der »nur in einem allerletzten Sinn . . . etwas mit Gehorsam zu tun« hat[267]. Die »Unterordnung«, die hier von den Frauen verlangt ist, wird denn auch bewußt von dem »Gehorsam« (ὑπακούειν) der Kinder (V. 20) und der Sklaven (V. 22) unterschieden (doch vgl. auch 1 Petr 2,18; 3,1). Außerdem gilt zu beachten, daß durch den Zusatz »im Herrn« ein Bezug auf den christlichen Glauben hergestellt wird. Gemeint ist dann aber letztlich jenes »freiwillige Sicheinordnen, wie es Christus selbst gegenüber dem Vater übt (1 Kor 15,28)«[268]. Dieses »freiwillige Sicheinordnen« verträgt sich durchaus mit dem Ideal der liebenden Partnerschaft zwischen Mann und Frau in der Ehe.

Das bestätigt sich in der Mahnung an die *Männer* (V. 19): Sie sollen ihrerseits die Frauen lieben und nicht gegen sie »bitter« werden. Das Wort »Liebe« ist hier keineswegs »nur im Sinne der konventionellen Freundlichkeit des Herrn zu seinem Diener zu verstehen«[269]; es begegnet hier vielmehr (mit ἀγαπᾶν) »das gleiche Wort, das für Paulus neben Glaube und Hoffnung die Mitte der christlichen Lebenshaltung ist«[270] und das überhaupt im Neuen Testament jenes von Christus gegebene

[262] J. ERNST, Briefe 235.

[263] AaO.

[264] Ebd. unter Hinweis auf Stellen wie 1 Kor 14,34; Tit 2,5; 1 Petr 3,1.

[265] Ebd.

[266] R. SCHNACKENBURG, Ehe 427.

[267] E. KÄHLER, Frau 201.

[268] E. SCHWEIZER, Kol 164. Vgl. E. KÄHLER, Frau 156; 179; 201 f. Dagegen betont J. GNILKA, Kol 217: »Es ist nicht möglich, dem ὑποτάσσεσθαι einen christlichen Rang abzugewinnen.«

[269] J. ERNST, Briefe 235.

[270] J. ERNST, aaO.

»neue Gebot« bezeichnet, das das ganze Gesetz zusammenfaßt (vgl. dazu Stellen wie Mk 12,28–34; Joh 13,34; 15,12; Röm 13,9 f.; Gal 5,14; 6,2; Jak 2,8[271]) und gerade nach dem Kolosserbrief »die wichtigste Eigenschaft des neuen Menschen ausmacht (vgl. 1,4.8.13; 2,2; 3,12)«[272]. Liebe, wie sie hier vom Mann seiner Frau gegenüber gefordert wird, ist also nicht mehr und nicht weniger als die »Unterstellung unter das Gesetz Christi«[273] und hat, wie es der Epheserbrief verdeutlicht, ihr Vorbild in der Liebe Christi zur Kirche (Eph 5,25.29). Diese Liebe soll sich konkret darin zeigen, daß die Männer gegen ihre Frauen nicht »bitter« werden. Gemeint ist: Die Männer sollen sich nicht von der πικρία (»Erbitterung, Groll«) gegenüber den Frauen beherrschen lassen, sollen nicht zornig und gereizt sein, sondern »Nachsicht« üben, auch »gegenüber etwa vorhandenen Schwächen«[274]. Man merkt schon hier, »wie sehr der Blick für den anderen, besonders für den Schwächeren entscheidend«[275] für das Zusammenleben in einer christlichen Gemeinschaft wie der Ehe und Familie erscheint.

Dies ergibt sich auch aus den folgenden Sätzen, in denen es um das Verhältnis zwischen Eltern und Kindern geht. Zunächst wird in V. 20 an die *Kinder* die Aufforderung gerichtet: »Gehorcht den Eltern in allem; denn das ist gut so im Herrn!« Bemerkenswert ist, daß hier überhaupt »die Kinder angesprochen, also als volle menschliche Personen angesehen werden«[276], denn ein »Kind genoß in der Antike durchaus nicht jene Wertschätzung, die man ihm heute zukommen läßt«[277]. Bemerkenswert ist ferner, daß die Mahnung 1. zu einem Gehorsam »in allem« ergeht (vgl. die andere Formulierung Eph 6,1 ff., wo das vierte Gebot zitiert wird)[278] und daß sie 2. wieder eine christliche Begründung erhält (»es ist gut so ›im Herrn‹«). Beides hängt zusammen. Die Forderung an die Kin-

[271] Zu Jak 2,8 vgl. den Aufsatz »Christliche ›Vollkommenheit‹. Erwägungen zur Theologie des Jakobusbriefes« S. 319.

[272] J. GNILKA, Kol 218.

[273] W. SCHRAGE, Einzelgebote 260.

[274] K. STAAB, Gefangenschaftsbriefe 101.

[275] E. SCHWEIZER, Kol 162.

[276] E. SCHWEIZER, Kol 165.

[277] J. ERNST, Briefe 236. Vgl. J. GNILKA, Kol 219: »Die Antike erblickt im Kind vor allem das Unfertige, Kindische. Es gilt als wankelmütig, unentschlossen und zu einer ernsten Beschäftigung kaum fähig.« Auch im Alten Testament und im Judentum ist das allgemeine Urteil über das Kind »überwiegend negativ« (A. OEPKE, ThWNT V 644).

[278] Die Mahnung erscheint damit »an die folgende Sklavenweisung in V 22a angeglichen« (J. GNILKA, Kol 219).

der, den Eltern unbedingten (keineswegs unkritischen!) Gehorsam entgegenzubringen, entspricht im Grunde wieder dem Vorbild Christi selbst, der »sich selbst erniedrigte und gehorsam wurde bis zum Tod am Kreuz« (Phil 2,8). So gesehen, ist diese Forderung an die Kinder keineswegs so anstößig, wie man es zunächst vielleicht empfinden mag, sondern zeigt im Gegenteil die große Wertschätzung der Kinder, die als »sittlich verantwortlich(e)«[279] und vollwertige Glieder der Gemeinde gesehen werden[280]. Gerade weil sie »voll zur Gemeinde gehören«, sollen sie »ihr Verhalten vom Willen des Herrn bestimmen lassen«[281] und seinem Beispiel folgen!

Umgekehrt wird in V. 21 an die *Eltern,* speziell an die *Väter* (πατέρες!) die Mahnung gerichtet: »Reizt eure Kinder nicht auf, damit sie den Mut nicht verlieren!« Auch diese an die »Verantwortung«[282] der Erzieher appellierende Mahnung ist nicht selbstverständlich für eine Zeit wie der damaligen, da die patria potestas »uneingeschränkt« war und »oft mißbraucht« wurde[283]. Sie zeugt »von pädagogischem Scharfblick«[284]; »in fast modern psychologischer Weise«[285] wird hier vor der Gefahr gewarnt, daß das Kind durch eine »selbstherrliche Erziehung«[286] den (Lebens-)Mut oder – um moderne Schlagwörter zu gebrauchen – sein Selbstwertgefühl einbüßt und in seiner Selbstverwirklichung Schaden leidet. Statt dessen wird gleichsam eine »liebereiche Behutsamkeit«[287] in der Erziehung der Kinder gefordert[288], was ja letztlich wieder jener Grundhaltung der Liebe entspricht, die im Umgang von Christen in der Gemeinschaft der Familie überhaupt bestimmend sein muß und gerade den »Schwächeren« gegenüber zur Geltung kommen sollte.

Zu diesen »Schwächeren« gehören auch die Sklaven. An sie und ihre Herren richten sich die nächsten Mahnungen (3,22–4,1). Zuerst werden die *Sklaven* angeredet (V. 22–25). Die Mahnung an sie »läuft zunächst der an die Kinder völlig parallel«[289]. Auch sie werden zum Gehorsam

[279] J. GNILKA, Kol 220.
[280] Vgl. A. OEPKE, aaO. 648.
[281] R. SCHNACKENBURG, Eph 267.
[282] J. ERNST, Briefe 246.
[283] J. ERNST, aaO. Vgl. G. SCHRENK, ThWNT V 949 ff.
[284] K. STAAB, Gefangenschaftsbriefe 101.
[285] E. SCHWEIZER, Kol 166.
[286] AaO.
[287] E. LOHMEYER, Phil, Kol, Phlm 157.
[288] Vgl. J. GNILKA, Kol 221: »Es ist nicht unrichtig zu sagen, daß sie (die Haustafel) die väterliche Liebe als Erziehungsprinzip zur Geltung kommen lassen möchte.«
[289] E. SCHWEIZER, Kol 166.

(nämlich gegenüber ihren leiblichen, d. h. irdischen Herren) aufgerufen (V. 22a). Dann jedoch wird, wie schon erwähnt, die Paränese stark ausgebaut, was vielleicht damit zusammenhängt, daß in 4,9 der aus dem Philemonbrief des Apostels Paulus bekannte Sklave Onesimus als einer der Überbringer des Briefes vorgestellt wird[290]. Immer wieder wird in den Versen 22b–25 der Blick auf jenen »höheren« Herrn, Jesus Christus, gelenkt, dem »die Sklaven genauso wie die Freien . . . verpflichtet sind«[291]. Die Sklaven sollen »den Herrn fürchten« (V. 22b), sie sollen »von Herzen für den Herrn, nicht für Menschen« wirken (V. 23), sie sollen darum wissen, daß sie von *diesem* Herrn einst den (ihnen auf Erden vielleicht vorenthaltenen) Lohn empfangen (V. 24a; vgl. V. 25), kurz gesagt: Sie sollen – und zwar gerade als Sklaven – dem Herrn Jesus Christus dienen (V. 24b). »Das ist einerseits eine klare Weisung, in den gegenwärtigen Verhältnissen zu verbleiben, andererseits aber auch ein richtungweisendes Wort, das ihrem Leben einen ganz neuen Sinn gibt: Christus ist jetzt euer Herr, euer ganzes Leben ist Dienst vor ihm«[292]. Etwas »Befreiendes«[293] liegt in diesem an die Sklaven gerichteten Wort; denn es »nimmt ihrer Gehorsamspflicht alles Sklavische und gibt ihr einen Adel, der nicht von dieser Welt ist. Es klingt hier der Gedanke an, den Paulus in 1 Kor 7,22 noch deutlicher ausgesprochen hat: ›Der im Herrn berufene Sklave ist ein Freigelassener des Herrn; ebenso ist der (im Herrn) berufene Freie ein Sklave Christi‹«[294].

So kann dann auch in 4,1 umgekehrt den *Herren* eingeschärft werden, den Sklaven zu gewähren, was »recht und billig« ist, im Wissen darum, daß auch sie noch einen Herrn über sich haben, vor dem sie ihr Handeln verantworten müssen: den himmlischen Herrn. Hier wird dem Sklaven nicht nur sein Recht (τὸ δίκαιον) eingeräumt, sondern auch die ἰσότης: die »Gleichheit« bzw. »Billigkeit«[295]. Damit ist hier »nicht soziale Gleichstellung gemeint«[296] – der Sklave bleibt als Sklave seinem irdischen Herrn untergeben –, sondern jene schon Kol 3,11 angesprochene »Gleichberechtigung« aller vor Gott in Jesus Christus, die deshalb »zu einem Handeln führen muß, bei dem der Stärkere sich nicht sein Recht mit Gewalt nimmt, sondern im Gegenteil das Recht des Schwa-

[290] Vgl. E. SCHWEIZER, Kol 167; J. ERNST, Briefe 235.
[291] J. ERNST, aaO. 236.
[292] J. ERNST, aaO. 237.
[293] E. SCHWEIZER, Kol 167.
[294] K. STAAB, Gefangenschaftsbriefe 101.
[295] Vgl. G. STÄHLIN, ThWNT III 343–356, bes. 355 f.; T. HOLTZ, EWNT II 493 ff.
[296] T. HOLTZ, aaO. 495.

chen schützt« und alle »in gleicher Weise an den Lasten tragen, die getragen werden müssen«[297]. Damit ist nun aber im Grunde »die Sklaverei schon innerlich überwunden«[298], mag sie dann als soziale Institution auch noch eine Zeitlang weiterbestehen.

Die Mahnungen, die hier allgemein in bezug auf das Verhältnis »Herr–Sklave« ausgesprochen werden, stimmen ihrem Sinn nach übrigens genau mit jenen konkreten Bitten überein, die Paulus im schon erwähnten Philemonbrief an den Herrn des von ihm zum Christentum bekehrten Sklaven Onesimus richtet[299]. Philemon, der Freund und Mitchrist des Apostels, soll seinen Sklaven, der ihm entlaufen war und nun von Paulus, wie es der Rechtsordnung entspricht, wieder zurückgeschickt wird, so aufnehmen wie ihn (= Paulus) selbst (V. 17) und ihn als den behandeln, der er ist: »nicht mehr nur als Sklaven, sondern viel mehr als geliebten Bruder« (V. 16). Man beachte: Paulus fordert keineswegs direkt die Freilassung des Sklaven, wohl aber macht er Philemon darauf aufmerksam, daß er im Falle dieses Sklaven sich um jene brüderliche Liebe bemühen soll, die sich als Konsequenz für die Christen aus ihrem Brudersein ἐν κυρίῳ ergibt und sich im konkreten Verhalten zueinander bewähren muß. Paulus ist offensichtlich davon überzeugt, daß dort, wo zwei Christen brüderlich miteinander umgehen, die natürlichen Standesunterschiede zweitrangig werden. Es spielt dann keine Rolle mehr, wer jemand ist, ob Herr oder Sklave. Auch wenn der Herr weiter Herr und der Sklave weiter Sklave bleibt, so werden sie doch einen Weg zur Lösung finden, die ihrem Verhältnis der Bruderschaft in Christus entspricht.

Zusammenfassung

Es steht gewiß »außer Zweifel, daß es sich bei den Weisungen der Haustafel nicht um absolute, zeitlos gültige Gesetze handeln kann, welche situationsbedingte gesellschaftliche Ordnungen für immer sanktionieren wollen«[300]; es handelt sich primär um *pragmatische* Anordnungen. Gleichwohl haben sie, da sie aus dem Geist Jesu Christi erwachsen, für alle Zeiten verbindlichen Charakter, stellen sie doch ein *Modell* dar, an dem ablesbar ist, worauf es im Zusammenleben von Christen in einer

[297] E. SCHWEIZER, Kol 169.
[298] K. STAAB, Gefangenschaftsbriefe 101.
[299] Vgl. dazu den Aufsatz »Beobachtungen zur Struktur des Philemonbriefes« S. 129–155.
[300] J. ERNST, Briefe 233.

Haus- bzw. Familiengemeinschaft (ja in jeder Gemeinschaft) *grundsätzlich* entscheidend ankommt, nämlich darauf, daß jeder sein Verhalten nach dem Willen und Vorbild Jesu Christi ausrichtet und sich um eine brüderliche Liebe bemüht, die es vermeidet, »kleinlich Grenzen zu ziehen«[301], die Rücksicht auf die »Schwächeren« nimmt und alle als gleichberechtigte und gleichwertige Partner behandelt, kurz: »in Wort und Tat Ausdruck jenes Liebesstromes« ist, »der von Gott her durch Jesus Christus in Schöpfung und Erhaltung der Welt eingeströmt ist und in den Geschöpfen Gottes als Liebe füreinander weiterströmen will«[302].

[301] E. SCHWEIZER, Kol 170.
[302] E. SCHWEIZER, Kol 170 f.

Literatur

AUER, A., Art. »Ehe«, in: HThG I, 240–251.

BALTENSWEILER, H., Die Ehe im Neuen Testament. Exegetische Untersuchungen über Ehe, Ehelosigkeit und Ehescheidung (AThANT 52), Zürich-Stuttgart 1967.

BAUER, J. B., Art. »Ehe«, in: BThW[3] I, 234–242.

– Art. ἀποστάσιον, in: EWNT I, 339 f.

– Bemerkungen zu den mattäischen Unzuchtsklauseln (Mt 5,32; 19,9), in: J. ZMIJEWSKI – E. NELLESSEN (Hrsg.), Begegnung mit dem Wort (Festschrift für H. Zimmermann) (BBB 53), Bonn 1980, 23–31.

BAUER, W., Griechisch-deutsches Wörterbuch zu den Schriften des Neuen Testaments und der übrigen urchristlichen Literatur, Berlin-New York [5]1958 (Nachdruck 1971).

BERGER, K., Hartherzigkeit und Gottes Gesetz. Die Vorgeschichte des antijüdischen Vorwurfs in Mc 10,5, in: ZNW 61 (1970) 1–47.

– Die Gesetzesauslegung Jesu. Ihr historischer Hintergrund im Judentum und im Alten Testament I (WMANT 40), Neukirchen 1972.

BILLERBECK, P. (– STRACK, H. L.), Kommentar zum Neuen Testament aus Talmud und Midrasch I, München [7]1978; III, München [7]1979.

BLINZLER, J., Εἰσὶν εὐνοῦχοι. Zur Auslegung von Mt 19,12, in: ZNW 48 (1957) 254–270.

– »Zur Ehe unfähig . . .«. Auslegung von Mt 19,12, in: DERS., Aus der Welt und Umwelt des Neuen Testaments. Gesammelte Aufsätze I (SBB), Stuttgart 1969, 20–40.

BONSIRVEN, J., Le divorce dans le Nouveau Testament, Paris-Tournai-Rom 1948.

BORNKAMM, G., Ehescheidung und Wiederverheiratung im Neuen Testament, in: DERS., Geschichte und Glaube I. Gesammelte Aufsätze III (BEvTh 48), München 1968, 56–59.

BULTMANN, R., Die Geschichte der synoptischen Tradition (FRLANT 29), Göttingen [9]1979.

DAUBE, D., The New Testament and Rabbinic Judaism, London 1956.

DELLING, G., Das Logion Mark. X,11 (und seine Abwandlungen) im Neuen Testament, in: NT 1 (1956) 263–274.

ERNST, J., Die Briefe an die Philipper, an Philemon, an die Kolosser, an die Epheser (RNT NF) Regensburg 1974.

– Das Evangelium nach Lukas (RNT NF), Regensburg 1977.

– Das Evangelium nach Markus (RNT NF), Regensburg 1981.

FIEDLER, P., Art. σκληροκαρδία κτλ., in: EWNT III, 606–608.

GAECHTER, P., Das Matthäusevangelium, Innsbruck-Wien-München 1963.

GNILKA, J., Das Evangelium nach Markus II (EKK II/2), Zürich-Einsiedeln-Köln-Neukirchen 1979.

– Der Kolosserbrief (HThK X/1), Freiburg-Basel-Wien 1980.

GOETZMANN, J., Art. »Haus, bauen«, in: TBLNT[5] I, 636–645.

GREEVEN, H., Zu den Aussagen des Neuen Testaments über die Ehe, in: ZEE 1 (1957) 109–125.

– Ehe nach dem Neuen Testament, in: NTS XV (1968/69) 365–388.

GRUNDMANN, W., Das Evangelium nach Lukas (ThHK III), Berlin [7]1974.

HAENCHEN, E., Der Weg Jesu. Eine Erklärung des Markus-Evangeliums und der kanonischen Parallelen, Berlin [2]1968.

HARDER, G., Art. »Haustafel«, in: BHH II, 661 f.

HAUCK, F. – SCHULZ, S., Art. πόρνη κτλ., in: ThWNT VI, 579–595.

HOFFMANN, P., Art. »Herz« I: Biblisch, in: HThG I, 686–690.

– Jesu Wort von der Ehescheidung und seine Auslegung in der neutestamentlichen Überlieferung, in: Conc 6 (1970) 326–332.

– Studien zur Theologie der Logienquelle (NTA NF VIII), Münster 1972.

HOLTZ, T., Art. ἴσος, in: EWNT II, 493–495.

JUNKER, H., Das Buch Deuteronomium, in: Das Alte Testament I (EB), Würzburg 1955, 443–559.

KÄHLER, E., Die Frau in den paulinischen Schriften, Zürich-Frankfurt 1960.

KLOSTERMANN, E., Das Markusevangelium (HNT 3), Tübingen [5]1971.

KRETZER, A., Die Frage: Ehe auf Dauer und ihre dauernde Trennung nach Mt 19,3–12, in: Biblische Randbemerkungen (Festschrift für R. Schnackenburg), Würzburg 1974, 218–230.

KUHN, H.-W., Ältere Sammlungen im Markusevangelium (StUNT 8), Göttingen 1971.

LAUFEN, R., Die Doppelüberlieferungen der Logienquelle und des Markusevangeliums (BBB 54), Königstein/Ts.–Bonn 1980.

LÖVESTAM, E., Die funktionale Bedeutung der synoptischen Jesusworte über Ehescheidung und Wiederheirat, in: A. FUCHS (Hrsg.), Jesus in der Verkündigung der Kirche (SNTU Serie A/1), Linz 1976, 19–28.

LOHMEYER, E., Die Briefe an die Philipper, an die Kolosser und an Philemon (KEK IX[13]), Göttingen [6]1964.

– SCHMAUCH, W., Das Evangelium des Matthäus (KEK Sonderband), Göttingen [4]1967.

LOHSE, E., »Ich aber sage euch«, in: DERS. (Hrsg.), Der Ruf Jesu und die Antwort der Gemeinde (Festschrift für J. Jeremias), Göttingen 1970, 189–203.

LÜHRMANN, D., Die Redaktion der Logienquelle (WMANT 33), Neukirchen 1969.

MAYER, R. (Hrsg.), Der Talmud (Goldmanns Klassiker 980), München [5]1980.

MICHEL, O., Art. οἶκος κτλ., in: ThWNT V, 122–161.

MICHL, J., Art. »Ehe« III, in: LThK[2] III, 677–680.

MOINGT, J., Ehescheidung »auf Grund von Unzucht« (Matth 5,32/19,9), in: J. DAVID – F. SCHMALZ (Hrsg.), Wie unauflöslich ist die Ehe? Eine Dokumentation, Aschaffenburg 1969, 178–222.

NIEDERWIMMER, K., Askese und Mysterium. Über Ehe, Ehescheidung und Eheverzicht in den Anfängen des christlichen Glaubens (FRLANT 113), Göttingen 1975.

– Art. γαμέω κτλ., in: EWNT I, 564–571.

OEPKE, A., Art. παῖς κτλ., in: ThWNT V, 636–653.

PESCH, R., Die neutestamentliche Weisung für die Ehe, in: BiLe 9 (1968) 208–221.

– Freie Treue. Die Christen und die Ehescheidung, Freiburg-Basel-Wien 1971.

– Das Markusevangelium II (HThK II/2), Freiburg-Basel-Wien [2]1980.

RAD, G. VON, Das fünfte Buch Mose – Deuteronomium (ATD 8), Göttingen 1964.

REPLOH, K.-G., Markus – Lehrer der Gemeinde. Eine redaktionsgeschichtliche Studie zu den Jüngerperikopen des Markus-Evangeliums (SBM 9), Stuttgart 1969.

SAND, A., Die Unzuchtsklausel in Mt 5,31.32 und 19,3–9, in: MThZ 20 (1969) 118–129.
– Art. καρδία, in: EWNT II, 615–619.
– Art. σάρξ, in: EWNT III, 549–557.
– Reich Gottes und Eheverzicht im Evangelium nach Matthäus (SBS 109), Stuttgart 1983.
SCHALLER, B., Die Sprüche über Ehescheidung und Wiederheirat in der synoptischen Überlieferung, in: E. LOHSE (Hrsg.), Der Ruf Jesu und die Antwort der Gemeinde (Festschrift für J. Jeremias), Göttingen 1970, 226–246.
SCHELKLE, K. H., Die Petrusbriefe. Der Judasbrief (HThK XIII/2), Freiburg-Basel-Wien [2]1964.
– Ehe und Ehelosigkeit im Neuen Testament, in: DERS.,Wort und Schrift. Beiträge zur Auslegung und Auslegungsgeschichte des Neuen Testaments (KBANT 8), Düsseldorf 1966, 183–200.
SCHICK, E., Allen Alles werden. Besinnliche Gedanken zum ersten Brief des Apostels Paulus an die Korinther, Stuttgart 1984.
SCHMID, J., Das Evangelium nach Matthäus (RNT 1), Regensburg [4]1959.
– Das Evangelium nach Markus (RNT 2), Regensburg [4]1958.
SCHNACKENBURG, R., Das Evangelium nach Markus II (Geistliche Schriftlesung 2/2), Düsseldorf 1971.
– Die Ehe nach dem Neuen Testament, in: DERS., Schriften zum Neuen Testament. Exegese in Fortschritt und Wandel, München 1971, 414–434.
– Der Brief an die Epheser (EKK X), Zürich-Einsiedeln-Köln-Neukirchen 1982.
SCHNEIDER, G., Jesu Wort über die Ehescheidung in der Überlieferung des Neuen Testaments, in: TThZ 80 (1971) 65–87.
– Das Evangelium nach Lukas II (ÖTK 3/2), Gütersloh-Würzburg 1977.
SCHRAGE, W., Die konkreten Einzelgebote in der paulinischen Paränese. Ein Beitrag zur neutestamentlichen Ethik, Gütersloh 1961.
SCHRENK, G., Art. πατήρ A., in: ThWNT V, 946–959.
SCHÜRMANN, H., »Wer daher eines dieser geringsten Gebote auflöst . . .«, in: BZ NF 4 (1960) 238–250.
SCHULZ, S., Q. Die Spruchquelle der Evangelisten, Zürich 1972.
SCHWEIZER, E., Das Evangelium nach Markus (NTD 1[15]), Göttingen [5]1978.
– Der Brief an die Kolosser (EKK), Zürich-Einsiedeln-Köln-Neukirchen 1976.
SICKENBERGER, J., Zwei neue Äußerungen zur Ehebruchklausel bei Matthäus, in: ZNW 42 (1949) 202–209.
STAAB, K., Zur Frage der Ehescheidungstexte im Matthäusevangelium, in: ZKTh 67 (1943) 36–44.
– Die Thessalonicherbriefe. Die Gefangenschaftsbriefe (RNT 7), Regensburg [5]1969.
STÄHLIN, G., Art. ἴσος κτλ., in: ThWNT III, 343–356.
STRECKER, G., Der Weg der Gerechtigkeit. Untersuchungen zur Theologie des Matthäus (FRLANT 82), Göttingen [3]1971.
– Die Antithesen der Bergpredigt (Mt 5,21–48 par), in: ZNW 69 (1970) 36–72.
TRILLING, W., Zur Überlieferungsgeschichte des Gleichnisses vom Hochzeitsmahl Mt 22,1–14, in: BZ NF 4 (1960) 251–265.
– Im Anfang schuf Gott. Eine Einführung in den Schöpfungsbericht der Bibel, Freiburg i. Br. 1965.

WREGE, H.-TH., Die Überlieferungsgeschichte der Bergpredigt (WUNT 9), Tübingen 1968.

ZIMMERMANN, H., μὴ ἐπὶ πορνείᾳ (Mt 19,9) – ein literarisches Problem. Zur Komposition von Mt 19,3–12, in: Cath 16 (1962) 293–299.

– Neutestamentliche Methodenlehre. Darstellung der historisch-kritischen Methode, Stuttgart [6]1978.

– Jesus Christus – Geschichte und Verkündigung, Stuttgart [2]1975.

ZMIJEWSKI, J., Die Eschatologiereden des Lukas-Evangeliums. Eine traditions- und redaktionsgeschichtliche Untersuchung zu Lk 21,5–36 und Lk 17,20–37 (BBB 40), Bonn 1972.

– Der Stil der paulinischen »Narrenrede«. Analyse der Sprachgestaltung in 2 Kor 11,1–12,10 als Beitrag zur Methodik von Stiluntersuchungen neutestamentlicher Texte (BBB 52), Köln-Bonn 1978.

Stellenregister der biblischen Bücher

Altes Testament

NEUES TESTAMENT